Laura Konjetzky
Johannes Heidler

Johann Wääk

Julia Bähr
Andrea Knaak K13
Ursula Thurmair
Julia Piesk K13
Rosa Feigs K13

140

Texte und Methoden 13

Lehr- und Arbeitsbuch Deutsch

Herausgegeben von
Hermann Stadler

Erarbeitet von
Ingrid Haaser, Klaus Junk,
Jakob Karg, Karl Pörnbacher,
Paul Riegel, Gerhard Schwengler,
Hermann Stadler

Cornelsen

Herausgeber: Hermann Stadler

Autoren / Bearbeiter:
Ingrid Haaser (Kapitel D)
Klaus Junk (Kapitel B I)
Jakob Karg (Kapitel B I, C III, IV)
Karl Pörnbacher (Kapitel C II, V)
Paul Riegel (Kapitel A, C VI, VII)
Gerhard Schwengler (Kapitel B I, II)
Hermann Stadler (Kapitel C I, IV)

Redaktion: Matthias Grupp
Herstellung: Friderun Thiel, München
Umschlaggestaltung: Matthias Mantey

1. Auflage   Druck 5 4 3 2   Jahr 98 97 96 95

Alle Drucke dieser Auflage können im Unterricht nebeneinander verwendet werden.

© 1994 Cornelsen Verlag, Berlin
Das Werk und seine Teile sind urheberrechtlich geschützt.
Jede Verwertung in anderen als den gesetzlich zugelassenen Fällen
bedarf deshalb der vorherigen schriftlichen Einwilligung des Verlages.

Druck: Cornelsen Druck, Berlin

ISBN 3-464-63073-0

Bestellnummer 630730

Inhalt

Vorwort 7

A. Sprachbetrachtung 9

I. Kommunikation und Sprache 9
II. Sprachtheorie 15
III. Aspekte der deutschen Gegenwartssprache 22
    1. Sprachnorm 22
    2. Sprachwandel und Sprachpflege 24
    3. Fachsprache, Bildungssprache, Umgangssprache 30

B. Abiturvorbereitung 32

I. Schriftlicher Bereich 32
    1. Erörterung 32
        a) Die Problemerörterung als Abituraufgabe 34
        b) Die textgebundene Erörterung als Abituraufgabe 39
        c) Die literarische Erörterung als Abituraufgabe 42
    2. Analyse nichtpoetischer Texte 46
        a) Die Analyse eines journalistischen Textes als Abituraufgabe 50
        b) Die Analyse eines wissenschaftlichen Textes als Abituraufgabe .. 53
        c) Die Analyse einer Rede als Abituraufgabe 57
    3. Interpretation poetischer Texte 61
        a) Die Interpretation eines fiktiven Prosatextes als Abituraufgabe .. 63
            Aufgaben zum epochenübergreifenden Romanvergleich 67
        b) Der Gedichtvergleich als Abituraufgabe 70
            Aufgaben zum epochenübergreifenden Gedichtvergleich 76
        c) Der Vergleich zweier dramatischer Szenen als Abituraufgabe ... 78
            Aufgabe zum epochenübergreifenden Dramenvergleich 84
    4. Die Niederschrift der Abiturarbeit 87

II. Mündliche Prüfung (Colloquium) 92

C. Literaturgeschichte 97

Synopse wichtiger Epochen, Verfasser und Werke der deutschen Literatur von
    um 800 bis 1890 97
Synopse für die Zeit von 1890 – 1990 99

I.	Moderne: Begriff und Probleme	105
	1. Grundlagen	106
	2. Texte	108
	Aufgaben	112

II.	Jahrhundertwende	113
	1. Grundzüge der Epoche	114
	2. Texte	119
	a) Theorie	119
	Aufgaben	120
	b) Eindrücke des Augenblicks	121
	Aufgaben	123
	c) Ästhetizismus und Künstlertum	124
	Aufgaben	130
	d) Liebe und Tod	131
	Aufgaben	136
	e) Skurriler Witz und Satire	137
	Aufgaben	140

III.	Expressionismus	141
	1. Grundzüge der Epoche	142
	2. Texte	146
	a) Theorie	146
	Aufgaben	147
	b) Sprachexperimente	148
	Aufgaben	149
	c) Konflikt der Generationen	149
	Aufgaben	151
	d) Skepsis gegenüber moderner Rationalität	152
	Aufgaben	158
	e) Lebensraum Stadt	159
	Aufgaben	161
	f) Menschheitsprobleme	162
	Aufgaben	164

IV.	Weimarer Republik	165
	1. Grundzüge der Epoche	166
	2. Texte	172
	a) Pluralismus der Strömungen	172
	Aufgaben	184
	b) Polarisierung der Lager	186
	Aufgaben	190
	c) Radikalisierung der Absichten	191
	Aufgaben	194

Inhalt 5

V. Literatur zwischen 1933 und 1945 195
   1. Grundzüge dieser Zeit 195
   2. Texte 203
      a) Anfänge 203
         Aufgaben 205
      b) Führerkult 205
         Aufgaben 207
      c) Innere Emigration 207
         Aufgaben 210
      d) Widerstand 210
         Aufgaben 212
      e) Emigration 212
         Aufgaben 219

VI. Nachkriegszeit 221
   1. Grundzüge der Epoche 221
   2. Texte 226
      a) Theorie 226
         Aufgaben 230
      b) Nachkrieg 231
         Aufgaben 243

VII. Gegenwart 245
   1. Grundzüge der Epoche 246
   2. Texte 253
      a) Neue Gangarten der Sprache 253
         Aufgaben 265
      b) Einsprüche, Eingriffe 267
         Aufgaben 278
      c) Blicke nach innen 279
         Aufgaben 290

D. Literarisches Leben 291

I. Leser, Leseverhalten, literarische Öffentlichkeit 292
   1. Einführung 292
   2. Texte 293
      Aufgaben 295

II. Der Autor 295
   1. Einführung 295
   2. Texte 296
      Aufgaben 299

III. Literarische Wertung	300
1. Einführung	300
2. Texte	300
Aufgaben	304
IV. Literaturvermittlung und Literaturförderung	305
1. Einführung	305
a) Buchhandel und Verlagswesen	305
b) Literaturförderung	306
2. Texte	307
Aufgaben	309
V. Literatur in Film und Funk	310
1. Einführung	310
2. Texte	310
Aufgaben	314
Kleines Lexikon wichtiger Begriffe	315
Autoren- und Quellenverzeichnis	322
Sachregister	326

Vorwort

Band 13 von *Texte und Methoden* folgt in der didaktisch-methodischen Konzeption und in der Anordnung der Teile im wesentlichen den bewährten vorausgehenden Bänden 11 und 12. Dabei steht das Kapitel **Sprachbetrachtung** nicht ohne Grund am Anfang des Abschlußbandes: die Sprache soll als der zentrale Unterrichtsgegenstand des Faches Deutsch deutlich ins Bewußtsein gerückt werden. Sie wird in diesem ersten Kapitel unter drei Gesichtspunkten dargestellt:
– Kommunikation und Sprache
– Sprachtheorie
– Aspekte der deutschen Gegenwartssprache

Von hier aus ergeben sich mannigfache Verknüpfungen, z. B. Sprachkrise und Sprachexperimente im **Literaturteil (C)**; Stilprobleme bei eigenen schriftlichen Darstellungen, Kommunikationssicherheit als Ziel des Schreibunterrichts zur **Abiturvorbereitung (B)**.

Das Kapitel „Abiturvorbereitung" bringt im formalen Bereich keine neuen Lerninhalte mehr. Es ist in erster Linie auf Sicherung und vertiefende Einübung des im Abitur Geforderten angelegt. Die tabellarische Anordnung an einem Beispiel zu jeder einzelnen zu erwartenden Aufgabenart in der schriftlichen Prüfung soll dabei Schülerinnen und Schülern eine überschaubare Wiederholungsmöglichkeit bieten, die sie je nach Bedarf auch in der individuellen Vorbereitung einsetzen können. Lehrerinnen und Lehrer sind dadurch von dem Zwang entlastet, in der wenigen zur Verfügung stehenden Zeit noch einmal alle Details „durchnehmen" zu müssen. Insbesondere hier bietet sich Schwerpunktbildung an.
Durch die philosophischen Grundlagentexte und damit verbundenen Aufgabenstellungen soll das inhaltliche Repertoire für verschiedene Themenbereiche im Abitur erweitert werden.

Zu den literarischen Themen ist ein breites Angebot an einführenden und theoretischen Texten im Literaturteil und im Kapitel **Literarisches Leben (D)** zu finden. Die Verbindung zur Literaturtheorie ist besonders eng im Schwerpunktthema **Roman**. Diese Thematik bestimmt weitgehend Einführung und Textauswahl im Kapitel zur Weimarer Republik, der Epoche, die am deutlichsten und bewußtesten die Wendung vom traditionellen zum modernen Roman vollzog. Textbeispiele zum Roman- und Gedichtvergleich durch verschiedene Epochen werden auch in den entsprechenden Abschnitten der Abiturvorbereitung angeboten.
Das zur Bearbeitung notwendige Begriffsarsenal findet sich ausführlich im **Kleinen Lexikon,** das die wichtigsten Begriffe der Jahrgangsstufen 11/12 wiederholt und sich dabei nicht auf poetologische Fachbegriffe beschränkt.

Überschriften, die nicht von den jeweilgen Verfassern stammen, sind durch * gekennzeichnet.

A. Sprachbetrachtung

I. Kommunikation und Sprache

① Betrachten Sie die drei Fotos genau. Listen Sie alle körperlichen Äußerungen auf, die Sie erkennen können, und deuten Sie sie.

Die Fotos zeigen Situationen, in denen Gefühle zum Ausdruck drängen. Oft ist nicht klar auszumachen, wie bewußt den hier in Siegerpose dargestellten Menschen ihre körperlichen Äußerungen sind. Möchten sie anderen imponieren, ihnen die Freude an der eigenen Überlegenheit mitteilen?

> Wenn körperliche Äußerungen als **Zeichen an andere** verstanden werden können, handelt es sich um Kommunikation durch **Körpersprache**.

Ein eindeutiges Beispiel ist der sogenannte „Augengruß", der unbewußt von Menschen auf der ganzen Welt ausgeführt wird: Wenn jemand (in einem eher größeren Abstand) eines anderen ansichtig wird, zu dem er Kontakt aufnehmen will, zieht er seine Augenbrauen hoch und hält sie etwa eine Sechstelsekunde in dieser Stellung. Wie hier ist der Körper an vielen Kommunikationshandlungen beteiligt.

Die Kommunikationsforschung hat Körpersprache in Systeme eingeteilt:

Zeichen im Dienst der Kommunikation		
Berührung/Abstand	**Gebärden/Gesten**	**Signal-/Zeichensprachen**
z. B. Händedruck, auf die Schulter klopfen, küssen; Distanzzonen (zwischen 45 cm und 1,3 m bei engen Beziehungen, zwischen 3 und 4 m unter Fremden)	z. B. winken, mit den Augen zwinkern, sich verbeugen, sich auf die Lippe beißen	Flugzeugeinweisung, Taubstummensprache, Verständigung zwischen Schiedsrichter und Spielern

② Fügen Sie den einzelnen Spalten weitere Beispiele hinzu.

Selbst wenn jemand ganz allein ist, macht er gelegentlich von der Körpersprache Gebrauch (und kommuniziert auf diese Weise eigentlich mit sich selbst), z. B. wenn er durch Kopfschütteln seine Verwunderung ausdrückt, nachdem er zum zweiten Mal an der gleichen Stelle gestolpert ist. Viel häufiger kommunizieren wir mit dem Körper, wenn wir unter Menschen sind. Der Psychologe PAUL WATZLAWICK behauptet sogar, man könne überhaupt nicht *nicht* kommunizieren. In seinem bekannten Buch *Menschliche Kommunikation* schreibt er:

> Verhalten hat vor allem eine Eigenschaft, die so grundlegend ist, daß sie oft übersehen wird: Verhalten hat kein Gegenteil, oder um dieselbe Tatsache noch simpler auszudrücken: Man kann sich nicht *nicht* verhalten. Wenn man akzeptiert, daß alles Verhalten in einer zwischenmenschlichen Situation Mitteilungscharakter hat, d. h. Kommunikation ist, so folgt daraus, daß man, wie immer man es auch versuchen mag, nicht *nicht* kommunizieren kann. Handeln oder Nichthandeln, Worte oder Schweigen haben alle Mitteilungscharakter. [...] Der Mann im überfüllten Wartesaal, der vor sich auf den Boden starrt oder mit geschlossenen Augen dasitzt, teilt den anderen mit, daß er weder sprechen noch angesprochen werden will, und gewöhnlich reagieren seine Nachbarn richtig darauf, indem sie ihn in Ruhe lassen.
>
> (aus: Paul Watzlawick [u. a.], Menschliche Kommunikation. Bern, Stuttgart, Wien: Huber 1969, S. 51)

③ Inszenieren Sie verschiedene Situationen, in denen Sie durch Körpersprache anderen klarmachen, was Sie (nicht) wollen.

Auch die **Wortsprache** ist ein Mittel der Kommunikation. Ihre Besonderheit erfaßt der amerikanische Sprachwissenschaftler CHARLES HOCKETT (u. a.) mit folgenden Kennzeichen:
- **Isolierbare Elemente:** Die menschliche Sprache besteht aus Lautelementen, die sich deutlich voneinander unterscheiden. Eine begrenzte Zahl von Lauten – insgesamt etwa 60, im Deutschen 30 – lassen sich in verschiedener Weise kombinieren. Tierlaute sind für eine solche Verbindung ungeeignet; der Schrei des Käuzchens wiederholt sich nur.
- **Transfer:** Die menschliche Sprache kann sich auf räumlich und zeitlich Entferntes beziehen. Tierschreie haben normalerweise nur mit Vorgängen in der nahen Umwelt des Tiers zu tun.
- **Willkürlichkeit:** Die Lautgestalt von Wörtern hat bis auf wenige Ausnahmen keine Ähnlichkeit mit dem, was sie bezeichnen. Bei den Bienen zeigt der sogenannte Schwänzeltanz direkt an, daß die Nahrungsquelle weit vom Stock entfernt ist.

– **Überlieferung:** Die Anlage für das Sprechen gehört zur genetischen Ausstattung des Menschen, Sprechen muß aber zusätzlich gelernt und geübt werden. Die Fähigkeit der Bienen, den Artgenossen Nahrungsquellen mitzuteilen, wird dagegen rein genetisch übertragen.

④ Welche Methode verwendet Hockett, um seine Erkenntnisse zu verdeutlichen?
⑤ Vergleichen Sie die genannten Merkmale der Wortsprache mit der Körpersprache.
⑥ Welche von Hocketts Merkmalen der Sprache finden sich bei Saussure (S. 18f.)?

Ohne Sprache wäre der Zugang zu anderen Menschen und der Umgang mit ihnen um vieles schwieriger. Wir benutzen die Sprache schon bei der **Kontaktaufnahme**. Heute ist häufig das Grußwort „Hallo" zu hören, das zunächst unter Jugendlichen, dann aber auch bei der älteren Generation beliebt wurde. In früherer Zeit war „Hallo" ein Zuruf an den Fährmann am anderen Ufer oder an den Jagdgenossen, später vergewisserte man sich mit diesem Wort, ob mit einem „Angerufenen" der Telefonkontakt hergestellt war und funktionierte. Unser „Hallo" hat sicher viel von dem englischen „hello" angenommen, es wird locker und offen-freundlich gesprochen und kann als Gruß an Bekannte und Unbekannte, an einen einzelnen oder an mehrere gerichtet werden, eine Anrede kann, aber muß nicht folgen.

⑦ Beschreiben Sie Mittel der Kontaktaufnahme und der Kontaktbeendigung. Erstellen Sie einen Katalog, in welchen Situationen diese Mittel verwendbar sind.
⑧ Beschreiben Sie unterschiedliche Schwierigkeiten bei der Kontaktaufnahme. Welche besonderen Probleme können sich ergeben, wenn der/die andere dem anderen Geschlecht oder einer anderen sozialen Schicht angehört?
⑨ Erproben Sie einige der Situationen im Rollenspiel.

In zahllosen Situationen des Alltags gebrauchen wir Sprache, weil wir andere brauchen. Für viele solcher Gespräche haben sich **Konventionen** herausgebildet, z. B. für das Telefonieren. Die folgenden Beispiele aus zwei anderen Ländern machen deutsche Gewohnheiten deutlicher.

> In England wird ein privates Gespräch normalerweise wie folgt eröffnet:
> 1. Das Telefon klingelt.
> 2. Der Angerufene nennt seine Telefonnummer.
> 3. Der Anrufer fragt nach dem gewünschten Gesprächspartner.
> Dagegen scheint in Frankreich die folgende Praxis üblicher zu sein (nach D. Godard, 1977):
> 1. Das Telefon klingelt.
> 2. Der Angerufene sagt: »Allo!«
> 3. Der Anrufer nennt die gewählte Nummer.
> 4. Der Angerufene sagt: »Oui«.
> 5. Der Anrufer nennt seinen Namen, entschuldigt sich und fragt nach dem Gesprächspartner.
>
> Die unterschiedlichen Konventionen können verschiedene Auswirkungen haben. Zum Beispiel besteht die (bereits ernsthaft diskutierte) Möglichkeit, daß Franzosen sich schlechter an ihre eigene Telefonnummer erinnern, da sie sie nicht wiedergeben müssen, wenn sie den Hörer abnehmen! Auch könnte ein englischer Anrufer einen Franzosen ungewollt beleidigen, da er sich weder namentlich vorstellt noch sich für die Störung entschuldigt. Umgekehrt reagieren Briten unter Umständen verärgert, wenn ein französischer Anrufer ihre Nummer überprüft, die sie gerade genannt haben. Außerdem erwartet ein französischer Anrufer, der einen Dritten sprechen möchte, daß sich der erste Gesprächspartner ebenfalls vorstellt und ein wenig Konversation betreibt, ehe er den Dritten ans Telefon holt.
>
> (aus: David Crystal, Die Cambridge Enzyklopädie der Sprache. Frankfurt/New York: Campus 1993, S. 48)

⑩ Beschreiben Sie Ihre eigenen Gewohnheiten, ein Telefongespräch zu eröffnen. Vergleichen Sie Ihr Ergebnis mit dem Ihrer Mitschüler.
⑪ Stellen Sie die Unterschiede zwischen einer „deutschen", „englischen" und „französischen" Eröffnung eines Telefongesprächs fest.
⑫ Welchen Sinn haben sprachliche Konventionen wie diese?

Die folgende Aufzeichnung zeigt ein mitgeschnittenes Telefongespräch zwischen deutschen Gesprächsteilnehmern, wie es in ähnlicher Form täglich viele Male geführt wird.

A: Firma Schäuble, guten Tag!
B: Ja, guten Tag ... äh ... ich hab ne Frage: Unser Report – nee – Stereogerät 263 – da ist die Automatiktaste kaputt, und dadurch ... können wir im Moment nicht mehr aufnehmen ... äh ... Können Sie das reparieren? Kann ich das irgendwann vorbeibringen?
A: Bitte!
B: Wie lang dauert da die Reparatur? und wann kann ich das vorbeibringen?
A: Einen Moment mal bitte!
C: Hermann!
B: Ja, guten Tag ... Es is Folgendes: Bei unserem 263 Stereo ist die Automatiktaste kaputt.
C: Ja.
B: Und wenn man die Automatiktaste nicht drückt, ist überhaupt keine Aufnahme mehr möglich. Und wenn man sie drückt, fällt die Aufnahme ab und zu aus. Jetzt wollt ich nur ...
C: Mhm.
B: ... wissen äh wie lang – äh – können Sie das Gerät vor Weihnachten reparieren?
C: Ja also vor Weihnachten – das müßte auf jeden Fall klappen.
B: Also sagen wir mal: bis Ende nächster Woche.
C: Ja ja, das müßte ... gehen, ja.
B: Kann ich's unten im –
C: Außer wenn noch was bestellt werden müßte, nicht? Also wenn an irgendeinem Kopf, an dem Aufnahmekopf was kaputt ist und wir haben den nicht am Lager, nicht, daß es, sagen wir mal, nimmer einrastet oder so ...
B: Mhm.
C: ... und wir müssen den bestellen, dann kann's allerdings länger gehen, nicht.
B: Nee, also – ich nehme an, es ist ein Wackelkontakt oder so was.
C: Mhm mhm.
B: Äh – gut, dann reicht's ja, wenn ich's morgen draußen bei Ihnen in der Lehener Straße vorbeibringe.
C: Ja ja – also – wenn – besser wär's, Sie würden's gleich hierhergeben, herbringen in die Oswaldallee – wenn das für Sie eine Möglichkeit wäre, nicht?
B: Ach – äh – wo ist denn das draußen?
C: Oswaldallee?
B: Da in der Nähe vom Dings? vom ...
C: ...von der Firma.
B: Ah da, ja.
C: Ja.
B: Gut. Und – äh – haben Sie auch über Mittag auf? oder ist da zu.
C: Ja also von eins bis halb zwei ist zu.
B: Ah ja, gut ... Dann werd ich mir's merken ... komm ich morgen vorbei. Dankeschön.
C: Gut, ja. Ja bitte. Wiederhören.
B: Wiederhören.

(aus: Texte gesprochener deutscher Standardsprache IV. Beratungen und Dienstleistungsdialoge = Heutiges Deutsch II/4. Hg. v. Karl-Heinz Jäger. München 1979, S. 70–72)

Kommunikation und Sprache

⑬ Beschreiben Sie die Konventionen in der Eröffnungs- und Schlußphase des Gesprächs.
⑭ Wo und warum treten leichte Verständigungsschwierigkeiten auf?
⑮ Welche Satzarten werden häufig verwendet?
⑯ Wann kommt es zu Satzabbrüchen?
⑬ Erklären Sie, was die Lautpartikel „Mhm" ausdrücken und bedeuten kann.

In einer Satire wurden deutsche Telefoniergewohnheiten aufs Korn genommen. Der Ausschnitt bezieht sich auf die Anfangs- und Schlußphase eines Gesprächs.

Es gibt Leute, die viel energischer telefonieren können als ich. Das beginnt schon nach der kurzen Begrüßung, in der ich gefragt werde, ob man ein paar Takte mit mir reden könne; mein Gegenüber erkundigt sich in diesem Vorgespräch, das höchstens dreißig Sekunden dauern darf; wie das Wochenende war, oder wenn eine Woche sich schon dem Ende zuneigt: „Was haben Sie am
5 Wochenende vor? Wie geht es der Familie?"
Nach diesem unentbehrlichen Vorgeplänkel, bei dem man auf Fragen nicht antworten darf, weil sie nicht so gemeint sind, höre ich dann: „Herr Hirsch, Folgendes!" Und dann weiß ich, jetzt wird das Problem vorgetragen. Aber nicht nur das ist dann klar, deutlich ist auch, wie es weitergeht, denn der Gesprächspartner wird immer ansagen, was kommt. Nachdem er nämlich sein Problem
10 vorgetragen hat, höre ich: „Herr Hirsch, Frage an Sie." Nun kommt das, was man früher scherzhaft ein Attentat oder einen Überfall nannte. Daher richte ich mich auf sanfte Abwehr ein, übe mich in hinhaltender Taktik. […]
Schließlich ist der telefonische Kompromiß dennoch gefunden. „Nun machen Sie aber keinen Rückzieher mehr", werde ich noch ermahnt. „Herr Hirsch, alles klar", höre ich dann. Das zieht
15 sich noch etwas hin. „Ich bleibe am Ball", dröhnt es vom anderen Ende, oder die energische Bestätigung ist zu hören: „So ist es!" Und dann wieder ein gewaltiges „Genau!". Schließlich noch mal: „Verbleiben wir so" und „Wünsch Ihnen was!". Und dann als befreiender Schlußpfiff: „Auf Wiederhören, bedanke mich!"

(aus: Eike Christian Hirsch, Deutsch für Besserwisser. Hamburg: Hoffmann und Campe 1976, S. 13f.)

⑱ Welche Besonderheiten der „Telefoniersprache" werden aufgegriffen? Gegen wen richtet sich die Satire?

In dem Telefongespräch erfahren wir über den Angerufenen ebensowenig wie über die Person des Anrufers. Es geht anscheinend ausschließlich um die Reparatur des Geräts, um Sachinhalte also. In der Satire erfährt man über den **Sachinhalt** gar nichts, dafür tritt die **Persönlichkeit** der beiden Kommunizierenden und ihre **Beziehung zueinander** deutlich hervor.
Aus Sicht der Kommunikationsforschung ist wichtig, daß beim Gebrauch der Sprache immer auch der so oder so geartete, gewordene, gestimmte Mensch „mitspricht". In einem Buch über *Alltagssprache* wird eine Stelle aus einer Erzählung von Max Frisch erwähnt, die zeigt, daß in einem einfachen, kurzen Satz eine Menge Persönliches mitschwingen kann.

Max, you are wrong

sagte die junge Fremde, und er verträgt das wie ein natürlicher Mensch, ein gesunder Mensch, ein vernünftiger Mensch […] Er hört es nicht als Verweis. Er sieht es ein, daß er links einspuren muß, und tut's einfach, sagt dazu nicht: Sorry! um dann verdrossen zu schweigen. Er nimmt es als kleine Hilfe, nicht als Tadel.

Soweit Frisch. Die Verfasser kommentieren:

> Der Satz „Max, you are wrong" – ist das ein persönlicher Angriff, den man nicht so leicht „verträgt"? Ist es ein „Verweis"? eine Aufforderung (nämlich: die Fahrspur zu wechseln)? eine „kleine Hilfe"? ein „Tadel"? Alle diese Möglichkeiten sind gegeben – und die Entscheidung dafür, den Satz „als kleine Hilfe, nicht als Tadel" zu nehmen, hängt von vielen Faktoren ab. Einer davon wird ausdrücklich genannt: die Disposition des Zuhörers. Max reagiert als „ein natürlicher Mensch"; ein überempfindlicher, krankhafter, irrationaler Mensch würde den Satz anders auffassen. Offenbar spielen noch andere Faktoren herein: die Jugend der Sprecherin, und daß sie dem Sprecher nur flüchtig bekannt ist, die Situation des Autofahrens usw.
>
> (aus: Hans Hannapel/Hartmut Melenk, Alltagssprache. München: Fink 1979, S. 12)

⑲ Stellen Sie in literarischen Dialogen fest, welches der Sachinhalt ist, und untersuchen Sie dann, auf welche Weise Persönlichkeit und Beziehung der Kommunizierenden zueinander zum Ausdruck kommen; z. B. in Thomas Mann, Tonio Kröger (S. 126 f.); Hugo von Hofmannsthal, Der Schwierige (S. 133 f.); Walter Hasenclever, Der Sohn (S. 150 f.).

Die folgende graphische Übersicht faßt die Faktoren zusammen, die eine sprachliche Äußerung bestimmen können.

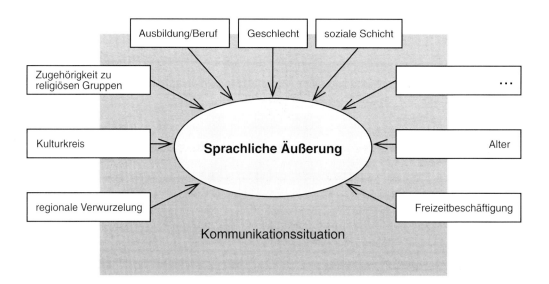

⑳ Ergänzen Sie weitere mögliche Einflüsse auf eine sprachliche Äußerung.
㉑ Wo würden Sie das Stichwort „Dialekt" einordnen? Welche Probleme können sich für Dialektsprecher ergeben?

II. Sprachtheorie

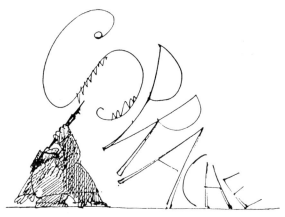

Paul Flora

Sowohl Philosophen als auch Wissenschaftler haben die Sprache systematisch auf ihre **Eigenschaften** und **Gesetzlichkeiten** befragt und untersucht. Sie hatten unterschiedliche Erkenntnisinteressen, gingen verschiedene Wege, und ihre Ergebnisse machten erst so recht bewußt, welch ein komplexer Gegenstand Sprache ist.

Der Philosoph LUDWIG WITTGENSTEIN (1889–1951) interessierte sich besonders für den kommunikativen Aspekt. Er suchte eine Antwort auf die Frage „Was ist Sprache?", indem er in einem fingierten Dialog mit einem Partner scheinbar unsystematisch an Situationen erinnert oder Situationen simuliert, in denen Menschen Sprache verwenden.

LUDWIG WITTGENSTEIN
Systeme der Verständigung*

1. *Augustinus*, in den Confessiones I/8: [...]
[Nannten die Erwachsenen irgend einen Gegenstand und wandten sie sich dabei ihm zu, so nahm ich das wahr und ich begriff, daß der Gegenstand durch die Laute, die sie aussprachen, bezeichnet wurde, da sie auf *ihn* hinweisen wollten. Dies aber entnahm ich aus ihren Gebärden, der natürlichen Sprache aller Völker, der Sprache, die durch Mienen- und Augenspiel, durch die Bewegungen der Glieder und den Klang der Stimme die Empfindungen der Seele anzeigt, wenn diese irgend etwas begehrt, oder festhält, oder zurückweist, oder flieht. So lernte ich nach und nach verstehen, welche Dinge die Wörter bezeichneten, die ich wieder und wieder, an ihren bestimmten Stellen in verschiedenen Sätzen, aussprechen hörte. Und ich brachte, als nun mein Mund sich an diese Zeichen gewöhnt hatte, durch sie meine Wünsche zum Ausdruck.]
In diesen Worten erhalten wir, so scheint es mir, ein bestimmtes Bild von dem Wesen der menschlichen Sprache. Nämlich dieses: Die Wörter der Sprache benennen Gegenstände – Sätze sind Verbindungen von solchen Benennungen. – In diesem Bild von der Sprache finden wir die Wurzeln der Idee: Jedes Wort hat eine Bedeutung. Diese Bedeutung ist dem Wort zugeordnet. Sie ist der Gegenstand, für welchen das Wort steht.
Von einem Unterschied der Wortarten spricht Augustinus nicht. Wer das Lernen der Sprache so beschreibt, denkt, so möchte ich glauben, zunächst an Hauptwörter, wie „Tisch", „Stuhl", „Brot", und die Namen von Personen, erst in zweiter Linie an die Namen gewisser Tätigkeiten und Eigenschaften, und an die übrigen Wortarten als etwas, was sich finden wird. [...]

2. Jener philosophische Begriff der Bedeutung ist in einer primitiven Vorstellung von der Art und Weise, wie die Sprache funktioniert, zu Hause. Man kann aber auch sagen, es sei die Vorstellung einer primitiveren Sprache als der unsern.

Denken wir uns eine Sprache, für die die Beschreibung, wie Augustinus sie gegeben hat, stimmt: Die Sprache soll der Verständigung eines Bauenden A mit einem Gehilfen B dienen. A führt einen Bau auf aus Bausteinen; es sind Würfel, Säulen, Platten und Balken vorhanden. B hat ihm die Bausteine zuzureichen, und zwar nach der Reihe, wie A sie braucht. Zu dem Zweck bedienen sie sich einer Sprache, bestehend aus den Wörtern: „Würfel", „Säule", „Platte", „Balken". A ruft sie aus; – B bringt den Stein, den er gelernt hat, auf diesen Ruf zu bringen. – Fasse dies als vollständige primitive Sprache auf.

3. Augustinus beschreibt, könnten wir sagen, ein System der Verständigung; nur ist nicht alles, was wir Sprache nennen, dieses System. Und das muß man in so manchen Fällen sagen, wo sich die Frage erhebt: „Ist diese Darstellung brauchbar, oder unbrauchbar?" Die Antwort ist dann: „Ja, brauchbar; aber nur für dieses eng umschriebene Gebiet, nicht für das Ganze, das du darzustellen vorgabst."

Es ist, als erklärte jemand: „Spielen besteht darin, daß man Dinge, gewissen Regeln gemäß, auf einer Fläche verschiebt …" – und wir ihm antworten: Du scheinst an die Brettspiele zu denken; aber das sind nicht alle Spiele. Du kannst deine Erklärung richtigstellen, indem du sie ausdrücklich auf diese Spiele einschränkst. […]

23. Wieviele Arten der Sätze gibt es aber? Etwa Behauptung, Frage und Befehl? – Es gibt *unzählige* solcher Arten: unzählige verschiedene Arten der Verwendung alles dessen, was wir „Zeichen", „Worte", „Sätze", nennen. Und diese Mannigfaltigkeit ist nichts Festes, ein für allemal Gegebenes; sondern neue Typen der Sprache, neue Sprachspiele, wie wir sagen können, entstehen und andre veralten und werden vergessen. (Ein *ungefähres Bild* davon können uns die Wandlungen der Mathematik geben.)

Das Wort „Sprach*spiel*" soll hier hervorheben, daß das Sprechen der Sprache ein Teil ist einer Tätigkeit, oder einer Lebensform.

Führe dir die Mannigfaltigkeit der Sprachspiele an diesen Beispielen, und anderen, vor Augen:
Befehlen, und nach Befehlen handeln –
Beschreiben eines Gegenstands nach dem Ansehen, oder nach Messungen –
Herstellen eines Gegenstands nach einer Beschreibung (Zeichnung) –
Berichten eines Hergangs –
Über den Hergang Vermutungen anstellen –
Eine Hypothese aufstellen und prüfen –
Darstellen der Ergebnisse eines Experiments durch Tabellen und Diagramme –
Eine Geschichte erfinden; und lesen –
Theater spielen –
Reigen singen –
Rätsel raten –
Einen Witz machen; erzählen –
Ein angewandtes Rechenexempel lösen –
Aus einer Sprache in die andere übersetzen –
Bitten, Danken, Fluchen, Grüßen, Beten. […]

27. „Wir benennen die Dinge und können nun über sie reden. Uns in der Rede auf sie beziehen." – Als ob mit dem Akt des Benennens schon das, was wir weiter tun, gegeben wäre. Als ob es nur Eines gäbe, was heißt: „von Dingen reden". Während wir doch das Verschiedenartigste mit unsern Sätzen tun. Denken wir allein an die Ausrufe. Mit ihren ganz verschiedenen Funktionen.

Wasser!	Fort!	Au!
Hilfe!	Schön!	Nicht!

Bist du nun noch geneigt, diese Wörter „Benennungen von Gegenständen" zu nennen? [...]

31. [...] Betrachte noch diesen Fall: Ich erkläre jemandem das Schachspiel; und fange damit an, indem ich auf eine Figur zeige und sage: „Das ist der König. Er kann so und so ziehen, etc. etc.". – In diesem Fall werden wir sagen: die Worte „Das ist der König" (oder „Das heißt ‚König'") sind nur dann eine Worterklärung, wenn der Lernende schon ‚weiß, was eine Spielfigur ist'. Wenn er also etwa schon andere Spiele gespielt hat, oder dem Spielen Anderer ‚mit Verständnis' zugesehen hat – *und dergleichen*. Auch nur dann wird er beim Lernen des Spiels relevant fragen können: „Wie heißt das?" – nämlich, diese Spielfigur.
Wir können sagen: Nach der Benennung fragt nur der sinnvoll, der schon etwas mit ihr anzufangen weiß.
Wir können uns ja auch denken, daß der Gefragte antwortet: „Bestimm die Benennung selber" – und nun müßte, der gefragt hat, für alles selber aufkommen.

32. Wer in ein fremdes Land kommt, wird manchmal die Sprache der Einheimischen durch hinweisende Erklärungen lernen, die sie ihm geben; und er wird die Deutung dieser Erklärungen oft *raten* müssen und manchmal richtig, manchmal falsch raten.
Und nun können wir, glaube ich, sagen: Augustinus beschreibe das Lernen der menschlichen Sprache so, als käme das Kind in ein fremdes Land und verstehe die Sprache des Landes nicht; das heißt: so als habe es bereits eine Sprache, nur nicht diese. Oder auch: als könne das Kind schon *denken*, nur noch nicht sprechen. Und „denken" hieße hier etwas, wie: zu sich selber reden.

(aus: Philosophische Untersuchungen. Werkausgabe Bd. 1. Frankfurt a. M.: Suhrkamp 1984, S. 237 ff.)

① Vergleichen Sie die Sprachauffassung Augustinus' mit dem von Wittgenstein in Paragraph 2 konstruierten Beispiel. Inwiefern ist Wittgensteins abschließende Interpretation in Paragraph 32 zutreffend?
② Versuchen Sie, die Erklärung in Paragraph 3 zu verbessern und das Gemeinsame aller Spiele zu beschreiben.
③ Suchen Sie die Ihrer Ansicht nach für Wittgensteins Sprachauffassung wichtigste und bezeichnendste Textstelle. Begründen Sie Ihre Wahl.
④ Behauptungs-, Frage- und Befehlssätze werden auch in der Grammatik eingehend betrachtet. Wo liegt das Erkenntnis- und Forschungsinteresse, wenn solche Sätze „grammatikalisch" untersucht werden, im Vergleich zu Wittgensteins Betrachtungen in den Paragraphen 23, 27 und 31?
⑤ Zum Sprachspiel „Befehlen": Bei einem Arztbesuch können Aufforderungen und Anweisungen sehr unterschiedlich formuliert werden. Hier einige Beispiele:

Sie müssen sich noch etwas gedulden, nehmen Sie bitte im Wartezimmer Platz!	Sie können ruhig sagen, wenn es weh tut.
Nummer 25.	Den Atem anhalten!
Bitte einatmen!	Sie dürfen sich anziehen.
Atmen Sie mal kräftig durch!	Sie werden auf sich aufpassen müssen.
Stärker!	Ihr Rezept!

Beschreiben Sie diese Äußerungen mit dem Ihnen bekannten grammatikalischen Vokabular.

⑥ Die in Paragraph 27 aufgeführten Einwortsätze können in ganz verschiedenen Situationen verwendet werden. Zu beachten ist allerdings in jedem Fall das Ausrufezeichen. Klären Sie Gebrauch und Bedeutungen in unterschiedlichen Handlungskontexten.

Von seinem fiktiven Gesprächspartner wird Wittgenstein einmal der Vorwurf gemacht: „Du redest von allen möglichen Sprachspielen, hast aber nirgends gesagt, was denn das Wesentliche des Sprachspiels, und also der Sprache, ist." Zur Erforschung dieses Wesentlichen beschritt FERDINAND DE SAUSSURE (1857–1913), der als Universitätsprofessor in Paris und Genf lehrte, einen anderen Weg als Ludwig Wittgenstein. Er definiert Sprache so:

FERDINAND DE SAUSSURE
Ein System von Zeichen*

1. Sie ist ein genau umschriebenes Objekt in der Gesamtheit der verschieden gearteten Tatsachen der menschlichen Rede. Man kann sie lokalisieren in demjenigen Teil des Kreislaufs, wo ein Lautbild sich einer Vorstellung assoziiert. Sie ist der soziale Teil der menschlichen Rede und ist unabhängig vom einzelnen, welcher für sich allein sie weder schaffen noch umgestalten kann; sie besteht nur kraft einer Art Kontrakt zwischen den Gliedern einer Sprachgemeinschaft. Andererseits muß das Individuum sie erst erlernen, um das Ineinandergreifen ihrer Regeln zu kennen; das Kind eignet sie sich nur allmählich an. Sie ist so sehr eine Sache für sich, daß ein Mensch, der die Sprechfähigkeit verloren hat, die Sprache noch besitzt, sofern er die Lautzeichen versteht, die er vernimmt.
2. Die Sprache, vom Sprechen unterschieden, ist ein Objekt, das man gesondert erforschen kann. Wir sprechen die toten Sprachen nicht mehr, aber wir können uns sehr wohl ihren sprachlichen Organismus aneignen. Die Wissenschaft von der Sprache kann nicht nur der andern Elemente der menschlichen Rede entraten, sondern sie ist überhaupt nur möglich, wenn diese andern Elemente nicht damit verquickt werden.
3. Während die menschliche Rede in sich verschiedenartig ist, ist die Sprache, wenn man sie so abgrenzt, ihrer Natur nach in sich gleichartig: sie bildet ein System von Zeichen, in dem einzig die Verbindung von Sinn und Lautzeichen wesentlich ist und in dem die beiden Seiten des Zeichens gleichermaßen psychisch sind.
4. Die Sprache ist nicht weniger als das Sprechen ein Gegenstand konkreter Art, und das ist günstig für die wissenschaftliche Betrachtung. Obwohl die sprachlichen Zeichen ihrem Wesen nach psychisch sind, so sind sie doch keine Abstraktionen; da die Assoziationen durch kollektive Übereinstimmung anerkannt sind und ihre Gesamtheit die Sprache ausmacht, sind sie Realitäten, deren Sitz im Gehirn ist. Übrigens sind die Zeichen der Sprache sozusagen greifbar; die Schrift kann sie in konventionellen Bildern fixieren, während es nicht möglich wäre, die Vorgänge des Sprechens in allen ihren Einzelheiten zu photographieren; die Lautgebung eines auch noch so kleinen Wortes stellt eine Unzahl von Muskelbewegungen dar, die schwer zu kennen und abzubilden sind. In der Sprache dagegen gibt es nur das Lautbild, und dieses läßt sich in ein dauerndes visuelles Bild überführen. Denn wenn man von der Menge von Bewegungen absieht, die erforderlich sind, um es im Sprechen zu verwirklichen, ist jedes Lautbild, wie wir sehen werden, nur die Summe aus einer begrenzten Zahl von Elementen oder Lauten (Phonemen), die ihrerseits durch eine entsprechende Zahl von Zeichen in der Schrift vergegenwärtigt werden können. Diese Möglichkeit, alles, was sich auf die Sprache bezieht, fixieren zu können, bringt es mit sich, daß ein Wörterbuch und eine Grammatik eine treue Darstellung derselben sein können, indem die Sprache das Depot der Lautbilder und die Schrift die greifbare Form dieser Bilder ist. [...]

Die Natur des sprachlichen Zeichens. Zeichen, Bezeichnung, Bezeichnetes

[…] Das sprachliche Zeichen ist also etwas im Geist tatsächlich Vorhandenes, das zwei Seiten hat und durch folgende Figur dargestellt werden kann:

Diese beiden Bestandteile sind eng miteinander verbunden und entsprechen einander. Ob wir nun den Sinn des lat. Wortes *arbor* suchen oder das Wort, womit das Lateinische die Vorstellung „Baum" bezeichnet, so ist klar, daß uns nur die in dieser Sprache geltenden Zuordnungen als angemessen erscheinen, und wir schließen jede beliebige andre Zuordnung aus, auf die man sonst noch verfallen könnte.

Mit dieser Definition wird eine wichtige terminologische Frage aufgeworfen. Ich nenne die Verbindung der Vorstellung mit dem Lautbild das Zeichen; dem üblichen Gebrauch nach aber bezeichnet dieser Terminus im allgemeinen das Lautbild allein, z.B. ein Wort (*arbor* usw.). Man vergißt dabei, daß, wenn *arbor* Zeichen genannt wird, dies nur insofern gilt, als es Träger der Vor-

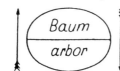 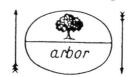

stellung „Baum" ist, so daß also diese Bezeichnung außer dem Gedanken an den sensorischen Teil den an das Ganze einschließt.

Die Mehrdeutigkeit dieses Ausdrucks verschwindet, wenn man die drei hier in Rede stehenden Begriffe durch Namen bezeichnet, die unter sich in Zusammenhang und zugleich in Gegensatz stehen. Ich schlage also vor, daß man das Wort „Zeichen" beibehält für das Ganze und Vorstellung bzw. Lautbild durch Bezeichnetes und Bezeichnung (Bezeichnendes) ersetzt; […]

(aus: Grundfragen der allgemeinen Sprachwissenschaft. Hg. unter Mitw. v. Ch. Bally, A. Sechehaye, A. Riedlinger. Übs. von H. Lommel. Berlin [u.a.]: de Gruyter ²1967, S. 17f. u. 78)

⑦ Worin besteht der Unterschied im Vorgehen Wittgensteins und Saussures?
⑧ Wie läßt sich begründen, daß Sprache ein „Gegenstand konkreter Art" (Z. 19) ist?
⑨ Warum konnte der Vorwurf erhoben werden, Saussure liefere die Sprachbetrachtung der Psychologie aus?
⑩ Wie müßte Saussures Schaubild eines Zeichens verändert werden für Lautbilder, die verschiedene Bedeutungen haben?
⑪ Welche Aspekte des Phänomens Sprache werden bei Saussure nicht berücksichtigt?
⑫ Der Begriff „Zeichen" ist vieldeutig. Sammeln Sie, was unter diesen Begriff fallen kann, und versuchen Sie, nach sachlogischen Gesichtspunkten eine Systematik zu entwerfen.

Eine andere Sprachtheorie, die in der Sprachwissenschaft vielbeachtet und von großem Einfluß war, findet ihren elementaren Ausdruck in der sogenannten **Sapir-Whorf-Hypothese**, nach welcher die jeweilige Sprache die Weltsicht der Sprecher festlegt. EDWARD SAPIR (1884–1939) und BENJAMIN LEE WHORF (1897–1941) waren amerikanische Anthropologen und Sprachforscher, die sich intensiv mit Indianersprachen befaßten. Die beiden Leitbegriffe ihrer Theorie heißen **„sprachlicher Determinismus"** und **„sprachliche Relativität"**.

Unter dem Aspekt *Sprache – Denken – Wirklichkeit*, so der Titel seines Buchs, vergleicht Whorf die von ihm erforschte Sprache der nordamerikanischen Hopi-Indianer mit Strukturen der europäischen Sprachen.

BENJAMIN LEE WHORF
Ist das Ende meiner Sprache das Ende meiner Welt?*

Der Teil der Untersuchung, über den hier berichtet werden soll, kann in zwei Fragen zusammengefaßt werden: (1) Sind unsere Begriffe von ‚Zeit', ‚Raum' und ‚Materie' wesentlich durch die Erfahrung bestimmt und daher für alle Menschen gleich, oder sind sie zum Teil durch die Struktur besonderer Sprachen bedingt? (2) Gibt es faßbare Affinitäten zwischen (a) kulturellen Normen und Verhaltensregeln und (b) großen linguistischen Strukturen. [...]

Der Plural und das Zählen im SAE[1] und in der Hopisprache

In unserer Sprache, d.h. im SAE, werden der Plural und die Kardinalzahlen für zwei Arten von Gegenständen verwendet: für wirkliche und für imaginäre. Um es genauer, wenn auch weniger glatt zu sagen: sie werden für wahrnehmbare räumliche Aggregate einerseits und für metaphorische Aggregate andererseits verwendet. Wir sagen ‚zehn Mann' und auch ‚zehn Tage'. Zehn Mann sind objektiv als zehn, als eine Gruppe von zehn wahrnehmbar – zum Beispiel zehn Mann an einer Straßenecke. ‚Zehn Tage' dagegen können nicht [in der gleichen Weise] Gegenstand einer Erfahrung sein. Gegenstand einer Erfahrung ist nur ein Tag, der heutige; die anderen neun (oder sogar alle zehn) haben wir aus dem Gedächtnis oder aus der Einbildungskraft. Wenn ‚zehn Tage' als eine Gruppe betrachtet werden, so muß das eine ‚imaginäre', eine geistig konstruierte Gruppe sein. Woher stammt das geistige Modell dazu? [Es] stammt aus der Tatsache, daß unsere Sprache zwei verschiedene Situationen zusammenwirft, aber nur ein Strukturschema für beide hat. Sprechen wir von ‚zehn Schritten vorwärts, zehn Schlägen einer Glocke' oder von irgendeiner ähnlichen zyklischen Folge, davon, daß irgend etwas soundso viele ‚Male' geschieht, dann tun wir dasselbe wie bei den ‚Tagen'. Zyklische Sequenzen fassen wir mit dem imaginären Plural. In der Erfahrung, vor aller Sprache, ist aber eine Gleichheit zyklischer Folgen mit Aggregaten nicht eindeutig gegeben, denn sonst wäre sie in allen Sprachen zu finden, und das ist nicht der Fall.

Unser Bewußtsein von Zeit und Zyklizität enthält etwas Unmittelbares und Subjektives – das fundamentale Bewußtsein des ‚Später-und-Später-Werdens'. Im gewohnheitsmäßigen Denken von uns, die wir zur SAE-Gruppe gehören, wird das aber von etwas ganz anderem verdeckt, das zwar auch geistiger Art ist, aber nicht als subjektiv bezeichnet werden sollte. Ich nenne es OBJEKTIVIERT oder imaginär, weil es nach dem Schema für die AUSSEN-Welt gebildet ist. In ihm ist unser Sprachgebrauch niedergeschlagen. Unsere Sprache macht keinen Unterschied zwischen Zahlen, die diskrete[2] Dinge zählen, und Zahlen, die nur ‚sich selbst zählen'. Das gewohnheitsmäßige Denken geschieht daher so, als ob die Zahlen im letzteren Fall geradeso ‚irgend etwas' zählten wie im ersten Fall. Das ist die Objektivierung. Die Begriffe von der Zeit verlieren den Kontakt mit der subjektiven Erfahrung des ‚Später-Werdens' und werden als gezählte QUANTITÄTEN vergegenständlicht, insbesondere als Längen (Zeitspannen), die aus Einheiten bestehend gedacht werden, so wie eine Streckenlänge sichtbar in Zentimeter aufgeteilt werden kann. Eine ‚Zeitspanne' wird wie eine Reihe von Flaschen oder anderen Einheiten vorgestellt.

Im Hopi[3] liegen die Sachen anders. Der Plural und die Kardinalzahlen werden nur für Dinge benutzt, die eine gegenständliche Gruppe bilden oder bilden können. Es gibt keinen imaginären Plural. An seiner Stelle werden Ordinalzahlen, verbunden mit dem Singular, verwendet. Einen Ausdruck wie ‚zehn Tage' gibt es nicht. Die dazu äquivalente Aussage ist eine operationale[4] und erreicht einen bestimmten Tag durch passende Zählung: ‚Sie blieben zehn Tage' wird zu ‚sie blie-

---
[1] Standard Average European   [2] abgegrenzt   [3] Sprache der Hopi-Indianer   [4] einen Denkvorgang bezeichnend

ben bis zum elften Tag' oder zu ‚Sie gingen nach dem zehnten Tag weg'. Statt ‚Zehn Tage sind mehr als neun Tage' erhalten wir ‚Der zehnte Tag ist später als der neunte'. Unsere ‚Zeitspanne' wird nicht als eine Länge betrachtet, sondern als eine Relation des Späterseins zwischen zwei Ereignissen. Während unsere Sprache die Vergegenständlichung jener Gegebenheit des Bewußtseins, die wir Zeit nennen, fördert, gibt es im Hopi kein Strukturschema, welches das Wesen der Zeit, das subjektive ‚Später-Werden', verdeckt.

Über Einflüsse sprachlicher Gewohnheiten in der westlichen Zivilisation

[...] Im Gegensatz zu der Weltauffassung der Hopis befördert unsere objektivierende Auffassung der Zeit die Historizität und alles, was mit der Aufzeichnung von Ereignissen zusammenhängt. Die Weltansicht der Hopis ist zu subtil und komplex, sie sieht alles zu sehr in kontinuierlicher Entwicklung, um einfache, klare Antworten auf die Frage nach dem Anfang ‚eines' Ereignisses und dem Ende ‚eines anderen' zu gestatten. Wenn alles, was je passierte, immer noch ist, aber notwendig in einer anderen Form ist, als der, die in Gedächtnis und Aufzeichnung berichtet wird, dann besteht kein Anreiz zum Studium der Vergangenheit. Die Gegenwart aber muß man nach dieser Ansicht nicht aufzeichnen, sondern zum ‚Vorbereiten' ausnützen. UNSERE objektivierte Zeit liegt wie ein breites Maßband mit abgeteilten leeren Spalten vor uns, deren jede mit einer Eintragung auszufüllen ist. Das Schreiben hat sicherlich zu unserer sprachlichen Behandlung der Zeit beigetragen, wie auch umgekehrt diese zum Gebrauch von jenem. Aus der Wechselwirkung zwischen der Sprache und dem Ganzen der Kultur gehen unter anderem hervor:
1. Aufzeichnungen, Tagebücher, Buchhaltung, Rechnungsführung und die durch diese angeregte Mathematik.
2. Interesse an genauer Reihenfolge, Datierung, Kalender, Chronologie, Uhren, Zeitlöhne, Zeitmessung, der physikalische Begriff der Zeit.
3. Annalen, Geschichtswerke, die historische Haltung, Interesse an der Vergangenheit, Archäologie, Einfühlung in vergangene Zeitalter: Klassizismus, Romantizismus usw.
Nach unserer Auffassung erstreckt sich die objektive Zeit in die Zukunft ganz ebenso wie in die Vergangenheit. Wir geben daher unseren Entwürfen für die Zukunft die gleiche Form wie unseren Aufzeichnungen der Vergangenheit und machen Programme, Zeitpläne, Haushaltspläne etc. Die formale Gleichheit der quasiräumlichen Einheiten, in denen wir die Zeit auffassen und messen, läßt uns in dem ‚formlosen Etwas' oder der ‚Substanz' Zeit einen homogenen Fluß sehen, der im Verhältnis zur Zahl der Einheiten fließt. Daher teilen wir allen Leistungen pro Zeiteinheit gemessene Werte zu – ein Verfahren, das den Aufbau einer kommerziellen Zeitstruktur gestattet: Zeitlöhne (die Zeitarbeit gewinnt gegenüber der Stückarbeit mehr und mehr das Übergewicht), Miete, Kredit, Zinsen, Abschreibungen und Versicherungsprämien. [...] Ob eine Zivilisation wie die unsere in Verbindung mit einer ganz anderen sprachlichen Behandlung der Zeit möglich wäre, ist eine große Frage – in unserer Zivilisation sind unsere sprachlichen Strukturschemata und unser an die Zeitordnung angepaßtes Verhalten das, was sie sind, und wir können nur feststellen, daß sie zusammenstimmen. [...]

(aus: Sprache – Denken – Wirklichkeit. Reinbek bei Hamburg: Rowohlt Taschenbuch 1984, S. 78ff. und 94f.)

⑬ Ermitteln Sie aus dem Text, was „sprachlicher Determinismus" und „sprachliche Relativität" bedeuten, und erläutern Sie die Begriffe.
⑭ Erörtern Sie die Frage der (nicht vom Verfasser stammenden) Überschrift anhand des Textes.
⑮ Überlegen Sie Konsequenzen aus diesen Forschungsergebnissen
   a) in Hinblick auf die Kommunikation mit Fremden.
   b) für das Erlernen von Fremdsprachen.

III. Aspekte der deutschen Gegenwartssprache

1. Sprachnorm

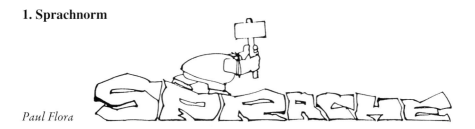

Paul Flora

> Einleitung zum chinesischen Kochen: Kochen in China ist eine Kunst. Speise in kleinem Stueck und schnellem Kochen ist sehr gut. Alle Speise in kleinem Stueck. Kein Messer ist noetig. Nun wissen wir alle die Wichtigkeit des Bewegen- Braten. Das ist eine gute Methode fuer Behalten der Ernaerung.

Dieser Text kann die in ihm enthaltenen Informationen nur bruchstückweise vermitteln. Was die durch Punkte abgetrennten Einheiten aussagen, kann ein Sprecher des Deutschen z. T. nur erraten, es kann zu Mißverständnissen kommen. Nur zwei der sechs Einheiten sind als Sätze der deutschen Sprache richtig gebildet, die anderen enthalten Verstöße gegen die Regeln des Satzbaus (der Syntax) und der Rechtschreibung (der Orthographie). Wie vor allem aus der letzten Einheit hervorgeht, werden auch Bedeutungen deutscher Wörter nicht sicher beherrscht.

① Kennzeichnen und analysieren Sie sämtliche Verstöße gegen die Sprachrichtigkeit. Welche Verstöße beeinträchtigen die Verständlichkeit entscheidend?

Um rasches Auffassen und Verstehen sowie eine störungsfreie Verständigung zu gewährleisten, gibt es **Sprachnormen**.

> Sprachnormen fordern zu einem bestimmten **sprachlichen Handeln** auf. Sie machen die **Regeln**, die einer Sprache zugrunde liegen, und die **Konventionen**, die sich bei ihrem Gebrauch gebildet haben, für alle Benutzer dieser Sprache verbindlich.

Eine unveränderliche Grundregel der deutschen Sprache wäre etwa: „Einem Satz liegt ein Verb zugrunde." Eine (veränderbare) Konvention ist z. B.: „Substantive werden groß geschrieben." Sprachnormen werden in Grammatiken beschrieben. Ein Verstoß gegen sie gefährdet die Verständigung, gänzliche Mißachtung macht Verständigung unmöglich. Nur wenige Mitglieder einer Kommunikationsgemeinschaft wollen und können es sich leisten, von den Regeln und üblichen Handlungsweisen im Umgang mit Sprache abzuweichen (s. Kapitel „Die Niederschrift der Abiturarbeit", S. 87 ff.).

Das Befolgen von Sprachnormen ist Teil unseres Sprachwissens, das wir durch Anlage und Erfahrung erworben haben. **Grammatik** und **Lexikon** wirken dabei zusammen. Hier ist auf die Doppelbedeutung der beiden Begriffe zu achten. Der Begriff Lexikon bezeichnet einmal einen Teil des inneren Sprachbesitzes, zum anderen ein Buch, in dem die Wörter alphabetisch oder

nach Sachgebieten geordnet und in ihrer Bedeutung festgelegt und beschrieben sind. Ähnlich verhält es sich mit der Grammatik. Aus der „inneren" Grammatik ist ein Nachschlage- und Lehrwerk gemacht worden, das die formalen Regeln einer Sprache beschreibt. Das Ordnen und Benennen kann nach verschiedenen Prinzipien vorgenommen werden, deshalb gibt es auch nicht **die** Grammatik, sondern Grammatiken und diverse Grammatiktheorien.
In einer dieser Grammatiken, der DUDEN-Grammatik, findet sich unter der laufenden Nummer 1210 folgender Eintrag:

> **Relativer Anschluß mit *das* oder *was:***
> Große Unsicherheit herrscht heute bei der Verwendung von *das* oder *was.*
> *das* wird gebraucht, wenn das Bezugswort ein sächliches Substantiv oder aber ein substantiviertes Adjektiv (Partizip) ist, das etwas Bestimmtes oder etwas Einzelnes bezeichnet:
>
> Das Werkzeug, *das* man an der Ausgabe bekommt ... Das Kleine, *das* sie im Arm hielt ...
>
> *was* wird gebraucht, wenn das Bezugswort ein substantiviertes Adjektiv (Partizip) ist, das etwas Allgemeines, etwas Unbestimmtes oder etwas rein Begriffliches ausdrückt:
>
> All das Schöne, *was* wir in diesen Tagen erlebten, war zerstört.
>
> (aus: DUDEN. Grammatik der deutschen Gegenwartssprache.
> Hg. v. G. Drosdowski. Mannheim [u. a.]: Dudenverlag ¹1984, S. 76 f.)

Hier wird mit einer bestimmten **Terminologie** der Sprachgebrauch beschrieben und **vorgeschrieben:** es werden **Normen** festgelegt. Zuglcich wird deutlich, daß sich die Verfasser der DUDEN-Grammatik zur offenen Norm bekennen. Das Programm dieser Grammatik formuliert der Herausgeber Günther Drosdowski in seinem Vorwort so: „Gegenstand der DUDEN-Grammatik ist die gesprochene und geschriebene deutsche Standardsprache (Hochsprache) der Gegenwart. Mit ‚Standardsprache' ist die überregionale und institutionalisierte Verkehrs- und Einheitsprache gemeint, die den Interessen der **ganzen** Gesellschaft dient." Über Methode und Ziel wird ausgeführt: Die Grammatik „beschreibt primär, sie führt die Breite des Üblichen vor, verschweigt nicht konkurrierende Wortformen und Verwendungsweisen, sondern erläutert sie, und sie achtet darauf, daß Sprachgebrauch und kodifizierte Norm nicht auseinanderklaffen".

② Definieren Sie den Begriff der „Norm", wie er im Vorwort der DUDEN-Grammatik zum Ausdruck kommt.
③ Sprachnormen sollten nicht mit Sprachlenkung verwechselt werden. Erläutern Sie den Unterschied.

Die Duden-Redaktion steht immer wieder vor der Frage, wann Üblichgewordenes als „dudenwürdig" anerkannt wird und wie bei der Integration zu verfahren ist. „Spitze" und „Klasse" waren ursprünglich Substantive, tauchten aber vor einem Jahrzehnt als saloppe Qualitätsbezeichnungen auch bei anderen Wortarten auf. Von der Duden-Redaktion wurde die Schreibung verbindlich festgelegt und grammatisch verankert: Man besucht einen „klasse Film" (Adjektiv), in dem eine Schauspielerin „klasse spielt" (Adverb), aber wenn etwas „ganz große Klasse" ist, muß das Wort als Substantiv auch groß geschrieben werden.
Obwohl die Duden-Regeln immer wieder kritisiert und angefochten werden, gelten sie in der Sprachgemeinschaft als verbindlich. Wer sich nicht an sie hält, muß mit „Sanktionen" rechnen (z. B. bei Bewerbungen, der Einschätzung im sozialen Bereich).

2. Sprachwandel und Sprachpflege

Peter Butschkow

Ein amerikanischer Korrespondent hat nicht ohne Ironie aufgezeichnet, wieviel Heimatsprachliches ihm begegnete, wenn er die Deutschen miteinander reden hörte.

MICHAEL MEYER
Was Gibt's Neues, Dude[1]? *The English in German*

Turn on "das TV" in Germany these days, and you might hear "den Talkmaster" conduct "das Interview" with "dem best-seller Autor." Go to a café and the waitress might ask: "Möchten Sie Lunch oder einen Longdrink?" Watch Cologne play Bremen in the German Cup final, and you hear the sportscaster scream: "Der Keeper hat den Ball gedroppt!" Few fans, English or German, have any trouble understanding, and it is a great match, full of "stoppen und starten" and a whole lot of "fighten."
Germans once resisted Englishisms the way Japanese shun imported rice, but no more. Talk to any German teenager and you quickly learn that "Englisch ist cool." More than 6.000 American neologisms have crept into the language, according to linguists, and more emerge every day. Trendy boyfriends and girlfriends refer to "mein Lover," sometimes even when they're young enough to be "Teenies." Pop songsters croon "Amerikanische Songs" in "den Nightclubs," and traffic controllers warn that the "Autobahn zwischen Dortmund und Hanover ist stop-and-go." Since that means mostly stop, drivers often pull into the nearest "park-n-ride und commute" to get "einen Snack".
Businessmen especially are getting into the English act. BMW advertises that "der 850i gibt more smiles per hour." Globetrotting "Topmanagers" jet off to New York with "Boarding-card in der Hand." En route, they "machen Konferenzcalls," or perhaps plan their next vacation—say a little "Hawaii island-hoppen mit motor-biken."
Psychologists suffer from "Englischsprache Komplex." "Jedes new age sucht sich new words (Each new age seeks out new words)," wrote the daily Bild recently, explaining how "megatrendy" and "midlife Crisis" have entered the pop-psych vocabulary. Employees who get no "Feedback" from their employers seek it from shrinks[2,] the newspaper reported—adding that such "Brain Sessions" can strain the budgets of poorly paid "Juniorproduktmanagers."
The assault on German comes just as Bonn has launched a campaign to teach the language abroad, especially in Eastern Europe. After 40 years of neglect under communism, Germans proudly say, Deutsch is making "ein Comeback." That has raised fears of a linguistic new Reich in Germany's old stomping grounds, but it shouldn't. After all, a new generation of Germans speaks an international argot of good will. "Don't worry, be happy," they say. Und haben Sie einen super Tag.

(aus: Newsweek, August 26, 1991)

---

[1] amerik. (slang): Mann   [2] amerik.: Psychiater

Was gibt's Neues, Dude? ist eine Sprachglosse. Der amerikanische Verfasser läßt das für ihn Kuriose für sich selbst sprechen. Er präsentiert möglichst viele Kauderwelsch-Beispiele, fragt aber nicht nach den Ursachen der Mode, kommentiert kaum. Solche und ähnliche Sprachglossen sollen witzig sein und unterhalten; pedantische Belehrung und tiefgründige Betrachtung sind verpönt.

① Wie würden Sie die Beliebtheit englischer Wörter und Ausdrücke im heutigen Deutsch erklären? Beziehen Sie auch die Karikatur in Ihre Überlegungen ein.
② Wie beurteilen Sie die Übernahme so zahlreicher Anglizismen in die deutsche Sprache?

Es ist eher die Ausnahme, daß in einem Leitartikel einer großen, überregionalen Zeitung das Thema Sprache aufgegriffen wird. Der Verfasser des folgenden Artikels hat dazu offenbar zwei Anlässe. Es gibt sprachbewußte und -sensible Zeitgenossen, die den ständig im Gang befindlichen Sprachwandel mit Argwohn betrachten: Ist mit diesem Wandel nicht ein Verfall oder Wertverlust des kostbaren Gemeinguts Sprache verbunden? Muß Sprache nicht besser gepflegt werden? Der andere Anlaß ist die bevorstehende Reform der deutschen Rechtschreibung, die, obgleich sehr umstritten, für das öffentliche Bewußtsein noch gar kein Thema geworden ist.

HERMANN UNTERSTÖGER
Kein Schaden für die Sprache

Da Reformer neben dem allgemeinen Wohl gelegentlich auch Persönliches im Auge haben, ist es legitim, Reformen mit Argwohn zu begegnen. Bei Sprachreformen ist das nicht anders. Diese zielen ja oft nur vordergründig auf das Sprachgut respektive dessen Reinigung, während ihre Hintergedanken einer Neuorientierung in den Köpfen gelten. Wenn einer die Rechtschreibreform aus dieser Perspektive betrachtet und zu dem Schluß kommt, man plane seine Vertreibung aus der geistigen Heimat, so muß das kein Hasenfuß sein. Selbst wenn man dabei nicht an die Vertreibung nach 1945 denkt, ist das Bild vom Heimatverlust geeignet, unerfreulichste Vorstellungen wachzurufen: Was hat nicht das flache Land an Entleerung und Verarmung hinnehmen müssen, nur weil den Machern keiner rechtzeitig in den Arm fiel.

Daß Sprache Heimat sei, wird kein Vernünftiger bestreiten. Bei Betrachtung der neuen Vorschläge zur Rechtschreibreform muß die Frage lauten, ob der Heimat Schaden erwächst oder ob nicht, konträr, für sie ein Zugewinn an Wohnlichkeit, vielleicht sogar an Schönheit abfallen könnte. Anders gefragt: Verfolgen die Neuregelungen das Ziel, die Sprache in ihrer Substanz zu beschädigen? Geht das vermeintlich gute Werk an unsere kulturellen Wurzeln, dient es, kaum auszudenken, der Entwurzelung?

Es waren nie die Schlechtesten, die sich vom drohenden Sprachverfall alarmieren ließen. Hierzu eine Fußnote Schopenhauers, wonach er einmal statt des „schlechterdings erforderlichen *Plusquamperfecti Conjunctivi*, beliebter Kürze wegen, das simple Imperfekt gefunden in der Phrase: ‚er schien' statt: ‚er würde geschienen haben'. Dazu ich gesagt habe: ‚Elender Lump!'" Schopenhauers Zorn ist verraucht wie manche seiner Gegenstände. Mit dem Satz „Dazu ich gesagt habe" aber würde er sich heute einen Fehlerpunkt eingehandelt haben, ganz so wie Schüler, die schreiben: „Wir gingen spazieren, weil das Wetter war schön."

Diese Verwendung der Konjunktion *weil* nennen wir parataktisch. Sie könnte eines Tages, dank hartnäckigen „falschen" Einsatzes durch die Sprachgemeinschaft, so weit sanktioniert sein, daß sie die hypotaktische ablöst. Wäre das als Niedergangssymptom zu werten, da doch die logische Leistungsfähigkeit der Sprache betroffen zu sein scheint? Der Sprachwissenschaftler Harald Weinrich rät in solchen Fällen zu ruhigem Blut, und er

baut seinen Rat auf das Argument, daß ein Begründungssatz mit *weil* „allemal ein hypotaktischer Satz ist, ganz gleich, ob das Verb in Endstellung oder in Zweitstellung steht". Der Sprache nehme das nichts an Wert und Würde.
Wer ihr mit ähnlicher Gelassenheit begegnet, wird der Rechtschreibreform am ehesten gerecht. Man setzt sie wohl nicht herab, wenn man noch einmal den metaphorischen Rahmen von der Heimat und deren Ausgestaltung bemüht und ihr darin den Status einer Bachauskehr zuweist. *In natura* ist das eine recht nutzbringende Veranstaltung, gedacht, Bächen und sonstigen Gewässern jene Bewegungsfreiheit zurückzugeben, die Alltag oder menschlicher Unverstand ihnen genommen haben. Man kann sie, wie die Bachregulierung, als Eingriff in die Natur verstehen, doch im Gegensatz zu dieser ist sie der empfindlichen Balance eine Stütze und keine Störung. Wirklich täte man den meisten der zur Auskehr vorgesehenen Regeln zuviel der Ehre an, wenn man darin nur die Spuren eines über die Zeiten hin wirkenden Sprachgeists fände und sie infolgedessen für sakrosankt erachtete. Als die Orthographiereform von 1901 das *h* aus *Thür* und *Thor* entfernte, sahen manche eine Kulturkatastrophe heraufziehen. Der Schaden war indessen so gering, wie wenn wir heute *nummerieren* schrieben statt *numerieren*. Auf die Gefahr hin, die schon vor vier Jahren mit hochmütiger Süffisanz vorgebrachte Vermutung zu stützen, die Reform sei eine Verbeugung vor den Hilfsschülern: So viele Leute, die *numerieren* auf das lateinische *numerare* zurückzuführen wissen, gibt es ja auch nicht mehr, doch die paar sollten sich an Toleranz nicht von jenen übertreffen lassen, die *Büro* schreiben, obwohl sie in der Schule Französisch hatten.
Nun wäre es gewiß für die meisten kein geringer Schock, wenn sie auf die Kleinschreibung der Hauptwörter umsteigen müßten, und dürftig wäre es, die Verschreckten der Lächerlichkeit zu überantworten. Zwar werden auch sie zugeben müssen, daß sie nicht eben in Verständnisschwierigkeiten geraten, wenn sie einen weitgehend klein geschriebenen Text lesen, etwa von Grimm. Aber man muß ihnen zubilligen, daß sie sich nicht gern ohne Not einer Kulturtechnik begeben, die sie übend liebgewonnen haben und zudem als hochgradig nützlich erkannt zu haben glauben. Freilich sollten auch sie sich mit den Argumenten vertraut machen, welche die Reformer wider den Nutzen der Versalien ins Feld führen. Um nur eines zu nennen: Was die vermutete Funktion der Großbuchstaben als Haltepunkte betrifft, so stimme das mit der Forschung nicht ganz überein, indem die Augensprünge beim Lesen relativ fixe Größen seien, unabhängig von solchen Gliederungshilfen. Radikalreformern dürfte es angesichts des neuen Vorschlags ohnedies vorkommen, als habe der Berg gekreißt und wieder nur eine Maus geboren. Ob die laufen lernt, wird sich zeigen; besser als ein bewegungsloser Elefant macht sie sich jetzt schon.

(aus: Süddeutsche Zeitung, 30. 9. 92, S. 4)

Die Beispiele für Sprachwandel, die im Artikel gegeben werden, sind unterschiedlich. Die eine Veränderung ist eine Normabweichung, die auf Sprechergewohnheiten zurückzuführen ist, die andere müßte (wie etwa das neue System der Postleitzahlen) durch Gesetz oder Verwaltungsakt an einem bestimmten Datum eingeführt werden.

③ In Verbindung mit einem Wandel im Sprachgebrauch berührt der Verfasser ein sprachwissenschaftliches Problem: es geht um die logische Leistungsfähigkeit der Sprache, speziell der Kausalsätze. Ausgehend von der Tatsache, daß logisch gegliederte Aussagen sowohl als Parataxe (mehrere Hauptsätze) wie als Hypotaxe (Satzgefüge) formuliert werden können, wird das folgende Testverfahren vorgeschlagen:
– Bilden Sie mit den Kausalkonjunktionen „weil", „denn" und „da (ja)" Sätze, und ordnen Sie sie untereinander an. Was ist zum Satzbau zu bemerken?

- Ergänzen Sie die Liste durch einen Satz, in dem „weil" auf die Frage „Warum?" antwortet. In welchen Fällen kann die Konjunktion weggelassen werden? Wie ändert sich dann der Satzbau?
④ Die folgenden Reihen weisen auf Orthographieprobleme, mit denen sich die Reformer auseinandersetzen müssen. Benennen Sie zu jedem Punkt das Problem, und diskutieren Sie Lösungsmöglichkeiten.
  a) vielen dank für die erwiderung der grüße. Mit den boten kam die pest.
  b) Affaire, Affäre, Keks, Säson, Grafik
  c) Auf dem Trockenen stehen, auf dem trockenen sitzen; derartiges, etwas Derartiges
  d) Kannst Du Dir vorstellen, das das Das das geschrieben werden könnte?
  e) Auto fahren, radfahren, rad- und Auto fahren, Ski laufen, eislaufen, zusammenschreiben, getrennt schreiben
  f) Psych-ia-ter, Psy-chia-ter; Ma-cke, ma-che.
  g) Gerecyclet, regecycelt
⑤ Formulieren Sie die Meinung Hermann Unterstögers zum Thema „Sprachpflege".
⑥ „Daß Sprache Heimat sei, wird kein Vernünftiger bestreiten." Erörtern Sie diese These.

Auf welche Weise weitverbreitete Zeitschriften die Sprache beeinflussen, zeigt der folgende Artikel aus der *Hannoverschen Allgemeinen Zeitung*:

Die Sprache formt Nachrichten. Aber manchmal prägt ein Nachrichten-Magazin auch die Sprache. Dann blicken alle in den SPIEGEL und glauben, dort etwas Neues entdeckt zu haben. Auch wenn es nur ein alter Hut ist. Früher spielten die Kollegen in Hamburg ja noch auf dem Kalauerklavier, als dies bei seriösen Themen noch frivolen Reiz hatte. Das brachte uns in den wilden fünfziger und sechziger Jahren Wortschöpfungen wie die „Gunstgewerblerin". Mittlerweile sucht man das Neue lieber im Alten und spreizt sich gern mit thümlichen Formulierungen. Als zum erstenmal das Wort zögerlich auftauchte, konnte man noch auf einen Irrtum hoffen. Immerhin war diese Schöpfung schon den Brüdern Grimm in ihrem Wörterbuch nur das zitierte Verdikt „nicht üblich geworden" wert. Aber was kümmern Augsteins Mannen alte Professoren. So machte sich die Ausgrabung gar nicht zögernd breit: als Adjektiv wie als Verb. Und heute zögert kein Journalist mehr, alles und alle nur noch zögerlich zu finden. Unser Pech, warum haben wir zu lange gezögert, den Anfängen zu wehren. Auch bei der Sinnfindung ist wohl längst schon alles zu spät, seit die SPIEGEL-Schreiber zu faul sind, aus dem Englischen mehr als nur wörtlich zu übersetzen. „It makes no sense" wird seither fröhlich übersetzt, etwas mache keinen Sinn. Obwohl das numinöse Etwas gar nichts tun kann. Es hat vielleicht Eigenschaften, aber keinen Tatendrang. Weshalb die deutsche Sprache auch darauf beharrt, etwas habe einen Sinn. Oder ergebe einen Sinn. Sinnlos, schon redet alle Welt statt von der Sinnfindung und Sinngebung von der Sinnmachung. Aber nun ist das Maß voll. Neuerdings will uns das hansische Sprachrohr nämlich erneut zu Komplizen machen: für die „Komplizität". Aber das ist nun wirklich zu komplex. Es kann doch nicht kompliziert sein, dieses Wortungetüm aufzuhalten. Oder ist es schon zu spät? Waren wir zu zögerlich? Macht alles keinen Sinn mehr? Nächsten Montag wissen wir mehr.

(Rainer Wagner, in: Hannoversche Allgemeine Zeitung, 4. 9. 1993)

⑦ Vergleichen Sie diese Glosse mit dem Artikel Unterstögers unter den Aspekten „Sprachwandel" und „Sprachpflege".

Axel Wermelskirchen
Sprache – gar nicht so pflegeleicht*

Als Friedrich der Große im Sommer in Potsdam zur letzten Ruhe gebettet wurde, hörte der Professor Horst Dieter Schlosser am Radiogerät, wie ein Journalist das Ereignis sprachlich als „finale Vergruftung" des Preußenkönigs faßte. Eine Trouvaille für den Professor, eine erlesene Kostbarkeit, ein Geschenk des Himmels, ein gefundenes Fressen, nein, so was von mordsmäßigem Schwein, ein echt turbogeiler Hit, boah, Mann, ey! Schlosser war bestärkt in einem Plan, den er am Montagabend in Frankfurt der deutschen Sprachgemeinschaft vorstellte: Wir küren das „Unwort des Jahres", Einsendeschluß 15. Januar 1992, und wir fertigen (alle Wetter!) eine „Rote Liste vom Aussterben bedrohter Wörter" an, wie etwa „die Schnurre", „der Geck", „genehm", „keck", „jemandem bedeuten", „es gebricht an", „erheischen", „bisweilen", „obzwar" und „zumal".

Die deutsche Sprachgemeinschaft bestand an diesem Abend aus knapp einem halben Schock Mitgliedern der Wiesbadener Gesellschaft für deutsche Sprache, Zweig Frankfurt am Main. „Zweigvorsitzer", wie es in einem Informationsblatt heißt, ist Professor Schlosser, der an der Universität Frankfurt Neuere Philologie lehrt. Manche der Mitglieder stehen in einem Alter, in dem einem schon mal – wie geschehen – ein „Herr Reichsminister" rausrutscht, wenn man einen Bundesminister meint, andere sind so jung, daß sie – wie nicht geschehen – das Wort „geil" unbefangen im Munde führen.

Um es vorwegzunehmen: etwas Scheußlicheres und damit im Sinne des „Unternehmens Unwort" Schöneres als die „finale Vergruftung" ließ sich an diesem Abend nicht finden. So bleiben die Spannung und die Sammelfreude der Sprachfreunde erhalten, und die Journalisten, die den Professor nach seinem Bekunden schon bald nach Bekanntwerden des Vorhabens enerviert hatten („Wie heißt denn nun das ‚Unwort des Jahres 1991'?"), müssen warten. Sie müssen warten, wie sie jedes Jahr warten müssen auf das „Wort des Jahres", das die Gesellschaft für deutsche Sprache stets um die Weihnachtszeit bekanntgibt – für 1990 etwa „die neuen Bundesländer" (vor „vereintes Deutschland", „soziale Abfederung" und „menschliche Schutzschilde") und für 1989 „Reisefreiheit" (vor „Begrüßungsgeld", „friedliche Revolution", „Mauerspecht" und „Trabi").

Ist denn „Unwort" nicht schon ein „Unwort", hat es nicht etwas Beleidigendes und Verletzendes? Schlosser: „Ich habe schon ein wenig Bauchschmerzen gehabt, wegen des Anklangs an ‚Unperson', das in der Nazizeit verwandt wurde." Die Bauchschmerzen der debattierenden Runde („Es klingt wie Ungeziefer und Unmensch") überschritten aber nicht das Maß des Erträglichen, und auch der Vorschlag, doch lieber „Wortungetüm" zu sagen, fand nur leisen Widerhall bei den Sprachpflegern. Sie begannen „Unwörter" zu sammeln, nachdem sie einem Arbeitsblatt des Professors entnommen hatten, damit solle „auf Folgen gedankenlosen und verantwortungslosen Sprachgebrauchs aufmerksam gemacht werden". Auch solle „zugleich für einen verantwortungsbewußteren Umgang mit der deutschen Sprache in der Öffentlichkeit geworben werden". Das „Unwort des Jahres" habe dabei nur exemplarische Bedeutung. „Unwort"-Vorschläge an die Gesellschaft werden übrigens nur angenommen, wenn die Quelle genannt ist.

„Unkaputtbar" war einer der ersten Vorschläge, entnommen einer Computer-Zeitschrift. Da konnte Schlosser deutlich machen, worum es ihm geht: „Unkaputtbar ist zwar scheußlich, aber wer so redet, bringt noch keinen um." Er wolle zuvörderst Wort- und Begriffsbildungen rügen, „welche die Humanität beleidigen und durch gedankenlosen Gebrauch humanes Empfinden abstumpfen lassen – man denke an historische Beispiele wie ‚Konzentrationslager', ‚Schutzhaft' und ‚Endlösung'". Verstöße gegen die Sprachästhetik wie „genauifizieren" und „verunmöglichen" seien ihm nicht so wichtig, bedenklicher sei es, wenn man etwa ursprünglich neutrale Rechtsbegriffe wie „abwickeln" im inflationären Gebrauch auf Menschen anwende: „Die Mitarbeiter in der Abteilung X sind abgewickelt worden." Aufmerksamkeit verdiene auch die „Warteschleife", in die man neuerdings Menschen und nicht mehr nur Flugzeuge schicke, und eine „eindeutige Perversion des ursprünglichen Wortgehalts" sei „die Anwendung der Formulierung ‚klinisch sauber' für Raketenangriffe und Bombardements im Golfkrieg" gewesen.

Eine ältere Frau kam mit ihren Anmerkungen der Sache des Professors näher: Es sei doch zynisch, wenn Statistiker von „Altenlast" sprächen und Jugendliche von „Grufties". „Entmieten" sei ein „Unwort" gewesen, sagte eine andere Frau, als man damals in Berlin zur Kahlschlagsanierung ganzer Stadtviertel geschritten sei, auch „tantenhaft" müsse gerügt werden, es beleidige alle Tanten. [...]

„Und was machen wir, wenn wir das ‚Unwort' haben? Was geschieht mit denen, die es benutzen?" Schlosser beruhigte den jungen Fragesteller: „Selbstverständlich braucht sich keiner danach zu richten, wir können und wollen nichts vorschreiben, es ist bloß ein Versuch, zum Nachdenken anzuregen."

Ginge es nach dem Professor, dann hätten die von Sprachpflegern gern und ausgiebig gescholtenen Journalisten bald noch eine im Jahresrhythmus wiederkehrende Meldung zu veröffentlichen, das „vom Aussterben bedrohte Wort des Jahres", entnommen der Roten Liste. Neben die „vielfedrige Felsenalbe" oder wie die gefährdeten „Vögel des Jahres" auch heißen mögen, träten dann – es ist fünf Minuten vor zwölf – Wörter und Wendungen, die zwar „immer seltener gebraucht werden", aber „dennoch erhaltenswert erscheinen, weil sie zu einer differenzierteren Ausdrucksweise beitragen, als es ein häufig reduzierter Wortschatz vermag". [...] Schlosser will die Veränderung der Sprache mit der „Roten Liste" nicht aufhalten, es gehe nicht um die „Rekonstruktion schon untergegangener Sprachzustände oder einzelner ihrer Elemente". Einigkeit erzielten die Frankfurter Sprachfreunde darin, daß Dativ-e und richtiger Gebrauch des Konjunktivs erhaltenswert seien, „Arbeitersekt" für Mineralwasser jedoch eher nicht.

Verantwortung, Humanität, Sprachästhetik, „erweiterte Möglichkeiten lexikalischer Variation" – weite Ebenen und strahlende Horizonte für die Sprachpfleger. Daß es auch sonst noch einiges zu tun gibt, zeigte sich in Frankfurt, als ein Debattenredner sagte, das schöne alte Wort „zuvörderst" stehe schon auf der „Roten Liste", dabei sei es doch viel kürzer als das heute meist verwandte „an erster Stelle". Der junge Berichterstatter gegenüber am Tisch hörte das (gefährdete) Stichwort, merkte auf und notierte, meiner Treu: „zuförderst".

(aus: Frankfurter Allgemeine Zeitung Nr. 234, 9.10.91)

⑧ Im ersten Absatz bildet der Verfasser spielerisch-parodistisch ein Stück Sprachentwicklung nach. Wie geht er vor? Welchen Sprachschichten entstammen die Bezeichnungen?
⑨ Suchen Sie für die vom Aussterben bedrohten Wörter heute übliche Synonyme, oder umschreiben Sie die Bedeutung.
⑩ Erläutern Sie die aufgeführten „Wörter des Jahres" mit Blick auf die Zeitgeschichte.
⑪ Lassen Sie sich durch den Artikel zu einer Glosse über das Thema „Sprachwandel" anregen.

3. Fachsprache, Bildungssprache, Umgangssprache

Histologisch weist dieser Gewebsstreifen an der Oberfläche ein regelhaft geschichtetes, mäßig breites, in den oberflächennahen Anteilen gering ödematös aufgelockertes Plattenepithel auf. Das angrenzende lockere Stroma schließt herdförmig betont Rundzelleninfiltrate auf sowie eine kleine Zyste, die ebenfalls von Plattenepithel ausgekleidet ist. In der Lichtung finden sich abgeschilferte Plattenepithelien der Superfitialschicht vermischt mit vereinzelt Granulozyten.

Werner Koch

Der Textausschnitt ist einem medizinischen Gutachten entnommen, der Befund ging von einem pathologischen Institut an den behandelnden Facharzt. Die zahlreichen Ausdrücke aus der Fachsprache der Medizin machen das Gutachten für Laien praktisch unverständlich.

① Versuchen Sie eine „Übersetzung" des ersten Satzes mit Hilfe eines Fremdwörterlexikons und Ihrer eigenen sprachlichen Kenntnisse. Welche Schwierigkeiten haben Sie?
② Verteidigen Sie eine solche Fachsprache gegenüber einem „Sprachpuristen", der meint, es ließe sich alles auch in allgemeinverständlichem Deutsch ausdrücken.
③ Beschreiben Sie das in der Karikatur dargestellte Rollenverhältnis.
④ Welche Funktionen schreibt der Karikaturist der Fachsprache zu? Nehmen Sie dazu Stellung.

Die Medizin besitzt eine Fachsprache mit Tradition. Der medizinische Wortschatz umfaßt etwa 80 000 Namen für Medikamente, 30 000 Wörter zur Bezeichnung von Körperteilen, Organen und Organfunktionen, 60 000 Bezeichnungen von Krankheiten. Die Wörter sind fast ausschließlich lateinischer und griechischer Herkunft; Versuche, sie durch deutsche Ausdrücke zu ersetzen, wurden gar nicht erst gemacht. So muß sich heute noch ein Medizinstudent einen aktiven Fachwortschatz von 6000–8000 Ausdrücken aneignen.

> Wie viele **Fachsprachen** ist auch die medizinische **international**. Ihre **Termini** (Sing.: Terminus) bezeichnen **exakt definierte Phänomene**.

Deshalb gilt die medizinische Fachsprache als optimales Mittel für die Verständigung unter Fachleuten. Weil sie andererseits das medizinische Wissen für die Allgemeinheit weithin unzugänglich macht, muß der Arzt in seiner Praxis täglich Fachsprache und **Umgangssprache** neben- und durcheinander gebrauchen. Der Patient wird seine Beschwerden in der Umgangssprache mitteilen, der Arzt muß seine Diagnose, die er für sich in fachsprachlicher Terminologie notiert hat, in diese Sprache übersetzen können.

Der Soziologe JÜRGEN HABERMAS hat die Wechselbeziehungen zwischen Fachsprache und „darunter"liegenden Sprachschichten genauer untersucht.

JÜRGEN HABERMAS
Umgangssprache, Bildungssprache, Wissenschaftssprache

[...] Uns interessiert, wie die Umgangssprache tatsächlich Elemente von Wissenschaftssprachen absorbiert. Neben der Berufspraxis ist die Öffentlichkeit das andere große Einfallstor, durch das wissenschaftliches Vokabular in das allgemeine Bewußtsein eindringt [...].
In der Öffentlichkeit verständigt sich ein Publikum über Angelegenheiten allgemeinen Interesses. Dabei bedient es sich weitgehend der *Bildungssprache*. Die Bildungssprache ist die Sprache, die überwiegend in den Massenmedien, in Fernsehen, Rundfunk, Tages- und Wochenzeitungen benutzt wird. Sie unterscheidet sich von der Umgangssprache durch die Disziplin des schriftlichen Ausdrucks und durch einen differenzierteren, Fachliches einbeziehenden Wortschatz; andererseits unterscheidet sie sich von Fachsprachen dadurch, daß sie grundsätzlich für alle offensteht, die sich mit den Mitteln der allgemeinen Schulbildung ein Orientierungswissen verschaffen können. Dieses Orientierungswissen kann in sehr verschiedenen Tiefenschärfen ausgebildet werden; in diesem Sinne „orientiert" die millionenstarke Bild-Zeitung ebenso wie die kulturell-politische Monatsschrift mit einer Auflage von weniger als 5000 Exemplaren. Das Orientierungswissen stützt sich auf die Kenntnis spezieller Sachverhalte, aber es ordnet diese Kenntnisse in relevante Zusammenhänge einer Lebenswelt ein. So entstehen beispielsweise „Arsenschlämme" als Abfallprodukt bei der Verhüttung von sulfidischen Erzen wie Eisen, Nickel, Blei, Zink, Kupfer; dieser Vorgang läßt sich im einzelnen chemisch erklären; aber lebensweltlich relevant wird dieses Wissen unter anderem dann, wenn die Ablagerung von Arsenschlämmen die Trinkwasserversorgung gefährdet, weil es bisher technisch noch nicht gelungen ist, das Abfallprodukt unschädlich oder gar für eine industrielle Weiterverarbeitung nutzbar zu machen. Das Orientierungswissen ermöglicht es uns, auf sehr verschiedenen Ebenen der Artikulation „die Verbindungslinien des Faches mit dem Ganzen der Welt und der Lebensaufgaben wahrzunehmen". Mit dieser Formulierung hat Max Scheler das, was er Bildungswissen nannte, charakterisiert. Und diesem Bildungs- oder Orientierungswissen hat er die *Bildungssprache* zugeordnet. Sie wird durch die Funktion, Fachwissen in die einheitsstiftenden Alltagsdeutungen einzubringen, definiert. Die Bildungssprache ist ein Medium, durch das Bestandteile der Wissenschaftssprache von der Umgangssprache assimiliert werden. [...]
Wir können uns das auch an dem Ausdruck „Sozialisation" klarmachen. Er wird in dem erwähnten Lexikon folgendermaßen erklärt: „Als *Sozialisation* gilt in der Soziologie ganz allgemein jener Lernprozeß, innerhalb dessen sich ein Kind im Lauf der Zeit die in der Gesellschaft geltenden ‚Spielregeln', Wertorientierungen und Verhaltensgewohnheiten aneignet, um später an seiner sozialen Umgebung verständig und kooperativ teilnehmen zu können ... Anders als der Begriff der *Erziehung*, der lediglich die bewußten, gezielten Einflüsse umfaßt, schließt Sozialisation auch jene Einflüsse mit ein, die sich unbemerkt und ungewollt, gleichsam automatisch vollziehen." Mit dem Ausdruck Sozialisation wird dem Laien für einen relevanten und naheliegenden Erfahrungsbereich eine Deutungsperspektive angeboten, die geeignet ist, ein naives Vorverständnis „umkippen" zu lassen [...].

(aus: Kleine politische Schriften I–IV. Frankfurt/M.: Suhrkamp 1981, S. 344ff.)

⑤ Fassen Sie die Hauptthesen des Textes zusammen.
⑥ Finden Sie Beispiele für die in Z. 25f. aufgestellte These. Vergleichen Sie diese Art des Sprachwandels mit den auf S. 24ff. dargestellten.
⑦ Versuchen Sie das Heranwachsen aus der neuen „Deutungsperspektive" (Z. 35) zu interpretieren.

B. Abiturvorbereitung

I. Schriftlicher Bereich

1. Erörterung

Wie für andere Fächer und Themenbereiche sollte man sich auch für die **Erörterung** im schriftlichen Abitur im Fach Deutsch gezielt vorbereiten. Man darf allerdings nicht erwarten, daß dies in einem Schnellkurs kurz vor dem Prüfungstermin möglich ist. Die verlangten **Fähigkeiten zur schriftlichen Darstellung** erfordern regelmäßige und geduldige Übung; die Vorbereitung auf die notwendigen **Sachkenntnisse** (etwa in Literaturgeschichte, Medienkunde, Kommunikationslehre) setzt die rechtzeitige Überprüfung des eigenen Wissensstandes an konkreten Aufgabenstellungen voraus, damit Lücken geschlossen werden können (s. S. 38f.).

① Analysieren Sie die Aufgabenstellungen auf den Seiten 34:①, 42:⑤, 43 (Beispiele) auf ihre Anforderungen hinsichtlich der notwendigen Darstellungsfähigkeiten und des unabdingbaren Sachwissens.
② Diskutieren Sie im Kurs, auf welche Schwierigkeiten Sie bei der Bearbeitung jeweils gestoßen wären. (Es empfiehlt sich für jeden einzelnen, die ihn betreffenden schriftlich festzuhalten und eine individuelle Vorbereitung zu planen.)

Das formale **Grundwissen** zur Erörterung ist für die Bearbeitung **jedes** Erörterungsthemas unabdingbar:

Erörterung

> Eine **Erörterung** ist Ihre **rational begründete** schriftliche Antwort auf eine an Sie gerichtete Frage zu einem auch für andere bedeutsamen und auf eine **Lösung** drängenden **Problem**.
>
> Eine Erörterung umfaßt gewöhnlich **drei Teile**:
> - Einleitung Darlegung der Bedeutsamkeit des Themas für eine öffentliche Auseinandersetzung darüber,
> - Hauptteil Formulierung einer These, Begründungen dafür, Darstellung und Entkräftung möglicher Gegenmeinungen,
> - Schluß Schlußfolgerung aus der vorherigen Argumentation als Bekräftigung oder Modifikation der These; Ausblick auf weiterführende Überlegungen.
>
> Jede Erörterung verlangt eine genügend breit angelegte **Argumentation** im Sinne der These.
>
> Argumentationen werden in der Regel entwickelt:
> - durch **Widerlegung** anderer Ansichten und ihrer Begründungen aufgrund einer eigenen These und Argumentation;
> - durch **Deduktion** (Ableitung) aus eigener (Hypo-)These mit Berücksichtigung und Widerlegung von Gegenargumenten;
> - durch **Induktion** (Herleitung) aus vorhandenen Argumenten/Beispielen.
>
> Ein **Argument** ist eine Aussage, die eine Behauptung (= These) **begründet**, indem sie auf Sachverhalte und Überzeugungen zurückgreift, die von vielen Menschen für richtig gehalten werden. Eine These ist um so besser begründet, je überzeugender die Argumente sind. Argumente müssen zwei Bedingungen erfüllen, um für die Stützung einer These überzeugend zu sein: **Eignung** und **Richtigkeit**.

Eignung: Das Argument darf weder die These nur inhaltlich in anderen Worten wiederholen, noch darf sie allen Zusammenhang vermissen lassen. Ein Argument ist geeignet, wenn es die These auf neue Weise einsehbar macht.
Richtigkeit: Ein Argument ist inhaltlich richtig, wenn es von den beabsichtigten Adressaten für wahrscheinlicher als die These gehalten wird. Das kann geschehen durch:
- Bezug auf unwiderlegbare Fakten,
- Berufung auf allgemein anerkannte Überzeugungen,
- Berufung auf gesellschaftlich verbindliche Normen,
- Berufung auf Ansichten von Sachverständigen oder Autoritäten,
- glaubhafte Darstellung eigener Erfahrung,
- Hinweis auf gleiche oder analoge Fälle,
- Verallgemeinerung von mehreren Beispielen,
- logisch abgeleitete Folgerungen aus Tatsachen/Überzeugungen.

Beachten Sie: Niemals darf ein Widerspruch zwischen Ihren **eigenen Thesen und Argumenten** auftreten!

a) Die Problemerörterung als Abituraufgabe

Aufgabenstellung:
Vor einigen Jahren haben die Entwicklungen in Europa und der übrigen Welt Hoffnungen auf eine friedliche Zukunft begründet. Ist dauerhafter Friede nach Ihrer Ansicht auch unter heutigen Umständen möglich?

Arbeitsschritte	Ergebnisse
Themenerschließung	
Problemstellung	frühere Friedenshoffnungen – heutige Skepsis: Möglichkeit in der Zukunft („heutige Umstände" beachten!)
Fragestellung	Entscheidungsfrage; mögliche Antwort: ja *oder* nein
Hinweis für die Bearbeitung	„nach Ihrer Ansicht" verlangt klare Festlegung auf *eine* Meinung, hinter der Sie persönlich stehen.

① Erschließen Sie nach diesem Muster folgende Themen:
 – „Europa der Vaterländer" oder „Vereinigte Staaten von Europa". Welche Entwicklung würden Sie bevorzugen?
 – Ist das Weltbild der Aufklärung noch geeignet, die Probleme der gegenwärtigen Welt zu lösen?

Stoffsammlung	(zum Thema „dauerhafter Friede")
Leitfragen	Wovon hängt dauerhafter Friede ab? Was hat vor 1989 diesen Frieden verhindert? Worin bestanden die Chancen? Welche heutigen Umstände erschweren Frieden? Lassen sich Prognosen für die Zukunft geben?
Begriffsklärung (Definition, Erläuterung)	„Friede": Gegensatz zu Krieg, Kontakte mit Nachbarn (Länder u. Menschen), Vermeidung von Benachteiligung, Offenheit für Fremde „heutige Umstände": Nationalitätenkonflikte, religiöse Konflikte, territoriale Fragen, Rohstoffproblem, soziale Fragen
Stoffsammlung (brainstorming, clustering)	Gewaltbereitschaft zur Durchsetzung politischer Interessen als Gefahr für den Frieden in Europa; Demokratie und Sozialstaat als Mittel der Friedensförderung; heutiger neuer Nationalismus, Egoismus, Korruption, politische Orientierungslosigkeit, soziale Gegensätze als Gefahren

② Üben Sie die Stoffsammlung am Beispiel „Weltbild der Aufklärung":
 – Tragen Sie Beispiele für aufgeklärtes Denken und Handeln zusammen.
 – Fügen Sie jedem Beispiel eine allgemeine kurze Begründung für Ihre Einschätzung an.
 – Setzen Sie aus diesen Begründungen Ihre Definition von Aufklärung zusammen.
 – Vergleichen Sie diese Definition mit solchen aus Nachschlagewerken.

Gliederung	(Zum Thema „dauerhafter Friede")
Formulierung der These	Dauerhafter Friede ist in Europa unter bestimmten Bedingungen möglich.
Ordnung der Stoffsammlung	

Die Problemerörterung als Abituraufgabe

③ Mögliche Ordnungsmuster sind:
- Gegensätze (Vorteil – Nachteil; einzelner – Gruppe/Gesellschaft; Ideal – Wirklichkeit; kurzfristig – langfristig)
- Entwicklung (Anfang – Entfaltung – Ende; Entstehung – Weiterentwicklung – Vollendung; Vorbild – Verfall – Ende)
- Ausweitung (Einzelfall – Ausweitung auf andere Bereiche; Aufzählung von Sachbereichen; Projektion in die Zukunft)
- Fokussierung (aus Aufzählung von einzelnen Erscheinungen zu gemeinsamem Nenner kommen; aus heterogenen Bereichen Gesamtbild erschließen)

Prüfen Sie, welches oder welche Muster sich für das Thema „dauerhafter Friede" am besten eignen, und formulieren Sie die Ergebnisse.

Arbeitsschritte	Ergebnisse
Gliederungsmöglichkeit für die erste Argumentationsebene (allgemeine Voraussetzungen als Thesen)	I. Definition von „Friede" Definition von „Europa" II. Friedensbedingungen 1. Bereitschaft der politisch Verantwortlichen zu aktiver Friedenssicherung 2. Verwirklichung demokratischer Prinzipien 3. politisches Handeln aus sozialer Verantwortung III. Schluß
Weiterbegründung/ Konkretisierung (weitere Argumentationsebenen/Beispiele)	zu II.1: a) indem man nationalistischen Tendenzen im eigenen Land Grenzen setzt (durch politische Auseinandersetzung, notfalls durch Gesetze) b) indem man aggressiven Staaten und Regierungen auch militärisch entgegentritt (Negativbeispiel: Appeasementpolitik vor dem 2. Weltkrieg) zu II.2: a) indem demokratische Institutionen und Mitwirkungsrechte der Bürger im eigenen Land gestärkt werden b) indem man internationale Entscheidungsinstanzen schafft (Organisationen, Gerichtshöfe) c) indem man diesen Instanzen zur Durchsetzungsfähigkeit verhilft (Geldmittel, Hilfskontingente)

④ Konkretisieren Sie II.3 analog.

Argumentationsstruktur (einfach, komplex; reihend, unterordnend; Berücksichtigung von Einwänden und Gegenargumenten *in jedem Fall*)	z. B. II.1.b: (komplexe Argumentationsstruktur durch Einbeziehen des Gegenarguments:) Militärische Maßnahmen verfehlen das Ziel der Friedenssicherung. Widerlegung durch Beispiel: Appeasementpolitik vor dem 2. Weltkrieg
Argumentationsrichtung (begründend, entfaltend, „rhetorisch")	Aufgrund der These ist eine entfaltende Argumentation erforderlich (*indem*); in unterordnender Subargumentation sind andere Argumentationsziele möglich (z.B. in II.2.b: *damit* internationale Konflikte ohne Gewalt gelöst werden können).
Einleitung (knappe, nicht untergliederte Darstellung)	Unzuverlässigkeit aller Aussagen über die Zukunft Europas
Schluß (keine Untergliederung)	Schwierigkeit der Umsetzung der formulierten Vorschläge

⑤ Vervollständigen Sie die hier nicht ausgeführten Teile der Gliederung.
⑥ Beschreiben Sie Ihr Vorgehen mit den in der linken Spalte angegebenen Fachausdrücken aus der Argumentationslehre. (Ziehen Sie, wenn nötig, das „Kleine Lexikon", S. 315 ff., heran.)
⑦ Ordnen Sie allen Argumenten mögliche Einwände zu. Notieren Sie jeweils auch die Mittel zur Widerlegung der Einwände.

Arbeitsschritte	Ergebnisse
Niederschrift Einleitung (allgemeines Problem, strittige Aussage/Zitat, vorläufige Definition, Einzelfall)	Als vor einigen Jahren der Eiserne Vorhang fiel, glaubten viele, daß durch den Wegfall des Ost-West-Gegensatzes weltweit ein dauerhafter Friede möglich sei. Inzwischen hat sich aber wegen der ethnischen, religiösen und ideologischen Konflikte in vielen Teilen der Welt Ernüchterung und Skepsis eingestellt. Es ist heute schwer zu sagen, ob sich in Zukunft wenigstens in Europa ein stabiler Friede herstellen läßt. Man kann aber Bedingungen nennen, die dafür notwendig sind.
Formulierung des Hauptteils (Überleitungen, Gedanken- und Satzverbindungen, Einfügung und Rückbeziehung von eingeschobenen Subargumenten, Vermeidung von Wort- und Satzbauwiederholungen)	Gliederung als Schreibplan (Lösungsbeispiel: s. S. 37)
Schlußgedanke (Ausblick auf die Zukunft, Vermutung über Erfolgsaussichten, Einschränkung, verwandte Probleme, Forderungen an den Leser)	Sosehr auch die genannten Bedingungen für einen dauerhaften Frieden die Zustimmung der meisten Menschen finden mögen, wird es nicht leicht sein, sie in praktische Politik umzusetzen. Zu oft stehen Einzelinteressen dem europäischen Gemeinwohl entgegen. Es wird wohl zunächst jeder in seinem Tätigkeitsbereich mit kleinen Schritten europäisch und kosmopolitisch orientierten Denkens und Handelns beginnen müssen. Erst dann kann sich auch in der großen Politik ein neues friedensschaffendes Verhalten durchsetzen.

⑧ Finden Sie andere Einleitungsmöglichkeiten. Passen Sie den Schluß Ihren eigenen Ausführungen an.

Die Problemerörterung als Abituraufgabe

Folgende Textelemente unterstützen die logische Struktur:

Konjunktionen	*wenn* (für Voraussetzungen/Prämissen)
	weil, da (für Begründungen)
	insofern, indem (für Entfaltungen)
	damit, so daß (für Zwecke des Handelns)
	aber, sondern, doch (für Gegensätze)
	wie (für Beispiele, Vergleiche)
Adverbien	*also, so* (für Folgerung)
	deshalb, darum (für Begründungen)
	außerdem, auch (für Reihungen)
	noch dazu, darüber hinaus (für Steigerung/Stufung)
	ebenso (für Vergleich)
Verben	*zeigen* (für Beispiele)
	beweisen, hinweisen auf, nahelegen, dafür sprechen,
	bestätigen (für Begründungen);
	widerlegen, widersprechen, zurückweisen (für Gegengründe)

Die Formulierung von II.2 könnte folgendermaßen beginnen:

Eine weitere wichtige Bedingung für Frieden in Europa ist das Vorhandensein demokratischer Verhältnisse sowohl in den einzelnen Staaten als auch zwischen ihnen.
Es ist eine bekannte Erfahrungstatsache, daß demokratische Staaten weniger dazu neigen, Konflikte mit Nachbarn kriegerisch zu lösen. Der jüngste Nationalitätenstreit im ehemaligen Jugoslawien zeigt deutlich, daß die Nachfolgestaaten um so stärker Gebietseroberungen anstreben, je weniger sie sich in ihrem inneren politischen System verändert haben.
Das Beispiel weist deutlich darauf hin, wie sehr innere Demokratie und außenpolitisches Verhalten eines Staates voneinander abhängen. Welchen Grund hätten denn auch die einfachen Leute und alle, die am Krieg nicht verdienen können, expansionistische Bestrebungen ihres Staates zu unterstützen? Durch die Mittel moderner Kriegsführung ist im Gegensatz zu antiken oder mittelalterlichen Verhältnissen bei bewaffneten Auseinandersetzungen die Zivilbevölkerung immer hart betroffen. Die Bombardierungen von Städten mit unendlich vielen Todesopfern waren nicht nur eine Begleiterscheinung des Zweiten Weltkriegs, sondern kennzeichnen jeden modernen Krieg. Außerdem werden dem zivilen Bereich staatliche Finanzmittel für Kriegsführung entzogen, was den Lebensstandard der Bürger erheblich beeinträchtigt. Wenn also diese Bürger das Schicksal ihres Staates bestimmen können, werden sie kaum so unvernünftig sein, einer Verschlechterung ihrer Lebensverhältnisse zuzustimmen, indem sie einen Krieg gegen einen anderen Staat entfachen.
Demokratie im Sinne von Mitbestimmung kann aber nur dann den Frieden eines ganzen Kontinents sichern, wenn sie auch auf das Verhältnis der Staaten untereinander angewendet wird.

⑨ Bestimmen Sie die Funktion der unterstrichenen Textbestandteile mit Hilfe der obenstehenden Tabelle.
⑩ Formulieren Sie den gesamten Hauptteil. Markieren und bestimmen Sie die für die logische Struktur notwendigen Elemente wie im Beispiel.
⑪ Der folgende Text enthält eine Reihe logischer Signale, trotzdem entspricht er nicht den Anforderungen einer rational nachvollziehbaren Erörterung. Wo kann der Verfasser aus logischen Gründen nicht überzeugen?

Eurotaoismus – um eine ernsthaftere Antwort anzudeuten – ist auch ein Titel für den Versuch, auf die Eigenart des geschichtemachenden Kontinents so dringlich aufmerksam zu machen, daß keine bloße äußere Kritik an ihm mehr plausibel werden kann. Selbst wenn wir die östliche Weisheit als eindrucksvolle, auf sich selbst gestellte Größe anerkennen: mit bloßen Asienimporten ist der
5 westlich mobilisierten Welt nicht zu helfen. Genau das ist die Initiative des Americotaoismus, der auf die „Krise des Westens" mit der Einfuhr von holistischem *fast food* aus Fernost reagiert. Selbstverständlich gibt sich diese Schnellküche auch als *nouvelle cuisine*, sie setzt auf Neues Denken wie auf ein unwiderstehliches Rezept, sie serviert planetarische Paradigmenwechsel wie Gänge in einem historischen Menü, und sie verspricht uns aufrichtig, daß nach dem rohen Fisch-Gang
10 ein zartes Wassermann-Chop-Suey an der Reihe sei. Doch die Tragweite des Neuen Denkens erschöpft sich, wie zu fürchten ist, in dem Vorschlag, in Zukunft unsere Ideen mit Stäbchen zu essen – „der Mensch ist, was er ißt".

(aus: Peter Sloterdijk, Zur politischen Kinetik. Frankfurt/M.: Suhrkamp 1989, S. 9)

⑫ Untersuchen Sie die Argumentation und ihre sprachliche Umsetzung in Sachtexten (z. B. in K. Edschmid, Expressionismus in der Dichtung, S. 146; R. Alewyn, Die Perspektive des Lesers, S. 293f.).

Sachwissen

Die **Technik** des Erörterns zu beherrschen genügt allein noch nicht. Ohne ausreichende **Sachkenntnisse** läßt sich nicht argumentieren. Kenntnisse zu Literatur, Medien, Sprache und Kommunikation vermittelt der Deutschunterricht. Auch die Fächer Religion oder Ethik, Sozialkunde, Geographie, Biologie und Geschichte schaffen Grundlagen, auf die man zurückgreifen sollte. Es gibt aber Bereiche, die im schulischen Unterricht selten oder gar nicht erscheinen und dennoch von besonderer aktueller Bedeutung sind, vor allem, wenn es um Grundwerte geht. Politisch-gesellschaftliche Vorgänge, Fragen sozialer Entwicklungen (Einstellung zu Kindern und Jugendlichen, Generationenproblem, Veränderungen von Wertvorstellungen, Gleichstellung von Frauen usw.) sind neben Bereichen wie „Technik und Umwelt", „Kultur und Massenmedien" häufig Anlässe für Themen zu Abituraufgaben. Auf solche Themen kann man sich langfristig vorbereiten (ohnehin sollte der künftige Staatsbürger sich mit Fragen von allgemeiner Bedeutung auseinandersetzen):
– Die regelmäßige Lektüre von **Tages- und Wochenzeitungen** informiert Sie über laufende Ereignisse, wenn auch oft, wie in den elektronischen Medien, lediglich kurzfristige Aktualität und nicht selten Sensation die Auswahl bestimmen.
– Deshalb sollten Sie darauf achten, daß Sie auch Sendungen und Artikel mit analysierendem und argumentierendem Charakter zur Kenntnis nehmen, weil sie Zusammenhänge herstellen und zur Auseinandersetzung anregen. Solche Texte finden Sie in aktuellen **Sachbüchern der Taschenbuchverlage**, die oft in der Presse publizierte Beiträge zu einem bestimmten Thema zusammentragen und deshalb einen Sachverhalt von verschiedenen Seiten beleuchten.

– Für knappe und schnelle Information über historisches und sonstiges über das Fach Deutsch hinausgehendes Faktenwissen stehen **Enzyklopädien** zur Verfügung, deren häufige Benutzung Ihnen ein breites Allgemeinwissen verschaffen kann.

Um offene **Fragen und Probleme** erkennen zu können, reicht es meist nicht aus, lediglich Informationen über verschiedene Sachgebiete zu sammeln und im Gedächtnis zu behalten. Man muß zusätzlich Diskussionsschwerpunkte und verschiedene Ansichten zu Fragen eines Sachgebiets kennenlernen. Um sich eine eigene Meinung bilden und diese überzeugend vertreten zu können, ist die Kenntnis der Meinungen anderer unabdingbare Voraussetzung. Darüber geben vor allem die **Kommentare** in den Massenmedien sowie **essayistische Darstellungen** von Experten und Schriftstellern Auskunft. Diese sind nicht nur in Presse, Funk und Fernsehen zu finden, sondern mit größerer Unmittelbarkeit und der Möglichkeit zum Nachfragen in Vortragsveranstaltungen von Bildungseinrichtungen.

b) Die textgebundene Erörterung als Abituraufgabe

Neben der Problemerörterung, die auf ein Thema von wenigen Zeilen zurückgeht, werden im Abitur regelmäßig auch Erörterungen verlangt, die sich auf einen vorgelegten Text beziehen. Die Vorbereitung auf solche Aufgaben muß die inhaltliche (seltener auch die sprachliche) Textanalyse einbeziehen, also deren allgemeine Regeln wiederholen (s. S. 48f.).

Aufgabenstellung: Setzen Sie sich anhand des folgenden Textes mit der These auseinander, daß der Mensch „ein die Tierheit hinter sich lassendes Tier" sei. Beziehen Sie dabei biologische, geschichtliche und ethische Überlegungen ein.

HELMUTH PLESSNER
Die Frage nach der Conditio Humana*

[...] Hält man sich an die eigentümliche Zwitternatur des Menschen, der auch Tier ist, aber eine besondere Spezies unter den Hominiden darstellt, kraft deren Besonderheit er wiederum aus dem ganzen Umkreis des Tierischen herausfällt, so kann das Resultat unserer Überlegungen nicht überraschen. Weltoffenheit ohne jede Einschränkung kann ihm nicht zukommen. Sie wäre nur
5 einem Subjekt möglich, das – wie die mittelalterliche Theologie sich den Engel dachte – leiblos wäre oder einen pneumatisierten Leib besäße, wobei Welt den Inbegriff des Wirklichen in seiner Unverhülltheit bedeutet. Unsere Welt ist dagegen in Erscheinungen gegeben, in denen sich das Wirkliche gebrochen durch das Medium unserer Wahrnehmungsweisen und Aktionsrichtungen manifestiert. Sie ist durch ihre Kanäle hindurchgeleitet und filtriert, ohne jedoch an dieser Ver-
10 mittlung die unmittelbare Manifestationskraft ihrer Wirklichkeit einzubüßen. Wir wissen von elektrischen Kräften, Strahlen und Mikrostrukturen, für die uns spezifische Sinnesorgane fehlen. Wir finden auf Umwegen durch unser Vermögen sachlicher Abstraktion und Vergegenständlichung Realitäten, die uns unmittelbar verborgen sind. Die Umweghaftigkeit unseres Erkennens auf Grund ständiger Trennung von Erscheinung und Sache selber, die typische Fragehaltung, wel-
15 che gleichermaßen den magischen Praktiken, dem Mythus und der eigentlichen Wissenschaft vorausliegt, zeigt eine Indirektheit und Gebrochenheit unseres Weltverhältnisses, die durch den Begriff der Weltoffenheit zum mindesten mißverständlich bezeichnet wird. [...]

Sprachen und ihre kategorialen Systeme, Glaubensformen und Gesellschaftsordnungen verraten in eins Vermögen *und* Unvermögen des Menschen einer direkt allgemeinverbindlichen Auseinan-
20 dersetzung mit der Welt und mit sich selber. Sie schaffen den Kontakt mit der Wirklichkeit um den

Preis seiner Brechung im Medium des eigenen Ansatzes, der dem Menschen zufällt, auch wenn er (und gerade weil er) in seine Macht gegeben ist. Unter dem Zwang, sich der offenen Wirklichkeit zu stellen und ihrer Unvorhersehbarkeit Herr zu werden, ergibt sich überall eine künstliche Horizontverengung, die wie eine Umwelt das Ganze menschlichen Lebens einschließt, aber gerade
25 nicht abschließt. Die künstliche Horizontverengung ist vielmehr die Art und Weise vermittelnder Unmittelbarkeit, welche das ganze menschliche Verhalten charakterisiert, vorgebildet in dem Zusammenspiel von Auge und Hand, verdichtet in dem meinend-artikulierenden Wesen der Sprache und fortgeführt durch alle schöpferischen Gestaltungen auf immer anderen Ebenen, in denen es sich abspielt. Zwischen Tier und Engel gestellt, ein Zwitterwesen, verrät der Mensch in seiner
30 Weltoffenheit ein typisches Zurückbleiben hinter den Möglichkeiten, durch die er über jede Umweltbindung von vornherein hinausreicht: ein die Tierheit hinter sich lassendes Tier.

(aus: Conditio Humana. Frankfurt/M.: Suhrkamp 1983, S. 187ff.)

Arbeitsschritte	Ergebnisse		
Themen-erschließung			
Problemstellung	Unterschied zwischen Tier und Mensch		
Art der Behandlung	Berücksichtigung biologischer, geschichtlicher u. ethischer Gesichtspunkte; Ausweitung der rein erkenntnistheoretischen Überlegungen des Textes		
			Textbezug
Texterschließung			
Begriffsklärungen	Weltoffenheit = direkter Zugang zur Realität		Weltoffenheit ohne jede Einschränkung kann ihm nicht zukommen. Sie wäre nur einem Subjekt möglich, das – wie die mittelalterliche Theologie sich den Engel dachte – leiblos wäre oder einen pneumatisierten Leib besäße, wobei Welt den Inbegriff des Wirklichen in seiner Unverhülltheit bedeutet. (Z. 4–7)
	Horizont = Wahrnehmungsbereich		Unter dem Zwang, sich der offenen Wirklichkeit zu stellen und ihrer Unvorhersehbarkeit Herr zu werden, ergibt sich überall eine künstliche Horizontverengung, die wie eine Umwelt das Ganze menschlichen Lebens einschließt, aber gerade nicht abschließt. (Z. 22–25)
Argumentation	Mensch zwischen Tier (mit engem Horizont) und Engel (mit unbegrenztem Wahrnehmungsvermögen)		Zwischen Tier und Engel gestellt, ein Zwitterwesen, verrät der Mensch in seiner Weltoffenheit ein typisches Zurückbleiben hinter den Möglichkeiten, durch die er über jede Umweltbindung von vornherein hinausreicht: ein die Tierheit hinter sich lassendes Tier. (Z. 29–31)
	Erweiterung des Wahrnehmungsvermögens durch technische und geistige Mittel, daher Erhebung über das Tier		Unsere Welt ist dagegen in Erscheinungen gegeben, in denen sich das Wirkliche gebrochen durch das Medium unserer Wahrnehmungsweisen und Aktionsrichtungen manifestiert. Sie ist durch ihre Kanäle hindurchgeleitet und filtriert, ohne jedoch an dieser Vermittlung die unmittelbare Manifestationskraft ihrer Wirklichkeit einzubüßen. Wir wissen von elektrischen Kräften, Strahlen und Mikrostrukturen, für die uns spezifische Sinnesorgane fehlen. Wir finden auf Umwegen durch unser Vermögen sachlicher Abstraktion und Vergegenständlichung Realitäten, die uns unmittelbar verborgen sind. (Z. 7–13)

Die textgebundene Erörterung als Abituraufgabe

Arbeitsschritte	Ergebnisse
Stoffsammlung	
Leitfragen	Welche tierischen Eigenschaften hat der Mensch?
	Worin ist der Mensch jedem Tier überlegen?
Erstellen einer Liste	**tierische Eigenschaften** **menschliche Überlegenheit**
	körperliche Bedürfnisse — Vernunft
	Triebbestimmung — Gefühlsleben
	instinktive Reaktionen in Panik — Freiheit der Entscheidung
	unüberlegte Entscheidungen — Verhaltensänderung
	eingeschränkter Erfahrungshorizont — Geschichtsbewußtsein
	körperliche Gebrechlichkeit — Kreativität
	— Einmaligkeit der Person

① Ergänzen Sie die Liste in beiden Bereichen.

Ordnen der Stoffsammlung (Bildung von Oberbegriffen nach den im Thema genannten Aspekten oder nach eigener Formulierung, Eliminierung von ähnlichen Stichpunkten, Reihenfolge)	1. Einfluß der körperlichen Bedürfnisse (biologische Aspekte): Krankheit und Gebrechlichkeit, Triebbestimmung etc.
	2. Erkenntnisfähigkeit (entwicklungsgeschichtliche Aspekte): …
	3. Verhaltenssteuerung (ethische Aspekte): …
	4. Persönlichkeit (entwicklungsgeschichtliche/ethische Aspekte): …

② Ordnen Sie Ihre Stoffsammlung.

Gliederung	
Einleitungsgedanke	Evolutionstheorie scheint dem Menschen seine Sonderstellung zu nehmen.
These	Das Gattungswesen Mensch ist trotz einiger tierischer Eigenschaften von allen anderen Lebewesen verschieden.
Argumentation (Reihenfolge anhand der geordneten Stoffsammlung)	(z. B. zu 1:) Entfaltung des Arguments durch verschiedene Eigenschaften (s. oben); Präzisierung durch Ablehnung von Fehlurteilen in der Geschichte: Leibfeindlichkeit, Gegensatz von Körper und Geist statt gegenseitige Ergänzung, Übertreibung des Lustprinzips etc.; physiologische Wechselwirkungen von Körpervorgängen und geistiger Tätigkeit (Hinweise auf Forschung); (zu 2:) Eingehen auf die Textaussage: Begrenzung der Wahrnehmungsfähigkeit nicht nur Nachteil, sondern auch Notwendigkeit
Folgerung	Mensch nicht zwischen Tier und Engel, sondern Lebewesen mit einer bestimmten Mischung von Fähigkeiten und Begrenzungen
Schlußgedanke	Überlebensprognosen für Menschengattung nicht günstiger als für andere Lebewesen

③ Erstellen Sie eine detaillierte Gliederung.

Niederschrift: Einleitung	Anknüpfung an Evolutionstheorie; Bezugnahme auf Text: Verhältnis des Textes zur Themenstellung
Hauptteil	Formulierung der eigenen These als Antwort auf die Themafrage; vor allem in Punkt 2 Einbeziehen der Textvorlage durch Zitat, Umschreibung, Hinweise oder indirekte Wiedergabe; Formulierung einer Schlußfolgerung
Schluß	Ergebnis in erweiterten Zusammenhang stellen

④ Formulieren Sie die Niederschrift zu Ihrer Gliederung.

⑤ Entnehmen Sie dem folgenden Text die wesentlichen Thesen, und nehmen Sie aufgrund eigener Erfahrungen dazu Stellung.

FRIEDRICH NIETZSCHE
Die fröhliche Wissenschaft

305.

Selbstbeherrschung. – Jene Morallehrer, welche zuerst und zuoberst dem Menschen anbefehlen, sich in seine Gewalt zu bekommen, bringen damit eine eigenthümliche Krankheit über ihn; nämlich eine beständige Reizbarkeit bei allen natürlichen Regungen und Neigungen und gleichsam eine Art Juckens. Was auch fürderhin ihn stossen, ziehen, anlocken, antreiben mag, von innen oder von aussen her – immer scheint es diesem Reizbaren, als ob jetzt seine Selbstbeherrschung in
5 Gefahr gerathe: er darf sich keinem Instincte, keinem freien Flügelschlage mehr anvertrauen, sondern steht beständig mit abwehrender Gebärde da, bewaffnet gegen sich selber, scharfen und misstrauischen Auges, der ewige Wächter seiner Burg, zu der er sich gemacht hat. Ja, er kann *gross* damit sein! Aber wie unausstehlich ist er nun für Andere geworden, wie schwer für sich selber, wie verarmt und abgeschnitten von den schönsten Zufälligkeiten der Seele! Ja auch von aller weiteren
10 *Belehrung*! Denn man muss sich auf Zeiten verlieren können, wenn man den Dingen, die wir nicht selber sind, Etwas ablernen will.

(aus: Werke: Hg. v. Karl Schlechta. Bd. 2. München: Hanser ⁹1982)

c) Die literarische Erörterung als Abituraufgabe

Im Gegensatz zur **textgebundenen Erörterung** ist die **literarische Erörterung** auf einen bestimmten Gegenstandsbereich begrenzt. Die Auseinandersetzung mit allgemeinen Problemstellungen tritt zurück. Im Vordergrund steht die literarische Einordnung eines Textes oder die Herstellung von Bezügen innerhalb und außerhalb eines Textes. Im Abitur kann ein unbekannter Text vorgelegt oder auf einen bekannten Bezug genommen werden. Die literarische Erörterung unterscheidet sich damit auch von der **Interpretation poetischer Texte**. Die Interpretation will den Bedeutungs- und Gefühlsgehalt eines Textes oder Textabschnitts aufzeigen und eine unmittelbare Auseinandersetzung mit ihm anregen. Die literarische Erörterung hat es dagegen mit ganzen Texten und ihrem literaturgeschichtlichen und gattungstheoretischen Umfeld zu tun.

> Die **literarische Erörterung** fordert (je nach Aufgabenart) die **Kenntnis** von
> – literarischen Werken,
> – Merkmalen der Hauptströmungen der deutschen Literatur,
> – gattungstheoretischen Problemen,
> – wichtigen literarischen Fragestellungen,
> – Fachbegriffen.

① Notieren Sie (auch in Partner- oder Gruppenarbeit) Ihnen bekannte literarische Werke und Wissensbereiche der Kunst- und Literaturtheorie, mit deren Hilfe Sie die Aufgaben der S. 45 lösen könnten.

Die literarische Erörterung als Abituraufgabe

> Es gibt grundsätzlich **zwei Arten** von **Themenstellungen**:
> - das textungebundene Thema,
> - das textgebundene Thema
>   – zu einem literaturkritischen Text,
>   – zu einem poetischen Text.

Beispiele:
- textungebunden
  Rolle und Selbstverständnis der Frau werden in der Literatur des 19. und 20. Jahrhunderts häufig thematisiert und dabei verschiedenartig gestaltet. Setzen Sie sich anhand mindestens zweier geeigneter Werke mit dem jeweiligen Frauenbild und seiner literarischen Gestaltung auseinander.
- textgebunden
  – literaturkritischer Text:
  Setzen Sie sich, ausgehend von Arno Schmidts Funkessay *Der sanfte Unmensch* (S. 313), mit dem Menschenbild der Weimarer Klassik auseinander.
  – poetischer Text:
  Erörtern Sie am Beispiel des Romanausschnitts von Alfred Döblin (S. 182 f.), inwiefern es sich hier um moderne Literatur im fachbegrifflichen Sinne handelt.

Arbeitsschritte	Ergebnisse	
Themen-erschließung	(zu Döblin)	
Definition des Schlüsselbegriffs	Moderne Literatur ist: – verfremdend – radikal skeptisch (gelegentlich auch utopisch) – offen für Grausamkeit und Häßlichkeit – offen für übersinnliche und nicht-rationale Erfahrung – formal experimentell (Montagetechnik) – sprachkritisch – parodierend, satirisch, ironisch, grotesk	
Problemstellung	Trifft diese Definition auf den vorliegenden Text zu?	
		Textbezug
Stoffsammlung Suchen von Belegen	Grausamkeit des Mords	Sie ist blau, zerrt an seiner Hand (Z. 20) Er kniet von oben über den Rücken, seine Hände sind um ihren Hals, die Daumen im Nacken, ihr Körper zieht sich zusammen (Z. 26 f.)
	Details der Vorgänge	Gestrüpp rübergeworfen, Taschentuch an den nächsten Baum, damit man es wieder findet (Z. 41)
	Figuren ohne moralische Maßstäbe	Det Ding werden wir schon drehen, deinem Franz werden wir mal einen Spaß machen (Z. 24)
	Unterweltmilieu	Vielleicht woll ooch uns verpfeifen. Der is mal Schmiere gestanden, wo wir gearbeitet haben. (Z. 9 f.)
	Verhalten ohne plausible Begründung	„Du gemeiner Hund, du Schuft." Er strahlt (Z. 17) „… den haste unglücklich gemacht, und jetzt willste mir haben, du Saukerl." „Ja, det will ick." (Z. 18 f.)

Arbeitsschritte	Ergebnisse	Textbezug
Suchen von Belegen (Forts.)	**Verfremdung:**	
	Vergleich mit Kälbchen, unpersönliches „man"	Wenn man ein Kälbchen schlachten will, bindet man ihm einen Strick um den Hals, geht mit ihm an die Bank. (Z. 1 f.)
	unpersönliche Infinitive	Würgen und heilen, brechen und bauen, zerreißen und zunähen (Z. 22 f.)
	Waldmotiv	Die Bäume schaukeln, schwanken. (Z. 50)
	Montage:	
	Bibel-/Gebetszitate	Gewalt, Gewalt, ist ein Schnitter, vom höchsten Gott hat er die Gewalt. Laß mir los. Sie wirft sich noch, sie zappelt, sie schlägt hinten aus. Das Kind werden wir schon schaukeln (Z. 31 f.)
	schneller Perspektivenwechsel	mit sone Anfänger soll man arbeiten. Es ist ganz finster, sie suchen mit Taschenlampen (Z. 43 f.)
	Schlachtung als Parallelvorgang	[s. oben]
	Sprachverwendung:	
	elliptisch, reihend	Seine Zeit, geboren werden und sterben, geboren werden und sterben, jegliches. (Z. 27 f.)
	Dialog abwechselnd mit Gedanken,	Eisige Hände, eisige Füße, der war es. „Jetzt legste dir hin, und bist lieb, wie sich det gehört." Das ist ein Mörder. „Du gemeiner Hund, du Schuft." (Z. 16 f.)
	Wiederholung von Ausdrücken (z. T. motivisch)	Seine Zeit! Seine Zeit! (Z. 22) Jegliches, jegliches (Z. 50)
	Dialektformen	Hat keene Bollen in die Strümpfe, der. … und ick weeß noch nicht, wat ick mit dem Kerl mache (Z. 11 f.)
	Wechsel der Sprachebenen	Sie wirft sich hin, um zu entweichen. (Z. 23) Das Kind werden wir schon schaukeln (Z. 32) Du Saukerl (Z. 19)
	Ironie	War eine schwere Arbeit. (Z. 38 f.)
	freie Zeichensetzung	Ihr Körper zusammen zusammen zieht sich ihr Körper (Z. 34)
Ordnen	nach Inhalt, Erzählweise, Sprachgestaltung	

② Vervollständigen Sie die Stoffsammlung (sowohl die Textbelege als auch deren Auswahlkriterien).
③ Ordnen Sie Ihre Stoffsammlung.

Die literarische Erörterung als Abituraufgabe 45

Arbeitsschritte		Ergebnisse
Gliederung:	Einleitung	Abgrenzung des umgangssprachlichen Begriffs von „modern" vom literarischen
	Hauptteil	These: Wichtige Eigenschaften des modernen Romans sind im vorliegenden Text zu finden.
		Argumentation gegliedert nach: inhaltlichen, erzählerischen und sprachlichen Merkmalen;
		mögliche Einwände: Geschehen ist wirklichkeitsnah, psychologisch glaubhaft, Leser verliert Distanz;
		Einordnung des Textabschnitts in den Romanzusammenhang
	Schluß	Bedeutung dieses Romans für die Literatur der Weimarer Republik

④ Erstellen Sie eine detaillierte Gliederung.

Niederschrift	
Einbau von Textbelegen als besondere Anforderung:	
Zitate	vor allem für direkten Nachweis erzählerischer und sprachlicher Mittel (z. B. Anspielungen auf Bibel und Gebete)
Umschreibungen	vor allem zur Inhaltszusammenfassung (z. B.: Reinhold erzählt Mieze von seinem Mordanschlag auf Franz.)
indirekte Rede	vor allem zur Beschreibung bestimmter Phänomene (z. B.: Reinhold sagt, sein Mord sei schwere Arbeit gewesen.)

⑤ Formulieren Sie die Niederschrift. Erproben Sie an einigen Stellen verschiedene Möglichkeiten des Einbaus von Textbelegen. Bestimmen Sie die jeweils geeignetste.
⑥ Bearbeiten Sie anhand Ihrer Vorüberlegungen aus Aufgabe ① eines der folgenden Themen.

„Die Kunst soll beunruhigen, die Wissenschaft macht sicher." Vermögen Sie dieser Äußerung des französischen Malers George Braque (1882–1963) zuzustimmen? Erörtern Sie diese Frage anhand Ihrer eigenen Erfahrungen mit Wissenschaft und poetischer Literatur.

„Das Schöne ist nicht nützlich." Nehmen Sie kritisch zu dieser Aussage Stellung, und beziehen Sie in die Erörterung Ihre Kenntnisse von Literatur, Musik und bildender Kunst mit ein.

„Ich bin der Ansicht, daß der Literat kein Recht hat, Probleme zu lösen. Er hat sie wahrzunehmen, aufzureißen, seine Akteure hineinzustoßen. [...] Am glaubwürdigsten sind unsere Helden merkwürdigerweise noch immer, wenn etwas schiefläuft mit ihnen, wenn sie versagen, wenn sie zugrunde gehen mit ihren Problemen." (Wolfdietrich Schnurre anläßlich der Verleihung des Georg-Büchner-Preises). Erläutern Sie die Äußerung Schnurres, und erörtern Sie seine Auffassung auf der Grundlage Ihrer Literaturkenntnisse.

Legen sie dar, wie sich ein Drama verändert, wenn es verfilmt wird. Wie bewerten Sie einen solchen Vorgang?

Erörtern Sie an einem Ihnen bekannten Beispiel, wie sich der Expressionismus zur Gattung des Dramas verhält.

2. Analyse nichtpoetischer Texte

Waldzustandsbericht

Die Vorbereitung auf die Sachtextanalyse im schriftlichen Abitur kann sehr gezielt erfolgen. Dabei muß zum einen das **Grundwissen** wiederholt, zum anderen die **Technik der Darstellung** geübt werden. Zum Grundwissen gehören unter anderem Kenntnisse über

– die zu erwartenden Aufgabenformen und ihre Besonderheiten,
– Argumentationstechniken,
– stilistisch-rhetorische Mittel,
– Textsorten,
– textinterne und textexterne Faktoren.

Voraussetzung für das Gelingen einer Analyse ist es, die **Aufgabenstellung** zu erfassen. Erst nach der Aufgabenanalyse wird man sein Thema wählen. Die Textanalyse wird häufig verbunden mit einem Erörterungsauftrag, wobei dieser so viel Gewicht erhalten kann, daß die Aufgabe eher eine textgebundene Erörterung darstellt. Die Grenzen zwischen der Textanalyse mit Erörterungsauftrag und der letztgenannten Form sind fließend.

Die Aufgabenstellung ist meist dreiteilig oder zweiteilig, kann aber auch nur aus einem einzigen Auftrag bestehen.

Beispiel für eine dreiteilige Aufgabenstellung:
Ricarda Winterswyl: In der analphabetischen Welt
a) Beschreiben Sie den Inhalt und den gedanklichen Aufbau des folgenden Textes!
b) Untersuchen Sie die verwendeten sprachlich-stilistischen Mittel im Hinblick auf die beabsichtigte Wirkung!
c) Setzen Sie sich kritisch mit den Bedenken der Verfasserin auseinander, die in den Zeilen 66–98 enthalten sind!

Diese Dreiteilung der Aufgabenstellung entspricht klar den Anforderungsbereichen Beschreiben (a), Erläutern (b) und Urteilen (c), wobei die Zeilenangabe die Stellungnahme einschränkt und erleichtert.

Beispiel für eine zweiteilige Aufgabenstellung:
Barthold C. Witte: Was ist los mit der deutschen Sprache? Es steht nicht gut um sie, drinnen wie draußen.
a) Fassen Sie den folgenden Text thesenartig zusammen, und analysieren Sie auffällige sprachlich-stilistische Mittel in ihrer jeweiligen Funktion!
b) „Wer fremde Sprachen nicht kennt, weiß nichts von seiner eigenen." – Setzen Sie sich, ausgehend von den Forderungen des Autors und Ihren eigenen Erfahrungen, mit der Maxime Goethes und der Frage auseinander, welche Bedeutung Fremdsprachen zur Zeit Goethes hatten und welche sie heute haben!

Bei dieser Aufgabenstellung werden Textbeschreibung und -erläuterung in a zusammengezogen. Der Erörterungsauftrag verlangt, die „Forderungen des Autors" aus dem Text herauszufinden und eigene Erfahrungen zu formulieren. Die Kennzeichnung „thesenartig" muß beachtet werden, eine einfache Paraphrasierung ist nicht möglich. Hintergrundwissen über die Bedeutung von Fremdsprachen zur „Zeit Goethes" und heute ist erforderlich.
Wer diese Komponenten schnell erkennt, kann sofort entscheiden, ob er die Voraussetzungen mitbringt, um diese Aufgabe lösen zu können.

Ein Beispiel für eine einteilige Aufgabenstellung könnte sein:
Analysieren Sie den folgenden Text, und nehmen Sie zu den Thesen des Autors Stellung!

Diese Aufgabenstellung verlangt mehr Eigenleistung vom Prüfling. Er muß zunächst die wichtigen Thesen herausfinden, dann die Argumentation einbeziehen, mit deren Hilfe der Autor sie begründet, die wichtigsten sprachlich-rhetorischen Mittel anführen, die die Wirkung auf den Leser sicherstellen sollen, und schließlich entscheiden, ob er genügend Hintergrundwissen hat, um überzeugend Stellung beziehen zu können.

① Untersuchen Sie die folgende Aufgabenstellung, und bestimmen Sie die damit verbundenen Anforderungen:
Uwe Wittstock: Prompte Poeten. Die schnelle Eingreiftruppe des Feuilletons
a) Stellen Sie den gedanklichen Aufbau des folgenden Textes dar, und bestimmen Sie auffällige Mittel seiner sprachlich-stilistischen Gestaltung in ihrer Wirkung!
b) „In der Literatur geht es um Haltbarkeit und Präzision der formulierten Gedanken [...]." Setzen Sie sich, ausgehend von einer Klärung des Begriffs „Literatur", kritisch mit dieser Auffassung auseinander, und zwar auch im Hinblick auf die Zwänge, denen literarisches Schaffen heute ausgesetzt ist!

Nichtpoetische Texte werden nach anderen Gesichtspunkten untersucht als poetische. Eine Analyse muß in der Regel textinterne und textexterne Faktoren erfassen.

> **Textinterne Faktoren:** Inhalt (Thema), Aufbau, Textsorte, sprachliche Mittel, Intention der Darstellung.
> **Textexterne Faktoren:** Erscheinungsort, Art der Publikation (Zeitung, wissenschaftliche Publikation), Situation des Autors (Bekanntheitsgrad, Ansehen, evtl. Weltanschauung), potentielle Leserschaft, Zielgruppe.

Um den äußeren und inneren Aufbau beschreiben und verstehen zu können, muß man die beiden unterscheiden.

> Zur Feststellung des **äußeren Aufbaus** dient
> – die Überschrift (evtl. auch der Untertitel),
> – die Gliederung in Abschnitte (Sind die Abschnitte in sich geschlossen? Bauen sie aufeinander auf? Sind sie einem übergeordneten Gesichtspunkt oder einer These zugeordnet? Sind sie ohne erkennbare Ordnung einfach gereiht? etc.).
>
> Zur Feststellung des **inneren Aufbaus** sind zu untersuchen:
> – die Gedankenführung (z. B. logisch entwickelnd, assoziierend, reihend, geradlinig, antithetisch, sprunghaft),
> – die Formen der Argumentation (z. B. begründend, entfaltend, rhetorisch), des Berichtens (z. B. zeitliche Abfolge, Rückblende), des Beschreibens (z. B. von Kernpunkten ausgehend, vom Besonderen zum Allgemeinen).

Will man die Sprache analysieren, muß man drei Bereiche untersuchen:
– die Wortwahl (z. B. bevorzugte Wortarten, Sprachschicht, Fremd- oder Fachwörter),
– den Satzbau (z. B. Parataxe oder Hypotaxe, Ellipse, Inversion),
– die rhetorisch-stilistischen Mittel (z. B. Metaphern, Vergleiche, Metonymien; Wiederholungen, Reihungen, Klimax; Euphemismen, Hyperbeln, Ironie).

② Suchen Sie für die angegebenen rhetorisch-stilistischen Mittel je ein Beispiel. (Ziehen Sie, wo nötig, das „Kleine Lexikon", S. 315ff., oder ein Literaturlexikon heran.)
③ Geben Sie die Funktionen dieser Mittel an.

Die **Bestimmung der Textsorte** kann Ergebnis einer Analyse sein. Manchmal ist sie aber auch aus den textexternen Gegebenheiten ableitbar.
Wenn die Textsorte bekannt ist, erleichtert dies die Beschreibung der Merkmale eines Textes. Folgende Textsorten tauchen in Abituraufgaben häufig auf:
– journalistische Formen (z. B. Kommentar, Glosse, Kritik),
– Reden (bzw. Redenausschnitte),
– Texte mit wissenschaftlichem Charakter.

④ In der folgenden Textsortenübersicht werden verschiedene Intentionen angegeben. Ordnen Sie diese den Grundkategorien der rationalen, emotionalen und appellativen Wirkungsabsicht zu.

	Formen der Darstellung	sprachliche Mittel	Intentionen
Rede	Bericht, Beschreibung, Wiedergabe von Fakten, Urteile, Thesen	alle sprachlich-rhetorischen Mittel	Informieren, Überreden, Überzeugen, Betroffen-Machen, Bewegen
Kommentar	Wiedergabe von Fakten, Urteile, Meinungen	Zahlen, Angaben, Metaphern, Wirkungsbericht	Informieren, Meinung beeinflussen
Glosse	Erzählung, Bericht, Argumente	Neologismen, Archaismen, Anspielung, Ironie, Bilder, Doppeldeutigkeit, Mischung von Sprachschichten	Belustigen, Amüsieren, Nachdenklich-Machen
Wissenschaftlicher Aufsatz	Beschreibung, Bericht, Zitat, Argumente	Fachsprache	Wecken von Problembewußtsein, Überzeugen, Informieren

Zu beachten ist die verschiedene Bedeutung der **Intentionalität** in den Textsorten. Der Redner spricht ein bestimmtes Publikum an, will es für sich gewinnen und dessen Meinungen über Sachverhalte oder Personen auf vielfältige Weise beeinflussen.

Der Wissenschaftler kennt zwar die Zielgruppe, für die er schreibt, nicht aber seine tatsächliche Leserschaft. Er will durch die Art seiner Argumentation, durch Umwertung bekannter Sachverhalte und die Erforschung von neuen „richtigere", der Realität angemessenere Aussagen machen. Er geht dabei meist davon aus, daß seine Erkenntnisse längere Zeit beachtet werden, wie sie sich oft auch auf langjährige Forschung stützen.

Der Journalist will kurzfristig auf seine Leserschaft einwirken. Sein Schreibanlaß ist meist aktuell, die Zeit zur Niederschrift kurz, der gedankliche Zusammenhang, in den er seine Aussagen stellt, nicht so umfassend. Er wird oft durch seine sprachliche Darstellungsweise Interesse erzeugen wollen.

Dies bedeutet, daß in der Regel **verschiedene Akzente** bei der Sachtextanalyse gesetzt werden müssen:
- auf die Intention bei Reden,
- auf den Einsatz sprachlich-rhetorischer Mittel und den Argumentationszusammenhang bei journalistischen Textsorten,
- auf die Argumentationsstruktur und die Verwendung der Fachsprache bei wissenschaftlichen Texten.

Bei der **Darstellung** einer Sachtextanalyse ist folgendes zu beachten:
- Wörtliche Übernahmen sollen auf das Unvermeidliche, z. B auf Schlüsselwörter, beschränkt bleiben.
- Der Inhalt darf nicht erneut ausgebreitet werden.
- Er kann absatzweise (in der Regel bei kürzeren Texten) oder in seiner Gesamtheit (in der Regel bei längeren Texten) zusammengefaßt werden.
- Wenn der Inhalt dadurch klarer und knapper darzustellen ist, kann auch die Abfolge der Gedanken und Sachverhalte im Text verändert werden.
- Logische Zusammenhänge sollen syntaktisch deutlich gemacht werden.
- Ein eigener Kommentar ist zu vermeiden.
- Die Zusammenfassung wird im Präsens geschrieben (bzw. im Perfekt, wenn vorangegangene Sachverhalte darzustellen sind).

Grundsätzlich bleibt das Vorgehen bei der Analyse verschiedener Sachtexte das gleiche. Da sich aber Sachtexte hinsichtlich der Bedeutung der zu untersuchenden Elemente (Inhalt, Aufbau, Sprache, Intention, Gattungszugehörigkeit) unterscheiden, muß auch die Analyse dem Rechnung tragen.

a) Die Analyse eines journalistischen Textes als Abituraufgabe

Am folgenden Beispiel soll die Analyse eines **journalistischen Textes** mit anschließendem Erörterungsauftrag gezeigt werden, wobei ein kurzschrittiges Verfahren zur Erfassung von Inhalt und gedanklicher Struktur angewandt wird.

Aufgabe:
Analysieren Sie den Text *Kein Schaden für die Sprache* von Hermann Unterstöger, und setzen Sie sich argumentativ mit ihm auseinander.

Vorbemerkungen:
1992 erschienen „Vorschläge zur Neuregelung der deutschen Rechtschreibung" in Tübingen, erarbeitet von einem Internationalen Arbeitskreis der Orthographie, besetzt mit Schweizern, Deutschen, Österreichern. Felder der Systematisierung sind
– die ss- bzw. ß-Schreibung (vor allem „das" und „daß")
– Vereinheitlichung der Konsonantenverdoppelung („platzieren" – „plazieren")
– Angleichung der Umlautschreibung („überschwänglich – überschwenglich")
– Schreibung von Fremdwörtern (Asfalt)
– Handhabung der Silbentrennung (We-ste, Wes-pe)
– Setzen des Kommas, vor allem vor dem erweiterten Infinitiv.
Auf diese Vorschläge, die als „gemäßigt" gelten, weil sie das Problem der Groß- und Kleinschreibung weitgehend ausklammern, bezieht sich der Journalist Hermann Unterstöger.

Text:
HERMANN UNTERSTÖGER   Kein Schaden für die Sprache (s. S. 25f.)

Arbeitsschritte	Ergebnisse
Aufgabenstellung erfassen	Analyse mit anschließendem Erörterungsauftrag (gleichgewichtig)
Elemente der Analyse klären	Schwerpunkt auf der Ermittlung der Thesen und der Argumentationsstruktur, deren Unterstützung durch sprachliche Mittel, evtl. Textsortenbestimmung als Zusammenfassung, Erörterung von Thesen und Argumenten
Arbeitsplan erstellen (ungefähre Angaben)	½ Stunde für Einlesen, Stichpunkte, Markierungen; 1½ Stunden für Ausarbeitung der Analyse; ½ Stunde für Stoffsammlung und Gliederung der Erörterung; 1 Stunde für Ausarbeitung der Erörterung; ½ Stunde für Korrekturlesen (v. a. Gedankenführung, Verknüpfung; Rechtschreibung, Zeichensetzung)

Die Analyse eines journalistischen Textes als Abituraufgabe

Arbeitsschritte	Ergebnisse	Textbezug
Inhalt und **Struktur** des Textes erfassen Aufbau des 1. Abschnitts ermitteln	Thema: Einstellung zu Reformen, speziell zur Rechtschreibreform	Da Reformer neben dem allgemeinen Wohl gelegentlich auch Persönliches im Auge haben, ist es legitim, Reformen mit Argwohn zu begegnen. Bei Sprachreformen ist das nicht anders. (Z. 1–4)
	Problematik: Reformen dienen oft nicht der Verbesserung des Überkommenen, sondern der Einführung von Neuem	Diese zielen ja oft nur vordergründig auf das Sprachgut respektive dessen Reinigung, während ihre Hintergedanken einer Neuorientierung in den Köpfen gelten. (Z. 5–8)
	Verhältnis der Begriffe: Neuorientierung = Bruch mit der Tradition	Vertreibung aus der geistigen Heimat (Z. 11f.)
	Analogien: Sprachreform – historische Veränderungen	Vertreibung nach 1945 (Z. 13f.); Entleerung und Verarmung [des flachen Lands] (Z. 17f.)
Verhältnis des 2. Abschnitts zum 1. klären Aufbau des 2. Abschnitts ermitteln	Ausformulierung der These	Daß Sprache Heimat sei, wird kein Vernünftiger bestreiten. (Z. 20f.)
	Bezug der These auf das Thema Rechtschreibreform:	Bei Betrachtung der neuen Vorschläge zur Rechtschreibreform muß die Frage lauten, ob der Heimat Schaden erwächst oder ob nicht (Z. 21–24)
	mögliche positive Wirkung mögliche negative Wirkung	Zugewinn an Wohnlichkeit, Schönheit (Z. 25f.) [Beschädigung der] Substanz, Entwurzelung (Z. 28, 31)
Verhältnis der Abschnitte 3 und 4 zu 1 und 2 feststellen	Exkurs: Betrachtung von zwei tatsächlichen Sprachveränderungen	statt des „schlechterdings erforderlichen *Plusquamperfecti Conjunctivi*, beliebter Kürze wegen, das simple Imperfekt" (Z. 35–37) „Wir gingen spazieren, weil das Wetter war schön." Diese Verwendung der Konjunktion *weil* nennen wir parataktisch. (Z. 45–48)
Funktion des Exkurses ermitteln	Exkurs dient als Beispiel: keine negative Wirkung durch Veränderungen der Sprache	Der Sprache nehme das nichts an Wert und Würde. (Z. 60–62)
Art der Beweisführung im 5. Abschnitt ermitteln	Autoritätsbeweis	Der Sprachwissenschaftler Harald Weinrich rät in solchen Fällen zu ruhigem Blut[...] Wer ihr mit ähnlicher Gelassenheit begegnet, wird der Rechtschreibreform am ehesten gerecht. (Z. 55ff., 63f.)
	Analogien: Übertragung in das Bild der Heimat	wenn man noch einmal den metaphorischen Rahmen von der Heimat und deren Ausgestaltung bemüht und ihr darin den Status einer Bachauskehr zuweist. (Z. 65–69)
	Erläuterung: begriffliche Klärung des Bilds	Man kann sie, wie die Bachregulierung, als Eingriff in die Natur verstehen, doch im Gegensatz zu dieser ist sie der empfindlichen Balance eine Stütze und keine Störung. (Z. 74–77)

Arbeitsschritte	Ergebnisse	Textbezug
Verhältnis von Abschnitt 6 und 7 zu Abschnitt 5 ermitteln	Übertragung auf die Rechtschreibreform: kein Sprachgut wird eliminiert	Wirklich täte man den meisten der zur Auskehr vorgesehenen Regeln zuviel der Ehre an, wenn man darin nur die Spuren eines über die Zeiten hin wirkenden Sprachgeists fände (Z. 78–81)
	Beispiele aus der Vergangenheit	*Thür und Thor, numerieren, Büro* (Z. 84, 87, 96)
	weiterführendes Beispiel	Kleinschreibung der Hauptwörter (Z. 99f.)
Argumente und Gegenargumente herausfinden	pro Reform: keine Verständigungsschwierigkeiten ohne Großbuchstaben; Großbuchstaben keine Lesehilfe	Z. 102–106 Z. 114–119
	contra Reform: liebgewonnene „Kulturtechnik" nicht ohne Not aufgeben	Z. 107f.
Funktion des letzten Abschnitts ermitteln	Fazit: kleine Reform besser als Stillstand	besser als ein bewegungsloser Elefant macht sie sich jetzt schon. (Z. 124f.)

① Formulieren Sie eine zusammenfassende Darstellung der Ergebnisse in bezug auf die Argumentationsstruktur.

Intention feststellen	Eine Rechtschreibreform ist zu begrüßen.	[5., 6., 8. Abschnitt]
sprachliche Mittel heraussuchen, mit denen Reform befürwortet wird	Metaphern	Heimat (Z. 12 u.a.); Wurzeln (Z. 30); Substanz (Z. 28); Bachauskehr (Z. 69); als habe der Berg gekreißt und wieder nur eine Maus geboren (Z. 122f.);
	Antithese (mit Alliteration)	eine Stütze und keine Störung (Z. 77)
sprachliche Mittel finden, mit denen Gegner der Reform abgewertet bzw. umgestimmt werden sollen	Metaphern	bewegungsloser Elefant (Z. 124)
	Übertreibungen (Hyperbeln)	sakrosankt (Z. 82); Kulturkatastrophe (Z. 85); Verbeugung vor Hilfsschülern (Z. 91)
	ironische Untertreibung (Litotes)	kein geringer Schock (Z. 98f.)
Textsorte ermitteln Intention heranziehen	Meinung (Einstellung) soll beeinflußt werden.	[Abschnitte 5–8]
Verhältnis der Darstellung von Sachverhalten und deren Beurteilung klären	Vorschläge zur Rechtschreibreform werden als bekannt vorausgesetzt, nur einige Beispiele werden zitiert und ausführlich beurteilt.	Bei Betrachtung der neuen Vorschläge ... (Z. 21f.)
Sprache charakterisieren	Die Sprache ist argumentativ, sachlich, oft metaphorisch Fazit: Zeitungskommentar	[s.o.: „sprachliche Mittel"]

Arbeitsschritte	Ergebnisse
Stellungnahme planen Thesen zusammenstellen	1. Die Sprache ist Heimat. 2. Die Reform betrifft nicht den „Sprachgeist", bedeutet also keine Vertreibung aus der Heimat.
Thesen auf ihre Vereinbarkeit prüfen, Definitionen überprüfen	z. B.: Heimat ist nicht nur der Ort, wo man wohnt und schläft (rationaler Aspekt), Heimat ist auch der Ort, mit dem man vertraut ist (emotionaler Aspekt).
Gegenargumente formulieren	z. B.: Eine „übend liebgewonnene Kulturtechnik" macht Sprache auch zur Heimat (Groß- und Kleinschreibung).
Argumente entkräften	z. B. Großbuchstaben vielleicht keine psychologisch-geistigen Hilfen beim Lese- und Schreibprozeß, aber gefühlsmäßig wichtig (vor allem in bekannten, vertrauten Texten).
begrenzte Zustimmung formulieren	z. B.: Die Erhaltung der logischen Mitteilungsfunktion der Sprache markiert die äußerste Grenze einer Reform.

② Finden Sie Beispiele, in denen eine Veränderung die Mitteilungsfunktion der Sprache beeinträchtigt bzw. nicht beeinträchtigt. Formulieren Sie eine Stellungnahme und einen Schluß.

③ Bearbeiten Sie das folgende Beispiel für eine Abituraufgabe:
HERMANN BAHR   Die Überwindung des Naturalismus (s. S. 119).
a) Fassen Sie den Inhalt thesenartig zusammen, und beschreiben Sie den Aufbau.
b) H. Bahr hält den Naturalismus für überwunden. Untersuchen Sie die Begründung des Autors, und nehmen Sie unter Einbeziehung Ihrer literarhistorischen Kenntnisse Stellung.

b) Die Analyse eines wissenschaftlichen Textes als Abituraufgabe

Das folgende Beispiel zeigt die Analyse und anschließende Erörterung eines wissenschaftlichen Textes. Es wird ein großschrittiges Verfahren der Erschließung angewandt.

Aufgabenstellung:
a) Untersuchen Sie die Argumentationsstruktur und die sprachlichen Mittel, die Sigmund Freud in seinem Text *Das Unbehagen in der Kultur* einsetzt, um seiner Kulturkritik Wirksamkeit zu verleihen.
b) Überprüfen Sie die Argumentation, und begründen Sie, ob und warum der Autor Ihrer Meinung nach seine Intention erreicht oder nicht erreicht.

Vorbemerkungen:
Sigmund Freud, österreichischer Arzt und Psychologe, entwickelte ab 1886 in Zusammenarbeit mit D. Breuer die Psychoanalyse. Ihr Grundgedanke ist, unterdrückte, vor allem sexuelle Triebregungen bewußtzumachen. Auf diese Weise soll deren neurotische (das Unbewußte sucht sich in „unsinnigen", als Krankheit empfundenen Handlungen ein Ventil) oder psychiatrische (die Triebe zerstören die auf die reale Welt gerichtete Geistestätigkeit) Wirkung geheilt werden.
In seiner Abhandlung *Das Unbehagen in der Kultur*, geschrieben 1929, erschienen 1930, geht er der Frage nach, warum die Menschen in den entwickelten Gesellschaften nicht glücklich sind. Er greift dabei zurück auf sein individualpsychologisches Persönlichkeitsmodell vom Es (Unbewußtes, Triebe), Ich (die bewußte Persönlichkeit) und Über-Ich (moralische Instanzen, verin-

nerlicht im Gewissen). Die kulturelle Entwicklung fordert vom Ich, die auf Lust gerichteten Antriebe des Es mit den sittlichen Forderungen des Über-Ich in Einklang zu bringen. Nach Freuds Ausführungen kann dies durch Abkehr von der Welt oder Sublimierung, d. h. Umlenkung der auf Lustgewinn gerichteten Bestrebungen in gesellschaftlich sanktioniertes Handeln (in künstlerischer, religiöser Bestätigung oder in nützlicher Arbeit) gelingen. Da Ideologie und Religion das gesellschaftliche Über-Ich bestimmen, wendet sich Freud diesem zu und kritisiert vor allem das Christentum. Nach Freuds Überzeugung schränkt es die stärksten Triebe, den Sexualtrieb und den Aggressionstrieb, zu stark ein, vor allem mit den Forderungen, den Nächsten zu lieben wie sich selbst und seine Feinde zu lieben.

Text:

SIGMUND FREUD
Das Unbehagen in der Kultur (Auszug)

[...] Es wird den Menschen offenbar nicht leicht, auf die Befriedigung dieser ihrer Aggressionsneigung zu verzichten; sie fühlen sich nicht wohl dabei. Der Vorteil eines kleineren Kulturkreises, daß er dem Trieb einen Ausweg an der Befeindung der Außenstehenden gestattet, ist nicht gering zu schätzen. Es ist immer möglich, eine größere Menge von Menschen in Liebe aneinander zu bin-
5 den, wenn nur andere für die Äußerung der Aggression übrig bleiben. Ich habe mich einmal mit dem Phänomen beschäftigt, daß gerade benachbarte und einander auch sonst nahestehende Gemeinschaften sich gegenseitig befehden und verspotten, so Spanier und Portugiesen, Nord- und Süddeutsche, Engländer und Schotten usw. Ich gab ihm den Namen „Narzißmus der kleinen Differenzen", der nicht viel zur Erklärung beiträgt. Man erkennt nun darin eine bequeme und
10 relativ harmlose Befriedigung der Aggressionsneigung, durch die den Mitgliedern der Gemeinschaft das Zusammenhalten erleichtert wird. Das überallhin versprengte Volk der Juden hat sich in dieser Weise anerkennenswerte Verdienste um die Kulturen seiner Wirtsvölker erworben; leider haben alle Judengemetzel des Mittelalters nicht ausgereicht, dieses Zeitalter friedlicher und sicherer für seine christlichen Genossen zu gestalten. Nachdem der Apostel Paulus die allgemeine
15 Menschenliebe zum Fundament seiner christlichen Gemeinde gemacht hatte, war die äußerste Intoleranz des Christentums gegen die draußen Verbliebenen eine unvermeidliche Folge geworden; den Römern, die ihr staatliches Gemeinwesen nicht auf die Liebe begründet hatten, war religiöse Unduldsamkeit fremd gewesen, obwohl die Religion bei ihnen Sache des Staates und der Staat von Religion durchtränkt war. Es war auch kein unverständlicher Zufall, daß der Traum einer
20 germanischen Weltherrschaft zu seiner Ergänzung den Antisemitismus aufrief, und man erkennt es als begreiflich, daß der Versuch, eine neue kommunistische Kultur in Rußland aufzurichten, in der Verfolgung der Bourgeois seine psychologische Unterstützung findet. Man fragt sich nur besorgt, was die Sowjets anfangen werden, nachdem sie ihre Bourgeois ausgerottet haben.
Wenn die Kultur nicht allein der Sexualität, sondern auch der Aggressionsneigung des Menschen
25 so große Opfer auferlegt, so verstehen wir es besser, daß es dem Menschen schwer wird, sich in ihr beglückt zu finden. Der Urmensch hatte es in der Tat darin besser, da er keine Triebeinschränkungen kannte. Zum Ausgleich war seine Sicherheit, solches Glück lange zu genießen, eine sehr geringe. Der Kulturmensch hat für ein Stück Glücksmöglichkeit ein Stück Sicherheit eingetauscht. Wir wollen aber nicht vergessen, daß in der Urfamilie nur das Oberhaupt sich solcher Triebfrei-
30 heit erfreute; die anderen lebten in sklavischer Unterdrückung. Der Gegensatz zwischen einer die Vorteile der Kultur genießenden Minderheit und einer dieser Vorteile beraubten Mehrzahl war also in jener Urzeit der Kultur aufs Äußerste getrieben. Über den heute lebenden Primitiven haben

Die Analyse eines wissenschaftlichen Textes als Abituraufgabe

wir durch sorgfältigere Erkundung erfahren, daß sein Triebleben keineswegs ob seiner Freiheit beneidet werden darf; es unterliegt Einschränkungen von anderer Art, aber vielleicht von größerer Strenge als das des modernen Kulturmenschen.

Wenn wir gegen unseren jetzigen Kulturzustand mit Recht einwenden, wie unzureichend er unsere Forderungen an eine beglückende Lebensordnung erfüllt, wieviel Leid er gewähren läßt, das wahrscheinlich zu vermeiden wäre, wenn wir mit schonungsloser Kritik die Wurzeln seiner Unvollkommenheit aufzudecken streben, üben wir gewiß unser gutes Recht und zeigen uns nicht als Kulturfeinde. Wir dürfen erwarten, allmählich solche Abänderungen unserer Kultur durchzusetzen, die unsere Bedürfnisse besser befriedigen und jener Kritik entgehen. [...]

(aus: Gesammelte Werke. Hg. v. Anna Freud u.a. Bd. 14. Frankfurt a. M.: S. Fischer ⁶1967)

Arbeitsschritte	Ergebnisse
Aufgabenstellung erfassen	Analyse mit Schwerpunkt auf der Argumentationstechnik und den sprachlichen Mitteln in ihrer Funktion Erörterung nicht auf dem Hintergrund eines anderen psychologischen Ansatzes, sondern Überprüfung der Stimmigkeit der Argumentation in bezug auf die Intention

① Erstellen Sie nach dem Beispiel auf S. 50 einen Arbeitsplan, und prüfen Sie, ob Sie ihn einhalten können.

		Textbezug
Argumentationsstruktur erfassen Kernaussage (These) finden	Die Kultur wird nur erhalten, weil zur Befriedigung der Aggressionsneigung Ziele innerhalb und außerhalb eines Kulturkreises geschaffen werden.	Es ist immer möglich, eine größere Menge von Menschen in Liebe aneinander zu binden, wenn nur andere für die Äußerung der Aggression übrigbleiben. (Z. 4 f.)
Argumente zur Begründung der These herausfinden	Verschiedene historische Beispiele werden angeführt.	

② Suchen Sie die entsprechenden Beispiele aus dem Text heraus (Z. 5–23).

argumentative Funktion des kontrastiven Vergleichs (Z. 24–35) untersuchen	Scheinlösung (Rückschritt zur Primitivität) wird abgelehnt.	Über den heute lebenden Primitiven haben wir durch sorgfältigere Erkundung erfahren, daß sein Triebleben keineswegs ob seiner Freiheit beneidet werden darf; es unterliegt Einschränkungen von anderer Art, aber vielleicht von größerer Strenge als das des modernen Kulturmenschen. (Z. 32–35)
Folgerung herausfinden	Eine auf größere Triebfreiheit zielende Kulturform ist notwendig.	Wir dürfen erwarten, allmählich solche Abänderungen unserer Kultur durchzusetzen, die unsere Bedürfnisse besser befriedigen. (Z. 40 f.)
Mittel der Beweisführung beschreiben	im wesentlichen Verweis auf eigene Untersuchungen	Ich habe mich einmal mit dem Phänomen beschäftigt ... (Z. 5 f.); haben wir durch sorgfältigere Erkundung erfahren ... (Z. 32 f.)

Arbeitsschritte	Ergebnisse	Textbezug
sprachliche Mittel in ihrer Funktion beschreiben und ordnen	Mittel der Überzeugung: Einbezug des Autors als Betroffenen (leichtere Identifikation des Lesers)	wir, uns, unser (Z. 36–41)
	hypotaktische Grund- Folge-Konstruktionen, Gegensätze in in der Begriffsbildung und im Satzbau (Aufzeigen logischer Zusammenhänge)	Nachdem der Apostel Paulus die allgemeine Menschenliebe zum Fundament seiner christlichen Gemeinde gemacht hatte, war die äußerste Intoleranz des Christentums gegen die draußen Verbliebenen eine unvermeidliche Folge geworden. (Z. 14–17) Urmensch – Kulturmensch (Z. 26, 28)
	Prägung von Fachtermini (Präzisierung; leichtere Merkbarkeit)	„Narzißmus der kleinen Differenzen" (Z. 8f.)
	Mittel der emotionalen Beeinflussung: umgangssprachliche Ausdrücke	Judengemetzel (Z. 13)
	Superlative oder superlativische Adjektive	äußerste Intoleranz (Z. 15f.); unvermeidliche Folge (Z. 16)
	Ironie, Zynismus (Abwertung vor allem des Christentums, auch des Faschismus und Bolschewismus)	leider haben alle Judengemetzel des Mittelalters nicht ausgereicht, dieses Zeitalter friedlicher und sicherer für seine christlichen Genossen zu gestalten. (Z. 12–14)

③ Formulieren Sie die Untersuchung der sprachlichen Mittel und der Intention aus.
④ Ordnen Sie Ihre Textbelege aus Aufgabe ②, indem Sie Oberbegriffe bilden. Überprüfen Sie auf dem Hintergrund Ihres historischen Wissens die Stichhaltigkeit der angeführten Beispiele.
⑤ Beurteilen Sie die Aussagekraft des Vergleichs von Urfamilie und moderner Gesellschaft.
⑥ Untersuchen Sie, inwieweit Freud die verwendeten Begriffe klärt.
⑦ Beurteilen Sie Freuds Lösungsansatz und formulieren Sie Ihre Stellungnahme.
⑧ Bearbeiten Sie das folgende Beispiel für eine Abituraufgabe:
BENJAMIN LEE WHORF   Ist das Ende meiner Sprache das Ende meiner Welt? (S. 20f.)
   a) Untersuchen Sie Aufbau und Sprache des Textes, und leiten Sie daraus Textsorte und Intention ab.
   b) Arbeiten Sie heraus, wie der Verfasser das Verhältnis von Sprache und Wirklichkeit sieht.

c) Die Analyse einer Rede als Abituraufgabe

Aufgabenstellung:
a) Fassen Sie den Inhalt der Rede von Erich Loest *Diese Schule, diese Stadt* zusammen, und beschreiben Sie deren Aufbau.
b) Bestimmen Sie die Intention Loests, und belegen Sie diese an sprachlichen Mitteln.
c) Nehmen Sie Stellung zu Loests Kritik an der Demokratie und zu seiner Rolle als Schriftsteller und Intellektueller.

Vorbemerkungen:
Erich Loest wurde 1926 in Mittweida geboren und betätigte sich seit 1950 als freier Schriftsteller. Ende 1957 wurde er in Leipzig wegen „konterrevolutionärer Gruppenbildung" zu siebeneinhalb Jahren Zuchthaus verurteilt. 1979 trat er aus dem Schriftstellerverband der DDR aus, weil er Zensurmaßnahmen nicht mittragen wollte. 1981 siedelte er nach Westdeutschland über, 1990 kehrte er nach Leipzig zurück. 1994 wurde er zum Bundesvorsitzenden des Verbands deutscher Schriftsteller gewählt. Nach der Wiedervereinigung engagierte er sich stark bei der Aufarbeitung der DDR-Vergangenheit. 1992 wurde Erich Loest die Ehrenbürgerwürde seiner Vaterstadt verliehen. In der Aula seiner alten Oberschule hielt er seine Dankesrede.

Text:
ERICH LOEST
Diese Schule, diese Stadt

[...] Was uns zu schaffen macht, ist eine Altschuld von 1933, daß nicht gelernt werden konnte, wie mit Freiheit umzugehen sei und welche Verpflichtungen sie auferlegt. Was uns quält, ist das Erbe des DDR-Staats, der ideologisch, politisch, wirtschaftlich und ökologisch ein Trümmerfeld hinterlassen hat. Dazu kommen Unterschätzungen eben dieses Zustandes durch heutige Politiker, vor
5 allem anfangs das leichtfertige Versprechen, das Übel ließe sich im Handumdrehen ändern und aus der Portokasse bezahlen. Aber: Kein Land des zusammengebrochenen Ostblocks ist so glücklich dran wie das Gebiet der DDR – jeder, der nur einmal den Kopf aus dem eigenen persönlichen Tal hebt, wird es anerkennen müssen. Denn keines hat einen großen Bruder; der unsere jedenfalls greift mit Milliarden und Milliarden unter bedürftige Arme.
10 Diese Schule ist nun ein Gymnasium, und es wird sogar angebaut. Wir sehen Lichtblicke in unserer Stadt, doch aus manchen Fabriken hängen schwarze Fahnen, in ihnen wird sich nie wieder ein Rad drehen. Manche, nicht die stupidesten, suchen sich Arbeit im Westen, das ist verständlich – nun soll die *Bild*-Zeitung mir bitte nicht abermals das Wort im Munde umdrehen und mich verleumden, ich hätte geraten: „Haut doch nach dem Westen ab!" Als der Bundespräsident im Juli
15 Mittweida besuchte, zeigte er sich glücklich über die schöne Stadt in ihrer reizvollen Umgebung. Er wünschte Investitionen, daß hiergeblieben und hier gearbeitet werden kann; herbeibefehlen kann er sie nicht. Ich hoffe, wer heute pendelt, kehrt bald auf Dauer zurück.
Vor allem: Die Zahl der Beschäftigten wird von neunzig Prozent der erwerbsfähigen Bevölkerung auf etwa sechzig Prozent sinken. In den alten Ländern ist die Textilindustrie in zwanzig Jahren
20 geschrumpft, hier stürzte sie innerhalb eines halben Jahres ins Bodenlose. Der Ostmarkt ist weggebrochen, so potenzieren sich die Schwierigkeiten. Umschulungen spielen sich im Bereich der sechzig Prozent ab und haben mit der dauerhaften Arbeitslosigkeit der dreißig Prozent nichts zu

tun. Die Opfer werden vor allem Frauen sein. Es wäre mir eine stürmische Freude, hätte ich mit dieser Prognose um ein paar Prozentpunkte unrecht.

Als Lafontaine 1990 warnte, der Aufschwung im Osten werde so billig nicht zu haben sein, verlor er prompt die Wahl. Das hat sich den Gewinnern von damals als unvergeßliches Menetekel eingebrannt. Deshalb hüten sie sich vor dieser Erkenntnis: Ein Drittel der bisher Beschäftigten wird ohne Arbeit in bisher gewohnter Form bleiben. Wer gewählt werden will, scheut sich vor derlei Unkenrufen.

Mich braucht keiner zu wählen. Und so sage ich: Erst wenn diese schlimme Tatsache eingestanden worden ist, kann nach Wegen gesucht werden, sie zu mildern. „Ich werde nicht mehr gebraucht" ist ein viel gehörter Satz voller Hoffnungslosigkeit. Ich frage vorsichtig: Nicht gebraucht in der Familie? Oder bei den Kindern der Nachbarn? Oder in einer Gewerkschaft oder einer anderen politischen Organisation? Bei Kranken? Ja, vielleicht in einem Verein? Bitte halten Sie mich nicht für zynisch, wenn mir einfällt: Wenn es nun schon einmal nicht anders sein kann, so wäre ich erleichtert, sagte ein kerngesunder Vorruheständler zu mir, endlich finde ich einmal Zeit, richtig Spanisch zu lernen. Es kann sein, brächte ich diesen Gedanken in einer Versammlung von Arbeitslosen vor, sie würden mich aus dem Tempel jagen. Natürlich käme ich durch die Hintertür sofort wieder rein und fragte: Wer war es denn, der wie verrückt Westwaren vom Auto übers rheinische Krustenbrot bis zum Bier kaufte und auch damit die eigene Industrie kaputtmachte, zum Beispiel das Werk für Fernseher in Ostberlin und den Zulieferbetrieb in unserem nun so stillen Tal vorm Schweitzerwald? Und ehe mich rüstige Altmänner vom Gerechtigkeitsverein abermals auf die Straße setzten, käme ich rasch hierher in diese Aula, um meine Gedanken über das, was man ausspricht oder nicht, fortzusetzen.

Und die Opposition? Auch die behält Bitteres klüglich für sich, denn auch sie will ja gewählt werden, und wäre sie denn an der Regierung in zwei Jahren, stünde sie vor dem gleichen Dilemma. Und die Kirchen? Sie sollten Ängste auffangen. Hier und da geschieht das, so in der Nikolaikirche zu Leipzig, die berühmt ist seit der Kerzenrevolution, in einem Arbeitskreis für Arbeitslose. Und die Intellektuellen? Die Parteien haben Macht aufgehäuft und trachten danach, sie zu bewahren und zu mehren – es liegt in der Natur öffentlicher Dinge. „Wenn in der Politik zu viel Macht angesammelt ist", sagte Richard von Weizsäcker, „und wenn es zu Mißbräuchen in ihrer Anwendung kommt, dann meldet sich der Geist mit seiner Kritik – zu Recht ... Zur Zeit nehme ich", führte der Bundespräsident weiter aus, „beim Geist eher Distanz und zuweilen Resignation gegenüber der politischen Macht wahr, dagegen weniger kritische und vitale Beteiligung. Jedenfalls hat es Zeiten gegeben, in denen man sich in der Politik weit stärker herausgefordert fühlte durch den Geist, kritisch oder konstruktiv oder beides."
Ich nehme diese Worte auf auch als eine Mahnung an mich. Manche meiner Freunde haben gesagt: Warum mußt *du* denn etwas aussprechen, wozu Politiker zu machtschlau sind? Ich bin sicher, ich stünde heute nicht an diesem Pult, Mittweidas Bürgervertreter hätten mich nicht geehrt und Sie alle wären an diesem Abend daheim geblieben, wenn ich, sagen wir von 1953 an, auf solche Stimmen gehört hätte. Wahrheit nützt niemals allen und erfreut oft nur wenige. Aber auch für die Politik ist Ehrlichkeit noch immer das Dauerhafteste.
Diese Schule steht vor einem neuen Anfang, organisatorisch natürlich und vor allem geistig. Ich hoffe, Lehrer und Schüler kämen gemeinsam zu der Erkenntnis, daß das dümmste Argument dieser Tage lautet – und wir hören es ja täglich –, „aber der Kohl hat es uns doch versprochen". Wer nach Hitlerei und mehr als vierzig Jahren SED-Agitation noch immer einem Politiker im Wahlkampf solchen gigantischen Populismus als bare Münze abnimmt, sollte trachten, daß er endlich mündig wird. Dem steckt 1933 noch in den Knochen und das Absurde von Losungen zum 1. Mai und von tausend Stunden Parteilehrjahr sowieso. Gewählt ist gewählt, dabei bleibt es dann vier Jahre.

Die Analyse einer Rede als Abituraufgabe

Damit, so meine ich, predige ich Mut, der immer damit beginnt, berechtigte und nötige Selbstvorwürfe nicht in Vorwürfe an andere umzumünzen. Dies im Herzen danke ich meiner Stadt Mittweida für die hohe Ehre.

(aus: Die Zeit Nr. 41, 2.10.1992, S. 70)

Arbeitsschritte	Ergebnisse
Aufgabenstellung erfassen	Aufgabe a und b wie in den anderen Beispielen. Aufgabe c verlangt, Loests Argumente gegen die Demokratie zu erfassen, seine Rolle als Intellektueller zu beschreiben und dann die Argumentation zu untersuchen, wobei Hintergrundwissen mit einfließen kann.

① Erstellen Sie einen Arbeitsplan für diese dreiteilige Aufgabe, und prüfen Sie, ob Sie ihn einhalten können.

		Textbezug
Inhalt zusammenfassen und **Aufbau** beschreiben Themen ermitteln und festhalten, in welcher Abfolge sie behandelt werden	Bedeutung des Orts, an dem die Rede gehalten wird: Ort der Hoffnung Ort des Neuanfangs	[2. Abschnitt, Z. 10–17] [9. Abschnitt, Z. 63–70]
	Verhältnisse in den Ostländern: historische Lasten – gegenwärtige Chancen; wirtschaftliche Probleme, vor allem die Arbeitslosigkeit	[1. Abschnitt, Z. 1–9] [2. u. 3. Abschn., Z. 10–24]
	Loests persönliche Beurteilung der Arbeitslosigkeit	[5. Abschnitt, Z. 30–44]
	Einschätzung, was politische und gesellschaftliche Gruppen zur Verbesserung der Verhältnisse beitragen können:	
	Regierung und Opposition (mehr Ehrlichkeit statt Kalkül auf Wählerstimmen)	[4. und 6. Abschnitt, Z. 25–29; 45–48]
	Intellektuelle (mehr Engagement)	[7. Abschnitt, Z. 49–56]
	Loest selbst (Wahrheit)	[8. Abschnitt, Z. 57–62]
	Bevölkerung (mehr Eigeninitiative)	[9. Abschnitt, Z. 63–70]
Intentionen bestimmen und durch **sprachliche Mittel** belegen	Aufwertung des Orts, damit auch des Publikums: Metapher	Lichtblicke (Z. 10)
	Verurteilung der Vergangenheit der Ostländer: Metapher	Trümmerfeld (Z. 3)
	Anteilnahme am Problem der Ostländer: Metaphern	stürmische Freude (Z. 23); hier stürzte […] sie ins Bodenlose (Z. 20)
	Kritik an einer nur ökonomischen Einstellung zur Arbeitslosigkeit: rhetorische Fragen	Nicht gebraucht in der Familie? (Z. 32 f.)

Arbeitsschritte	Ergebnisse	Textbezug
Intentionen bestimmen und durch **sprachliche Mittel** belegen (Forts.)	Kritik an den verschiedenen gesellschaftlichen Gruppen: ironische Metapher	Unkenrufe (Z. 29)
	rhetorische Fragen	Wer war es denn, der wie verrückt Westwaren […] kaufte […]? (Z. 39f.)
	Ironie	Auch die [Opposition] behält Bitteres kläglich für sich (Z. 45)
	Hyperbel	gigantischer Populismus (Z. 67)
	indirekter Appell an alle Beteiligten: Zitat	„Zur Zeit nehme ich", führte der Bundespräsident weiter aus, „beim Geist eher Distanz und zuweilen Resignation gegenüber der politischen Macht wahr, dagegen weniger kritische und vitale Beteiligung." (Z. 52–56)
	Pathos	Damit, so meine ich, predige ich Mut (Z. 71)

② Vervollständigen Sie diese Zusammenstellung, und formulieren Sie eine zusammenhängende Darstellung der Intention und der sprachlichen Mittel.

Stellungnahme planen Loests Kritik der Demokratie darstellen	Weder Regierung noch Opposition sagen die Wahrheit aus Angst vor Wahlniederlagen. Die Schwäche der Demokratie hat historische Entsprechungen in der „Hitlerei" und der „SED-Agitation".	
Loests Rolle beschreiben	Er ist unabhängig und kann deshalb die Wahrheit sagen. Er ist aus Sorge um die Menschen bemüht aufzuklären. Die (anderen) Intellektuellen kritisieren die Mächtigen zu wenig. Er hält seine kritische Rolle in der Demokratie für genauso wichtig wie in der ehemaligen DDR.	
Verallgemeinerungen überprüfen Analogien überprüfen	Situation im Wahlkampf wird gleichgesetzt mit Demokratie überhaupt. „Hitlerei", „SED-Agitation", „Populismus": unangemessen u. a., weil in der Demokratie die Beeinflussung nicht von einer Bedrohung begleitet wird.	

③ Finden Sie weitere Punkte, und formulieren Sie die Stellungnahme aus.
④ Bearbeiten Sie das folgende Beispiel einer Abituraufgabe:
   KURT HUBER   Schlußrede vor dem Volksgerichtshof (s. S. 211f.).
   a) Erläutern Sie die Intentionen, die Kurt Huber mit seiner Rede verfolgt, und beschreiben Sie die sprachlich-stilistischen Mittel, die er einsetzt.
   b) Erörtern Sie das Problem des Rechts auf Widerstand, und beurteilen Sie, von Ihrem Ergebnis ausgehend, Kurt Hubers Bekenntnis.

3. Interpretation poetischer Texte

> In **poetischen Texten** wird durch **Sprache** eine für sich bestehende, unabhängig von einer äußeren Realität existierende **Wirklichkeit** geschaffen.

Die **sprachliche Gestaltung** ist also konstituierender Bestandteil der Aussage. Dies bedeutet, daß bei der Interpretation poetischer Texte der Sprachuntersuchung eine größere Bedeutung zukommt als bei Sachtexten und daß poetische Texte in der Regel sprachlich höher organisiert sind als jene. Die sprachlichen Mittel verweisen aufeinander, und dieses Beziehungsgeflecht muß der Interpret verstehen und erläutern.

> Vor allem durch die **Bildlichkeit** poetischer Texte ergibt sich ihre **Mehrdeutigkeit**.

Die logische Mitteilungsfunktion der Sprache verliert an Bedeutung, und die Anschauung, die Emotionen auslöst, tritt stärker in den Vordergrund. Dem muß die Interpretation Rechnung tragen.

> Fiktive Werke sind **Gattungen** (Epik, Lyrik, Dramatik) und **Subgattungen** (Roman, Novelle, Parabel, Fabel; Ode, Sonett, Ballade; Komödie, bürgerliches Trauerspiel, Hörspiel etc.) zuzuordnen.

Deren Gesetzmäßigkeiten oder Merkmale werden in Poetiken oder poetologischen Aufsätzen erörtert und sind bei der Interpretation zu berücksichtigen.
Gegenstand der Prüfung sind poetische Werke ab dem 17. Jahrhundert. Werke vergangener Zeiten stehen in einem ganz anderen Zusammenhang als solche der Gegenwart. Der Interpret braucht deswegen **historisches Wissen** und Kenntnisse über die Merkmale der wichtigsten **Epochen** (Barock, Aufklärung, Sturm und Drang, Klassik etc.).
Poetische Texte wurden von Dichtern in einer bestimmten Lebenssituation geschrieben. Ihre persönlichen Erfahrungen fließen in den Text ein. Ebenso kann von Bedeutung sein, welche literarischen Werke oder welche Autoren ihnen zum Vorbild dienten bzw. welche sie ablehnten. **Biographische** und **literarhistorische Kenntnisse** sind also vonnöten, um auf diese Faktoren eingehen zu können.
Da ein poetisches Werk in dem sich ständig verändernden Kommunikationszusammenhang Autor – Gegenstand – Leser steht, hat es nicht nur *eine* Funktion oder Intention, sondern viele. Wichtig ist, daß die vom Interpreten erkannte sich aus seiner Interpretation des Textes auf dem Hintergrund der von ihm angegebenen bestimmenden Faktoren schlüssig ergibt.

Für die **Vorbereitung** auf die Interpretation eines fiktiven Textes als Abituraufgabe bedeutet dies, daß Sie die nötigen Kenntnisse durch Wiederholung verfügbar halten müssen, Ihre analytischen (beim Erkennen) und synthetischen Fähigkeiten (bei der Wiedergabe) schulen sollten und die Darstellung zu üben haben. Erleichtert wird diese Vorbereitung dadurch, daß im Abitur Texte ausgewählt werden, die der Interpret schon kennt, oder solche, die jenen ähnlich sind, die er schon interpretiert hat.

Voraussetzung für das Gelingen einer Interpretation ist es, die **Aufgabenstellung** zu erfassen, die meist dreiteilig oder zweiteilig ist, aber auch (wie bei den Sachtexten) einteilig sein kann.

Beispiel für eine dreiteilige Aufgabenstellung:

a) Fassen Sie den Inhalt des folgenden Textauszugs aus dem ersten Kapitel des Romans *Die Blendung* von Elias Canetti zusammen, und charakterisieren Sie die Hauptfigur!
b) Untersuchen Sie die erzählerische Gestaltung!
c) Vergleichen Sie die Darstellung des Wissenschaftlers und seines Selbstverständnisses in diesem Romanausschnitt mit der in einem anderen Werk der Literatur!

Die erste Aufgabe verlangt neben der Inhaltsangabe, direkt oder indirekt charakterisierende Aussagen zu sammeln und zu ordnen.
Zur Lösung der zweiten Aufgabe muß der allgemeine Terminus „erzählerische Gestaltung" in die Elemente zerlegt werden, die er umfaßt: Erzählperspektive, Erzählhaltung, Erzählstruktur, Zeitebenen.
Die dritte Aufgabe fordert die Zusammenfassung der inhaltlichen Ergebnisse, die Kenntnis weiterer literarischer Werke mit vergleichbarer Thematik und eine Prüfung der Übertragbarkeit der Ergebnisse. Die Aufgaben entsprechen im groben den Anforderungsbereichen: Kennen – Anwenden – Urteilen.

Ein Beispiel für eine zweiteilige Aufgabe:

Text A: Joseph von Eichendorff   Vöglein in den sonn'gen Tagen (1837)
Text B: Bertolt Brecht   Über das Frühjahr (1928)

a) Beschreiben Sie Inhalt und Aufbau der beiden folgenden Gedichte, und zeigen Sie, wie formale und sprachlich-stilistische Gestaltungsmittel die jeweilige Aussage stützen!
b) Vergleichen Sie die unterschiedliche Darstellung des Frühlingsmotivs! Berücksichtigen Sie dabei epochenspezifische bzw. zeittypische Merkmale!

Denkbar ist auch eine einteilige Aufgabenstellung: Interpretieren Sie den folgenden Dialog aus dem 7. Bild von Max Frischs *Andorra,* und gehen Sie dabei auf typische Fragen und Probleme der Literatur nach 1945 ein.

① Analysieren Sie diese Aufgabenstellungen. Welche Anforderungen werden gestellt? Welche besonderen Schwierigkeiten können Sie erkennen?

a) Die Interpretation eines fiktiven Prosatextes als Abituraufgabe

Folgende Kenntnisse zur Interpretation eines **fiktiven Prosatextes** werden vorausgesetzt:

Erzählsituationen: auktoriale, personale Erzählsituation, Ich-Erzähler
Darstellungsformen: z. B. Beschreibung, Schilderung, Handlungsbericht, Charakteristik (direkte, indirekte); Zitat, wertendes Urteil, Vorschau, Rückschau, Kommentar, Anrede des Lesers; erlebte Rede, innerer Monolog
(Sub)gattungen und ihre Merkmale: z. B. Roman, Novelle, Kurzgeschichte, Parabel, Fabel

② Finden Sie Beispiele für die benannten Erzählsituationen und Darstellungsformen aus den Ihnen bekannten Werken.
③ Stellen Sie die Merkmale der angegebenen epischen Subgattungen zusammen. (Ziehen sie das „Kleine Lexikon", S. 315 ff., oder ein Literaturlexikon heran.)

Aufgabenstellung:
Interpretieren Sie die Auszüge aus Ulrich Plenzdorfs Erzählung *kein runter kein fern*, und legen Sie dar, inwiefern es sich um einen modernen und kritischen Text handelt.

Vorbemerkungen:
Ulrich Plenzdorf wurde 1934 in Berlin-Kreuzberg geboren. Er studierte zunächst Marxismus-Leninismus in Leipzig, absolvierte später ein Studium an der Filmhochschule in Babelsberg. Danach arbeitete er als Filmdramaturg und Schriftsteller in Ostberlin, wo er heute noch lebt. Für die in der DDR nicht veröffentlichte Erzählung *kein runter kein fern* erhielt Plenzdorf 1978 den Ingeborg-Bachmann-Preis. Die Überschrift nimmt darauf Bezug, daß der in Ostberlin lebende Erzähler von seinem repressiv erziehenden Vater dadurch bestraft wurde, daß er nicht „runter" ins Freie zum Spielen durfte und Fernsehverbot erhielt („kein fern"). Die Mutter hat sich in den Westen abgesetzt. Abgedruckt sind Anfang und Schluß des Textes.

Text:
ULRICH PLENZDORF   kein runter kein fern (s. S. 263 f.)

Arbeitsschritte	Ergebnisse
Aufgabenstellung erfassen	„Interpretieren Sie…": Inhalt und Aufbau beschreiben sowie sprachliche Mittel in ihrer den Ich-Erzähler charakterisierenden Funktion ermitteln; „…und legen Sie dar, inwiefern es sich um einen modernen …": Kenntnisse heranziehen, welche Formen der Darstellung modern sind; den Zeitbezug herstellen; „…und kritischen Text handelt": direkte Kritik am damaligen DDR-Staat herausfinden: Gegensatz zwischen proklamierter DDR-Realität und der erlebten herausarbeiten; indirekte Kritik herausfinden: prüfen, inwiefern die Wahl der Erzählperspektive eine Kritik darstellt;
Arbeitsplan erstellen	½ Stunde für Einlesen, Textmarkierungen: Kernstellen, Aufbauteile etc.; 2 Stunden für die Interpretation (Inhalt, Aufbau, sprachlich-stilistische Mittel in ihrer Intention); 1 Stunde für Erörterung der Modernität und Kritik; ½ Stunde für Korrekturarbeiten (v. a. Überprüfen der Richtigkeit von Zitaten, der Rechtschreibung und Zeichensetzung)

Arbeitsschritte	Ergebnisse	Textbezug
Inhalt und **Aufbau** beschreiben: Aussagen heraussuchen, die die äußeren Vorgänge bzw. die Vorgeschichte wiedergeben	Der Ich-Erzähler hat Mick (Jagger), dem Lead-Sänger der Rockgruppe (Rolling) Stones, geschrieben, daß er in der DDR ein Konzert geben soll. Sie (die Behörden) haben der Gruppe keine Einreisegenehmigung gegeben. Nun geht das Gerücht um, sie würde auf dem Dach des Springerhauses ein Konzert geben.	ICH hab MICK geschrieben und er kommt (Z. 2) sie habn ihn nicht rübergelassen aber MICK kommt trotzdem so nah ran wies geht (Z. 9f.) SPRINGERHAUS RINGERHAUS FINGERHAUS SINGERHAUS MICK hat sich die stelle gut ausgesucht wenn er da aufm dach steht, kann ihn ganz berlin sehn (Z. 5–7)
Situation und Absichten des Ich-Erzählers erfassen	Der Ich-Erzähler will das Konzert hören, vorher aber die Parade anläßlich des 20jährigen Bestehens der DDR sehen, anschließend das Feuerwerk. Er legt sich zurecht, welchen Weg er nehmen wird, um zum Springerhaus zu gelangen.	ICH geh hin dadarauf kann sich MICK verlassn ich geh hin [...] ICH seh mir die parade an KEIN FERN und dann zapfenstreich KEIN RUNTER und dann das feuerwerk (Z. 12–14) ICH fahr bis schlewskistraße vorne raus zapfenstreich stratzenweich samariter grün frankfurter rot strausberger grün schlewski grau vorne raus strapfenzeich stratzenweich (Z. 17f.)
	Familiäre Situation: Der Ich-Erzähler hat einen Bruder Manfred, einen Polizisten. Er vermutet, daß dieser in der Kaserne Dienst tut. Er ist jedoch im Einsatz gegen Besucher des Konzertes an der Mauer und schlägt den Erzähler am Ende.	Aber Junge, dein Bruder ist kein Bulle, er ist Polizist wie viele andere (Z. 39f.) Mfred rocho ist rochorepocho B (Z. 42) Mfred muß inner kaserne bleibn (Z. 13) das ist Mfred der B! er haut inner kirche darf keiner kein Mfred! manfred! MANFRED! HIER! ICH! ICH BIN HIER DEIN BRUDER! Nicht haun mehr ICH BIN HIER! MANFRED! HERKOMM! Hier nicht haun MAN du sau (Z. 67–70)
	Die (abwesende) Mutter wird vom Erzähler öfter angesprochen. Sie hat in einem Streit mit dem Bruder Manfred zu vermitteln versucht. Er ruft sie um Hilfe an, als er nicht zur Mauer gelangen kann, und als die Polizisten zu prügeln beginnen.	MAMA – Wenn er nochmal Bulle zu seinem, dann weiß ich nicht was ich! Den Bullen kriegst du noch wieder! (Z. 40 f.) MAMA die wolln uns nicht zu MICK (Z. 48) MAMA DIE HAUN (Z. 66)

④ Prüfen Sie, welche Textteile Ihnen noch unverständlich sind, und versuchen Sie eine Klärung aus dem Zusammenhang.

| Aufbauteile in ihrer Abfolge, Form und ihren Themen festhalten | innerer Monolog des Erzählers: Gedanken über das Konzert der Rolling Stones und die Feierlichkeiten anläßlich des 20. Jahrestages der DDR; erinnerte Reportage über das sozialistische Vorbild Fritz Scholz; | [Z. 1–18] [Z. 18–23] |

Die Interpretation eines fiktiven Prosatextes als Abituraufgabe 65

Arbeitsschritte	Ergebnisse	Textbezug
Aufbauteile in ihrer Abfolge, Form und ihren Themen festhalten (Forts.)	Beschreibung des Wegs zum Springerhaus	[Z. 23–26]
	Wiedergabe einer Reportage: Feierlichkeiten anläßlich des DDR-Jubiläums	[Z. 26–38]
	innerer Monolog: erinnerte Auseinandersetzung mit dem Bruder; Gedanken über „Bullen"	[Z. 38–42]
	Gesprächsfetzen anderer Konzertbesucher vermischt mit innerem Monolog: Polizisten drängen Besucher in eine Kirche ab und schlagen auf sie ein	[Z. 43–70]

⑤ Bestimmen Sie das Verhältnis der Aufbauteile zueinander, und ermitteln Sie die Funktion dieses Aufbaus.

sprachlich-stilistische Mittel und ihre Funktion in bezug auf den Erzähler untersuchen	Wiederholungen und Großschreibung: Dinge stehen im Zentrum der Gedanken (positiv und negativ)	ICH, MICK (Z. 1–4) DRÜBEN, SPRINGERHAUS (Z. 4–6) EIKENNGETTNOSETTISFEKSCHIN (Z. 12) BULLN, MAMA (Z. 39f.) KEIN RUNTER, KEIN FERN (Z. 14)
	Umgangssprachliche Wendungen: Betonung der Unmittelbarkeit der Gedanken und Aussagen; niedriges Sprach- und Bildungsniveau des Erzählers	sagn (Z. 1), wern (Z. 8) siehst dun? (Z. 44), Hau ab (Z. 43), Ist doch Scheiße (Z. 51), Die drübn habn uns beschissn (Z. 44)
	Nonsenswörter: Jugendlichensprache, Jargon	rocho, rochorepocho, rochorepochopipoar (Z. 1f.)
	Fäkalsprache: Ausdruck von rebellierender Aggression	arschkackpiss (Z. 17)
	englische Zitate (teils in phonetischer Schreibung): Protest gegen DDR-Obrigkeit, auch mangelnde Kenntnis des Englischen	EIKENNGETTNOSETTISFEKSCHIN (Z. 12) Power to the people (Z. 51)
	Verse aus Liedern, Kinderverse: regressive Erinnerungen, in der Bedrängnis gesungene Kritik	kirschners kleener karle konnte keene kirschen kaun (Z. 57f.) Wacht auf verdammte dieser... Deutschland Deutschland über... (Z. 64f.)
	Sprachspiele: Wunsch nach spielerischem (nicht ideologischem) Umgang mit der Sprache	SPRINGERHAUS RINGERHAUS FINGERHAUS SINGERHAUS (Z. 5f.) zapfenstreich stratzenweich (Z. 17)
	Ellipsen, Nichtbeachtung der Satzgrenzen, abgebrochene Sätze: assoziativer, ungeordneter Strom der Gedanken und Eindrücke	[Z. 1–18, 23–26, 38–70]

⑥ Ergänzen Sie die Zusammenstellung der sprachlichen Mittel, und ordnen Sie sie.

Arbeitsschritte	Ergebnisse	Textbezug

Merkmale der Modernität feststellen	inhaltlich:
	  eindeutiger Zeitbezug
	  Slogans aus der Zeit
	  Zitat eines Titels der
	    Rolling Stones
	formal:
	  Montagetechnik (offizielle
	    Reportage/Bewußtseinsstrom
	    des Ich-Erzählers)
	  Technik des inneren Monologs
	    (Verbindung von Gedanken,
	    Gefühlen, Beobachtungen,
	    Wahrnehmungen, Eindrücken)
		Zum zwanzigsten Geburtstag der DDR (Z. 30f.)
		Power to the people (Z. 51)
		EIKENNGETTNOSETTISFEKSCHIN (Z. 12)
		
		[siehe Ergebnisse zum Inhalt und Aufbau]
		
		[siehe Ergebnisse zu den sprachlich-stilistischen Mitteln]

⑦ Prüfen Sie, inwieweit Andreottis Kennzeichen des modernen Romans (S. 67) auf den Text zutreffen.

kritischen Charakter des Texts untersuchen kritische Äußerungen des Erzählers suchen und auswerten	Die Stasi sollte das Konzert nicht verhindern. Die Propaganda irrt, wenn sie den Westen als den Feind hinstellt. Das Polizeiverhalten erscheint unangemessen grob und brutal.	und die und hörn mit ihre ANLAGE die wern sich ärgern aber es ist ihre schuld, wenn sie MICK nicht rüberlassn (Z. 7–9) sie sagn, die DRÜBEN sind unser Feind wer so singt, kann nicht unser Feind sein wie Mick (Z. 10f.) Die haben was gegen uns. Ich auch gegen die. (Z. 52) lieber gott, die haun auch mädchen, die haun alle die dürfn doch nicht (Z. 63)
kritische Äußerungen mit den offiziellen vergleichen.	Das Lob der Regierung wird durch das Vorgehen der Polizei ironisiert. Der Feindseligkeit gegenüber dem Westen wird die Vorliebe für westliche Rockmusik entgegengestellt.	*Auf der Ehrentribüne die, die uns diese Straße immer gut und klug vorangegangen sind, die Repräsentanten der Partei und Regierung unseres Staates, an ihrer Spitze Walter Ul* (Z. 31–33) *NVA mit ausgezeichneter Kampftechnik, die unsere gute Straße hart an der Grenze des imperialistischen Lagers sicher flankiert* (Z. 34f.) sie sagn, die DRÜBEN sind unser feind wer so singt, kann nicht unser feind sein (Z. 10f.)

⑧ Arbeiten Sie den Vergleich aus.

Mittel der indirekten Kritik suchen	Der vom Staat gewünschte Typ ist Fritz Scholz, der bei der Parade mitmarschiert. Der Erzähler marschiert nicht mit, hat kein festes Ziel vor Augen.	mit klingendem spiel und festem tritt an der spitze der junge major mit seim stab der junge haupttambourmajor fritz scholz, der unter der haupttribüne den takt angegeben hat mit sein offnes symp warte mal symp gesicht und seim durchschnitt von einskommadrei einer der bestn er wird an leunas komputern und für den friedlichn sozialistischen deutschen staat arbeitn denn er hat ein festes ziel vor den augn (Z. 18–23)

⑨ Beziehen Sie in Ihre Untersuchung der indirekten Kritik das Verhältnis des Erzählers zu seinem Bruder ein.
⑩ Formulieren Sie eine Zusammenfassung Ihrer Ergebnisse.
⑪ Bearbeiten Sie das folgende Beispiel für eine Abituraufgabe:
   a) Interpretieren Sie Wolfgang Borcherts Kurzgeschichte *Das Brot* (S. 236f.), und gehen Sie dabei besonders auf den Dialog in seiner Funktion ein.
   b) Zeigen Sie Merkmale der Kurzgeschichte auf, und erläutern Sie deren Gestaltung.

Aufgaben zum epochenübergreifenden Romanvergleich

Bei der Bearbeitung von Themen im Zusammenhang mit der Romanlektüre sollte man (neben anderen Grundlagen für die Interpretation) zwischen „traditionellen" und „modernen" Romanen unterscheiden. Die Unterscheidung schließt keine Wertung ein. Die folgende Zusammenstellung von Kennzeichen kann dabei Fehler vermeiden helfen:

Merkmale des traditionellen Romans

- Der **Erzähler** tritt als Mittelsmann zwischen das zu Erzählende und den Leser. Er kann entweder außerhalb der Handlung bleiben, durch einige Berührungspunkte an der Handlung teilhaben oder als Ich-Erzähler sein eigenes Schicksal berichten. Stets bleibt der Erzähler dem Helden überlegen.
- Der traditionelle **Held** läßt sich beschreiben als Individuum, das sich in der Welt behauptet. Der „Held" ist ein Charakter, eine Persönlichkeit. Er hat seinen Namen und seine Herkunft. Der Leser kann sich mit ihm identifizieren. Selbst wenn der Leser das Handeln mißbilligen muß, kann er dem Helden seine Bewunderung und gefühlsmäßige Treue nicht versagen.
- Die **Fabel** (im Sinn von Handlung) läuft als nicht abreißender roter Faden durch das Material des Stoffes, der Personen und Ereignisse. Sie stellt über die bloße zeitliche Folge hinaus einen Zusammenhang ursächlicher Art dar. Sie reiht nicht nur Ereignisse; sie bezieht und verbindet sie.
- Die Geschehnisse werden der Reihe nach erzählt. Der Erzähler baut die Situation des Helden auf, bereitet den Konflikt vor, führt die Handlung zum Ende. Solch **chronologisches Erzählen** schließt gelegentliche Nachträge oder Ergänzungen nicht aus.

(nach: Paul K. Kurz, Über moderne Literatur. Standorte, Deutungen. Frankfurt: Knecht 1967, S. 23ff.)

Merkmale des modernen Romans

- **Auflösung** der festen (= nicht veränderten), **auktorialen Erzählposition**; Einführung der polyperspektivischen Erzählweise; erlebte Rede und innerer Monolog als Folge der an ein festes Ich gebundenen Perspektive.
- **Entthronung des Helden** als der Sinnmitte des Werks.
- **Auflösung** der kausallogischen **Handlung**, die z. T. durch **Montage** ersetzt wird; Verzicht auf raumzeitliche Kohärenz; als Folge davon Befreiung von der Vorherrschaft der Figur; Aufgabe der traditionellen Romanfiktion.
- **Befreiung der Sprache** von ihrer ausschließlichen Abbildungsfunktion; als Folge davon die Emanzipation der Dinge von der Herrschaft des sie (durch festlegende Benennung) kategorisierenden Erzähler-Ichs.
- **Loslösung der Motive vom Ich** des Helden; ihre Eingliederung in Motivreihen.

(nach: Mario Andreotti, Die Struktur der modernen Literatur. Stuttgart: Haupt ²1990, S. 126f.)

① Stellen Sie diese Kennzeichnungen in einer Tabelle gegenüber.
② Versuchen Sie, mit Hilfe des Kapitels „Moderne" (S. 105 ff.) Gründe für den Wandel zum modernen Roman zu finden.
③ Suchen Sie in den Kapiteln „Weimarer Republik" (S. 165 ff.) und „Gegenwart" (S. 245 ff.) Beispiele dafür, daß Konstruktion und Montageformen den modernen Roman bestimmen, Raum und Zeit hingegen ihre strukturierende Form verloren haben. Beschreiben Sie, welche Forderungen damit an Sie als Leser gestellt sind.
④ Der „von souveräner Überlegenheit abgerückte Erzähler (benutzt) alle denkbaren Spielformen erzählerischer Haltung und erzählerischen Vorgehens, möglichst viele Aspekte oder eine möglichst intensive Schau der gewählten Thematik zu erschließen" (K. Migner, Theorie des modernen Romans. Stuttgart: Kröner 1970).
Erläutern Sie Beispiele dafür in den Romanauszügen von der „Jahrhundertwende" bis zur „Gegenwart" (S. 113 ff.).
⑤ „Die Sicherheit, den Menschen durch Beschreibung und Analyse durchschaubar zu machen, geht im 20. Jh. endgültig verloren. Auch das Interesse am Einzelschicksal eines Menschen verblaßt. Und so dient die Gestaltung der Heldenfigur […] der Frage nach den Möglichkeiten und Grenzen [der Helden] in der gegenwärtigen Zeitsituation" (K. Migner).
Stellen Sie eine dieser Kennzeichnung entsprechende Figur aus einem Ihnen bekannten Roman (-ausschnitt) vor, und vergleichen Sie damit die Darstellung einer in ihrer individuellen Eigenart bestimmten Romangestalt aus dem 18./19. Jahrhundert.
⑥ Vergleichen Sie die beiden folgenden Romanausschnitte. Achten Sie insbesondere auf den der Naturerscheinung zugesprochenen Sinn.

ADALBERT STIFTER
Der Hochwald

[…] Ein Gefühl der tiefsten Einsamkeit überkam mich jedesmal unbesieglich, so oft und gern ich zu dem märchenhaften See hinaufstieg. Ein gespanntes Tuch ohne eine einzige Falte, liegt er weich zwischen dem harten Geklippe, gesäumt von einem dichten Fichtenbande, dunkel und ernst, daraus manch einzelner Urstamm den ästelosen Schaft emporstreckt wie eine einzelne altertümliche
5 Säule. Gegenüber diesem Waldbande steigt ein Felsentheater lotrecht auf wie eine graue Mauer, nach jeder Richtung denselben Ernst der Farbe breitend, nur geschnitten durch zarte Streifen grünen Mooses und sparsam bewachsen von Schwarzföhren, die aber von solcher Höhe so klein herabsehen wie Rosmarinkräutlein. Auch brechen sie häufig aus Mangel des Grundes los und stürzen in den See hinab, daher man, über ihn hinschauend, der jenseitigen Wand entlang in gräßlicher Ver-
10 wirrung die alten, ausgebleichten Stämme liegen sieht, in traurigem, weiß leuchtendem Verhack die dunklen Wasser säumend. Rechts treibt die Seewand einen mächtigen Granitgiebel empor, Blockenstein geheißen; links schweift sie sich in ein sanftes Dach herum, von hohem Tannenwald bestanden und mit einem grünen Tuch des feinsten Mooses überhüllet.
Da in diesem Becken buchstäblich nie ein Wind weht, so ruht das Wasser unbeweglich, und der
15 Wald und die grauen Felsen und der Himmel schauen aus seiner Tiefe heraus wie aus einem ungeheuern schwarzen Glasspiegel. Über ihm steht ein Fleckchen der tiefen, eintönigen Himmelsbläue. Man kann hier tagelang weilen und sinnen, und kein Laut stört die durch das Gemüt sinkenden Gedanken, als etwa der Fall einer Tannenfrucht oder der kurze Schrei eines Geiers.

Oft entstieg mir ein und derselbe Gedanke, wenn ich an diesen Gestaden saß: – als sei es ein
unheimlich Naturauge, das mich hier ansehe – tief schwarz – überragt von der Stirne und Braue
der Felsen, gesäumt von der Wimper dunkler Tannen – drin das Wasser regungslos wie eine versteinerte Träne. [...]

THEODOR FONTANE
Der Stechlin

[...] Zwischen flachen, nur an einer einzigen Stelle steil und kaiartig ansteigenden Ufern liegt er da, rundum von alten Buchen eingefaßt, deren Zweige, von ihrer eigenen Schwere nach unten gezogen, den See mit ihrer Spitze berühren. Hie und da wächst ein weniges von Schilf und Binsen auf, aber kein Kahn zieht seine Furchen, kein Vogel singt, und nur selten, daß ein Habicht drüber hinfliegt und seine Schatten auf die Spiegelfläche wirft. Alles still hier. Und doch, von Zeit zu Zeit wird es an eben dieser Stelle lebendig. Das ist, wenn es weit draußen in der Welt, sei's auf Island, sei's auf Java, zu rollen und zu grollen beginnt oder gar der Aschenregen der hawaiischen Vulkane bis weit in die Südsee hinausgetrieben wird. Dann regt sich's auch hier, und ein Wasserstrahl springt auf und sinkt wieder in die Tiefe. Das wissen alle, die den Stechlin umwohnen, und wenn sie davon sprechen, so setzen sie wohl auch hinzu: „Das mit dem Wasserstrahl, das ist nur das Kleine, das beinah Alltägliche; wenn's aber draußen was Großes gibt, wie vor hundert Jahren in Lissabon, dann brodelt's hier nicht bloß und sprudelt und strudelt, dann steigt statt des Wasserstrahls ein roter Hahn auf und kräht laut in die Lande hinein. [...]

⑦ Vergleichen Sie die beiden folgenden Romananfänge, und achten Sie insbesondere darauf, auf welche Weise die Titelhelden eingeführt werden.

GOTTFRIED KELLER
Der grüne Heinrich

Mein Vater war ein Bauernsohn aus einem uralten Dorfe, welches seinen Namen von dem Alemannen erhalten hat, der zur Zeit der Landteilung seinen Spieß dort in die Erde steckte und einen Hof baute. Nachdem im Verlauf der Jahrhunderte das namengebende Geschlecht im Volke verschwunden, machte ein Lehenmann den Dorfnamen zu seinem Titel und baute ein Schloß, von dem niemand mehr weiß, wo es gestanden hat; ebensowenig ist bekannt, wann der letzte „Edle" jenes Stammes gestorben ist. Aber das Dorf steht noch da, seelenreich und belebter als je, während ein paar Dutzend Zunamen unverändert geblieben und für die zahlreichen, weitläufigen Geschlechter fort und fort ausreichen müssen. Der kleine Gottesacker, welcher sich rings an die trotz ihres Alters immer weiß geputzte Kirche legt und niemals erweitert worden ist, besteht in seiner Erde buchstäblich aus den aufgelösten Gebeinen der vorübergegangenen Geschlechter; es ist unmöglich, daß bis zur Tiefe von zehn Fuß ein Körnlein sei, welches nicht seine Wanderung durch den menschlichen Organismus gemacht und einst die übrige Erde mit umgraben geholfen hat. Doch ich übertreibe und vergesse die vier Tannenbretter, welche jedesmal mit in die Erde kommen und den ebenso alten Riesengeschlechtern auf den grünen Bergen rings entstammen; ich vergesse ferner die derbe ehrliche Leinwand der Grabhemden, welche auf diesen Fluren wuchs, gesponnen und gebleicht wurde, und also so gut zur Familie gehört wie jene Tannenbretter und nicht hindert, daß die Erde unseres Kirchhofs so schön kühl und schwarz sei als irgendeine. Es wächst auch das grünste Gras darauf, und die Rosen nebst dem Jasmin wuchern in göttlicher

Unordnung und Überfülle, so daß nicht einzelne Stäudlein auf ein frisches Grab gesetzt, sondern das Grab muß in den Blumenwald hineingehauen werden, und nur der Totengräber kennt genau die Grenze in diesem Wirrsal, wo das frisch umzugrabende Gebiet anfängt.

Das Dorf zählt kaum zweitausend Bewohner, von welchen je ein paar hundert den gleichen Namen führen; aber höchstens zwanzig bis dreißig von diesen pflegen sich Vetter zu nennen, weil die Erinnerungen selten bis zum Urgroßvater hinaufsteigen. […]

MAX FRISCH
Stiller

Ich bin nicht Stiller! – Tag für Tag, seit meiner Einlieferung in dieses Gefängnis, das noch zu beschreiben sein wird, sage ich es, schwöre ich es und fordere Whisky, ansonst ich jede weitere Aussage verweigere. Denn ohne Whisky, ich hab's ja erfahren, bin ich nicht ich selbst, sondern neige dazu, allen möglichen guten Einflüssen zu erliegen und eine Rolle zu spielen, die ihnen so passen möchte, aber nichts mit mir zu tun hat, und da es jetzt in meiner unsinnigen Lage (sie halten mich für einen verschollenen Bürger ihres Städtchens!) einzig und allein darum geht, mich nicht beschwatzen zu lassen und auf der Hut zu sein gegenüber allen ihren freundlichen Versuchen, mich in eine fremde Haut zu stecken, unbestechlich zu sein bis zur Grobheit, ich sage: da es jetzt einzig und allein darum geht, niemand anders zu sein als der Mensch, der ich in Wahrheit leider bin, so werde ich nicht aufhören, nach Whisky zu schreien, sooft sich jemand meiner Zelle nähert. […]

b) Der Gedichtvergleich als Abituraufgabe

Folgende Kenntnisse zur Interpretation eines Gedichtes werden vorausgesetzt:

Gedichtformen:	z. B. Ode, Elegie, Sonett, Lied
Versmaße (Metren):	Jambus, Trochäus, Daktylus, Anapäst
Reimformen:	Paarreim, Kreuzreim, umarmender Reim
sprachlich-stilistische Mittel:	z. B. Metapher, Vergleich, Chiffre, Metonymie, Symbol

① Finden Sie Beispiele für die angegebenen Gedicht- und Reimformen aus den Ihnen bekannten Gedichten.
② Erklären Sie den Unterschied zwischen „Metrum" und „Rhythmus".
③ Grenzen Sie die genannten sprachlich-stilistischen Mittel voneinander ab, und geben Sie je ein Beispiel.
④ Erläutern Sie die beiden grundlegenden Begriffe „lyrisches Ich" und „Motiv". (Ziehen Sie zur Bestimmung aller angegebenen Fachbegriffe, wenn nötig, das „Kleine Lexikon", S. 315 ff., oder ein Literaturlexikon heran.)

Aufgabenstellung:
a) Beschreiben Sie Inhalt und Aufbau der beiden folgenden Gedichte, und untersuchen Sie, wie Form und Sprache auf die Aussage einwirken.
b) Vergleichen Sie die Darstellung des Liebesmotivs.

Der Gedichtvergleich als Abituraufgabe

Text A:

JOHANN WOLFGANG VON GOETHE
Der Bräutigam (1824)

Um Mitternacht, ich schlief, im Busen wachte
Das liebevolle Herz als wär' es Tag;
Der Tag erschien, mir war, als ob es nachte,
Was ist es mir, so viel er bringen mag.
5 Sie fehlte ja, mein emsig Tun und Streben
Für sie allein ertrug ich's durch die Glut
Der heißen Stunde, welch erquicktes Leben
Am kühlen Abend! lohnend war's und gut.

Die Sonne sank, und Hand in Hand verpflichtet
10 Begrüßten wir den letzten Segensblick,
Und Auge sprach, ins Auge klar gerichtet:
Von Osten, hoffe nur, sie kommt zurück.

Um Mitternacht! der Sterne Glanz geleitet
In holdem Traum zur Schwelle, wo sie ruht.
15 O sei auch mir dort auszuruhn bereitet,
Wie es auch sei das Leben es ist gut.

Text B:

SARAH KIRSCH
Dann werden wir kein Feuer brauchen (1969)

Dann werden wir kein Feuer brauchen
es wird die Erde voll Wärme sein
der Wald muß dampfen, die Meere
springen – Wolken die milchigen Tiere
5 drängen sich: ein mächtiger Wolkenbaum

Die Sonne ist blaß in all dem Glänzen
greifbar die Luft ich halte sie fest
ein hochtönender Wind
treibts in die Augen da weine ich nicht

10 Wir gehn bloßen Leibs
durch Wohnungen türenlos schattenlos
sind wir allein weil keiner uns folgt niemand
das Lager versagt: stumm
sind die Hunde sie wehren nicht
15 den Schritt mir zur Seite: ihre Zungen
aufgebläht ohne Ton sind taub

Nur Himmel umgibt uns und schaumiger Regen Kälte
wird nie mehr sein, die Steine
die ledernen Blumen unsere Körper wie Seide dazwischen
20 strahln Wärme aus, Helligkeit
ist in uns wir sind silbernen Leibs

Morgen wirst du im Paradies mit mir sein

Arbeitsschritte	Ergebnisse
Aufgabenstellung erfassen	Gebräuchliche zweiteilige Aufgabenstellung. Aufgabe a mit stärker analytischem Charakter, wobei der wichtige Auftrag, die Funktion von Form und Sprache für die Aussage zu ermitteln, darüber hinausgeht; Aufgabe b mit stärker synthetischem (zusammenfassendem) Charakter, wobei Kenntnisse über die Epochen bzw. die Zeit einfließen sollten.

⑤ Erstellen Sie einen Arbeitsplan nach dem Beispiel auf der Seite 63, und prüfen Sie, ob Sie ihn einhalten können.

		Textbezug
Inhalt und **Aufbau** erfassen		
Text A: Inhalt in eigenen Worten wiedergeben	**Strophe 1**: Rückerinnerung (Gebrauch des Imperfekts) an eine Liebesbegegnung; „Nacht", „Schlaf" bedeuten innere Nähe der Geliebten, „Tag" (wegen der eintretenden Wachheit) Ferne. Deswegen wird der Tag schmerzlich empfunden.	Das liebevolle [= voll der Liebe] Herz im Busen wachte / Das liebevolle Herz als wär' es Tag; Der Tag erschien, mir war, als ob es nachte
strophische Gliederung beachten	**Strophe 2** bringt eine Erklärung: Der folgende Tag wurde nur erträglich durch die Erinnerung an die Liebesbegegnung am Abend vorher.	mein emsig Tun und Streben / Für sie allein ertrug ich's durch die Glut / Der heißen Stunde
zusammengehörige Strophen kennzeichnen	**Strophe 3**: Abschluß der erinnerten Liebesszene. Die Trennung wurde durch die Hoffnung auf ein Wiedersehen erträglich.	hoffe nur, sie kommt zurück.
lyrischen Vorgang (die Erlebensweise des Ich) erfassen	**Strophe 4** führt in die Gegenwart (Gebrauch des Präsens). Das Ich erlebt sich träumend auf dem Weg zur Geliebten. In der Hoffnung, bei ihr die Nacht zuzubringen, bejaht es das Leben überhaupt.	der Sterne Glanz geleitet / In holdem Traum zur Schwelle, wo sie ruht. O sei auch mir dort auszuruhn bereitet, Wie es auch sei das Leben es ist gut.
Text B: Zeitengebrauch beachten	**Strophe 1** enthält die Beschreibung der Bedingungen für eine zukünftige Liebesbegegnung.	es wird die Erde voll Wärme sein der Wald muß dampfen, die Meere springen – Wolken die milchigen Tiere drängen sich
äußere und innere Vorgänge unterscheiden	**Strophe 2** bezieht die Beschreibung der kosmischen Erscheinungen auf das Ich, das sie als angenehm empfindet.	Die Sonne ist blaß in all dem Glänzen […] ein hochtönender Wind treibts in die Augen da weine ich nicht
	Strophe 3: Die Szene verengt sich. Im Haus werden die Liebenden Einheit und Harmonie erleben.	Wir gehn bloßen Leibs durch Wohnungen türenlos schattenlos

Der Gedichtvergleich als Abituraufgabe 73

Arbeitsschritte	Ergebnisse	Textbezug
Inhalt und **Aufbau** erfassen (Forts.)	**Strophe 4**: Die Szene wird wieder weiter. Die Wohnungen werden zum Kosmos, zum Himmel, die Liebenden erleben die Einheit auch mit ihm.	Nur Himmel umgibt uns
	Schlußvers: Die Bilder der kosmischen Harmonie und der engelgleichen Liebenden münden in das Versprechen an den Geliebten (das Jesu Versprechen an den Mitgekreuzigten ins Zukünftige abwandelt; Lk 23,43)	Morgen wirst du im Paradies mit mir sein
äußere Form in ihrer Funktion bestimmen *Text A*: Strophen, Vers, Reim beschreiben, das Metrum erfassen, den Rhythmus beschreiben	vier vierzeilige Strophen; Kreuzreim, wobei sich Reim d in Strophe 4 wiederholt; Metrum: fünfhebiger Jambus mit unregelmäßiger Kadenz, bedingt durch den Wechsel von weiblichem und männlichem Reim; Zäsuren nach dem 2. und 3. Versfuß, Ausnahme Zeile 14: Zäsur im 4. Versfuß; Enjambements: Z. 1/2, 5/6, 6/7, 7/8, 13/14	[abab cdcd efef gdgd] Um Mitternacht, ich schlief, im Busen wachte Das liebevolle Herz, als wär' es Tag; Der Tag erschien,∥mir war,∥als ob es nachte, Was ist es mir,∥so viel er bringen mag. In holdem Traum zur Schwelle,∥wo sie ruht.
Zusammenhang mit dem Inhalt herstellen	**Strophe 1**: Rhythmus am unruhigsten: Unruhe des Ich nach der Trennung; Klare syntaktische Zweigliederung: Glück und Schmerz des Ich	[6 Zäsuren] [Gegensatz Nacht/Tag]
	Strophe 2: Treibender Rhythmus: Sehnsucht des Ich nach beglückendem vergangenem Liebeserlebnis	[3 Enjambements führen zu Z. 8]
	Strophe 3: Rhythmisch ruhig. Syntaktische Zweigliederung: Abschied – Vorfreude	[Z. 9/10–11/12]
	4. Strophe: Zweigliederung: Beschreibung der Szene – Empfindung, Reflexion; Verlangsamung des Tempos in der letzten Zeile: bekenntnishafte endgültige Aussage	[Z. 13/14–15/16] Wie es auch sei∥das Leben∥es ist gut.

Arbeitsschritte	Ergebnisse	Textbezug
Text B: äußere Form in ihrer Funktion bestimmen (Forts.)	4 Strophen zu 5, 4, 7, 5 Zeilen und eine Schlußzeile. freie Rhythmen; Wiederholung jambischer und daktylischer Einheiten, rhythmische Verzögerungen durch Aufeinanderfolge betonter Silben; Spannung zwischen dem Druckbild und dem gesprochenen Gedicht: Satzzeichen müssen beim Lesen hineingesprochen werden; **nicht** überall Enjambements	Die Sónne ist bláß in áll dem Glánzen greifbar die Lúft ich hálte sie fést (Z. 6f.) Dánn wérden wír kein Féuer bráuchen (Z. 1) [z. B. Z. 1/2, 6/7]
Funktion ermitteln	Der dargestellte Vorgang der Selbstentgrenzung findet seine Entsprechung in der (partiellen) Aufhebung von Zeiteneinheit und syntaktischer Ordnung.	

⑥ Vervollständigen Sie die Untersuchungen der Form, und formulieren Sie sie aus.

Sprache in ihrer Funktion erfassen *Text A:* Wortwahl untersuchen	einfache Wortwahl, nur gelegentlich poetische Wendungen: Darstellung des Liebeserlebnisses im natürlichen Lebenszusammenhang	Busen [für Brust] (Z. 1) nachte [für Nacht würde] (Z. 3) Schwelle [für Haus] (Z. 14)
auffällige sprachlich-stilistische Mittel heraussuchen und jeweils den Zusammenhang zur Aussage herstellen	einfache Vergleiche: Gegensätze im Empfinden	als wär' es Tag (Z. 2) als ob es nachte (Z. 3)
	Personifikation: Hochgefühl der Liebenden	Begrüßten wir den letzten Segensblick (Z. 10)
	einfache Wertungen: Übertragung in den rationalen Bereich	Was ist es mir, so viel er bringen mag. (Z. 4) lohnend war's und gut. (Z. 8)
	Gegensätze: Nähe bzw. Ferne der Geliebten	ich schlief – wachte (Z. 1) heiße Stunde – kühler Abend (Z. 7, 8)
	Ausrufe: Ausdruck des Hochgefühls bzw. der Erwartung	welch erquicktes Leben / Am kühlen Abend! (Z. 7f.) hoffe nur (Z. 12)
	zweigliedrige Ausdrücke: Unterstreichung	Tun und Streben (Z. 5) lohnend war's und gut. (Z. 8)
	Alliterationen: Rhythmisierung, Harmonie	Die *S*onne *s*ank und *H*and in *H*and verpflichtet *B*egrüßten wir den letzten Segens*b*lick (Z. 9f.)

Der Gedichtvergleich als Abituraufgabe

Arbeitsschritte	Ergebnisse	Textbezug
Text B: **Sprache** in ihrer Funktion erfassen (Forts.)	Reihung lyrischer Urworte: Gefühl der Außerordentlichkeit	Feuer, Erde, Wald, Meere, Wolken (Z. 1–4)
	Verwendung einfacher Verben, die menschliche Tätigkeiten beschreiben: Glaubhaftmachen der Vision	ich halte sie fest (Z. 7) da weine ich nicht (Z. 9) Wir gehn (Z. 10)
	Beschreibungen im Grenzbereich zur Metapher und Chiffre: Surrealität der Szene	die Meere/springen (Z. 3f.) Wolken die milchigen Tiere (Z. 4) silbernen Leibs (Z. 21)
	nur ein Vergleich: Gefühl der Weichheit	unsere Körper wie Seide dazwischen (Z. 19)
	syntaktische Veränderungen (nachgestelltes Adjektiv, nachgestelltes Partizip): Rhythmisierung	Wohnungen türenlos (Z. 11) ihre Zungen/aufgebläht (Z. 15f.)
	Alliterationen: Klangmagie	[*w* in Strophe 1 *g* und *h* in Strophe 2 *s* in Strophe 4]

⑦ Vervollständigen Sie die Sprachuntersuchung beider Gedichte, und formulieren Sie sie aus.

Darstellung des Liebesmotivs zusammenfassend beschreiben *Text A*:	Bedeutung der Liebe: sinnstiftende Macht im Leben Erleben der Liebe: quälend durch vorübergehende Trennung, erträglich durch Vorfreude auf Wiederbegegnung; in der Begegnung hohes Glück Darstellung der Liebe: Gebändigt in der Form: Vorfreude, Schmerz, Beglückung stehen im Lebenszusammenhang
Text B:	Bedeutung der Liebe: ein erwartetes, den realen Lebenszusammenhang sprengendes kosmisches Ereignis, das die Liebenden (in der Einheit) erlöst. Erleben der Liebe: sinnliches Erleben der Einheit mit dem Geliebten und mit dem Kosmos Darstellung der Liebe: bildhaft sinnlich, surreal und enthusiastisch, religiös überhöht

⑧ Führen Sie die folgende Niederschrift zum Vergleich des Liebesmotivs fort. Achten Sie besonders auf die verschiedenen Möglichkeiten des Zitateinbaus und wählen sie die jeweils günstigste.

Den Unterschieden in Form und Sprache der beiden Gedichte entspricht die verschiedene Gestaltung des Liebesmotivs. Für Goethe ist die Liebe die sinnstiftende Macht im Leben. Dies zeigt sich im Schlußvers, der in der Hoffnung auf erfülltes Liebesglück gesprochen ist: „Wie es auch sei das Leben es ist gut." Sarah Kirsch hingegen entrückt die Liebe ins Zukünftige („Morgen") und Utopische („im Paradies", V. 22). Die Einheit der Liebenden ist ein kosmisches Ereignis: „Nur Himmel umgibt" sie (V. 17), und die „Sonne ist blaß in all den Glänzen" (V. 6). Obwohl die Liebe in Sarah Kirschs Gedicht nicht von dieser Welt zu sein scheint, wird sie doch sinnlich empfunden: Der „bloße[] Leib[]" (V. 10) spürt die Wärme der Steine (V. 18ff.), sogar die Luft wird „greifbar" (V. 7). Ganz anders bei Goethe, wo sich die Liebe im Innern des lyrischen Ichs abspielt, in dessen „liebevolle[m] Herz" (V. 2). Die „Glut / Der heißen Stunde" (V. 6f.) ist hier keine Beschreibung einer Sinneswahrnehmung, sondern eine Metapher für den Trennungsschmerz während des Tages.

Aufgaben zum epochenübergreifenden Gedichtvergleich

Die Einteilung der Literaturgeschichte in Epochen dient dazu, Ordnungen herzustellen und Zusammenhänge zu verdeutlichen. Für den Leser von Texten kann sie deshalb eine Verständigungshilfe bedeuten. Die Untersuchung von epochenspezifischen Merkmalen als Textaufgabe hat daher eine stützende Funktion bei der Interpretation von Texten.
Manchmal – besonders wenn Texte weiter zurückliegen oder wenn der Autor sich eng an die poetologischen Auffassungen einer Strömung hält – ist die Einbeziehung solcher Merkmale geradezu unerläßlich. Merkmale können **Schlüsselwörter** sein – z.B. Begriffe wie „Freundschaft", „Tränen", „Schmerz", „Leid", „Liebe", „Kuß", „Herz" in der Empfindsamkeit und im Sturm und Drang oder „Eitelkeit" (im Sinn von Nichtigkeit, Vergänglichkeit) im Barock. Epochen haben aber auch Vorlieben für **Motive** (etwa „Stadt" im frühen oder „Generationskonflikt" im späten Expressionismus). Sie unterscheiden sich oft in ihrem **Welt- und Menschenbild**, ihren **Denkmustern**, ihrem **Kunstverständnis**. Kenntnisse darüber helfen Mißverständnisse vermeiden: Wer z.B. Kästners *Sachliche Romanze* (S. 175) als das Werk eines Vertreters der „Neuen Sachlichkeit" liest, wird sich nicht über die scheinbare Gefühllosigkeit wundern. Von besonderer Bedeutung sind **Grundbereiche der literarischen Gestaltung** wie Natur, Mensch, Liebe usw. Wer sich die Unterschiede in der Verwendung solcher Begriffe in den verschiedenen Epochen nicht klarmacht bzw. nur vom eigenen Verständnis ausgeht, gerät bald auf Abwege.
In verschiedenen Epochen werden darüber hinaus unterschiedliche **literarische Formen** bevorzugt, die oft ganz bestimmte Merkmale haben. Von den folgenden Liebesgedichten (S. 77) sollte das erste als **Tagelied** und somit als ein Gedichttyp des Minnesangs erkannt werden. Thema ist der Abschied zweier Liebender. Feste Bestandteile: das Wecklied eines Vogels; der dreiteilige Aufbau: Rede der Frau – Gegenrede des Mannes – Klagerede der Frau. Im zweiten Fall weisen **Sonettform** und rhetorische Sprache auf ein Barockgedicht.

Für das eigene Vorgehen sind in der Regel Hilfsmittel nötig. Wichtig ist immer:
– Beachtung der Erscheinungszeit,
– Feststellung der Epochenzugehörigkeit,
– Informieren über Besonderheiten der Epoche anhand einer Literaturgeschichte,
– Verwendung eines Literaturlexikons für bestimmte Begriffe.

Aufgaben zum epochenübergreifenden Gedichtvergleich

① Vergleichen Sie die folgenden Gedichte, und gehen Sie dabei besonders auf die unterschiedliche Gestaltung des Liebesmotivs ein.

DIETMAR VON EIST
Slâfest du, friedel ziere? (vor 1170)

,Slâfest du, friedel ziere?
man weckt uns leider schiere:
ein vogellîn sô wol getân
daz ist der linden an daz zwî gegân.'

5 ,Ich was vil sanfte entslâfen:
nu rüefestu kint wâfen.
liep âne leit mac niht gesîn.
swaz du gebiutst, daz leiste ich, friundîn mîn.'

Diu frouwe begunde weinen.
10 ,du rîtst und lâst mich eine.
wenne wilt du wider her zuo mir?
owê du füerst mîn fröide sament dir!'

„Schläfst du, Geliebter?
Ist süßer als mein Kuß dein Traum?
Hör nur, ein kleines Vögelein
Singt vor dem Fenster im Lindenbaum!"

5 „Ich lag in sanftem Schlummer.
Nun klagst du, Kind. Was ist dein Kummer?
Lieb ohne Leid mag wohl nicht sein.
Was du gebietest, geschehe, Freundin, mein!"

Da sprach die schöne Frau aus Tränen:
10 „Du reitest fort und läßt mir das Sehnen.
Ach, du entführst mir Freude und Glück!
Wann kehrst du wieder zu mir zurück?"

(Freie Übertragung durch Wilhelm von Scholz)

GEORG RUDOLF WECKHERLIN
Sie ist gantz lieblich vnd löblich (1618)

Das gold des Morenlands / wie pur es auch kan sein /
Muß jhres krausen haars köstlichem schimmern weichen:
Der rohteste Coral / der schönsten Rubins schein
Jst jhres Rosenmunds reichtumb nicht zuvergleichen:

5 Vnd keine perlein seind so weissz / so gleich[1] / so rein /
Als die / die jhres munds red vnnd geschmöll[2] bereichen:
So kan auch die Natur vnd Kunst kein helfenbein /
Das so zart / glat vnd weissz / wie jhr leib / herauß streichen.

Kurtz / meine Nymff Myrt ist ein Kunst-stück der Natur /
10 Der hertzenbrunst vnd wunsch / die herrscherin der seelen /
Der holdseeligkeit quell / der lieblichkeit figur[3] /

Der augen süsse wayd / die todte zu besehlen /
Der Schönheit gantze sum / der Tugenten Richtschnur;
Wie kan ich jmmer dan / Sie liebend / lobend / fehlen?

---

1 eben, glatt 2 Lächeln, auch: Schweigen 3 Gestalt, Gleichnis, Symbol

② a) Vergleichen Sie Inhalt, Form und sprachliche Gestaltung der beiden folgenden Herbstgedichte.
   b) Untersuchen Sie die jeweilige Gestaltung des Herbstmotivs sowie epochenspezifische Merkmale.

Johann Wolfgang von Goethe
Im Herbst (1775)

Fetter grüne, du Laub,
Das Rebengeländer,
Hier mein Fenster herauf.
Gedrängter quillet,
5 Zwillingsbeeren, und reifet
Schneller und glänzend voller.
Euch brütet der Mutter Sonne
Scheideblick, euch umsäuselt
Des holden Himmels
10 Fruchtende Fülle.
Euch kühlet des Monds
Freundlicher Zauberhauch,
Und euch betauen, ach,
Aus diesen Augen
15 Der ewig belebenden Liebe
Voll schwellende Tränen.

Friedrich Hebbel
Herbstbild (1857)

Dieß ist ein Herbsttag, wie ich keinen sah!
 Die Luft ist still, als athmete man kaum,
Und dennoch fallen raschelnd, fern und nah,
 Die schönsten Früchte ab von jedem Baum.

O stört sie nicht, die Feier der Natur!
 Dieß ist die Lese, die sie selber hält,
Denn heute löst sich von den Zweigen nur,
 Was vor dem milden Strahl der Sonne fällt.

c) Der Vergleich zweier dramatischer Szenen als Abituraufgabe

Folgende Kenntnisse zur Interpretation eines Dramas werden vorausgesetzt:

Poetologische Kenntnisse über das **aristotelische**, **epische** und **absurde** Theater
Dramentypen: z. B. Tragödie, Komödie, Bürgerliches Trauerspiel, Volksstück
Formen der Darstellung: z. B. Monolog, Dialog, Lied/Song, Chor

① Tragen Sie Ihre Kenntnisse zu den genannten Begriffen zusammen. Ziehen Sie auch das „Kleine Lexikon", S. 315 ff., oder ein Literaturlexikon zu Rate.

Auch bei der Dramenanalyse müssen Sie **Versformen** (z. B. Blankvers) und **sprachlich-stilistische Mittel** erkennen. Oft können Sie Ihre Grundkenntnisse der **Argumentationslehre** (z. B. Techniken der Überredung) und **Kommunikationslehre** (z. B. Kommunikationsstörungen) anwenden.

Der Vergleich zweier dramatischer Szenen als Abituraufgabe

Aufgabenstellung:
a) Beschreiben Sie Aufbau und Dialogführung der folgenden Szenen, und erläutern Sie, warum die Kommunikation mißlingt bzw. nur teilweise gelingt.
b) Das (kritische) Volksstück stellt die Personen meist in Abhängigkeit von den sozialen Verhältnissen dar, in denen sie leben. Untersuchen Sie die Charaktere und deren Sprache daraufhin.

Vorbemerkungen:
Marieluise Fleißer wurde 1901 in Ingolstadt geboren. Sie studierte Theaterwissenschaften in München und lernte Lion Feuchtwanger und Bertolt Brecht kennen. Letzterer beeinflußte sie stark und brachte 1926 ihr Stück *Fegefeuer in Ingolstadt* und drei Jahre später *Pioniere in Ingolstadt* in Berlin heraus, wohin sie ihm gefolgt war. Das Stück löste einen Theaterskandal aus. Fleißer trennte sich von Brecht und kehrte 1932 nach Ingolstadt zurück, wo sie 1974 starb.
Die Handlung der Komödie *Pioniere in Ingolstadt* beginnt mit dem Einzug einer Kompanie von Pionieren in Ingolstadt, die dort eine Brücke bauen, und endet mit deren Auszug. Hauptpersonen sind die Dienstmädchen Alma und Berta, deren Herrschaften, der einfache Pionier Karl und ein Feldwebel. Die Dienstmädchen suchen aus unterschiedlichen Motiven die Begegnung mit den Neuankömmlingen.
Franz Xaver Kroetz wurde 1946 in München geboren. Er besuchte Schauspielschulen in München und Wien. Später war er an kleinen Bühnen und in verschiedenen Berufen tätig, bis mit dem Beginn der 70er Jahre der literarische Erfolg einsetzte.
In *Agnes Bernauer* heiratet Agnes, die Tochter eines bankrotten Friseurs, dessen Frau zu Beginn des Stückes beerdigt wird, Albrecht, den Sohn des Unternehmers Werdenfels. In der 2. Szene wird Albrechts Hund im Park der Familie Werdenfels beerdigt. In der dritten Szene kommt es zur ersten Begegnung zwischen Albrecht und Agnes, der ihr Vater geraten hat, sich nun einen reichen Mann zu suchen, damit sie versorgt sei.

Text A:
MARIELUISE FLEISSER   Pioniere in Ingolstadt (s. S. 173 f.)

Text B:
FRANZ XAVER KROETZ
Agnes Bernauer
3. SZENE

Auf einem Faschingsball. Viele Menschen, alle unkenntlich maskiert.
ALBRECHT: Sind mir gleich aufgefallen.
AGNES *lacht*. Warum?
ALBRECHT: Weil Sie so traurig schaun. Ich bin nämlich auch traurig.
5 AGNES *lacht*.
ALBRECHT: Warum sind Sie denn traurig? Wegen der Liebe?
AGNES: Bestimmt nicht.
ALBRECHT: Ich bin auch nicht wegen der Liebe traurig.
AGNES *lacht*.
10 ALBRECHT: Ich bin traurig, weil mir mein Hund gstorbn is, den wo ich gern ghabt hab.
AGNES: Ich möcht auch einen Hund.
ALBRECHT: Mögen Sie Tiere?

AGNES: Ich mag alles, was lebt. *Lacht.*
ALBRECHT: In der Nacht hab ich ihn noch in die Universitätsklinik gfahrn nach München. Weil
15 das das beste is. Dort hams ihn auf den Tisch glegt und ich hab mich von ihm verabschiedet. Ich
hab gwußt, daß es für immer is, und deshalb wollt ich ihn wieder mit heim nehmen, aber dann
hab ich mich nicht traut. Zwei Tag später war er tot. Dann wollt ich ihn holn, aber es hat gheißn,
der wird nimmer herausgegeben wegen dem Seuchengesetz. Da hab ich zu meinem Papa gsagt:
Der lebt noch, das spür ich und sie machen ihre Versuche mit ihm. Dann hat der Papa gsagt, der
20 Bub wird mir verrückt und hat mit der Klinik telefoniert. Und dann hat ihn die Maria holen
dürfen und ich hab ihn noch einen Tag in meim Zimmer ghabt und dann ham ihn mir die Eltern
weggnommen und eingraben im Park.
AGNES: Wer is die Maria?
ALBRECHT: Unsere Hausdame. Mich hams nicht fahren lassen wegen der Angst um mich. *Pause.*
25 Seitdem geh ich überall hin, weil ich es daheim nimmer aushalt. Wenn ich jetzt auf meinem Zimmer sein tät und die Mama tät mich trösten, dann tät ich mich bestimmt umbringen. *Lächelt.*
Der Hund war mir beim Arsch lieber wie meine Eltern beim Gesicht. Verstehn Sie das?
AGNES: Ich hab meine Mama gern ghabt. Sind Ihre Eltern reich?
ALBRECHT: Ja. Und warum sind Sie traurig?
30 AGNES: Das sag ich nicht.

Arbeitsschritte	Ergebnisse
Aufgabenstellung erkennen	Die erste Aufgabe fordert, die Texte aufzugliedern, die Art der Kommunikation zu beschreiben und zu erklären, indem die Absichten, Gefühle, Erwartungen der Personen aufgezeigt werden. Die zweite Aufgabe fordert eine Betrachtung der sozialen Verhältnisse der Personen und ein Urteil darüber, ob sich diese in ihrem Verhalten und ihrer Sprechweise niederschlagen, wobei Vorkenntnisse über das Volksstück herangezogen werden müssen.

② Machen Sie sich (schriftlich) bewußt, welche Detailkenntnisse Sie brauchen, um die Aufgaben bearbeiten zu können.

		Textbezug
Aufbau beschreiben *Text A:* verschiedene Themenbereiche abgrenzen, den Verlauf beschreiben.	leitmotivische Aussage von Berta;	Ich bin auch schon verraten worden. (Z. 2)
	Suchen und Herrichten der Bank;	[Z. 3–12]
	Aufnahme des (Leit)motivs vom Verrat;	[Z. 13–23]
	Gespräch über das Selbstverständnis von Berta und Karl; ihre Ausdrucksnot, endend in Bertas Namensnennung;	[Z. 24–38]
	Auseinandersetzung über frühere Liebeserlebnisse;	[Z. 39–54]
	Gespräch über die Motive der Begegnung;	[Z. 55–66]
	Karls Aufforderung, sich zu lieben, Bertas Weigerung.	[Z. 67–71]

Der Vergleich zweier dramatischer Szenen als Abituraufgabe

Arbeitsschritte	Ergebnisse	Textbezug
Text B: **Aufbau** beschreiben (Forts.)	Gespräch über die Stimmung, die Traurigkeit von Agnes und Albrecht;	[Z. 2–10]
	der Hund Albrechts und die Geschichte über ihn;	[Z. 11–22]
	Albrechts Eingeständnis seiner Ruhelosigkeit und seines gestörten Verhältnisses zu den Eltern;	[Z. 23–27]
	Agnes' Entgegnung, das Eingeständnis ihrer Traurigkeit.	[Z. 28–30]
Dialogführung beschreiben (Ursachen des Mißlingens der Kommunikation erklären)		
Text A: Ausgangspunkt des Dialogs festhalten	Berta geht unsicher in die Begegnung, hat Angst, im Stich gelassen zu werden, nennt später die Ursache; Karl scheint zunächst sogar fürsorglich;	[Z. 2] [Z. 17–21] Schaun wir, ob sie sauber ist (Z. 5) Ich leg mein Taschentuch hin (Z. 7)
Absichten der Sprechenden ermitteln	Berta möchte Karls Namen wissen, sie will eine persönliche Begegnung und Beziehung.	Jetzt hab ich eine Lehne und weiß nicht, wie sie heißt. (Z. 10) Magst ein Zündhölzel aufzünden, daß ich dich sehe? (Z. 30)
verschiedene Aussagen aufeinander beziehen, um die Absichten zu klären	Karl möchte wissen, ob Berta schon öfter hier war, um herauszufinden, ob Berta sich ihm schnell hingeben würde oder nicht.	Da bist schon öfter gesessen (Z. 13)
Ursachen für Widerspruch finden	Bertas Ablehnung hält er für eine Lüge, ebenso wie ihr Bekenntnis, von einem Mädel verraten worden zu sein.	BERTA: Nicht, das tut man nicht. KARL: Warum nicht, das gewöhnt sich. BERTA: Ich habe es nie getan. Ich geh sonst nicht mit die Herren. Wenn ein Herr so ist, zeig ich ihn an. KARL: Du kommst schon noch. (Z. 51–55)
Grundeinstellungen klären	Beide Personen schätzen sich wahrheitsgemäß ein.	BERTA: Ich bin nicht wie die anderen. KARL: […] Ich bin wie alle anderen (Z. 25 f.)
Entfaltung der konträren Grundpositionen aufzeigen	Berta beharrt darauf, daß sie eine persönliche Beziehung will, und möchte Karl davon überzeugen, daß er im Grunde auch eine möchte; was nach ihrer Überzeugung voraussetzte, daß sie Karls erste Geliebte würde. Karl beharrt darauf, daß es überflüssig ist, die Wahrheit von sich preiszugeben bzw. vom Partner zu erfahren. Die (sexuelle) Liebe ist für ihn eine Gewohnheit, der man schnell nachkommt.	Ja, mach dich nur schlecht (Z. 43) Das wär mir nicht recht, wenn du schon eine gehabt hast (Z. 41) Da mach ich mich nicht lang schlecht, weil ich sage, das kann dir gleich sein. (Z. 44) Wenn ein Mädel nicht zieht, tu ich nicht lang um. (Z. 64)

Arbeitsschritte	Ergebnisse	Textbezug
Höhepunkt des Konflikts ermitteln	Die beiden unvereinbaren Positionen prallen schließlich aufeinander.	Was is jetzt? Stellen wir uns her oder stellen wir uns nicht her? (Z. 67)
wahre und vorgeschobene Gründe der gestörten Kommunikation ermitteln	Bertas Sprachnot in ihrer Antwort ist zum Teil vorgeschoben, weil sie Vorbehalte hat, sich mitzuteilen bzw. Karls sexuelle Wünsche zu erfüllen.	Ich muß denken, wie ich's sage. (Z. 17) Ich weiß immer nicht, wie die Ausdrücke sind (Z. 28) Das kann ich auf einmal nicht sagen (Z. 68)

③ Vervollständigen Sie die Untersuchung der Dialogführung, und fassen Sie Ihre Ergebnisse zusammen.

Text B: non-verbalen Bereich berücksichtigen Arten der Zustimmung unterscheiden Gesprächsanteile klären Formen des Ausweichens ermitteln Absichten der Sprechenden ermitteln	Albrecht beginnt den Dialog, weil er sich mitteilen will. Agnes flüchtet sich in den non-verbalen Bereich, lehnt dann nur den von Albrecht angebotenen Grund der Traurigkeit ab, leugnet nicht die Traurigkeit. Daraufhin nennt Albrecht den Grund seiner Traurigkeit. Agnes' Sympathie für Tiere löst dann Albrechts lange Erzählung vom Ende seines Hundes aus. Der Unterschied in ihrem Verhältnis zu Tieren wird nur implizit ausgesprochen. Agnes geht auch später weder auf die perverse Tierliebe Albrechts noch auf dessen Ablehnung der Eltern ein. Sie spricht nicht von ihrem Vater, nur von der Zuneigung zur Mutter. Die Frage nach dem Reichtum verrät ihre Intention im Dialog: Sie sucht einen reichen Mann. Den Grund ihrer Traurigkeit gibt Agnes auch am Schluß der Szene nicht preis.	Ich bin nämlich auch traurig (Z. 4) AGNES *lacht*. (Z. 5) ALBRECHT: Warum sind Sie denn traurig? Wegen der Liebe? AGNES: Bestimmt nicht. (Z. 6 f.) ALBRECHT: Ich bin traurig, weil mir mein Hund gstorbn is, den wo ich gern ghabt hab. (Z. 10) Ich möcht auch einen Hund. (Z. 11) [Z. 14–22] AGNES: Ich mag *alles*, was lebt. *Lacht*. (Z. 13) ALBRECHT: Der Hund war mir beim Arsch lieber wie meine Eltern beim Gesicht. Verstehen Sie das? AGNES: Ich hab meine Mama gern ghabt. (Z. 27 f.) AGNES: […] Sind Ihre Eltern reich? ALBRECHT: Ja, und warum sind Sie traurig? AGNES: Das sag ich nicht. (Z. 28–30)

④ Ergänzen Sie die Untersuchung der Dialogführung, und erklären Sie, inwiefern die Kommunikation hier gelingt.

Der Vergleich zweier dramatischer Szenen als Abituraufgabe 83

Arbeitsschritte	Ergebnisse	Textbezug
Sprache in ihrer Abhängigkeit von den **sozialen Verhältnissen** untersuchen		
Text A:	**Berta**: Dialekteigenheiten im Wortschatz und Satzbau, weitgehend hochdeutsche Lautgebung; Gebrauch einfacher Sätze; Anrede mit „du"; Dialektale Verwechslung von Final- und Konsekutivsätzen, aber auch korrekte hypotaktische Konstruktionen	Gewand (Z. 6) Von *keinem* Herrn red ich *nicht*. (Z. 17) Hast schon eine gehabt? (Z. 41) Du tust mir weh. (Z. 47) Magst ein Zündhölzel aufzünden, *daß* ich dich sehe? (Z. 30) Geh nicht weg, denn ich will nicht mit dir streiten und ich weiß auch nicht, wie das gekommen ist. (Z. 65 f.)
	Karl: Dialekteigenheiten und Lautung wie bei Berta, er spricht sie auch mit „du" an; ebenso Gebrauch einfacher Sätze und, dialektbedingt, unkorrekter hypotaktischer Konstruktionen, aber auch korrekter Konstruktionen; Gebrauch eines verletzenden Vergleichs und einer ironischen poetischen Wendung, im Gegensatz zur Umgangssprache	Laß mich aus mit meinem Gesicht. (Z. 63) Das geht ohne das auch, daß was wahr ist. (Z. 22) Lang her auf die Haut, [damit du spürst] was das für eine ist. (Z. 40) Aber ich will Dir's aufs erste Mal sagen, daß du nicht viel Zeit hast. (Z. 69) Da kann sie schaun wie eine Ziege. (Z. 57) Von dir laß ich mich verklären mit der Verklärung. (Z. 61)
Text B:	Agnes und Albrecht sprechen hochdeutsche Umgangssprache mit einigen Dialekteigenheiten, sie sprechen sich mit „Sie" an.	ALBRECHT: Warum sind Sie denn traurig? (Z. 6) AGNES: Sind Ihre Eltern reich? (Z. 28)
	Albrecht: Dialekteigenheiten in der Lautung und Satzbildung; Reihende Erzählweise, die für eine gewisse Kindlichkeit spricht; Verwendung der Vulgärsprache	Ich bin traurig, weil mir mein Hund gstorben is, den wo ich gern ghabt hab. (Z. 10) Dann wollt ich ihn holn […] Da hab ich […] Dann hat der Papa gsagt […] Und dann hat ihn die Maria […] und dann ham […] (Z. 17 ff.) Der Hund war mir beim Arsch lieber wie meine Eltern beim Gesicht. (Z. 27)
	Agnes: nur ganz knappe, einfache Sätze; entzieht sich oft dem Gespräch	AGNES *lacht*.

⑤ Formulieren Sie einen zusammenfassenden Sprachvergleich aller vier Personen, und erörtern Sie, ob es sich um realistische Dialektformen handelt.
⑥ Bestimmen Sie die Funktion des Kroetz'schen Sprachgebrauchs.

Arbeitsschritte	Ergebnisse
Charakter in seiner Bedingtheit durch die **sozialen Verhältnisse** untersuchen.	
Text A:	**Karl:** Pionier, Soldat, unstete Lebensweise, beruflich ausschließlich männlicher Umgang: Bindungsunlust, Bindungsunfähigkeit als Folge der Lebensumstände; sucht aus Sexualnot ein Objekt zur Befriedigung; **Berta:** Dienstmädchen, dienende Stellung, stete Lebensweise, bescheidener Erfahrungshorizont: Wunsch nach Bindung, Mangel an Erfahrung als Folge der Lebensumstände; Bewußtsein, durch sexuelle Beziehung an Wert zu verlieren.
Zusammenfassen	Karl weitgehend im Verhalten erklärbar; Berta nicht ganz, weil Wunsch nach aufrichtiger Menschlichkeit soziale Stellung übergreift.
Text B:	**Albrecht:** nicht typisch für Sohn reicher Eltern: keine Frage nach sozialen Verhältnissen von Agnes, keine Überheblichkeit; äußerste Ablehnung des Elternhauses; nur indirekt Bedürfnis nach Liebe, primär nach Verringerung des Leidensdruckes. **Agnes:** mittellos, mutterlos: daher Wunsch nach reichem Mann zur Existenzsicherung.
Zusammenfassen	Albrechts Verhalten ist überhaupt nicht aus den sozialen Verhältnissen erklärbar; das von Agnes schon, allerdings kommen auch allgemeinmenschliche Bedingungen dazu (Tod der Mutter).

⑦ Inwiefern entsprechen die Szenen dem „kritischen Volksstück"? Arbeiten Sie den Vergleich aus.

Aufgabe zum epochenübergreifenden Dramenvergleich

① a) Vergleichen Sie die Schlußszene in Friedrich Schillers *Die Jungfrau von Orleans* mit jener in Bertolt Brechts Bearbeitung eines Hörspiels von Anna Seghers *Der Prozeß der Jeanne d'Arc zu Rouen 1431*, und arbeiten Sie dabei besonders die jeweilige Stellung der Titelfigur heraus.
   b) Erörtern Sie, inwiefern die Szenen dem klassischen bzw. dem epischen Theater zuzuordnen sind.

Text A:
FRIEDRICH SCHILLER
Die Jungfrau von Orleans (1801)

VIERZEHNTER AUFTRITT *Die Szene verwandelt sich in das Schlachtfeld*

Soldaten mit fliegenden Fahnen erfüllen den Hintergrund. Vor ihnen der König und der Herzog von Burgund; in den Armen beider Fürsten liegt Johanna, tödlich verwundet, ohne Zeichen des Lebens. Sie treten langsam vorwärts. Agnes Sorel stürzt herein.
SOREL *wirft sich an des Königs Brust*: Ihr seid befreit – Ihr lebt – Ich hab Euch wieder!
KÖNIG: Ich bin befreit – Ich bin's um diesen Preis! *Zeigt auf Johanna.*
SOREL: Johanna! Gott! Sie stirbt!

BURGUND: Sie hat geendet!
　　Seht einen Engel scheiden! Seht, wie sie da liegt,
　　Schmerzlos und ruhig wie ein schlafend Kind!
10　Des Himmels Friede spielt um ihre Züge,
　　Kein Atem hebt den Busen mehr, doch Leben
　　Ist noch zu spüren in der warmen Hand.
KÖNIG: Sie ist dahin – Sie wird nicht mehr erwachen,
　　Ihr Auge wird das Ird'sche nicht mehr schauen.
15　Schon schwebt sie droben, ein verklärter Geist,
　　Sieht unsern Schmerz nicht mehr und unsre Reue.
SOREL: Sie schlägt die Augen auf, sie lebt!
BURGUND *erstaunt*: Kehrt sie
　　Uns aus dem Grab zurück? Zwingt sie den Tod?
20　Sie richtet sich empor! Sie steht!
JOHANNA *steht ganz aufgerichtet und schaut umher*: Wo bin ich?
BURGUND: Bei deinem Volk, Johanna! Bei den Deinen!
KÖNIG: In deiner Freunde, deines Königs Armen!
JOHANNA *nachdem sie ihn lange starr angesehen*:
25　Nein, ich bin keine Zauberin! Gewiß,
　　Ich bin's nicht.
KÖNIG: 　　　Du bist heilig wie die Engel,
　　Doch unser Auge war mit Nacht bedeckt.
JOHANNA *sieht heiter lächelnd umher*:
30　Und ich bin wirklich unter meinem Volk
　　Und bin ich nicht mehr verachtet und verstoßen?
　　Man flucht mir nicht, man sieht mich gütig an?
　　– Ja, jetzt erkenn ich deutlich alles wieder!
　　Das ist mein König! Das sind Frankreichs Fahnen!
35　Doch meine Fahne seh ich nicht – Wo ist sie?
　　Nicht ohne meine Fahne darf ich kommen:
　　Von meinem Meister ward sie mir vertraut,
　　Vor seinem Thron muß ich sie niederlegen –
　　Ich darf sie zeigen, denn ich trug sie treu.
40 KÖNIG *mit abgewandtem Gesicht*: Gebt ihr die Fahne!
　　Man reicht sie ihr. Sie steht ganz frei aufgerichtet, die Fahne in der Hand. – Der Himmel ist von einem rosichten Schein beleuchtet.
JOHANNA: Seht ihr den Regenbogen in der Luft?
　　Der Himmel öffnet seine goldnen Tore,
45　Im Chor der Engel steht sie glänzend da,
　　Sie hält den ew'gen Sohn an ihrer Brust,
　　Die Arme streckt sie lächelnd mir entgegen.
　　Wie wird mir – Leichte Wolken heben mich –
　　Der schwere Panzer wird zum Flügelkleide.
50　Hinauf – hinauf – Die Erde flieht zurück –
　　Kurz ist der Schmerz, und ewig ist die Freude!
　　Die Fahne entfällt ihr, sie sinkt tot darauf nieder. – Alle stehen lange in sprachloser Rührung. – Auf einen leisen Wink des Königs werden alle Fahnen sanft auf sie niedergelassen, daß sie ganz davon bedeckt wird.

Text B:
BERTOLT BRECHT
Der Prozeß der Jeanne d'Arc zu Rouen 1431 (1952)

Auf dem Marktplatz von Rouen, in Gegenwart einer riesigen Menschenmenge, wird die Jungfrau verbrannt.

Marktplatz von Rouen. Eine Menge. Englische Soldaten.
SCHWÄGERIN: Sie ist klein zwischen den Männern.
BÄUERIN: Nimm das Kind hoch!
SOHN *zum Kaplan*: Glaubst du, daß sie große Angst hat?
JUNGER KAPLAN: Wir haben Angst, sie nicht.
KIND: Es ist doch Tag. Warum hat der Mann dort eine Fackel?
ÄLTERE NONNE: Das ist der Henker, mein Kind. Er hält die Fackel bereit, um den Scheiterhaufen für die Hexe anzuzünden.
FISCHFRAU: Seht den Herzog von Bedford, er lacht und freut sich. Er hat seine zwölftausend Pfund für die Jungfrau nicht umsonst gegeben.
SOHN: Kardinäle und Herzöge, eine Sorte. Englische und französische Herren, eine Sorte.
BAUER: Du bist still.
SOLDAT: Wer war das?
FISCHFRAU *läßt ihren Korb fallen, um die Flucht des jungen Bauern zu decken*: Meine Fische, meine Makrelen!
WEINHÄNDLER *zum Soldaten*: Man hat mich von hinten gestoßen.
JUNGER KAPLAN: Es ist wahr, ich hab es gesehen.
LOCKERES MÄDCHEN: Henry, geh heim!
STIMME DES BISCHOFS: Wir, Bischof von Beauvais, erklären dich, Johanna, als rückfällig und ketzerisch und durch diese Erklärung aus der Kirche ausgestoßen, gleichzeitig aber betend, daß gegen dich das himmlische Urteil gemildert werde, nach deinem Tod und der jetzt sofort folgenden Zerstörung deines Körpers.
ERSTER SOLDAT: Na, endlich.
Glocken.
ZWEITER SOLDAT: Drängt doch nicht, der Scheiterhaufen ist hoch genug, ihr könnt sie alle sehen.
FISCHFRAU: Schweinehunde! Der Scheiterhaufen ist hoch genug, damit sie lang leiden muß.
ZWEITER SOLDAT: Daß man das Volk so dicht beiläßt.
ERSTER SOLDAT: Du hast doch einen Spieß. Laßt sie den Rauch nur schmecken.
LOCKERES MÄDCHEN: Jetzt!
Nonnen sprechen den Englischen Gruß.
ERSTER SOLDAT: Schluß. Gehn wir heim. Was glotzt ihr noch? Mehr wie brennen kann sie nicht.
BAUER *zu seiner Frau*: Wein doch nicht. Sie spürt ja nichts mehr.
LOCKERES MÄDCHEN: Sie schreit aber doch noch.
ZWEITER SOLDAT: Der steht der Mund bis zuletzt nicht still.
SCHWÄGERIN: Sie schreit auch nicht mehr.

4. Die Niederschrift der Abiturarbeit

KURT SCHWITTERS
Brombeeren

leiber pra!
zunächst sage ich weshalb?
weshalb schreibt man groß und klein? Ich schreibe alles klein.
dann sage ich warum? warum macht man interpunktion ich schreibe ohne interpunktion dann
5 frage ich wozu schreibt man umlaute ich laute nicht mehr um ich schreibe zurich erfullt zuruck-
gezogenheit personlich uberbringen alsdann erinnere ich mich an den alten satz aus der mathematik namlich daß es beliebig ist in welcher reihenfolge ich addiere respektiere multipliziere und
schreibe nun leibe statt liebe weil liebe leiber leibt und gebe nun endlich die reserve der wörter
untereinanderaufindemichnurnocheinriesenhaftgroßeswortschreibeoderweilmehrschriebetitsolad
10 inorthographieistnaturlichnebensachegewordenunddensinngebeichnunmehrzugunstendesunsinn
spreisworaufdannderdiedaßklmnoppqrsutabelgikemaminopetroleumseuchekakrrrkrrrksrsrstope
titonobilamenteyakkaanteelinguekitonpausbakrokodilemadiemadedilemma*)
                                                                             kuwitter

*) Hier erlitt der Setzer einen Tobsuchtsanfall und drohte mit dem Generalstreik, wenn ihm zugemutet würde, weiter von dem Kuhgewitter etwas zu setzen.   D.H.

① Welche Leseschwierigkeiten bereitet Ihnen dieser Text? Wo sind sie am größten? Finden Sie Gründe dafür.
② Wo verstößt Schwitters gegen sprachliche Regeln, wo gegen Konventionen?
③ Versuchen Sie, den Text „in Ordnung" zu bringen.

Was der Dadaist Kurt Schwitters seinem Freund Hans Arp (= pra) in einem künstlerisch-parodierenden Verwirrspiel vorführt, weist auf einen ernsten Kern: Menschliche Kommunikation mit dem Ziel der gegenseitigen Verständigung mißlingt, wenn Regeln – oder sind es nur Konventionen? – der richtigen Schreibweise verletzt werden. Die Folgen sind deutlich: „Hier erlitt der Setzer einen Tobsuchtsanfall und drohte mit dem Generalstreik, wenn ihm zugemutet würde, weiter von dem Kuhgewitter etwas zu setzen." Daß bei diesem Verwirrspiel auch Kurt Schwitters eigener Name schriftlich „abhanden" kommt, ist eine hübsch inszenierte Schluß-pointe; geht es ihm doch darum, die konventionellen Vorschriften der Rechtschreibung spielerisch in Frage zu stellen. Oder hat er sprachliche Regeln in Frage gestellt? (s. Kapitel „Sprachnorm", S. 22 f.)
Sprachnormen zu kennen gehört zur sprachlichen Kompetenz. Universität, Wirtschaft oder Publizistik – gesellschaftliche Bereiche, die auf das Wort wesentlich angewiesen sind – beklagen, daß diese Kompetenz bei vielen mangelhaft ist. Die Schule muß schon deshalb die Kenntnis der sprachlichen Regeln und Konventionen vermitteln. Man kann aber auch andere Gründe anführen, die für das Erlernen von orthographischen, grammatikalischen und stilistischen Normen sprechen.

④ Stellen Sie solche Gründe zusammen. (Ziehen Sie dafür auch das Kapitel „Sprachbetrachtung" heran, besonders S. 22 f.)

Eine häufige Fehlerquelle bei der Abfassung der Abiturarbeit ist der **Einbau von Zitaten**. Das Zitat ist die wortgetreue Wiedergabe einer fremden Äußerung und somit ein wichtiger Bestandteil der Argumentation, Analyse und Interpretation.

Das Zitat steht immer **zwischen Anführungszeichen**. Das gilt auch für zitierte Titel und Überschriften. Das Zitat wird so in den eigenen Satz eingebaut, daß es grammatisch richtig in die Konstruktion paßt. Dabei darf der Wortlaut nicht geändert werden.

> ➪ Der Erfolg von Shakespeares Farcen, *„die eines kanadischen Wilden würdig sind",* bestärkte den preußischen König nur noch in der Ansicht, daß in Deutschland ein *„Mangel an Geschmack"* herrsche. (S. 13/14)[1]

Besteht das Zitat aus einem vollständigen Satz, gelten die Regeln der direkten Rede. Dabei gibt es drei Möglichkeiten:

– Die Redeeinleitung steht vor dem Zitat. Der **Doppelpunkt** kündigt die Rede an.

> ➪ *Götz verurteilt diese Brutalität auch entsetzt mit diesen Worten: „Es ekelt mir vor dir, ich verabscheue dich wie eine gefleckte Kröte!"* (S. 24)

– Steht die Redeeinleitung innerhalb des Zitats oder danach, wird sie durch das **Komma** abgetrennt. Bei einem zitierten Aussagesatz entfällt der Schlußpunkt. Bei einem zitierten Frage- oder Befehlssatz entfällt dagegen das Komma, weil das Fragezeichen bzw. Ausrufezeichen erhalten bleibt.

> ➪ *„Ich arbeite mich ab und fruchte mir nichts", meint er [Götz] bereits zu Anfang des vierten Aktes [...].* (S. 32)

– Fallen Zitatende und Satzende zusammen, dann steht das **Satzschlußzeichen vor dem abschließenden Anführungszeichen**.

> ➪ *„Wie sehr unsre geschminkten Puppenmaler mir verhaßt sind", so ruft Goethe noch 1773 aus, „mag ich nicht deklamieren. Sie haben durch theatralische Stellungen, erlogne Teints, und bunte Kleider die Augen der Weiber gefangen."* (S. 20)

⑤ Setzen Sie folgende Zitate der Reihe nach in den Textausschnitt ein.

(1) Freiheit (2) Wie wollen wir den Fürsten den Daumen auf dem Aug halten! (3) Ruh und Frieden (4) Wenn ich ihm über die Ohren dürfte, wollt ich's euch versprechen. (5) handgreiflich (6) Fried und Freundschaft der Nachbarn (7) unruhige Köpfe

---

Wie der Begriff (1) erfahren auch die anderen Zentralwerte, je nach Blickwinkel, Situation und Partei, eine semantische Veränderung. Es fällt auf, daß Götz wohl von Glück und Freiheit redet, aber selten von Ruhe und Frieden. Die kurzfristige Verbindung mit Weislingen, von Franken und Schwaben, stimuliert ihn bloß zu der Hoffnung (2) (3), welche die ehemaligen Prozeßgegner vereint, kommentiert der Ritter, das durch den Assessor begangene Unrecht vor Augen (4) Götz kann eben Rechtsfragen bloß (5) lösen. Nur in der utopischen Idylle spricht er ebenfalls von (6), von einer Zeit, in der es keine (7) und keinen Krieg auf deutschem Boden mehr geben wird.

(aus: Interpretationen: Goethes Dramen. Hg. v. Walter Hinderer. A.a.O., S. 42)

---

[1] Die Beispiele stammen aus: Interpretationen: Goethes Dramen. Hg. v. W. Hinderer. Stuttgart: Reclam 1992.

Die Niederschrift der Abiturarbeit

Einige Schwierigkeiten macht vor allem bei textbezogenen Arbeiten auch die **indirekte Rede.** Im Unterschied zum Zitat wird der fremde Text nicht wörtlich, sondern sinngemäß und meist verkürzt wiedergegeben. Beachten Sie bei der Verwendung der indirekten Rede die folgenden drei Punkte:

- **Konjunktiv:** Die Grundregel lautet:
  Der Modus der indirekten Rede ist der Konjunktiv I (= Präsens oder Perfekt).

  Weil aber viele Indikativformen mit den entsprechenden Konjunktivformen übereinstimmen, gibt es zwei Zusatzregeln:
  Lautet der Indikativ Präsens oder Perfekt mit dem Konjunktiv I gleich, wird als Ersatz der Konjunktiv II verwendet. Lediglich die 3. Person Singular ist immer deutlich unterschieden, so daß hier der Konjunktiv II nicht nötig ist.
  Lautet auch der Indikativ Präteritum oder Plusquamperfekt mit dem Konjunktiv II gleich, wird als Ersatz die Umschreibung mit würden verwendet. Dies ist auch bei ungebräuchlichen oder unschönen Konjunktivformen so.

- **Pronominalverschiebung:** Alle Pronomen der indirekten Rede sind bezogen auf den Schreiber des Textes, nicht auf den ursprünglichen Sprecher. Sie müssen deshalb bei der Umwandlung geändert werden. Dies gilt auch für Zeigewörter wie *hier, jetzt, dieser*.

  ⇨ Goethe sagte: „*Ich* bin kein Klassiker."
  Goethe soll häufig betont haben, *er* sei kein Klassiker.

- **Satzartenwechsel:** Die drei Hauptsatzarten ändern sich bei der Umwandlung. Sie sind abhängig und werden deshalb vom übergeordneten Satz durch ein Komma abgetrennt.
  – Aussagesätze werden zu abhängigen Hauptsätzen.
  – Fragesätze werden zu Nebensätzen und (bei Ergänzungsfragen) durch ein Fragewort oder (bei Entscheidungsfragen) durch die Konjunktion *ob* eingeleitet.
  – Befehlssätze werden mit dem Modalverb *sollen* wiedergegeben.

  ⇨ Gestern hörte ich meinen Bruder zu seinem Freund sagen: *„Ich sehe dich so häufig Bücher lesen. Mach doch mal was anderes! Oder interessierst du dich nicht mehr für die Wirklichkeit?"* Wird zu: *..., er sehe ihn so häufig Bücher lesen. Er solle mal was anderes machen. Ob er sich nicht mehr für die Wirklichkeit interessiere.*

⑥ Wandeln Sie in Walter Hasenclevers Drama *Der Sohn* (S. 150f.) die direkte Rede in eine indirekte um. Kürzen Sie den Text, wo es sinnvoll erscheint.

In der Schreibpraxis gibt es nicht nur Normerwartungen an den fehlerfreien Gebrauch von Orthographie und Grammatik, sondern darüber hinaus auch an die **Ausdrucksweise,** den **Stil.** Jeder Text steht in einer **Situation,** der die Ausdrucksweise angemessen sein muß. In der Schule ist für die schriftlichen Arbeiten die Prüfungssituation kennzeichnend. Neben den Sachkenntnissen soll auch nachgewiesen werden, daß die Fachmethoden und der -wortschatz beherrscht werden. Verlangt wird dabei der sachliche, d. h. **sachbezogene** Stil.

Folgende **sachliche Schreibweisen** werden verlangt:
– beschreiben (Einzelmerkmale im Zusammenhang darstellen),
– interpretieren (poetische Bilder erläutern und verständlich machen),
– argumentieren (den Leser von der Richtigkeit der Aussagen überzeugen).
Der **sachliche Stil** fordert im wesentlichen
– übersichtliche Gliederung (durch Abschnitte und Vorverweise),
– gehobenes Sprachniveau (keine umgangssprachlichen Ausdrücke),
– Tatsachenbehauptungen und Thesen (im Indikativ),
– sachorientierte Argumentation (verschiedene Begründungsmöglichkeiten),
– entfaltete Syntax (Hypotaxe),
– differenzierter Fachwortschatz,
– Abwechslung und Beweglichkeit im Ausdruck,
– verbundene, geschlossene Darstellung.

Zu vermeiden ist eine emotionale, rhetorisch bedrängende, übertreibende Darstellung. Vor allem der **Nominalstil** gilt als Kennzeichen wissenschaftlicher Sprache. Erweitert werden die Substantive (Nomen) durch Attribute und die sogenannten Funktionsverben wie *nehmen, machen.* Er bietet folgende Vorteile:
– Informationsverdichtung,
– thematische Konzentration,
– lexikalische Information,
– Klassifikation und Systematisierung von Inhalten.[1]

⑦ Lösen Sie die nominalen Wendungen des folgenden Textes in verbale auf.
⑧ Gliedern Sie Ihren Text anders, indem Sie neue Sätze bilden.

Beim Studium der Briefwechsel, Autobiographien, Lebenserinnerungen, literarhistorischen und theoretischen Aufsätze des 19. Jahrhunderts ist immer wieder nicht in erster Linie der Anspruch der lyrischen Autoren auf Originalität um jeden Preis zu bemerken, sondern die bereitwillige Konfrontation mit den Traditionen der vorangegangenen Epochen.
Im Vertrauen auf die allgemeine Übereinstimmung literarischer Möglichkeiten fühlen sie sich den Traditionen dankbar verbunden; andererseits kann das bereits Geleistete zur Resignation führen, das Erbe zur Last werden und ein Epigonenbewußtsein entstehen lassen.

(nach: Günter Häntzschel. In: Gedichte und Interpretationen, Band 4: Vom Biedermeier zum Bürgerlichen Realismus. Stuttgart: Reclam 1983, S. 9; im ersten Teil verändert)

---

[1] (nach: Weinrich, Textgrammatik der deutschen Sprache. Mannheim 1993, S. 988)

Die Niederschrift der Abiturarbeit

⑨ Verkürzen Sie den folgenden Text, und machen Sie ihn übersichtlicher, indem Sie die verbalen Wendungen in nominale umwandeln.

```
Bevor ich auf die einzelnen Merkmale des Gedichts „Der Krieg" von
Georg Heym eingehe, möchte ich versuchen, das darzustellen, was den
Expressionismus kennzeichnet. Eine wichtige Rolle spielen die Far-
ben. Künstler, die dichten oder malen, wenden sie nicht so an, wie
sie in der Realität erscheinen und wie sie wirklich aussehen.
Schwarz steht dafür, daß die Welt bedrohlich ist, vor allem wenn
Krieg herrscht. Auch wenn Menschen verwundet werden, soll ausge-
drückt werden, wie sie leiden. Dies geschieht durch die Farbe Rot.
Diese Farbe wird auch verwendet, wenn der Dichter sagen will, daß
etwas gefährlich oder unheimlich ist. Wenn Krieg herrscht, kommt es
oft vor, daß Blut fließt; deshalb hat diese Farbe etwas mit Gefahr
zu tun. Gelb ist der Rauch, der dafür steht, daß Leben zerstört wird.
Wenn Trakl Bilder erfindet, geht es nicht darum, daß der Leser sich
genau vorstellen kann, was er beschreibt. Er will darstellen, wor-
in das Wesen der Welt besteht.                   (Aus einer Schülerarbeit)
```

⑩ Verbessern Sie folgende Darstellung im Aufbau und in den Formulierungen. Korrigieren Sie alle Verstöße gegen Rechtschreibung und Zeichensetzung. Verfassen Sie, wo nötig, zusätzlich Satzverbindungen und Begründungen, damit die logischen Verhältnisse deutlicher werden.

```
Der Text der Prozeß von Fr. Kafka beschreibt die Verhaftung (Titel!)
von Joseph K. ohne daß er ein Verbrechen begangen hat. Plötzlich
tritt ein Mann ins Zimmer (Z 9ff), gibt aber auf die Frage K.'s,
wer er ist, keine Antwort. Die Situation ist extrem unklar und ire-
al. Es ist auch unklar, ob im Nebenzimmer noch mehr Personen vor-
handen sind. Man hat den Eindruck, daß Kafka damit ein Symbol für
die Bedrohung der Menschen sogar zuhause durch anonyme Mächte dem
Leser geben will. Jezt merkt K., daß im Nebenzimmer noch ein Mann
am Fenster steht und in einem Buch liest. Der Leser erfährt, daß der
erste Mann mit Vornamen Franz heißt. Man könnte also sagen, daß Kaf-
ka sich selbst damit meint. Nun sagt der zweite Mann, daß K. ver-
haftet sei. Er möchte den Grund nicht nennen. (S. 2 unten) Gleich-
zeitig weist er K. daraufhin, daß er längere Zeit im Gefängnis sein
wurde. K. hat Angst, zB. fragt sich Josef K.: Wer wagt es, ihn in
seiner Wohnung zu überfallen? Umso schlimmer ist es, daß die Wäch-
ter keine Antwort geben.
Der Text ist wahrscheinlich verfasst, um zu zeigen, wie der Einzel-
ne auch in einem Rechtsstaat bedroht ist. Diese Intension läßt sich
auch in anderern Texten Kafkas sehen.
Die sprachlichen Mittel sind: direkte Rede, rethorische Fragen und
Sätze mit unübersichtlicher Struktur. Kafka verwendet auch viele
ungenaue Ausdrücke, um K.'s Angst darzustellen und an ein paar Stel-
len den inneren Monolog.                        (Aus einer Schülerarbeit)
```

II. Mündliche Prüfung (Colloquium)

Werner Koch

Die mündliche Prüfung (Colloquium) ist ein Beispiel **praktischer Rhetorik.** Die rhetorische Situation ist bestimmt durch ihren Prüfungscharakter. Die Prüfung besitzt zwar durch das Frage- und Antwortspiel die Form eines Gesprächs, läßt aber eine symmetrische Kommunikation, z. B. einen Wechsel der Sprechrollen, nicht zu. Das Fragerecht liegt beim Prüfer, der Informationsaustausch geht vornehmlich in eine Richtung.

Beurteilt wird neben den **Fachkenntnissen** das mündliche Verhalten in Rede und Gespräch, die **„Gesprächsfähigkeit".** Auf beide Beurteilungskriterien sollten Sie in der Vorbereitung auf die Prüfung und im Verhalten während der Prüfung achten.

Vorbereitung auf die mündliche Prüfung

Grundlage der Prüfung ist der vorausgegangene Unterricht. Ihm werden die möglichen Themen und Fragen entnommen. Da der thematische Rahmen im wesentlichen bekannt ist, lassen sich folgende „Arbeiten" vorher erledigen:
– Übersicht über den Gesamtumfang, insbesondere über die gelesenen Texte,
– Einordnung in Zusammenhänge, z. B. in Epochen,
– Gliederung nach Schwerpunkten, z. B. nach Gattungen,
– Festigung des Grundwissens (auch der vergangenen Jahre), z. B. mit Hilfe des Lehrbuchs,
– Gespräch mit anderen über mögliche Fragenkomplexe,
– Sicherung und Ergänzung der Ergebnisse, z. B. durch Ordnen der Mitschriften,
– Übung der fachspezifischen Methoden, z. B. durch das Lesen von Interpretationen,
– Aufbereitung der Begleitlektüre, z. B. durch Zusammenfassen der Thesen.

Insgesamt geht es um eine selbständige Aneignung der Unterrichtsinhalte. Wer sich die Vorbereitung erleichtern will, sollte bereits während des laufenden Unterrichts die Themen auf Grundfragen und Zusammenhänge untersuchen.

Schon bei der Vorbereitung sollten Sie berücksichtigen, daß die **fachlichen Kenntnisse** danach beurteilt werden, ob Sie
– das Thema und die damit verbundenen Anforderungen richtig erfassen,
– den Stoff übersichtlich gliedern und anschaulich darstellen,
– die Argumentation schlüssig entwickeln,
– fachspezifische Grundbegriffe und Methoden richtig verwenden,
– Sachverhalte und Probleme zutreffend beurteilen.

Mündliche Prüfung (Colloquium)

① Suchen Sie in Zusammenarbeit mit dem Lehrer ein mögliches Thema, und bereiten Sie die entsprechende Begleitlektüre vor. Tragen Sie Ihre Kenntnisse über die betreffende Epoche und Gattung zusammen.
② Arbeiten Sie Ihre Ergebnisse zu einem Stichwortzettel um.
③ Halten Sie ein Kurzreferat über das erarbeitete Thema.

Auch der zweite Beurteilungsbereich, die **Gesprächsfähigkeit**, läßt sich vorbereiten, da Rede- und Gesprächsformen im Unterricht ständig praktiziert werden.
Im einzelnen sollten Sie sich folgendes vornehmen:
– Erarbeiten von Redehilfen, z. B. Anlegen von Stichwortzetteln,
– Übung in Gesprächstechniken; z. B. durch Teilnahme an außerschulischen Diskussionen,
– Beobachtung des Unterrichtsgesprächs, z. B. hinsichtlich der Fragetechnik des Lehrers,
– Abbau von Redehemmungen, z. B. durch Sprechübungen.
Selbstverständlich vertieft eine aktive Beteiligung am Unterricht die rhetorische Erfahrung!

Verhalten während der mündlichen Prüfung
Beim **Referat** ist der freie Vortrag ein wesentliches Beurteilungskriterium. Um die Gefahr des bloßen Ablesens zu vermeiden und Zeit bei der Vorbereitung zu sparen, sollte kein sprachlich ausgearbeitetes Manuskript angestrebt werden. Statt dessen ist die 30minütige Vorbereitungszeit zu nutzen, um einen **Stichwortzettel** in Form einer in sich geschlossenen und logischen **Gliederung** zu erstellen.

Die **Einleitung** soll zu den wesentlichen Themafragen hinführen. Sie kann
– vom übergeordneten Themenbereich ausgehen: Ergebnisse der häuslichen Vorbereitung lassen sich hier einbauen, z. B. Hinweise auf die Epoche bzw. den Autor. Besonders gut geeignet ist ein ausgewähltes und zutreffendes Zitat, das einen originellen Einstieg ermöglicht.
– auf die Gliederung des Hauptteils verweisen: Damit wird dem Prüfer das Bemühen um eine logische Strukturierung bereits hier deutlich.
Die Darstellung im **Hauptteil** ist übersichtlich (in deutliche Abschnitte) zu gliedern. Bei der Besprechung und Analyse eines vorgegebenen Textes ergibt sich die Gliederung aus der Aufgabenstellung bzw. aus dem Textverlauf (z. B. nach formalen, sprachlichen und inhaltlichen Aspekten). Jeder Gliederungspunkt muß eine wesentliche, das Thema erhellende Aussage enthalten. Sie verdeutlicht die Fähigkeit, konzentriert beim Thema zu bleiben und Bedeutsames von Unwichtigem zu trennen.
Der Einbau von Zitaten und Beispielen bewirkt Anschaulichkeit, verweist auf Fachkenntnisse und erhöht die Beweiskraft der Argumentation. Gelegentliche Vergleiche (z. B. Epochenvergleiche, historische Hintergründe, philosophische Erkenntnisse, Parallelen zur Kunst) machen Entwicklungen deutlich und zeigen, daß der Schüler über ein breites Wissen verfügt, vor allem aber fächerübergreifende Zusammenhänge erkennt.
Der **Schluß** sollte die wesentlichen Aussagen und Ergebnisse zusammenfassen, damit die Kernaussage dem Prüfer deutlich wird. Je prägnanter, desto besser! Gegebenenfalls läßt sich auch in Form eines Ausblicks auf weitere Aspekte des Themenbereichs verweisen. Dies hat möglicherweise den Vorteil, dem Prüfer den Übergang zum abschließenden kurzen Prüfungsteil zu erleichtern und ihn zu Fragen zu veranlassen, mit denen der Prüfling rechnet.

④ Legen Sie innerhalb der festgelegten Vorbereitungszeit eine Gliederung zu einem (frei gewählten) Referatsthema an. Beachten Sie dabei die vorstehenden Angaben zu Einleitung, Hauptteil und Schluß.

Im **Gesprächsteil** der Prüfung wird vom Schüler vor allem dialogische Kompetenz verlangt. Sie äußert sich in folgenden Merkmalen:
- in der Fähigkeit, auf Fragen und Impulse des Prüfers einzugehen,
- im situationsgerechten Argumentieren,
- im Einhalten der vorgegebenen Gesprächsbedingungen (z.B. präzises Eingehen auf Fragen),
- im passenden Einsatz der rhetorischen Mittel zur Wirkungssteigerung,
- im richtigen Einschätzen der nonverbalen Signale des Prüfers und der eigenen,
- im zielbewußten Vorgehen,
- in der selbständigen Darstellung eigener Standpunkte.

Das richtige Eingehen auf die Fragen oder Impulse des Prüfers ist ein wichtiges Merkmal der Gesprächsfähigkeit. In der folgenden Übersicht wird dargestellt, wonach jeweils gefragt wird:

Beispiele für Fragen oder Impulse	Ziel der Frage/des Impulses
Warum, glauben Sie, beginnt *Der Untertan* aus der Perspektive eines Kindes?	Begründung
Sie haben uns ein Beispiel für die Darstellung des Motivs der Liebe in diesem Gedicht gebracht. Nennen Sie uns noch weitere Beispiele für die anderen wichtigen Aspekte des Themas.	Differenzierung
Heinrich Mann hat zum Thema Macht noch einen anderen Roman geschrieben. Welche wesentlichen Unterschiede sind da erkennbar? Das Thema der Unterdrückung des Menschen findet sich nicht nur in epischen Texten. Welches Drama beschäftigt sich ebenfalls damit?	Übertragung
Sie haben doch eben die These aufgestellt, daß ...	Vergewisserung

Ein **Beispiel** zeigt, mit welchen Anforderungen bei der mündlichen Prüfung zu rechnen ist: Der Schüler wählt einen von insgesamt sechs Themenbereichen ab, z.B. Rede und Gespräch. Zu zwei Themenbereichen wird ihm Begleitlektüre genannt, die Sinnrichtung und Zielsetzung für die gestellten Fragen vorgibt.

Erster Themenbereich (fürs Referat): Strömungen der Literatur des 20. Jahrhunderts
Die Vorbereitung konzentriert sich zunächst auf die im Unterricht gelesene Lektüre: Bei epischen Texten stehen Erzählhaltungen, Bezüge zur Wirklichkeit, Personengestaltung im Vordergrund, bei lyrischen Texten sprachliche Bilder, Entwicklung von Motiven und das lyrische Ich. Überprüfen Sie Ihre Kenntnisse der diesbezüglichen Fachbegriffe (auch mittels eines Literaturlexikons). Wiederholen Sie darüber hinaus die allgemeinen Kennzeichen der betreffenden Epochen unter Zuhilfenahme des Lehrbuchs oder einer Literaturgeschichte.

Zweiter Themenbereich: Klassik und Romantik mit dem Lektüre-Schwerpunkt Drama
Begleitlektüre: Dieter Borchmeyer, *Iphigenie auf Tauris*. In: Interpretationen: Goethes Dramen. Hg. von Walter Hinderer. Stuttgart: Reclam 1992, S. 135–154.
Bei den Fragen wird es in erster Linie um eine Deutung des Dramas, ihrer Titelheldin und um den Typus des klassischen Dramas gehen. Dazu müssen Sie auch über die Merkmale des klassischen Dramas im allgemeinen informiert sein. Die vergleichende Lektüre zusätzlicher Interpretationen kann nützlich sein.

Dritter Themenbereich: Literarisches Leben
Begleitlektüre: Absichten und Einsichten. Texte zum Selbstverständnis zeitgenössischer Autoren. Hg. von Markus Krause und Stephan Speicher. Stuttgart: Reclam 1990. Darin:
Peter Handke, *Ich bin ein Bewohner des Elfenbeinturms*, S. 102–112;
Hans Magnus Enzensberger, *Gemeinplätze, die Neueste Literatur betreffend*, S. 113–126.
Die Titel der beiden Texte verweisen auf Fragen zum Selbstverständnis der Autoren. Die möglichen Grundpositionen zu diesem Thema sollten Sie wiederholend zusammentragen.

Die Prüfung könnte inhaltlich folgendermaßen ablaufen:
Referatsthema: Döblin, *Berlin Alexanderplatz* – ein Beispiel modernen Erzählens (s. S. 182 f.).
Bei diesem Thema geht es im wesentlichen um einen Nachweis, daß der Text der Moderne zuzuordnen ist. Sie müssen es sinnvoll strukturieren. Dabei sollten Sie sich an den Bereichen Inhalt, Sprache und Form orientieren und die gattungsspezifischen Merkmale beachten. Außerdem wird eine Einordnung des Textes in den literarhistorischen Zusammenhang nötig sein.
Sie könnten nach einer knappen Inhaltsangabe
– den Erzähler charakterisieren, vor allem seine Haltung zur Wirklichkeit;
– die sprachlichen Besonderheiten des Textausschnitts (z. B. Montage) als Merkmale modernen Erzählens aufzeigen;
– ein Erzählwerk aus dem 19. Jh. zum kontrastierenden Vergleich heranziehen.

Im anschließenden **Gespräch** kann das Thema auf verschiedene Weise weiterverfolgt werden:
– in anderen epischen Sprechweisen des 20. Jahrhunderts (z. B. bei Th. Mann oder Grass): Dabei sollen vor allem die Unterschiede herausgearbeitet werden, so daß ein knapper Überblick über die moderne Erzählkunst möglich wird.
– in dramatischen Texten der Moderne: Das epische Theater Brechts z. B. führt über die Theorie (des nichtaristotelischen Theaters) oder Bearbeitungen klassischer bzw. antiker Stoffe zum Drama der Klassik.
– in Texten zum literarischen Leben: Vor allem die Problematik ästhetischer Normen und Werte (z. B. in der Rezeption klassischer Werke) im 20. Jahrhundert kann angesprochen werden.
Dabei ist es sinnvoll, die literarischen Besonderheiten des 20. Jahrhunderts durch Verweise auf frühere Epochen oder durch Beispiele ähnlicher poetischer Schreibweisen zu beschreiben und zu erklären, so daß der Begriff der Moderne (auch im Blick auf andere Künste) verdeutlicht wird. Von der Literatur der Gegenwart gehen wichtige inhaltliche und sprachliche Verbindungen zur Literatur des 18./19. Jahrhunderts, vor allem zur Klassik.

⑤ Stellen Sie mit Hilfe Ihrer Unterlagen oder eines literaturgeschichtlichen Überblicks solche Querverbindungen her.

Im zweiten Teil der Prüfung (Themenbereich: Klassik und Romantik mit dem Lektüre-Schwerpunkt Drama) wird der Schüler zunächst die Hauptthesen Borchmeyers darstellen. Die Überschriften *Ein „Frauenschicksal" im Exil* und *Wahrheit als Befreiung vom Erbzwang des Bösen* geben die entsprechende Richtung an. Zum Verständnis des Dramas gehören auch die zahlreichen weiterführenden Hinweise zum griechischen Mythos, zur Umdichtung Goethes und zu Schillers Drama *Wallenstein*, so daß der Prüfer die Möglichkeit hat, Epochenmerkmale (z. B. das klassische Harmoniemodell oder die Zuwendung zur Antike) anzusprechen.
Fragen zum literarischen Leben am Hof Weimars führen zum modernen Selbstverständnis des Autors. Die Begleitlektüre stellt zwei Positionen einander gegenüber, so daß sich das Gespräch in erster Linie um deren Erläuterung drehen wird. Damit läßt sich der gedankliche Kreis zum Themenbereich des Referats schließen; die möglichen Stichpunkte lauten: Verlust der klassi-

schen Harmonievorstellung, Veränderung der Funktion von Literatur in einer pluralistischen (Unterhaltungs-)Gesellschaft, Konkurrenz mit anderen Medien oder Auseinandersetzung mit der Klassik, die auch zu Ihrem eigenen Literaturverständnis führen kann.

⑥ Stellen Sie Beispiele zusammen, die diese Thesen stützen könnten.

Insgesamt müssen Sie damit rechnen, daß Sie in der Prüfung die Literatur, den Schwerpunkt des Deutschunterrichts in der Oberstufe, nach den drei Gattungen und den im Unterricht besprochenen Epochen im Überblick darstellen und anhand anschaulicher Beispiele erläutern sollen. Die sichere Beherrschung der Fachausdrücke wird dabei vorausgesetzt.

⑦ Beschreiben Sie das Verhältnis von Prüfer und Prüfling in der Karikatur (S. 92).
⑧ Wie könnten Sie sich in einem solchen Fall verhalten?

C. Literaturgeschichte

Synopse wichtiger Epochen, Verfasser und Werke der deutschen Literatur von um 800–1890

I. **Von den Anfängen bis zur Stauferzeit (um 800–um 1150)**
   Nichtchristliche Dichtung:
   „Hildebrandslied" (8. Jh.)
   „Merseburger Zaubersprüche" (8. Jh.)
   Christliche Dichtung in deutscher Sprache:
   „Wessobrunner Hymnus" (vor 814)
   „Heliand" (um 830)
   Otfried v. Weißenburg: „Evangelienharmonie" (um 870)
   Christliche Dichtung in lateinischer Sprache:
   Hrotsvitha v. Gandersheim: Lesedramen (10. Jh.)

II. **Literatur der Ritterzeit (um 1150–um 1250)**
   Epik:
   Heldenepos:
   „Nibelungenlied" (um 1200)
   Höfisches Epos:
   Hartmann v. Aue: „Erec" (1170–85), „Der arme Heinrich" (um 1195)
   Wolfram v. Eschenbach: „Parzival" (1200–1210)
   Gottfried v. Straßburg: „Tristan" (um 1200)
   Lyrik:
   Minnelyrik:
   Kürenberger (1150–70)
   Walther v. d. Vogelweide (1170–1230)
   Neidhart [v. Reuenthal] (nach 1210)
   Vagantenlyrik:
   „Carmina Burana" (12./13. Jh.)
   Spruchdichtung:
   Walther v. d. Vogelweide: Kaisersprüche (1212)

III. **Literatur des frühen Bürgertums; Humanismus/Renaissance (um 1250–um 1600)**
   Epik:
   Versnovelle:
   Wernher der Gartenaere: „Meier Helmbrecht" (1260–80)
   [Novelle:
   Boccaccio: „Decamerone" (1353)]
   [Versepos:
   Dante Alighieri: „La divina Comedia" (1313–18)]
   Streitgespräch:
   Johannes v. Tepl: „Der Ackermann aus Böhmen" (um 1400)
   Streitschriften:
   Martin Luther: „Von der Freiheit eines Christenmenschen" (1521)
   Thomas Murner: „Von dem großen lutherischen Narren" (1522)
   Volksbuch:
   Faust (1587)
   Schildbürger (1598)

   Lyrik:
   Lehrdichtung:
   Sebastian Brant: „Das Narrenschiff" (1494)
   Meistersang:
   Hans Sachs (1494–1576)
   Spruchgedicht:
   Hans Sachs: „Die Wittenbergische Nachtigall" (1523)
   Volkslied:
   Ambraser Liederbuch (1582)
   Dramatik:
   Mysterienspiele:
   Osterspiel von Muri (um 1250)
   Fastnachtsspiele:
   Hans Sachs: „Der fahrende Schüler im Paradeis" (1550)
   [Tragödie:
   Christopher Marlowe: „Dr. Faustus" (1595)
   William Shakespeare: „Romeo and Juliet" (1595), „Hamlet" (1600)]
   [Komödie:
   William Shakespeare: „The merchant of Venice" (1597)]

IV. **Literatur des Barock/Französische Klassik (um 1600–1720)**
   Poetik:
   Martin Opitz: „Buch von der Deutschen Poeterey" (1624)
   Epik:
   Roman:
   [Miguel de Cervantes Saavedra: „Don Quijote" (1605–15)]
   Hans Jakob Christoffel v. Grimmelshausen: „Simplicissimus" (1668)
   Lyrik:
   Andreas Gryphius: „Sonn- und Feiertagssonette" (1639)
   Paul Fleming: „Teutsche Poemata" (1642)
   Paul Gerhardt: „Geistliche Andachten" (1666–67)
   Dramatik:
   Tragödie:
   [Pierre Corneille: „Le Cid" (1637)]
   Andreas Gryphius: „Catharina von Georgien" (1657)
   [Jean Baptiste Racine: „Bérénice" (1670)]
   Komödie:
   Andreas Gryphius: „Peter Squentz" (1658)
   [Molière: „Le malade imaginaire" (1673)]

V. **Literatur der Aufklärung, der Empfindsamkeit und des Sturm und Drang (1720–1785)**
   Poetik:
   Johann Christoph Gottsched: „Versuch einer Critischen Dichtkunst vor die Deutschen" (1730)

Gotthold Ephraim Lessing: „Briefe, die neueste Literatur betreffend" (1759–65), „Hamburgische Dramaturgie" (1767–69)
Jakob Michael Reinhold Lenz: „Anmerkungen übers Theater" (1774)

Epik:
Roman:
[Daniel Defoe: „Robinson Crusoe" (1719)]
[Jonathan Swift: „Gulliver's Travels" (1726)]
Christoph Martin Wieland: „Geschichte des Agathon" (1766–67)
Johann Wolfgang v. Goethe: „Die Leiden des jungen Werthers" (1774)
Versepos:
Friedrich Gottlieb Klopstock: „Der Messias" (1748–1773)
Kurzformen:
Christian Fürchtegott Gellert: „Fabeln und Erzählungen" (1746–48)
Gotthold Ephraim Lessing: „Fabeln" (1759)

Lyrik:
Barthold Hinrich Brockes: „Irdisches Vergnügen in Gott" (1721–48)
Johann Wolfgang v. Goethe: „Neue Lieder" (1770)
Friedrich Gottlieb Klopstock: „Oden und Elegien" (1771)
Johann Gottfried Herder: „Volkslieder" (1778–79)
Gottfried August Bürger: „Gedichte" (1778)
Christian Friedrich Daniel Schubart: „Sämtliche Gedichte" (1785–86)

Dramatik:
Bürgerliches Trauerspiel:
Gotthold Ephraim Lessing: „Miß Sara Sampson" (1755), „Emilia Galotti" (1772)
Friedrich Schiller: „Kabale und Liebe" (1784)
Komödie:
Gotthold Ephraim Lessing: „Minna von Barnhelm" (1767)
Jakob Michael Reinhold Lenz: „Der Hofmeister" (1774), „Die Soldaten" (1776)
Schauspiel:
Johann Wolfgang v. Goethe: „Götz von Berlichingen" (1774)
Friedrich Maximilian Klinger: „Sturm und Drang" (1776)
Friedrich Schiller: „Die Räuber" (1781)
Dramatisches Gedicht:
Gotthold Ephraim Lessing: „Nathan der Weise" (1779)
Friedrich Schiller: „Don Carlos" (1787)

VI. Literatur der Weimarer Klassik und der Romantik (1785–1832)

Poetik:
Friedrich Schiller: „Die Schaubühne als moralische Anstalt betrachtet" (1784), „Über Anmut und Würde" (1793), „Über naive und sentimentalische Dichtung" (1795–96)
Johann Gottfried Herder: Briefe zur Beförderung der Humanität" (1793–97)
August Wilhelm Schlegel/Friedrich Schlegel (Hg.): „Athenäum" (1798–1800)

Epik:
Johann Wolfgang v. Goethe: „Wilhelm Meisters Lehr- und Wanderjahre" (1795 f. und 1821), „Wahlverwandtschaften" (1809)
Jean Paul: „Siebenkäs" (1796–97)
Wilhelm Heinrich Wackenroder/Ludwig Tieck: „Herzensergießungen eines kunstliebenden Klosterbruders" (1796–97)
Novalis: „Heinrich von Ofterdingen" (1802)
E.T.A. Hoffmann: „Die Elixiere des Teufels" (1815–16)
Joseph v. Eichendorff: „Aus dem Leben eines Taugenichts" (1826)

Lyrik:
Friedrich Hölderlin: „Hymnen und Elegien" (1793)
Johann Wolfgang v. Goethe: „Römische Elegien" (1795), „Sonette" (1815)
Novalis: „Hymnen an die Nacht" (1800)
Achim v. Arnim/Clemens Brentano: „Des Knaben Wunderhorn" (1806–08)
Joseph v. Eichendorff: „Gedichte" (1837)

Dramatik:
Johann Wolfgang v. Goethe: „Iphigenie auf Tauris" (1787), „Torquato Tasso" (1790), „Faust" (Fragment 1790, Erster Teil: 1808, Zweiter Teil: 1832)
Friedrich Schiller: „Wallenstein" (1798–99), „Maria Stuart" (1800), „Die Jungfrau von Orleans" (1801), „Wilhelm Tell" (1804)
Heinrich v. Kleist: „Penthesilea" (1808), „Der Prinz von Homburg" (1809–11)

VII. Literatur des Realismus (1832–1890)

Poetik:
Ludwig Börne: „Briefe aus Paris" (1832–34)
Georg Büchner: „Hessischer Landbote" (1834)
Heinrich Heine: „Die romantische Schule" (1835)

Epik:
Adalbert Stifter: „Bunte Steine" (1853)
Eduard Mörike: „Mozart auf der Reise nach Prag" (1835)
Gottfried Keller: „Der grüne Heinrich" (1854–55), „Die Leute von Seldwyla" (1856–74)
Theodor Storm: „Der Schimmelreiter" (1888)
Theodor Fontane: „Effi Briest" (1895), „Der Stechlin" (1897)

Lyrik:
Heinrich Heine: „Buch der Lieder" (1827), „Neue Gedichte" (1844)
Eduard Mörike: „Gedichte" (1838)
Annette v. Droste-Hülshoff: „Gedichte" (1844)
Theodor Storm: „Gedichte" (1844)
Conrad Ferdinand Meyer: „Gedichte" (1882)

Dramatik:
Georg Büchner: „Dantons Tod" (1835), „Woyzeck" (1836)
Friedrich Hebbel: „Maria Magdalena" (1844)
Franz Grillparzer: „Ein Bruderzwist in Habsburg" (1872)

Synopse für die Zeit von 1890–1990

Jahr	Historischer Hintergrund	Literatur	Philosophie/Naturwissenschaft/Kultur
1890	1888–1918 Wilhelm II. 1890 Entlassung Bismarcks; „Weltpolitik" des Kaisers	1889 „Vor Sonnenaufgang" (Gerhart Hauptmann, 1862–1946; „Papa Hamlet" (Arno Holz, 1863 bis 1929/Johannes Schlaf, 1862–1941) 1891 „Frühlings Erwachen" (Frank Wedekind, 1864–1918) 1892 „Die Weber" (Hauptmann); Blätter für die Kunst" (Stefan George, 1868 bis 1933) 1893 „Anatol" (Arthur Schnitzler, 1862 bis 1931) 1894 „Der Tor und der Tod" (Hugo von Hofmannsthal, 1874–1929) 1895 „Effi Briest" (Theodor Fontane, 1819–1898) 1896 „Jugend" und „Simplicissimus" (Zs.) 1897 „Der Stechlin" (Fontane) 1899 „Die Fackel" (Zs.; Karl Kraus, 1874–1936)	1889 „Freie Bühne" in Berlin 1891 Enzyklika „Rerum novarum"; „Christentum und Sozialismus" (August Bebel, 1840–1913) 1893 Verbrennungsmotor von Rudolf Diesel (1858–1913); Erste öffentliche Filmvorführung 1895 Röntgenstrahlen entdeckt
1900	1899 Haager Friedenskonferenz 1905 Marokko-Krise	1901 „Die Buddenbrooks" (Thomas Mann, 1875–1955) 1902 „Brief des Lord Chandos" (Hofmannsthal) 1903 „Tonio Kröger" (Th. Mann) 1905 „Professor Unrat" (Heinrich Mann, 1871–1950) 1906 „Die Verwirrungen des Zöglings Törless" (Robert Musil, 1880–1942)	1899 „Kathedrale zu Rouen" (Claude Monet, 1840–1926) 1900 „Traumdeutung" (Sigmund Freud, 1856–1939); Quantentheorie von Max Planck (1858–1947) 1901 „Wille zur Macht" (Friedrich Nietzsche, 1844–1900) 1905 Künstlergruppe „Die Brücke" in Dresden
1910	1911 „Kanonenpolitik" Deutschlands in 2. Marokkokrise	1910 „Aufzeichnungen des Malte Laurids Brigge" (Rainer Maria Rilke, 1875–1926); „Fiiserbriefe" (Ludwig Thoma, 1867–1921) 1911 „Das weite Land" (Schnitzler); „Die Ratten" (Hauptmann); „Jedermann" (Hofmannsthal)	1908 „Der Kuß" (Gustav Klimt, 1862–1918); Picasso und Braque begründen den Kubismus 1910 „Principia mathematica" (Bertrand Russell, 1872–1970); „Abstraktes Aquarell" (Wassily Kandinsky, 1866–1944) 1911 Gründung des „Blauen Reiters" in München (Kandinsky, Franz Marc); „Harmonielehre" (Arnold Schönberg, 1874–1951)

Jahr	Historischer Hintergrund	Literatur	Philosophie/Naturwissenschaft/Kultur
		1912 „Morgue-Gedichte" (Gottfried Benn, 1886–1956); „Umbra Vitae" (Georg Heym, 1887–1912); „Tod in Venedig" (Th. Mann)	1912 „Das Geistige in der Kunst" (Kandinsky); Literatur-Nobelpreis für Gerhart Hauptmann; „Die Aktion" (Zs.) gegründet
		1913 „Die Ermordung einer Butterblume" (Alfred Döblin, 1878–1957); „Gedichte" (Georg Trakl, 1887–1914); „Die Dämmerung" (Alfred Lichtenstein, 1889–1914); „Bürger Schippel" (Carl Sternheim, 1878–1942)	1913 „Ideen zu einer reinen Phänomenologie" (Edmund Husserl, 1859–1938); Abhandlungen über den Atombau von Niels Bohr (1885–1962); „Berliner Straßenszene" (Ernst Ludwig Kirchner, 1880–1938); Einführung des Fließbandes bei H. Ford
	1914 Ermordung des österreichischen Thronfolgers in Serbien; Beginn des Ersten Weltkrieges	1914 „Der Aufbruch" (Ernst Stadler, 1883–1914); „Die Bürger von Calais" (Georg Kaiser, 1878–1945); „Der Sohn" (Walter Hasenclever, 1890–1940); „Hebräische Balladen" (Else Lasker-Schüler, 1869–1945)	1914 „Die Windsbraut" (Oskar Kokoschka, 1886–1980)
	1915 Erster Giftgaseinsatz	1915 „Du" (August Stramm, 1874–1915); „Die Verwandlung" (Franz Kafka, 1883–1924); „Sebastian im Traum" (Trakl)	1915 Allgemeine Relativitätstheorie von Albert Einstein (1879–1955); „Demokratie und Erziehung" (John Dewey, 1837–1917)
		1916 „Von morgens bis mitternachts" (Kaiser); „Laut- und Klanggedichte" (Hugo Ball, 1886–1927)	1916 „Das Unbewußte" (Carl Gustav Jung; 1875–1961)
	1917 Kriegseintritt der USA; Oktoberrevolution in Rußland	1917 „Requiem. Für die Gefallenen von Europa" (Yvan Goll, 1891–1950)	1917 Gründung der Ufa (Universal-Film AG)
	1918 März: Friede von Brest-Litowsk mit Mittelmächten; November: Kapitulation der Mittelmächte; Ablösung der Monarchie in Deutschland und Österreich; Allgemeines Wahlrecht für Frauen	1918 „Der Untertan" (H. Mann); „Die letzten Tage der Menschheit"(Karl Kraus)	1918 „Der Untergang des Abendlandes" (Oswald Spengler, 1880–1936)
	1919 Friedenskonferenz von Versailles; Weimarer Nationalversammlung; Weimarer Republik (bis 1933) mit Friedrich Ebert als erstem Präsidenten		1919 Gründung des staatl. Bauhauses in Weimar (Gropius, Feininger u.a.); „Psychologie der Weltanschauungen" (Karl Jaspers, 1883–1969)
1920	1920 Kapp-Putsch in Berlin und Generalstreik; Kommunistische Aufstände (Ruhrgebiet)	1920 „In Stahlgewittern" (Ernst Jünger, *1895); „Der Spiegelmensch"(Franz Werfel; 1890–1945); „Masse Mensch" (Ernst Toller, 1893–1939); „Menschheitsdämmerung" (Hg. Pinthus)	1920 Gruselfilm „Das Kabinett des Dr. Caligari"; „Psychologische Typen" (C. G. Jung)
		1921 „Der Schwierige" (Hofmannsthal)	1921 „Wirtschaft und Gesellschaft" (Max Weber, 1864–1920)

Synopse

Jahr	Historischer Hintergrund	Literatur	Philosophie/Naturwissenschaft/Kultur
	1922 Ermordung Walter Rathenaus; Faschisten unter Mussolini bilden italienische Regierung; Gründung der UdSSR	1922 „Trommeln in der Nacht" (Bert Brecht, 1898–1956); „Ulysses" (James Joyce, 1882–1941); „Siddharta" (Hermann Hesse, 1877–1962)	1922 „Tractatus logico-philosophicus" (Ludwig Wittgenstein, 1889–1951); „Vor dem Maskenball" (Max Beckmann, 1884–1950)
	1923 Währungsreform durch Regierung Stresemann beendet Inflation; Hitler-Putsch in München scheitert	1923 „Duineser Elegien", „Sonette an Orpheus" (Rilke)	1923 „Das Ich und das Es" (Freud); „Panzerkreuzer Potemkin" (Film v. Sergei Eisenstein, 1898–1948)
	1924 Dawes-Plan (Regelung der deutschen Reparationszahlungen)	1924 „Der Zauberberg" (Th. Mann); „Der rasende Reporter" (Egon Erwin Kisch, 1885–1948)	1924 „Manifeste du Surréalisme" (André Breton, 1896–1960); „Rhapsody in Blue" (George Gershwin); Erstes deutsches Hörspiel
	1925 Hindenburg Reichspräsident; Hitler verkündet seine Ziele in seinem Buch „Mein Kampf"	1925 „Der Prozeß" (Kafka); „Jud Süß" (Lion Feuchtwanger, 1884–1958)	1925 „Gold Rush" (Charly Chaplin); Entwicklung der Quantenmechanik von Heisenberg/Born/Jordan
	1926 Aufnahme Deutschlands in den Völkerbund (ständiger Ratssitz)	1926 „Mann ist Mann" (Brecht); „Fegefeuer in Ingolstadt" (M. L. Fleißer, 1901–1974)	1926 „Wozzeck" (Oper von Alban Berg, 1885–1935)
		1927 „Der Steppenwolf" (Hesse); „Die Hauspostille" (Brecht); „Wir sind Gefangene" (O. M. Graf, 1894–1967)	1927 „Sein und Zeit" (Martin Heidegger, 1889–1976); Erster Flug New York – Paris von Charles Lindbergh
	1928 Kellogg-Pakt: Ächtung des Krieges	1928 „Dreigroschenoper" (Brecht); „Das neue Reich" (George)	1928 „Bolero" (Maurice Ravel); Entdeckung des Penicillins durch Alexander Fleming
	1929 Bankenkrach in New York: Beginn der Weltwirtschaftskrise; rapider Anstieg der Arbeitslosigkeit	1929 „Berlin Alexanderplatz" (Döblin); „Im Westen nichts Neues" (Erich Maria Remarque, 1898–1970); „Das politische Theater" (E. Piscator, 1893–1966)	1929 „Abriß der Logik" (Rudolf Carnap, 1891–1970)
1930	1930 Brünings „Notverordnungen"	1930 „Der Mann ohne Eigenschaften" (Musil); „Der Erfolg" (Feuchtwanger)	1930 „Das Unbehagen in der Kultur" (Freud); „Der Aufstand der Massen" (José Ortega y Gasset, 1883–1955)
	1931 Zusammenschluß der deutschen Rechtsparteien in der „Harzburger Front" (NSDAP, DNVP, Stahlhelm)	1931 „Fabian" (Erich Kästner, 1899–1974); „Der Hauptmann von Köpenick" (Carl Zuckmayer, *1896); „Geschichten aus dem Wiener Wald" (Ödön v. Horváth, 1901–1938)	1931 „Berlin Alexanderplatz" verfilmt
	1932 Reichstagswahlen mit großem Stimmengewinn der radikalen Parteien (KPD und NSDAP)	1932 „Radetzkymarsch" (Joseph Roth, 1894–1939); „Kleiner Mann, was nun?" (Hans Fallada, 1893–1947)	1932 Physik-Nobelpreis an Werner Heisenberg (1901–1976)
	1933 „Machtergreifung" Hitlers 1934 Hitler wird als „Führer und Reichskanzler" Nachfolger Hindenburgs	1933 „Josephsroman", Teil I (Th. Mann)	1933 Öffentliche Bücherverbrennung
	1935 Verabschiedung der Nürnberger Rassengesetze		1935 Erstes Fernsehprogramm in Berlin 1936 Olympische Spiele in Berlin

Jahr	Historischer Hintergrund	Literatur	Philosophie/Naturwissenschaft/Kultur
1940			1937 Ausstellung „Entartete Kunst" in München
	1939 Beginn des Zweiten Weltkrieges	1938 „Furcht und Elend des Dritten Reiches" (Brecht)	
		1939 „Das Lied von Bernadette" (Werfel)	
	1941 Beginn des Rußlandkriegs	1941 „Mutter Courage" (Brecht)	1942 Erste fortlaufende Erzeugung von Atomenergie
	1943 Stalingrad; Konferenz von Casablanca; „Weiße Rose"	1943 „Leben des Galilei" (Brecht)	
	1944 Attentat auf Hitler	1944 „Transit" (Anna Seghers, 1900–1983)	1944 Chemie-Nobelpreis an Otto Hahn für Uranspaltung
	1945 Kapitulation Deutschlands und Aufteilung in vier Besatzungszonen; Atombomben auf Hiroshima und Nagasaki	1945 „Stalingrad" (Theodor Plievier, 1892–1955); „Der Tod des Vergil" (Hermann Broch, 1886–1951); „Moabiter Sonette" (Albrecht Haushofer, 1903–1945)	1945 Gründung neuer Zeitschriften (z. B. „Die Wandlung"); Gründung der UNESCO
	1946 SPD und KPD in der sowjetischen Zone zur SED vereinigt	1946 „In den Wohnungen des Todes" (Nelly Sachs, 1891–1970); „Das unauslöschliche Siegel" (Elisabeth Langgässer, 1899–1950)	1946 Hermann Hesse erhält Nobelpreis für Literatur; „Rowohlts Rotationsromane" als Zeitungsdrucke zu je 50 000–100 000 Exemplaren
	1947 Marshallplan; Amerikanische Wirtschaftshilfe für europäische Länder	1947 „Des Teufels General" (Zuckmayer); „Draußen vor der Tür" (Wolfgang Borchert, 1921–1947); „Doktor Faustus" (Th. Mann)	1947 Gründung der Gruppe 47; Gründung der Zs. „Merkur"
	1948 Währungsreform; Ludwig Erhards Programm der Sozialen Marktwirtschaft; Berliner Luftbrücke durch USA und GB; Erklärung der Menschenrechte durch UN	1948 „Statische Gedichte" (Benn); „Herr Puntila und sein Knecht Matti", „Der Kaukasische Kreidekreis" (Brecht)	1948 Rundfunkanstalten (später ARD) unter deutscher Leitung; Freie Universität Berlin
	1949 Gründung der Bundesrepublik Deutschland und der Deutschen Demokratischen Republik	1949 „1984" (George Orwell, 1903–1950)	1949 Thomas Mann spricht in Frankfurt und Weimar zu Goethes 200. Geburtstag; Brecht gründet in Ost-Berlin das „Berliner Ensemble"
1950	1950 Beginn des Koreakrieges	1950 „Die Pest" (dt.; Albert Camus, 1913–1960)	1950 „Allgemeine Feldtheorie von Einstein
		1951 „Probleme der Lyrik" (Benn); „Tauben im Gras" (Wolfgang Koeppen, *1906)	
		1952 „Mohn und Gedächtnis" (Paul Celan, 1920–1970); „Gestundete Zeit" (Ingeborg Bachmann, 1926–1973); „Der alte Mann und das Meer" (Ernest Hemingway, 1899–1961); „Warten auf Godot" (dt.; Samuel Beckett, 1906–1989)	1952 Erstes Fernsehprogramm; Taschenbuch-Reihen (Rowohlt, Fischer); Watson und Crick entdecken die Struktur des Erbmaterials
	1953 Arbeiteraufstand in Ost-Berlin und in der DDR		

Synopse

Jahr	Historischer Hintergrund	Literatur	Philosophie/Naturwissenschaft/Kultur
			1954 „Akzente" (Zs.)
		1954 „Stiller" (Max Frisch, 1911–1991); „Bekenntnisse des Hochstaplers Felix Krull" (Th. Mann)	
			1955 Erste „documenta"-Ausstellung moderner Kunst in Kassel
	1956 Aufstand in Ungarn von sowjetischen Truppen niedergeschlagen	1956 „Der Besuch der alten Dame" (Friedrich Dürrenmatt, 1921–1990)	
		1957 „die verteidigung der wölfe" (Hans Magnus Enzensberger, *1929); „Homo faber" (Frisch); „Sansibar" (Alfred Andersch, 1914–1980)	1957 Erster künstlicher Erdsatellit „Sputnik" aus sowjetischer Produktion
	1959 Godesberger Programm: SPD akzeptiert Wirtschafts- und Sozialordnung der Bundesrepublik	1959 „Die Blechtrommel" (Günter Grass, *1927); „Mutmaßungen über Jakob" (Uwe Johnson, 1934–1985); Bitterfelder Weg in der DDR-Literatur	1959 Entwicklung von Rechenanlagen und Transistoren
1960		1960–67 „textbuch" (Helmut Heißenbüttel, *1921)	1960 „Masse und Macht" (Elias Canetti, 1905–1994)
	1961 Errichtung der Berliner Mauer		1961 Beginn der Anwerbung türkischer Arbeitnehmer
			1962 Pop-art setzt sich als Kunstrichtung zunehmend durch
		1962 „Die Physiker" (Dürrenmatt)	
	1963–65 Auschwitz-Prozeß	1963 „Ansichten eines Clowns" (Heinrich Böll, 1917–1985)	
	1964 Zunehmendes militärisches Engagement der USA in Vietnam	1964 „In der Sache J. R. Oppenheimer" (Heinar Kipphardt, *1922)	1964 „Der eindimensionale Mensch" (Herbert Marcuse, 1898–1979)
		1965 „Die Ermittlung" (Peter Weiss, 1916–1982)	1965 „Kursbuch" (begründet von Enzensberger)
	1966 Große Koalition zwischen CDU/CSU und SPD	1966 „Publikumsbeschimpfung" (Peter Handke, *1942); „Industriereportagen" (Günter Wallraff, *1942)	1966 Literatur-Nobelpreis an Nelly Sachs
	1968 Jahr der „Studentenrevolte"; Verabschiedung der Notstandsgesetze	1968 „Kaspar" (Handke)	
	1969 US-Astronauten landen auf dem Mond; BR unterzeichnet Atomwaffensperrvertrag	1969 „Nachdenken über Christa T." (Christa Wolf, *1929); „worte sind schatten" (Eugen Gomringer, *1925)	1969 Neuausgabe „Dialektik der Aufklärung" (Horkheimer/Adorno)
1970	1970 Neue Ostpolitik der sozialliberalen Koalition: Verträge mit Polen und der Sowjetunion	1970 „Jahrestage I" (Johnson); „Ein Fest für Boris" (Thomas Bernhard, 1931–1989); „Zettels Traum" (Arno Schmidt, 1914–1979)	
	1972 „Grundlagenvertrag" mit der DDR	1972 „Die neuen Leiden des jungen W." (Ulrich Plenzdorf, *1934)	1972 Heinrich Böll erhält den Nobelpreis für Literatur
		1974 „Die verlorene Ehre der Katharina Blum" (Böll)	
	1975 KSZE Schlußakte in Helsinki		1975 Schlöndorf verfilmt „Die verlorene Ehre der Katharina Blum"

Jahr	Historischer Hintergrund	Literatur	Philosophie/Naturwissenschaft/Kultur
1980	1976 Ausbürgerung Wolf Biermanns aus der DDR 1977 Höhepunkt des Terrorismus in der Bundesrepublik 1979 Ökologiebewegung; Gründung der Grünen 1981 Demonstrationen gegen atomare Nachrüstung durch Stationierung amerikanischer Raketen in Mitteleuropa 1985 Beginn der Reformpolitik in der UdSSR unter Gorbatschow 1986 Reaktorkatastrophe in Tschernobyl (Ukraine)	1976 „Die wunderbaren Jahre" (Reiner Kunze, *1933) 1977 „Germania Tod in Berlin" (Heiner Müller, *1929) 1979 „Die Fälschung" (Nicolas Born, 1937–1979) 1981 „Paare Passanten" (Botho Strauß, *1944); „Mein Atem heißt jetzt" (Rose Ausländer, 1907–1988) 1983 „Kassandra" (Wolf) 1985 „Brandung" (Martin Walser, *1927); „Exerzierplatz" (Siegfried Lenz, *1926); „Hundert Gedichte" (Sarah Kirsch, *1935) 1986 „Bauernsterben" (Franz Xaver Kroetz, *1946); „Die Rättin" (Grass); „Auslöschung" (Bernhard)	1977 Erster „Personal Computer" 1980 Herstellung menschlichen Insulins durch erbveränderte Bakterien 1981 Erste Raumfähre 1988 Künstliche Vervielfältigung von Erbmaterial
1990	1989 Friedliche Revolution in der DDR; Fall der Berliner Mauer 1990 Deutsche Einheit 1991 Golfkrieg; Berlin wieder deutsche Hauptstadt; Zerfall der UdSSR und des Ostblocks; Bürgerkrieg in Jugoslawien 1992 Asylgesetzgebung	1989 „Lust" (Elfriede Jelinek, *1946) 1990 „Infanta" (Bodo Kirchhoff, *1948); „Deckname Lyrik" (Kunze) 1991 „Versuch über den geglückten Tag" (Handke); „Schlußchor" (Strauß); „Verteidigung der Kindheit" (Walser)	1991 Büchner-Preis für Wolf Biermann; Schließung der Ost-Berliner Akademie; Literaturstreit um die Rolle der Schriftsteller in der DDR

I. Moderne: Begriff und Probleme

Gustav Klimt, Der Kuß, 1907/08

1. Grundlagen

Mit dem Beginn der 80er Jahre des 19. Jahrhunderts setzte eine Entwicklung ein, die schon im Urteil vieler Zeitgenossen etwas nie Dagewesenes hervorbrachte und in unterschiedlichem Tempo nahezu alle Bereiche des menschlichen Lebens erfaßte. In diesem „Aufbruch in die Moderne" (Nitschke) entstand, was unsere heutige Welt immer noch prägt. Von den Veränderungen im Alltagsleben durch neue Erfindungen (Verkehr, Medien), die Entwicklung einer naturwissenschaftlichen Medizin und der chemisch-elektrischen Technik, von der Entstehung neuer politischer und sozialer Strukturen (Imperialismus, Sozialstaat, Großstadtleben) bis hin zu den Wissenschaften (Mathematik, Physik, Psychologie) und den neuen Tönen und Formen der Künste wurden Grundlagen geschaffen für eine **neue Welterfahrung**, eine **neue Lebenswelt** und ein **neues Bild vom Menschen**. Das bedeutete neben der Begeisterung für den „Fortschritt" auch sehr früh bereits Verunsicherung, Angst vor dem Ungewohnten, Zweifel am Sinn des Neuen und Ungewißheit, wohin die Entwicklung führen würde.

Kunst und Literatur wurden Ausdruck dieser widersprüchlichen Haltung, waren aber nach einem Wort Gottfried Benns „nicht nur Ausdruck der Zeit, sondern deren Schöpfer!" (Brief an F. W. Oelze, 1942). Daß die damit entstehenden Fragen für uns auch heute noch eine Herausforderung darstellen, zeigen die Texte auf den Seiten 108 ff.

Der zentrale Begriff, der die genannten unterschiedlichen Vorgänge unter einem Schlagwort ordnet, ist der Ausdruck **„Moderne"**. Er wird insbesondere auf die neuen Bestrebungen im Bereich der Schönen Künste und der Literatur angewandt.

Wichtiger Programmatiker, „Prophet des Neuen" (Nipperdey) war FRIEDRICH NIETZSCHE (1844–1900). Er sah die Notwendigkeit zu Veränderungen weniger in Politik und Gesellschaft, sondern im Bereich der Kultur und Psyche. Dichter sollten Kunst als bloßen Selbstzweck mit der Realität des Lebens verbinden, die Strömungen ihrer Zeit aufnehmen und zugleich richtungsweisend sein. Nietzsche war nicht nur ein Philosoph, der griffig zu formulieren verstand, sondern auch ein bedeutender Dichter. Sein Prosawerk *Also sprach Zarathustra* (1883–1891) wurde zu einem der meistgelesenen Bücher der jungen Generation. Auf das Denken und Dichten zu Beginn des 20. Jahrhunderts übte Nietzsche einen entscheidenden Einfluß aus. Nach 1933 wurden die Kernbegriffe seiner Philosophie, der „Wille zur Macht", die „Umwertung aller Werte" oder der „Übermensch", im Sinne der nationalsozialistischen Ideologie umgedeutet.
Neben dem Bewußtsein vom notwendigen Kampf gegen das Alte, der ja eigentlich in jeder Generation ausgetragen wird, stellten Zeitgenossen zwei Erscheinungen heraus, die das Neue kennzeichneten: Die Münchner Literaten OTTO JULIUS BIERBAUM und JULIUS SCHAUMBERGER, die der 1890 gegründeten „Gesellschaft für modernes Leben" angehörten, erklärten im *Münchner Fremdenblatt*, kein Programm verbinde ihre ‚Gesellschaft', eine „Präzisierung der ‚Moderne'" sei „unvereinbar [...] mit dem Wesen derselben", und der Wiener FRIEDRICH MICHAEL FELS fand in seinem Essay *Die Moderne* aus demselben Jahr: „Nun ist es allerdings das entscheidende Kennzeichen der Moderne, daß sie keine Einzelrichtung ist, daß in ihr die verschiedensten und entgegengesetztesten Anschauungen und Bestrebungen Platz finden", aber „es wird keinem einfallen, die Ereignisse der modernen Literatur irgendwie in Parallele zu setzen mit der Hinterlassenschaft klassischer Perioden, der griechischen oder Weimarer Zeit".

Grundlagen

Gemeinsam war die **Ablehnung des „Klassischen"**, was für andere immer noch höchstes Ansehen genoß, weil damit Überzeitlichkeit in Form und Inhalt verbunden wurde. Das Bewußtsein eines Neubeginns verband Autoren der **verschiedensten Richtungen**. Daher ist es kein Widerspruch, wenn etwa GERHART HAUPTMANN (1862–1946) sowohl mit naturalistischen Werken als auch mit Werken in der Nähe des Symbolismus den Forderungen der „Moderne" entsprach. Die „Moderne" hatte eben viele Namen: „Impressionismus", „Jugendstil", „Eindruckskunst", „Dekadenzdichtung", „Symbolismus", „Ästhetizismus", „Neuromantik". Die genannten Strömungen waren in vielem gegensätzlich, selbst in ihren **Zentren** wurden sie unterschiedlich verstanden: Während die „Berliner Moderne" lange im Naturalismus die moderne Kunst sah, kehrte sich die „Wiener Moderne" früh vom Naturalismus ab. Das 3. Zentrum der Moderne, München, gewann sein eigenes Profil ebenfalls mit der Überwindung des Naturalismus.
Die Münchner „Modernen", z. B. OTTO JULIUS BIERBAUM (1865–1910), MICHAEL GEORG CONRAD (1846–1927), JOSEF RUEDERER

Ludwig Kandler, Das elektrische Licht, 1883

(1861–1915), OSKAR PANIZZA (1853–1921), FRANK WEDEKIND (1864–1918), denen zeitweise auch RAINER MARIA RILKE (1875–1926) nahestand, polemisierten gegen dekadente Lebensschwäche der zerfallenden bürgerlichen Welt und betrieben den Kult der Jugend und Schönheit. Zeitschriften wie die 1896 gegründete *Jugend* waren Zeichen dafür. Eine ganze Bewegung (der **Jugendstil**), die sich vor allem in den dekorativen Künsten ausdrückte, leitete sich davon ab.
Aus all dem ist verständlich, daß es z.B. im *Fischer Lexikon Literatur* heißt, der Begriff „Moderne" entziehe sich „einer genaueren, allgemein akzeptierten Bestimmung". Noch 1990 formulierte ein Literaturwissenschaftler sehr vorsichtig:

Das Wort ‚modern', das sich vom spätlateinischen Adjektiv „modernus" (neu, neuartig, jetzig, heutig zu lat. „modus": Art und Weise bzw. „modo": eben, erst, soeben, jetzt) herleitet und zu Beginn des 18. Jh. über das französische „moderne" (zu „la mode": Neuheit) in der Bedeutung von „neuzeitlich" in die deutsche Sprache gelangte, ist für uns von seinem umgangssprachlichen Gebrauch her gleichbedeutend mit Wörtern wie gegenwärtig, zeitgenössisch, zeitgemäß, neuartig, aktuell, modisch usw. Darüber hinaus weckt es in uns die Vorstellung von „progressiv" (in betontem Gegensatz zu Wörtern wie „konservativ" und „traditionell") oder gar von „avantgardistisch". Demnach begreifen wir „moderne Literatur" von unserem „subjektiven" Gefühl her als zeitgenössische bzw. gegenwärtige Literatur, soweit uns diese in irgendeiner Weise als zeitgemäß, neuartig und damit als aktuell erscheint. […]

(aus: Mario Andreotti, Die Struktur der modernen Literatur. Bern: Haupt, 2. Auflage 1990, S. 15)

Einen Versuch, die Diskussion über den Begriff „Moderne" zusammenzufassen, stellt der Lexikonartikel von Žmegač (S. 109f.) dar.

Der „Aufbruch in die Moderne" erfolgte – wie gezeigt – unter einer Vielzahl von Bezeichnungen und Tendenzen. Man kann daher auch von einem **Pluralismus** als besonderem Merkmal sprechen: In kurzen Abständen, mitunter sogar gleichzeitig, tauchten Strömungen auf, wurden für bestimmte Zentren dominierend, bis sie – von anderen abgelöst – in ihrer Bedeutung absanken, wenn sie auch weiterhin bestanden. Lediglich der Expressionismus wurde für einen längeren Zeitraum (etwa 1910 bis in die 20er Jahre) zur beherrschenden Richtung.

In der folgenden literaturgeschichtlichen Darstellung werden daher zwei Perioden unterschieden: die **Jahrhundertwende** (etwa 1885–1910) mit ihren spezifischen Erscheinungen und die Zeit des **Expressionismus**. Man darf diese Trennung nicht grundsätzlich verstehen. Die Gruppe der frühmodernen Autoren war mit dem Beginn des Expressionismus keineswegs verschwunden. Ebenso traten „realistische" Autoren auch nach 1890 mit Werken hervor, die vom zeitgenössischen Lesepublikum oft mehr geschätzt wurden als die häufig als verstiegen, undurchsichtig und elitär empfundene „Moderne". (So wurden z. B. PAUL HEYSES in 4 Bänden gesammelten Novellen 1904/05 in einer Erstauflage von 50 000 Exemplaren veröffentlicht. 1910 erhielt er den Nobelpreis.) Daneben muß man auch bedenken, daß große Gestalten der Literatur wie HERMANN HESSE, HUGO VON HOFMANNSTHAL und THOMAS MANN nur am Rande dieser Entwicklung zur Moderne standen, in ihren Darstellungsformen traditionellen Mustern verhaftet blieben, also mit anderen Maßstäben gemessen werden müssen.

2. Texte

Charakteristik der Moderne*

[Anläßlich eines Funkkollegs trafen Experten aus allen Bereichen zusammen, um Begriff, Reichweite und Probleme der Moderne zu bestimmen. – Als ein erstes Charakteristikum der Moderne hob ein Teilnehmer der Gesprächsrunde den Nivellierungsprozeß durch die Medien hervor sowie die ungeahnte Mobilität durch technische Mittel, die aber auch Ängste verursachten.]

RITTER: Ich würde sagen, daß wir ein neues Bewußtsein der Möglichkeiten und der Gefahren der Technik entwickeln, und das wird sehr typisch für die Zeit. Man soll das Negative nicht allein sehen. Wir sehen die ungeheuren Möglichkeiten der Naturzerstörung, den Mißbrauch, der mit Technik, im Kriege zum Beispiel, getrieben werden kann. Aber Technik war auch die Voraus-
5 setzung für Steigerung der Produktivität und Überwindung einer Armut und einer Not, von der wir uns heute kaum noch eine Vorstellung machen können. […] Die Chancen und die Gefährdung scheinen mir das Typische zu sein. Man kann das eine nicht von dem anderen vollkommen loskoppeln. […] Wir sprachen von Rationalisierung, von Bürokratisierung – das sind ganz typische Erscheinungen. Wir müssen aber auch mit Kafka fragen: Haben alle Rationali-
10 sierungen, hat die Bürokratisierung immer auch einen tieferen Sinn? Können sie nicht zum Selbstzweck werden oder sogar Zwecken dienen, die aufs höchste inhuman sind? […] Ich würde den zwiespältigen Charakter der Epoche hervorheben, um ein zweites Charakteristikum zu nennen […].

PEUKERT: Für mich wäre die Epoche in einem Bild zu fassen, das vielleicht doch das Bild der Straße
15 ist. Und da ist eben nicht ein Gefährt das epochenentscheidende. Das Neue an der Epoche ist, wissenschaftlich gesprochen, die Polyfunktionalität der Straße. Etwas einfacher ausgedrückt: Auf der Straße finden wir Pferde, Fahrräder, Autos, Motorräder, Lkws und zwischen alldem

auch noch die armen Fußgänger. Was hält die zusammen? Das Regelwerk. Das heißt, meine erste Antwort wäre: Die Epoche ist widersprüchlicher als jede andere, und das finde ich an ihr so spannend. In dieser Epoche finden sich die kontroversesten Entwürfe, wie man die Welt sieht, wie man lebt, wie man sich streitet, wie man miteinander umgeht. Alles das, wovon wir heute noch zehren, ist damals gedacht und auch versucht worden, und zwar in kontroverser Form. Und das ist nicht auflösbar. Und ich denke, es ist ein Gewinn, daß es nicht auflösbar ist. [...] Ein weiterer Aspekt: Auch auf der Straße funktioniert der Verkehr, weil sich Verkehrsregeln einspielen. Und die Menschen halten diese Regeln ein, bei aller Vielfalt auf der Straße. Nebenbei, sie halten sie ein, bei dem Risiko, zu Tode gefahren zu werden. Diese Regeln bestimmen jetzt aber das Leben fast mehr als der freie Wille derjenigen, die am Straßenverkehr teilnehmen. Insofern [...] gibt es ein weiteres Charakteristikum der Epoche, und das ist die Durchrationalisierung der Welt.

NITSCHKE: Die Frage ist, ob wir uns damit begnügen dürfen, auf diese Widersprüchlichkeit der Zeit hinzuweisen. Mir scheint: Das, was wir eine Epoche nennen, besteht in Wirklichkeit aus zwei Epochen – aus einer untergehenden alten und aus einer beginnenden neuen Epoche. Nur diese würde ich „modern" nennen. Einige Beispiele für diese Moderne: In der gesamten abendländischen Geschichte, einschließlich des frühen Mittelalters, entstanden Kompositionen, bei denen die Töne der Melodien eine Tonart erkennen ließen. Sie waren gewissermaßen in die vertraute Kontinuität des durch Tonarten gegebenen Klangraums eingebettet. Diese Kontinuität hört in der atonalen Musik auf. – Die Maler verwenden seit der Renaissance Perspektiven, die dreidimensionale Räume entstehen lassen. Die Kontinuität dieses Raumes wird mit der gegenstandslosen Malerei aufgegeben. Es bleiben aufeinanderfolgende Töne und Rhythmen; es bleiben Linien und Farben, die von den Künstlern als Bewegungen gesehen und beschrieben werden. – Auch die Physiker orientieren sich seit Einstein in einer neuen Weise an den Bewegungen der „Bezugssysteme", etwa der Bewegung des Systems Erde oder der Bewegung des Systems, das eine Weltraumrakete bildet. Je nach der Geschwindigkeit der Systeme verändern sich Längen- und Zeitmaße. Die Physiker sprechen von Zeitdilatationen oder Massenkontraktionen. So möchte ich die vierte Definition von dem geben, was für die Jahrhundertwende zwischen 1880 und 1930 charakteristisch ist: Innerhalb dieser Zeit beginnt eine neue Epoche, die Moderne. Sie setzt ein mit den ersten nichtgegenständlichen Bildern, den ersten atonalen Kompositionen, mit der Speziellen Relativitätstheorie Einsteins, mit den entsprechenden Bewegungen in Gymnastik und Tanz und den dazugehörigen politischen und wirtschaftlichen Verhaltensweisen. Da die Repräsentanten dieser „Moderne" nur eine kleine Gruppe bildeten, die zwischen all den anderen lebten, die noch in der Tradition der älteren Epoche stehen, wundert es nicht, daß in dieser Zeit so viele Widersprüchlichkeiten zu beobachten sind. [...]

(aus: Jahrhundertwende. Der Aufbruch in die Moderne 1880–1930. Hg. v. August Nitschke, Gerhard Ritter, Detlef Peukert. Reinbek bei Hamburg: Rowohlt Taschenbuch 1990, S. 18 ff.)

VIKTOR Žmegač
Moderne/Modernität

Der Doppelbegriff läßt, zumal wenn er gelegentlich durch Modernismus zu einer Triade erweitert wird, ein Feld terminologischer Schwankungen erkennen, die für die Moderne-Diskussion in Geschichtsforschung, Literaturgeschichte und Philosophie seit mehr als zwei Jahrzehnten bezeichnend sind. Die Literaturwissenschaft war zuvor geneigt, den Begriff M. historisch einzuengen (als Bezeichnung für künstlerische Strömungen des ausgehenden 19. und frühen 20. Jahrhunderts) und damit ein Schlagwort ästhetischer und ideologischer Manifeste aus jener Zeit zu sanktionieren [...].

Entscheidend für die gegenwärtige terminologische Situation ist der Umstand, daß das Wort M. auch selbst einer semantischen Spaltung ausgesetzt ist, und zwar in erster Linie infolge von Initiativen aus dem Bereich der Geschichtstheorie und Philosophie. Es meint jetzt auch in der Literaturgeschichte nicht nur den Aufbruch im Umkreis von → Naturalismus und → Ästhetizismus; zunehmend wird es in den Dienst einer neuen Makroperiodisierung gestellt, wobei es nun die historische Gesamtentwicklung seit dem Zeitalter der europäischen Aufklärung benennt. Die Anfänge der M. werden in das bürgerlich grundierte 18. Jahrhundert verlegt [...]. Nicht selten wird die Makroepoche durch das mit der Renaissance beginnende Vorfeld erweitert, so daß die Moderne sich mit dem – in der Geschichtsschreibung seit dem 18. Jahrhundert geläufigen – Begriff der Neuen Zeit (später Neuzeit) deckt. Im Grunde werden damit Bedeutungen aktualisiert, die bereits im Selbstverständnis vergangener Epochen eine Rolle spielten. So ist etwa eine Wiederholung erkennbar, wenn man bedenkt, daß schon um 1800 im Romantikerkreis von ‚moderner' Literatur die Rede war und daß damit sowohl die neuesten Bestrebungen als auch bestimmte als originell empfundene Dichtungstendenzen seit dem Mittelalter (Dante, Boccaccio, Ariost, Shakespeare, Cervantes) gemeint waren: ‚modern' oder ‚romantisch' bezeichnete hauptsächlich den von der Neuzeit seit der Renaissance repräsentierten Gegensatz zur ‚klassischen' Antike. Auch Hegels „Ästhetik" folgt noch diesem Wortgebrauch. [...]

Zur künstlerischen Losung wird das Wort [„Moderne"] gegen Ende des 19. Jahrhunderts [...]. Der Begriff konnotiert Aktualität, Neuheit, Umbruch. Der „Brockhaus" von 1902 hält als Zwischenbilanz fest: die M. sei eine „Bezeichnung für den Inbegriff der jüngsten sozialen, literarischen und künstlerischen Richtungen." Zweierlei ist dabei bemerkenswert: Das Wort assoziiert, anders als in der Romantik, eine gleichsam in breiter Front sich entfaltende Bewegung, freilich keine einheitliche, sondern eine, die gerade durch ihren Pluralismus gekennzeichnet ist. Die Betonung der Vielfalt, des Nebeneinanders und Gegeneinanders, weist auf jenes Merkmal hin, das namentlich im 20. Jahrhundert die Idee von Modernität prägen wird. Zu dieser Idee gehört das Bewußtsein des Künstlers, unter einer Vielzahl gleichzeitig gültiger Stilkonzepte seine Wahl treffen zu können. Die Vorstellung von stetigem Wechsel in der Zeit weicht der Anschauung, Modernität sei aus einer „synchronischen Fülle von Inhalten und Verfahren" zu erzielen. [...]

Die Konsequenzen aus diesem Aspekt künstlerischer Autonomie haben dann Autoren des 20. Jahrhunderts gezogen, die das Schreiben als einen Bereich des sprachlichen → Experiments ansehen, das Erproben von Möglichkeiten ohne → Tradition. Letztlich kann sich daraus ergeben, daß sogar der Werkcharakter im landläufigen Sinn geopfert wird. In Hinsicht auf die Kategorie des → Publikums ist das Prinzip der Modernität, d. h. der Bereitschaft zu ständiger Veränderung, wie F. Schlegel [...] diesen Grundsatz definiert hat, als eine sich laufend erneuernde Herausforderung zu begreifen, in der virtuell das Moment der Überraschung enthalten ist, das dem Leser ebenso konstant spezifische Reaktionen abverlangt. Bedenkt man noch die Rolle der → Medien (mit ihren selektiven und technischen Aspekten, die ihrerseits literarisch formbildend und, soweit es sich um technische Erfindungen handelt, auch künstlerisch innovativ wirken können), so ergibt sich ein Bild des Systems, dessen Grundpositionen auch heute noch wirksam sind und die trotz aller Veränderungen die Kontinuität des Modernitätsprinzips seit dem 18. Jahrhundert vor Augen führen [...].

(aus: Dieter Borchmeyer/Viktor Žmegač, Moderne Literatur in Grundbegriffen. Frankfurt/M.: Athenäum 1987, S. 250 ff.)

Thomas Nipperdey
Kunst und Gesellschaft im wilhelminischen Zeitalter*

Das Verhältnis von Kunst und Gesellschaft ist dialektisch: Kunst steht gegen die Gesellschaft und lebt doch von ihr, wird von ihr getragen. Und das verschärft sich in der Moderne: Die Kunst steht gegen die atomistische und entfremdende Gesellschaft und für die Wiederherstellung von Sein, Leben, Individuum, Totalität oder doch deren Schein – und zugleich ist sie von jener Gesellschaft abhängig. [...]

Indem die Teilnahme an der Kunst sich erweitert, demokratisiert sie sich auch. Damit werden der Kunstgeschmack und seine Kriterien pluralisiert. Nicht eine Maßstäbe setzende Hierarchie von Auftraggebern, Kennern und Künstlern bestimmt, sondern die Vielfalt der Gleichberechtigten in der Anonymität des Marktes. Zudem: Tradition und Avantgarde treten schärfer auseinander. Damit vergrößert sich zugleich auch die Spannweite zwischen einer elitären, esoterischen Kunst und einer populären Kunst, einer Salon- oder Unterhaltungskunst z. B.; die modernen Phänomene der Trivialisierung von Kunst und des Kitsches haben auch mit dem Pluralismus eines demokratischen Kunstkonsums zu tun. [...]

Die Frage von Traditionalismus oder Modernität, das Problem des Fortschritts in der Kunst, der Avantgarde wird aktuell. Tradition ist Last, der Traditionsbruch auch Leiden, und ein Problem wird auch das Modischsein des Modernen, das viel Unechtes und Unbedeutendes mitträgt. Zugleich löst sich die tragende Gemeinsamkeit zwischen Künstler und Publikum zunehmend auf. Die freie Kunst und der einsame Künstler stehen dem Leben, der Gesellschaft gegenüber, können sich anpassen, kämpfen und sich durchsetzen, verkannt werden (auch Nichtverstandensein oder Skandal bringen Ehre), sich verweigern. [...]

Alle substantielle Kunst dieser Zeit will die Zerspaltenheit der Welt überwinden, will im Ursprünglichen wieder Wurzel fassen. Und dann gibt es die Position vom Eigenrecht der Kunst, der Autonomie der Kunst, der Gegenwelt des Auges, gegen alle Indienstnahme und Relevanz, die dann im Extrem zu l'art pour l'art (und zum l'art pour l'artiste – der Künstler hat recht) wird. Die alte Selbstverständlichkeit von der Einheit des Wahren und Schönen (und des Guten), der Idee und der Anschauung, des Sittlichen und des Sinnlichen, zerfällt, der idealistische Anspruch, das Schöne sei das Wahre, und der realistische, das Wahre sei das Schöne, treten gegeneinander, und das gilt in abgewandelter Form auch noch für die moderne Kunst des 20. Jahrhunderts.

Im Protest gegen die Welt der Tradition vor allem, aber auch gegen die moderne technisch-kapitalistische, wissenschaftliche, demokratische und bürokratische Zivilisation entsteht die Moderne als ästhetisches Phänomen. Der moderne Künstler haßt die moderne Zivilisation nicht, weil er Traditionalist ist, sondern gerade weil er modern ist, wie der modernitätskritische Nietzsche der eigentlich Moderne ist. [...]

(aus: Thomas Nipperdey, Deutsche Geschichte 1866–1918. München: Beck 1990, Bd. 1, S. 694 ff.)

Aufgaben zu den Bildern auf den Seiten 105 und 107

GUSTAV KLIMT   Der Kuß

① Beschreiben Sie die Eigenart des Bildes, insbesondere das Verhältnis der (scheinbar) dekorativen Elemente zur Personengestaltung.
② Klimt habe den vorherrschenden Jugendstil seiner Epoche zu einem „Maskenball der Stile" verarbeitet (F. Nietzsche). Erklären Sie diese Kennzeichnung am Bild.

LUDWIG KANDLER   Das elektrische Licht

① Der Literaturwissenschaftler Eugen Wolff stellte sich das Prinzip der Moderne als ein „von modernem Geist erfülltes Weib" vor, das auch „schönheitsdurchtränkt" und „idealerfüllt" sein müsse, mit „flatterndem Gewand und fliegendem Haar, vorwärtsschreitender Gebärde". Entspricht dem Kandlers Bild?
② Ist das Bild „modern"? Begründen Sie.

Aufgaben zu den Texten auf den Seiten 108–111

Charakteristik der Moderne

① Fassen Sie die Charakterisierungen der Epoche zwischen 1880 und 1930 mit eigenen Worten zusammen. Welcher Gesichtspunkt erscheint Ihnen am einleuchtendsten?
② Suchen Sie im Werk Kafkas Beispiele, die das Bedrohliche aufzeigen, und nennen Sie Gründe für die Wirkung der genannten Erscheinungen.

VIKTOR ŽMEGAČ   Moderne/Modernität

① Wodurch unterscheidet sich Žmegač' Definition von der Andreottis (S. 107)?
② Wie wird die Abweichung begründet?
③ Formulieren Sie die Kernaussage zur „Moderne" hier mit eigenen Worten.
④ Welche besonderen Reaktionen werden im modernen Werk dem Leser abverlangt?

THOMAS NIPPERDEY   Kunst und Gesellschaft im wilhelminischen Zeitalter

① Erklären Sie Nipperdeys Behauptung, die erweiterte Teilnahme an der Kunst demokratisiere diese auch (Z. 6).
② Welche Kennzeichen der „Moderne" aus den vorhergehenden Definitionsversuchen finden Sie auch bei Nipperdey? Welche Aspekte fügt er hinzu?

II. Jahrhundertwende

Claude Monet, Die Mohnblumen, 1873

1. Grundzüge der Epoche

Das Gesicht der Gesellschaft um die Jahrhundertwende wurde vor allem durch die **Verstädterung** geprägt. Zwischen 1871 und 1910 vermehrte sich die Zahl der Städte mit mehr als 100 000 Einwohnern von vier auf achtundvierzig. In ihnen entwickelte sich ein neues Bewußtsein, sie wurden zu Zentren allmählich wachsender „institutioneller Mechanismen" (Nipperdey), wie Verbände, Parteien, Verwaltung. Mit dem Industrieproletariat entstand eine **neue gesellschaftliche Schicht**, so daß die Städte einen Nährboden für soziale Probleme bildeten.

Dem sich entwickelnden **modernen Industriestaat** Deutschland stand eine **Modernisierung des politischen Staates** nur insofern gegenüber, als das Gewaltmonopol und die Ausweitung staatlichen Handelns (Sozialpolitik, Übernahme der Daseinsvorsorge für die weniger Bemittelten) die Aufgaben rasch vermehrten und zu einer Ausdehnung der öffentlichen Verwaltungen von nie gekanntem Ausmaß führten. Im gesellschaftlichen Bereich blieb (trotz der ständigen Appelle an das „Volk") die **alte Klassenhierarchie** bestehen: An der Spitze der sozialen Rangordnung stand der Adel. Seine Lebensformen wirkten weiterhin vorbildhaft für das aufstrebende Bürgertum. Der Adel besetzte die höheren Posten in der Verwaltung und beim Militär, das Großbürgertum ließ seine Söhne wenigstens Reserveoffizier werden, was immer noch ein notwendiger Schritt für gesellschaftliches Ansehen war. Industrielle wie Krupp erreichten durch die **Nobilitierung** erhöhtes gesellschaftliches Ansehen. Ungeprüft übernahm man die Normen der vorindustriellen Gesellschaft mit ihren Ordnungsvorstellungen, ihrem Normencodex von Pflichten, Disziplin und Gefolgschaft. Treue und Vaterlandsliebe erfuhren unter dem Zeichen eines aggressiven Nationalismus rasch eine gefährliche Veränderung.

Politisch wurden diese Jahre bestimmt von der Regierung des jungen, auf keinem Gebiet gründlich ausgebildeten und überall dilettierenden Kaisers WILHELM II. (1888–1918). Er wollte „Weltpolitik" machen, die allein der Bedeutung Deutschlands angemessen zu sein schien. Mitwirkung und Mitdenken der Untertanen waren nicht vorgesehen. Wilhelms häufig zitierter Eintrag ins Goldene Buch der Stadt München „Suprema lex regis voluntas" (Das höchste Gesetz ist der Wille des Königs) dokumentiert eine Form von Selbstherrschaft, die eigentlich im Gegensatz zum System der vom Kaiser grundsätzlich akzeptierten konstitutionellen Monarchie stand und – neben anderen Faktoren – der Entwicklung einer parlamentarischen Demokratie im Wege war. Erst gegen Ende des Ersten Weltkriegs wurden unter innerem und äußerem Druck Voraussetzungen dafür geschaffen.

Was für die Regierung Grundsatz war, sollte auch für die Kunst gelten. In einer Rede anläßlich der Enthüllung einer Gruppe von Denkmälern im Dezember 1901 erklärte Wilhelm II:

[...] Noch ist die Bildhauerei zum größten Teile rein geblieben von den sogenannten modernen Richtungen und Strömungen, noch steht sie hoch und hehr da – erhalten Sie sie so, lassen Sie sich nicht durch Menschenurteil und allerlei Windlehre dazu verleiten, diese großen Grundsätze aufzugeben, worauf sie aufbaut ist!

5 Eine Kunst, die sich über die von Mir bezeichneten Gesetze und Schranken hinwegsetzt, ist keine Kunst mehr, sie ist Fabrikarbeit, ist Gewerbe, und das darf die Kunst nie werden. Mit dem viel mißbrauchten Wort „Freiheit" und unter seiner Flagge verfällt man gar oft in Grenzenlosigkeit, Schrankenlosigkeit, Selbstüberhebung. Wer sich aber von dem Gesetz der Schönheit und dem Gefühl für Ästhetik und Harmonie, die jedes Menschen Brust fühlt, ob er sie auch nicht aus-
10 drücken kann, loslöst und in Gedanken in einer besonderen Richtung, einer bestimmten Lösung mehr technischer Aufgaben die Hauptsache erblickt, der versündigt sich an den Urquellen der Kunst.

Aber noch mehr: Die Kunst soll mithelfen, erzieherisch auf das Volk einzuwirken, sie soll auch

Grundzüge der Epoche

den unteren Ständen nach harter Mühe und Arbeit die Möglichkeit geben, sich an den Idealen wieder aufzurichten. [...]
Wenn nun die Kunst, wie es jetzt vielfach geschieht, weiter nichts tut, als das Elend noch scheußlicher hinzustellen, wie es schon ist, dann versündigt sie sich damit am deutschen Volke. Die Pflege der Ideale ist zugleich die größte Kulturarbeit, und wenn wir hierin den anderen Völkern ein Muster sein und bleiben wollen, so muß das ganze Volk daran mitarbeiten, und soll die Kultur ihre Aufgabe voll erfüllen, dann muß sie bis in die untersten Schichten des Volkes hindurchgedrungen sein. Das kann sie nur, wenn die Kunst die Hand dazu bietet, wenn sie erhebt, statt daß sie in den Rinnstein niedersteigt. [...] (aus: Reden des Kaisers. Hg. v. Ernst Johann. München: dtv 1966, S. 102)

LUDWIG THOMA (1867–1921) verfaßte für die satirische Zeitschrift *Simplicissimus* eine kritisch-satirische „Rezension" der Kaiser-Reden (S. 138f.).
Mit politischen Fragen setzten sich Dichter und Schriftsteller dieser Epoche ansonsten so gut wie nicht auseinander. Während die Autoren des Naturalismus sich mit den Problemen ihrer Zeit beschäftigten, galt das Interesse jetzt vor allem künstlerischen Fragen. Die Kultur insgesamt – das ist charakteristisch für die deutsche Situation – lebte in einer „Dimension des Unpolitischen". Der relative Ausschluß des Bürgers aus der aktiven Politik mag Ursache dafür gewesen sein. Thomas Mann sprach von der „machtgeschützten Innerlichkeit", in die sich die Literatur begab.

Die Entwicklung im zweiten deutschsprachigen Kaiserreich, in Österreich-Ungarn, verlief in vielen Bereichen anders als im Deutschen Reich:
Die zentralistische Monarchie war nicht so jung wie in Deutschland, und ihr Ländergefüge reichte in eine Zeit zurück, in der nicht nationalstaatliches Denken oder patriotisches Gefühl den Zusammenschluß betrieben hatten. Kaiser FRANZ JOSEPH (1848–1916) galt trotz aller Kritik an der Unbeweglichkeit seiner Politik als Garant für das Bewährte und Beständige. Das Streben nach Geltung im internationalen Bereich war schon wegen der verschiedenen Nationen geringer ausgebildet als in Deutschland. Der designierte Thronfolger, Franz Ferdinand, erkannte die Notwendigkeit, den verschiedenen Nationalitäten mehr Selbstbestimmungsrechte einzuräumen. Seine Ermordung 1914 sollte auch verhindern, daß durch seine Reformen revolutionärer Sprengstoff beseitigt wurde. In einer Gegenwart, in der das nationale Element immer stärker hervortrat, mußte gerade der übernationale Vielvölkerstaat zu einem ständigen Problem und schließlich zum Sprengstoff für die Monarchie werden.
Österreichischer Imperialismus richtete sich weniger auf „Arrondierungen" und überseeische Kolonialisierung, wohl aber bezog man die jüngst gewonnenen Balkangebiete (Bosnien, Herzegowina) stärker in den Gesamtstaat ein, indem man sie zunächst der österreichischen Verwaltung unterstellte und schließlich (1908) annektierte, womit die Feindschaft zu Serbien nahezu unvermeidbar war.
Die Lösung der sozialen Probleme suchte man in Österreich – anders als in Deutschland – nicht nur in Arbeiterschutzgesetzen, sondern in der Parlamentarisierung der sozialen Kämpfe: Bereits 1907 wurde das allgemeine und gleiche Wahlrecht überall eingeführt, die Arbeiterbewegung konnte sich im Parlament schon bald Gewicht verschaffen, die Gleichberechtigung der nichtdeutschen Völkergruppen war gesetzlich geregelt, doch die Nationalitätenfrage vermochte in der Habsburgermonarchie nicht mehr gelöst zu werden. Die Normen des Adels bestimmten in vielen Bereichen das gesellschaftliche Leben, waren aber auch immer wieder Gegenstand der Kritik aus der aufstrebenden Intellektuellenschicht (vgl. Arthur Schnitzler, S. 121ff.). Armee und Beamtenschaft waren in den höheren Stellen Reservat des Adels; von ihnen ging eine stabilisierende Wirkung aus, andererseits aber boten sie Anlaß für Ängste und Ohnmachtsgefühle (vgl.

Franz Kafka, S. 153 f.). Besonders davon betroffen waren Juden. Während Völkergruppen grundsätzlich vollen staatlichen Schutz genossen, waren Juden – insbesondere im Militär oder im Wiener Universitätsmilieu – zahlreichen Schikanen ausgesetzt. Antisemitismus in einer sonst kosmopolitischen Gesellschaft gehörte zu den negativen Besonderheiten dieses Staates.

Viele Künstler der Jahrhundertwende fühlten sich dem **Impressionismus** zugehörig. Der Begriff stammt aus dem Französischen, wo ihn in erster Linie die Maler verwendeten, und bedeutete die Kunst des Eindrucks, dessen Vielfalt bis in die letzten Verfeinerungen dargestellt werden sollte. Nicht Strukturen und Konturen waren wichtig, sondern subjektive Eindrücke. In der Literatur wird mit dem Begriff „Impressionismus" also nicht eine literarische Epoche oder eine Stilrichtung bezeichnet, sondern eine Ausdrucksmöglichkeit. Bevorzugte Formen, in denen die feinen Abstufungen der Sprache besonders deutlich werden, sind Lyrik und kleinere epische Formen. Entscheidende Anregungen kamen aus Frankreich durch CHARLES BAUDELAIRE (1821–1867), STÉPHANE MALLARMÉ (1842–1898), ARTHUR RIMBAUD (1854–1891) und PAUL VERLAINE (1844–1896); aus Belgien durch EMILE VERHAEREN (1855–1916) und MAURICE MAETERLINCK (1862–1949); aus Italien durch GABRIELE D'ANNUNZIO (1863–1938). Zu den wichtigen Stilmitteln gehören Klangmalerei, Synästhesie (= Verbindung von Eindrücken verschiedener Sinne, zum Beispiel das Hören von Farbeindrücken) und die sorgfältig abgestufte Verwendung von Bildern.

DETLEV VON LILIENCRON (1844–1909) skizziert in dem Gedicht *Viererzug* in knappen Strichen einzelne Eindrücke, die sich dann zum Gesamtbild vereinen. Bezeichnend ist für ihn auch die Darstellung von Situationen aus dem Alltagsleben. MAX DAUTHENDEY (1867–1918) ist ein leidenschaftlicher Verkünder des Schönen. Es gelingt ihm, sinnliche Wahrnehmungen in allen Schattierungen durch das sorgfältig gewählte Wort deutlich werden zu lassen.

Der wichtigste Theoretiker der neuen Richtung kam aus Österreich: es war der wendige, vielbelesene HERMANN BAHR (1863–1934), Schriftsteller, Zeitschriftenherausgeber und Theaterkritiker, der die zukünftigen Entwicklungen instinktsicher vorauszuahnen schien. „Die literarische Kritik, sofern sie modern werden will, muß sich an die Bewegung der Schönheit gewöhnen", schrieb er 1890 in einem Essay mit dem Titel *Zur Kritik der Moderne*. Damit traf er genau die Stimmung seiner Zeit. Mit dieser Absage an den Naturalismus verband er den „Schrei nach dem Heiland" und der neuen Religion, die Kunst sein soll, und zugleich die Forderung nach einer neuen Stilrichtung, die zunehmend vom **Ästhetizismus** geprägt war. Hermann Bahr war es auch, der in einem Essay *Die neue Psychologie* 1891 „für die Darstellung alles dieses Wunderlichen und Seltsamen in uns [...] aller Rätsel an den Grenzen des Bewußtseins" eine „neue Methode" verlangte. Sie wurde von keinem besser vertreten als von SIGMUND FREUD (1856–1939), seit 1886 Facharzt für Nervenleiden. Seit 1893 entwickelte dieser die Psychoanalyse und Psychotherapie unter Einbeziehung des Unbewußten in die Psychologie. Freud prägte den Begriff der „modernen Nervosität", in der er eine Zivilisationserscheinung sah, aber auch die Voraussetzung für die verfeinerte ästhetische Sensibilisierung, für das Verlangen nach Rausch und Schönheit.

„Wenn erst das Nervöse völlig entbunden und der Mensch, aber besonders der Künstler, ganz den Nerven hingegeben sein wird, ohne vernünftige und sinnliche Rücksicht, dann kehrt die verlorene Freude in die Kunst zurück", schrieb Bahr, „es ist ein geflügeltes, erdenbefreites Steigen und Schweben in azurne Wollust, wenn die entzügelten Nerven träumen". Dieser Zustand bildete die Grundlage für die Dichtung des Wiener Impressionismus nach 1900, die im Bewußtsein von Niedergang, Weltmüdigkeit und Verfall (**„Décadence"**) und dem Ende des bürgerlichen Zeitalters entstand, das nach dem Titel eines Lustspiels von de Jouvenot und Micard als **„Fin de siècle"** bezeichnet wurde.

Bloße Darstellung von Eindrücken war rasch überholt. ARTHUR SCHNITZLER (1862–1931) ver-

Grundzüge der Epoche

öffentlichte 1893 sein Erstlingswerk, die Szenenfolge *Anatol*, in der er sich als genauer psychologischer Beobachter und als Chronist der Wiener Gesellschaft zur Jahrhundertwende erwies. Seine Erzählung *Leutnant Gustl* (1901) erregte erhebliches Aufsehen, brachte hohe Einnahmen und kostete ihn das Reserveoffizierspatent. Sie ist das erste Beispiel des konsequent durchgeführten **inneren Monologs** in der deutschen Literatur. Die innere Verfassung, Assoziationen und Gedanken einer Person werden in Worte gefaßt.

Großen Einfluß auf die Entwicklung vom Impressionismus zur Stilkunst und zum **Symbolismus** übte STEFAN GEORGE (1868–1933) aus. Er lehnte Naturalismus wie Impressionismus als zu gewöhnlich und oberflächlich ab und vertrat die Forderung nach einer Kunst um der Kunst willen („l'art pour l'art"), nach strengen äußeren Formen und geistigen Eliten. Dem Dichter wies er hohenpriesterlichen Rang zu, sein Werk sollte nur Auserwählten zugänglich sein. Deshalb pflegte er eine besondere Symbolsprache, die konsequente Kleinschreibung und eine eigene Zeichensetzung. Die Zeitschrift *Blätter für die Kunst*, die sein Programm enthielt, durfte nur in wenigen auserwählten Buchhandlungen verkauft werden. Bald versammelte sich um ihn eine Gruppe von gleichgesinnten Literaten. In späteren Jahren wurde er zum wichtigen Anreger, kritischen Beurteiler, zum uneigennützigen Helfer und Erzieher eines ausgewählten Kreises junger Menschen.

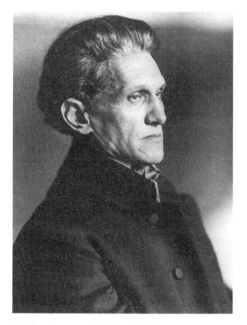

Stefan George (1868–1923)   *Hugo v. Hofmannsthal (1874–1929)*

HUGO VON HOFMANNSTHAL (1874–1929) veröffentlichte 16jährig seine ersten Gedichte unter dem Pseudonym Loris, weil ein Schüler ohne Erlaubnis des Schuldirektors nichts drucken lassen durfte. Seine Verse wurden wegen ihrer großartigen Bildlichkeit und sprachlichen Schönheit bewundert. Die Sorge, daß im geradezu rauschhaften Schaffensvermögen neben der virtuosen Beherrschung der Sprache deren Inhalt, besonders die Dimension des Ethischen, zu kurz kommen könnte, führte 1902 zum *Brief*, der von der Verzweiflung an der Sprache berichtet. Deutlich wird auch die Kritik am bloßen Ästhetizismus, wie sie bereits 1894 in dem Dramolett *Der Tor und der Tod* angeklungen war. Das Erscheinen des Todes veranlaßt Claudio, über sein bisheriges Leben zu reflektieren, das er ausschließlich in der Hingabe an das Schöne zugebracht hat, allein auf sich bedacht, ohne Rücksicht auf die Mitmenschen. Durch die bewußte Annahme des Todes versucht er, seinem Dasein einen Sinn zu geben. – Mit der Fragwürdigkeit von Wort und Sprache beschäftigte sich Hofmannsthal immer wieder. Graf Hans Karl Bühl im Lustspiel *Der Schwierige* (seit 1908 geplant, 1920 veröffentlicht) ist davon überzeugt, „daß es unmöglich ist, den Mund aufzumachen, ohne die heillosesten Konfusionen anzurichten". Er und Helene Altenwyl finden schließlich zueinander, ohne daß konkret über das, was sie beide fühlen, gesprochen wurde. – Hofmannsthal sah die Rolle des Dichters nicht mehr im Rückzug in den Elfenbeinturm, sondern in der Verantwortung für seine Zeit und den Mitmenschen. Er hielt es für richtig, auch in Tageszeitungen zu veröffentlichen, was ihm George verübelte, der meinte, Hofmannsthal sei dadurch vom Tempel auf die Straße gegangen.

Ästhetizismus und Künstlertum, die Einsamkeit dessen, der durch Sensibilität und außerordentliche Begabung eine Sonderstellung einnimmt, konnten auch eine kaum zu ertragende Last bedeuten. Das wird sichtbar in Friedrich Nietzsches (1844–1900) Gedicht *Vereinsamt*, in Thomas Manns (1875–1955) Künstlernovelle *Tonio Kröger* (1903); aber auch in Rainer Maria Rilkes (1875–1926) Roman *Die Aufzeichnungen des Malte Laurids Brigge* (1903 begonnen, 1910 veröffentlicht), in dem sich der Dichter mit der Leere und der Kälte des Verfalls, mit dem Untergang des isolierten Daseins auseinandersetzt. Im Schreiben bis zum Ende sieht er die einzige Möglichkeit seiner Existenz.

Frank Wedekind (1864–1918) galt als der Bürgerschreck, der in seinen Gedichten, die er zum Beispiel im Cabaret bei den *Elf Scharfrichtern* selbst zur Laute vortrug, das enthüllte, „was man in Deutschland nicht auszusprechen wagte", wie der gefürchtete Kritiker Alfred Kerr bemerkte. Seine „Kindertragödie" mit dem programmatischen Titel *Frühlings Erwachen* zeichnet die natürliche Welt junger Menschen, die sich gegen das verlogene Scheinwesen der Eltern und Lehrer durchzusetzen suchen. Josef Hofmiller (1872–1933), der hervorragende bayerische Essayist, machte dies in seiner Rezension des Stückes deutlich.

Eine wichtige Facette der Zeit ist der satirisch-bissige Humor. Christian Morgenstern (1871–1914) wurde nicht durch seine ernsten Gedichte bekannt, sondern durch die surrealistischen, skurrilen Verse, in denen er die scheinbar geordnete Welt in Frage stellt. – Joachim Ringelnatz (1883–1934) erwarb sich durch seine hintergründigen Verse seinen Lebensunterhalt. – Die Aphorismen von Karl Kraus (1874–1936) haben bis heute nichts von ihrer betroffen machenden Gültigkeit verloren.

Zur Literatur der Jahrhundertwende gehören neben den genannten auch Autoren und Gruppierungen, die die Tendenzen der Zeit als Irrweg deuteten und eine Erneuerung oder Weiterentwicklung der Ideale älterer Epochen anstrebten:

Die Erzählerin Ricarda Huch (1864–1947), die 1908 der Romantik ein umfassendes Werk widmete; Hermann Hesse (1877–1962), der mit einem Gedichtband *Romantische Lieder* 1899 hervortrat und mit Romanen wie *Peter Camenzind* den Weg wies zur Mythenbildung und Naturverklärung; Gerhart Hauptmann (1862–1946), der mit seinem Vers-Drama *Die versunkene Glocke* (1897) der nüchternen Alltagssprache magische Naturwelt gegenüberstellt; sie alle stehen in einer Gegenbewegung zur avantgardistischen Moderne (vor allem zum Naturalismus), die als **„Neuromantik"** bezeichnet wird, ohne sich programmatisch zu einer Gruppe zu verbinden. Die Autoren des **„Neoklassizismus"** hingegen orientierten sich bewußt an der klassischen Dichtung Schillers und Goethes.

Die eigentlich antimoderne Gruppierung aber ist die sogenannte **„Heimatkunstbewegung"**. Ihr Vordenker ist Julius Langbehn (1851–1907). Seine kulturkritische Studie *Rembrandt als Erzieher von einem Deutschen* (1890), eines der vielgelesenen Bücher seiner Zeit, erreichte 1891 schon 39 Auflagen. Er entwirft eine vernichtende Analyse des vom „Zerfall" bedrohten geistigen Lebens „des deutschen Volkes". „Scholle", „Blut", „Boden" werden dementsprechend zentrale Begriffe, aristokratisches Überlegenheitsgefühl gegenüber dem Demokratismus wird als „unanfechtbar" angesehen, weil das „Naturreich selbst aristokratisch aufgebaut" sei. Alle Vertreter der „Heimatkunstbewegung" berufen sich auf Langbehn. In seinem Sinn glauben sie vor allem die „Großstadtliteratur", „Internationalität", „Nachahmung ausländischer Vorbilder", „Décadenceliteratur", „Artistenliteratur" ablehnen zu müssen. Man sollte die völkisch-nationale, z. T. unter dem Einfluß Darwins von der Rassenideologie geleitete Bewegung Heimatkunst allerdings nicht verwechseln mit einer **Heimatliteratur,** die sich am vornaturalistischen Realismus orientierte. Die einer sehr genauen Kenntnis und Beobachtungsgabe verpflichteten, oft auch satirischen Romane und Erzählungen Ludwig Thomas, zum Beispiel *Altaich, Andreas Vöst, Lausbubengeschichten*, sind nicht ideologisch-nationalistisch, sondern traditionsbewußt.

2. Texte

a) Theorie

Hermann Bahr
Die Überwindung des Naturalismus

Die Herrschaft des Naturalismus ist vorüber, seine Rolle ist ausgespielt, sein Zauber ist gebrochen. In den breiten Massen der Unverständigen, welche hinter der Entwicklung einhertrotten und jede Frage überhaupt erst wahrnehmen, wenn sie längst schon wieder erledigt ist, mag noch von ihm die Rede sein. Aber die Vorhut der Bildung, die Wissenden, die Eroberer der neuen Werte wenden
5 sich ab. Neue Schulen erscheinen, welche von den alten Schlagworten nichts mehr wissen wollen. Sie wollen weg vom Naturalismus und über den Naturalismus hinaus. [...]
Spuren des Neuen sind manche vorhanden. Sie erlauben viele Vermutungen. Eine Weile war es die Psychologie, welche den Naturalismus ablöste. Die Bilder der äußeren Welt zu verlassen, um lieber die Rätsel der einsamen Seele aufzusuchen – dieses wurde die Losung: Man forschte nach den
10 letzten Geheimnissen, welche im Grunde des Menschen schlummern. Aber diese Zustände der Seele zu konstatieren genügte dem unsteten Fieber der Entwicklung bald nicht mehr, sondern sie verlangten lyrischen Ausdruck, durch welchen erst ihr Drang befriedigt werden könnte. So kam man von der Psychologie, zu welcher man durch einen konsequenten Naturalismus gekommen war, weil ihre Wirklichkeit allein von uns erfaßt werden kann – so kam man von der Psychologie,
15 wie ihren Trieben nachgegeben wurde, notwendig am Ende zum Sturze des Naturalismus: Das Eigene aus sich zu gestalten, statt das Fremde nachzubilden, das Geheime aufzusuchen, statt dem Augenschein zu folgen, und gerade dasjenige auszudrücken, worin wir uns anders fühlen und wissen als die Wirklichkeit. [...]
Auf den ersten Blick scheint das schlechtweg Reaktion: Rückkehr zum Klassizismus, den wir so
20 böse verlästert, und zur Romantik. Die Gegner des Naturalismus behalten recht. Sein ganzer Aufwand ist nur eine Episode gewesen, eine Episode der Verirrung; [...]
Aber es ist doch ein Unterschied zwischen der alten Kunst und der neuen – wie man sie nur ein bißchen eindringlicher prüft. Freilich: die alte Kunst will den Ausdruck des Menschen und die neue Kunst will den Ausdruck des Menschen; darin stimmen sie überein gegen den Naturalismus.
25 Aber wenn der Klassizismus Mensch sagt, so meint er Vernunft und Gefühl; und wenn die Romantik Mensch sagt, so meint sie Leidenschaft und Sinne; und wenn die Moderne Mensch sagt, so meint sie Nerven. Da ist die große Einigkeit schon wieder vorbei.
Ich glaube also, daß der Naturalismus überwunden werden wird durch eine nervöse Romantik; noch lieber möchte ich sagen: durch eine Mystik der Nerven. [...]

KARL KRAUS
Die demolierte Literatur

[…] Die ganze Literaturbewegung einzuleiten, die zahlreichen schwierigen Überwindungen vorzunehmen, nicht zuletzt, dem Kaffeehausleben den Stempel einer Persönlichkeit aufzudrücken, war ein Herr aus Linz[1] berufen worden, dem es in der Tat bald gelang, einen entscheidenden Einfluß auf die Jugend zu gewinnen und eine dichte Schar von Anhängern um sich zu versammeln. Eine Linzer Gewohnheit, Genialität durch eine in die Stirne baumelnde Haarlocke anzudeuten, fand sogleich begeisterte Nachahmer – die Modernen wollten es betont wissen, daß ihnen der Zopf nicht hinten hing. Alsbald verbot der verwegene Sucher neuer Sensationen aus Linz seinen Jüngern, von dem „Kaiserfleisch des Naturalismus" zu essen, empfahl ihnen dafür die „gebackenen Dukaten des Symbolismus" und wußte sich durch derlei zweckmäßige Einführungen in seiner Position als erster Stammgast zu behaupten. Seine Schreibweise wurde von der literarischen Jugend spielend erlernt. Den jüngsten Kritikern öffnete er die Spalten seines neugegründeten Blattes[2], welches allwöchentlich den Bahnbrecher und seine Epigonen in engster Nachbarschaft sehen ließ und noch heute eine nur durch die Verschiedenartigkeit der Chiffren gestörte Styleinheit aufweist. Damals, als er noch nicht die abgeklärte Ruhe des weimarischen Goethe besaß, war es für die Anfänger noch schwer, ihm durch das Gestrüpp seines seltsam verschnörkelten und kunstvoll verzweigten Undeutsch zu folgen. Heute, wo er Goethe kopiert, findet er die meisten Nachahmer, und kaum einen seiner Schüler gibt es, der um den Unterschied zwischen einem „Kenner" und einer „Menge" verlegen wäre. […]

---
[1] Hermann Bahr, der in Linz-Urfahr geboren wurde.
[2] Gemeint ist die Oktober 1894 gegründete Wochenschrift *Die Zeit*, eine „Wiener Wochenschrift für Politik, Volkswirtschaft und Kunst", herausgegeben von Bahr zusammen mit dem österreichischen Journalisten Isidor Singer (1857–1927) und Heinrich Kanner (1864–1930), österreichischer Publizist und Zeitungsherausgeber.

Aufgaben zu den Texten auf den Seiten 119–120

HERMANN BAHR   Die Überwindung des Naturalismus

① Worin sieht Bahr „das Neue", das den Naturalismus überwinden soll?
② Inwiefern stimmen Sie dieser Abgrenzung aufgrund Ihrer Kenntnisse über den Naturalismus zu?

KARL KRAUS   Die demolierte Literatur

① Wie beurteilt Kraus die Überlegungen und Bemühungen von Bahr?
② Charakterisieren Sie Wortwahl und Stilmittel, und erschließen Sie daraus die Absicht des Verfassers.
③ Welcher Gattung läßt sich der Text zuordnen?

b) Eindrücke des Augenblicks

DETLEV VON LILIENCRON
Viererzug

Vorne vier nickende Pferdeköpfe,
Neben mir zwei blonde Mädchenzöpfe,
Hinten der Groom[1] mit wichtigen Mienen,
An den Rädern Gebell.

5 In den Dörfern windstillen Lebens Genüge,
Auf den Feldern fleißige Spaten und Pflüge,
Alles das von der Sonne beschienen
So hell, so hell.

[1] Reitknecht

MAX DAUTHENDEY
Regenduft

Schreie. Ein Pfau.
Gelb schwankt das Rohr.
Glimmendes Schweigen von faulem Holz.

Flüstergrün der Mimosen.
5 Schlummerndes Gold nackter Rosen
Auf braunem Moor.

Weiße Dämmerung rauscht in den Muscheln.
Granit blank, eisengrau.
Matt im Silberflug Kranichheere
10 Über die Schaumsaat stahlkühler Meere.

ARTHUR SCHNITZLER
Leutnant Gustl

[…] Wie lange wird denn das noch dauern? Ich muß auf die Uhr schauen … schickt sich wahrscheinlich nicht in einem so ernsten Konzert. Aber wer sieht's denn? Wenn's einer sieht, so paßt er gerade so wenig auf, wie ich, und vor dem brauch' ich mich nicht zu genieren … Erst viertel auf zehn? … Mir kommt vor, ich sitz' schon drei Stunden in dem Konzert. Ich bin's halt nicht gewohnt
5 … Was ist es denn eigentlich? Ich muß das Programm anschauen … Ja, richtig: Oratorium? Ich hab' gemeint: Messe. Solche Sachen gehören doch nur in die Kirche. Die Kirche hat auch das Gute, daß man jeden Augenblick fortgehen kann. – Wenn ich wenigstens einen Ecksitz hätt'! – Also Geduld, Geduld! Auch Oratorien nehmen ein End'! Vielleicht ist es sehr schön, und ich bin nur nicht in der Laune. Woher sollt' mir auch die Laune kommen? Wenn ich denke, daß ich herge-
10 kommen bin, um mich zu zerstreuen … Hätt' ich die Karte lieber dem Benedek geschenkt, dem machen solche Sachen Spaß; er spielt ja selber Violine. Aber da wär' der Kopetzky beleidigt gewesen. Es war ja sehr lieb von ihm, wenigstens gut gemeint. Ein braver Kerl, der Kopetzky! Der einzige, auf den man sich verlassen kann … Seine Schwester singt ja mit unter denen da oben. Mindestens hundert Jungfrauen, alle schwarz gekleidet; wie soll ich sie da herausfinden? Weil sie
15 mitsingt, hat er auch das Billett gehabt, der Kopetzky … Warum ist er denn nicht selber gegangen? – Sie singen übrigens sehr schön. Es ist sehr erhebend – sicher! Bravo! bravo! … Ja, applaudieren wir mit. Der neben mir klatscht wie verrückt. Ob's ihm wirklich so gut gefällt? – Das Mädel drüben in der Loge ist sehr hübsch. Sieht sie mich an oder den Herrn dort mit dem blonden Vollbart? … Ah, ein Solo! Wer ist das? Alt: Fräulein Walker, Sopran: Fräulein Michalek … das ist wahr-
20 scheinlich Sopran … Lang' war ich schon nicht in der Oper. In der Oper unterhalt' ich mich immer, auch wenn's langweilig ist. Übermorgen könnt' ich eigentlich wieder hineingeh'n, zur „Traviata". Ja, übermorgen bin ich vielleicht schon eine tote Leiche! Ah, Unsinn, das glaub' ich selber nicht! Warten S' nur, Herr Doktor, Ihnen wird's vergeh'n, solche Bemerkungen zu machen! Das Nasenspitzel hau' ich Ihnen herunter …
25 Wenn ich die in der Loge nur genau sehen könnt'! Ich möcht' mir den Operngucker von dem Herrn neben mir ausleih'n, aber der frißt mich ja auf, wenn ich ihn in seiner Andacht stör' … In

welcher Gegend die Schwester von Kopetzky steht? Ob ich sie erkennen möcht'? Ich hab' sie ja nur zwei- oder dreimal gesehen, das letztemal im Offizierskasino ... Ob das lauter anständige Mädeln sind, alle hundert? O jeh! ... „Unter Mitwirkung des Singvereins!" – Singverein ... komisch! Ich hab' mir darunter eigentlich immer so was Ähnliches vorgestellt, wie die Wiener Tanzsängerinnen, das heißt, ich hab' schon gewußt, daß es was anderes ist! ... Schöne Erinnerungen! Damals beim „Grünen Tor" ... Wie hat sie nur geheißen? Und dann hat sie mir einmal eine Ansichtskarte aus Belgrad geschickt ... auch eine schöne Gegend! – Der Kopetzky hat's gut, der sitzt jetzt längst im Wirtshaus und raucht seine Virginia! ...

Was guckt mich denn der Kerl dort immer an? Mir scheint, der merkt, daß ich mich langweil' und nicht herg'hör' ... Ich möcht' Ihnen raten, ein etwas weniger freches Gesicht zu machen, sonst stell' ich Sie mir nachher im Foyer! – Schaut schon weg! ... Daß sie alle vor meinem Blick so eine Angst hab'n ... „Du hast die schönsten Augen, die mir je vorgekommen sind!" hat neulich die Steffi gesagt ... O Steffi, Steffi, Steffi! – Die Steffi ist eigentlich schuld, daß ich dasitz' und mir stundenlang vorlamentieren lassen muß. – Ah, diese ewige Abschreiberei von der Steffi geht mir wirklich schon auf die Nerven! Wie schön hätt' der heutige Abend sein können. Ich hätt' große Lust, das Brieferl von der Steffi zu lesen. Da hab' ich's ja. Aber wenn ich die Brieftasche herausnehm', frißt mich der Kerl daneben auf! – Ich weiß ja, was drinsteht ... sie kann nicht kommen, weil sie mit „ihm" nachtmahlen gehen muß ... Ah, das war komisch vor acht Tagen, wie sie mit ihm in der Gartenbaugesellschaft gewesen ist, und ich vis-a-vis mit'm Kopetzky; und sie hat mir immer die Zeichen gemacht mit den Augerln, die verabredeten. Er hat nichts gemerkt – unglaublich! Muß übrigens ein Jud' sein! Freilich, in einer Bank ist er, und der schwarze Schnurrbart ... Reserveleutnant soll er auch sein! Na, in mein Regiment sollt' er nicht zur Waffenübung kommen! Überhaupt, daß sie noch immer so viel Juden zu Offizieren machen – da pfeif' ich auf'n ganzen Antisemitismus! Neulich in der Gesellschaft, wo die G'schicht' mit dem Doktor passiert ist bei den Mannheimers ... die Mannheimer selber sollen ja auch Juden sein, getauft natürlich ... denen merkt man's aber gar nicht an – besonders die Frau ... so blond, bildhübsch die Figur ... War sehr amüsant im ganzen. Famoses Essen, großartige Zigarren ... Na ja, wer hat's Geld? ...
Bravo, bravo! Jetzt wird's doch bald aus sein? – Ja, jetzt steht die ganze G'sellschaft da droben auf ... sieht sehr gut aus – imposant! – Orgel auch? ... Orgel hab' ich sehr gern ... So, das laß' ich mir g'fall'n – sehr schön! Es ist wirklich wahr, man sollt' öfter in Konzerte gehen ... Wunderschön ist's g'wesen, werd' ich dem Kopetzky sagen ... Werd' ich ihn heut' im Kaffeehaus treffen? – Ah, ich hab' gar keine Lust, ins Kaffeehaus zu geh'n; hab' mich gestern so gegiftet! Hundertsechzig Gulden auf einem Sitz verspielt – zu dumm! Und wer hat alles gewonnen? Der Ballert, grad' der, der's nicht notwendig hat ... Der Ballert ist eigentlich schuld, daß ich in das Blöde Konzert hab' geh'n müssen ... Na ja, sonst hätt' ich heut wieder spielen können, vielleicht doch was zurückgewonnen. Aber es ist ganz gut, daß ich mir selber das Ehrenwort gegeben hab', einen Monat lang keine Karte anzurühren ... Die Mama wird wieder ein G'sicht machen, wenn sie meinen Brief bekommt! – Ah, sie soll zum Onkelgeh'n, der hat Geld wie Mist; auf ein paar Hundert Gulden kommt's ihm nicht an. Wenn ich's nur durchsetzen könnt', daß er mir eine regelmäßige Sustentation[1] gibt ... aber nein, um jeden Kreuzer muß man extra betteln. Dann heißt's wieder: Im vorigen Jahr war die Ernte schlecht! ... Ob ich heuer im Sommer wieder zum Onkel fahren soll auf vierzehn Tag'? Eigentlich langweilt man sich dort zum Sterben ... Wenn ich die ... wie hat sie nur geheißen? ... Es ist merkwürdig, ich kann mir keinen Namen merken! ...Ah, ja: Etelka! ... Kein Wort deutsch hat sie verstanden, aber das war auch nicht notwendig ... hab' gar nichts zu reden brauchen! ... Ja, es wird ganz gut sein, vierzehn Tage Landluft und vierzehn Nächt' Etelka oder sonstwer ... Aber acht Tag' sollt' ich doch auch wieder beim Papa und bei der Mama sein ... Schlecht hat sie

---
[1] Unterstützung

ausg'seh'n heuer zu Weihnachten ... Na, jetzt wird die Kränkung schon überwunden sein. Ich an ihrer Stelle wär' froh, daß der Papa in Pension gegangen ist. – Und die Klara wird schon noch einen Mann kriegen ... Der Onkel kann auch was hergeben ... Achtundzwanzig Jahr, das ist doch nicht so alt ... Die Steffi ist sicher nicht jünger ... Aber es ist merkwürdig: *die* Frauenzimmer halten sich länger jung. Wenn man so bedenkt: die Maretti neulich in der „Madame Sans-Gêne" – siebenunddreißig Jahr ist die sicher, und sieht aus ... Na, ich hätt' nicht Nein g'sagt! – Schad', daß sie mich nicht g'fragt hat ... [...]

Aufgaben zu dem Bild auf der Seite 113

CLAUDE MONET   Die Mohnblumen

① Die „Impression der flüchtigen Effekte wiederzugeben" bezeichnete Monet als Ziel seiner Malerei. Wie sehen Sie dies hier verwirklicht? (Berücksichtigen Sie die zweimalige Darstellung seiner Frau und seines kleinen Sohnes.)
② Auf welche Weise werden Personen und Gegenstände vom Maler wiedergegeben?
③ Wo finden Sie Übereinstimmungen mit dem Impressionismus in der Literatur?

Aufgaben zu den Texten auf den Seiten 121–123

DETLEV VON LILIENCRON   Viererzug

① Welche Details hebt Liliencron hervor?
② Beschreiben Sie das Gesamtbild, das durch die einzelnen Eindrücke vermittelt wird.

MAX DAUTHENDEY   Regenduft

① Welche Stilmittel sind Dauthendey hier besonders wichtig?
② Zeigen Sie Parallelen und Unterschiede zu Liliencrons „Viererzug".

ARTHUR SCHNITZLER   Leutnant Gustl

① Informieren Sie sich (z. B. in einem Literaturlexikon) über den Inhalt der Erzählung.
② Wie charakterisiert Schnitzler den Leutnant? Welches Kunstverständnis und welche Moralvorstellungen hat er?
③ Welche Gründe könnten wohl dazu geführt haben, daß Schnitzler das Reserveoffizierspatent aberkannt wurde?
④ Untersuchen Sie die Funktion des „inneren Monologs". Welche Möglichkeiten bietet er hier dem Autor?

c) Ästhetizismus und Künstlertum

STEFAN GEORGE
Einleitungen und Merksprüche der Blätter für die Kunst

Der name dieser veröffentlichung sagt schon zum teil was sie soll: der kunst besonders der dichtung und dem schrifttum dienen, alles staatliche und gesellschaftliche ausscheidend.
Sie will die Geistige Kunst auf grund der neuen fühlweise und mache – eine kunst für die kunst – und steht deshalb im gegensatz zu jener verbrauchten und minderwertigen schule die einer
5 falschen auffassung der wirklichkeit entsprang. sie kann sich auch nicht beschäftigen mit weltverbesserungen und allbeglückungsträumen in denen man gegenwärtig bei uns den keim zu allem neuen sieht, die ja sehr schön sein mögen aber in ein andres gebiet gehören als das der dichtung.
Wir halten es für einen vorteil dass wir nicht mit lehrsätzen beginnen sondern mit werken die unser wollen behellen und an denen man später die regeln ableite. [...]

10 *Niedergang* (dekadenz) in verschiedener hinsicht ist eine erscheinung die man unklugerweise zum einzigen ausfluss *unsrer* zeit machen wollte – die gewiss auch einmal in den rechten händen künstlerische behandlung zulässt sonst aber ins gebiet der heilkunde gehört.
Jede niedergangs-erscheinung zeugt auch wieder von höherem leben.

Das *Sinnbild* (symbol) ist so alt wie sprache und dichtung selbst. es gibt sinnbild der einzelnen
15 worte der einzelnen teile und des gesamt-inhalts einer kunst-schöpfung. das lezte nennt man auch die tiefere meinung die jedem bedeutenden werk innewohnt.
Sinnbildliches sehen ist die natürliche folge geistiger reife und tiefe.

Zwischen *älterer und heutiger kunst* gibt es allerdings einige unterschiede:
Wir wollen keine erfindung von geschichten sondern wiedergabe von stimmungen keine betrach-
20 tung sondern darstellung keine unterhaltung sondern eindruck.
Die älteren dichter schufen der mehrzahl nach ihre werke oder wollten sie wenigstens angesehen haben als stütze einer meinung: einer weltanschauung – wir sehen in jedem ereignis jedem zeitalter nur ein mittel künstlerischer erregung. auch die freisten der freien konnten ohne den sittlichen deckmantel nicht auskommen (man denke an die begriffe von schuld u.s.w.) der uns ganz wertlos
25 geworden ist.
Drittens die kürze – rein ellenmässig – die kürze.

Das *Gedicht* ist der höchste der endgültige ausdruck eines geschehens: nicht wiedergabe eines gedankens sondern einer stimmung. was in der malerei wirkt ist verteilung linie und farbe, in der dichtung: auswahl maass und klang.
30 Viele die über ein zweck-gemälde oder ein zweck-tonstück lächeln würden glauben trotz ihres leugnens doch an die zweck-dichtung. auf der einen seite haben sie erkannt dass das stoffliche bedeutungslos ist, auf der andern suchen sie es beständig und fremd ist ihnen eine dichtung zu *geniessen*.

Erzählung. Man verwechselt heute kunst (literatur) mit berichterstatterei (reportage) zu welch
35 lezter gattung die meisten unsrer erzählungen (sogen. romane) gehören. ein gewisser zeitgeschichtlicher wert bleibt ihnen immerhin obgleich er nicht dem der tagesblätter richtverhandlungen behördlichen zählungen u. ä. gleichkommt. [...]

Ästhetizismus und Künstlertum

STEFAN GEORGE
Vogelschau

Weisse schwalben sah ich fliegen ·
Schwalben schnee- und silberweiss ·
Sah sie sich im winde wiegen·
In dem winde hell und heiss.

5 Bunte häher sah ich hüpfen ·
Papagei und kolibri
Durch die wunder-bäume schlüpfen
In dem wald der Tusferi.[1]

Grosse raben sah ich flattern ·
10 Dohlen schwarz und dunkelgrau
Nah am grunde über nattern
Im verzauberten gehau.

Schwalben seh ich wieder fliegen ·
Schnee- und silberweisse schar ·
15 Wie sie sich im winde wiegen
In dem winde kalt und klar!

[1] Wald aus weihrauchtragenden Büschen und Bäumen

STEFAN GEORGE
Es lacht in dem steigenden jahr dir*

Es lacht in dem steigenden jahr dir
Der duft aus dem garten noch leis.
Flicht in dem flatternden haar dir
Eppich und ehrenpreis.

5 Die wehende saat ist wie gold noch ·
Vielleicht nicht so hoch mehr und reich ·
Rosen begrüssen dich hold noch ·
Ward auch ihr glanz etwas bleich.

Verschweigen wir was uns verwehrt ist ·
10 Geloben wir glücklich zu sein ·
Wenn auch nicht mehr uns beschert ist
Als noch ein rundgang zu zwein.

HUGO VON HOFMANNSTHAL
Ein Brief

Dies ist der Brief, den Philipp Lord Chandos, jüngerer Sohn des Earl of Bath, an Francis Bacon, später Lord Verulam und Viscount St. Albans, schrieb, um sich bei diesem Freunde wegen des gänzlichen Verzichtes auf literarische Betätigung zu entschuldigen. [...]
Um mich kurz zu fassen: Mir erschien damals in einer Art von andauernder Trunkenheit das ganze
5 Dasein als eine große Einheit: geistige und körperliche Welt schien mir keinen Gegensatz zu bilden, ebensowenig höfisches und tierisches Wesen, Kunst und Unkunst, Einsamkeit und Gesellschaft; in allem fühlte ich Natur, in den Verirrungen des Wahnsinns ebensowohl wie in den äußersten Verfeinerungen eines spanischen Zeremoniells; in den Tölpelhaftigkeiten junger Bauern nicht minder als in den süßesten Allegorien; und in aller Natur fühlte ich mich selber; wenn ich auf mei-
10 ner Jagdhütte die schäumende laue Milch in mich hineintrank, die ein struppiges Mensch einer schönen, sanftäugigen Kuh aus dem Euter in einen Holzeimer niedermolk, so war mir das nichts anderes, als wenn ich, in der dem Fenster eingebauten Bank meines studio sitzend, aus einem Folianten süße und schäumende Nahrung des Geistes in mich sog. [...] Es ahnte mir, alles wäre Gleichnis und jede Kreatur ein Schlüssel der andern, und ich fühlte mich wohl den, der imstande wäre,
15 eine nach der andern bei der Krone zu packen und mit ihr so viele der andern aufzusperren, als sie aufsperren könnte. [...]
Mein Fall ist, in Kürze, dieser: Es ist mir völlig die Fähigkeit abhanden gekommen, über irgend etwas zusammenhängend zu denken oder zu sprechen.

Zuerst wurde es mir allmählich unmöglich, ein höheres oder allgemeineres Thema zu besprechen
und dabei jene Worte in den Mund zu nehmen, deren sich doch alle Menschen ohne Bedenken
geläufig zu bedienen pflegen. Ich empfand ein unerklärliches Unbehagen, die Worte „Geist", „Seele" oder „Körper" nur auszusprechen. Ich fand es innerlich unmöglich, über die Angelegenheiten
des Hofes, die Vorkommnisse im Parlament, oder was Sie sonst wollen, ein Urteil herauszubringen. Und dies nicht etwa aus Rücksichten irgendwelcher Art, denn Sie kennen meinen bis zur
Leichtfertigkeit gehenden Freimut: sondern die abstrakten Worte, deren sich doch die Zunge
naturgemäß bedienen muß, um irgendwelches Urteil an den Tag zu geben, zerfielen mir im Munde wie modrige Pilze. […]
Allmählich aber breitete sich diese Anfechtung aus wie ein um sich fressender Rost. Es wurden mir
auch im familiären und hausbackenen Gespräch alle die Urteile, die leichthin und mit schlafwandelnder Sicherheit abgegeben zu werden pflegen, so bedenklich, daß ich aufhören mußte, an solchen Gesprächen irgend teilzunehmen. […] Es zerfiel mir alles in Teile, die Teile wieder in Teile,
und nichts mehr ließ sich mit einem Begriff umspannen. Die einzelnen Worte schwammen um
mich; sie gerannen zu Augen, die mich anstarrten und in die ich wieder hineinstarren muß: Wirbel sind sie, in die hinabzusehen mich schwindelt, die sich unaufhaltsam drehen und durch die hindurch man ins Leere kommt. […]

Friedrich Nietzsche
Vereinsamt

Die Krähen schrei'n
Und ziehen schwirren Flugs zur Stadt:
Bald wird es schnei'n –
Wohl dem, der jetzt noch – Heimat hat!

Nun stehst du starr,
Schaust rückwärts, ach! wie lange schon!
Was bist du, Narr,
Vor winters in die Welt entflohn?

Die Welt – ein Tor
Zu tausend Wüsten stumm und kalt!
Wer das verlor,
Was du verlorst, macht nirgends halt.

Nun stehst du bleich,
Zur Winter-Wanderschaft verflucht,
Dem Rauche gleich,
Der stets nach kältern Himmeln sucht.

Flieg, Vogel, schnarr
Dein Lied im Wüsten-Vogel-Ton! –
Versteck, du Narr,
Dein blutend Herz in Eis und Hohn!

Die Krähen schrei'n
Und ziehen schwirren Flugs zur Stadt:
– Bald wird es schnei'n,
Weh dem, der keine Heimat hat!

Thomas Mann
Tonio Kröger

[…] „Kommst du endlich, Hans?" sagte Tonio Kröger, der lange auf dem Fahrdamm gewartet hatte; lächelnd trat er dem Freunde entgegen, der im Gespräch mit anderen Kameraden aus der Pforte kam und schon im Begriffe war, mit ihnen davonzuziehen … „Wieso?" fragte er und sah Tonio
an … „Ja, das ist wahr! Nun gehen wir noch ein bißchen."

Tonio verstummte, und seine Augen trübten sich. Hatte Hans es vergessen, fiel es ihm erst jetzt

wieder ein, daß sie heute mittag ein wenig zusammen spazierengehen wollten? Und er selbst hatte sich seit der Verabredung beinahe unausgesetzt darauf gefreut!
„Ja, adieu, ihr!" sagte Hans Hansen zu den Kameraden. „Dann gehe ich noch ein bißchen mit Kröger." – Und die beiden wandten sich nach links, indes die anderen nach rechts schlenderten. [...]
Er [Tonio] machte nicht den Versuch, zu werden wie Hans Hansen, und vielleicht war es ihm nicht einmal sehr ernst mit diesem Wunsche. Aber er begehrte schmerzlich, so wie er war, von ihm geliebt zu werden, und er warb um seine Liebe auf seine Art, eine langsame und innige, hingebungsvolle, leidende und wehmütige Art, aber von einer Wehmut, die tiefer und zehrender brennen kann als alle jähe Leidenschaftlichkeit, die man von seinem fremden Äußeren hätte erwarten können.
Und er warb nicht ganz vergebens, denn Hans, der übrigens eine gewisse Überlegenheit an ihm achtete, eine Gewandtheit des Mundes, die Tonio befähigte, schwierige Dinge auszusprechen, begriff ganz wohl, daß hier eine ungewöhnlich starke und zarte Empfindung für ihn lebendig sei, erwies sich dankbar und bereitete ihm manches Glück durch sein Entgegenkommen – aber auch manche Pein der Eifersucht, der Enttäuschung und der vergeblichen Mühe, eine geistige Gemeinschaft herzustellen. Denn es war das Merkwürdige, daß Tonio, der Hans Hansen doch um seine Daseinsart beneidete, beständig trachtete, ihn zu seiner eigenen herüberzuziehen, was höchstens auf Augenblicke und auch dann nur scheinbar gelingen konnte ...
„Ich habe jetzt etwas Wundervolles gelesen, etwas Prachtvolles ...", sagte er. Sie gingen und aßen gemeinsam aus einer Tüte Fruchtbonbons, die sie bei Krämer Iwersen in der Mühlenstraße für zehn Pfennige erstanden hatten. „Du mußt es lesen, Hans, es ist nämlich ‚Don Carlos' von Schiller ... Ich leihe es dir, wenn du willst ..."
„Ach nein", sagte Hans Hansen, „das laß nur, Tonio, das paßt nicht für mich. Ich bleibe bei meinen Pferdebüchern, weißt du. Famose Abbildungen sind darin, sage ich dir. Wenn du mal bei mir bist, zeige ich sie dir. Es sind Augenblicksphotographien, und man sieht die Gäule im Trab und im Galopp und im Sprunge, in allen Stellungen, die man in Wirklichkeit gar nicht zu sehen bekommt, weil es zu schnell geht ..."
„In allen Stellungen?" sagte Tonio höflich. „Ja, das ist fein. Was aber ‚Don Carlos' betrifft, so geht das über alle Begriffe. Es sind Stellen darin, du sollst sehen, die so schön sind, daß es einem einen Ruck gibt, daß es gleichsam knallt ..."
„Knallt es?" fragte Hans Hansen ... „Wieso?"
„Da ist zum Beispiel die Stelle, wo der König geweint hat, weil er von dem Marquis betrogen ist ... aber der Marquis hat ihn nur dem Prinzen zuliebe betrogen, verstehst du, für den er sich opfert. Und nun kommt aus dem Kabinett in das Vorzimmer die Nachricht, daß der König geweint hat. ‚Geweint?' ‚Der König geweint?' Alle Hofmänner sind fürchterlich betreten, und es geht einem durch und durch, denn es ist ein schrecklich starrer und strenger König. Aber man begreift es so gut, daß er geweint hat, und mir tut er eigentlich mehr leid als der Prinz und der Marquis zusammengenommen. Er ist immer so ganz allein und ohne Liebe, und nun glaubt er einen Menschen gefunden zu haben, und der verrät ihn ..."
Hans Hansen sah von der Seite in Tonio's Gesicht, und irgend etwas in diesem Gesicht mußte ihn wohl dem Gegenstande gewinnen, denn er schob plötzlich wieder seinen Arm unter den Tonios und fragte:
„Auf welche Weise verrät er ihn denn, Tonio?"
Tonio geriet in Bewegung.
„Ja, die Sache ist", fing er an, „daß alle Briefe nach Brabant und Flandern ..."
„Da kommt Erwin Jimmerthal", sagte Hans.
Tonio verstummte. Möchte ihn doch, dachte er, die Erde verschlingen, diesen Jimmerthal! Warum muß er kommen und uns stören! [...]

RAINER MARIA RILKE
Das Karussell
Jardin du Luxembourg

Mit einem Dach und seinem Schatten dreht
sich eine kleine Weile der Bestand
von bunten Pferden, alle aus dem Land,
das lange zögert, eh es untergeht.
5 Zwar manche sind an Wagen angespannt,
doch alle haben Mut in ihren Mienen;
ein böser roter Löwe geht mit ihnen
und dann und wann ein weißer Elefant.

Sogar ein Hirsch ist da, ganz wie im Wald,
10 nur daß er einen Sattel trägt und drüber
ein kleines blaues Mädchen aufgeschnallt.

Und auf dem Löwen reitet weiß ein Junge
und hält sich mit der kleinen heißen Hand,
dieweil der Löwe Zähne zeigt und Zunge.

15 Und dann und wann ein weißer Elefant.

Und auf den Pferden kommen sie vorüber,
auch Mädchen, helle, diesem Pferdesprunge
fast schon entwachsen; mitten in dem Schwunge
schauen sie auf, irgendwohin, herüber –

20 Und dann und wann ein weißer Elefant.

Und das geht hin und eilt sich, daß es endet,
und kreist und dreht sich nur und hat kein Ziel.
Ein Rot, ein Grün, ein Grau vorbeigesendet,
ein kleines kaum begonnenes Profil –.
25 Und manchesmal ein Lächeln, hergewendet,
ein seliges, das blendet und verschwendet
an dieses atemlose blinde Spiel …

RAINER MARIA RILKE
Die Aufzeichnungen des Malte Laurids Brigge

[…] Ich glaube, ich müßte anfangen, etwas zu arbeiten, jetzt, da ich sehen lerne. Ich bin achtundzwanzig, und es ist so gut wie nichts geschehen. Wiederholen wir: ich habe eine Studie über Carpaccio[1] geschrieben, die schlecht ist, ein Drama, das „Ehe" heißt und etwas Falsches mit zweideu-

---
[1] Vittore Carpaccio (um 1450 – nach 1522), venezianischer Maler

tigen Mitteln beweisen will, und Verse. Ach, aber mit Versen ist so wenig getan, wenn man sie früh schreibt. Man sollte warten damit und Sinn und Süßigkeit sammeln ein ganzes Leben lang und ein langes womöglich, und dann, ganz zum Schluß, vielleicht könnte man dann zehn Zeilen schreiben, die gut sind. Denn Verse sind nicht, wie die Leute meinen, Gefühle (die hat man früh genug), – es sind Erfahrungen. Um eines Verses willen muß man viele Städte sehen, Menschen und Dinge, man muß die Tiere kennen, man muß fühlen, wie die Vögel fliegen, und die Gebärde wissen, mit welcher die kleinen Blumen sich auftun am Morgen. Man muß zurückdenken können an Wege in unbekannten Gegenden, an unerwartete Begegnungen und an Abschiede, die man lange kommen sah, – an Kindheitstage, die noch unaufgeklärt sind, an die Eltern, die man kränken mußte, wenn sie einem eine Freude brachten und man begriff sie nicht (es war eine Freude für einen anderen –), an Kinderkrankheiten, sie so seltsam anheben mit so vielen tiefen und schweren Verwandlungen, an Tage in stillen, verhaltenen Stuben und an Morgen am Meer, an das Meer überhaupt, an Meere, an Reisenächte, die hoch dahinrauschten und mit allen Sternen flogen, – und es ist noch nicht genug, wenn man an alles das denken darf. Man muß Erinnerungen haben an viele Liebesnächte, von denen keine der andern glich, an Schreie von Kreißenden und an leichte, weiße, schlafende Wöchnerinnen, die sich schließen. Aber auch bei Sterbenden muß man gewesen sein, muß bei Toten gesessen haben in der Stube mit dem offenen Fenster und den stoßweisen Geräuschen. Und es genügt auch noch nicht, daß man Erinnerungen hat. Man muß sie vergessen können, wenn es viele sind, und man muß die große Geduld haben, zu warten, daß sie wiederkommen. Denn die Erinnerungen selbst *sind* es noch nicht. Erst wenn sie Blut werden in uns, Blick und Gebärde, namenlos und nicht mehr zu unterscheiden von uns selbst, erst dann kann es geschehen, daß in einer sehr seltenen Stunde das erste Wort eines Verses aufsteht in ihrer Mitte und aus ihnen ausgeht.
Alle meine Verse aber sind anders entstanden, also sind es keine. – Und als ich mein Drama schrieb, wie irrte ich da. War ich ein Nachahmer und Narr, daß ich eines Dritten bedurfte, um von dem Schicksal zweier Menschen zu erzählen, die es einander schwer machten? [...]
Es ist lächerlich. Ich sitze hier in meiner kleinen Stube, ich, Brigge, der achtundzwanzig Jahre alt geworden ist und von dem niemand weiß. Ich sitze hier und bin nichts. Und dennoch, dieses Nichts fängt an zu denken und denkt, fünf Treppen hoch, an einem grauen Pariser Nachmittag diesen Gedanken:
Ist es möglich, denkt es, daß man noch nichts Wirkliches und Wichtiges gesehen, erkannt und gesagt hat? Ist es möglich, daß man Jahrtausende Zeit gehabt hat, zu schauen, nachzudenken und aufzuzeichnen, und daß man die Jahrtausende hat vergehen lassen wie eine Schulpause, in der man sein Butterbrot ißt und einen Apfel?
Ja, es ist möglich.
Ist es möglich, daß man trotz Erfindungen und Fortschritten, trotz Kultur, Religion und Weltweisheit an der Oberfläche des Lebens geblieben ist? Ist es möglich, daß man sogar diese Oberfläche, die doch immerhin etwas gewesen wäre, mit einem unglaublich langweiligen Stoff überzogen hat, so daß sie aussieht wie die Salonmöbel in den Sommerferien? [...]
Wenn aber dieses alles möglich ist, auch nur einen Schein von Möglichkeit hat, – dann muß ja, um alles in der Welt, etwas geschehen. Der Nächstbeste, der, welcher diesen beunruhigenden Gedanken gehabt hat, muß anfangen, etwas von dem Versäumten zu tun; wenn es auch nur irgend einer ist, durchaus nicht der Geeignetste: es ist eben kein anderer da. Dieser junge, belanglose Ausländer, Brigge, wird sich fünf Treppen hoch hinsetzen müssen und schreiben, Tag und Nacht: ja er wird schreiben müssen, das wird das Ende sein. [...]

Aufgaben zu den Texten auf den Seiten 124–129

STEFAN GEORGE   Einleitungen und Merksprüche der Blätter für die Kunst

① Gegen welche literarischen Richtungen wendet sich George?
② Formulieren Sie mit eigenen Worten, wie hier Symbol, Gedicht und Erzählung definiert werden.

STEFAN GEORGE   Vogelschau

① Welche Bedeutungen ergeben sich aus dem Titel?
② Untersuchen Sie die Struktur des Textes.
③ Wie unterscheiden sich Sprache und Bilder in den verschiedenen Teilen des Gedichts?

STEFAN GEORGE   Es lacht in dem steigenden jahr dir

① Welcher Gattung würden Sie das Gedicht zuordnen?
② Durch welche Bilder verdeutlicht George seine Aussagen?

HUGO VON HOFMANNSTHAL   Ein Brief

① Wie charakterisiert Lord Chandos seinen augenblicklichen und seinen früheren Zustand?
② Welche Auswirkungen auf sein Leben haben sich daraus ergeben?

FRIEDRICH NIETZSCHE   Vereinsamt

① Skizzieren Sie die Struktur des Gedichts.
② Welche Aufgabe hat hier die Beschreibung der Natur?
③ Wie charakterisiert Nietzsche den Begriff „Heimat"?

THOMAS MANN   Tonio Kröger

① Charakterisieren Sie Tonio und Hans; gehen Sie dabei von ihren verschiedenen literarischen Interessen aus.
② Welche Funktion hat hier die Beschreibung König Philipps?

RAINER MARIA RILKE   Das Karussell

① Beschreiben Sie Inhalt und Struktur des Gedichts. Berücksichtigen Sie auch die verschiedenen Strophenlängen.
② Nennen Sie die wichtigsten sprachlichen und stilistischen Mittel.
③ Welche unterschiedlichen Aussagen können Sie in dem Text finden?

RAINER MARIA RILKE   Die Aufzeichnungen des Malte Laurids Brigge

① Wie charakterisiert Brigge Lyrik und Verse?
② Beschreiben Sie die Art der Erfahrungen, die ein Dichter gemacht haben sollte.
③ Welche Existenzmöglichkeit sieht Brigge für sich?

d) Liebe und Tod

HUGO VON HOFMANNSTHAL
Der Tor und der Tod

[...] Wie er [Claudio] nach der Türe rechts geht, wird der Vorhang leise zurückgeschlagen, und in der Tür steht der Tod, den Fiedelbogen in der Hand, die Geige am Gürtel hängend. Er sieht Claudio, der entsetzt zurückfährt, ruhig an.

    CLAUDIO: Wie packt mich sinnlos namenloses Grauen!
5   Wenn deiner Fiedel Klang so lieblich war,
    Was bringt es solchen Krampf, dich anzuschauen?
    Und schnürt die Kehle so und sträubt das Haar?
    Geh weg! Du bist der Tod. Was willst du hier?
    Ich fürchte mich. Geh weg! Ich kann nicht schrein.
10 *Sinkend* [...]
    Genug. Ich grüße dich, wenngleich beklommen.
    Kleine Pause
    Doch wozu bist du eigentlich gekommen?
    DER TOD: Mein Kommen, Freund, hat stets nur *einen* Sinn!
15   CLAUDIO: Bei mir hats eine Weile noch *dahin*!
    Merk: eh das Blatt zu Boden schwebt,
    Hat es zur Neige seinen Saft gesogen!
    Dazu fehlt viel: Ich habe nicht gelebt!
    DER TOD: Bist doch, wie alle, deinen Weg gezogen!
20   CLAUDIO: Wie abgerißne Wiesenblumen
    Ein dunkles Wasser mit sich reißt,
    So glitten mir die jungen Tage,
    Und ich hab nie gewußt, daß das schon Leben heißt.
    Dann ... stand ich an den Lebensgittern,
25   Der Wunder bang, von Sehnsucht süß bedrängt,
    Daß sie in majestätischen Gewittern
    Auffliegen sollten, wundervoll gesprengt.
    Es kam nicht so ... [...]
    DER TOD: Was allen, ward auch dir gegeben.
30   Ein Erdenleben, irdisch es zu leben.
    Im Innern quillt euch allen treu ein Geist,
    Der diesem Chaos toter Sachen
    Beziehung einzuhauchen heißt
    Und euren Garten draus zu machen
35   Für Wirksamkeit, Beglückung und Verdruß.
    Weh dir, wenn ich dir das erst sagen muß!
    Man bindet und man wird gebunden,
    Entfaltung wirken schwül und wilde Stunden;
    In Schlaf geweint und müd geplagt,
40   Noch wollend, schwer von Sehnsucht, halbverzagt,
    Tiefatmend und vom Drang des Lebens warm ...
    Doch alle *reif*, fallt ihr in meinen Arm.

CLAUDIO: Ich bin aber nicht reif, drum laß mich hier.
　　Ich will nicht länger töricht jammern,
45　Ich will mich an die Erdenscholle klammern,
　　Die tiefste Lebenssehnsucht schreit in mir.
　　Die höchste Angst zerreißt den alten Bann;
　　Jetzt fühl ich – laß mich – daß ich leben kann! […]
　　Da tot mein Leben war, sei du mein Leben, Tod!
50　Was zwingt mich, der ich beides nicht erkenne,
　　Daß ich dich Tod und jenes Leben nenne?
　　In eine Stunde kannst du Leben pressen,
　　Mehr als das ganze Leben konnte halten,
　　Das schattenhafte will ich ganz vergessen
55　Und weih mich deinen Wundern und Gewalten.
　Er besinnt sich einen Augenblick
　　Kann sein, dies ist nur sterbendes Besinnen,
　　Heraufgespült vom tödlich wachen Blut,
　　Doch hab ich nie mit allen Lebenssinnen
60　So viel ergriffen, und so nenn ichs gut!
　　Wenn ich jetzt ausgelöscht hinsterben soll,
　　Mein Hirn von dieser Stunde also voll,
　　Dann schwinde alles blasse Leben hin:
　　Erst, da ich sterbe, spür ich, daß ich bin.
65　Wenn einer träumt, so kann ein Übermaß
　　Geträumten Fühlens ihn erwachen machen,
　　So wach ich jetzt, im Fühlensübermaß,
　　Vom Lebenstraum wohl auf im Todeswachen.
　Er sinkt tot zu den Füßen des Todes nieder.
70　DER TOD *indem er kopfschüttelnd langsam abgeht:*
　　Wie wundervoll sind diese Wesen,
　　Die, was nicht deutbar, dennoch deuten,
　　Was nie geschrieben wurde, lesen,
　　Verworrenes beherrschend binden
75　Und Wege noch im Ewig-Dunkeln finden. […]

HUGO VON HOFMANNSTHAL
Die Beiden

Sie trug den Becher in der Hand
– Ihr Kinn und Mund glich seinem Rand –,
So leicht und sicher war ihr Gang,
Kein Tropfen aus dem Becher sprang.

5　So leicht und fest war seine Hand:
　Er ritt auf einem jungen Pferde,
　Und mit nachlässiger Gebärde
　Erzwang er, daß es zitternd stand.

Jedoch, wenn er aus ihrer Hand
10　Den leichten Becher nehmen sollte,
　So war es beiden allzu schwer:

Denn beide bebten sie so sehr,
Daß keine Hand die andre fand
Und dunkler Wein am Boden rollte.

Hugo von Hofmannsthal
Der Schwierige
II. Akt, 14. Szene

[Graf Hans Karl Bühl soll auf Wunsch seiner Schwester Crescence bei Komtesse Helene Altenwyl werben; daß er sie liebt, wagt er nicht zu sagen, doch wird es zwischen den Zeilen deutlich. Schließlich kommt es zur Verlobung ohne Worte.]

HANS KARL: Alles an Ihnen ist besonders und schön. Ihnen kann ja gar nichts geschehen. Heiraten Sie wen immer, heiraten Sie den Neuhoff, nein, den Neuhoff, wenn sichs vermeiden läßt, lieber nicht, aber den ersten besten frischen Menschen, einen Menschen wie meinen Neffen Stani, ja wirklich, Helene, heiraten Sie den Stani, er möchte so gern, und Ihnen kann ja gar nichts passieren. Sie sind ja unzerstörbar, das steht ja deutlich in Ihrem Gesicht geschrieben. Ich bin immer fasziniert von einem wirklich schönen Gesicht – aber das Ihre –

HELENE: Ich möchte nicht, daß Sie so mit mir reden, Graf Bühl.

HANS KARL: Aber nein, an Ihnen ist ja nicht die Schönheit das Entscheidende, sondern etwas ganz anderes: in Ihnen liegt das Notwendige. Sie können mich natürlich nicht verstehen, ich versteh mich selbst viel schlechter, wenn ich red, als wenn ich still bin. Ich kann gar nicht versuchen, Ihnen das zu explizieren, es ist halt etwas, was ich draußen[1] begreifen gelernt habe: daß in den Gesichtern der Menschen etwas geschrieben steht. Sehen Sie, auch in einem Gesicht wie dem von der Antoinette kann ich lesen –

HELENE *mit einem flüchtigen Lächeln*: Aber davon bin ich überzeugt. [...]

HANS KARL *leise*: Jeder muß glücklich sein, der mit Ihnen leben darf, und muß Gott danken bis an sein Lebensende, Helen, bis an sein Lebensende, seis wers sei. Nehmen Sie nicht den Neuhoff, Helen, – eher einen Menschen wie den Stani, oder auch nicht den Stani, einen ganz andern, der ein braver, nobler Mensch ist – und ein Mann: das ist alles, was ich nicht bin. *Er steht auf.*

HELENE *steht auch auf, sie spürt, daß er gehen will*: Sie sagen mir ja adieu!

Hans Karl gibt keine Antwort. [...]

HANS KARL: Da draußen, da war manchmal was – mein Gott, ja, wer könnte denn das erzählen!

HELENE: Ja, mir. Jetzt.

HANS KARL: Da waren solche Stunden, gegen Abend oder in der Nacht, der frühe Morgen mit dem Morgenstern – Helen, Sie waren da sehr nahe von mir. Dann war dieses Verschüttetwerden, Sie haben davon gehört –

HELENE: Ja, ich hab davon gehört –

HANS KARL: Das war nur ein Moment, dreißig Sekunden sollen es gewesen sein, aber nach innen hat das ein anderes Maß. Für mich wars eine ganze Lebenszeit, die ich gelebt hab, und in diesem Stück Leben, da waren Sie meine Frau. [...] Es hat mir in einem ausgewählten Augenblick ganz eingeprägt werden sollen, wie das Glück ausschaut, das ich mir verscherzt habe. Wodurch ich mirs verscherzt habe, das wissen Sie ja so gut wie ich.

HELENE: Das weiß ich so gut wie Sie?

HANS KARL: Indem ich halt, solange noch Zeit war, nicht erkannt habe, worin das Einzige liegen könnte, worauf es ankäm. Und daß ich das nicht erkannt habe, das war eben die Schwäche meiner Natur. Und so habe ich diese Prüfung nicht bestanden. Später im Feldspital, in den vielen ruhigen Tagen und Nächten hab ich das alles mit einer unbeschreiblichen Klarheit und Reinheit erkennen können.

HELENE: War es das, was Sie mir haben sagen wollen, genau das?

HANS KARL: Die Genesung ist so ein merkwürdiger Zustand. Darin ist mir die ganze Welt wie-

---
[1] im Krieg

40 dergekommen, wie etwas Reines, Neues und dabei so Selbstverständliches. Ich hab da auf einmal ausdenken können, was das ist: ein Mensch. Und wie das sein muß: zwei Menschen, die ihr Leben aufeinanderlegen und werden wie *ein* Mensch. Ich habe – in der Ahnung wenigstens – mir vorstellen können – was da dazu gehört, wie heilig das ist und wie wunderbar. Und sonderbarerweise, es war nicht meine Ehe, die ganz ungerufen die Mitte von diesem Denken war
45 – obwohl es ja leicht möglich ist, daß ich noch einmal heirat –, sondern es war Ihre Ehe.
HELENE: Meine Ehe! Meine Ehe – mit wem denn?
HANS KARL: Das weiß ich nicht. Aber ich hab mir das in einer ganz genauen Weise vorstellen können, wie das alles sein wird, und wie es sich abspielen wird, mit ganz wenigen Leuten und ganz heilig und feierlich, und wie alles so sein wird, wie sichs gehört zu Ihren Augen und zu Ihrer
50 Stirn und zu Ihren Lippen, die nichts Überflüssiges reden können, und zu Ihren Händen, die nichts Unwürdiges besiegeln können – und sogar das Ja-Wort hab ich gehört, ganz klar und rein, von Ihrer klaren, reinen Stimme – ganz von weitem, denn ich war doch natürlich nicht dabei, ich war doch nicht dabei! – Wie käm ich als ein Außenstehender zu der Zeremonie – [...]
Helene ist dem Umsinken nah, beherrscht sich aber.
55 HANS KARL *Tränen in den Augen:* Adieu, Helen, Adieu.
HELENE *kaum ihrer selbst mächtig:* Adieu!
Sie wollen sich die Hände geben, keine Hand findet die andere. [...]

FRANK WEDEKIND
Frühlings Erwachen. Eine Kindertragödie
III. AKT, FÜNFTE SZENE

[Der Hausarzt, Dr. von Brausepulver, hat Wendla untersucht und ihr wegen Eisenmangels Pillen verschrieben.]

WENDLA. Was hat er noch gesagt, Mutter, als er draußen war?
FRAU BERGMANN. Er hat nichts gesagt. – Er sagte, Fräulein von Witzleben habe auch zu Ohnmachten geneigt. Es sei das fast immer so bei der Bleichsucht.
WENDLA. Hat er gesagt, Mutter, daß ich die Bleichsucht habe?
5 FRAU BERGMANN. Du sollst Milch trinken und Fleisch und Gemüse essen, wenn der Appetit zurückgekehrt sei.
WENDLA. O Mutter, Mutter, ich glaube, ich habe nicht die Bleichsucht …
FRAU BERGMANN. Du hast die Bleichsucht, Kind. Sei ruhig, Wendla, sei ruhig; du hast die Bleichsucht.
10 WENDLA. Nein, Mutter, nein! Ich weiß es. Ich fühl es. Ich habe nicht die Bleichsucht. Ich habe die Wassersucht …
FRAU BERGMANN. Du hast die Bleichsucht. Er hat es ja gesagt, daß du die Bleichsucht hast. Beruhige dich, Mädchen. Es wird besser werden.
WENDLA. Es wird nicht besser werden. Ich habe die Wassersucht. Ich muß sterben, Mutter. – O
15 Mutter, ich muß sterben!
FRAU BERGMANN. Du mußt nicht sterben, Kind! Du mußt nicht sterben … Barmherziger Himmel, du mußt nicht sterben!
WENDLA. Aber warum weinst du dann so jammervoll?
FRAU BERGMANN. Du mußt nicht sterben – Kind! Du hast nicht die Wassersucht. Du hast ein
20 *Kind,* Mädchen! Du hast ein Kind! – Oh, warum hast du mir das getan!
WENDLA. Ich habe dir nichts getan –

FRAU BERGMANN. O leugne nicht noch, Wendla! – Ich weiß alles. Sieh, ich hätt' es nicht vermocht, dir ein Wort zu sagen. – Wendla, meine Wendla …!
WENDLA. Aber das ist ja nicht möglich, Mutter. Ich bin ja doch nicht verheiratet …!
FRAU BERGMANN. Großer, gewaltiger Gott –, das ist's ja, daß du nicht verheiratet bist! Das ist ja das Fürchterliche! – Wendla, Wendla, Wendla, was hast du getan!!
WENDLA. Ich weiß es, weiß Gott, nicht mehr! Wir lagen im Heu … Ich habe keinen Menschen auf dieser Welt geliebt als nur dich, dich, Mutter.
FRAU BERGMANN. Mein Herzblatt –
WENDLA. O Mutter, warum hast du mir nicht alles gesagt!
FRAU BERGMANN. Kind, Kind, laß uns einander das Herz nicht noch schwerer machen! Fasse dich! Verzweifle mir nicht, mein Kind! Einem vierzehnjährigen Mädchen das sagen! Sieh, ich wäre eher darauf gefaßt gewesen, daß die Sonne erlischt. Ich habe an dir nicht anders getan, als meine liebe gute Mutter an mir getan hat. – O laß uns auf den lieben Gott vertrauen, Wendla; laß uns auf Barmherzigkeit hoffen, und das Unsrige tun! Sieh, *noch* ist ja nichts geschehen, Kind. Und wenn nur wir jetzt nicht kleinmütig werden, dann wird uns auch der liebe Gott nicht verlassen. – Sei *mutig*, Wendla, sei *mutig*! – – So sitzt man einmal am Fenster und legt die Hände in den Schoß, weil sich doch noch alles zum Guten gewandt, und da bricht's dann herein, daß einem gleich das Herz bersten möchte … Wa – was zitterst du?
WENDLA. Es hat jemand geklopft.
FRAU BERGMANN. Ich habe nichts gehört, liebes Herz. – *(Geht an die Tür und öffnet.)*
WENDLA. Ach, ich hörte es ganz deutlich. – – Wer ist draußen?
FRAU BERGMANN. Niemand – Schmidts Mutter aus der Gartenstraße. – – – Sie kommen eben recht, Mutter Schmidtin.

JOSEF HOFMILLER
Wedekind – Frühlingserwachen

In Wendlas Schlafzimmer. Der Arzt, die verheiratete Schwester, dann nur die alte Mutter allein bei der werdenden Mutter. Dialog, schwer getränkt von Tränen, „O Mutter, warum hast du mir nicht alles gesagt!" „Ich habe an dir nicht anders getan, als meine liebe gute Mutter an mir getan hat … Sieh, noch ist ja nichts geschehen, Kind!" Es klopft. Wer ist denn da? Die alte Schmidtin. Man vertraut sich den Mittelchen der alten Schmidtin an, *noch* ist ja nichts geschehen … „Sie kommen eben recht, Mutter Schmidtin!" […]
Dies ist kein Drama. Dies sind keine Akte. Dies sind Träume, Fieberängste, Alpdruck. Ein Zyklus Radierungen, […] von einem ungeduldigen Künstler mit hastiger Nadel hingeworfene Blätter. Gespenstige Schatten jagen gepeitscht vorüber. Lieblich schimmert silbernes Licht auf morgendlichen Wellen, an schlanken Stämmen zittert unschuldig das zarte, helle Laub. Da reckt sich ein Berg von widerlichen Gespenstern drohend auf, quillt, schwillt, wächst wimmelnd ins Ungeheure, erfüllt die Landschaft, birst, begräbt alles. Ein wilder, genialer Zyklus: zeigt mir, was an Gleichzeitigem sich ihm zur Seite stellen kann!
Aus der schuldlosen Dämmerung der Kindheit gleiten zarte Gestalten unwollend, unwissend in Schuld und Grauen und Tod, Opfer der dunkeln Gottheit, die alles Leben treibt zu zeugen. Mit zögernder Hand, leise, trauernd hebt Wedekind den Schleier. Welch edle Gebärde in dieser Anklage! Welch schwermutsvolle Zärtlichkeit an diesen frühen Gräbern! Welche Vision Unschuldig-Schuldiger, armer Unwissender, die aus schimmerndem Frühling jäh in die Grube stürzen! Schmetterlinge, die einen einzigen Tag ahnungslos in der Sonne gaukelten und abends grau und schmutzig am Grabenrande liegen, zertreten!

FRANK WEDEKIND
Ilse

Ich war ein Kind von fünfzehn Jahren,
Ein reines unschuldsvolles Kind,
Als ich zum erstenmal erfahren,
Wie süß der Liebe Freuden sind.

5 Er nahm mich um den Leib und lachte
Und flüsterte: O welch ein Glück!
Und dabei bog er sachte, sachte
Den Kopf mir auf das Pfühl zurück.

Seit jenem Tag lieb ich sie alle,
10 Des Lebens schönster Lenz ist mein;
Und wenn ich keinem mehr gefalle,
Dann will ich gern begraben sein.

Aufgaben zu den Texten auf den Seiten 131–136

HUGO VON HOFMANNSTHAL   Der Tor und der Tod

① Wie charakterisiert der Tod sich und sein Kommen?
② Weshalb meint Claudio, daß er noch „nicht gelebt" habe?
③ Was bewundert der Tod an den Menschen?
④ Zeigen Sie an einigen Beispielen die Bildhaftigkeit der Sprache.

HUGO VON HOFMANNSTHAL   Die Beiden

① Untersuchen Sie Aufbau und Form des Gedichts.
② Analysieren Sie Wortwahl und Stilmittel.
③ Versuchen Sie, die Übereinstimmung von Inhalt und Form deutlich zu machen.

HUGO VON HOFMANNSTHAL   Der Schwierige

① Wie charakterisiert Graf Bühl seine Situation und sein Verhältnis zu Helene?
② Welche Vorstellung von Ehe wird hier deutlich?
③ Vergleichen Sie die letzte Regieanweisung mit der vierten Strophe des Gedichts *Die Beiden*. Was soll in beiden Fällen ausgedrückt werden?

FRANK WEDEKIND   Frühlings Erwachen; Ilse
JOSEF HOFMILLER   Wedekind – Frühlingserwachen

① Welche Vorwürfe macht Wendla ihrer Mutter? Wie rechtfertigt sich die Mutter? Welcher der beiden Ansichten stimmen Sie zu? Begründen Sie.
② Wie charakterisiert Hofmiller diese Szene?
③ Worin sehen Sie den wesentlichen Unterschied zwischen dem Dramenausschnitt und dem Gedicht *Ilse*?

e) Skurriler Witz und Satire

CHRISTIAN MORGENSTERN
Die unmögliche Tatsache

Palmström, etwas schon an Jahren,
wird an einer Straßenbeuge
und von einem Kraftfahrzeuge
überfahren.

5 „Wie war" (spricht er, sich erhebend
und entschlossen weiterlebend)
„möglich, wie dies Unglück, ja –:
daß es überhaupt geschah?

Ist die Staatskunst anzuklagen
10 in bezug auf Kraftfahrwagen?
Gab die Polizeivorschrift
hier dem Fahrer freie Trift?

Oder war vielmehr verboten,
hier Lebendige zu Toten
15 umzuwandeln, – kurz und schlicht:
Durfte hier der Kutscher nicht –?"

Eingehüllt in feuchte Tücher,
prüft er die Gesetzesbücher
und ist alsobald im klaren:
20 Wagen durften dort nicht fahren!

Und er kommt zu dem Ergebnis:
„Nur ein Traum war das Erlebnis.
Weil", so schließt er messerscharf,
„nicht sein *kann*, was nicht sein *darf*."

CHRISTIAN MORGENSTERN
Palmström

Palmström steht an einem Teiche
und entfaltet groß ein rotes Taschentuch:
Auf dem Tuch ist eine Eiche
dargestellt, sowie ein Mensch mit einem Buch.

5 Palmström wagt nicht sich hineinzuschneuzen. –
Er gehört zu jenen Käuzen,
die oft unvermittelt-nackt
Ehrfurcht vor dem Schönen packt.

Zärtlich faltet er zusammen,
10 was er eben erst entbreitet.
Und kein Fühlender wird ihn verdammen,
weil er ungeschneuzt entschreitet.

JOACHIM RINGELNATZ
Im Park

Ein ganz kleines Reh stand am ganz kleinen Baum
Still und verklärt wie im Traum.
Das war des Nachts elf Uhr zwei.
Und dann kam ich um vier
5 Morgens wieder vorbei,
Und da träumte noch immer das Tier.
Nun schlich ich mich leise – ich atmete kaum –
Gegen den Wind an den Baum,
Und gab dem Reh einen ganz kleinen Stips.
10 Und da war es aus Gips.

Karl Kraus
Aphorismen

In einen hohlen Kopf geht viel Wissen.

Ein Feuilleton schreiben heißt auf einer Glatze Locken drehen.

Die Zeitung ist die Konserve der Zeit.

Je größer der Stiefel, desto größer der Absatz.

Wenn einer sich wie ein Vieh benommen hat, sagt er: Man ist doch auch nur ein Mensch! Wenn er aber wie ein Vieh behandelt wird, sagt er: Man ist doch auch ein Mensch!

Keinen Gedanken haben und ihn ausdrücken können – das macht den Journalisten.

Bildung ist das, was die meisten empfangen, viele weitergeben und wenige haben.

Die Deutschen – das Volk der Richter und Henker.

Die Medizin: Geld her und Leben!

Ludwig Thoma
Die Reden Kaiser Wilhelms II.
Ein Beitrag zur Geschichte unserer Zeit

Ich suchte mich nützlich zu beschäftigen und las die Reden Seiner Majestät des Kaisers Wilhelm II. Mich hatte dazu ein Gespräch veranlaßt, welches ich schon im Frühjahr 1905 in Florenz mit dem Geschäftsreisenden Emil Mücke aus Schöneberg hatte.
Mücke vertritt die Firma Gebrüder Schloßberg, mechanische Kleiderfabriken in Gladbach, Spezialität Buckskinhosen.[1]
Er diente beim Train[2] (Mücke sagt Träng) als ein Einjährig-Freiwilliger und ist auch sonst ein gebildeter Mann.
Ich saß eines Abends in Gesellschaft einiger Künstler bei Lopi in Florenz. Wir dachten an nichts, als sich am nächsten Tische ein Herr erhob und uns begrüßte, indem er zugleich sagte, er sei Deutscher.
Diese Mitteilung war überflüssig, denn er trug die Haare glatt gescheitelt, er hatte hervorquellende blaue Augen, und die Vorderzähne standen auseinander.
Wenn man so aussieht, ist man Deutscher, auch wenn man nicht nach jedem Schlucke Rotwein den Taschenspiegel zieht und den Schnurrbart richtet. Was Mücke übrigens tat.
Nach kurzer Zeit wußten wir alles, – daß er in Buckskinhosen reist, beim Träng diente, seinen Kaiser liebt, und auch, daß nach Meinung aller Gladbacher Kollegen Kaiser Wilhelm der größte Redner der Jetztzeit ist. Ich erinnere mich nicht mehr, ob ich ihm widersprochen habe. Ich erinnere mich nur an das Mienenspiel Mückes, als er die letzte Behauptung aufstellte.
Wie soll ich es beschreiben? Die preußische Geschichte von Fehrbellin bis Sedan spiegelte sich in seinen Augen. Husarenattacken und Trompeter von Gravelotte, Düppelstürme und Gebete nach der Schlacht und Germans to the front! zuckten über sein Antlitz.

---
[1] Hosen aus starkem Wollstoff
[2] Geschütz- oder Versorgungsabteilung

Ich glaube wirklich, daß kein Chinese es gewagt hätte, ihn scheel anzusehen. Es müßte denn sein, daß er ihm gleichzeitig eine Partie Buckskinhosen abgekauft hätte.

Der kleine Kellner Giulio sah mit Schrecken auf den Fremden, der so mit einem Male furchterregendes Germanentum in die toskanische Kneipe getragen hatte.

Ich aber bedachte die Größe des Vaterlands, die zu mir aus diesem Geschäftsreisenden sprach, und ich faßte den Entschluß, die Rede des Kaisers einmal zu lesen.

Arbeit und Vergnügen verwischten jedoch den Eindruck, welchen Mücke und der preußische Ruhm auf mich gemacht hatten, und ich vergaß, was ich mir so ernsthaft vorgenommen hatte.

Da wurde die „Geißel der Verurteilung über mich geschwungen"[3], wie der Hofprediger Ohly in Berlin sagte; und in der Stille des Gefängnisses griff ich zu den Reden Kaiser Wilhelms II.

Ich las und las.

Und die Gestalt Emil Mückes tauchte vor meinen Augen auf; ich sah seinen Schnurrbart sich sträuben, und ich sah den Abglanz der preußischen Schlachtfelder auf seinen Zügen.

Philipp Reclam junior in Leipzig hat die Reden Kaiser Wilhelms II. verlegt. Johannes Penzler hat sie gesammelt und herausgegeben.

In zwei Bänden à eine Mark; im Katalog verzeichnet unter Geschichte und Philosophie.

Bismarck und Kaiser Wilhelm ausgenommen, hat kein Redner der letzten zweitausend Jahre Aufnahme in die Universalbibliothek gefunden.

Seit zweitausend Jahren keiner.

Darf uns dies zu Vergleichen anregen? Sollte Emil Mücke zu wenig gesagt haben?

Die Reden Kaiser Wilhelms sind nicht abgeschlossen. Auf der letzten Seite des zweiten Bandes müßten die Worte stehen: „Fortsetzung folgt".

Denn Philipp Reclam junior ist gewillt, mit seinen Schnellpressen dicht hinter dem Kaiser zu bleiben; und sobald der fünfzehnte Druckbogen gefüllt werden kann, erscheint der dritte Band.

Diese buchhändlerische Tat ist groß.

Man muß bedenken, daß im allgemeinen der Wert einer Rede erst dann gewürdigt werden kann, wenn sie gehalten worden ist.

Die Reden des Kaisers sind gesammelt und herausgegeben, wie auf dem Titelblatte zu lesen ist. Sie sind nicht *ausgewählt*.

Demosthenes war auch ein guter Redner. Er hat die Herzen der Athener zu rühren gewußt, und seine Worte sind der Nachwelt erhalten worden. Aber nicht alle.

Freilich, was er auf dem Markte gegen Philipp[4] redete, das hat man festgehalten und überliefert. Aber wenn Demosthenes bei Glaukon oder Kallikles als Gast erschien und nach dem zweiten Gange sich erhob und sprach: „Geehrte Anwesende, ich trinke auf das Wohl der verehrten und tugendreichen Frau Kallikles", so fand sich niemand, der die Worte der Nachwelt erhalten wollte.

Johannes Penzler, welcher die Reden Kaiser Wilhelms sammelte, hat auch solche Ansprachen, alle und jede, in den zwei Bänden verewigt. [...]

Ich weiß es. Diese Ausführungen sind unpatriotisch. Und Emil Mücke steht als Deutscher entschieden höher als ich.

Aber die Überzeugung habe ich: wenn ich königlich preußischer Hausminister wäre und meinem Herrn mit ganzem Herzen ergeben, dann würde ich die Sammlung des Johannes Penzler aufkaufen und aus dem Buchhandel entfernen.

Und ich würde glauben, eine überaus loyale Tat vollführt zu haben.

---

[3] Thoma mußte 1906 sechs Wochen Haft wegen Beleidigung der evang. Geistlichkeit absitzen.

[4] von Makedonien

Aufgaben zu den Texten auf den Seiten 137–139

CHRISTIAN MORGENSTERN Die unmögliche Tatsache; Palmström

① Welche menschlichen Schwächen zeigt Morgenstern?
② Durch welche sprachlichen Mittel entsteht hier die Komik?

JOACHIM RINGELNATZ Im Park

① Worin sehen Sie die Pointe des Gedichts?
② Wodurch erreicht der Autor Überraschung und Witz?

KARL KRAUS Aphorismen

① Definieren Sie den Begriff „Aphorismus", und grenzen Sie ihn vom „Sprichwort" ab.
② Formulieren Sie den Inhalt eines Aphorismus mit eigenen Worten; was fällt Ihnen dabei bezüglich des Umfangs auf?
③ Versuchen Sie, selbst einen Aphorismus zu formulieren.
④ Benutzen Sie einen der Aphorismen als Ausgangspunkt für eine polemische oder ironisch-glossierende Darstellung.

LUDWIG THOMA Die Reden Kaiser Wilhelms II.

① Wie charakterisiert Thoma den deutschen Patrioten Emil Mücke?
② Welche Schlachten werden erwähnt? Informieren Sie sich in einem Lexikon über die Person des Demosthenes sowie über Anlaß und Inhalt seiner Reden gegen Philipp von Makedonien.
③ Wie beurteilt Thoma die Reden des Kaisers?
④ Zeigen Sie die wichtigsten sprachlichen und stilistischen Mittel des Textes auf, und bestimmen Sie deren Funktion.

III. Expressionismus

Ernst Ludwig Kirchner, Straßenbahn in Dresden, 1909

1. Grundzüge der Epoche

Der Begriff „Expressionismus" (dt. „Ausdruckskunst") wurde 1911 zum erstenmal in Berlin als Sammelbezeichnung für eine Gruppe junger französischer Maler verwendet, die sich selbst als „Fauves" (die Wilden) dem französischen Publikum vorgestellt hatten. Zu ihnen gehörten unter anderen HENRI MATISSE, GEORGES BRAQUES und PABLO PICASSO. Doch war die Erfindung des Begriffs nicht zugleich die Entstehung der Kunstrichtung selbst. Schon 1905 hatte sich nämlich in Dresden ein Kreis von Künstlern zusammengetan, dem sein Initiator ERNST LUDWIG KIRCHNER (1880–1938) den Namen *Brücke* gab (zusammen mit ERICH HECKEL und KARL SCHMIDT-ROTTLUFF). Das erklärte Ziel dieser neuen Künstlergeneration war es, der Kunst anstelle eines passiven Kunstgenusses zum Zeitvertreib einen ernstzunehmenden Platz im privaten und öffentlichen Leben zu verschaffen. Das Programm des Jahres 1906 umfaßte nur zwei Sätze: „Mit dem Glauben an die Entwicklung, an eine Generation der Schaffenden wie der Genießenden rufen wir alle Jugend zusammen, und als Jugend, die die Zukunft trägt, wollen wir uns Arm- und Lebensfreiheit verschaffen gegenüber den wohlangesessenen alten Kräften. Jeder gehört zu uns, der unmittelbar und unverfälscht das wiedergibt, was ihn zum Schaffen drängt." Der innere Antrieb des Künstlers sollte also das entscheidende Moment sein, das die Gestalt des Kunstwerks bestimmte und die simple Oberfläche der Wirklichkeit zu durchdringen vermochte, nicht aber Geschmacksfragen und das Kriterium der Schönheit.

Dieses weitgefaßte Programm einer **Erneuerung des Lebens und der Kunst** wurde auf unterschiedliche Weisen von Schriftstellern, Verlegern und Herausgebern von Zeitschriften aufgegriffen. Eine Schlüsselrolle spielten gerade die Zeitschriften, in denen viele der expressionistischen Kurztexte (Lyrik, Erzählungen, Essays, Kurzdramen) vor ihrer Veröffentlichung in Buchausgaben erschienen. Natürlich unterschieden sich diese Publikationen in ihrem Charakter oft beträchtlich voneinander, doch verband die auf Erneuerung bedachten Autoren die Überzeugung, daß die europäische Kultur durch atemberaubende technische und gesellschaftliche Entwicklungen vor einem Umbruch stand, der wesentliche menschliche Werte bedrohte. KURT PINTHUS' (1886–1975) *Illustrierten*-Artikel *Die Überfülle des Erlebens* zeigt dies. Schuld war an dieser Entwicklung nach expressionistischer Überzeugung die **Übermacht der Vernunft** über die **seelischen** Kräfte und Bedürfnisse des Menschen.
Die nach einer Zeitschrift benannte „*Sturm*-Gruppe", zu der außer GEORG HEYM (1887–1912) und JAKOB VAN HODDIS (1887–1942) keine heute noch bekannten Namen gehörten, wurde nicht müde, eine neue Zeit und eine neue Kunst zu verkünden. Ein Aufsatz zu diesem Thema endet z.B. mit den Worten: „So wahr wir alle geboren sind, sind wir in Not geboren. So wahr wir alle die Not wenden wollen, müssen wir uns wandeln. Gesetze wandeln Menschen, Kunstwerke wenden die Not." Dieser Schrei aus der Not, der für eine bestimmte Richtung des Expressionismus zum Erkennungszeichen wurde, ist Ausdruck einer gefühlsmäßigen Reaktion auf unbewältigte Erfahrungen mit der neuen Zeit. Äußerungsformen der Seele wie die des Schreis, die durch Konventionen nicht kontrolliert werden konnten, waren den Expressionisten Vorbild für ihre Kunst. Dazu bedurfte es **neuer Formen**, welche die Malerei durch zunehmende Abstraktion bis hin zur Entgegenständlichung zu erreichen suchte (vgl. S. 144).
Die Dichtung AUGUST STRAMMS (1874–1915) wollte dasselbe Ziel durch Erweiterung der grammatischen Möglichkeiten der Sprache erreichen, während YVAN GOLL (1891–1950) die Grenzen der Literatur zur bildlichen Darstellung aufzuheben trachtete. Hier liegen die ersten Schritte zu einem neuen Formverständnis, das später als „konkrete Poesie" bezeichnet wurde. Sprache

Grundzüge der Epoche

ist nicht nur Träger eines Inhalts, sondern gleichzeitig Material, das nach bildlichen oder klanglichen Gesichtspunkten geformt wird.

Doch solche Experimente mit der äußeren Form blieben in der Literatur eher die Ausnahme. In der Regel äußerte sich der Erneuerungswille der expressionistischen Schriftsteller in der Kühnheit der sprachlichen Bilder, die das Empfinden und die Phantasie des Lesers anregen und durch die ungewöhnliche Zusammenstellung von miteinander unvereinbaren Inhalten die Kontrolle des Verstandes umgehen sollen. GEORG TRAKL (1887–1914) und FRANZ WERFEL (1890–1945) versuchten dies unter anderem durch die Beschwörung alter Mythen und religiöser Symbole, die unvermittelt mit modernen Gegenständen und Orten zuammengestellt wurden. Doch auch schockierende Vorstellungen von Häßlichem, die oft in der vertrauten Form lyrischer Sprache ausgedrückt sind, erzielten einen ähnlichen Effekt (s. Richard Huelsenbecks *Idiot*, S. 152).

Dieser mehr **psychologisch orientierte Zweig des Expressionismus** erhielt ab 1914/15 eine Ergänzung durch eine zweite Richtung, die den **„Durchstoß zum Aktivismus"** (Hiller) wagte. Auch hier waren Zeitschriften Träger der sozialen und mehr und mehr der **politischen Kritik**. Schon deren Titel verraten ihre Absichten: *Die Aktion* wurde von FRANZ PFEMFERT (1879–1954) herausgegeben, *Die Tat* von EUGEN DIEDERICHS (1867–1930), *Das Ziel* von KURT HILLER (1885–1972). HEINRICH MANN (1871–1950), der dieser Richtung des Expressionismus angehörte, beschrieb im Jahre 1918 die Situation: „Gruppen der Tat sind schon da in den Städten Deutschlands, gebildet von lauter Jugend, die die Beschlüsse der Vernunft für bündig hält, im Geist die Tat schon mitbegreift, ja die Literatur und die Politik, solange ruchlos getrennt, endlich wieder vereint in ihrem Herzen."

Auslösendes Moment dieses bewußt politischen Engagements war der Ausbruch des ersten Weltkriegs, in den mehrere Schriftsteller anfangs noch mit Begeisterung zogen. Bald aber wurden sie durch das wirkliche Gesicht des Krieges so desillusioniert, daß sie entweder ins pazifistische oder, wie ERNST TOLLER (1893–1939), ins kommunistische Lager überwechselten. Andere starben an der Front, so AUGUST STRAMM und ERNST STADLER (1883–1914). Heyms Vorahnung des Krieges von 1912 unterscheidet sich dementsprechend deutlich von Trakls *Grodek*, der die dortige Schlacht 1914 als Sanitäter erlebte (s. S. 155ff.).

Die Antikriegsdichtung kam wegen der Zensurbeschränkungen erst nach der Kapitulation öffentlich zur Geltung und leitete dann bereits zur Literatur der Weimarer Republik über, wo die politische Radikalisierung offen zutage trat (s. S. 166ff.). Doch innenpolitische Auseinandersetzungen um Reformen des Staatsaufbaus und Abschaffung des Drei-Klassen-Wahlrechts wurden umso heftiger, je mehr Militär und Staatsführung auf die Unterstützung der Bevölkerung im Krieg angewiesen waren. Der erste moderne Krieg wurde nicht nur auf dem Schlachtfeld geführt, sondern auch als Wirtschaftskrieg: Besonders eine Seeblockade der deutschen Häfen verhinderte Ex- und Importe lebenswichtiger Güter. So wurde die arbeitende Bevölkerung weitab vom Kriegsgeschehen direkt von den wirtschaftlichen Folgen betroffen. Das wiederum verstärkte die Neigung vieler Menschen aus dem bürgerlichen ebenso wie aus dem sozialistischen Lager, radikale Programme zu unterstützen. Diese Entwicklungen regten auch die Schriftsteller zu tagespolitischer Parteinahme mit den ihnen zur Verfügung stehenden Mitteln an.

Die **Zivilisationskritik** der meist jugendlichen Expressionisten hatte sich anfangs vor allem gegen die Väter als unmittelbare Vertreter der vorherigen Generation gerichtet. Ihnen wurde der wilhelminische Pflichtfanatismus und weltanschauliche Materialismus angelastet, welche den Nachkommen keinen Spielraum zur Entfaltung ihrer Persönlichkeit zu lassen schienen. Die große Zahl der Vater-Sohn-Konflikte in der Literatur der Zeit spiegelt dies wider, besonders eindringlich bei FRANZ KAFKA (1883–1924) in seinem Buchlänge erreichenden *Brief an den Vater*, ebenso in WALTER HASENCLEVERS (1890–1940) Drama *Der Sohn*.

Doch auch Prüderie und reines Nützlichkeitsdenken waren solche Beschränkungen, deren

Wassily Kandinsky, Komposition V, 1911

Selbstverständlichkeit angesichts der allgemeinen Verunsicherung nicht länger hingenommen wurde. Bewußte Tabuverletzungen dienten der Suche nach neuen Grundlagen der Menschlichkeit und Wahrheit. Der „Idiot" war für RICHARD HUELSENBECK (1892–1974), den späteren Dadaisten, Gegenfigur zu einer Gesellschaft, deren stolzes Selbstbewußtsein sich zunehmend auf die Zweckrationalität technischer Leistungen stützte. Die Wahl dieses Motivs verstand er als einen Akt des Protests gegen den Zeitgeist.

Nicht nur im Bereich der Stoffwahl, auch in der sprachlichen Formung verweigerte sich CARL EINSTEIN (1885–1940) der Erwartung des Publikums. In seinem Roman *Bebuquin* (1912) stellte er die Grundlage des Textverständnisses, nämlich einen vorgegebenen Sinnzusammenhang, nicht mehr zur Verfügung und irritierte damit auch gutwillige Leser. Unangefochten von den traditionellen Formen erlaubte er sich als expressionistischer Autor jede Freiheit, wenn sie seinen inhaltlichen Intentionen diente. Deshalb fühlte er sich nicht verpflichtet, einen Roman nach realistischem Vorbild als zweite Wirklichkeit zu gestalten, sondern konnte die prosaische Großform gerade zur Zerstörung eines vom Erzähler geschaffenen Kosmos einsetzen. Einstein mißtraute der geordneten Welt des Realismus so sehr, daß er dessen bevorzugte Gattung in ein Mittel zur Darstellung des Chaos in der Psyche moderner Menschen verkehrte. Die Kunstwelt sollte durch eine radikal veränderte, neue Sprache die tatsächliche Wahrnehmungsweise moderner Menschen ausdrücken. Der Zeitgenosse ALFRED LICHTENSTEIN (1889–1914), selbst als

Grundzüge der Epoche

Autor tätig, behauptete mit Blick auf Einsteins *Bebuquin*: „Die genialsten Menschen aller Zeiten sind gewiß in Tollhäusern geborsten." Die Expressionisten griffen hiermit in gewisser Weise Nietzsches „Umwertung aller Werte" auf. Als literarische Vorbilder kann man die französischen Symbolisten (Mallarmé, Rimbaud) ansehen.

Dort, wo expressionistische Dichtung an den Alltag anknüpfte, griff sie zum Mittel der **Verfremdung,** um dem Bekannten die Vertrautheit zu nehmen und das Dämonische und Bedrohliche hinter den Erscheinungen zur Geltung zu bringen. Bei Ernst Stadler ist eine Eisenbahnbrücke nicht einfach ein technisches Konstrukt, sondern Mittelpunkt eines gewaltigen Schauspiels, das die Sinne eines Betrachters überwältigt und ihn in einen Rauschzustand versetzt. Ein Bergwerk wird bei Kafka zum Irrgarten, und selbst die Besucher eines Cafés verlieren bei GOTTFRIED BENN (1886–1956) ihre körperlichen Konturen, weil der Betrachter nur in Teilausschnitten wahrnimmt, was an ihnen widerlich und abstoßend erscheint.

In der verfremdenden, expressionistischen Sicht beherbergt eine **Stadt** nicht nur Menschen, sondern auch übersinnliche Kräfte, durch die sie getrieben oder bedrängt werden, wie die Gedichte von GEORG TRAKL, GEORG HEYM und ALFRED WOLFENSTEIN (1888–1945) zeigen. In ELSE LASKER-SCHÜLERS (1869–1945) gar nicht liedhaftem *Lied der Liebe* erhält eine Stadt ihren Gefühlswert erst aus der Erinnerung an einen geliebten Menschen.

Obwohl in der expressionistischen Literatur die Aussageabsicht Vorrang hatte vor der Formtradition, wurden zum Teil überlieferte Gattungen verwendet. Sogar das Sonett, das strengste lyrische Schema der neueren Literatur, tauchte noch auf, z.B. bei Wolfenstein. Doch es wurde mit einem ganz und gar modernen Inhalt gefüllt, der Großstadt, so daß eine Spannung zwischen Textaussage und poetischer Gestalt auftritt, die nur als Absage an die Tradition verstanden werden kann. Selbst wenn die Form in Wolfensteins Gedicht noch genauer befolgt wäre, als es tatsächlich der Fall ist, müßte der „böse Blick" auf die Gegenstände den Leser befremden.

Die Nähe zur **filmischen Montagetechnik,** die in Teil- und Momentaufnahmen die Objekte fragmentiert, ist in den meisten dieser Texte erkennbar. Auch für das **expressionistische Drama** läßt sich ein Einfluß des neuen Mediums Film annehmen. Die daraus entstandene Form wird oft als „Reihungsstil" bezeichnet:

Man hat den Reihungsstil auch ‚Simultan-Technik' genannt. In der Tat schlägt sich in ihm eine neue simultane Zeiterfahrung nieder, die ihrerseits kennzeichnend für den Film ist [...]. Das ist [...] ein interessanter Befund: zu einem Zeitpunkt, da durch die Massenmedien, insbesondere die Zeitung, das Prinzip der Aktualität zu einem dominanten Bewußtseinsfaktor der Öffentlichkeit wird, beginnt sich eine spezifisch zeitliche Erfahrungsform im Sinne einer kontinuierlichen und finalen Entwicklung von Zeit zu zersetzen.

(aus: Silvio Vietta/Hans G. Kemper, Expressionismus. München: Fink ⁴1990, S. 126)

Ein Grund, weshalb in den künstlerischen Werken der Ablauf der Zeit keine Rolle spielte, war auch das **neue Menschenbild** des Expressionismus. Um radikal zum „Wesentlichen" der Wirklichkeit vorzustoßen, wurden oft konkrete Lebensräume ganz verlassen und menschliche Wesen als abstrakte Quersumme aller wirklichen Menschen dargestellt.

Franz Werfel zeigt in seinem Kurzdrama *Die Versuchung* an der Gestalt des Dichters, wie es durch die Kunst möglich wird, die Wahrheit hinter den Dingen zu erkennen. „Das ist das größte Geheimnis dieser Kunst", sagt KASIMIR EDSCHMID (1890–1966) in der unten auszugsweise abgedruckten Rede vom 13. Dezember 1917. „Sie [die Künstler] sind ohne Psychologie. Dennoch geht ihr Erleben tiefer. Es geht auf den einfachsten Bahnen, nicht auf den verdrehten, von Menschen geschaffenen, von Menschen geschändeten Arten des Denkens, das von bekannten Kausalitäten gelenkt, nie kosmisch sein kann." Selbst in Texten, in denen scheinbar konkrete

Orte und Ereignisse genannt sind, wie in GEORG KAISERS (1878–1945) *Die Bürger von Calais*, kommt es dem Autor nicht auf die Geschichtlichkeit der Vorgänge und Personen an, sondern auf Gestaltung des neuen Menschen, der allen Egoismus zugunsten von Mitmenschlichkeit und sozialer Verantwortung aufgibt. Der Mensch als Gattung, abgelöst von allen historischen und kulturellen Besonderheiten im konkreten Fall, wird zum Gegenstand der Kunst.

2. Texte

a) Theorie

KASIMIR EDSCHMID
Expressionismus in der Dichtung

[…] Die neue Kunst ist daher positiv. Weil sie intuitiv ist. Weil sie, elementar empfindend, willig aber stolz sich den großen Wundern des Daseins hingebend, frische Kraft hat zum Handeln und zum Leiden. Diese Menschen machen nicht den Umweg über eine spiralenhafte Kultur. Sie geben sich dem Göttlichen preis. Sie sind direkt. Sie sind primitiv. Sie sind einfach, weil das Einfachste
5 das Schwerste ist und das Komplizierteste, aber zu den größten Offenbarungen geht. Denn täuschen wir uns nicht: erst am Ende aller Dinge steht das Schlichte, erst am Ende gelebter Tage bekommt das Leben ruhigen stetigen Fluß.
So kommt es, daß diese Kunst, da sie kosmisch ist, andere Höhe und Tiefe nehmen kann als irgendeine impressionistische oder naturalistische, wenn ihre Träger stark sind. Mit dem Fortfall
10 des psychologischen Apparats fällt der ganze Decadencerummel, die letzten Fragen können erhascht, große Probleme des Lebens direkt attackiert werden. In ganz neuer Weise erschließt sich aufbrandendem Gefühl die Welt. […] Es verschwindet das Sekundäre, der Apparat, das Milieu bleibt nur angedeutet und mit kurzem Umriß nur der glühenden Masse des Seelischen einverschmolzen. Die Kunst, die das Eigentliche nur will, scheidet als Nebensache aus. Es gibt keine
15 Entremets mehr, keine Hors d'œuvres, nichts Kluges, was hineingemogelt, nichts Essayistisches, was allgemein unterstreichen, nichts Dekoratives mehr, was von außen her schmücken soll. Nein, das Wesentliche reiht sich an das Wichtige. Das Ganze bekommt gehämmerten Umriß, bekommt Linie und gestraffte Form. Es gibt keine Bäuche mehr, keine hängenden Brüste. Der Torso des Kunstwerks wächst auf straffen Schenkeln in edle Hüften und steigt von dort in den Rumpf voll
20 Training und Gleichmaß. Die Flamme des Gefühls, das direkt zusammenfließt mit dem Kern der Welt, erfaßt das Direkte und ordnet es in sich ein. Es bleibt nichts anderes übrig. […]
Das Wollen wird deutlicher im Malerischen, am klarsten in der Plastik. Im Schreiben verwirrt die nicht zum erstenmal, aber noch nie mit solcher Innigkeit und solcher Radikalität vorgenommene Verkürzung und Veränderung der Form. Bei Plastiken Rodins sind die Oberflächen noch zerris-
25 sen, jede Linie, jede Gebärde noch orientiert nach einem Affekt, einem Moment, einer einmaligen Handlung, kurz: eingefangen in den Augenblick und bei aller Kraft doch unterworfen einer psychologischen Idee. Einer denkt, zwei andere küssen sich. Es bleibt ein Vorgang.
Bei modernen Figuren sind die Oberflächen mit kurzem Umriß gegeben, die Furchen geglättet, nur das Wichtige modelliert. Aber die Figur wird typisch, nicht mehr untertan einem Gedanken,
30 nicht mehr hinauszuckend in die Sekunde, vielmehr sie erhält Geltung in die Zeit. Alles Nebensächliche fehlt. Das Wichtigste gibt die Idee: nicht mehr ein Denkender, nein: das Denken. Nicht zwei Umschlungene: nein, die Umarmung selbst.
Dasselbe unbewußt waltende Gesetz, das ausscheidet, ohne negativ zu sein, das nur erlesenen Moment zu magnetisch gleichen Punkten bindet, reißt die Struktur des Schreibenden zusammen. […]

KURT PINTHUS
Die Überfülle des Erlebens

Welch ein Trommelfeuer von bisher ungeahnten Ungeheuerlichkeiten prasselt seit einem Jahrzehnt auf unsere Nerven nieder! Trotz sicherlich erhöhter Reizbarkeit sind durch diese täglichen Sensationen unsere Nerven trainiert und abgehärtet wie die Muskulatur eines Boxers gegen die schärfsten Schläge. [...] Man male sich zum Vergleich nur aus, wie ein Zeitgenosse Goethes oder
5 ein Mensch des Biedermeier seinen Tag in Stille verbrachte, und durch welche Mengen von Lärm, Erregungen, Anregungen heute jeder Durchschnittsmensch täglich sich durchzukämpfen hat, mit der Hin- und Rückfahrt zur Arbeitsstätte, mit dem gefährlichen Tumult der von Verkehrsmitteln wimmelnden Straßen, mit Telephon, Lichtreklame, tausendfachen Geräuschen und Aufmerksamkeitsablenkungen. Wer heute zwischen dreißig und vierzig Jahre alt ist, hat noch gesehen, wie die
10 ersten elektrischen Bahnen zu fahren begannen, hat die ersten Autos erblickt, hat die jahrtausendelang für unmöglich gehaltene Eroberung der Luft in rascher Folge mitgemacht, hat die sich rapid übersteigenden Schnelligkeitsrekorde all dieser Entfernungsüberwinder, Eisenbahnen, Riesendampfer, Luftschiffe, Aeroplane miterlebt. [...] Wie ungeheuer hat sich der Bewußtseinskreis jedes einzelnen erweitert durch die Erschließung der Erdoberfläche und die neuen Mitteilungs-
15 möglichkeiten: Schnellpresse, Kino, Radio, Grammophon, Funktelegraphie. Stimmen längst Verstorbener erklingen; Länder, die wir kaum dem Namen nach kennen, rauschen an uns vorbei, als ob wir selbst sie durchschweiften. Der jahrzehntelang vergeblich umkämpfte Südpol ward, innerhalb 34 Tagen, gleich zweimal entdeckt, und der sagenhafte Nordpol wird bald von jedermann auf der Luftreise von Japan nach Deutschland überflogen werden können. Vor kurzem noch unge-
20 ahnte Möglichkeiten der Elektrizitätsausnutzung, unheilbare Krankheiten, Diphterie, Syphilis, Zuckerkrankheit durch neuentdeckte Mittel heilbar geworden, das unsichtbare Innere unseres Körpers durch die Röntgenstrahlen klar vor Augen gelegt, all diese ‚Wunder' sind Alltäglichkeiten geworden. [...]

Aufgaben zu den Texten auf den Seiten 146–147

KASIMIR EDSCHMID   Expressionismus in der Dichtung

① Erfassen Sie in zwei Listen alle Begriffe, die entweder positiv oder negativ werten.
② Versuchen Sie, aufgrund Ihrer Kenntnisse über vorausgehende Epochen festzustellen, welche literarischen Strömungen aus welchen Gründen kritisiert werden.
③ Suchen Sie aus Ihrer Liste die positiv bewertenden Begriffe heraus, die sich auf Literatur beziehen. Überprüfen Sie deren Brauchbarkeit an einem beliebigen Beispiel aus den poetischen Texten des Expressionismus.
④ Versuchen Sie, Edschmids Aussagen über expressionistische Kunst auf Kirchners Gemälde (S. 141) anzuwenden.

KURT PINTHUS   Die Überfülle des Erlebens

① Untersuchen Sie, welche der in diesem Textausschnitt aufgezählten neuen Erfahrungen in den poetischen Texten der Zeit aufgegriffen werden.
② Welche für Pinthus verblüffenden Neuigkeiten erscheinen Ihnen heute „harmlos"?

b) Sprachexperimente

AUGUST STRAMM
Patrouille

Die Steine feinden
Fenster grinst Verrat
Äste würgen
Berge Sträucher blättern raschlig
Gellen
Tod.

YVAN GOLL
Die Pyramide

Stein!
Steige!
Strahlende
Gläubige Macht,
Demut der Tausend
Einsamen, Einzelnen:
O der stemmenden Knechte
Ungekannte, schmerzliche Schar.
Rache sprühe, sprenge die Wüsten!
Wieviel Jahre, Geschlechter geopfert,
Dies ist der Sinn der Gemeinschaft, Volkes Gesetz,
Daß die Statue über des Sandes Welle
Abendhin, morgenhin, Dreieck der Gleichheit, glühe!
Zack ins Unendliche. Blitz in die Bläue. Ewiges
Quillt aus der Erde. Und der gottlose Ozean rauscht nur
Ärmlich zu Staub, der aufgelöste! Aber die gläubige Glut
Bildet die Brüderschaft, bildet das Denkmal tief aus Menschen und Sand.

Aufgaben zu den Texten auf der Seite 148

AUGUST STRAMM   Patrouille

① Beschreiben Sie mit grammatikalischen Begriffen, welche Verletzungen der Sprachkonventionen der Autor vornimmt.
② Versuchen Sie, unter Beibehaltung der Wortstämme den Text in eine „korrekte" sprachliche Form zu bringen und die Inhalte möglichst klar auszudrücken. Was geht verloren?
③ Erklären Sie aus dem zeitgenössischen Kunstverständnis, warum der Autor in die Sprachkonventionen eingreift.
④ Ziehen Sie eine Parallele zu den Eingriffen in die Wirklichkeitsdarstellung, welche die bildende Kunst zu dieser Zeit vornimmt (s. Kandinsky, *Komposition V*, S. 144).

YVAN GOLL   Die Pyramide

① Stellen Sie fest, welcher Zusammenhang zwischen dem Inhalt und der äußeren Form dieses Gedichtes besteht.
② Was fällt Ihnen am sprachlichen Ausdruck auf? Vergleichen Sie das Gedicht mit Edschmids Ausführungen zu den Zielen expressionistischer Kunst.
③ Inwiefern entspricht das Gedicht dem Programm der konkreten Poesie, wie es Eugen Gomringer (S. 258f.) entwirft?

c) Konflikt der Generationen

FRANZ KAFKA
Brief an den Vater

[…] Das Mißtrauen, das Du mir in Geschäft und Familie gegen die meisten Menschen beizubringen suchtest (nenne mir einen in der Kinderzeit irgendwie für mich bedeutenden Menschen, den Du nicht wenigstens einmal bis in den Grund hinunterkritisiert hättest) und das Dich merkwürdigerweise gar nicht besonders beschwerte (Du warst eben stark genug es zu ertragen, außerdem
5 war es in Wirklichkeit vielleicht nur ein Emblem des Herrschers) – dieses Mißtrauen, das sich mir Kleinem für die eigenen Augen nirgends bestätigte, da ich überall nur unerreichbar ausgezeichnete Menschen sah, wurde in mir zu Mißtrauen zu mir selbst und zur fortwährenden Angst vor allem andern. Dort konnte ich mich also im allgemeinen vor Dir gewiß nicht retten. Daß Du Dich darüber täuschtest, lag vielleicht daran, daß Du ja von meinem Menschenverkehr eigentlich gar nichts
10 erfuhrst, und mißtrauisch und eifersüchtig (leuge ich denn, daß Du mich lieb hast?) annahmst, daß ich mich für den Entgang an Familienleben anderswo entschädigen müsse, da es doch unmöglich wäre, daß ich draußen ebenso lebe. Übrigens hatte ich in dieser Hinsicht gerade in meiner Kinderzeit noch einen gewissen Trost eben im Mißtrauen zu meinem Urteil; ich sagte mir: „Du übertreibst doch, fühlst, wie das die Jugend immer tut, Kleinigkeiten zu sehr als große Ausnahmen."
15 Diesen Trost habe ich aber später bei steigender Weltübersicht fast verloren.

Ebensowenig Rettung vor Dir fand ich im Judentum. Hier wäre ja an sich Rettung denkbar gewesen, aber noch mehr, es wäre denkbar gewesen, daß wir uns beide im Judentum gefunden hätten oder daß wir gar von dort einig ausgegangen wären. Aber was war das für Judentum, das ich von Dir bekam! […]

Als Kind machte ich mir, in Übereinstimmung mit Dir, Vorwürfe deshalb, weil ich nicht genügend in den Tempel ging, nicht fastete und so weiter. Ich glaubte nicht mir, sondern Dir ein Unrecht damit zu tun, und Schuldbewußtsein, das ja immer bereit war, durchlief mich.

Später, als junger Mensch, verstand ich nicht, wie Du mit dem Nichts von Judentum, über das Du verfügtest, mir Vorwürfe deshalb machen konntest, daß ich (schon aus Pietät, wie Du Dich ausdrücktest) nicht ein ähnliches Nichts auszuführen mich anstrenge. Es war ja wirklich, soweit ich sehen konnte, ein Nichts, ein Spaß, nicht einmal ein Spaß. Du gingst an vier Tagen im Jahr in den Tempel, warst dort den Gleichgültigen zumindest näher als jenen, die es ernst nahmen, erledigtest geduldig die Gebete als Formalität, setztest mich manchmal dadurch in Erstaunen, daß Du mir im Gebetbuch die Stelle zeigen konntest, die gerade rezitiert wurde, im übrigen durfte ich, wenn ich nur (das war die Hauptsache) im Tempel war, mich herumdrücken, wo ich wollte. Ich durchgähnte und durchduselte also dort die vielen Stunden (so gelangweilt habe ich mich später, glaube ich, nur noch in der Tanzstunde) und suchte mich möglichst an den paar kleinen Abwechslungen zu freuen. […]

Walter Hasenclever
Der Sohn
Zweiter Akt. Zweite Szene

Der Vater tritt ein.
Der Sohn *(geht ihm einen Schritt entgegen)*: Guten Abend, Papa!
Der Vater *(sieht ihn an, ohne ihm die Hand zu reichen, eine Weile)*: Was hast du mir zu sagen?
Der Sohn: Ich habe mein Examen nicht bestanden. Diese Sorge ist vorbei.
Der Vater: Mehr weißt du nicht? Mußte ich deshalb zurückkehren?
Der Sohn: Ich bat dich darum – denn ich möchte mit dir reden, Papa.
Der Vater: So rede!
Der Sohn: Ich sehe in deinen Augen die Miene des Schafotts. Ich fürchte, du wirst mich nicht verstehn.
Der Vater: Erwartest du noch ein Geschenk von mir, weil sich die Faulheit gerächt hat?
Der Sohn: Ich war nicht faul, Papa …
Der Vater *(geht zum Bücherschrank und wirft höhnisch die Bücher um)*: Anstatt diesen Unsinn zu lesen, solltest du lieber deine Vokabeln lernen. Aber ich weiß schon – Ausflüchte haben dir nie gefehlt. Immer sind andere schuld. Was tust du den ganzen Tag? Du singst und deklamierst – sogar im Garten und noch abends im Bett. Wie lange willst du auf der Schulbank sitzen? All deine Freunde sind längst fort. Nur du bist der Tagedieb in meinem Haus.
Der Sohn *(geht hin zum Schrank und stellt die Bücher wieder auf)*: Dein Zorn galt Heinrich von Kleist *(er berührt das Buch zärtlich)*; der hat dir nichts getan. – Welchen Maßstab legst du an!
Der Vater: Bist du schon Schiller oder Matkowsky? Meinst du, ich hörte dich nicht? Aber diese Bücher und Bilder werden verschwinden. Auch auf deine Freunde werde ich ein Auge werfen. Das geht nicht so weiter. Ich habe kein Geld gespart, um dir vorwärtszuhelfen; ich habe dir Lehrer gehalten und Stunden geben lassen. Du bist eine Schande für mich!
Der Sohn: Was hab ich verbrochen? Hab ich Wechsel gefälscht?

DER VATER: Laß diese Phrasen. Du wirst meine Strenge fühlen, da du auf meine Güte nicht hörst.
DER SOHN: Papa, ich hatte anders gedacht, heute vor dir zu stehn. Fern von Güte und Strenge, auf jener Waage mit Männern, wo der Unterschied unseres Alters nicht mehr wiegt. Bitte, nimm mich ernst, denn ich weiß wohl, was ich sage! Du hast über meine Zukunft bestimmt. Ein Sessel blüht mir in Ehren auf einem Amtsgericht. Ich muß dir meine Ausgaben aufschreiben – ich weiß. Und die ewige Scheibe dieses Horizontes wird mich weiterkreisen, bis ich mich eines Tages versammeln darf zu meinen Vätern.
Ich gestehe, ich habe bis heute darüber nicht nachgedacht, denn die Spanne bis zum Ende meiner Schule erschien mir weiter als das ganze Leben. Nun aber bin ich durchgefallen – und ich begann zu sehn. Ich sah mehr als du, Papa, verzeih.
DER VATER: Welche Sprache!
DER SOHN: Eh du mich prügelst, bitte, hör mich zu Ende. Ich erinnre mich gut der Zeit, als du mich mit der Peitsche die griechische Grammatik gelehrt hast. Vor dem Schlaf im Nachthemd, da war mein Körper den Striemen näher! Ich weiß noch, wie du mich morgens überhörtest, kurz vor der Schule; in Angst und Verzweiflung mußt ich zu Hause lernen, wenn sie längst schon begonnen hatte. Wie oft hab ich mein Frühstück erbrochen, wenn ich blutig den langen Weg gerannt bin! Selbst die Lehrer hatten Mitleid und bestraften mich nicht mehr. Papa – ich habe alle Scham und Not ausgekostet. Und jetzt nimmst du mir meine Bücher und meine Freunde, und in kein Theater darf ich gehn, zu keinem Menschen und in keine Stadt. Jetzt nimmst du mir von meinem Leben das Letzte und Ärmste, was ich noch habe.
DER VATER: Wer nicht arbeitet, soll auch nicht essen. Sei froh, daß ich dich nicht längst aus dem Hause gejagt.
DER SOHN: Hättest du es getan, ich wäre ein Stück mehr Mensch, als ich bin.
DER VATER: Du bist noch mein Sohn, und ich muß die Verantwortung tragen. Was du später mit deinem Leben tust, geht mich nichts an. Heute habe ich zu sorgen, daß ein Mensch aus dir wird, der sein Brot verdient, der etwas leistet. […]

Aufgaben zu den Texten auf den Seiten 149–151

FRANZ KAFKA   Brief an den Vater

① Welche Vorwürfe erhebt der Verfasser gegen seinen Vater?
② Welche Forderungen an eine Erneuerung des Menschen ergeben sich daraus?

WALTER HASENCLEVER   Der Sohn

① Halten Sie in zwei getrennten Listen fest, was jeweils der Sohn bzw. der Vater für wichtig hält.
② Beschreiben Sie die unterschiedlichen Bedeutungen, die Vater und Sohn dem Begriff Mensch geben.

d) Skepsis gegenüber moderner Rationalität

RICHARD HUELSENBECK
Der Idiot

Die grauen Kiemen sind herabgelassen
die Ohren weit und mühsam aufgesperrt;
Aus Augen blöd auf ungeheure Massen
von Welten starrend. Exkrement der Rassen.

5 Um ihn sie klappern mit den Tischgeräten,
mit roten Tüchern reizen sie den Stier;
Er aber sinkt und schwimmt, von hier
entfernt auf blauen Tulpenbeeten.

Die Ampel ist vor seiner Nase aufgehängt;
10 Er rührt sie kaum die langen Affenarme,
er brüllt im Lachen doch er scheint gedrängt
zur Wehmut und zum allertiefsten Harme.

In Kirchen sind die roten Teppiche gehängt;
Ein Priester, geil, will ihn mit Pinseln waschen.
15 Da brennt der Wagen. Die Beamten haschen
vor dem Altar ihn, wo die Kerzen schlendern.

Er stemmt die Arme gegen feste Riemen,
die Ziemer knacken, hart sind Eisenstangen,
und Wände, die im Tanze ihn umsprangen,
20 zerreißen die herabgelassenen Kiemen.

Ein Kolibri sitzt zwitschernd auf dem Aas,
die Zweige streicheln sorgsam seine Beine,
die aufgereckt wie Wegweiser aus seinem
Bauche glotzen. Im blanken Sonnenscheine.

25 Mistkäfer gröhlen tief in seinen Lenden;
Die haben sich am Eiter, warm, bezecht.
Ein Bauernkind wirft Steine nach den Enden
seiner Zehen. Auf ihn scheißt ein Knecht.

CARL EINSTEIN
Bebuquin

Bebuquin trat steif in die neblige Nacht. Die Reflexe der Bogenlampen stürmten durch die Baumäste und schwammen wie breite opalisierende Fische in dem nassen Boden. Bebuquin stand ein Ausrufezeichen. Er lief, rannte durch eine Prozession irgendwelcher neuen Sektierer; verschiedene Messiasse, dekorative junge Mädchen rannte er um; es galt, in den Zirkus zu gelangen. Er muß-
5 te aus sich Äußerungen solcher künstlichen unlogischen Bewegungen abzwingen, um zunächst die Physik mit der Kraft seines absterbenden Akts zu widerlegen.
Er ging in eine Loge des Zirkus. Etwas Sonderliches geschah.
Während eines Radlertricks fuhr eine spiegelnde Säule in die Arena, blitzend; eine Flötenbläserin ging nebenher in einer Nonnenkutte. Die Bürger sahen sich darin, bald strahlend übergroß, bald
10 verzerrt; diese Spiegel zwangen, immer wieder hineinzuschauen. Mäuler schluckten die Arena, und die Finsternis aufgerissener Gurgeln verdunkelte sie. Die Blicke versuchten, die hohe Spiegelsäule zu durchbrechen. Ein Weib stürzte aufgewölbten Rocks hinunter unter dem Druck des neugierigen Staunens. Eine Gallerie brach durch; inmitten die Spitzen der unermüdlichen Finger der Bläserin und die Spiegel, die mit dem Schatten der andern sprechend tanzten. Die Säule trat in
15 die Schatten geschwungenen Sprunges.
Die Menschen verwandelten sich in sonderliche Zeichen in den Spiegeln; das Publikum wurde leise irrsinnig und richtete in drehendem Schwindel seine Bewegungen nach denen der Spiegel; um die Spiegel sausten farbige Reflektoren.
Eine innerste Dunkelheit, ein Lichtblitz, der in die Mauer zurückfuhr, eine Anzahl sprang von den
20 Galerien.

Ein junger Mann fuhr zur Decke ins Freie hinaus. „Bagage" rufend.
Das Publikum raste weiter, die Verzerrung für wahr haltend.
Bis in die öde Frühe.
25 Die Paralyse zog in die Stadt ein.
Mehrere Eisenbahnwaggons hielten mittags vor dem Zirkus.
Im friedlichen Sonnenschein sortierte man die Toten aus.
Dann verlud man die Irren.
In der Stadt war ein halb Jahr Fasching. Bürger leisteten Bedeutendes an Absurdität. Ein grotes-
30 ker Krampf überkam die meisten. Ein bescheidener Spaß war's, sich gegenseitig die Hirnschale einzuschlagen. Die Raserei wurde dermaßen schmerzlich, daß man begann zu töten.
Man begann mit einem Alten, der, als Pierrot angezogen, an einem Wegweiser bei den Füßen aufgehängt wurde.
Ein Mädchen, das noch einen Rest Vernunft besaß, schrie „hier stirbt der Allmensch", und bat, sie
35 gleichfalls zu hängen; denn sie sei Mörder und Gehängter schon ohnehin, dank ihrer ethischen Sensibilität.
Sie wurde unter nicht unbedeutenden Greueln beinlings gehängt. Jedoch verübelte man ihr, daß sie keine gute Unterwäsche trug. Verschiedene Messiasse traten mit Erfolg auf, Messiasse der Reinheit, der Wollust, des Pflanzenessens, des Tanzes, hypnotisierende Messiasse und einige ande-
40 re. Hatte man genug Anhänger, so wurde die Sache langweilig. Überlebte Messiasse verwandelte man in Redakteure, zumal ihnen Sensation geläufig war. Die neue Weltanschauung kristallisierte sich zur Ziege, die ein Bein gebrochen hat.
Vor dem Fenster Bebuquins tauchten einige Irre auf. Er neigte sich heraus, die Glatze von der Mittagssonne beleuchtet. Die Fratzen sprangen am Fenster hoch wie Gummibälle, einer schrie „Gib
45 uns wieder zurück, laß uns heraus, nimm die Spiegel weg", denn der gleißende Schrecken der Spiegel hing über der Stadt.

Franz Kafka
Ein Besuch im Bergwerk

Heute waren die obersten Ingenieure bei uns unten. Es ist irgendein Auftrag der Direktion ergangen, neue Stollen zu legen, und da kamen die Ingenieure, um die allerersten Ausmessungen vorzunehmen. Wie jung diese Leute sind und dabei schon so verschiedenartig! Sie haben sich alle frei entwickelt, und ungebunden zeigt sich ihr klar bestimmtes Wesen schon in jungen Jahren.
5 Einer, schwarzhaarig, lebhaft, läßt seine Augen überallhin laufen.
Ein Zweiter mit einem Notizblock, macht im Gehen Aufzeichnungen, sieht umher, vergleicht, notiert.
Ein Dritter, die Hände in den Rocktaschen, so daß sich alles an ihm spannt, geht aufrecht; wahrt die Würde; nur im fortwährenden Beißen seiner Lippen zeigt sich die ungeduldige, nicht zu unter-
10 drückende Jugend.
Ein Vierter gibt dem Dritten Erklärungen, die dieser nicht verlangt; kleiner als er, wie ein Versucher neben ihm herlaufend, scheint er, den Zeigefinger immer in der Luft, eine Litanei über alles, was hier zu sehen ist, ihm vorzutragen.
Ein Fünfter, vielleicht der oberste im Rang, duldet keine Begleitung; ist bald vorn, bald hinten; die
15 Gesellschaft richtet ihren Schritt nach ihm; er ist bleich und schwach; die Verantwortung hat seine Augen ausgehöhlt; oft drückt er im Nachdenken die Hand an die Stirn.
Der Sechste und Siebente gehen ein wenig gebückt, Kopf nah an Kopf, Arm in Arm, in vertrau-

tem Gespräch; wäre hier nicht offenbar unser Kohlenbergwerk und unser Arbeitsplatz im tiefsten Stollen, könnte man glauben, diese knochigen, bartlosen, knollennasigen Herren seien junge Geistliche. Der eine lacht meistens mit katzenartigem Schnurren in sich hinein; der andere, gleichfalls lächelnd, führt das Wort und gibt mit der freien Hand irgendeinen Takt dazu. Wie sicher müssen diese zwei Herren ihrer Stellung sein, ja welche Verdienste müssen sie sich trotz ihrer Jugend um unser Bergwerk schon erworben haben, daß sie hier, bei einer so wichtigen Begehung, unter den Augen ihres Chefs, nur mit eigenen oder wenigstens mit solchen Angelegenheiten, die nicht mit der augenblicklichen Aufgabe zusammenhängen, so unbeirrbar sich beschäftigen dürfen. Oder sollte es möglich sein, daß sie, trotz allen Lachens und aller Unaufmerksamkeit, das, was nötig ist, sehr wohl bemerken? Man wagt über solche Herren kaum ein bestimmtes Urteil abzugeben.

Andererseits ist es aber doch wieder zweifellos, daß zum Beispiel der Achte unvergleichlich mehr als diese, ja mehr als alle anderen Herren bei der Sache ist. Er muß alles anfassen und mit einem kleinen Hammer, den er immer wieder aus der Tasche zieht und immer wieder dort verwahrt, beklopfen. Manchmal kniet er trotz seiner eleganten Kleidung in den Schmutz nieder und beklopft den Boden, dann wieder nur im Gehen die Wände oder die Decke über seinem Kopf. Einmal hat er sich lang hingelegt und lag dort still; wir dachten schon, es sei ein Unglück geschehen; aber dann sprang er mit einem kleinen Zusammenzucken seines schlanken Körpers auf. Er hatte also wieder nur eine Untersuchung gemacht. Wir glauben unser Bergwerk und seine Steine zu kennen, aber was dieser Ingenieur auf diese Weise hier immerfort untersucht, ist uns unverständlich.

Ein Neunter schiebt vor sich eine Art Kinderwagen, in welchem die Meßapparate liegen. Äußerst kostbare Apparate, tief in zarteste Watte eingelegt. Diesen Wagen sollte ja eigentlich der Diener schieben, aber es wird ihm nicht anvertraut; ein Ingenieur mußte heran und er tut es gern, wie man sieht. Er ist wohl der Jüngste, vielleicht versteht er noch gar nicht alle Apparate, aber sein Blick ruht immerfort auf ihnen, fast kommt er dadurch manchmal in Gefahr, mit dem Wagen an eine Wand zu stoßen.

Aber da ist ein anderer Ingenieur, der neben dem Wagen hergeht und es verhindert. Dieser versteht offenbar die Apparate von Grund aus und scheint ihr eigentlicher Verwahrer zu sein. Von Zeit zu Zeit nimmt er, ohne den Wagen anzuhalten, einen Bestandteil der Apparate heraus, blickt hindurch, schraubt auf oder zu, schüttelt und beklopft, hält ans Ohr und horcht; und legt schließlich, während der Wagenführer meist stillsteht, das kleine, von der Ferne kaum sichtbare Ding mit aller Vorsicht wieder in den Wagen. Ein wenig herrschsüchtig ist dieser Ingenieur, aber doch nur im Namen der Apparate. Zehn Schritte vor dem Wagen sollen wir schon, auf ein wortloses Fingerzeichen hin, zur Seite weichen, selbst dort, wo kein Platz zum Ausweichen ist.

Hinter diesen zwei Herren geht der unbeschäftigte Diener. Die Herren haben, wie es bei ihrem großen Wissen selbstverständlich ist, längst jeden Hochmut abgelegt, der Diener dagegen scheint ihn in sich aufgesammelt zu haben. Die eine Hand im Rücken, mit der anderen vorn über seine vergoldeten Knöpfe oder das feine Tuch seines Livreerockes streichend, nickt er öfters nach rechts und links, so als ob wir gegrüßt hätten und er antwortete, oder so, als nehme er an, daß wir gegrüßt hätten, könne es aber von seiner Höhe aus nicht nachprüfen. Natürlich grüßen wir ihn nicht, aber doch möchte man bei seinem Anblick fast glauben, es sei etwas Ungeheures, Kanzleidiener der Bergdirektion zu sein. Hinter ihm lachen wir allerdings, aber da auch ein Donnerschlag ihn nicht veranlassen könnte, sich umzudrehen, bleibt er doch als etwas Unverständliches in unserer Achtung.

Heute wird wenig mehr gearbeitet; die Unterbrechung war zu ausgiebig; ein solcher Besuch nimmt alle Gedanken an Arbeit mit sich fort. Allzu verlockend ist es, den Herren in das Dunkel des Probestollens nachzublicken, in dem sie alle verschwunden sind. Auch geht unsere Arbeitsschicht bald zu Ende; wir werden die Rückkehr der Herren nicht mehr mit ansehen.

ERNST STADLER
Fahrt über die Kölner Rheinbrücke bei Nacht

Der Schnellzug tastet sich und stößt die Dunkelheit entlang.
Kein Stern will vor. Die ganze Welt ist nur ein enger, nachtumschienter Minengang.
Darein zuweilen Förderstellen blauen Lichtes jähe Horizonte reißen: Feuerkreis
Von Kugellampen, Dächern, Schloten, dampfend, strömend ... nur sekundenweis ...
5 Und wieder alles schwarz. Als führen wir ins Eingeweid der Nacht zur Schicht.
Nun taumeln Lichter her ... verirrt, trostlos vereinsamt ... mehr ... und sammeln sich ...
                                                             und werden dicht.
Gerippe grauer Häuserfronten liegen bloß, im Zwielicht bleichend, tot – etwas muß kommen –
                                                             o, ich fühl es schwer
10 Im Hirn. Eine Beklemmung singt im Blut. Dann dröhnt der Boden plötzlich wie ein Meer:
Wir fliegen, aufgehoben, königlich durch nachtentrissne Luft, hoch übern Strom. O Biegung der
                                                       Millionen Lichter, stumme Wacht,
Vor deren blitzender Parade schwer die Wasser abwärts rollen. Endloses Spalier,
                                                          zum Gruß gestellt bei Nacht!
15 Wie Fackeln stürmend! Freudiges! Salut von Schiffen über blauer See! Bestirntes Fest!
Wimmelnd, mit hellen Augen hingedrängt! Bis wo die Stadt mit letzten Häusern
                                                            ihren Gast entläßt.
Und dann die langen Einsamkeiten. Nackte Ufer. Stille. Nacht. Besinnung. Einkehr. Kommunion.
                                                            Und Glut und Drang
20 Zum Letzten, Segnenden. Zum Zeugungsfest. Zur Wollust. Zum Gebet. Zum Meer.
                                                              Zum Untergang.

GEORG HEYM
Der Krieg

    Aufgestanden ist er, welcher lange schlief,
    Aufgestanden unten aus Gewölben tief.
    in der Dämmrung steht er groß und unerkannt,
    Und den Mond zerdrückt er in der schwarzen Hand.

5   In den Abendlärm der Städte fällt es weit,
    Frost und Schatten einer fremden Dunkelheit,
    Und der Märkte runder Wirbel stockt zu Eis.
    Es wird still. Sie sehn sich um. Und keiner weiß.

    In den Gassen faßt es ihre Schulter leicht.
10 Eine Frage. Keine Antwort. Ein Gesicht erbleicht.
    In der Ferne wimmert ein Geläute dünn
    Und die Bärte zittern um ihr spitzes Kinn.

    Auf den Bergen hebt er schon zu tanzen an
    Und er schreit: Ihr Krieger alle, auf und an.
15 Und es schallet, wenn das schwarze Haupt er schwenkt,
    Drum von tausend Schädeln laute Kette hängt.

Einem Turm gleich tritt er aus die letzte Glut,
Wo der Tag flieht, sind die Ströme schon voll Blut.
Zahllos sind die Leichen schon im Schilf gestreckt,
20 Von des Todes starken Vögeln weiß bedeckt.

Über runder Mauern blauem Flammenschwall
Steht er, über schwarzer Gassen Waffenschall.
Über Toren, wo die Wächter liegen quer,
Über Brücken, die von Bergen Toter schwer.

25 In der Nacht er jagt das Feuer querfeldein
Einen roten Hund mit wilder Mäuler Schrein.
Aus dem Dunkel springt der Nächte schwarze Welt,
Von Vulkanen furchtbar ist ihr Rand erhellt.

Und mit tausend roten Zipfelmützen weit
30 Sind die finstren Ebnen flackend überstreut,
Und was unten auf den Straßen wimmelt hin und her,
Fegt er in die Feuerhaufen, daß die Flamme brenne mehr.

Und die Flammen fressen brennen Wald um Wald,
Gelbe Fledermäuse zackig in das Laub gekrallt.
35 Seine Stange haut er wie ein Köhlerknecht
In die Bäume, daß das Feuer brause recht.

Eine große Stadt versank in gelbem Rauch,
Warf sich lautlos in des Abgrunds Bauch.
Aber riesig über glühnden Trümmern steht
40 Der in wilde Himmel dreimal seine Fackel dreht,

Über sturmzerfetzter Wolken Widerschein,
In des toten Dunkels kalte Wüstenein,
Daß er mit dem Brande weit die Nacht verdorr,
Pech und Feuer träufet unten auf Gomorrh.

Aufgaben zu dem Bild auf der Seite 157

ALFRED KUBIN   Der Krieg

① Beschreiben Sie die 1907 entstandene Zeichnung Kubins. Achten Sie besonders darauf, welche Elemente und historischen „Anspielungen" der Künstler mit dem Begriff Krieg verbindet.
② Worin finden sich Ähnlichkeiten und Unterschiede zu den Kriegsgedichten von Heym, Trakl und Stramm (S. 148)?

GEORG TRAKL
Grodek

Am Abend tönen die herbstlichen Wälder
Von tödlichen Waffen, die goldnen Ebenen
Und blauen Seen, darüber die Sonne
Düstrer hinrollt; umfängt die Nacht
5   Sterbende Krieger, die wilde Klage
Ihrer zerbrochenen Münder.
Doch stille sammelt im Weidengrund
Rotes Gewölk, darin ein zürnender Gott wohnt
Das vergoßne Blut sich, mondne Kühle;
10 Alle Straßen münden in schwarze Verwesung.
Unter goldnem Gezweig der Nacht und Sternen
Es schwankt der Schwester Schatten durch den schweigenden Hain,
Zu grüßen die Geister der Helden, die blutenden Häupter;
Und leise tönen im Rohr die dunkeln Flöten des Herbstes.
15 O stolzere Trauer! Ihr ehernen Altäre
Die heiße Flamme des Geistes nährt heute ein gewaltiger Schmerz,
Die ungebornen Enkel.

Alfred Kubin, Der Krieg, 1907

Aufgaben zu den Texten auf den Seiten 152–157

RICHARD HUELSENBECK   Der Idiot

① Erklären Sie, worin die Provokation des Gedichts besteht.

CARL EINSTEIN   Bebuquin

① Stellen Sie fest, wo die Erzähllogik Brüche aufweist.
② Nennen Sie einige der für Expressionisten wichtigen Erscheinungen der Wirklichkeit, die in dem Romankapitel angesprochen werden.
③ Welche Funktion hat die einfach gehaltene Sprache?
④ Wie verhält sich dieser Text zur Romantradition des „Poetischen Realismus"?

FRANZ KAFKA   Ein Besuch im Bergwerk

① Wie lassen sich Erzähler und Figuren den Beschäftigten des Bergwerks zuordnen?
② In welcher Weise tritt Technik in diesem Text auf?
③ Wie wird die Leserreaktion durch die vom Text aufgezwungene Perspektive beeinflußt?

ERNST STADLER   Fahrt über die Kölner Rheinbrücke bei Nacht

① Beschreiben Sie Grammatik und Zeichensetzung dieses Gedichts. Welche Schlüsse lassen sich daraus für die Wirkungsabsicht ziehen?
② Erörtern Sie, ob in dem Gedicht die dargestellte Wirklichkeit oder die poetischen Bilder moderner sind.

GEORG HEYM   Der Krieg

① Nach dem Wort eines Interpreten ist „das Gedicht von der innigen Gefühlssprache des humanen und subjektiven Stimmungsgedichts [...] weit entfernt." Weisen Sie diese Feststellung durch eine Analyse der Sprache und der (äußeren) Form nach. Suchen Sie nach Gründen für die Abwendung.
② Untersuchen Sie die Dimensionen des „unten" und „oben". Welches Bild ergibt sich?
③ Welche Haltung nimmt das Gedicht gegenüber dem Krieg ein?

GEORG TRAKL   Grodek

① Untersuchen Sie den Wortschatz, mit dem Trakl die „Teilnehmer" und Orte der Schlacht benennt. Bedenken Sie dabei, daß das Gedicht 1914 entstand.
② Was erwarten Sie von einem Kriegsgedicht mit dem (Orts-)Namen „Grodek"? Wird die geschilderte Landschaft dieser Erwartung gerecht?
③ Wie unterscheidet sich Trakls Bilderwelt von der Heyms?

Übergreifende Fragestellung

Vergleichen Sie Form und Inhalt der drei Kriegsgedichte von Heym (1912), Trakl (1914) und Stramm (1915; S. 148). Welches würden Sie als „modern" bezeichnen?

e) Lebensraum Stadt

GEORG TRAKL
An die Verstummten

O, der Wahnsinn der großen Stadt, da am Abend
An schwarzer Mauer verkrüppelte Bäume starren,
Aus silberner Maske der Geist des Bösen schaut;
Licht mit magnetischer Geißel die steinerne Nacht verdrängt.
5 O, das versunkene Läuten der Abendglocken.

Hure, die in eisigen Schauern ein totes Kindlein gebärt.
Rasend peitscht Gottes Zorn die Stirne des Besessenen,
Purpurne Seuche, Hunger, der grüne Augen zerbricht.
O, das gräßliche Lachen des Golds.

10 Aber stille blutet in dunkler Höhle stummere Menschheit,
Fügt aus harten Metallen das erlösende Haupt.

GEORG HEYM
Die Menschen stehen vorwärts in den Straßen ...

Die Menschen stehen vorwärts in den Straßen
Und sehen auf die großen Himmelszeichen,
Wo die Kometen mit den Feuernasen
Um die gezackten Türme drohend schleichen.

5 Und alle Dächer sind voll Sternedeuter,
Die in den Himmel stecken große Röhren.
Und Zaubrer, wachsend aus den Bodenlöchern,
In Dunkel schräg, die einen Stern beschwören.

Krankheit und Mißwachs durch die Tore kriechen
10 In schwarzen Tüchern. Und die Betten tragen
Das Wälzen und das Jammern vieler Siechen,
Und welche rennen mit den Totenschragen.

Selbstmörder gehen nachts in großen Horden,
Die suchen vor sich ihr verlornes Wesen,
15 Gebückt in Süd und West, und Ost und Norden,
Den Staub zerfegend mit den Armen-Besen.

Sie sind wie Staub, der hält noch eine Weile,
Die Haare fallen schon auf ihren Wegen,
Sie springen, daß sie sterben, nun in Eile,
20 Und sind mit totem Haupt im Feld gelegen.

[...]

ALFRED WOLFENSTEIN
Städter

Nah wie Löcher eines Siebes stehn
Fenster beieinander, drängend fassen
Häuser sich so dicht an, daß die Straßen
Grau geschwollen wie Gewürgte sehn.

5 Ineinander dicht hineingehakt
Sitzen in den Trams die zwei Fassaden
Leute, wo die Blicke eng ausladen
Und Begierde ineinander ragt.

Unsre Wände sind so dünn wie Haut,
10 Daß ein jeder teilnimmt, wenn ich weine,
Flüstern dringt hinüber wie Gegröhle:

Und wie stumm in abgeschloßner Höhle
Unberührt und ungeschaut
Steht doch jeder fern und fühlt: alleine.

GOTTFRIED BENN
Nachtcafé

824: Der Frauen Liebe und Leben.
Das Cello trinkt rasch mal. Die Flöte
rülpst tief drei Takte lang: das schöne Abendbrot.
Die Trommel liest den Kriminalroman zu Ende.

5 Grüne Zähne, Pickel im Gesicht
winkt einer Lidrandentzündung.

Fett im Haar
spricht zu offenem Mund mit Rachenmandel
Glaube Liebe Hoffnung um den Hals.

10 Junger Kropf ist Sattelnase gut.
Er bezahlt für sie drei Biere.

Bartflechte kauft Nelken,
Doppelkinn zu erweichen.

B-moll: die 35. Sonate.
15 Zwei Augen brüllen auf:
Spritzt nicht das Blut von Chopin in den Saal,
damit das Pack drauf rumlatscht!
Schluß! He, Gigi! –

Die Tür fließt hin: Ein Weib.
20 Wüste ausgedörrt. Kanaanitisch braun.
Keusch. Höhlenreich. Ein Duft kommt mit. Kaum Duft.
Es ist nur eine süße Vorwölbung der Luft
gegen mein Gehirn.

Eine Fettleibigkeit trippelt hinterher.

ELSE LASKER-SCHÜLER
Ein Lied der Liebe

Seit du nicht da bist,
Ist die Stadt dunkel.

Ich sammle die Schatten
Der Palmen auf,
5 Darunter du wandeltest.

Immer muß ich eine Melodie summen,
Die hängt lächelnd an den Ästen.

Du liebst mich wieder –
Wem soll ich mein Entzücken sagen?

10 Einer Waise oder einem Hochzeitler,
Der im Widerhall das Glück hört.

Ich weiß immer,
Wann du an mich denkst –

Dann wird mein Herz ein Kind
15 Und schreit.

An jedem Tor der Straße
Verweile ich und träume;

Ich helfe der Sonne deine Schönheit malen
An allen Wänden der Häuser.

20 Aber ich magere
An deinem Bilde.

Um schlanke Säulen schlinge ich mich
Bis sie schwanken.

Überall steht Wildedel,
25 Die Blüten unseres Blutes.

Wir tauchen in heilige Moose,
Die aus der Wolle goldener Lämmer sind.

Wenn doch ein Tiger
Seinen Leib streckte
30 Über die Ferne, die uns trennt,
Wie zu einem nahen Stern.

Auf meinem Angesicht
Liegt früh dein Hauch.

Aufgaben zu den Texten auf den Seiten 159–160

GEORG TRAKL   An die Verstummten

① Welche bedrohlichen Momente und welche beklagenswerten Verluste durch die moderne Großstadt werden genannt?
② Welche sprachlichen Verformungen nimmt der Verfasser bei der Nennung der realen Erscheinungen vor, und welche Wirkungen dürften damit beabsichtigt sein? (Formulieren Sie auch Ihren eigenen Ersteindruck!)
③ Die Überschrift des Gedichts verweist auf die vorletzte Zeile, die ihrerseits durch den Begriff „erlösend" in der letzten Zeile weitergeführt wird. Interpretieren Sie diese Schlußstrophe des Gedichts unter Verwendung der Informationen der Einleitung.

GEORG HEYM   Die Menschen stehen vorwärts in den Straßen ...

① Weisen Sie anhand verschiedener Begriffe nach, daß Heym einen biblischen Hintergrund verarbeitet. Stellen Sie den biblischen Konnotationen dieser Begriffe die im Gedicht geschaffenen entgegen. Deuten Sie Ihre Befunde.
② Die Begriffe „Straßen", „gezackte Türme", „Dächer" deuten den Ort an, von dem die Rede sein soll. Welche bedrohlichen Erscheinungen sind diesem Ort zugeschrieben?
③ Schon die erste Zeile enthält ein Paradox. Suchen Sie weitere im Text, und beschreiben Sie ihren Einfluß auf den Versuch, das Gedicht inhaltlich zu deuten.

ALFRED WOLFENSTEIN   Städter

① Untersuchen Sie den Zusammenhang von Form und Inhalt des Gedichts.
② Trennen Sie die beschreibenden Teile von den bildlichen Assoziationen, und stellen Sie die Wechselwirkungen zwischen beiden fest.

GOTTFRIED BENN   Nachtcafé

① Das Gedicht stellt unvermittelt Ästhetisches neben ausgesprochen Unästhetisches. Welche Haltung nimmt damit der Verfasser gegenüber der lyrischen Tradition ein?
② In dem Gedicht wird von dem rhetorischen Mittel der Katachrese ausgiebiger Gebrauch gemacht. Suchen Sie einschlägige Beispiele im Text, und prüfen Sie, welche Auswirkungen diese Form der Montage auf die Darstellung der Wirklichkeit hat.

ELSE LASKER-SCHÜLER   Ein Lied der Liebe

① Welche Formulierungen in diesem Gedicht deuten an, daß die angesprochene Liebesbeziehung nicht in jeder Hinsicht vollkommen ist?
② Wo verstoßen syntaktisch richtig gebaute Sätze gegen sprachliche Verknüpfungsregeln? Erklären Sie aus der expressionistischen Poetik, wie ein Leser mit solchen rational nicht verständlichen Chiffren umgehen soll.

f) Menschheitsprobleme

GEORG KAISER
Die Bürger von Calais

[Der König von England hat als Eroberer der Stadt Calais sechs Opfer gefordert, die zur Strafe für den langen Widerstand der Stadt getötet werden sollen. Es haben sich aber sieben Freiwillige gemeldet. Der Bürgermeister Eustache de Saint-Pierre lehnt einen Entscheid durch das Los ab.]

[...]

EUSTACHE DE SAINT-PIERRE *stärker.* Heute sucht ihr die Entscheidung – heute betäubt ihr euern Entschluß – heute überwältigt ihr mit Fieber euren Willen. Ein schweler Rauch trübt um euch von Stirn zu Sohlen und verhüllt den Weg vor euch. Seid ihr würdig, ihn zu gehen? Zu diesem Ziel zu wallen? Diese Tat zu tun – die ein Frevel ist – ohne verwandelte Täter? Seid ihr reif – für
5   eure neue Tat? – Die an allem Bestand lockert – die alten Ruhm verhaucht – die langen Mut knickt – was klang, dämpft – was glänzte, schwärzt – was galt, verwirft! – Seid ihr die neuen Täter? – Ist eure Hand kühl – euer Blut ohne Fieber – eure Begierde ohne Wut? Steht ihr bei eurer Tat – hoch wie diese? Ein halbes ist die Tat – ein halbes der Täter – eins zerstört ohne das andere – sind wir nur Frevler? –
10 *Die anderen blicken hingenommen nach ihm über den Tisch.*
EUSTACHE DE SAINT-PIERRE. Ihr buhlt um diese Tat – vor ihr streift ihr eure Schuhe und Gewänder ab. Sie fordert euch nackt und neu. Um sie klirrt kein Streit – schwillt kein Brand – gellt kein Schrei. An eurer Brunst und wütenden Begierde entzündet ihr sie nicht. Eine klare Flamme ohne Rauch brennt sie – kalt in ihrer Hitze – milde in ihrem Blenden. So ragt sie hinaus –
15 so geht ihr den Gang – so nimmt sie euch an: – ohne Halt und ohne Hast – kühl und hell in euch – ihr froh ohne Rausch – ihr kühn ohne Taumel – ihr willig ohne Wut – ihr neue Täter der neuen Tat! – – Tat und Täter schon verschmolzen – wie heute in morgen! Wie wollt ihr heute und morgen noch trennen, wenn euer Wille sich nicht mehr von eurer Tat scheidet? Wenn ihr sie leicht und lang bis an das Ende rollt, in dem ihr überliefert seid oder entlassen? Was versucht
20 euch noch? Was bemüht euch noch? Ist eure Ungeduld nicht verblasen – und tönt als böser Schall vor diesem Saal? –
Er erhob seine Stimme gegen den außen anwachsenden Lärm, der rasch vordringt. Die Tür rechts vorne wird aufgerissen: Jean de Vienne an der Spitze vieler Gewählter Bürger überstürzt herein.
JEAN DE VIENNE *schreiend.* Eustache de Saint-Pierre, die Wachen sind von dem Eingang getrieben
25 – wir haben die Türen geschlossen – sie halten noch Widerstand!
Dauernde Stöße gegen die Tür hallen herein.
EIN GEWÄHLTER BÜRGER. Sie stürmen die Tür!
Ein krachender Schlag dicht draußen – dem jubelndes Geschrei folgt.
EIN ANDERER GEWÄHLTER BÜRGER. Die Treppe ist frei vor ihnen!
30 EIN ANDERER GEWÄHLTER BÜRGER. Sie laufen die Treppe hoch!
EIN ANDERER GEWÄHLTER BÜRGER. Sie kommen in den Saal!
EIN ANDERER GEWÄHLTER BÜRGER. Sie wollen sich eines von euch mit Gewalt bemächtigen!
JEAN DE VIENNE. Eustache de Saint-Pierre, wen hat das Los befreit?
EUSTACHE DE SAINT-PIERRE *hat sich aufgerichtet, laut.* Ein Irrtum ist unterlaufen – die Kugeln
35 wurden in der Schüssel vertauscht. Wir haben uns redlich gequält – jetzt mangelt uns die Kraft, das Spiel zu wiederholen! – *Noch stärker.* Wir wollen uns ruhen bis an den Morgen – *Auch an die um den Tisch.* – mit der ersten Glocke soll jeder von seinem Hause aufbrechen – und wer zuletzt in der Mitte des Marktes ankommt – ist los!
Alle schweigen betroffen.

40 JACQUES DE WISSANT und PIERRE DE WISSANT *um den Tisch vor ihn laufend.* Eustache de Saint-Pierre –
PIERRE DE WISSANT *allein fortfahrend.* Wir beide gehen morgen von demselben Haus – sollen wir wieder das Spiel verwirren, wenn wir zusammen auf dem Markt ankommen?
EUSTACHE DE SAINT-PIERRE. Sorgt ihr doch um den Morgen? Könnt ihr nicht mit euren jungen
45 Füßen vor den anderen laufen und die ersten im Ziel werden? – *Er steht auf.*
JEAN DE VIENNE. Eustache de Saint-Pierre, willst du vor den wütenden Sturm draußen treten?
EUSTACHE DE SAINT-PIERRE *denen am Tisch zuwinkend.* Nicht ich – wir sind sieben: – soll es sie nicht besänftigen, daß einer noch zuviel ist? Kann nicht einen von uns über Nacht seine Erregung ohnmächtig machen? Ist es nicht klug, den Überfluß zu bewahren? – Wir wollen es ihnen
50 deutlich sagen!
Die Sieben steigen von der erhöhten Schwelle und gehen an Jean de Vienne und den Gewählten Bürgern vorüber, deren sie mit keinem Zeichen mehr achten, aus der Tür und in den Lärm hinein, der schnell verebbt und verstummt. Jean de Vienne und die Gewählten Bürger sehen sich staunend an.

FRANZ WERFEL
Die Versuchung

[...]

DER ERZENGEL: Nun hast du dich erkannt. Nun weißt du ganz, daß dein Reich von dieser Welt nicht von dieser Welt ist. Das ist, o Dichter, dein Geburtstag. Und in dieser Welt der Gesandte, der Mittler, der Verschmähte zu sein, ist dein Schicksal. Kein Gesetz, keine Moral gilt für dich, denn du bist der unsrigen, der unendlichen Geister einer.
5 DER DICHTER: Welch unbekannter Stolz durchrollt mich, welch neue Stärke faltet meine Stirne? Die Welt braucht mich.
Ja, ich höre eure Stimmen alle.
Der blonde verprügelte Soldat ruft mich, ein kaum getötetes Häslein, das fröhliche Jäger mit in die Stube brachten, wartet, daß ich fühle, wie anmutig mädchenhaft sein kleiner Körper erstarrt.
10 Die große Zigarre eines Börseaners sieht mich seltsam an, und ich allein, ich allein empfinde für sie, daß sie nun bald nicht mehr sein wird, nicht einmal mehr Rauch. Eine kleine energische Frau sagt: „Ja, als dann mein Bruder selig starb, war ich ganz allein." Und meine Seele umarmt sie und weiß alles, das Abstauben bei fremden Leuten am Morgen, das Mittagessen in der Küche (sehr viel Zimmet und Zucker), den Hausherrn in Pantoffeln, seine großen, roten, haa-
15 rigen Hände, wie sie nach dem runden, festen Busen tasten.
Auch dein Ärger spricht zu mir, heute, unvorteilhaft gekleidetes Mädchen auf dem Kränzchen, und deinen Mut schöpfe ich aus, Minister, wenn du ruhig dem Wirbel der Tintenfässer und Lineale standhältst.
Bronislawa, Barmaid, du tanzest mit einem schlanken Idioten. Und ich vergehe vor Schmerz
20 und Jubel, denn bald, bald wird dein wunderbarer, zarter Körper erlöst sein. Du bist nicht mehr. Mit dem Walzer der Damenkapelle, mit dem Weingeruch, mit der langsamen Höflichkeit der Kellner stürzest du ein. Dein silbriges Skelett fast ein Sarg. Doch dein unsterblicher Augenaufschlag, der harte Tanzschritt deines Fußes, dein flatternder Alt, die Hingabe durch den Mann hindurch an dich selbst, deine unsinnigen Redensarten, dies alles, alles entschwebt und
25 ist überall da, und ich Glücklicher finde es, wenn der Mond aufgeht und Mädchen den Eimer aus dem Brunnen emporkurbeln.
Engel, mein Engel, jetzt fühle ich, daß ich von deinem Geschlechte bin. Ich bewundere mich. Ich bin groß.

DER ERZENGEL: Wie du's erkennst, bist du es schon. Aber, mein Sohn und Bruder, sage, was hörst du jetzt für Stimmen?
DER DICHTER: Stimmen der Lästerung und des Unverstands. Ich will mich auf eine Steinbank setzen und himmlisch lachen. Nein, nicht mehr glaube ich von meinem Erdenwallen, daß es nutzlos und unfruchtbar sei.
Mögen sie nur rufen und achselzucken: Schwächling, Weichtier!
Ich führe und leite sie doch.
Die ganze grüne Erde liegt da und schweigt.
Ich werde sie ihnen schenken, und sie werden reich von meiner Armut sein.
Denn siehe, ich bin die Verkündigung! […]

GEORG TRAKL
Menschheit

Menschheit vor Feuerschlünden aufgestellt,
Ein Trommelwirbel, dunkler Krieger Stirnen,
Schritte durch Blutnebel; schwarzes Eisen schellt,
Verzweiflung, Nacht in traurigen Gehirnen:
5 Hier Evas Schatten, Jagd und rotes Geld.
Gewölk, das Licht durchbricht, das Abendmahl.
Es wohnt in Brot und Wein ein sanftes Schweigen
Und jene sind versammelt zwölf an Zahl.
Nachts schrein im Schlaf sie unter Ölbaumzweigen;
10 Sankt Thomas taucht die Hand ins Wundenmal.

Aufgaben zu den Texten auf den Seiten 162–164

GEORG KAISER   Die Bürger von Calais

① Warum verschiebt Eustache de Saint-Pierre die Entscheidung auf den nächsten Tag? Erläutern Sie das neue Auswahlverfahren, insbesondere den Begriff der Tat.
② Welcher Zusammenhang besteht zwischen dem moralischen Problem, um das es hier geht, und der gewählten Sprache?

FRANZ WERFEL   Die Versuchung

① Beschreiben Sie die Rolle des Künstlers, wie er im Text dargestellt wird.
② In welchem Licht erscheint die Normalität des bürgerlichen Lebens?
③ Diskutieren Sie die These, im Expressionismus sei, wie schon in der Romantik, die Kunst zum Religionsersatz geworden.

GEORG TRAKL   Menschheit

① Das Gedicht besteht inhaltlich aus zwei Teilen. Welche gedanklichen und begrifflichen Verbindungen können Sie herstellen?
② Die beiden Mittelzeilen, die den Übergang von einem zum anderen Inhaltsbereich schaffen, sind syntaktisch kaum gestaltet. Versuchen Sie eine Umformulierung in ganze Sätze, so daß die bewußte Vagheit des Inhalts konkretisiert wird.
③ Wie hat Trakl den biblischen Mythos im zweiten Teil des Gedichts verändert?

IV. Weimarer Republik

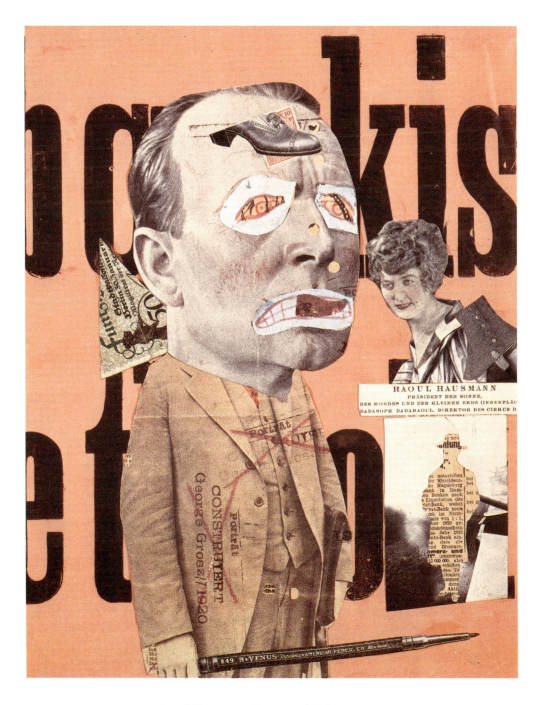

Raoul Hausmann, Der Kunstkritiker, 1919/20

1. Grundzüge der Epoche

Anfang November 1918 verzichtete der Kaiser unter dem Druck der Verhältnisse auf den Thron, eine republikanische Übergangsregierung übernahm die Macht. 1919 beschloß eine Nationalversammlung in Weimar eine demokratische Verfassung. Doch die politischen Wirren, die dem Zusammenbruch der alten Ordnung folgten (Separationsbestrebungen, Putschversuche, Generalstreiks) und im Jahre 1923 einen Höhepunkt erreichten, verhinderten zusammen mit den wirtschaftlichen und politischen Belastungen durch den Versailler Vertrag von Anfang an eine stabile politische und soziale Ordnung. Die **Republik** fand außerhalb der regierenden Parteien wenig Unterstützung; die neue Staatsform blieb für viele ein Fremdkörper.
Als schließlich 1929 die **Weltwirtschaftskrise** den kurzen wirtschaftlichen Aufschwung zwischen 1924 (Dawes-Plan) und 1927 beendete und ein Heer von Arbeitslosen verursachte, setzte ein Zustrom zu den radikalen Parteien auf dem rechten und linken Rand ein, der 1932 nach den letzten freien Wahlen den Sturz der bürgerlichen Parteien zur Folge hatte. Die extreme **Polarisierung** hatte zur **Radikalisierung** geführt, Haß und Gewalt bestimmten mehr und mehr das öffentliche Bild. Am Endpunkt dieser Entwicklung standen Hitlers Berufung zum Reichskanzler, die Reichsbrandverordnung und das Ermächtigungsgesetz von 1933, das der Demokratie in Deutschland für mehr als zwölf Jahre ein Ende setzte (s. S. 195).
Im gesellschaftlichen Bereich ist das rasche Ansteigen der Industriearbeiterschaft und der Gruppe der Angestellten kennzeichnend. Der „Neue Mittelstand", wie ihn die Angestellten darstellen, und die Entstehung einer vor allem städtischen **Massengesellschaft** gelten als wesentliche Veränderung der sozialen Wirklichkeit des 20. Jahrhunderts. Masse und Massenverhalten stehen daher im Mittelpunkt soziologischer, politischer und philosophischer Überlegungen. Die wichtigsten wie Ortega y Gassets *Aufstand der Massen* (1928) oder Karl Jaspers' *Die geistige Situation der Zeit* (1930) wurden heftig diskutiert, Le Bons schon 1895 erschienene Schrift *Psychologie der Massen* fand jetzt weite Verbreitung auch in Deutschland. Die Vorstellung von

George Grosz, Ameisen, 1920/21

Grundzüge der Epoche 167

„Vermassung" rief Ängste, aber ebenso Hoffnungen hervor. Die Massendemokratie der neuen Republik konnte (und sollte) auch zum Träger einer modernen demokratischen Kultur werden. Das Vorbild für die Avantgarde um BERTOLT BRECHT (1898–1956), LION FEUCHTWANGER (1884–1958) und ALFRED DÖBLIN (1878–1957) waren dabei England und Frankreich, vor allem aber Amerika. Berlin wurde für viele zum Zentrum des amerikanischen Einflusses. Die Nachahmung des amerikanischen „way of life" galt als Absage an ein individualistisches Kunstverständnis, das auf humanistisch-idealistischen Werten beruhte. Im Ersten Weltkrieg, in den Massenbewegungen der Arbeiter und durch die Folgen der Inflation war dieses fragwürdig geworden. Auch das Vorbild der russischen Revolution und der mit ihr entwickelten Vorstellungen einer revolutionären Literatur (besonders das sog. Agitprop-Theater) wirkten ab der Mitte der 20er Jahre z. B. auf die Theaterarbeit Brechts und ERWIN PISCATORS (1893–1966). Kultur sollte auf neue Weise die Massen erreichen; besonders geeignet dafür erschienen die Medien **Rundfunk** und **Film**. Deren Janusköpfigkeit wurde dabei wohl erkannt: „Der amerikanische Film", schrieb der Kulturkritiker Herbert Ihering 1926, „ist der neue Weltmilitarismus [...]. Er ist gefährlicher als der preußische [...]. Er verschlingt Völkerindividuen [...]. Die Zahl der Menschen, die Filme sieht und keine Bücher liest, geht in die Millionen." – Mancher Film griff auf eine Buchvorlage zurück. *Der blaue Engel*, nach Heinrich Manns *Professor Unrat*, wurde mit Emil Jannings und Marlene Dietrich einer der wenigen Welterfolge des deutschen Tonfilms – veränderte allerdings in entscheidenden Punkten den Roman: Aus dem machtlüsternen und verklemmten Spießbürger wurde die tragische Figur eines Sonderlings.
Die **Literatur** mußte sich den neuen Anforderungen stellen: Auf dem Buchmarkt erschienen ungewohnte Reklame- und Marketingtechniken (z. B. Bestsellerlisten); Autoren wie Brecht versuchten, mit krassen Effekten und anderen auf das Publikum bezogenen „Strategien" Gehör zu finden, viele von ihnen benutzten aber auch die neuen Medien: Sie schrieben Hörspiele (Brecht sein *Radiolehrstück für Knaben und Mädchen: Ozeanflug*), lasen im Rundfunk (Gottfried Benn, Marieluise Fleißer), verarbeiteten ihre Werke im Film (Döblin, *Berlin Alexanderplatz*) oder Rundfunk (Brecht, *Heilige Johanna der Schlachthöfe*). Journalistische Formen fanden, wenngleich zögernd, Anerkennung. Reportagen (z. B. von Egon Erwin Kisch), Glossen und Satiren (z. B. von Kurt Tucholsky) erschienen auch in Buchausgaben. Der Essay gewann an literarischer Bedeutung. Mit der Berliner Zeitschrift *Die Weltbühne* entstand ein für solche Formen geeignetes, vielgelesenes Publikationsorgan.

Die Literatur der Weimarer Republik ist wie die politische Landschaft gezeichnet von den Auseinandersetzungen um den einzuschlagenden Weg. Wie in der Politik sind daher **Pluralismus** der Strömungen inhaltlicher und formaler Art, **Polarisierung** der Lager und **Radikalisierung** der Absichten wesentliche Kennzeichen der literarischen Epoche.
Der Pluralismus läßt einen einheitlichen Epochenbegriff nicht zu; auch die Benennung einer dominierenden Gruppe, wie sie die Expressionisten darstellten, ist nicht möglich. Die nebeneinander herlaufenden Strömungen lassen sich nur andeuten:
Die Vertreter des **Expressionismus** entfalteten noch weit in die 20er Jahre hinein eine rege Tätigkeit, während die **„Neue Sachlichkeit"** (bezeichnet nach einer von Gustav Hartlaub 1925 organisierten Ausstellung neorealistischer Maler wie Grosz, Dix u. a.) schon anfangs der 20er Jahre die expressionistische Richtung abzulösen trachtete, indem sie deren pathetisch übersteigerter Ausdrucksweise eine sachliche, um Genauigkeit bemühte Sprache entgegensetzte. Aber auch diese Strömung war keineswegs einheitlich, vor allem nicht in ihrem Kunstverständnis und ihren Absichten. So galt den einen seit dem Erscheinen des Sammelbandes *Der rasende Reporter* von EGON ERWIN KISCH (1885–1948) die **Reportage** als ebenso „kunstfähig" wie die **Collage** und die **Textmontage**. Andere sahen in der sogenannten Vortragslyrik eine Ablösung

traditioneller Formen und einen Weg hin zu einer neuen **„Gebrauchslyrik"**. Charakteristisch dafür ist z. B., daß Brecht als Preisrichter 400 eingesandte Gedichte ablehnte und statt dessen ein Gedicht aus einer Radsportzeitung mit dem Titel *He! He! The Iron Man* prämierte, weil die anderen in ihrer „Sentimentalität, Unechtheit und Weltfremdheit" nichts als Nachahmungen von Gedichten seien, wie sie Rilke, George und Werfel verfaßten – Autoren, die zu dieser Zeit immer noch publizierten. Es ging Brecht wie ERICH KÄSTNER (1899–1974), JOACHIM RINGELNATZ und KURT TUCHOLSKY (1890–1935) um Verse, „die das Publikum lesen und hören kann, ohne einzuschlafen" (Kästner). Damit wurden Wirksamkeit, Nützlichkeit und Realitätsnähe wichtige Kriterien, sehr zum Mißvergnügen anderer Literaten (wie JOSEPH ROTH, 1894–1939), die anfänglich durchaus der Neuen Sachlichkeit nahestanden.

Im ganzen sind die Autoren der Neuen Sachlichkeit keine Weltveränderer, wohl aber scharfe Beobachter ihrer Umwelt und deshalb oft Kritiker ihrer Zeitgenossen. Besonders günstig für ihre kühle Einstellung zur Wirklichkeit war die Wahl eines Wissenschaftlers als Hauptfigur wie in ERNST WEISS' (1882–1940) Roman *Georg Letham*. Die Titelfigur wird zur Strafe für die Ermordung seiner Frau auf eine von Fleckfieber verseuchte Insel verbannt. Da er Arzt ist, wird ihm erlaubt, Forschungen über diese Krankheit anzustellen. Genaue Beobachtung und systematisches Vorgehen kennzeichnet das Verhalten des Helden und des Romanerzählers.
Leidenschaftslos und nüchtern ist in dieser Zeit auch der Blick auf Liebe, Glück und Erfolg. Zwar hatte schon der Realismus des 19. Jahrhunderts die Beziehungen zwischen den Geschlechtern nicht mehr mit Gefühlsüberschwang und Seelenharmonie gleichgesetzt, doch MARIELUISE FLEISSERS (1901–1974) Behandlung der Liebe in den *Pionieren in Ingolstadt* läßt nicht einmal mehr tragisches Scheitern zu. Die ganz unheroische Sehnsucht von Dienstmädchen nach menschlicher Zuwendung dient als Motiv für Liebesbeziehungen, die weder auf Dauer noch auf Gegenseitigkeit noch auf Ehrlichkeit angelegt sind. Erich Kästners *Sachliche Romanze* verarbeitet das gleiche Thema, ohne aber auf die sozialen Bedingungen einzugehen.

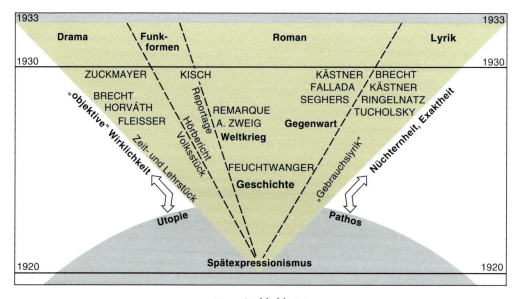

„Neue Sachlichkeit"
(aus: dtv-Atlas zur deutschen Literatur von Horst Dieter Schlosser, Graphik: Uwe Goede. © München, Deutscher Taschenbuch Verlag 1983, S. 246)

Grundzüge der Epoche

Der Pluralismus der Strömungen wird am deutlichsten im **Roman**. Wie bei Fleißer wird in Lion Feuchtwangers Roman *Erfolg* die „Provinz" als eine (keineswegs heile) **Gegenwelt zur Großstadt** erfaßt. Der Roman spielt in Feuchtwangers Heimatstadt München und enthält viel Autobiographisches. Als Zeitzeuge des Hitlerputsches von 1923 lag ihm an einer Dokumentation dieser Vorgänge, zugleich wollte er einen künstlerisch gestalteten Roman vorlegen. Feuchtwanger schrieb dazu in einer kurzen Notiz am Schluß des Buches: „Kein einziger Mensch dieses Buches existierte aktenmäßig in der Stadt München in den Jahren 1921/24: wohl aber ihre Gesamtheit [...]. Das Buch *Erfolg* gibt nicht *wirkliche*, sondern *historische* Menschen." Es wird als Schlüssel- und Zeitroman angesehen.

Das Spektrum der Formen und Themen ist vielfältig: THOMAS MANNS *Zauberberg*, HEINRICH MANNS (1871–1950) *Der Untertan* und HERMANN HESSES (1877–1962) *Demian* sind vergleichbare Beispiele für den Versuch, an Zentralgestalten und -schicksalen aus der Vorkriegszeit den Weg in die Katastrophe zu zeigen, ohne Zeitromane im modernen Sinn zu sein. Auch wenn Hesse im *Steppenwolf* die „Seelenkraft" des Harry Haller nicht als „die Schrulle eines Einzelnen", sondern die „Krankheit der Zeit" selbst verstanden wissen will, so ist doch das Individuum losgelöst vom gesellschaftlichen Hintergrund, wird die Lösung im persönlichen Ausgleich zwischen dem Wölfischen und Geistigen seiner „Natur" gesucht. Die Vorbilder stammen aus der Klassik: Goethe und Mozart.

Ganz anders ein Roman wie Kästners *Fabian*, in dem, ähnlich wie in HANS FALLADAS (1895–1947) *Kleiner Mann – was nun?*, die neue Welt der Angestellten in ihrem Bemühen und Scheitern um eine moralische Existenz in einer Welt des Chaos gezeigt wird. Es ist die Welt der **„Großstadt"**, die man in Berlin verkörpert sah: Mit dem an den neuen Vorbildern JAMES JOYCE (*Ulysses*, 1922) und JOHN DOS PASSOS (*Manhattan Transfer*, 1925) geschulten Roman *Berlin Alexanderplatz* hat Alfred Döblin diese Großstadt und neue Möglichkeiten der Darstellung gezeigt. Seine Mittel: Montage, innerer Monolog, zitatartige Einschübe, Perspektivenwechsel, entsprechen am ehesten den Forderungen an einen modernen Roman.

Von solchen Mitteln macht auch ROBERT MUSIL (1880–1942) Gebrauch, wenn er in seinem Roman *Der Mann ohne Eigenschaften* den Versuch unternimmt, an der geistigen Welt Kakaniens (= Österreich) vor 1914 das Typische herauszuarbeiten. Dabei wird die traditionelle Romanform aufgegeben: Reflexionen, essayistische und kommentierende Formen drängen das erzählende Element zurück.

FRANZ KAFKAS *Der Prozeß* (nach seinem Tod von Max Brod 1925 herausgegeben) ist zwar schon 1911 entstanden, spiegelt aber mehr als andere Romane der Weimarer Zeit die Verstörung des Individuums durch undurchschaubare Gesetze und Mächte, die im einzelnen nur ein Objekt sehen, wider.

IRMGARD KEUNS (1910–1981) Roman *Das kunstseidene Mädchen* steht der Neuen Sachlichkeit nahe. Ihre „Heldin", Doris, will nach dem Vorbild der Film„girls" ihr Leben einrichten, ihr Ziel ist „Glanz". Sie sucht ihn in Berlin, aber ihre Wünsche sind nicht erfüllbar. In Stationen, die wie in einem Film ablaufen, erfährt sie, daß ihr „Glanz" nicht beständig und daß sie nur eine von vielen ist – austauschbar.

Die **Polarisierung** im politischen Bereich führte zur Entstehung ganz unterschiedlicher, sich zunehmend feindlicher gegenüberstehender Gruppen, aber auch zu ganz unterschiedlichen Vorstellungen über Vergangenheit und Gegenwart der eigenen Nation, den Wert des Nationalen, des Aufklärerisch-Rationalen und anderes mehr. Die Hintergrundskämpfe wurden in den Medien ausgetragen – die Literatur war daran beteiligt. Vor allem in den **literarischen Zeitschriften** schlug sich die Diskussion nieder. Während Publikationen wie *Die Aktion* (hrsg. v. Franz Pfemfert), *Linkskurve* (hrsg. v. Johannes R. Becher u. a.), *Der Simplicissimus* (hrsg. v. Albert Langen und Thomas Theodor Heine), *Die Fackel* (hrsg. v. Karl Kraus), *Die weißen Blätter* (hrsg. v. René Schickele) der politischen Linken zuzurechnen waren, sammelten sich auf der extremen Rechten Autoren, die der „Asphaltliteratur" der Expressionisten und der neuen Generation der 20er Jahre durch Rückbesinnung auf Volk und Geschichte begegnen wollten. Von Nietzsche abgeleitet, mischte sich in diese völkische Literatur oft auch ein ethischer Voluntarismus, der den Kampf ums Dasein bzw. den Willen zur Macht als treibendes Moment nationalgeschichtlicher und sozialer Entwicklung ansah. Der *Kampfbund für deutsche Kultur*, der 1928 von dem Nazi-Ideologen Alfred Rosenberg gegründet wurde, bündelte diese Bestrebungen und führte sie mit geringen Widerständen in die nationalsozialistische „Blut und Boden"-Literatur über. Im gleichen Jahr entstand der *Bund Proletarisch-Revolutionärer Schriftsteller*, deren Mitglieder ihre Aufgabe als Beitrag zum „Klassenkampf" verstanden.

Zunehmend polarisierend waren auch die Meinungen über die **Aufgabe der Kunst** und ihre Ausdrucksformen. Man vergleiche z. B. die Ausführungen Joseph Roths zur Neuen Sachlichkeit mit denen des Literaturkritikers und Essayisten WALTER BENJAMIN (1882–1940). Während Roth von der Kunst „Wahrheit" fordert, verlangt Benjamin politische Veränderungen: „einen Produktionsapparat zu beliefern, ohne ihn [...] zu verändern" sei „selbst dann ein höchst anfechtbares Verfahren [...], wenn die Stoffe, mit denen dieser Apparat beliefert wird, revolutionärer Natur scheinen".

Im fiktionalen Bereich wird vor allem das Thema „Krieg" (ein angesichts der unterschiedlichen Beurteilung des 1. Weltkrieges durchgehendes Motiv) Anlaß für polarisierende Darstellung: Der ehemalige Reichswehroffizier ERNST JÜNGER (geb. 1895) hatte schon 1920 eine Darstellung seiner Kriegserlebnisse (*In Stahlgewittern*) vorgelegt und in einer romanhaften Ausgestaltung in *Feuer und Blut* (1925) noch einmal verarbeitet. Er hatte die Gefahr an der Front als Gelegenheit zu äußerster persönlicher Bewährung empfunden und versuchte, in seinen tagebuchähnlichen Romanen diese Grenzerfahrungen festzuhalten. Das Fehlen erkennbarer moralischer Bewertung der oft in der Diktion von Sportberichterstattung dargestellten Kampfhandlungen kam rechtsradikalen Erwartungen weit entgegen.

Ein anderer Kriegsteilnehmer, ERICH MARIA REMARQUE (1898–1970), sah dagegen im Krieg die Entwürdigung der Menschen zu reißenden Tieren. In seinem Roman *Im Westen nichts Neues* (1929) beklagt er vor allem, daß die junge Generation um eine unbeschwerte Jugend betrogen und als Kanonenfutter geopfert wurde. Die Erschütterung der Zuschauer durch die amerikanische erste Verfilmung dieses Romans läßt sich an zeitgenössischen Rezensionen ablesen; andererseits wird in den Berichten über die Erstaufführungen auch deutlich, wie sich bereits 1930 die nationalsozialistischen Banden gegen kritische Kultur durchsetzen konnten (s. S. 311f.).

Radikalisierung in der Literatur drückt sich in scharfer Polemik und in verschärfter Ablehnung bestehender Richtungen aus; vor allem aber in der Forderung und Durchsetzung von Neuem. In der Weimarer Republik betrifft dies Inhalte wie Formen. Zwei Beispiele verdeutlichen dies: Noch aus der Zeit des Expressionismus stammt die Kritik am Bürgertum, dem man die Unterstützung der Kriegspolitik und die Aufgabe der eigenen liberalen Werte zum Vorwurf machte. Der **Dadaismus** versuchte auf provozierende Weise in den Formen des Cabarets, der Manifeste und der literarischen Parodie, die Aushöhlung traditioneller Wertvorstellungen bewußtzumachen. Die „Bewegung", wie sie sich selbst in beabsichtigter Übertreibung nannte, war 1916 in Zürich von den Deutschen HUGO BALL (1886–1927) und RICHARD HUELSENBECK, dem Elsässer HANS ARP (1887–1966), dem Rumänen TRISTAN TZARA (1896–1963) u. a. gegründet worden und trat im *Cabaret Voltaire* auf. Sie waren flüchtige Kriegsdienstverweigerer und verstanden ihre Aktivitäten trotz ihrer unernsten Form als Protest gegen den Krieg. Sie versuchten nach eigenen Angaben „die Kunst- und Kulturideologie einer beruhigten Klasse mit ihren eigenen

Grundzüge der Epoche

Mitteln zu zerstören". In der Verneinung aller bisherigen Normen sollte im „schöpferischen Stil" höchste Freiheit erlangt werden. Wenn es dabei anfangs nur darum ging, „nichts als frech" zu sein, entwickelte sich doch bald der Wille, gegenüber anderen Stilarten und Gesinnungen einen scharfen Trennungsstrich zu ziehen. In einer dritten Phase erfolgte die konsequente Radikalisierung des eigenen Kunstverständnisses: Im neuen Zentrum Berlin sah schließlich Huelsenbeck in der Kunst nur noch ein Propagandamittel für eine revolutionäre Idee.

Zum Umkreis der Dadaisten zählt auch KURT SCHWITTERS (1887–1948), der in allen Bereichen der Kunst experimentierte. Berühmt geworden sind vor allem seine *Merz-Collagen* und sein „Liebesgedicht" *An Anna Blume*.

Nicht weniger radikal waren Bertolt Brechts Vorstellungen über eine **neue Dramatik**. Sein „Lustspiel" *Mann ist Mann* stellte eine Kampfansage an das „traditionelle bürgerliche, psychologisierende Drama" dar. Die „Entbürgerlichung" wird buchstäblich in einer „Ummontierung" eines individuellen Menschen zu einem austauschbaren Typus auf offener Bühne vorgeführt:

> Herr Bertolt Brecht behauptet: Mann ist Mann.
> Und das ist etwas, was jeder behaupten kann.
> Aber Herr Bertolt Brecht beweist auch dann
> Daß man mit einem Menschen beliebig viel machen kann.
> Hier wird heute abend ein Mann wie ein Auto ummontiert
> Ohne daß er irgend etwas dabei verliert.

Die Austauschbarkeit des einzelnen in der modernen Arbeitswelt sollte sichtbar werden. Brechts Weg führte weiter zu den Lehrstücken und zum Epischen Theater (s. S. 86).

Auch in der Lyrik ging Brecht neue, radikale Wege. Mit den Gedichten der *Hauspostille* will er „entsentimentalisieren" und einen direkten Kontakt zur Umwelt herstellen. Seine Mittel sind Songs, Moritaten, „volkstümliche" Balladen, bewußter Stilbruch, Vermischung hoher Formen (z. B. Psalmen) mit scheinbar banalen Themen, Derbheit, häufig Trivialität. Mit dem Gedicht *Die Nachtlager* (aus der Zeit der Weltwirtschaftskrise 1929/30) wird die endgültig ideologisch-marxistisch bestimmte Hinwendung zur **politischen Lyrik** deutlich.

„Mann ist Mann" von Bert Brecht. Uraufführung, inszeniert von Jacob Geis, in Darmstadt, 1926. Der Bühnenbildner Caspar Neher verwandte zum erstenmal den Halbvorhang, die „Brecht-Gardine", die für Brechts Theater typisch geworden ist.

2. Texte

a) Pluralismus der Strömungen

Ernst Weiss
Georg Letham

[...] Die Schwierigkeiten, die sich bald in ungeahntem Maße steigern sollten, begannen schon jetzt. Sollte man die Mücke sich an dem Blut des ungeduldig werdenden Jungen übersatt trinken lassen bis fast zum Platzen oder sollte man sofort ein zweites, drittes, viertes bis xtes Insekt an dem Jungen saugen lassen? Ich war dafür, nicht lange zu warten, Walter dagegen. Vielleicht ahnte er, was
5 kommen würde, er wollte es bei einer Mücke bewenden lassen und wollte dem kranken Jungen, der schon ungeduldig wurde und sich ungeschickt wehrte, den zweiten Anstich ersparen. Er hatte eben anscheinend mit Menschen noch nicht experimentiert, oder er war durch die Aufregungen der letzten Zeit weicher geworden, als es die Lage gestattete. Ich nahm also die Mücke nach etwa drei Sekunden ab, wobei ich mich eines kleines Stückchens Papier bediente, um sie sanft von der
10 quaddelartig aufgeschwollenen Haut des jungen Y. F.[1]-Kranken zu entfernen. Dieses Papier stammte aus der englischen Taschenausgabe des Hamlet, die ich am Morgen des Tages unter meinen Habseligkeiten zufällig gefunden und zu mir gesteckt hatte. Es waren die Worte am Beginn des zweiten Aktes: ... doch wozu das Zeug zitieren, genug, es tat seinen Dienst, und das Insekt mußte notgedrungen ablassen. Sein Hinterleib wies jetzt gerundete Konturen auf, durch die das
15 Blut, rubinartig schimmernd, hindurchleuchtete.
Erster Akt – aus, Beginn des zweiten. Nämlich Stich an Marchs entblößtem Oberarm. Das Insekt hatte nun reichlich Y. F.-Blut in seinem Leibe, in seinen Speicheldrüsen, seinem Beißstachel – es sollte also dieses Blut auf den gesunden, kräftigen March durch einen Stich übertragen.
Vorsichtig transportierte ich das Tierchen, es einerseits mit dem Wattebausch des Glasröhrchens,
20 andererseits mit dem Hamletfragment festhaltend, auf Marchs Oberarm, und wir warteten alle gespannt (auch der kranke Junge guckte trotz seines Fiebers jetzt, wo die Mücke fort war, interessiert zu, seine Somnolenz[2] war gewichen), ob die Stegomyiamücke ein zweites Mal anbeißen würde, um die Keime zu übertragen – aus dem Blut – durch das Blut – in das Blut?
Sie saß da, das letzte Beinpaar wippte nicht, sie hatte den Kopf gesenkt, der winzige Stachel, feiner
25 als die feinste Nadel, berührte Marchs Haut. Aber stechen tat sie nicht. Beißt sie? fragte immer wieder einer der anwesenden Herren. Sie lächelten, vielleicht nur aus Nervosität, und doch empörte es mich. Offenbar zweifelten sie im Herzensgrund an unseren Experimenten, oder ich bildete es mir ein. Ich hatte oft Zweifel *vor* einem Experiment, ich hatte ebensooft Zweifel *nachher*, aber nie, *während* ich meine Pläne in die Tat umsetzte. Carolus, der lederne Gesell, konnte das dumme
30 Witzwort nicht unterlassen, die Mücke, als weibliches Wesen, müsse doch an einem so leckeren Mann anbeißen. Tatsächlich war March ein hübscher, wenn auch etwas weiblicher, jedenfalls aber wohlgestalter Mensch, dem schon wegen seines auch jetzt gepflegten und ansehnlichen äußeren Wesens immer die Sympathien sicher waren.
Tatsache aber war und blieb, daß die Mücke zwar unbeweglich bald zwei Minuten dahockte, aber
35 nicht stach. [...]
Was war zu tun? [...] Ich sah jetzt ein, daß man entweder die ganze Versuchsreihe aufgeben müsse – aber ich hätte jetzt lieber Selbstmord verübt, als meine Idee loszulassen – oder aber ich mußte alles in meine Hände nehmen.

---

[1] Yellow Fever (Gelbfieber)   [2] Benommenheit, Bewußtseinstrübung

Was war ich? Ein auf Lebenszeit verschickter, abgeurteilter Verbrecher, ein rechtloses Individuum, ein passives Objekt der Gefängnisverwaltung. Aber sobald ich meine Energie entwickelte (und es war noch ein Rest der alten Willenskraft in mir), fügten sich mir sonderbarerweise die Lebensumstände und vor allem selbst *die* Menschen, die sozial und nach Recht und Gesetz jetzt hoch über mir standen. Denn ich besaß noch etwas anderes außer meiner Energie, nämlich die Logik, den ungehemmten Forschungsdrang und ein ungetrübtes Urteil. Ich kann dies, ohne unbescheiden zu sein, sagen, denn meine Ansicht hat sich bewährt. Vielleicht konnte nur ein Mann meiner Art diese Aufgabe hier lösen, ein Sohn meines Vaters und seiner Erziehung.

Es handelte sich einfach um folgendes. Sollte man den Versuch abbrechen? Und wenn nicht, sollte man jetzt noch mehrere hungrige, junge, weibliche Mücken an dem kleinen Jungen da saugen lassen? Oder sollte man unter diesen Umständen lieber andere Patienten dazu heranziehen?

Ich war dafür, bei dem Jungen zu bleiben. Und zwar aus folgenden Gründen: Es war ein frischer Fall. Ich hatte den Eindruck (der sich freilich nicht auf logische Erwägungen, sondern mehr auf Intuition stützte), daß im Blute der *frisch* erkrankten Menschen das gefährliche, krankmachende, ansteckende Virus am sichersten zu finden sein müsse. Wenn überhaupt eines, war ihr Blut am geeignetsten, eine Infektion von Mensch zu Mensch im Experiment hervorzurufen. [...]

MARIELUISE FLEISSER
Pioniere in Ingolstadt

[...] *Auftreten Karl, Berta.*
BERTA: Ich bin auch schon verraten worden. *Vorn auf die Bank zeigend.*
KARL: So, da ist unsere, auf die haben wir gewartet.
BERTA: Die gehört garnicht da her. Die hat wer vertragen.
KARL: Schaun wir, ob sie sauber ist. *Leuchtet mit einem Streichholz ab.*
BERTA: Ich hab nämlich mein helles Gewand an.
KARL: Ich leg mein Taschentuch hin. *Beide setzen sich.*
BERTA: Gell, weil's keine Lehne hat, drum ist sie nicht besetzt.
KARL: Das ist doch nicht, wie wenn ich nicht dabei bin.
BERTA: Jetzt hab ich eine Lehne und weiß nicht, wie sie heißt.
KARL: Karl.
BERTA: Karl heißt sie.
KARL: Da bist schon öfter gesessen.
BERTA: So nicht.
KARL: Das mach dem nächsten weiß, aber mir nicht. So, dann bist du auch schon verraten worden. *Pause.* Auf einmal weißt Du nichts.
BERTA: Ich muß denken, wie ich's sage. Von keinem Herrn rede ich nicht. Von einem Mädel rede ich.
KARL: Wie soll sie denn heißen?
BERTA: Alma. Weil sie mich verraten hat. Zuerst hat sie mich brauchen können und jetzt schaut sie mich nicht mehr an.
KARL: Mir kannst noch viel vorsagen. Das geht ohne das auch, daß was wahr ist. Die Mädel meinen immer, sie können einen gleich zu was haben.
BERTA: Ich bin nicht wie die anderen.
KARL: Das meinst du. Ich bin wie alle anderen.
BERTA: Das glaube ich nicht.

KARL: Wie soll ich denn sein?
BERTA: Ich weiß immer nicht, wie die Ausdrücke sind.
KARL: Dann kann ich mich aber nicht danach richten. Ich täte es schon nicht.
BERTA: Magst ein Zündhölzel aufzünden, daß ich dich sehe?
Karl hält das Zündholz neben das Gesicht.
    Daß du dich fein nicht am Finger brennst.
KARL: Da ist schon was dabei. Weil das ein Pionier nimmer spürt. Lang her auf die Haut, was das für eine ist.
Berta freut sich.
    Hast einen Namen auch?
BERTA: Eine Berta bin i worden.
KARL: Berta.
BERTA: Hast schon eine gehabt?
KARL: Pfeilgrad nein.
BERTA: Das wär mir nicht recht, wenn du schon eine gehabt hast.
KARL: Das tät ich dir nicht sagen. Muß man denn immer alles wissen vom andern.
BERTA: Ja, mach dich nur schlecht.
KARL: Da mach ich mich nicht lang schlecht, weil ich sage, das kann dir gleich sein.
BERTA: Mir ist es aber nicht gleich.
KARL: Sag, daß es dir gleich ist.
BERTA: Du tust mir weh.
KARL: Das weiß ich.
BERTA: Ich steh auf.
KARL: Wenn ich dich nicht laß.
BERTA: Nicht, das tut man nicht.
KARL: Warum nicht, das gewöhnt sich.
BERTA: Ich habe es nie getan. Ich geh sonst nicht mit die Herren. Wenn ein Herr so ist, zeig ich ihn an.
KARL: Du kommst schon noch.
BERTA: Auf die Bank setz ich mich nicht noch einmal hin. Die merk ich mir.
KARL: Nein, bloß auf die nächste. Da kann sie schaun wie eine Ziege.
BERTA: Ich muß immer was begreifen.
KARL: Warum, meinst du, bin ich mit dir gegangen?
BERTA: Ich hör nicht hin, was er sagt, weil er das nicht so meint.
KARL: Von dir laß ich mich verklären mit der Verklärung.
BERTA: Dem Gesicht nach kannst du nicht so sein.
KARL: Laß mich aus mit meinem Gesicht. Entweder es geht was zusammen oder es geht nicht zusammen. Wenn ein Mädel nicht zieht, tu ich nicht lang um.
BERTA: Geh nicht weg, denn ich will nicht mit dir streiten und ich weiß auch nicht, wie das gekommen ist.
KARL: Was is jetzt? Stellen wir uns her oder stellen wir uns nicht her?
BERTA: Das kann ich auf einmal nicht sagen.
KARL: Aber ich will Dir's aufs erste Mal sagen, daß du nicht viel Zeit hast. Morgen kennen wir uns nicht mehr. *Geht ab.*
BERTA *ruft ihm nach:* Karl.
    Zwischenvorhang.

ERICH KÄSTNER
Sachliche Romanze

Als sie einander acht Jahre kannten
(und man darf sagen: sie kannten sich gut),
kam ihre Liebe plötzlich abhanden.
Wie andern Leuten ein Stock oder Hut.

5 Sie waren traurig, betrugen sich heiter,
versuchten Küsse, als ob nichts sei,
und sahen sich an und wußten nicht weiter.
Da weinte sie schließlich. Und er stand dabei.

Vom Fenster aus konnte man Schiffen winken.
10 Er sagte, es wäre schon Viertel nach Vier
Und Zeit, irgendwo Kaffee zu trinken.
Nebenan übte ein Mensch Klavier.

Sie gingen ins kleinste Café am Ort
und rührten in ihren Tassen.
15 Am Abend saßen sie immer noch dort.
Sie saßen allein, und sie sprachen kein Wort
und konnten es einfach nicht fassen.

LION FEUCHTWANGER
Erfolg
8. Kapitel: Noch vor der Baumblüte

Ein kleines Jahrhundert vorher hatte der deutsche Archäologe Schliemann auf dem Gebiete der alten Stadt Troja Ausgrabungen gemacht, die viel Verschollenes zutage förderten. Unter anderm Hunderte von Spinnwirteln. Auf diesen fiel dem deutschen Forscher immer das gleiche Zeichen auf: ein mit Haken versehenes Kreuz. Es war ein Zeichen, das über die ganze Erde verbreitet war;
5 den gelben Völkern diente es als Glückssymbol, den Indern als Sexualemblem. Allein das wußte Heinrich Schliemann nicht. [...]
Mit dem Wachstum der Wahrhaft Deutschen wurde das Zeichen, das bisher vornehmlich in japanischen und chinesischen Spielklubs und an den Tempeln vielgliedriger indischer Gottheiten zu sehen war, neben den haubenförmigen Kuppen des unvollendeten Doms und dem als Mönch mas-
10 kierten Kind das populärste Wahrzeichen Münchens.
Dieses Zeichen trugen die großen, blutroten Fahnen der Wahrhaft Deutschen. Dieses Zeichen malten die Bewohner der bayrischen Hochebene an die Wände, vor allem der Bedürfnisanstalten. Trugen es als Busennadel, als Ring, manche ließen es sich eintätowieren. Unter diesem Zeichen zogen die Münchner zu den Versammlungen Rupert Kutzners. Denn allmontäglich, zuerst im
15 Kapuzinerbräu, dann in den riesigen Biersälen von drei oder vier andern Brauereien, sprach der Führer zum Volk.
Immer bestimmter verlautete, die Patrioten würden bald losschlagen. Von einem Montag zum andern wartete man, Kutzner werde jetzt den genauen Tag ansagen. Immer dichtere Massen strömten zu seinen Versammlungen, Beamte und Angestellte erzwangen sich früheren
20 Büroschluß, um sich einen Platz zu erstehen. Keiner wollte die Verkündigung des Freiheitstages versäumen. [...]
Es war gut eine halbe Stunde vor Beginn, aber schon war der Saal dick voll. In den tiefhängenden Wolken des Tabakrauchs schwammen tomatenrote Rundschädel mit Schnauzbärten, graue Tonkrüge. Verkäufer riefen aus: „Die verbotene Nummer des ‚Vaterländischen Anzeigers'"; denn die
25 Behörden verboten zuweilen, aber sie achteten nicht auf die Durchführung ihres Verbots. Man wartete geruhsam, schimpfte derweilen über die Ungerechtigkeit der Regierung. [...]
Alle schimpften sie, daß der Wert der Mark von Tag zu Tag so närrisch sank, alle machten sie die Juden und die Regierung dafür verantwortlich, alle erhofften sie sich Befreiung durch den Kutzner. Der Regierungsinspektor a. D. Ersinger war ein Herr, der sehr auf Sauberkeit hielt. Leib und

Seele, Wohnung und Kleidung sauberzuhalten, war nicht leicht in diesen miserablen Zeiten. Er war ein friedfertiger Mann, geneigt, der Obrigkeit zu gehorchen, auch wenn die Herkunft ihrer Macht zweifelhaft war. Als ihm aber seine Frau, statt der gewohnten hygienischen Rolle, Zeitungspapier ins Klosett hing, da riß ihm die Geduld, und er ging zum Kutzner. Dem Maurerpolier Bruckner waren im Krieg drei Söhne erschossen worden, einer an der Somme, einer an der Aisne, einer am Isonzo, der vierte war in den Karpaten verschollen. Die Kirche hatte für den schimpfenden Alten keinen Trost, als daß Gott, wen er liebe, züchtige. Der Maurerpolier Bruckner fand besseren Trost bei Kutzner. Die Hofrätin Beradt war zwar ihre unwillkommene Mieterin Anna Elisabeth Haider durch deren Ableben losgeworden. Doch auch ihre späteren Mieter trieben Ungebühr aller Art, lärmten, empfingen zweideutige Besuche, kochten verbotenerweise im Zimmer auf elektrischen Apparaten. Mußte sich eine anständige Witfrau das bieten lassen? Sie mußte es. Sie konnte sich des Gesindels nicht entledigen: infolge der gottlosen Mieterschutzgesetze. Der Führer, hoffte sie, wird Ordnung schaffen. […]

Der Rauch wurde dicker, Schweiß und Hitze stärker, die grauen Tonkrüge undeutlicher, die runden Schädel röter. Der Altmöbelhändler Lechner zog immer heftiger sein gewürfeltes Taschentuch. Endlich hielt, begleitet von den Fahnen, unter ungeheurem Jubel, Rupert Kutzner seinen Einzug, den sorglich gescheitelten Kopf gereckt, marschierend zu der dröhnenden Blechmusik. Er sprach von dem Schmachfrieden von Versailles, von den frechen Advokatentricks des Franzosen Poincaré, von internationaler Verschwörung, von Freimaurern und Talmud. Was er sagte, war nicht unbekannt, aber es wirkte neu durch die Urwüchsigkeit des Dialekts, durch die Kraft des Vortrags. Voll Bewunderung dann und Ehrfurcht in der Stimme sprach er von dem italienischen Führer Mussolini, wie der sich kühn der Stadt Rom und der Apenninenhalbinsel bemächtigt hatte. Seine Tatkraft, rief er, solle auch den Bayern leuchtendes Vorbild sein, und er verhöhnte die Reichsregierung und prophezeite den Marsch auf Berlin. Malte aus, wie die verrottete Stadt den Wahrhaft Deutschen in die Hände fallen werde, ohne Schwertstreich, sich schon beim Anblick der heranziehenden echten Söhne des Volkes die Hosen bekleckernd. Es war lautlos still, während er von dem Marsch auf Berlin sprach. Alle warteten, daß er einen bestimmten Tag verkünden werde. Cajetan Lechner hielt mitten im Schneuzen inne, um nicht zu stören. Allein der Führer drückte sich nicht grob und klar aus wie die Kursnotiz des Dollars, er sagte es poetisch. „Noch vor der Baumblüte", rief er, auf die Fahnen mit dem exotischen Emblem weisend, „werden diese Fahnen sich bewähren."

Noch vor der Baumblüte. Das war eine Verheißung, die sich den Menschen ins Herz grub. Die Leute lauschten benommen, glücklich. Der prächtige Schall Rupert Kutzners, seine bewegte Mimik riß sie mit. Sie vergaßen, daß ihre paar Wertpapiere wertlos waren, die Versorgung ihres Alters gefährdet. Wie dieser Mann es verstand, ihren Träumen Worte zu geben. Wie seine Hände groß durch die Luft fegten, gewaltig aufs Pult schlugen, sich markig reckten, wohl auch ironisch Bewegungen imitierten, mit denen die schlichteren Witzblätter jener Zeit Juden charakterisierten. Glückselig hingen sie an seinen Gesten, zwangen, wenn sie die Maßkrüge auf den Tisch setzten, die schweren Finger zu besonderer Behutsamkeit, damit nicht das Geräusch eines der köstlichen Worte übertöne. Manchmal hob der Führer die Stimme, auf daß die Zuhörer merkten, jetzt sei es an der Zeit, zu klatschen. Die Pause des trommelnden Applauses dann benutzte er, den Schweiß von der Stirn zu wischen, den Bierkrug, auch das mit großer Geste, zu ergreifen, tief zu trinken. Einmal sprach er von dieser traurigen Berliner Regierung, die gegen die berechtigte Empörung des Volkes keine andere Waffe habe als ein Ausnahmegesetz. „Wir Wahrhaft Deutschen", rief er, „wenn wir an der Macht wären, wir brauchten kein Ausnahmegesetz." – „Was würdet denn ihr tun?" rief eine wohlklingende, sonore Stimme dazwischen. Rupert Kutzner schwieg einen Augenblick. Dann in den lautlos gespannten Saal hinein, leise, mit einem träumerischen Lächeln, sagte er: „Wir würden unsre Gegner legal hängen lassen." […]

Und Rupert Kutzner schmetterte seine Rede weiter. Rauch und Hitze fochten ihn nicht an. Seine Lunge hielt durch. Sie war zuverlässig wie eine Maschine, das kostbarste Gut der Partei, der Führer betreute sie sehr. Bei jeder seiner Reden mußte Konrad Stolzing zugegen sein, der Hofschauspieler. [...] Ein glücklicher Stern hatte den Staatsmann Kutzner und den Künstler Stolzing zusammengeführt. [...] Konrad Stolzing widmete sich seinem großen Schüler mit Hingebung. Lehrte ihn, wie man durch ein menschenvolles Lokal geht, unbewegten Gesichts, unbefangen, unberührt von den tausend Blicken, wie man würdig schreitet, mit den Zehen zuerst, nicht mit der Ferse auftretend. Brachte ihm bei, wie man mit dem Atem haushält, wie man durch das Rollen des Buchstaben R die Aussprache deutlich macht. Unterwies ihn in der Kunst, Schönheit und Würde des Auftretens zu erzielen. [...] Schon konnte der Führer acht Stunden hintereinander sprechen, ohne zu erlahmen, ohne Verstoß gegen die Grundrezepte. Der Alte mit dem eindrucksvollen Römerkopf saß in jedem Vortrag des Führers, kontrollierte Atemführung, Aussprache des R, kontrollierte Schreiten, Trinken, Sprechen des Führers, ob es Schönheit und Würde habe.

Er fand an seinem Schüler nichts auszusetzen. Klar trotz des Rauchs schmetterte Kutzners Stimme. Alles klappte, alles *kam*. Der Schauspieler war der Mann gewesen, der zwischengerufen hatte, wie denn die Wahrhaft Deutschen ihre Gegner erledigen würden. Er hatte die Antwort mit Kutzner studiert, die wirkungsvolle Pause, das nachdenkliche Lächeln. [...]

Der Führer hielt seine Rede noch in drei andern großen Biersälen: im Spatenbräukeller, im Münchner Kindlkeller, im Arzbergerkeller. Dreimal noch marschierte er, prunkvoll geleitet von seinem Stoßtrupp, durch Bierdunst und Geschrei. Dreimal noch tat der Schauspieler seinen Zwischenruf und lächelte Rupert Kutzner, wie Hamlet-Stolzing gelächelt hatte auf der Bühne des Münchner Hoftheaters. Dreimal noch, während er auf die Fahnen mit dem Hakenkreuz wies, prophezeite er, man werde nach Berlin marschieren „noch vor der Baumblüte". „Noch vor der Baumblüte", scholl es zwölftausend Münchnern dräuend, lieblich, verlockend in die Ohren. „Noch vor der Baumblüte", grub es sich zwölftausend Münchnern ins Herz.

Heinrich Mann
Der Untertan

Diederich Heßling war ein weiches Kind, das am liebsten träumte, sich vor allem fürchtete und viel an den Ohren litt. Ungern verließ er im Winter die warme Stube, im Sommer den engen Garten, der nach den Lumpen der Papierfabrik roch und über dessen Goldregen- und Fliederbäumen das hölzerne Fachwerk der alten Häuser stand. Wenn Diederich vom Märchenbuch, dem geliebten Märchenbuch, aufsah, erschrak er manchmal sehr. Neben ihm auf der Bank hatte ganz deutlich eine Kröte gesessen, halb so groß wie er selbst! Oder an der Mauer dort drüben stak bis zum Bauch in der Erde ein Gnom und schielte her!

Fürchterlicher als Gnom und Kröte war der Vater, und obendrein sollte man ihn lieben. Diederich liebte ihn. Wenn er genascht oder gelogen hatte, drückte er sich so lange schmatzend und scheu wedelnd am Schreibpult umher, bis Herr Heßling etwas merkte und den Stock von der Wand nahm. Jede nicht herausgekommene Untat mischte in Diederichs Ergebenheit und Vertrauen einen Zweifel. Als der Vater einmal mit seinem invaliden Bein die Treppe herunterfiel, klatschte der Sohn wie toll in die Hände – worauf er weglief.

Kam er nach einer Abstrafung mit gedunsenem Gesicht und unter Geheul an der Werkstätte vorbei, dann lachten die Arbeiter. Sofort aber streckte Diederich nach ihnen die Zunge aus und stampfte. Er war sich bewußt: ‚Ich habe Prügel bekommen, aber von meinem Papa. Ihr wäret froh, wenn ihr auch Prügel von ihm bekommen könntet. Aber dafür seid ihr viel zuwenig.' [...]

Hermann Hesse
Der Steppenwolf

[...] „Es ist mir eine Freude, lieber Harry, Sie heut ein wenig bewirten zu dürfen. Sie sind oft Ihres Lebens sehr überdrüssig gewesen, Sie strebten fort von hier, nicht wahr? Sie sehnen sich danach, diese Zeit, diese Welt, diese Wirklichkeit zu verlassen und in eine andre, Ihnen gemäßere Wirklichkeit einzugehen, in eine Welt ohne Zeit. Tun Sie das, lieber Freund, ich lade Sie dazu ein. Sie wissen ja, wo diese andere Welt verborgen liegt, daß es die Welt Ihrer eigenen Seele ist, die Sie suchen. Nur in Ihrem eigenen Innern lebt jene andre Wirklichkeit, nach der Sie sich sehnen. Ich kann Ihnen nichts geben, was nicht in Ihnen selbst schon existiert, ich kann Ihnen keinen andern Bildersaal öffnen als den Ihrer Seele. Ich kann Ihnen nichts geben, nur die Gelegenheit, den Anstoß, den Schlüssel. Ich helfe Ihnen, Ihre eigene Welt sichtbar machen, das ist alles."
Er griff wieder in die Tasche seiner bunten Jacke und brachte einen runden Taschenspiegel heraus. „Sehen Sie: so haben Sie bisher sich selbst gesehen!"
Er hielt mir das Spieglein vor die Augen (ein Kindervers fiel mir ein: „Spieglein, Spieglein in der Hand"), und ich sah, etwas zerflossen und wolkig, ein unheimliches, in sich selbst bewegtes, in sich selbst heftig arbeitendes und gärendes Bild: mich selber, Harry Haller, und innen in diesem Harry den Steppenwolf, einen scheuen, schönen, aber verirrt und geängstigt blickenden Wolf, die

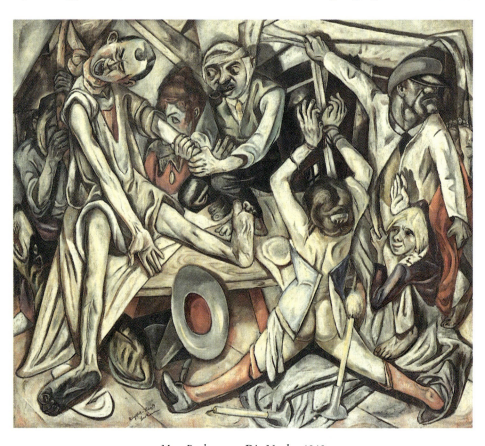

Max Beckmann, Die Nacht, 1919

Augen bald böse, bald traurig glimmend, und diese Wolfgestalt floß in unablässiger Bewegung durch Harry, so wie in einem Strome ein Nebenfluß von andrer Farbe wölkt und wühlt, kämpfend, leidvoll, einer im andern fressend, voll unerlöster Sehnsucht nach Gestaltung. Traurig, traurig blickte der fließende, halbgestaltete Wolf mich aus den schönen scheuen Augen an.

„So haben Sie sich selbst gesehen", wiederholte Pablo sanft und steckte den Spiegel wieder in die Tasche. Dankbar schloß ich die Augen und nippte am Elixier.

„Wir haben nun ausgeruht", sagte Pablo, „wir haben uns gestärkt und haben ein wenig geplaudert. Wenn ihr euch nicht mehr müde fühlt, dann will ich euch jetzt in meinen Guckkasten führen und euch mein kleines Theater zeigen. Seid ihr einverstanden?"

Wir erhoben uns, lächelnd ging Pablo voran, öffnete eine Tür, zog einen Vorhang beiseite, und da standen wir im runden, hufeisenförmigen Korridor eines Theaters, genau in der Mitte, und nach beiden Seiten hin führte der gebogene Gang an sehr vielen, an unglaublich vielen schmalen Logentüren vorüber. [...]

Die Inschrift

> *Auf zum fröhlichen Jagen!*
> *Hochjagd auf Automobile*

lockte mich an, ich öffnete die schmale Türe und trat ein.

Da riß es mich in eine laute und aufgeregte Welt. Auf den Straßen jagten Automobile, zum Teil gepanzerte, und machten Jagd auf die Fußgänger, überfuhren sie zu Brei, drückten sie an den Mauern der Häuser zuschanden. Ich begriff sofort: es war der Kampf zwischen Menschen und Maschinen, lang vorbereitet, lang erwartet, lang gefürchtet, nun endlich zum Ausbruch gekommen. Überall lagen Tote und Zerfetzte herum, überall auch zerschmissene, verbogene, halbverbrannte Automobile, über dem wüsten Durcheinander kreisten Flugzeuge, und auch auf sie wurde von vielen Dächern und Fenstern aus mit Büchsen und mit Maschinengewehren geschossen. Wilde, prachtvoll aufreizende Plakate an allen Wänden forderten in Riesenbuchstaben, die wie Fackeln brannten, die Nation auf, endlich sich einzusetzen für die Menschen gegen die Maschinen, endlich die fetten, schöngekleideten, duftenden Reichen, die mit Hilfe der Maschinen das Fett aus den andern preßten, samt ihren großen, hustenden, böse knurrenden, teuflisch schnurrenden Automobilen totzuschlagen, endlich die Fabriken anzuzünden und die geschändete Erde ein wenig auszuräumen und zu entvölkern, damit wieder Gras wachsen, wieder aus der verstaubten Zementwelt etwas wie Wald, Wiese, Heide, Bach und Moor werden könne. Andre Plakate hingegen, wunderbar gemalt, prachtvoll stilisiert, in zarteren, weniger kindlichen Farben, außerordentlich klug und geistvoll abgefaßt, warnten im Gegenteil alle Besitzenden und alle Besonnenen beweglich vor dem drohenden Chaos der Anarchie, schilderten wahrhaft ergreifend den Segen der Ordnung, der Arbeit, des Besitzes, der Kultur, des Rechtes und priesen die Maschinen als höchste und letzte Erfindung der Menschen, mit deren Hilfe sie zu Göttern werden würden. Nachdenklich und bewundernd las ich die Plakate, die roten und die grünen, fabelhaft wirkte auf mich ihre flammende Beredsamkeit, ihre zwingende Logik, recht hatten sie, und tief überzeugt stand ich bald vor dem einen, bald vor dem andern, immerhin merklich gestört durch die ziemlich saftige Schießerei ringsum. Nun, die Hauptsache war klar: es war Krieg, ein heftiger, rassiger und höchst sympathischer Krieg, worin es sich nicht um Kaiser, Republik, Landesgrenzen, um Fahnen und Farben und dergleichen mehr dekorative und theatralische Sachen handelte, um Lumpereien im Grunde, sondern wo ein jeder, dem die Luft zu eng wurde und dem das Leben nicht recht mehr mundete, seinem Verdruß schlagenden Ausdruck verlieh und die allgemeine Zerstörung der blechernen zivilisierten Welt anzubahnen strebte. Ich sah, wie allen die Zerstörungs- und Mordlust so hell und aufrichtig aus den Augen lachte, und in mir selbst blühten diese roten wilden Blumen hoch und feist und lachten nicht minder. Freudig schloß ich mich dem Kampfe an. [...]

Erich Kästner
Fabian

[...] „Die Unruhen haben nicht stattgefunden?" fragte Münzer entrüstet. „Wollen Sie mir das erst mal beweisen? In Kalkutta finden immer Unruhen statt. Sollen wir vielleicht mitteilen, im Stillen Ozean sei die Seeschlange wieder aufgetaucht? Merken Sie sich folgendes: Meldungen, deren Unwahrheit nicht oder erst nach Wochen festgestellt werden kann, sind wahr. Und nun entfernen
5 Sie sich blitzartig, sonst lasse ich Sie matern¹ und der Stadtausgabe beilegen."
Der junge Mann ging.
„Und so was will Journalist werden", stöhnte Münzer und strich aufseufzend und mit einem Bleistift in der Rede des Reichskanzlers herum. „Privatgelehrter für Tagesneuigkeiten, das wäre was für den Jüngling. Gibt's aber leider nicht."
10 „Sie bringen ohne weiteres vierzehn Inder um und zweiundzwanzig andere ins Städtische Krankenhaus von Kalkutta?" fragte Fabian.
Münzer bearbeitete den Reichskanzler. „Was soll man machen?" sagte er. „Im übrigen, wozu das Mitleid mit den Leuten? Sie leben ja noch, alle sechsunddreißig, und sind kerngesund. Glauben Sie mir, mein Lieber, was wir hinzudichten, ist nicht so schlimm wie das, was wir weglassen." Und
15 dabei strich er wieder eine halbe Seite aus dem Text der Kanzlerrede heraus. „Man beeinflußt die öffentliche Meinung mit Meldungen wirksamer als durch Artikel, aber am wirksamsten dadurch, daß man weder das eine noch das andere bringt. Die bequemste öffentliche Meinung ist noch immer die öffentliche Meinungslosigkeit."
„Dann stellen Sie doch das Erscheinen des Blattes ein", meinte Fabian.
20 „Und wovon sollen wir leben?" fragte Münzer. „Außerdem, was sollten wir statt dessen tun?"
Dann kam der livrierte Bote und brachte den Wein und die Gläser. Münzer schenkte ein und hob sein Glas. „Die vierzehn toten Inder sollen leben!" rief er und trank. Dann fiel er wieder über den Kanzler her. „Einen Stuß redet unser hehres Staatsoberhaupt wieder einmal zusammen!" erklärte er. „Das ist geradezu ein Schulaufsatz über das Thema: Das Wasser, in dem Deutschlands Zukunft
25 liegt, ohne unterzugehen. In Untersekunda kriegte er dafür die Drei." Er drehte sich zu Fabian herum und fragte: „Und wie überschreibt man den Scherzartikel?"
„Ich möchte lieber wissen, was Sie drunterschreiben", sagte Fabian ärgerlich.
Der andere trank wieder, bewegte langsam den Wein im Mund, schluckte hinter und antwortete: „Keine Silbe. Nicht ein Wort. Wir haben Anweisung, der Regierung nicht in den Rücken zu fal-
30 len. Wenn wir dagegen schreiben, schaden wir uns, wenn wir schweigen, nützen wir der Regierung."
„Ich mache Ihnen einen Vorschlag", sagte Fabian. „Schreiben Sie dafür!"
„O nein", rief Münzer. „Wir sind anständige Leute. Tag Malmy." [...]

Franz Kafka
Der Prozeß

Jemand mußte Josef K. verleumdet haben, denn ohne daß er etwas Böses getan hätte, wurde er eines Morgens verhaftet. Die Köchin der Frau Grubach, seiner Zimmervermieterin, die ihm jeden Tag gegen acht Uhr früh das Frühstück brachte, kam diesmal nicht. Das war noch niemals geschehen. K. wartete noch ein Weilchen, sah von seinem Kopfkissen aus die alte Frau, die ihm gegen-
5 über wohnte und die ihn mit einer an ihr ganz ungewöhnlichen Neugierde beobachtete, dann aber, gleichzeitig befremdet und hungrig, läutete er. Sofort klopfte es, und ein Mann, den er in dieser Wohnung noch niemals gesehen hatte, trat ein. Er war schlank und doch fest gebaut, er trug ein

---
¹ zur Druckplatte verarbeiten

anliegendes schwarzes Kleid, das, ähnlich den Reiseanzügen, mit verschiedenen Falten, Taschen, Schnallen, Knöpfen und einem Gürtel versehen war und infolgedessen, ohne daß man sich darüber klar wurde, wozu es dienen sollte, besonders praktisch erschien. „Wer sind Sie?" fragte K. und saß gleich halb aufrecht im Bett. Der Mann aber ging über die Frage hinweg, als müsse man seine Erscheinung hinnehmen, und sagte bloß seinerseits: „Sie haben geläutet?" – „Anna soll mir das Frühstück bringen", sagte K. und versuchte, zunächst stillschweigend, durch Aufmerksamkeit und Überlegung festzustellen, wer der Mann eigentlich war. Aber dieser setzte sich nicht allzulange seinen Blicken aus, sondern wandte sich zur Tür, die er ein wenig öffnete, um jemandem, der offenbar knapp hinter der Tür stand, zu sagen: „Er will, daß Anna ihm das Frühstück bringt." Ein kleines Gelächter im Nebenzimmer folgte, es war nach dem Klang nicht sicher, ob nicht mehrere Personen daran beteiligt waren. Obwohl der fremde Mann dadurch nichts erfahren haben konnte, was er nicht schon früher gewußt hätte, sagte er nun doch zu K. im Tone einer Meldung: „Es ist unmöglich." – „Das wäre neu", sagte K., sprang aus dem Bett und zog rasch seine Hosen an. „Ich will doch sehen, was für Leute im Nebenzimmer sind und wie Frau Grubach diese Störung mir gegenüber verantworten wird." Es fiel ihm zwar gleich ein, daß er das nicht hätte laut sagen müssen und daß er dadurch gewissermaßen ein Beaufsichtigungsrecht des Fremden anerkannte, aber es schien ihm jetzt nicht wichtig. Immerhin faßte es der Fremde so auf, denn er sagte: „Wollen Sie nicht lieber hierbleiben?" – „Ich will weder hierbleiben noch von Ihnen angesprochen werden, solange Sie sich mir nicht vorstellen." – „Es war gut gemeint", sagte der Fremde und öffnete nun freiwillig die Tür. Im Nebenzimmer, in das K. langsamer eintrat, als er wollte, sah es auf den ersten Blick fast genauso aus wie am Abend vorher. Es war das Wohnzimmer der Frau Grubach, vielleicht war in diesem mit Möbeln, Decken, Porzellan und Fotografien überfüllten Zimmer heute ein wenig mehr Raum als sonst, man erkannte das nicht gleich, um so weniger, als die Hauptveränderung in der Anwesenheit eines Mannes bestand, der beim offenen Fenster mit einem Buch saß, von dem er jetzt aufblickte. „Sie hätten in Ihrem Zimmer bleiben sollen! Hat es Ihnen denn Franz nicht gesagt?" – „Ja, was wollen Sie denn?" sagte K. und sah von der neuen Bekanntschaft zu dem mit Franz Benannten, der in der Tür stehengeblieben war, und dann wieder zurück. Durch das offene Fenster erblickte man wieder die alte Frau, die mit wahrhaft greisenhafter Neugierde zu dem jetzt gegenüberliegenden Fenster getreten war, um auch weiterhin alles zu sehen. „Ich will doch Frau Grubach…", sagte K., machte eine Bewegung, als reiße er sich von den zwei Männern los, die aber weit von ihm entfernt standen, und wollte weitergehen. „Nein", sagte der Mann beim Fenster, warf das Buch auf ein Tischchen und stand auf. „Sie dürfen nicht weggehen, Sie sind ja verhaftet." – „Es sieht so aus", sagte K. „Und warum denn?" fragte er dann. „Wir sind nicht dazu bestellt, Ihnen das zu sagen. Gehen Sie in Ihr Zimmer und warten Sie. Das Verfahren ist nun einmal eingeleitet, und Sie werden alles zur richtigen Zeit erfahren." […]

ROBERT MUSIL
Der Mann ohne Eigenschaften
1. Kapitel: Woraus bemerkenswerter Weise nichts hervorgeht

Über dem Atlantik befand sich ein barometrisches Minimum; es wanderte ostwärts, einem über Rußland lagernden Maximum zu, und verriet noch nicht die Neigung, diesem nördlich auszuweichen. Die Isothermen und Isotheren taten ihre Schuldigkeit. Die Lufttemperatur stand in einem ordnungsgemäßen Verhältnis zur mittleren Jahrestemperatur, zur Temperatur des kältesten wie des wärmsten Monats und zur aperiodischen monatlichen Temperaturschwankung. Der Auf- und Untergang der Sonne, des Mondes, der Lichtwechsel des Mondes, der Venus, des Saturnringes und viele andere bedeutsame Erscheinungen entsprachen ihrer Voraussage in den astronomischen Jahrbüchern. Der Wasserdampf in der Luft hatte seine höchste Spannkraft, und die Feuchtigkeit

der Luft war gering. Mit einem Wort, das das Tatsächliche recht gut bezeichnet, wenn es auch etwas altmodisch ist: Es war ein schöner Augusttag des Jahres 1913.
Autos schossen aus schmalen, tiefen Straßen in die Seichtigkeit heller Plätze. Fußgängerdunkelheit bildete wolkige Schnüre. Wo kräftigere Striche der Geschwindigkeit quer durch ihre lockere Eile fuhren, verdickten sie sich, rieselten nachher rascher und hatten nach wenigen Schwingungen wieder ihren gleichmäßigen Puls. Hunderte Töne waren zu einem drahtigen Geräusch ineinander verwunden, aus dem einzelne Spitzen vorstanden, längs dessen schneidige Kanten liefen und sich wieder einebneten, von dem klare Töne absplitterten und verflogen. An diesem Geräusch, ohne daß sich seine Besonderheit beschreiben ließe, würde ein Mensch nach jahrelanger Abwesenheit mit geschlossenen Augen erkannt haben, daß er sich in der Reichshaupt- und Residenzstadt Wien befinde. [...]

ALFRED DÖBLIN
Berlin Alexanderplatz

[...] Wenn man ein Kälbchen schlachten will, bindet man ihm einen Strick um den Hals, geht mit ihm an die Bank. Dann hebt man das Kälbchen hoch, legt es auf die Bank und bindet es fest.
Sie marschieren zur Kute. Er sagt: „Leg dir hin." „Ick?" „Wenn du schreist! Mädel, ick hab dir gern, ick wär sonst nicht hergekommen, ich sag dir: wenn du ooch seine Hure bist, biste noch keine Gräfin. Mach mit mir kein Klamauk, du. Weeßte, det is noch keenem gut bekommen. Da kann er nu Mann oder Frau oder Kind sein, da bin ick kitzlig. Da kannste ja mal bei dein Lude anklopppen. Der kann dir wat erzählen. Wenn er sich nich scheniert, der. Aber von mir kannstet ja ooch hören. Dir kann ichs ja sagen, damit du weißt, wer er ist. Und wo du dran bist, wennste mit mir anfängst. Der wollte ooch mal, wat er hier oben in seine Birne hat. Vielleicht woll ooch uns verpfeifen. Der is mal Schmiere gestanden, wo wir gearbeitet haben. Und er sagt, er macht nicht mit, er is ein anständiger Mensch. Hat keene Bollen in die Strümpfe, der. Da sag ich, du mußt mit. Und da muß er mit ins Auto und ick weeß noch nicht, wat ick mit dem Kerl mache, der hat auch schon immer ein großes Maul, und warte mal, da kommt ein Auto hinter uns her und ich denke, nu sieh dir mal vor, mein Junge, du mit deim Dicketun anständig sein gegen uns. Und raus ausm Wagen. Jetzt weeßt ja, wo er sein Arm hat."
Eisige Hände, eisige Füße, der war es. „Jetzt legste dir hin, und bist lieb, wie sich det gehört." Das ist ein Mörder. „Du gemeiner Hund, du Schuft." Er strahlt: „Siehste. Nu schrei dir man aus." Nun wirste parieren. Sie brüllt, sie weint: „Du Hund, den wolltest du umbringen, den haste unglücklich gemacht, und jetzt willste mir haben, du Saukerl." „Ja, det will ick." „Du Saukerl. Dir spuck ick an." Er hält ihr den Mund zu: „Willste nu?" Sie ist blau, zerrt an seiner Hand: „Mörder, Hilfe, Franz, Franzeken, komme."
Seine Zeit! Seine Zeit! Jegliches seine Zeit. Würgen und heilen, brechen und bauen, zerreißen und zunähen, seine Zeit. Sie wirft sich hin, um zu entweichen. Sie ringen in der Kute. Hilfe Franz.
Det Ding werden wir schon drehen, deinem Franz werden wir mal einen Spaß machen, da hat er was für die ganze Woche. „Ick will weg." „Da will mal weg. Hat schon mancher mal weg gewollt."
Er kniet von oben über den Rücken, seine Hände sind um ihren Hals, die Daumen im Nacken, ihr Körper zieht sich zusammen, zieht sich zusammen, ihr Körper zieht sich zusammen. Seine Zeit, geboren werden und sterben, geboren werden und sterben, jegliches.
Mörder sagst du, und mir lockst du her, und willst mir vielleicht an der Nase rumziehen, Stücke, da kennste Reinholden gut.
Gewalt, Gewalt, ist ein Schnitter, vom höchsten Gott hat er die Gewalt. Laß mir los. Sie wirft sich noch, sie zappelt, sie schlägt hinten aus. Das Kind werden wir schon schaukeln, da können Hunde kommen und können fressen, was von dir übrig ist.

Ihr Körper zusammen zusammen zieht sich ihr Körper, Miezes Körper. Mörder sagt sie, das soll sie erleben, das hat er dir wohl aufgetragen, dein süßer Franz.
Darauf schlägt man mit der Holzkeule dem Tier in den Nacken und öffnet mit dem Messer an beiden Halsseiten die Schlagadern. Das Blut fängt man in Metallbecken auf.
Es ist acht Uhr, der Wald ist mäßig dunkel. Die Bäume schaukeln, schwanken. War eine schwere Arbeit. Sagt die noch wat? Die japst nicht mehr, das Luder. Das hat man davon, wenn man mit son Aas ein Ausflug macht.
Gestrüpp rübergeworfen, Taschentuch an den nächsten Baum, damit man es wieder findet, mit die bin ick fertig, wo ist Karl, muß den herkriegen. Nach einer guten Stunde mit Karl zurück, was das fürn Schlappier ist, zittert der Kerl, hat weiche Knie, mit sone Anfänger soll man arbeiten. Es ist ganz finster, sie suchen mit Taschenlampen, da ist das Taschentuch. Sie haben Spaten aus dem Auto. Der Körper wird eingebuddelt, Sand drauf, Gestrüpp rauf, bloß keene Fußspuren, Mensch, immer wegwischen, na halt dir senkrecht, Karl, tust ja so, als ob du selber schon dran bist.
„Also, da hast du meinn Paß, einen guten Paß, Karle, und hier ist Geld und du machst dir dünne, solange wie dicke Luft ist. Geld kriegst du, keene Sorge. Adresse immer an Pums. Ich fahr wieder retour. Mir hat keener gesehen und dir kann keener wat tun, du hast dein Alibi. Gemacht, los."
Die Bäume schaukeln, schwanken. Jegliches, jegliches. [...]

IRMGARD KEUN
Das kunstseidene Mädchen

[...] Ein Mann aus der Großindustrie hatte mich eingeladen, indem er im Schauspielhaus Freikarten holte beim Portier für morgen, denn wer Geld hat, hat Beziehungen und braucht nicht zu zahlen. Man kann furchtbar billig leben, wenn man reich ist. Und sprach mit mir und lud mich ein, weil er mich als fertige Künstlerin ansah. Ich will eine werden. Ich will so ein Glanz werden, der oben ist. Mit weißem Auto und Badewasser, das nach Parfüm riecht, und alles wie Paris. Und die Leute achten mich hoch, weil ich ein Glanz bin, und werden es dann wunderbar finden, wenn ich nicht weiß, was eine Kapazität ist, und nicht runter lachen auf mich wie heute – [...]
Ich werde ein Glanz, und was ich dann mache, ist richtig – nie mehr brauch ich mich in acht nehmen und nicht mehr meine Worte ausrechnen und meine Vorhabungen ausrechnen – einfach betrunken sein – nichts kann mir mehr passieren an Verlust und Verachtung, denn ich bin ein Glanz.
Die Großindustrie bin ich schon wieder quitt, denn die Politik vergiftet schon im voraus menschliche Beziehungen. Ich spuck drauf. Der Konferenzier war ein Jude, der auf dem Rad war ein Jude, die getanzt hat, war ein Jude.
Fragt mich die Großindustrie, ob ich auch ein Jude bin. Gott, ich bin's nicht – aber ich dachte: wenn er das gern will, tu ihm den Gefallen – und sag: „Natürlich – erst vorige Woche hat sich mein Vater in der Synagoge den Fuß verstaucht."
Sagt er, er hätt es sich ja denken können bei meinem krausen Haar. Dabei sind es Dauerwellen und von Natur aalglatt. Und er wird eisig mit mir und stellte sich heraus als Nationaler und hatte eine Rasse – und Rasse ist eine Frage – und wurde darauf feindlich – das ist alles sehr kompliziert. Ich hatte es genau gerade falsch gemacht. Aber es war mir zu dumm, nu wieder alles zurückzunehmen, und ein Mann muß doch vorher wissen, ob ihm eine Frau gefällt oder nicht. So was Idiotisches. Machen sie erst vollfette Komplimente und reißen sich Arme und Beine und was weiß ich noch alles aus – sagt man auf einmal: ich bin eine Kastanie! – sperren sie das Maul auf: ach, du bist eine Kastanie – pfui, das wußte ich nicht. Dabei ist man noch dasselbe wie vorher, aber durch ein Wort soll man verändert sein. [...]

Aufgaben zu den Texten auf den Seiten 172–183

ERNST WEISS   Georg Letham

① Welche Symptome des Gelbfiebers werden in diesem Textausschnitt genannt? Welches Verhältnis zwischen Wissenschaft und Literatur wird darin deutlich?
② Welche methodischen Überlegungen zur Durchführung des Experiments stellt der Erzähler an? Kennzeichnen Sie das Verständnis der Wirklichkeit, das darin zum Ausdruck kommt.
③ Im vorliegenden Textausschnitt wird Shakespeares Stück *Hamlet* erwähnt, von dessen Titel der des Romanhelden LET-HAM abgeleitet ist. Lassen sich aus der vorliegenden Episode Parallelen zwischen beiden Figuren ziehen?

MARIELUISE FLEISSER   Pioniere in Ingolstadt

① Welche Unterschiede in der Auffassung von einer Liebesbeziehung bestehen zwischen den beiden Personen? Welche der Auffassungen hat in dieser Situation bessere Aussichten, auch verwirklicht zu werden? Ist die gegenteilige Auffassung damit widerlegt?
② Untersuchen Sie den Zusammenhang von Sprache und Inhalt dieses Stücks.

ERICH KÄSTNER   Sachliche Romanze

① Formulieren Sie die Vorstellungen von „Liebe" in diesem Gedicht.
② Vergleichen Sie diese Liebesvorstellungen mit denen in Fleißers Stück *Pioniere in Ingolstadt*.

LION FEUCHTWANGER   Erfolg

① Welches Bild der Bevölkerung zeichnet Feuchtwanger in diesem Ausschnitt?
② Mit welchen sprachlichen Mitteln wird die Gestalt des stellungslosen Monteurs Rupert Kutzner (Adolf Hitler) dargestellt? Kennzeichnen Sie Absicht und Wirkung.
③ Welche Funktion hat die Überschrift, die auch als Schlußformel wieder erscheint?
④ Ein zeitgenössischer Kritiker kreidete Feuchtwanger die Vermischung der Schreibabsichten an: „Entweder man schreibe Romane mit jener artistischer Überlegenheit […] wie Feuchtwanger es kann – und lasse die Politik zu Hause. Oder man treibe Politik […] aber man treibe dann diese Politik aus dem unbeirrbaren, selbst halsstarrigen Verteidigen und Propagieren der politischen Idee – und lasse den Roman zu Hause." Bringen Sie das damit ausgedrückte Problem auf eine knappe These (oder Frage), und setzen Sie sich damit auseinander.

Aufgaben

HEINRICH MANN   Der Untertan

① Erläutern Sie Inhalt und Funktion dieses Romananfangs. Formulieren Sie Ihre eigenen Erwartungen nach der Eröffnung.
② Welche Unterschiede ergeben sich im Vergleich zu anderen Romananfängen, die den Titelhelden vorstellen? Vergleichen Sie z. B. mit Gottfried Keller, *Der grüne Heinrich;* Max Frisch, *Stiller* (S. 69 f.) oder Johann Wolfgang v. Goethe, *Die Wahlverwandtschaften:*

Eduard – so nennen wir einen reichen Baron im besten Mannesalter – Eduard hatte in einer Baumschule die schönste Stunde eines Aprilnachmittags zugebracht, um frisch erhaltene Pfropfreiser auf junge Stämme zu bringen. Sein Geschäft war eben vollendet; er legte die Gerätschaften in das Futteral zusammen und betrachtete seine Arbeit mit Vergnügen […].

HERMANN HESSE   Der Steppenwolf

① Welche Funktion hat der Spiegel für das Verständnis der folgenden Erlebnisse des Harry Haller im magischen Theater?
② Welche Gemeinsamkeiten bestehen zwischen der Autojagd und Kriegshandlungen?
③ Informieren Sie sich über Handlung und zentrales Problem des Romans. Ordnen Sie ihn den Thematiken der Weimarer Republik zu.
④ Der hier abgedruckte Auszug war Vorlage für eine Szene des amerikanischen Films *Easy Rider.* Wie erklären Sie sich das Interesse der Jugendlichen in den 60er und 70er Jahren an diesem Roman?

ERICH KÄSTNER   Fabian

① Inwiefern sind die Inhalte dieses Textauszugs zeittypisch?
② Beurteilen Sie aus heutiger Sicht die im letzten Satz ausgedrückte Einstellung.

FRANZ KAFKA   Der Prozeß

① Entspricht die Darstellung nach dem 1. Satz Ihrer Erwartung? Begründen Sie.
② Beschreiben Sie die Reaktion K.s auf den Vorgang. Finden Sie diese verständlich?
③ Welche Angaben fehlen im Vergleich zu „üblichen" Romananfängen (z. B. Goethes *Wahlverwandtschaften,* s. o.; Heinrich Manns *Untertan,* S. 177)?
④ In diesem Roman läßt sich die Methode des Perspektivenwechsels gut verfolgen. Erläutern Sie die Darstellung unter diesem Gesichtspunkt. Vergleichen Sie mit folgendem Ausschnitt aus Döblins *Berlin Alexanderplatz:*

Franz kann nichts sagen, er sieht immer bloß auf Reinholds Hände, der hat zwei Hände, zwei Arme, er hat bloß einen, mit den zwei Händen hat ihn Reinhold untern Wagen geschmissen, ach warum, ach darum, müßt ich nicht den Kerl totschlagen, ach bloß wegen dem Tschingdarada. Herbert meint, aber das mein ick alles nicht, was mein ick bloß. Ick kann nichts, ick kann gar nichts … ich bin überhaupt keen Mann, ein Hahnepampen.

ROBERT MUSIL   Der Mann ohne Eigenschaften

① Welche Funktion sehen Sie in dieser Wirklichkeitsbeschreibung am Romananfang? Berücksichtigen Sie die Überschrift des Kapitels.

ALFRED DÖBLIN   Berlin Alexanderplatz

① Die Prostituierte und Lebensgefährtin Biberkopfs, genannt Mieze, wird von dessen ehemaligem Freund Reinhold umgebracht. Untersuchen Sie, aus welchen Perspektiven dieser Vorgang dargestellt wird.
② Kennzeichnen Sie die erzählerischen Mittel, durch welche die Perspektivenwechsel dargestellt sind.
③ An welchen Stellen wird die für die Literatur dieser Zeit typische Verknappung des sprachlichen Ausdrucks besonders deutlich?

IRMGARD KEUN   Das kunstseidene Mädchen

① Kennzeichnen Sie die Darstellungsperspektive und die damit verbundene Wirklichkeitssicht.
② Arbeiten Sie zeittypische Merkmale heraus.

b) Polarisierung der Lager

JOSEPH ROTH
Schluß mit der „Neuen Sachlichkeit"

Nicht oft im Lauf der Jahrhunderte war in Deutschland die Verwirrung so groß, [...] das Bewußtsein von einer Tradition so ohnmächtig. Niemals war die stoffliche Unwissenheit der Schreibenden so groß und die dokumentarische Authentizität des Geschriebenen so betont. Niemals waren die Menge, die Zwecklosigkeit, die Hohlheit der Publikationen offensichtlicher und niemals die
5 Leichtgläubigkeit größer, mit der man schon die Deklaration der Zweckmäßigkeit aufnahm. Niemals waren Plakate verlogener und suggestiver. Die furchtbare Verwechslung begann, die furchtbarste aller Verwechslungen: des Schattens, den die Gegenstände werfen, mit den Gegenständen. Das Wirkliche begann man für wahr zu halten, das Dokumentarische für echt, das Authentische für gültig. Erstaunlich, daß in einer Zeit, in der die einfachen Zeugenaussagen vor Gericht von der
10 modernen medizinischen Wissenschaft mit Recht als unzuverlässig bezeichnet werden, erstaunlich, daß in dieser Zeit die literarische Zeugenaussage gültiger ist als die künstlerische Gestaltung. Man zweifelt an der Zuverlässigkeit des beeideten Zeugen. Aber man verleiht dem geschriebenen Zeugnis die höchste Anerkennung, die es in der Literatur gibt: die der Wahrhaftigkeit. [...]
Niemals war der Respekt vor dem „Stoff" größer, naiver, kurzsichtiger. Er verschuldet die zweite
15 furchtbare Verwechslung: des Simplen mit dem Unmittelbaren; die Mitteilung mit dem Bericht; des photographierten Moments mit dem andauernden Leben; der „Aufnahme" mit der Realität. Also verliert selbst das Dokumentarische die Fähigkeit, authentisch zu sein. Beinahe brachte man dem Photographen ein stärkeres Vertrauen entgegen, als seinem Objekt, ein stärkeres Vertrauen der Platte, als der Wirklichkeit. Die Deklaration des Photographen genügt. Die Erklärung des Por-
20 trätisten, er habe photographiert, genügt. Man erfinde eine Geschichte und sage, man sei dabei gewesen: man glaubt der erfundenen Geschichte. Der Respekt vor der Wirklichkeit ist so groß, daß selbst die erlogene Wirklichkeit geglaubt wird.
Niemals schrieb man in deutscher Sprache so schlecht, wie jetzt. Und niemals war die Meinung so verbreitet, man schriebe in Deutschland immer besser. Man schreibt nicht gut, man schreibt sim-

Otto Dix, Der Krieg (Triptychon Mitte), 1929–32

pel. Es gilt als „unmittelbar". Niemals wurde in deutscher Sprache so viel gelogen, wie jetzt. Aber über jeder zweiten Lüge steht die Bezeichnung Photographie, vor der jeder Einwand verstummt. Man sage: Dokument, und jeder erschauert in Ehrfurcht, wie einstmals vor dem Wort Dichtung. Der Autor behauptet, er sei dabei gewesen. Man glaubt ihm: erstens: als wäre er wirklich dabei gewesen; zweitens: als wäre es wichtig, ob er dabei gewesen sei oder nicht. [...]

Der berechtigte Ruf nach dem Dokumentarischen hatte einen pädagogischen Nebenzweck: er war ein Wink an die Schreibenden sich in ihrer Gegenwart umzusehn.

Erst, da sie, die Berufenen es nicht taten (oder selten taten), begann das simple Zeugnis der Unberufenen und Zufälligen zu grassieren.

Vor die Wahl gestellt: zwischen einen mittelmäßig geformten Bericht von einem wirklichkeitsfernen Stoff und die ungeformte dokumentarische Mitteilung über die wirkliche Gegenwart oder die jüngste Vergangenheit – da greift der anspruchsvolle Leser (und der primitive erst recht) nach der Mitteilung.

Seine Wahl ist nützlich, solange sein Bewußtsein die scharfe Unterscheidung zwischen dem Dokument und der gelungenen Gestaltung aufrechthält.

Gefährlich aber wird das Dokument in dem Augenblick, in dem es anfängt, die Gestaltung zu ersetzen und zu verdrängen. Die Mitteilung tritt an Stelle des Berichts. Das mitteilende Wort an Stelle des Geformten und Formenden, des „gedichteten" also. [...]

Da der Leser auf die Form nicht mehr zu achten braucht, entgeht ihm nicht nur die Identität der Form und des Inhalts im Kunstwerk, sondern auch die Identität von Formlosigkeit und Gehaltlosigkeit in den meisten Dokumenten. Nicht einmal seine Freude am Stofflichen kommt also in allen dokumentarischen Werken auf ihre Kosten. Gleichsam von selbst, automatisch entwickelt sich die Sachlichkeit zum Gegensatz der Form. Sagte man noch vor zehn Jahren etwa: Häßlich ist, was zwecklos ist; so sagt man heute: häßlich ist, was unsachlich ist. [...]

Hören wir auf! Brechen wir ab! Seit einer halben Stunde liest man uns mit dem bittersten aller Vorwürfe: wir seien „unsachlich" geworden! ...

ERNST JÜNGER
Feuer und Blut

[...] Und wieder setzt der Wille zum Siege zu einer seiner furchtbaren, sich rhythmisch wiederholenden Geburtswehen an, von der jeder Mann der im Kampf längst zerstreuten und zerrissenen Einheiten gepackt und geschüttelt wird. Einzeln und in geballten Haufen werden die Angreifer vorgetrieben wie Geschosse zum Ziel. Jeder ist bis zur Weißglut entflammt.

Quer durch die Trichter führt der Sturm, über noch zuckende Körper hinweg in eine Tiefe, die nichts Menschliches mehr zu bergen scheint. Zuerst springen noch hier und dort einige Gestalten auf, die in Löchern und Senken dem Feuer entronnen sind. Dann machen die nächsten Angreifer für Augenblicke halt und schießen sie wie Jäger, die keine Zeit verlieren wollen, im stehenden Anschlag ab. Bald aber sind wir in einer ausgebrannten Wüstenei, in der die Beschießung die Landschaft gleichmäßig ausgestanzt hat und auf der hoch und dicht die Granatsäulen stehen wie Geysire auf einem isländischen Vulkangebiet.

Mir ist bei diesem rasenden Ansturm unglaublich heiß geworden, der Körper ist ausgedörrt. Ich habe bereits den Rock aufgerissen und die Halsbinde fortgeworfen, aber es ist mir, als ob ich jeden Augenblick verdursten müßte, und ich werfe mich hin, um jemand zu erwarten, der mir die Feldflasche reichen kann. Wie ich mich umdrehe, wird mir erst klar, daß ich schon mitten in unsere Feuerwalze hineingeraten bin. Nicht nur vor mir spritzt es auf, sondern auch neben und hinter mir, kohlschwarz, milchweiß, stickstoffbraun, pikringelb und feuerrot. Ich bin zu hitzig gewesen;

aber das Zurückspringen scheint jetzt noch bedenklicher. So entschließe ich mich, liegenzubleiben und zu warten, bis die Walze wieder vorrücken wird. Das ist, als ob man unter einen Zug gefallen wäre und sich lang zwischen die Schienen legte, um ihn über sich hinwegrollen zu lassen. Ich sehe jedoch, daß ich nicht allein in dieser Lage bin. Aus einem benachbarten Trichter lugt eine Gestalt und winkt mir zu. Ich springe zu ihr hinein, zu einem jungen Offizier, den ich nie zuvor gesehen habe, aber wir sind in einem Augenblick vertraut, als ob uns eine jahrelange Bekanntschaft verbrüderte. Er reicht mir seine Feldflasche, und wir schlagen uns auf die Schulter: Die Sache geht glänzend voran!

Endlich rollt die Feuerwalze über uns hinweg. Ohne uns zu verabschieden, stürzen wir hinter ihr her, der eine nach hier, der andere nach dort, auf Nimmerwiedersehen. Plötzlich befinde ich mich wieder inmitten einer langen Kette von Menschen, die langsam und gleichmäßig mit umgehängten Gewehren vorwärtsstrebt. Ein Häslein schießt in Zickzacksprüngen aus der Feuerwalze heraus, ein Mann neben mir reißt die Flinte herunter und pafft hinter ihm her. Das stimmt mich heiter; es war ein guter Witz. […]

ERICH MARIA REMARQUE
Im Westen nichts Neues

[…] Wir müssen warten, warten. Mittags passiert das, womit ich schon rechnete. Einer der Rekruten hat einen Anfall. Ich habe ihn schon lange beobachtet, wie er ruhelos die Zähne bewegte und die Fäuste ballte und schloß. Diese gehetzten, herausspringenden Augen kennen wir zur Genüge. In den letzten Stunden ist er nur scheinbar stiller geworden. Er ist in sich zusammengesunken wie ein morscher Baum.

Jetzt steht er auf, unauffällig kriecht er durch den Raum, verweilt einen Augenblick und rutscht dann dem Ausgang zu. Ich lege mich herum und frage: „Wo willst du hin?"

„Ich bin gleich wieder da", sagt er und will an mir vorbei.

„Warte doch noch, das Feuer läßt schon nach."

Er horcht auf, und das Auge wird einen Moment klar. Dann hat es wieder den trüben Glanz wie bei einem tollwütigen Hund, er schweigt und drängt mich fort. „Eine Minute, Kamerad!" rufe ich. Kat wird aufmerksam. Gerade als der Rekrut mich fortstößt, packt er zu, und wir halten ihn fest. Sofort beginnt er zu toben: „Laßt mich los, laßt mich 'raus, ich will hier 'raus!"

Er hört auf nichts und schlägt um sich, der Mund ist naß und sprüht Worte, halbverschluckte, sinnlose Worte. Es ist ein Anfall von Unterstandsangst, er hat das Gefühl, hier zu ersticken, und kennt nur den einen Trieb: hinauszugelangen. Wenn man ihn laufen ließe, würde er ohne Deckung irgendwohin rennen. Er ist nicht der erste.

Da er sehr wild ist und die Augen sich schon verdrehen, so hilft es nichts, wir müssen ihn verprügeln, damit er vernünftig wird. Wir tun es schnell und erbarmungslos und erreichen, daß er vorläufig wieder ruhig sitzt. Die andern sind bleich bei der Geschichte geworden; hoffentlich schreckt es sie ab. Dieses Trommelfeuer ist zuviel für die armen Kerle; sie sind vom Feldrekrutendepot gleich in einen Schlamassel geraten, der selbst einem alten Mann graue Haare machen könnte. […]

Aufgabe zu dem Bild auf Seite 187

OTTO DIX   Der Krieg

① Welchem der Texte über den Krieg ließe sich dieses Gemälde am besten zur Seite stellen? Begründen Sie Ihre Wahl anhand genauer Beobachtungen.

Aufgaben zu den Texten auf den Seiten 186–189

JOSEPH ROTH   Schluß mit der „Neuen Sachlichkeit"

① Fassen Sie die Aussagen über die zwei „Verwechslungen" zusammen, und formulieren Sie den darin enthaltenen Vorwurf mit eigenen Worten.
② Welche Gefahr sieht der Verfasser in der von ihm geschilderten Erscheinung?
③ Kennzeichnen Sie die Einstellung des Verfassers zum Dokumentarischen.

ERNST JÜNGER   Feuer und Blut

① Der Begriff „Wille zum Siege" in der ersten Zeile des Textausschnitts weist den Verfasser als Vertreter einer bestimmten weltanschaulichen Richtung aus. Nehmen Sie für die Zuordnung den Einleitungstext zu Hilfe, und weisen Sie im vorliegenden Textauszug die Berechtigung dieser Zuordnung nach.
② Der Verfasser nimmt zu den kriegerischen Vorgängen eine fast sportsmännische Haltung ein. Welche angenehmen Eindrücke von den Vorgängen übermittelt der Erzähler seinem Leser?
③ Erörtern Sie mögliche Wirkungen eines solchen Darstellungsverfahrens beim Thema Krieg.

ERICH MARIA REMARQUE   Im Westen nichts Neues

① Vergleichen Sie den Romanausschnitt mit dem Auszug aus dem Drehbuch (S. 310f.). Welche Veränderungen sind im Film vorgenommen?
② Wie verhalten sich diese beiden Texte zur Kriegsdarstellung Ernst Jüngers?
③ Erklären Sie die Filmkritiken (S. 311f.) aus den Zeitbedingungen der Weimarer Republik.

c) Radikalisierung der Absichten

KURT SCHWITTERS
An Anna Blume

Oh Du, Geliebte meiner 27 Sinne, ich liebe Dir!
Du, Deiner, Dich Dir, ich Dir, Du mir, - - - - wir?
Das gehört beiläufig nicht hierher!

Wer bist Du, ungezähltes Frauenzimmer, Du bist, bist Du?
5 Die Leute sagen, Du wärest.
Laß sie sagen, sie wissen nicht, wie der Kirchturm steht.

Du trägst den Hut auf Deinen Füßen und wanderst auf die Hände,
Auf den Händen wanderst Du.

Halloh, Deine roten Kleider, in weiße Falten zersägt,
10 Rot liebe ich Anna Blume, rot liebe ich Dir.
Du, Deiner, Dich Dir, ich Dir, Du mir, - - - - wir?
Das gehört beiläufig in die kalte Glut!
Anna Blume, rote Anna Blume, wie sagen die Leute?

Preisfrage

15   1. Anna Blume hat ein Vogel,
    2. Anna Blume ist rot.
    3. Welcher Farbe hat der Vogel.

Blau ist die Farbe Deines gelben Haares,
Rot ist die Farbe Deines grünen Vogels.
20 Du schlichtes Mädchen im Alltagskleid,
Du liebes grünes Tier, ich liebe Dir!
Du Deiner Dich Dir, ich Dir, Du mir, - - - - wir!
Das gehört beiläufig in die - - - - Glutenkiste.

Anna Blume, Anna, A - - - - N - - - - N - - - - A!
25 Ich träufle Deinen Namen.
Dein Name tropft wie weiches Rindertalg.
Weißt Du es Anna, weiß Du es schon,
Man kann Dich auch von hinten lesen.
Und Du, Du Herrlichste von allen,
30 Du bist von hinten, wie von vorne:

A - - - - N - - - - N - - - - A.
Rindertalg träufelt STREICHELN über meinen Rücken.
Anna Blume,
Du tropfes Tier,
35 Ich - - - - liebe - - - - Dir!

Dad aisten gegen Weimar

Am Donnerstag, den 6. Februar 1919, abends 7½ Uhr, wird im Kaisersaal des Rheingold (Bellevuestraße) der

OBERdADA

als

Präsident des Erdballs

verkündigt werden nach dem Wort der Zeitung:

(B.Z. v. 27.I.19.) ? „Wir werden in diesem Jahre wahrscheinlich noch einigemal wählen, den Prxs_Identrx, das V lkshaus. Und dann wollen wir uns nicht mehr bloß mit dem Instinkt, der mechanischen Zielsicherheit der unbewußt ahnungsvollen Masse bescheiden, sondern das persönliche Genie s.ch.n gehəⁿ, das wir in irgend einer Schichte unseres Volkes endlich doch und doch hervorgebracht haben müssen, wenn wir nicht schon jetzt eine abgestorbene Rasse sein sollen!"

Zu dieser Suche werden alle geistigen und geistlichen Arbeiter, Volksbeauftragte, Bürger und Genossen beiderlei Geßchlechts (Soldaten ohne Rangabzeichen) erscheinen, denen an dem Glück der Menschheit gelegen ist.

Wir werden We i m a r in die Luft sprengen. **Berlin** ist der Ort ¡ep · · ep · · Es wird niemand und nichts geschont werden.

Man erscheine in Massen!

Der dadaistische Zentralrat der Weltrevolution.

BAA ER, HAUSMANN, TRISTAN TZARA, GEORGE GROSZ, MARCEL JANCO, HANS ARP, RICHARD HÜLSENBECK, FRANZ ONnI, EUGEN ERNST, A. R. MEY **ER**

Flugblatt: Dadaisten gegen Weimar, 1919

BERTOLT BRECHT
Die Nachtlager

Ich höre, daß in New York
An der Ecke der 26. Straße und des Broadway
Während der Wintermonate jeden Abend ein Mann steht
Und den Obdachlosen, die sich ansammeln
5 Durch Bitten an Vorübergehende ein Nachtlager verschafft.

Die Welt wird dadurch nicht anders
Die Beziehungen zwischen den Menschen bessern sich nicht
Das Zeitalter der Ausbeutung wird dadurch nicht verkürzt
Aber einige Männer haben ein Nachtlager
10 Der Wind wird von ihnen eine Nacht lang abgehalten
Der ihnen zugedachte Schnee fällt auf die Straße.

Leg das Buch nicht nieder, der du das liesest, Mensch.

Einige Menschen haben ein Nachtlager
Der Wind wird von ihnen eine Nacht lang abgehalten
15 Der ihnen zugedachte Schnee fällt auf die Straße
Aber die Welt wird dadurch nicht anders
Die Beziehungen zwischen den Menschen bessern sich dadurch nicht
Das Zeitalter der Ausbeutung wird dadurch nicht verkürzt.

KURT TUCHOLSKY
An das Publikum

O hochverehrtes Publikum,
sag mal: bist du wirklich so dumm,
wie uns das an allen Tagen
alle Unternehmer sagen?
5 Jeder Direktor mit dickem Popo
spricht: „Das Publikum will es so!"
Jeder Filmfritze sagt: „Was soll ich machen?
Das Publikum wünscht diese zuckrigen Sachen!"
Jeder Verleger zuckt die Achseln und spricht:
10 „Gute Bücher gehn eben nicht!"
 Sag mal, verehrtes Publikum:
 bist du wirklich so dumm?

So dumm, daß in Zeitungen, früh und spät,
immer weniger zu lesen steht?
15 Aus lauter Furcht, du könntest verletzt sein;
aus lauter Angst, es soll niemand verhetzt sein;
aus lauter Besorgnis, Müller und Cohn
könnten mit Abbestellung drohn?
Aus Bangigkeit, es käme am Ende
20 einer der zahllosen Reichsverbände
und protestierte und denunzierte
und demonstrierte und prozessierte...
 Sag mal, verehrtes Publikum:
 bist du wirklich so dumm?

25 Ja, dann ...
 Es lastet auf dieser Zeit
 der Fluch der Mittelmäßigkeit.
 Hast du so einen schwachen Magen?
 Kannst du keine Wahrheit vertragen?
30 Bist also nur ein Grießbrei-Fresser-?
 Ja, dann ...
 Ja, dann verdienst dus nicht besser.

Aufgaben zu den Bildern auf den Seiten 165 und 171

RAOUL HAUSMANN   Der Kunstkritiker

① Bestimmen Sie zeittypische Merkmale inhaltlicher und gestalterischer Art.

„Mann ist Mann" von Bert Brecht

① Erläutern Sie Brechts Vorstellungen von einem neuen Theater anhand des Fotos und der Verse (S. 171), die in einem „Zwischenspruch" zwischen 8. und 9. Szene des Stücks gesprochen werden. Beziehen Sie Ihre Kenntnisse über die Theorie des Dramas ein.

Aufgaben zu den Texten auf den Seiten 191–193

KURT SCHWITTERS   An Anna Blume

① Welche verschiedenartigen Verstöße gegen die Lesererwartung an ein Liebesgedicht können Sie in diesem Gedicht entdecken? Untersuchen Sie u. a. Realitätsbezug, lyrische Konventionen, Grammatik, Sprachebene, Wortmaterial.
② „du, du Herrlichste von allen" ist eine Anspielung auf eine Stelle in Adalbert v. Chamissos Gedichtzyklus *Frauenliebe und -leben*: „Er, der Herrlichste von allen". Was läßt sich daraus für die Funktion des vorliegenden Gedichts schließen? Erhärten Sie Ihre Schlußfolgerung durch Auswerten Ihrer Antworten zu Frage ①.

Dadaisten gegen Weimar

① Welches organisatorische Umfeld wird durch den Text vorgespiegelt? Kennen Sie aus damaliger oder heutiger Zeit ähnliche realitätsferne Welterlösungsversprechen ernstgemeinter Art?
② Wie wird die Persiflage graphisch verstärkt? Beschreiben Sie die eingesetzten Mittel.

BERTOLT BRECHT   Die Nachtlager

① Der Verfasser stellt zwei gegensätzliche Urteile über die Verhaltensweise des Mannes auf. Welches befürwortet der Sprecher des Gedichts nach Ihrer Ansicht? Begründen Sie diese Entscheidung.
② Was trägt die Form, insbesondere die Anordnung der Zeilen, zum Inhalt bei?
③ Analysieren Sie die Montagetechniken des Gedichts.
④ Wie läßt sich Brecht mit den hier gemachten Aussagen in die politische Landschaft der Weimarer Republik einordnen?

KURT TUCHOLSKY   An das Publikum

① Beschreiben Sie die Form des Gedichts, und ordnen Sie es den literarischen Bestrebungen in der Weimarer Republik zu.
② Welche Absicht verfolgt der Autor?

V. Literatur zwischen 1933 und 1945

Pablo Picasso, Das Beinhaus, 1944/45

1. Grundzüge dieser Zeit

Nach der „Machtergreifung" der Nationalsozialisten 1933 war es eines der wichtigsten Anliegen der neuen Machthaber, die **Meinungs-, Presse- und Informationsfreiheit** aufzuheben. „Die gefährlichste Gefahr für jeden Staat ist die Pressefreiheit", warnte Hitler in einer Tischrede. Bereits in den ersten Monaten wurden Zeitungen, die der KPD, der SPD oder kirchlichen Kreisen nahestanden, enteignet. Mit Hilfe der *Verordnung des Reichspräsidenten zum Schutz von Volk und Staat* waren Beschränkungen „des Rechts der freien Meinungsäußerung, einschließlich der Pressefreiheit" zulässig. Zugleich war man bemüht, für NS-Zeitungen eine Monopolstellung zu schaffen. Durch Berufsverbote und wirtschaftliche Pressionen gelang es, bis Ende 1935 die Eigenständigkeit der bürgerlichen Zeitungen auszuschalten. Mit der Einführung der sogenannten Pressekonferenzen wurde der Inhalt der Zeitungen in Deutschland weitestgehend festgelegt.

Ebenso wichtig wie die Zeitung war der Rundfunk als Instrument der Massenpropaganda. Rundfunkhören galt als staatspolitische Pflicht, um die Masse des Volkes auch tatsächlich beeinflussen zu können. Die Herstellung eines billigen „Volksempfängers" sollte dies ermöglichen und gleichzeitig das Hören ausländischer Rundfunksender unterbinden. Ab Januar 1933 wurden die Schlüsselstellen der Rundfunkanstalten mit Nationalsozialisten, mit kampfwilligen „SA-Männern des Geistes" besetzt. Eine straff zentralistisch organisierte Struktur gewährleistete außerdem die einheitliche Führung des Rundfunkwesens.

Schließlich wollte man auch die suggestive Wirkung des Films zur Verbreitung von NS-Ideen nutzen; man setzte Spielfilme und vor allem die Wochenschau bewußt ein, um die Volksmeinung zu lenken.

Selbstverständlich wollten die NS-Funktionäre auch die Literatur in ihre Hand bekommen. Die Übersicht auf S. 197 zeigt, auf welche Weise versucht wurde, Druckerzeugnisse jeder Art und Gattung dem Staatsapparat verfügbar zu machen.

Die Programme der Verlage wurden der Zensur der Reichsschrifttumskammer unterstellt. Durch die Einführung von „schwarzen Listen" versuchte man, ebenso wie durch die Verweigerung von Papierzuteilung, „unerwünschte" Autoren auszuschalten. Der „undeutsche Verräter" Heinrich Heine oder der „verrückte" Franz Kafka mußten aus der deutschen Literaturgeschichte ebenso verschwinden wie etwa Bertolt Brecht, Alfred Döblin, Heinrich, Klaus und Thomas Mann, Erich Maria Remarque (wegen seines Antikriegsbuches *Im Westen nichts Neues*), Kurt Tucholsky oder Stefan Zweig. Zum Symbol des Kampfes gegen die „entartete Literatur" wurden die öffentlichen **Bücherverbrennungen** am Abend des 10. Mai 1933, welche die „zersetzende Literatur" und „nichtdeutschen Ungeist" ausmerzen sollten. Goebbels deutete diese Aktionen, die sorgfältig geplant und vielfach von fanatisierten Studenten durchgeführt wurden, als spontane Aktionen des Volkes zur Beseitigung der „weltbürgerlich-jüdisch-bolschewistischen Zersetzungsliteratur".

Der Komponist MAX VON SCHILLINGS (1868–1933), Präsident der Preußischen Akademie der Künste, schickte nachstehendes Schreiben an die 31 Mitglieder der Abteilung für Dichtung in der Preußischen Akademie der Künste:

                                                Preußische Akademie der Künste
                                                Berlin W 8, Pariser Platz 4
                                                den 14. März 1933
Abteilung für Dichtung   *Vertraulich!*

5 Sehr geehrter Herr Kollege,
die Sitzung vom 13. d. Mts. unter Teilnahme des unterzeichneten Präsidenten (Tagesordnung «Stellungnahme zu lebenswichtigen Fragen der Abteilung»), zu der Sie eingeladen waren, hat zu folgenden Ergebnissen geführt:

In Anbetracht der Lage müssen von der Abteilung sofortige Entschlüsse gefaßt werden. Die
10 Abteilung unternimmt den Versuch, sich aus sich selbst heraus neu zu organisieren; sie sieht sich gezwungen, allen Mitgliedern die anliegenden Fragen vorzulegen und bittet um sofortige Beantwortung ausschließlich mit ja oder nein und Ihre Unterschrift. Die Antwort muß spätestens am 21. März bei der Akademie eingetroffen sein.

                                                              Mit kollegialem Gruß
                                                              Max von Schillings

Grundzüge dieser Zeit

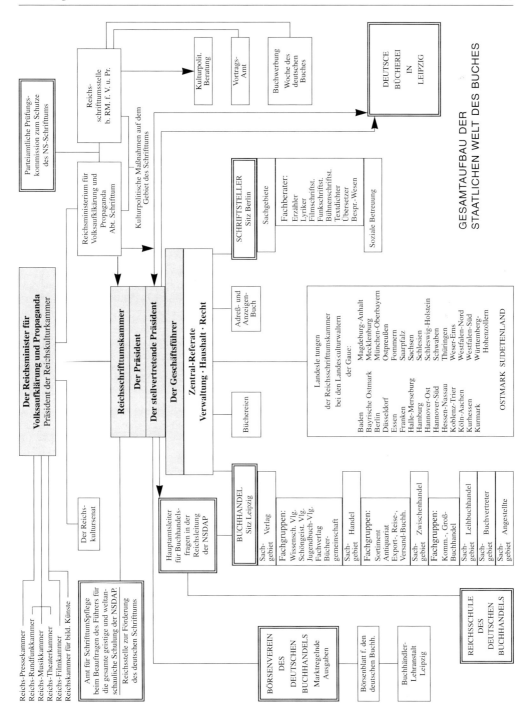

(aus: Joseph Wulf: Literatur und Dichtung im Dritten Reich. Eine Dokumentation. Gütersloh: Sigbert Mohn 1963, rororo 1966, S. 521)

Vertraulich!
Sind Sie bereit, unter Anerkennung der veränderten geschichtlichen Lage weiter Ihre Person der Preußischen Akademie der Künste zur Verfügung zu stellen? Eine Bejahung dieser Frage schließt die öffentliche politische Betätigung gegen die Regierung aus und verpflichtet Sie zu einer loyalen Mitarbeit an den satzungsgemäß der Akademie zufallenden nationalen kulturellen Aufgaben im Sinne der veränderten geschichtlichen Lage.
Ja   Nein
(Nichtzutreffendes bitte zu durchstreichen)

Name: Ort und Datum:

RICARDA HUCH (1864–1947) antwortete darauf:

[Heidelberg, 18.3.1933]
In Erwiderung Ihres Schreibens vom 14. März bestreite ich Ihre Kompetenz, mir eine Frage von so unübersehbaren Konsequenzen vorzulegen, und lehne infolgedessen ab, sie zu beantworten. Die Mitglieder der Akademie werden nach Wortlaut der Statuten zur Ehrung und Anerkennung ihrer Leistungen berufen, ohne daß ein politisches Bekenntnis von ihnen gefordert würde. Ich bin, seit ich der Akademie angehöre, stets mit Nachdruck dafür eingetreten, daß bei der Wahl der Mitglieder nichts anderes maßgebend sein darf als ihre künstlerischen Leistungen und die Bedeutung ihrer Persönlichkeit. Daran werde ich auch künftig festhalten.

Ricarda Huch

Heidelberg, 24. März 1933
Sehr geehrter Herr Präsident,
aus Ihrem Schreiben vom 22. März schließe ich, daß Sie meine Ablehnung, die mir vorgelegte Frage zu unterzeichnen, so aufzufassen gedenken, als hätte ich sie mit Ja beantwortet. Ich kann aber dieses Ja um so weniger aussprechen, als ich verschiedene der inzwischen vorgenommenen Handlungen der neuen Regierung aufs schärfste mißbillige.
Sie zweifeln nicht, davon überzeugt mich Ihr Brief, daß ich an dem nationalen Aufschwung von Herzen teilnehme; aber auf das Recht der freien Meinungsäußerung will ich nicht verzichten, und das täte ich durch die Erklärung, wie die ist, welche ich zu unterzeichnen aufgefordert wurde. Ich nehme an, daß ich durch diese Feststellung automatisch aus der Akademie ausgeschieden bin. [...]

Ricarda Huch

Heidelberg, 9. April 1933
Sehr geehrter Herr Präsident,
lassen Sie mich zuerst danken für das warme Interesse, das Sie an meinem Verbleiben in der Akademie nehmen. Es liegt mir daran, Ihnen verständlich zu machen, warum ich Ihrem Wunsche nicht entsprechen kann. Daß ein Deutscher deutsch empfindet, möchte ich fast für selbstverständlich halten; aber was deutsch ist, und wie Deutschtum sich bestätigen soll, darüber gibt es verschiedene Meinungen. Was die jetzige Regierung als nationale Gesinnung vorschreibt, ist nicht mein Deutschtum. Die Zentralisierung, den Zwang, die brutalen Methoden, die Diffamierung Andersdenkender, das prahlerische Selbstlob halte ich für undeutsch und unheilvoll. Bei einer so sehr von der staatlich vorgeschriebenen Meinung abweichenden Auffassung halte ich es für unmöglich, in einer staatlichen Akademie zu bleiben. Sie sagen, die mir von der Akademie vorgelegte Erklärung werde mich nicht an der freien Meinungsäußerung hindern. Abgesehen davon, daß eine „loyale

Mitarbeit an den satzungsgemäß der Akademie zufallenden nationalen und kulturellen Aufgaben im Sinne der veränderten geschichtlichen Lage" eine Übereinstimmung mit dem Programm der
35 Regierung erfordert, die bei mir nicht vorhanden ist, so würde ich keine Zeitung oder Zeitschrift finden, die eine oppositionelle Meinung abdruckte. Da bliebe das Recht der freien Meinungsäußerung in der Theorie stecken. [...]
Hiermit erkläre ich meinen Austritt aus der Akademie.

Ricarda Huch

(zit. nach: Joseph Wulf, Literatur und Dichtung im Dritten Reich. A.a.O., S. 22 f. u. 26 f.)

Gottfried Benn trat hingegen nicht aus der Akademie aus und wurde mit der kommissarischen Leitung der Abteilung für Dichtung beauftragt. In einer Rundfunkrede am 24.4.1933 setzte er sich für den neuen Staat ein:

[...] Eine echte neue geschichtliche Bewegung ist vorhanden, ihr Ausdruck, ihre Sprache, ihr Recht beginnt sich zu entfalten, sie ist typologisch weder gut noch böse, sie beginnt ihr Sein. [...] Große, innerlich geführte Jugend, der Gedanke, der notwendige Gedanke, die überirdische Macht der Welt, mächtiger als das Eisen, mächtiger als das Licht, gibt dir recht: die Intelligenz, die dir schmähend nachsieht, war am Ende; was sollte sie dir denn vererben; sie lebte ja nur noch von Bruchstücken und Erbrechen über sich selbst. Ermüdete Substanzen, ausdifferenzierte Formen, und darüber ein kläglicher, bürgerlich-kapitalistischer Behang. Eine Villa, damit endete für sie das Visionäre, ein Mercedes, das stillte ihren wertesetzenden Drang. Halte dich nicht auf mit Widerlegungen und Worten, habe Mangel an Versöhnung, schließe die Tore, baue den Staat!
(aus: Der neue Staat und die Intellektuellen. In: Gottfried Benn. Sämtliche Werke. Stuttgarter Ausgabe, in Verb. mit Ilse Benn, hg. von Gerhard Schuster, Band IV: Prosa 2. Klett-Cotta, Stuttgart 1989, S. 19 f.)

Benns Haltung führte zu einer Auseinandersetzung mit dem emigrierten Schriftsteller und Publizisten KLAUS MANN (1906–1949), Sohn Thomas Manns, die ein Schlaglicht auf die damalige Situation der deutschen Literatur wirft (s. S. 215 ff.).

Beflissene und karrieresüchtige Universitätsprofessoren und Literaturgeschichtsschreiber wußten selbst Klassiker im Sinn des NS-Staates umzudeuten. Kunst und Kultur galten als Ausdruck „völkischen Lebens". Deshalb sollte der Nationalsozialismus auch nicht als Bruch mit der geschichtlichen Tradition verstanden werden, sondern vielmehr als Endziel, in das die literarische Entwicklung vergangener Zeit mündete. Friedrich Schiller, zum Beispiel, war gar „Kampfgenosse Hitlers" (so H. Fabricius' gleichnamiges Buch), seine Dramen wurden zu gewaltigen Gleichnissen für die „politische Gesinnung der Gegenwart" (H. Pongs über *Schillers Urbilder*). Das änderte sich jedoch, als sich Schillers Texte als höchst aktuell erwiesen. Bei einer Aufführung des *Don Carlos* klatschte das Premierenpublikum bei Posas Forderung nach Gedankenfreiheit ganz spontan. Ein Aufsatz in Heft 7 von *Wille und Macht. Führerorgan der nationalsozialistischen Jugend* versuchte nachzuweisen, daß es den Klatschenden offensichtlich am nötigen Verständnis für Schiller und an der politischen Reife fehle. Ab sofort wurde das Theater angewiesen, in Zukunft vor dieser Szene im Zuschauerraum das Licht anzumachen. *Wilhelm Tell* durfte wegen der Szene mit dem Geßlerhut (Parallele zur Grußpflicht am nationalsozialistischen „Ehrenmal" an der Münchner Feldherrnhalle) und wegen des Tyrannenmords nicht mehr im Theater aufgeführt oder in der Schule gelesen werden.

Reichsleiter Martin Bormann schrieb „STRENG VERTRAULICH!" am 3. Juni 1941 aus dem Führerhauptquartier an Reichsminister Dr. Lammers:

Der Führer wünscht, dass Schillers Schauspiel „Wilhelm Tell" nicht mehr aufgeführt wird und in der Schule nicht mehr behandelt wird.

Der Reichsdramaturg, Rainer Schlösser, übersandte im Auftrag der Reichstheaterkammer allen deutschen Theatern ein streng vertrauliches, umgehend zu beantwortendes Rundschreiben folgenden Inhalts:

Ich ersuche alle Theaterleiter, mir sofort schriftliche Meldung ... darüber zu machen
1. ob zurzeit „Wilhelm Tell" von Friedrich von Schiller auf dem Spielplan ist
2. ob das Stück für eine spätere Aufführung vorgesehen ist.
3. Auch Fehlanzeige muß erstattet werden.

(zit. nach: Klassiker in finsteren Zeiten, 1933–1945. Eine Ausstellung des deutschen Literaturarchivs im Schiller-Nationalmuseum Marbach am Neckar, 1983, Bd. 1, S. 420 f.)

Hingegen sollte Friedrich Hebbels Tragödie *Agnes Bernauer* möglichst häufig auf dem Spielplan stehen. Die Partei- und Volksgenossen wurden mit Bussen zu den Aufführungen gefahren, denn in diesem Stück wurde deutlich, wie die Rezensenten nicht müde wurden zu betonen, daß das Einzelwesen, wie Agnes Bernauer, sein Leben hinter das Wohl des Staates stellen müsse. Allein von September 1934 bis April 1935 wurde das Stück 120mal aufgeführt. Bei all diesen Aufführungen kam es nicht darauf an, möglichst viele Zuschauer mit dem klassischen Drama vertraut zu machen; vielmehr diente die Literatur nur dazu, dem Publikum bestimmte Gedanken und Ideologien zu vermitteln.

Die Jahre zwischen 1933 und 1945 kennzeichnen keine literarische Epoche, denn eine spezifische „Literatur des Dritten Reiches" von literarischem Rang gibt es nur in Ansätzen. Nationalsozialistischen Forderungen wurde am ehesten die Spruch- und Lieddichtung gerecht, wie sie zum Beispiel HANS BAUMANN (1914–1988) geschrieben hat, allerdings inhaltlich und sprachlich das Erbe des 19. Jahrhunderts weiterführend. Die germanisch und antichristlich ausgerichteten Thingspiele, die zumal 1936 als Kulturprogramm zur Olympiade gefördert wurden, setzte man wegen ihrer bescheidenen Qualität rasch wieder ab.

Weil es im Grunde nichts Brauchbares an eigenständigem NS-Schrifttum gab, förderte man großzügig alles, was an bodenständiger „arischer" und „völkisch" ausgerichteter Literatur vorhanden war. Wo nötig und irgend möglich wurde sie für eigene Zwecke umgedeutet, wie etwa RUDOLF ALEXANDER SCHRÖDERS (1878–1962) *Deutscher Schwur*, der 1914 im ersten Weltkriegsjahr entstanden war. Volkslieder und Gedichte aus der Zeit der Freiheitskriege mißbrauchte man ebenso für den faschistischen Staat wie das Liedgut der bündischen Jugend. Irregeleitete Idealisten, die einer guten Sache, oder Opportunisten, die ihrer Karriere zu dienen glaubten, ließen sich von den Funktionären einspannen. ERICH FRIED (1921–1988) hat in seinen Erinnerungen ein Beispiel dafür erzählt.

Bewußt wurde in Reden, Sprüchen und Liedern der Mythos vom gottgesandten Führer und Retter aufgebaut. Hitler forderte im März 1933, die Kunst müsse in dem Heroismus gipfeln, der den Zeitgeist bestimme. Nicht wenige Schriftsteller hielten sich daran und lieferten die gewünschten Texte ab. HERBERT BÖHMES (1907–1971) Gedicht *Der Führer* entlarvt gegen seine Absicht das menschenverachtende Denken des Regimes, ist aber inhaltlich und sprachlich unfreiwillig komisch. Bertolt Brecht parodierte diese Verse in seinem Stück *Schweyk im Zweiten Weltkrieg*. Eine Reihe von Autoren wählte die **„innere Emigration"**, zum Beispiel HANS CAROSSA (1878–1956), in dieser Haltung von STEFAN ZWEIG (1881–1942) bestärkt, der ihm im Mai 1933

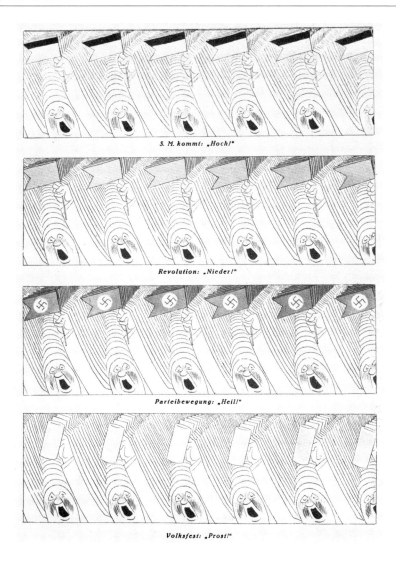

„Das Volk als Masse"
Karikatur von Karl Arnold im Simplicissimus 1932

geraten hatte, sich „zunächst nicht in die grelle Öffentlichkeit zu stellen". Er vermied den Hitlergruß und verwahrte sich gegen Versuche, ihn zum Mitglied der Arbeitsgemeinschaft für „Völkische Kunst" oder der neuen „Dichter-Akademie" zu machen. Andererseits zögerte er nicht, sich mit Nachdruck für verfolgte Dichterkollegen einzusetzen, zum Beispiel für ALFRED MOMBERT (1872–1942). Die NS-Machthaber nutzten allerdings ihr Entgegenkommen dazu, ihn zur Annahme öffentlicher Ehrenämter zu erpressen, durch die er als Aushängeschild des Regimes mißbraucht werden konnte.

REINHOLD SCHNEIDERS (1903–1958) hier abgedrucktes Sonett wurde in zahllosen Abschriften weitergereicht, als Trost und Zuspruch ebenso wie als Ankündigung des herbeigesehnten Scheiterns des NS-Regimes; Schneider galt vielen als moralische Instanz.

Der in den 20er Jahren erfolgreiche, heute weitgehend vergessene Schriftsteller FRIEDRICH PERCYVAL RECK-MALLECZEWEN (1884–1945) hatte bereits 1937 in seinem Buch *Bockelson – Geschichte eines Massenwahns* die Münsteraner Wiedertäuferbewegung als historisches Gleichnis für den NS-Staat dargestellt. In seinen postum veröffentlichten Tagebuchnotizen stellte er seine Gedanken zum NS-Regime dar, um, wie er schrieb, für die kommenden Generationen Zeugnis abzulegen. Er wurde wegen seiner Äußerungen verhaftet und starb im KZ Dachau an Flecktyphus.

Auch von zunächst indifferenten oder gar wohlgesonnenen Autoren gab es wachsenden **Widerstand** gegen das Unrechtsregime. ALBRECHT HAUSHOFER (1903–1945), Ordinarius für politische Geographie und Geopolitik, Mitarbeiter im Außenministerium und zeitweilig außenpolitischer Berater von Rudolf Heß, verlor 1941 wegen freimütiger Äußerungen seine Professur und erhielt Redeverbot. Im September 1944 wurde er wegen seiner Zugehörigkeit zu Widerstandsgruppen verhaftet und kurz vor Kriegsende (23.04.1945) durch Genickschuß ermordet. Im Gefängnis schrieb er einen Zyklus von Gedichten, für die er – bezeichnend in diesen Monaten der allgemeinen Auflösung – die strenge Form des Sonetts wählte.

KURT HUBER (1893–1943), Musikwissenschaftler an der Universität München, schloß sich nach Kriegsausbruch der Widerstandsgruppe der „Weißen Rose" an. Am 27. Februar 1943 wurde er verhaftet und am 19. April durch Roland Freisler zum Tod verurteilt. Seine sorgfältig konzipierte (und von ihm auf Packpapier geschriebene) Rede ist Rechtfertigung und Mahnung, erwachsen aus dem Gefühl, als Hochschullehrer eine sittliche Verpflichtung und Vorbildfunktion für junge Menschen zu haben. Die Rede gilt als kostbares Vermächtnis.

Zahlreiche Autoren wurden ausgebürgert, vertrieben; viele flohen und waren dankbar, daß sie ihr Leben vor den NS-Schergen retten konnten. OSKAR MARIA GRAF (1894–1967) emigrierte über Österreich und Prag nach Amerika, wo er freilich nie heimisch wurde. Weil ihn die Nazis wegen seiner Bauerngeschichten für harmlos hielten, protestierte er öffentlich gegen ihr Regime. Brecht kam 1933 über Prag, Wien, die Schweiz und Paris nach Dänemark, von dort über Schweden, Finnland und Rußland in die USA. Er setzte sich auch mit der Frage nach der Aufgabe von Schriftsteller und Literatur in der Zeit der Diktatur auseinander, ebenso wie Thomas Mann, der 1933 in die Schweiz emigrierte und ab 1939 in den USA lebte. Was sich hier so leicht als **Emigration** liest, brachte neben vielfach lebensbedrohenden Schwierigkeiten den Verlust der Heimat, des Freundeskreises, der Bücher, des Vermögens und des Lesepublikums. Nicht wenige Schriftsteller mußten mit schier unlösbaren materiellen Problemen zurechtkommen oder mit den oft noch größeren geistigen Existenzfragen. So schreibt Brecht in seinem Gedicht *Über die Bezeichnung Emigranten* „Vertriebene sind wir, Verbannte./Und kein Heim, ein Exil soll das Land sein, das uns da aufnahm."; und ALFRED POLGAR (1873–1955) in *Der Emigrant und die Heimat:* „Die Fremde ist nicht Heimat geworden. Aber die Heimat Fremde."

ANNA SEGHERS (1900–1983), die über Frankreich nach Mexiko floh, zeigt in dem Roman *Transit* das Schicksal der Hitler-Flüchtlinge in Frankreich. Viele der Emigranten, darunter bedeutende Schriftsteller (z. B. Stefan Zweig, Joseph Roth, Alfred Wolfenstein, Kurt Tucholsky, Walter Hasenclever, Ernst Toller, Walter Benjamin), haben die Abtrennung von Heimat und Sprache nicht überlebt. Beispielhaft ist das Schicksal von STEFAN ZWEIG (1881–1942), der über England, Frankreich, USA im August 1941 nach Petropolis bei Rio de Janeiro gekommen war. Er litt unter der kulturellen Isolation: „Mit fehlt die Erwartung der Leserschaft, mit fehlt ein Verleger, der früher mich stimulierte" und lebte ohne genaue Ziele: „Ich arbeite nur, um nicht melancholisch oder irrsinnig zu werden".

Die Nachricht von der Kapitulation Singapurs, eine der schwersten Niederlagen der alliierten Streitkräfte, verstärkte Zweigs Depression. Am 23. Februar 1942 wurde das Ehepaar Zweig in seiner Wohnung tot aufgefunden. Seine *Erklärung* (s. S. 219) ist ein erschütterndes Dokument für die Situation der Emigranten.

2. Texte

a) Anfänge

RUDOLF ALEXANDER SCHRÖDER
Deutscher Schwur

Heilig Vaterland
In Gefahren,
Deine Söhne stehn,
Dich zu wahren.
5 Von Gefahr umringt,
Heilig Vaterland,
Schau, von Waffen blinkt
Jede Hand.

Bei den Sternen steht,
10 Was wir schwören;
Der die Sterne lenkt,
Wird uns hören:
Eh der Fremde dir
Deine Kronen raubt,
15 Deutschland, fallen wir
Haupt bei Haupt.

Heilig Vaterland,
Heb zur Stunde
Kühn dein Angesicht
20 In die Runde.
Sieh uns all entbrannt,
Sohn bei Söhnen stehn:
Du sollst bleiben, Land!
Wir vergehn.

HANS BAUMANN
Ausfahrt

Aus dem Land der Kindheit schritt ich
halb im Traum und stieg zu Pferde,
Lied des Stroms im Ohre, ritt ich
nach der Lockung fremder Erde.

5 Neue Ströme hört' ich rinnen,
alle hat der Sturm getrunken,
neue Lande sind nach innen
in der Heimat Bild versunken.

Wagnis und Gefahr erkor ich
10 zu Gefährten meiner Ritte
und der Kindheit Strom beschwor ich
als des Lebens reine Mitte.

ERICH FRIED
Ritterlichkeit

Leopold B., genannt Poldi, war kein besonders guter Schüler, aber ein guter Sportler und ein verläßlicher Kamerad. Er war vor einigen Jahren nicht versetzt worden und war dadurch in unsere Klasse gekommen, obwohl er ein Jahr älter war. In den Jahren von 1934 bis zum Einmarsch Hitlers im März 1938 war die Hitlerjugend, der er angehörte, verboten, und ich erinnere mich noch
5 der langen, keineswegs feindseligen Gespräche mit ihm, in denen ich mich vergeblich bemühte, ihn von den Naziideen abzubringen. […]
Nun aber war Hitlers Armee in Österreich einmarschiert, Poldi trug stolz vor aller Welt die äußeren Zeichen seiner Zugehörigkeit zur Hitlerjugend, in der er zu irgendeinem nicht allzu hohen Führungsrang aufgerückt war, ich weiß nicht mehr, zu welchem. In dieser Eigenschaft erhielt er
10 an einem schönen Frühlingstag des Jahres 1938 den Auftrag, mit einer Gruppe von Hitlerjungen eine Schulklasse des jüdischen Chajes-Gymnasiums zu überfallen und zu verprügeln. Zwei der Jungen aus dieser Klasse waren noch am selben Abend bei mir zu Besuch gewesen und hatten von der abscheulichen Erfahrung berichtet.
Das Ärgste war anscheinend, daß sie natürlich gar nicht versuchen durften, sich wirklich energisch
15 zu wehren. Daß Nazis Juden prügelten, war gut und in Ordnung, das Gegenteil wäre sofort ein Staatsverbrechen gewesen. Derlei ist weiter nicht verwunderlich, nicht einmal in sogenannten Demokratien, wie mir in den späten sechziger Jahren in Frankfurt am Main Generalstaatsanwalt Fritz Bauer, ein guter Demokrat, kurz vor seinem Tod noch erklärt hat:
„Wenn bei uns ein Polizist einen Demonstranten totschlägt, so war es Notwehr. Wenn ihm ein
20 Demonstrant den Knüppel entreißt und sich wehren will, so hat er wahrscheinlich sofort eine Klage wegen versuchten Mordes auf dem Hals." Um wieviel mehr die Unumkehrbarkeit des Prügelns unter Hitler galt, das muß man gar nicht erst sagen.
Nun, tags drauf traf ich Poldi in unserem Gymnasium, das damals noch jüdische und sogenannte arische Schüler gemeinsam beherbergte, in der Zehn-Uhr-Pause auf dem Korridor. „Na, Poldi,
25 wie war es gestern Nachmittag mit der Ritterlichkeit?" wollte ich wissen.
Poldi wurde blaß. „Komm mit." Er führte mich in einen stillen Winkel. Dort sagte er: „Du, ob du es mir glaubst oder nicht: Das war gestern das Ärgste, was mir je im Leben passiert ist."
„Warum hast du dich dann nicht geweigert? Für die vom Chajes-Gymnasium war es sicher noch ärger als für dich."
30 „Weißt du", sagte Poldi, „ich hab mir gedacht, wenn nicht ich es mach, dann machts einer, der wirklich mit Leib und Seele dafür ist, und dann wird es noch viel ärger. Und ich kann, wenn ich so einen Befehl verweigere, nicht nur über meine Hitlerjugendlaufbahn ein Kreuz machen, sondern auch mit meinen Aussichten auf den Berufsoffizier ist es dann Essig! Verstehst du das nicht?"
Er sah mich fast flehend an. Irgendwie tat er mir auch wirklich leid. „Poldi", sagte ich, „ich hab
35 zufällig gestern noch zwei von den Verprügelten gesprochen. Die Prügel waren wirklich nicht besonders arg. Daß sie sich nicht wehren durften, war viel ärger für sie. Daß ein anderer Hitlerjugendführer mehr Unheil ausgerichtet hätte als du, das glaub ich dir auch. Nur, Poldi, das ist doch erst der Anfang, verstehst du das nicht? Welche Befehle wirst du noch ausführen müssen, bloß wegen deiner Offizierslaufbahn?"
40 Poldi ließ den Kopf hängen. Kurz darauf, am 6. Mai 1938, verließ ich die Schule. Ich habe ihn nie wiedergesehen. Er ist im Krieg gefallen.

Aufgaben zu den Texten auf den Seiten 203–204

RUDOLF ALEXANDER SCHRÖDER   Deutscher Schwur

① Informieren Sie sich über die historische Situation, in der das Gedicht 1914 entstanden ist.
② Wie wurde der Text vermutlich für das Jahr 1933 umgedeutet?
③ Welchen Leitbegriffen kommt hier besondere Bedeutung zu?

HANS BAUMANN   Ausfahrt

① Welche Leitwörter fallen Ihnen besonders auf?
② Versuchen Sie eine Interpretation des Textes mit und ohne Berücksichtigung des Zeithintergrunds. Wo sehen Sie Unterschiede?
③ Wie beurteilen Sie Inhalt, Form und Sprache des Gedichts?

ERICH FRIED   Ritterlichkeit

① Welche Gründe veranlassen Leopold B., sich den Nationalsozialisten anzuschließen?
② Wie urteilt Fried über ihn? Inwieweit stimmen Sie diesem Urteil zu?

b) Führerkult

HERBERT BÖHME
Der Führer

Eine Trommel geht in Deutschland um,
Und der sie schlägt, der führt,
Und die ihm folgen, folgen stumm,
Sie sind von ihm gekürt.

5 Sie schwören ihm den Fahnenschwur,
Gefolgschaft und Gericht,
Er wirbelt ihres Schicksals Spur
Mit ehernem Gesicht.

Er schreitet hart der Sonne zu
10 Mit angespannter Kraft.
Seine Trommel, Deutschland, das bist du!
Volk, werde Leidenschaft!

„Der ewige Trommler",
Karikatur von Olaf Gulbransson
im Simplicissimus 1933

„Immer rein, meine Herrschaften, gleich beginnt zum unwiderruflich letztenmal das Dritte Reich!"
„Mensch, wenn wir jetzt nicht bald wirklich anfangen, läuft uns das ganze Publikum davon!"

BERTOLT BRECHT
Schweyk im Zweiten Weltkrieg

[...]
Man hört Kommandos von außen, sowie Marschtritte, dann beginnt eine Musikkapelle zu spielen. Es ist der Horst-Wessel-Marsch.
DER STERBENDE: Was is da los? Haben Sie was gesehn?
SCHWEYK: Am Tor sind ein Haufen Leut. Wahrscheinlich ein Bataillon, wo auszieht.
5 DER GEKRÜMMTE: Das is eine gräßliche Musik.
SCHWEYK: Ich find sie hibsch, weil sie traurig is und mit Schmiß.
DER MIT KRÜCKEN. Die wern wir bald häufiger hern. Den Horst-Wessel-Marsch spielens, wo sie nur können. Er is von einem Zutreiber[1] gedichtet worn. Ich möcht wissen, was dem sein Text bedeutet.
10 DER DICKE: Ich kann Ihnen mit einer Übersetzung dienen. Die Fahne hoch, / die Reihen fest geschlossen, / SA marschiert mit ruhig festem Schritt, / Kameraden, deren Blut vor unserm schon geflossen, / sie ziehn im Geist in unsern Reihen mit.
SCHWEYK: Ich weiß einen andern Text, den hammer im „Kelch"[2] gesungn. *Er singt zu der Begleitung der Militärkapelle, und zwar so, daß er den Refrain zu der Melodie singt, die Vorstrophen*
15 *aber zu dem Trommeln dazwischen:*

Hinter der Trommel her
Trotten die Kälber
Das Fell für die Trommel
Liefern sie selber.
20   Der Metzger ruft. Die Augen fest geschlossen.
    Das Kalb marschiert mit ruhig festem Tritt.
    Die Kälber, deren Blut im Schlachthof schon geflossen
    Sie ziehn im Geist in seinen Reihen mit.

Sie heben die Hände hoch
25 Sie zeigen sie her
Sie sind schon blutgefleckt
Und sind noch leer.
    Der Metzger ruft. Die Augen fest geschlossen.
    Das Kalb marschiert mit ruhig festem Tritt.
30   Die Kälber, deren Blut im Schlachthof schon geflossen
    Sie ziehn im Geist in seinen Reihen mit.

Sie tragen ein Kreuz voran
Auf blutroten Flaggen
Das hat für den armen Mann
35 Einen großen Haken.
    Der Metzger ruft. Die Augen fest geschlossen.
    Das Kalb marschiert mit ruhig festem Tritt.
    Die Kälber, deren Blut im Schlachthof schon geflossen
    Sie ziehn im Geist in seinen Reihen mit.

---
[1] Zuhälter   [2] berühmtes Prager Bierlokal

> **Aufgaben zu den Texten auf den Seiten 205–206**
>
> HERBERT BÖHME   Der Führer
>
> ① Untersuchen Sie, welchem Bereich Verben und Adjektive überwiegend angehören.
> ② Beschreiben Sie die Vorstellung, die von Trommler und Trommel vermittelt werden.
> ③ Erläutern Sie die dabei verwendeten bildlichen Ausdrucksmittel.
>
> BERTOLT BRECHT   Schweyk im Zweiten Weltkrieg
>
> ① Wie werden die Anhänger Hitlers in dieser Szene dargestellt?
> ② Vergleichen Sie die Texte von Böhme und Brecht im Hinblick darauf, welche Aufgabe Dichtung jeweils erfüllt.

> **Aufgaben zu der Karikatur auf der Seite 205**
>
> ① Beschreiben Sie die Rollen, die Hitler und Goebbels zugewiesen werden. Welche Eigenschaften sollen dadurch hervorgehoben werden? Vergleichen Sie die Darstellung von Goebbels mit der Beschreibung durch Carossa, S. 207 f.
> ② Informieren Sie sich über die historischen Ereignisse des Jahres 1933, auf die sich diese Zeichnung bezieht.

c) Innere Emigration

HANS CAROSSA
Ungleiche Welten

[Im Herbst 1941 wurde Carossa anläßlich eines „Weimarer Dichtertreffens" die Präsidentschaft einer „Europäischen Schriftstellervereinigung" aufgedrängt. Carossa stimmte zu, weil er hoffte, bei Goebbels die Freilassung des verhafteten Dichters Alfred Mombert erreichen zu können.]

[…] Der folgende Tag brachte Regen und Sturm. Dr. Goebbels sandte einen Offizier mit seinem Wagen und ließ um einen Besuch bitten. Der junge Leutnant war ein stiller, zurückhaltender Mann; ich hatte etwas unüberlegt zu ihm gesagt: „*Muß* denn das sein?", als er die Einladung überbrachte; das schien ihn erheitert zu haben, – „Ich bitte *sehr* darum", antwortete er und sah mich während der Fahrt von Zeit zu Zeit mit freundlicher Neugier an, schwieg jedoch und überließ mich meinen Gedanken.
Ein Zufallsblick auf Goethes herbstlaubumwirbeltes Gartenhaus machte mich noch stärker fühlen, in welche Unordnung mein Leben geraten war. Mochte ich mir noch so oft sagen, der Weg, den ich seit meiner Ankunft in Weimar ging, sei nur ein Umweg und nähere sich dem Ende, so war dies doch nur eine Beschwichtigung für den Augenblick; bei tieferem Nachdenken kam ich nicht um gewisse Selbsterkenntnisse herum, an denen leider nichts zu ändern war. Sekundenlang hielt ich es wohl für möglich, den Mann, der mich erwartete, durch ein offenes Wort unter vier Augen über meine wahren Daseinsbedingungen aufzuklären und ihn um Befreiung von dem so genannten Ehrenamt zu bitten; aber das hätte bedeutet, daß ich Goebbels bitten wollte, nicht Goebbels zu sein. […]

Goebbels und seine Frau, die eben von einer Ausfahrt zurückgekehrt war, noch Regenperlen an dem blauen Hut, sie waren beide geübt in jener Höflichkeit, die den denkenden Menschen schweigsam macht, weil er einen Zweck dahinter spürt. Sie sprachen zu mir bald wie zu einem Sonderling vom Lande, bald wie zu dem Gesandten einer neutralen Macht, mit der sie einen Pakt zu schließen wünschten. Für die Übernahme des Präsidiums dankten sie beide mit einer Ernsthaftigkeit, die mir das Fatale dieser Wahl aufs neue zu fühlen gab. Ich schlug nachträglich zwei Schriftsteller vor, die ich vor allem für geeignet hielt, einer solchen Vereinigung vorzustehen; er schien nicht überrascht, schüttelte aber den Kopf, lächelte schlau, als ob ich ihn hereinlegen wollte, und entkräftete meinen Widerstand, den er vielleicht für unecht hielt, mit einer Schmeichelphrase, die er mit einer verneinenden Handbewegung begleitete.

An seiner Erscheinung war eigentlich nichts, was ihn zum Rassenhochmut berechtigte; denn was man an ihm schön nennen konnte, die ungemein lebhaften dunklen Augen, wäre in Ländern wie Polen, Italien und Frankreich keine Seltenheit. Seinem Kopf war trotz des normalen Umfangs etwas Knabenhaftes geblieben und dieses stand in eigentümlichem Gegensatz zu der biedermännischen sonoren Stimme, die so dämonisch berückend auf die Massen wirkte, daß sie ihr alles glaubten, auch die greifbarsten Lügen, wenn sie nur mit ein paar Tröpfchen Wahrheit versetzt waren. [...]

Ich benützte die nächste Pause des Gesprächs, um mich zu empfehlen. [...]

REINHOLD SCHNEIDER
Allein den Betern kann es noch gelingen*

Allein den Betern kann es noch gelingen,
Das Schwert ob unsern Häuptern aufzuhalten
Und diese Welt den richtenden Gewalten
Durch ein geheiligt Leben abzuringen.

5 Denn Täter werden nie den Himmel zwingen:
Was sie vereinen, wird sich wieder spalten,
Was sie erneuern, über Nacht veralten,
Und was sie stiften, Not und Unheil bringen.

Jetzt ist die Zeit, da sich das Heil verbirgt,
10 Und Menschenhochmut auf dem Markte feiert,
Indes im Dom die Beter sich verhüllen.

Bis Gott aus unsern Opfern Segen wirkt
Und in den Tiefen, die kein Aug entschleiert,
Die trocknen Brunnen sich mit Leben füllen.

Friedrich Percyval Reck-Malleczewen
Tagebuchnotizen

September 1941

[…] Die Bonzokratie, die sich aus ehemaligen Schneidergesellen, unbrauchbaren Banklehrlingen und fortgelaufenen Theologiestudenten und Seminaristen zusammensetzt, predigt den Geist des Feldlagers und lebt auf „Diplomatenmarken"[1], die die dreifachen Bezüge sichern: letzthin als Herr Gauleiter Wagner[2] meine kleine Kreisstadt beehrte, wurden nahezu sämtliche Hühner des Ortes geschlachtet, um den Bedarf dieses aus Säufern und Zuchthauskandidaten bestehenden hohen Stabes zu decken. Herr Hitler hat in Solln bei München seinen von SS-Leuten bewachten und von elektrisch geladenen Hochspannungsdrähten umhegten Garten, in dessen Wärmehäusern man das Gemüse für die Tafel des vegetarischen Tamerlan[3] züchtet. An der Plebs läßt inzwischen der chemische Teufel der deutschen Nahrungsmittelindustrie seine Wut aus. Zucker ist aus Tannenholz, die Blutwurst (dies ist keine Legende!) aus pulverisiertem Buchenholzmehl, das Bier eine stinkende Brühe aus Molke. Die Nährhefe macht man aus Kuhurin, die Marmelade ist, echte Früchte vorzutäuschen, „handelsüblich gefärbt". Die Butter ist es ebenfalls, nur daß sie außerdem irgendein schweres und übles Lebergift enthält, das für alle die heute so zahlreichen Gallenkrämpfe verantwortlich zu machen ist. Alles läuft mit gelben Augen herum, die Krebsstatistik hat sich, wenn ich meinen ärztlichen Freunden glauben darf, seit vier Jahren verdoppelt.

2. Juli 1944

Heute, mit dem Rade von Stein kommend, stoße ich auf einen Haufen junger Fabrikarbeiterinnen. Es sind Norddeutsche, die man hierher evakuiert und in die chemische Industrie des Alztales „eingesetzt" hat (um dieses schöne Wort aus dem Sprachschatz des modernen Kaufmannsdeutsch zu gebrauchen) … sie marschieren, muschkotisiert[4] wie dieses ganze Volk, in militärischer Formation, es wirkt so plump, so häßlich, so bar aller weiblichen Anmut, wie es nun einmal der Stil des BDM[5] ist. Sie trotten daher wie eine blondbezopfte Kuhherde, und wenn ich von ihnen so viel Wesens mache, so geschieht es wegen des von ihnen gesungenen Liedes …
Das ist, in jenem bekannten, von den Bolschewiken entliehenen zerhackten Rhythmus, den wir den musikalischen Hoflieferanten verdanken, irgendein gleichgültiger Schmarren, und das Bemerkenswerte ist eben der Refrain …

„Wo die Flamme schlägt
aus dem Opernhaus,
ist meine Heimatstadt,
ist mein Vaterhaus."

Ein bemerkenswerter Text, immerhin! Eine Frage ergibt, daß diese anmutlosen Geschöpfe mit den lymphatischen Gesichtern aus Hannover stammen, wo tatsächlich das Opernhaus verbrannt ist. Ob Opposition, Selbstironie, Protest oder nur jene allgemeine Verkuhung dahintersteckt, in die die Nazis die deutsche Frau herabgedrückt haben, wage ich nicht zu entscheiden. Wahrscheinlich wird es Symptom der allgemeinen Verblödung sein.

---

[1] gemeint sind Lebensmittelmarken   [2] Adolf Wagner (1890–1945), von 1929 bis 1942 Gauleiter von Oberbayern   [3] mongolischer Eroberer und Gewaltherrscher (1333 – nach 1402)   [4] als Fußsoldaten   [5] Bund deutscher Mädchen

Aufgaben zu den Texten auf den Seiten 207–209

HANS CAROSSA   Ungleiche Welten

① Wie charakterisiert Carossa das Verhältnis der Parteifunktionäre zur Wahrheit? Welche Gründe sieht er für ihr ideologisches Denken?
② Welchen Eindruck gewinnt Carossa vom Gesprächsverlauf? Welche Absicht vermutet er dahinter?

REINHOLD SCHNEIDER   Allein den Betern kann es noch gelingen

① Untersuchen Sie die inhaltliche und formale Struktur des Gedichts.
② Welche Stilmittel scheinen Ihnen hier wichtig zu sein? Begründen Sie Ihre Meinung.
③ Auf welche Aussage kommt es dem Autor vermutlich an?

FRIEDRICH PERCYVAL RECK-MALLECZEWEN   Tagebuchnotizen

① Wie beurteilt der Autor die NS-Führung?
② Vergleichen Sie den Eindruck des Autors vom Volk mit Brechts „Kälbermarsch" (S. 206; Reck-Malleczewen hat das Gedicht vermutlich nicht gekannt).

d) Widerstand

ALBRECHT HAUSHOFER
Schuld

Ich trage leicht an dem, was das Gericht[1]
mir Schuld benennen wird: an Plan und Sorgen.
Verbrecher wär' ich, hätt' ich für das Morgen
des Volkes nicht geplant aus eigner Pflicht.

5   Doch schuldig bin ich anders als ihr denkt,
ich mußte früher meine Pflicht erkennen,
ich mußte schärfer Unheil Unheil nennen –
mein Urteil hab ich viel zu lang gelenkt …

Ich klage mich in meinem Herzen an:
10 Ich habe mein Gewissen lang betrogen,
ich hab mich selbst und andere belogen –

ich kannte früh des Jammers ganze Bahn –
ich hab gewarnt – nicht hart genug und klar!
Und heute weiß ich, was ich schuldig war …

---

[1] der 1934 in Berlin als Sondergericht für Hoch- und Landesverratssachen eingerichtete „Volksgerichtshof"

Kurt Huber
Schlußrede vor dem Volksgerichtshof

Als deutscher Staatsbürger, als deutscher Hochschullehrer und als politischer Mensch erachte ich es als Recht nicht nur, sondern als sittliche Pflicht, an der Gestaltung der deutschen Geschichte mitzuarbeiten, offenkundige Schäden aufzudecken und zu bekämpfen. Was ich bezweckte, war die Weckung der studentischen Kreise nicht durch eine Organisation, sondern durch das schlichte Wort, nicht zu irgend einem Akt der Gewalt, sondern zur sittlichen Einsicht in bestehende schwere Schäden des politischen Lebens. Rückkehr zu klaren sittlichen Grundsätzen, zum Rechtsstaat, zu gegenseitigem Vertrauen von Mensch zu Mensch, das ist nicht illegal, sondern umgekehrt die Wiederherstellung der Legalität. Ich habe mich im Sinne von Kants kategorischem Imperativ gefragt, was geschähe, wenn diese subjektive Maxime meines Handelns ein allgemeines Gesetz würde. Darauf kann es nur eine Antwort geben: Dann würde Ordnung, Sicherheit, Vertrauen in unser Staatswesen, in unser politisches Leben zurückkehren. Jeder sittlich Verantwortliche würde mit uns seine Stimme erheben gegen die drohende Herrschaft der bloßen Macht über das Recht, der bloßen Willkür über den Willen des sittlich Guten. Die Forderung der freien Selbstbestimmung auch des kleinsten Volksteils ist in ganz Europa vergewaltigt, nicht minder die Forderung der Wahrung der rassischen und völkischen Eigenart. Die grundlegende Forderung wahrer Volksgemeinschaft ist durch die systematische Untergrabung des Vertrauens von Mensch zu Mensch zunichte gemacht. Es gibt kein furchtbareres Urteil über eine Volksgemeinschaft als das Eingeständnis, das wir uns alle machen müssen, daß keiner sich vor seinem Nachbarn, der Vater nicht mehr vor seinen Söhnen, sicher fühlt.

Das war es, was ich wollte, mußte.

Es gibt für alle äußere Legalität eine letzte Grenze, wo sie unwahrhaftig und unsittlich wird. Dann nämlich, wenn sie zum Deckmantel einer Feigheit wird, die sich nicht getraut, gegen offenkundige Rechtsverletzung aufzutreten. Ein Staat, der jegliche freie Meinungsäußerung unterbindet und jede, aber auch jede sittlich berechtigte Kritik, jeden Verbesserungsvorschlag als „Vorbereitung zum Hochverrat" unter die furchtbarsten Strafen stellt, bricht ein ungeschriebenes Recht, das im gesunden Volksempfinden noch immer lebendig war und lebendig bleiben muß.

Ich bitte und beschwöre Sie in dieser Stunde, diesen jungen Angeklagten[1] gegenüber im wahren Wortsinn schöpferisch Recht zu sprechen, nicht ein Diktat der Macht, sondern die klare Stimme des Gewissens sprechen zu lassen, die auf die Gesinnung schaut, aus der die Tat hervorging. Und diese Gesinnung war wohl die uneigennützigste, idealste, die man sich denken kann! Das Streben nach absoluter Rechtlichkeit, Sauberkeit, Wahrhaftigkeit im Leben des Staates. Für mich selbst aber nehme ich in Anspruch, daß meine Mahnung zur Besinnung auf die allein dauerhaften Fundamente eines Rechtsstaates das oberste Gebot der Stunde ist, dessen Überhören nur den Untergang des deutschen Geistes und zuletzt des deutschen Volkes nach sich zieht.

Ich habe das eine Ziel erreicht, diese Warnung und Mahnung nicht in einem privaten kleinen Diskutierklub, sondern an verantwortlicher, an höchster richterlicher Stelle vorzubringen.

Ich setze für diese Mahnung, für diese beschwörende Bitte zur Rückkehr mein Leben ein. Ich fordere die Freiheit für unser deutsches Volk zurück. Wir wollen nicht in Sklavenketten unser kurzes Leben dahinfristen, und wären es goldene Ketten eines materiellen Überflusses.

Ich hinterlasse eine gebrochene Frau und zwei unglückliche Kinder in Not und Trauer. Wollen Sie meiner armen Familie wenigstens einen Lebensunterhalt gewähren, der meiner Stellung als deut-

---

[1] gemeint sind Willi Graf (geb. 1918), Christoph Probst (geb. 1919), Alexander Schmorell (geb. 1917), Hans Scholl (geb. 1918) und Sophie Scholl (geb. 1921), vom Volksgerichtshof wegen ihrer Zugehörigkeit zur Widerstandsgruppe „Weiße Rose" zum Tode verurteilt und 1943 hingerichtet.

scher Hochschullehrer entspricht. Sie haben mir den Rang und die Rechte des Professors und den „summa cum laude" erarbeiteten Doktorhut genommen und mich dem niedrigsten Verbrecher gleichgestellt. Die innere Würde des Hochschullehrers, des offenen, mutigen Bekenners seiner Welt- und Staatsanschauung kann mir kein Hochverratsverfahren rauben. Mein Handeln und Wollen wird der eherne Gang der Geschichte rechtfertigen; darauf vertraue ich felsenfest. Ich hoffe zu Gott, daß die geistigen Kräfte, die es rechtfertigen, rechtzeitig aus meinem eigenen Volk sich entbinden mögen. Ich habe gehandelt, wie ich aus einer inneren Stimme heraus handeln mußte. Ich nehme die Folgen auf mich nach dem schönen Wort Johann Gottlieb Fichtes[2]:

Und handeln sollst du so, als hinge
Von dir und deinem Tun allein
Das Schicksal ab der deutschen Dinge,
Und die Verantwortung wär dein.

---
[2] Philosoph (1762–1814), der Kants kritischen Idealismus zum subjektiven Idealismus weiterführte.

Aufgaben zu den Texten auf den Seiten 210–212

ALBRECHT HAUSHOFER   Schuld

① Worin sieht der Autor eine mögliche Schuld?
② Untersuchen Sie die äußere Form und die inhaltliche Struktur des Gedichts.
③ Beurteilen Sie das Gedicht im Hinblick auf die persönliche Situation Haushofers.

KURT HUBER   Schlußrede vor dem Volksgerichtshof

① Analysieren Sie den Aufbau der Rede, Wortwahl und Leitbegriffe.
② Welche Aufgaben und Ziele nennt Huber für sein Handeln?

e) Emigration

OSKAR MARIA GRAF
Ein Protest

Wie fast alle linksgerichteten, entschieden sozialistischen Geistigen in Deutschland habe auch ich etliche Segnungen des neuen Regimes zu spüren bekommen: Während meiner zufälligen Abwesenheit aus München erschien die Polizei in meiner dortigen Wohnung, um mich zu verhaften. Sie beschlagnahmte einen großen Teil unwiederbringlicher Manuskripte, mühsam zusammengetragenes Quellenstudienmaterial, meine sämtlichen Geschäftspapiere und einen großen Teil meiner Bücher. Das alles harrt nun der wahrscheinlichen Verbrennung. Ich habe also mein Heim, meine Arbeit und – was vielleicht am schlimmsten ist – die heimatliche Erde verlassen müssen, um dem Konzentrationslager zu entgehen.
Die schönste Überraschung aber ist mir erst jetzt zuteil geworden: Laut „Berliner Börsencourier" stehe ich auf der *weißen* Autorenliste des neuen Deutschland und alle meine Bücher, mit Ausnahme meines Hauptwerkes *Wir sind Gefangene*, werden *empfohlen!* Ich bin also dazu berufen, einer der Exponenten des „neuen" deutschen Geistes zu sein!

Vergebens frage ich mich, womit ich diese Schmach verdient habe.
Das Dritte Reich hat fast das ganze deutsche Schrifttum von Bedeutung ausgestoßen, hat sich losgesagt von der wirklichen deutschen Dichtung, hat die größte Zahl ihrer [seiner] wesentlichsten Schriftsteller ins Exil gejagt, und das Erscheinen ihrer Werke in Deutschland unmöglich gemacht. Die Ahnungslosigkeit einiger wichtigtuerischer Konjunkturschreiber und der hemmungslose Vandalismus der augenblicklich herrschenden Gewalthaber versuchen all das, was von unserer Dichtung und Kunst Weltgeltung hat, auszurotten, und den Begriff „deutsch" durch engstirnigsten Nationalismus zu ersetzen. Ein Nationalismus, auf dessen Eingebung selbst die geringste freiheitliche Regung unterdrückt wird, ein Nationalismus, auf dessen Befehl alle meine aufrechten sozialistischen Genossen verfolgt, eingekerkert, gefoltert, ermordet oder aus Verzweiflung in den Freitod getrieben werden!
Und die Vertreter dieses barbarischen Nationalismus, der mit Deutschsein nichts, aber auch schon gar nichts zu tun hat, unterstehen sich, mich als einen ihrer „Geistigen" zu beanspruchen, mich auf ihre sogenannte weiße Liste zu setzen, die vor dem Weltgewissen nur eine schwarze Liste sein kann!
Diese Unehre habe ich nicht verdient!
Nach meinem ganzen Leben und nach meinem ganzen Schreiben habe ich das Recht, zu verlangen, daß meine Bücher der reinen Flamme des Scheiterhaufens überantwortet werden und nicht in die blutigen Hände und die verdorbenen Hirne der braunen Mordbanden gelangen!
Verbrennt die Werke des deutschen Geistes! Er selbst wird unauslöschlich sein, wie eure Schmach!
(Alle anständigen Zeitungen werden um Abdruck dieses Protestes ersucht. Oskar Maria Graf)

Anna Seghers
Transit

[...] Wie die meisten Menschen in diesen Tagen hatten wir das kindische Ziel, über die Loire zu kommen. Wir vermieden die große Straße, wir liefen über Felder. Wir kamen durch verlassene Dörfer, in denen die ungemolkenen Kühe brüllten. Wir suchten etwas zum Beißen, aber alles war ausgefressen, vom Stachelbeerstrauch bis zur Scheune. Wir wollten trinken, die Wasserleitungen waren durchschnitten. Wir hörten jetzt keine Schüsse mehr, der Dorftrottel, der allein zurückgeblieben war, konnte uns keine Auskunft geben. Da wurde uns beiden bang. Diese Abgestorbenheit war ja beklemmender als die Bombardements auf den Docks. Schließlich stießen wir auf die Pariser Straße. Wir waren wirklich noch längst nicht die letzten. Aus den nördlichen Dörfern ergoß sich noch immer ein stummer Strom von Flüchtlingen. Erntewagen, hoch wie ein Bauernhaus, mit Möbeln beladen und mit den Geflügelkäfigen, mit den Kindern und mit den Urahnen, mit den Ziegen und Kälbern, Camions[1] mit einem Nonnenkloster, ein kleines Mädchen, das seine Mutter auf einem Karren mitzottelte, Autos, in denen hübsche steife Weiber saßen in ihren geretteten Pelzen, aber die Autos waren von Kühen gezogen, denn es gab keine Tankstellen mehr, Frauen, die sterbende Kinder mitschleppten, sogar tote.
Damals durchfuhr mich zum erstenmal der Gedanke, warum diese Menschen eigentlich flüchteten. Vor den Deutschen? Die waren ja motorisiert. Vor dem Tod? Der würde sie ohne Zweifel auch unterwegs einholen. [...]
Ich schlug mich wieder quer durch die Felder. Ich kam vor ein großes, abseitiges, noch immer bewohntes Bauernhaus. Ich bat um Essen und Trinken, zu meiner großen Verwunderung richtete mir die Frau einen Teller Suppe, Wein und Brot auf den Gartentisch. Dabei erzählte sie, nach lan-

gem Familienzwist hätten auch sie gerade beschlossen, abzuziehen. Alles sei schon gepackt, man brauchte jetzt nur noch aufzuladen.

Während ich aß und trank, surrten die Flieger ziemlich tief. Ich war zu müde, um den Kopf zu heben. Ich hörte auch, ziemlich nah, ein kurzes Maschinengewehrfeuer. Ich konnte mir keineswegs erklären, woher es kam, war auch zu erschöpft, um nachzudenken. Ich dachte nur, daß ich gewiß nachher auf den Camion dieser Leute aufspringen könnte. Man ließ schon den Motor an. Die Frau lief jetzt aufgeregt zwischen Camion und Haus hin und her. Man sah ihr an, wie leid es ihr tat, das schöne Haus zu verlassen. Wie alle Menschen in solchen Fällen packte sie rasch noch alles mögliche unnütze Zeug auf. Sie kam dann an meinen Tisch, zog meinen Teller weg, rief: Fini! Da sehe ich, wie ihr der Mund offen bleibt, sie glotzt über den Gartenzaun, ich drehe mich um, und ich sah, nein, ich hörte, ich weiß nicht, ob ich zuerst gesehen oder gehört oder beides zugleich – wahrscheinlich hatte der angelassene Camion das Geräusch der Motorradfahrer übertönt. Jetzt hielten zwei hinter dem Zaun, jeder hatte zwei Leute im Beisitz, und sie trugen die grüngrauen Uniformen. Einer sagte so laut auf Deutsch, daß ich es hören konnte: Himmel, Arsch und Zwirn, jetzt ist auch der neue Riemen kaputt!

Die Deutschen waren schon da! Sie hatten mich überholt. Ich weiß nicht, was ich mir unter der Ankunft der Deutschen vorgestellt hatte: Donner und Erdbeben. Es geschah aber zunächst gar nichts anderes als die Anfahrt von zwei Motorrädern hinter dem Gartenzaun. Die Wirkung war ebenso groß, vielleicht noch größer. Ich saß gelähmt. Mein Hemd war im Nu pätschnaß. Was ich selbst bei der Flucht aus dem ersten Lager nicht gespürt hatte, selbst beim Ausladen unter den Fliegern nicht, das spürte ich jetzt. Zum erstenmal in meinem Leben spürte ich Todesangst.

Haben Sie bitte Geduld mit mir! Ich werde bald auf die Hauptsache kommen. Sie verstehen vielleicht. Einmal muß man ja jemand alles der Reihe nach erzählen. Ich kann mir heute selbst nicht mehr erklären, wie ich mich dermaßen fürchtete. Entdeckt zu werden? An die Wand gestellt? Auf den Docks hätte ich ebenso sang- und klanglos verschwinden können. Nach Deutschland zurückgeschickt zu werden? Langsam zu Tode gequält? Das hatte mir auch geblüht, als ich über den Rhein geschwommen war. Ich hatte außerdem immer gern auf der Kante gelebt, war immer daheim, wo es brenzlich roch. Und wie ich nachdachte, vor was ich mich eigentlich maßlos fürchtete, fürchtete ich mich schon etwas weniger.

Ich tat zugleich das Vernünftigste und das Einfältigste: Ich blieb sitzen. Ich hatte gerade zwei Löcher in meinen Gürtel bohren wollen, das tat ich jetzt. Der Bauer kam mit leerem Gesicht in den Garten, er sagte zu seiner Frau: „Jetzt können wir also genau so gut bleiben." – „Natürlich", sagte die Frau erleichtert, „aber du geh in die Scheune, ich werde mit ihnen fertig, sie werden mich nicht fressen." – „Mich auch nicht", sagte der Mann, „ich bin kein Soldat, ich zeig ihnen meinen Klumpfuß."

Inzwischen war eine ganze Kolonne auf den Grasplatz hinter dem Zaun vorgefahren. Sie kamen nicht einmal in den Garten. Sie fuhren nach drei Minuten weiter. Zum erstenmal seit vier Jahren hörte ich wieder deutsche Befehle. O, wie sie knarrten! Es hätte nicht viel gefehlt, ich selbst wär aufgesprungen und hätte stramm gestanden. Ich hörte später, die selbe Motorradkolonne habe die Flüchtlingsstraße abgeschnitten, auf der ich vorhin gekommen war. All die Ordnung, all die Befehle hätten das furchtbarste Durcheinander bewirkt, Blut, Schreie von Müttern, die Auflösung unserer Weltordnung. Doch surrte im Unterton dieser Befehle etwas gemein Klares, niederträchtig Aufrichtiges: Gebt nur nicht an! Wenn eure Welt schon zu Grunde gehen muß, wenn ihr sie schon nicht verteidigt habt, wenn ihr schon zulaßt, daß man sie auflöst, dann keine Flausen, dann schleunigst, dann überlaßt das Kommando uns!

Ich aber wurde plötzlich ganz ruhig. Da sitze ich nun, dachte ich, und die Deutschen ziehen an mir vorbei und besetzen Frankreich. […]

---
[1] Lastwagen

BERTOLT BRECHT
Schlechte Zeit für Lyrik

Ich weiß doch: nur der Glückliche
Ist beliebt. Seine Stimme
Hört man gern. Sein Gesicht ist schön.

Der verkrüppelte Baum im Hof
5 Zeigt auf den schlechten Boden, aber
Die Vorübergehenden schimpfen ihn einen Krüppel
Doch mit Recht.

Die grünen Boote und die lustigen Segel des Sundes
Sehe ich nicht. Von allem
10 Sehe ich nur der Fischer rissiges Garnnetz.
Warum rede ich nur davon
Daß die vierzigjährige Häuslerin gekrümmt geht?
Die Brüste der Mädchen
Sind warm wie ehedem.

15 In meinem Lied ein Reim
Käme mir fast vor wie Übermut.

In mir streiten sich
Die Begeisterung über den blühenden Apfelbaum
Und das Entsetzen über die Reden des Anstreichers.
20 Aber nur das zweite
Drängt mich zum Schreibtisch.

KLAUS MANN
Brief an Gottfried Benn (9. Mai 1933)

Lieber und verehrter Herr Doktor BENN
erlauben Sie einem leidenschaftlichen und treuen Bewunderer Ihrer Schriften mit einer Frage zu Ihnen zu kommen, zu der ihn an sich nichts berechtigt, als eben seine starke Anteilnahme an ihrer geistigen Existenz? Ich schreibe diese Zeilen nur in der Hoffnung, dass Sie mich als verständnis-
5 vollen Leser Ihrer Arbeiten etwas legitimiert finden eine offene Frage an Sie zu richten. – In den letzten Wochen sind mir verschiedentlich Gerüchte über Ihre Stellungnahme gegenüber den „deutschen Ereignissen" zu Ohren gekommen, die mich bestürzt hätten, wenn ich mich hätte entschliessen können ihnen Glauben zu schenken. Das wollte ich keinesfalls tun. Eine gewisse Bestätigung erfahren diese Gerüchte durch die Tatsache, die mir bekannt wird, dass Sie – eigent-
10 lich als EINZIGER deutscher Autor, mit dem unsereins gerechnet hatte – Ihren Austritt aus der Akademie NICHT erklärt haben. Was mich bei der protestantischen Frau Ricarda Huch nicht verwundert und was ich von Gerhart Hauptmann, der seine Rolle als der Hindenburg der deutschen Literatur mit einer bemerkenswerten Konsequenz zu Ende spielt, nicht anders erwartet hatte, entsetzt mich in Ihrem Falle. In welcher Gesellschaft befinden Sie sich dort? Was konnte Sie dahin

15 bringen, Ihren Namen, der uns der Inbegriff des höchsten Niveaus und einer geradezu fanatischen
Reinheit gewesen ist, denen zur Verfügung zu stellen, deren Niveaulosigkeit absolut beispiellos in
der europäischen Geschichte ist und vor deren moralischer Unreinheit sich die Welt mit Abscheu
abwendet? Wie viel Freunde müssen Sie verlieren, indem Sie solcherart gemeinsame Sache mit den
geistig Hassenswürdigen machen – und was für Freunde haben Sie am Ende auf dieser falschen
20 Seite zu gewinnen? Wer versteht Sie denn dort? Wer hat denn dort nur Ohren für Ihre Sprache
[…]? Wo waren denn die, die Ihre Bewunderer sind? Doch nicht etwa im Lager dieses erwachen-
den Deutschlands? Heute sitzen Ihre jungen Bewunderer, die ich kenne, in den kleinen Hotels von
Paris, Zürich und Prag – und Sie, der ihr Abgott gewesen ist, spielen weiter den Akademiker DIE-
SES Staates. Wenn Ihnen aber an Ihren Verehrern nichts liegt – sehen Sie doch hin, wo die sich auf-
25 halten, die Sie Ihrerseits auf so hinreissende Art bewundert haben. […] Es scheint ja heute ein beinah zwangsläufiges Gesetz, dass eine zu starke Sympathie mit dem Irrationalen zur politischen
Reaktion führt, wenn man nicht höllisch genau Acht gibt. Erst die grosse Gebärde gegen die „Zivilisation" – eine Gebärde, die, wie ich weiss, den geistigen Menschen nur zu stark anzieht –; plötzlich ist man beim Kultus der Gewalt, und dann schon beim Adolf Hitler. – Ist es nicht doch ein
30 bisschen so, wie ein geistreicher Autor (KEIN „Marxist") an dieser Küste neulich zu mir sagte: „Der
Benn hat sich einfach so viel über den Döblin geärgert, dass er schliesslich Nazi darüber wurde".
Ich verstehe ja sehr gut, dass man sich ausgiebig über den Döblin ärgern kann, aber doch nicht
gleich bis zu dem Grade, dass man den Geist überhaupt darüber verrät. […] Kein Vulgärmarxis-
mus kann mich mehr irritieren. Ich weiss doch, dass man kein stumpfsinniger „Materialist" sein
35 muss, um das Vernünftige zu wollen und die hysterische Brutalität aus tiefstem Herzen zu hassen.
Ich habe zu Ihnen geredet, ohne dass Sie mich gefragt hatten; das ist ungehörig, ich muss noch einmal um Entschuldigung bitten. Aber Sie sollen wissen, dass Sie für mich – und das einige andre –
zu den sehr Wenigen gehören, die wir keinesfalls an die „andre Seite" verlieren möchten. Wer sich
aber in dieser Stunde zweideutig verhält, wird für heute und immer nicht mehr zu uns gehören.
40 Aber freilich müssen Sie ja wissen, was Sie für unsere Liebe eintauschen und welchen grossen
Ersatz man Ihnen drüben dafür bietet; wenn ich kein schlechter Prophet bin, wird es zuletzt
Undank und Hohn sein. Denn, wenn einige Geister von Rang immer noch nicht wissen, wohin sie
gehören –: die dort drüben wissen ja ganz genau, wer nicht zu ihnen gehört: nämlich der GEIST.
Ich wäre Ihnen dankbar für jede Antwort.

GOTTFRIED BENN
Antwort an die literarischen Emigranten

[Benn antwortete K. Mann in einer Rundfunkrede am 24. Mai 1933, die am folgenden Tag in der
„Deutschen Allgemeinen Zeitung" mit einem redaktionellen Vorspann abgedruckt wurde:]

> Gottfried Benn, der Dichter und Arzt, hat von Berufsgenossen, die zu Beginn der
> deutschen Umwälzung ins Ausland gingen, verschiedene Zuschriften mit Vorwür-
> fen wegen seiner positiven Haltung gegen den neuen deutschen Staat empfangen.
> Um Mißverständnisse zu vermeiden, sei festgestellt, daß es sich um Briefschreiber
> 5 nichtjüdischer Abstammung handelt. Er hat Mittwoch abend im Rundfunk auf die-
> se Briefe geantwortet: wir geben hier seine Ausführungen, die er uns zur Verfügung
> gestellt hat, gerne wieder, da sie uns grundsätzlich wichtig erscheinen.

Ich muß Ihnen zunächst sagen, daß ich auf Grund vieler Erfahrungen in den letzten Wochen die
Überzeugung gewonnen habe, daß man über die deutschen Vorgänge nur mit denen sprechen
10 kann, die sie auch innerhalb Deutschlands selbst erlebten. Nur die, die durch die von Stunde zu

Stunde, von Zeitung zu Zeitung, von Umzug zu Umzug, von Rundfunkübertragung zu Rundfunkübertragung alles dies fortlaufend aus unmittelbarer Nähe miterlebten, Tag und Nacht mit ihm rangen, selbt die, die alles nicht jubelnd begrüßten, sondern es mehr erlitten, mit diesen allen kann man reden, aber mit den Flüchtlingen, die ins Ausland reisten, kann man es nicht. Diese haben nämlich die Gelegenheit versäumt, den ihnen so fremden Begriff des Volkes nicht gedanklich, sondern erlebnismäßig, nicht abstrakt, sondern in gedrungener Natur in sich wachsen zu fühlen, haben es versäumt, den auch in Ihrem Brief wieder so herabsetzend und hochmütig gebrauchten Begriff „das Nationale" in seiner realen Bewegung, in seinen echten überzeugenden Ausdrücken als Erscheinung wahrzunehmen, haben es versäumt, die Geschichte form- und bilderbeladen bei ihrer vielleicht tragischen, aber jedenfalls schicksalbestimmten Arbeit zu sehen. Und mit diesem Allen meine ich nicht das Schauspielhafte des Vorgangs, das impressionistisch Fesselnde von Fackeln und Musik, sondern den inneren Prozeß, die schöpferische Wucht, die in der Richtung wirkte, daß sie auch einen anfangs widerstrebenden Betrachter zu einer weitertreibenden menschlichen Umgestaltung führte. […]
Schließlich richtet sich aber Ihr Brief auch unmittelbar an meine Person. An diese richten Sie Fragen, Warnungs- und Prüfungsfragen hinsichtlich der Besonderheit ihres radikalen Sprachgefühls, das mir auf der anderen Seite nur Hohn und Spott eintragen würde, schließlich nach ihrer Verehrung bestimmter literarischer Köpfe, die jetzt auf *Ihrer* Seite sich befinden. Ich antworte Ihnen: ich werde weiter verehren, was ich für die deutsche Literatur vorbildlich und erzieherisch fand, ich werde es verehren bis nach Lugano und an das Ligurische Meer, aber ich erkläre mich ganz persönlich für den neuen Staat, weil es mein Volk ist, das sich hier seinen Weg bahnt. Wer wäre ich, mich auszuschließen, weiß ich denn etwas Besseres – nein! *Ich kann versuchen, es nach Maßgabe meiner Kräfte dahin zu leiten, wo ich es sehen möchte, aber wenn es mir nicht gelänge, es bliebe mein Volk, Volk ist viel!* […] Großstadt, Industrialismus, Intellektualismus, alle Schatten, die das Zeitalter über meine Gedanken warf, alle Mächte des Jahrhunderts, denen ich mich in meiner Produktion stellte, es gibt Augenblicke, wo dies ganze gequälte Leben versinkt und nichts ist da als die Ebene, die Weite, Jahreszeiten, Erde, einfache Worte –: Volk.

Thomas Mann
Briefwechsel mit Bonn

Philosophische Fakultät
der Rheinischen
Friedrich-Wilhelms-Universität
J.-Nr. 58

Bonn, den 19. Dezember 1936

Herrn Schriftsteller Thomas Mann!

Im Einverständnis mit dem Herrn Rektor der Universität Bonn muß ich Ihnen mitteilen, daß die Philosophische Fakultät sich nach Ihrer Ausbürgerung genötigt gesehen hat, Sie aus der Liste der Ehrendoktoren zu streichen. Ihr Recht, diesen Titel zu führen, ist gemäß Art. VIII unserer Promotionsordnung erloschen.

[unleserlich]
Dekan

An den Herrn Dekan der Philosophischen Fakultät der Universität Bonn

Sehr geehrter Herr Dekan,
ich habe die trübselige Mitteilung erhalten, die Sie unterm 19. Dezember an mich gerichtet haben. Erlauben Sie mir, Ihnen folgendes darauf zu erwidern:
Die schwere Mitschuld an allem gegenwärtigen Unglück, welche die deutschen Universitäten auf
5 sich geladen haben, indem sie aus schrecklichem Mißverstehen der historischen Stunde sich zum Nährboden der verworfenen Mächte machten, die Deutschland moralisch, kulturell und wirtschaftlich verwüsten, – diese Mitschuld hatte mir die Freude an der mir einst verliehenen akademischen Würde längst verleidet und mich gehindert, noch irgendwelchen Gebrauch davon zu machen. Den Ehrentitel eines Doktors der Philosophie führe ich auch heute, da die Harvard-Uni-
10 versität ihn mir aufs neue verliehen hat, und zwar mit einer Begründung, die ich Ihnen, Herr Dekan, nicht vorenthalten möchte.
Aus dem Lateinischen ins Deutsche übersetzt, lautet das Dokument: „... haben wir Rektor und Senat unter dem Beifall der ehrenwerten Universitätsinspektoren in feierlicher Sitzung Thomas Mann, den weitberühmten Schriftsteller, welcher, indem er vielen unserer Mitbürger das Leben
15 deutete, *zusammen mit ganz wenigen Zeitgenossen die hohe Würde der deutschen Kultur bewahrt*, zum Doktor der Philosophie ehrenhalber ernannt und ausgerufen und ihm alle Rechte und Ehren, welche mit diesem Grade verbunden sind, verliehen."
So sonderbar der aktuellen deutschen Auffassung widersprechend malt sich meine Existenz in den Köpfen freier und gebildeter Männer jenseits des Meeres – und, ich darf es hinzufügen, nicht nur
20 dort. Nie wäre es mir in den Sinn gekommen, mit den Worten jenes Schriftstücks zu prahlen; heute und hier aber darf, ja muß ich sie anführen; und wenn Sie, Herr Dekan (ich kenne die Gepflogenheiten nicht), die an mich gerichtete Mitteilung am Schwarzen Brett Ihrer Universität sollten haben anschlagen lassen, so müßte ich wahrhaftig wünschen, daß auch dieser meiner Entgegnung solche Ehre zuteil würde: vielleicht daß manchem akademischen Bürger, Student oder Professor,
25 doch ein nachdenkliches Stutzen, ein rasch unterdrückter, ahnungsvoller Schrecken ankäme bei einer Lektüre, die einem flüchtigen Blick aus bösartig erzwungener Abgeschlossenheit und Unwissenheit in die freie geistige Welt gleichkommen würde. [...]
Ein deutscher Schriftsteller, an Verantwortung gewöhnt durch die Sprache; ein Deutscher, dessen Patriotismus sich – vielleicht naiverweise – in dem Glauben an die *unvergleichliche moralische*
30 *Wichtigkeit* dessen äußert, was in Deutschland geschieht, – und sollte schweigen, *ganz schweigen* zu all dem unsühnbar Schlechten, was in meinem Lande an Körpern, Seelen und Geistern, an Recht und Wahrheit, an Menschen und an dem Menschen täglich begangen wurde und wird? Zu der furchtbaren Gefahr, die dies menschenverderberische, in unsäglicher Unwissenheit über das, was die Weltglocke geschlagen hat, lebende Regime für den Erdteil bedeutet? Es war nicht mög-
35 lich. Und so kamen, gegen das Programm, die Äußerungen, die unvermeidlich Stellung nehmenden Gesten zustande, die nun den absurden und kläglichen Akt meiner nationalen Exkommunikation herbeigeführt haben. [...]
Wohin haben sie, in noch nicht vier Jahren, Deutschland gebracht? Ruiniert, seelisch und physisch ausgesogen von einer Kriegsaufrüstung, mit der es die ganze Welt bedroht, die ganze Welt aufhält
40 und an der Erfüllung ihrer eigentlichen Aufgaben, ungeheurer und dringender Aufgaben *des Friedens*, hindert; geliebt von niemandem, mit Angst und kalter Abneigung betrachtet von allen, steht es am Rande der wirtschaftlichen Katastrophe, und erschrocken strecken sich die Hände seiner ‚Feinde' nach ihm aus, um ein so wichtiges Glied der zukünftigen Völkergemeinschaft vom Abgrunde zurückzureißen, ihm zu helfen [...].
45 Ich habe wahrhaftig vergessen, Herr Dekan, daß ich noch immer zu Ihnen spreche. Gewiß darf ich mich getrösten, daß Sie schon längst nicht mehr weitergelesen haben, entsetzt von einer Sprache,

deren man in Deutschland seit Jahren entwöhnt ist, voll Schrecken, daß jemand sich erdreistet, das deutsche Wort in alter Freiheit zu führen. – Ach, nicht aus dreister Überheblichkeit habe ich gesprochen, sondern aus einer Sorge und Qual, von welcher Ihre Machtergreifer mich nicht entbinden konnten, als Sie verfügten, ich sei kein Deutscher mehr; einer Seelen- und Gedankennot, von der seit vier Jahren nicht eine Stunde meines Lebens frei gewesen ist und gegen die ich meine künstlerische Arbeit tagtäglich durchzusetzen hatte […]

Küsnacht am Zürichsee, Neujahr 1937

STEFAN ZWEIG
Declaracão

Ehe ich aus freiem Willen und mit klaren Sinnen aus dem Leben scheide, drängt es mich eine letzte Pflicht zu erfüllen: diesem wundervollen Lande Brasilien innig zu danken, das mir und meiner Arbeit so gute und gastliche Rast gegeben. Mit jedem Tage habe ich dies Land mehr lieben gelernt und nirgends hätte ich mir mein Leben lieber vom Grunde aus neu aufgebaut, nachdem die Welt meiner eigenen Sprache für mich untergegangen ist und meine geistige Heimat Europa sich selber vernichtet.
Aber nach dem sechzigsten Jahre bedürfte es besonderer Kräfte, um noch einmal völlig neu zubeginnen. Und die meinen sind durch die langen Jahre heimatlosen Wanderns erschöpft. So halte ich es für besser, rechtzeitig und in aufrechter Haltung ein Leben abzuschließen, dem geistige Arbeit immer die lauterste Freude und persönliche Freiheit das höchste Gut dieser Erde gewesen.
Ich grüße alle meine Freunde! Mögen sie die Morgenröte noch sehen nach der langen Nacht! Ich, allzu Ungeduldiger, gehe Ihnen voraus.

Stefan Zweig
Petropolis, 22. 11. 1942

Aufgabe zu den Texten auf den Seiten 212–219

OSKAR MARIA GRAF   Ein Protest

① Stellen Sie dar, wie Graf die Kulturpolitik des NS-Staates beurteilt. Ziehen Sie für Ihre Antwort auch die Kapiteleinleitung heran.
② Weshalb legt Graf Wert darauf, nicht zu den Autoren gerechnet zu werden, die dem neuen Regime genehm sind?

ANNA SEGHERS   Transit

① Untersuchen Sie die sprachlichen Mittel, durch die es der Verfasserin gelingt, die Flüchtlingssituation so anschaulich darzustellen.
② Wodurch wird die Angst der Bevölkerung und vor allem der Flüchtlinge vor den deutschen Soldaten deutlich?

BERTOLT BRECHT   Schlechte Zeit für Lyrik

① Analysieren Sie die Struktur des Gedichts.
② Wie begründet Brecht seinen Verzicht auf den Endreim?
③ Welche Aufgabe weist Brecht dem Schriftsteller in der Zeit der Diktatur zu?

KLAUS MANN   Brief an Gottfried Benn

① Analysieren Sie die Struktur des Briefs.
② Was will Klaus Mann mit dem Brief erreichen?

GOTTFRIED BENN   Antwort an die literarischen Emigranten

① Wie begründet Benn sein Eintreten für „das Nationale"?
② Welche Fähigkeiten spricht Benn den Emigranten ab? Welche Zukunft sieht er für sie?

THOMAS MANN   Briefwechsel mit Bonn

① Inwiefern haben die deutschen Universitäten nach Thomas Manns Ansicht versagt?
② Erläutern Sie die Argumente im Dokument der Harvard-Universität, die er für wichtig hält.
③ Welche Verantwortung und welche Aufgaben sieht Thomas Mann für den Schriftsteller?

STEFAN ZWEIG   Declaracão

① Welche persönlichen, künstlerischen und politischen Gründe für den Selbstmord nennt Zweig in seiner *Erklärung?*

Aufgaben zu dem Bild auf der Seite 195

PABLO PICASSO   Das Beinhaus

① Picasso wurde durch Zeitungsfotos vom Zweiten Weltkrieg zu dem Bild inspiriert. Welche malerischen Mittel setzt er ein, um den Schrecken des Krieges darzustellen?
② Vergleichen Sie das Bild mit Otto Dix' Gemälde *Der Krieg* (S. 187).

VI. Nachkriegszeit

Carl Hofer, Im Neubau, 1947

1. Grundzüge der Epoche

1945 endete der Zweite Weltkrieg. Deutschland war besiegt und wurde in vier Besatzungszonen aufgeteilt. Für die Deutschen begannen die Trümmer- und Hungerjahre. Millionen von Vertriebenen und Flüchtlingen aus dem Osten mußten untergebracht und versorgt werden, der **Wiederaufbau** ging nur schleppend voran. Initiativen für eine kulturelle Erneuerung wurden ergriffen, blieben aber sporadisch und uneinheitlich.
Das Erziehungsprogramm der Siegermächte öffnete das Land für politische und kulturelle Strömungen des Ostens und Westens. Die neuen Schulbücher griffen auf Vorbilder aus der Zeit vor dem Nationalsozialismus zurück. Neu gegründete Zeitschriften (z. B. *Der Monat*) verbreiteten Themen, Ideen und Namen von Autoren, die in Deutschland unbekannt geblieben waren.
In der sowjetischen Zone wurde der Aufbau des **Sozialismus** vorbereitet, der Großgrundbesitz enteignet und neu verteilt; Industriebetriebe wurden verstaatlicht und hießen nun „volkseigen". Als die USA 1947 den sogenannten **Marshall-Plan**, ein großes Hilfsprogramm für die Wiederbelebung der Wirtschaft in Europa, anlaufen ließen, verweigerte die Sowjetunion ihre Mitwirkung. Eine im gleichen Jahr einberufene Konferenz der deutschen Ministerpräsidenten aller vier Besatzungszonen ging ohne Ergebnis wieder auseinander. Im Osten schloß sich das kommuni-

stische Regime enger an die Sowjetunion an, im Westen entstanden Länder, die eine demokratische Verfassung erhielten und deren Volksvertretungen aus freien Wahlen hervorgingen. Bald mehrten sich die Zeichen, die für die Vereinigung der drei Westzonen zu einem Staat sprachen. Die 1948 von den Westmächten angeordnete Währungs- und Wirtschaftsreform schuf eine Marktwirtschaft, die über den freien Wettbewerb sogleich eine ausreichende und wenig später eine reichliche Güterversorgung zuwege brachte. In der sowjetischen Zone wurde eine Planwirtschaft aufgebaut. Diese Entwicklung teilte Deutschland auch wirtschaftlich und war Anlaß für die UdSSR, Berlin zu blockieren.
Im Mai 1949 wurde die **Bundesrepublik Deutschland** ins Leben gerufen; ihr „Grundgesetz" wies sie als freiheitlich-demokratischen Rechtsstaat aus; der statt „Verfassung" gewählte Begriff sollte deren Vorläufigkeit bis zu einer Wiedervereinigung ausdrücken. Nach föderalistischem Prinzip waren Aufgaben und Kompetenzen auf Bund und Länder verteilt. Wenige Monate später machte die Sowjetunion ihre Besatzungszone zur **Deutschen Demokratischen Republik.** Ihre Verfassung zielte auf die Errichtung eines sozialistischen Staats auf deutschem Boden; er bildete Strukturen aus, die auf sowjetischen Mustern und Vorbildern beruhten.

Sowenig wie in der deutschen Geschichte gab es nach dem Ende des Zweiten Weltkriegs in der **deutschen Literatur** eine Stunde Null. Deutsche Schriftsteller hatten den Krieg jeweils anders erlebt; je nach Schicksal, Aufenthaltsort und innerer Einstellung gestaltete sich der Neuanfang unterschiedlich. Daß manche nach dem Chaos der letzten Kriegsphase und unter dem Eindruck des totalen Zusammenbruchs alles Streben nach Sprachkunst verwarfen und eine **Kahlschlagliteratur** forderten, ist verständlich. Diese Literatur sollte sich mit einer nüchternen Bestandsaufnahme und einer Darstellung in gänzlich schmuckloser Sprache begnügen. GÜNTER EICHS (1907–1972) berühmtes Gedicht *Inventur*, in dem ein Kriegsgefangener sich Rechenschaft gibt, was ihm geblieben ist, kann als Beispiel dienen.

HEINRICH BÖLL (1917–1985), der den Krieg als Soldat durchlitten hatte, fand neben WOLFGANG BORCHERT (1921–1947) rasch Anerkennung. Um 1950 war er bereits ein vielgelesener Erzähler. In seinen Werken fand sich die Kriegsgeneration mit ihren Erfahrungen wieder. Sein *Bekenntnis zur Trümmerliteratur* drückt das Programm einer Literatur aus, die er selbst vertrat.
Der Schweizer FRIEDRICH DÜRRENMATT (1921–1990) bedachte, was Millionen von Menschen in den Jahren der Diktaturen und Kriege zugestoßen und angetan worden war. In seiner Schrift *Theaterprobleme* zieht er daraus Folgerungen: Eine große Zahl von Schicksalen ist mit den Kategorien der Vernunft und Moral nicht mehr zu deuten. Die aus der Antike überkommene Gattung der Tragödie, die so oft aus dem Geist anderer Epochen neu belebt wurde, ist nun endgültig als historisch zu betrachten. Die Gesetze, die den tragischen Helden der Vergangenheit bewußt waren und an denen sie gemessen wurden, können für die Opfer der durch menschliches Planen herbeigeführten Katastrophen des 20. Jahrhunderts nicht mehr gelten. Sie lassen sich nur noch durch ein Theater des Grotesken darstellen. Dürrenmatt war einer seiner Pioniere.
Im übrigen standen Gattungsprobleme in den ersten Nachkriegsjahren nicht im Mittelpunkt des Gesprächs über Literatur. Interessierte erwarteten sich von den Emigranten und großen alten Männern, wie Thomas Mann und Hermann Hesse, fast selbstverständlich den umfangreichen und bedeutenden Roman. Die jungen Autoren jener Jahre entdeckten für sich die **Kurzgeschichte**, eine Erzählgattung, die in Deutschland nicht heimisch war. Sie taugte dazu, ein Menschenleben gerade in dem Moment anzuleuchten, in dem es um viel oder alles geht. SIEGFRIED LENZ (geb. 1926) hat dargestellt, wie stark ihn als Zwanzigjährigen die Kurzgeschichten ERNEST HEMINGWAYS faszinierten. Fast noch wertvoller ist sein Bericht darüber, wie er sich von seinem Vorbild freischrieb.

Grundzüge der Epoche

Thomas Mann (1875–1955)   Alfred Andersch (1914–1980)

THOMAS MANN (1875–1955) und ALFRED ANDERSCH (1914–1980) schrieben über das Ende des Krieges aus beträchtlicher räumlicher und zeitlicher Distanz. Thomas Mann hatte als Emigrant in Kalifornien 1943 den Roman *Doktor Faustus* begonnen, er läßt ihn mit dem Zusammenbruch des Deutschen Reichs enden. 1947 kamen die ersten Exemplare nach Deutschland. Thomas Mann beschäftigte die Schuld, die die Deutschen durch Mitmachen oder Dulden auf sich geladen hatten. Er versucht, den Nationalsozialismus aus dem geschichtlichen Erbe der Jahrhunderte und den daraus erklärbaren Besonderheiten der deutschen Mentalität zu deuten. Mann war nicht bereit, für Schriftsteller, die nach 1933 in Deutschland geblieben waren, den Status einer „inneren Emigration" anzuerkennen; was geschrieben wurde, trug für ihn den „Geruch nach Blut und Schande". Dieser Standpunkt war Anlaß für heftige Diskussionen.

WERNER BERGENGRUEN (1892–1964), der wie R. A. SCHRÖDER oder ERNST WIECHERT (1878–1962) in Deutschland ausgeharrt und mit chiffrierten dichterischen Aussagen dem Nationalsozialismus entgegengewirkt hatte, war über jeden Verdacht des Opportunismus erhaben. Unbeschadet des von Menschen Angerichteten sah er Kosmos und Erde als „heile Welt". Er hoffte, daß die Betrachtung der sich durch göttliche Fügung stets erneuernden Natur den Menschen Trost und Wegweisung geben könne. Näher an der erlebten und gelebten Realität hält WILHELM LEHMANN (1882–1968) die gleiche Botschaft bereit.

Alfred Andersch desertierte 1944 in Mittelitalien aus der deutschen Armee; sechs Jahre später schrieb er darüber das Erinnerungs- und Bekenntnisbuch *Die Kirschen der Freiheit*. Unter dem Einfluß des französischen Philosophen JEAN PAUL SARTRE (1905–1980) orientierte er sich an Denkmodellen des **Existentialismus**. In diesem Sinn deutet er seine Entscheidung als Erkenntnis- und Willensakt eines einzelnen, mit dem er eine uniformierte, gesichtslose Masse hinter sich ließ.

PAUL CELAN (1920–1970), dessen Angehörige Opfer des Holocaust wurden, hat den Mord an Millionen Juden in deutschen Konzentrationslagern in dem Gedicht *Todesfuge* (1948) in einer kühnen und neuartigen lyrischen Ausdrucksweise gestaltet.

Wolfgang Borchert, ebenfalls Sprecher der Kriegsgeneration, schrieb nicht nur schrill anklagende Manifeste und das eindrucksvolle, oft aufgeführte Heimkehrer-Drama *Draußen vor der Tür*, sondern auch Texte in gedämpften Tönen. In der Kurzgeschichte *Das Brot* stützt der Stärkere den Schwächeren und bewahrt so das Humane in der Beziehung zweier alter Menschen.

Die Stimmen der jungen Autoren wurden im Chor der bereits bekannten, die zudem dem Geschmack der breiten Öffentlichkeit entsprachen, nur schwer vernommen. Ihre Chance wuchs, als mit der „Gruppe 47" ein eigenes Zentrum für sie entstand. Die Gruppe entstand aus den Mitarbeitern der Zeitschrift *Der Ruf* und blieb bis zu ihrem Ende (1967) ein lockerer Zusammenschluß. Zu ihren Tagungen lud der Gründer HANS WERNER RICHTER (1908–1993) anfangs fast ausschließlich Autoren ein, die aus ihren unveröffentlichten Manuskripten vortrugen und sich gegenseitig kritisierten. Später waren Verleger, Lektoren und Kritiker beinahe in der Überzahl. Der ursprünglich leitende Gedanke der politischen Einflußnahme ging mehr und mehr verloren, was schließlich zur Selbstauflösung führte. Dennoch ist die Wirkung der Gruppe nicht zu übersehen: Für viele Autoren (Ingeborg Bachmann, Günter Grass, Wolfgang Hildesheimer, Paul Celan, Hans Magnus Enzensberger, Uwe Johnson) begann in ihr der literarische Erfolg.

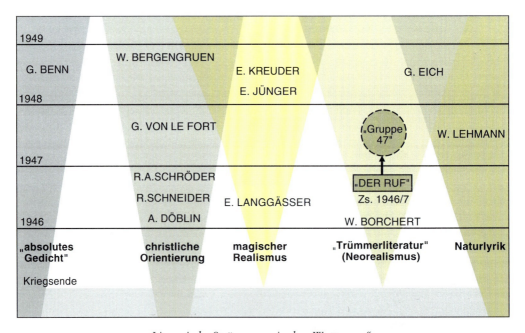

Literarische Strömungen in den „Westzonen"
(aus: dtv-Atlas zur deutschen Literatur von Horst Dieter Schlosser, Graphik: Uwe Goede. © München, Deutscher Taschenbuch Verlag 1983, S. 268)

Neben den genannten Hauptströmungen der westdeutschen Nachkriegsliteratur muß das „absolute Gedicht", wie es z. B. bei Gottfried Benn erscheint, erwähnt werden (vgl. *Nur zwei Dinge*, S. 254). Im „absoluten Gedicht" soll individuelle Erfahrung zur Wahrheit über das menschliche Dasein werden. Sprache und Klang nehmen den Mühen und Irrwegen eines Lebens das Lastende und Schwere. Es wird nirgends abstrahiert, in den Wörtern pulsiert Lebendiges, Schönes, Geheimnisvolles; einige haben Symbolkraft in sich. Künstlerische Formung wird an einzelnen Zeilen besonders deutlich, sie geht aber im Strom und Wohlklang eines harmonischen Ganzen auf.

Die Autoren, die dem „magischen Realismus" zugerechnet werden, bildeten keine Gruppe oder Schule. ERNST KREUDER (1903–1972) mag seinen Lesern 1946 mit seiner Erzählung *Die Gesellschaft vom Dachboden* eine angenehme Überraschung bereitet haben: Seine Stadt am Fluß ist Gegenwelt zu den Ruinenstädten der Trümmerliteratur; es gibt zu essen und zu trinken, und das Wunderland des Märchenhaften ist nicht weit. Sieben Gesellen, denen Phantasie und Künstlertalent mehr bedeuten als bürgerlicher Lebensernst, vertreiben sich zwischen alten Möbeln, Plunder und Kram auf dem Dachboden die Zeit und schließen einen Bund. Der Erzähler soll einen Dampfer beschaffen, auf dem die Gesellschaft zu einer größeren Reise aufbrechen will:

[...] Auf dem Weg zum Hafen kaufte ich mir einige Brezeln. Es gab hier einen neuen und einen alten Hafen. Im alten Hafen lagen reparaturbedürftige Schiffe. Dorthin zog es mich. Ich entdeckte schließlich einen Dampfer, der ein riesiges Schild am Schornstein hängen hatte. „Zu verkaufen!" stand darauf. Aus dem Schornstein stieg dicker, schwarzer Qualm. Ich ging über die Leitplanke an
5 Deck. Der Schiffmann mit der blauen Mütze und der kurzen Pfeife im Mund zog gerade sein Messer aus der Tasche. Niedrig hing der Himmel über dem Fluß, er hatte die Farbe von Hafersuppe. In dem öligen Hafenwasser schwammen verfaulte, mit grünem Schimmel bedeckte Orangen. Die alten Kähne lagen vor Anker, vor den Kajütfenstern standen Blumentöpfe, blühende Geranien, Rauch stieg aus den Kombüsen, kleine Hunde trippelten sorglos und neugierig über die Laufgän-
10 ge, Wäsche hing reglos an Seilen, ab und zu holte ein Mann einen Eimer Wasser am Strick herauf. Der Schiffmann klappte das Messer auf, reckte sich in die Höhe und schnitt den Strick durch, an dem das Schild befestigt war. Das Schild fiel herunter, er zerriß es und warf es über Bord.
„Wollen Sie den Dampfer nicht mehr verkaufen?" fragte ich ihn.
Er nahm die Pfeife aus dem Mund, spuckte ins Wasser hinunter und sagte: „Schon verkauft. Wir
15 legen jetzt ab."
„Könnte ich vielleicht mitfahren?" fragte ich ihn und bot ihm eine Brezel an. Er steckte die Pfeife in die Rocktasche, biß in die Brezel und nickte. Es war ein geräumiger Dampfer.
„Dann zieh die Planke ein", sagte er zu mir und ging hinüber an das große Steuerrad. [...]

(aus: Ernst Kreuder, Die Gesellschaft vom Dachboden. Hamburg: Rowohlt 1953, S. 126)

Wie es im Hafen aussieht, was an Bord vor sich geht, schildert Kreuder genau und gründlich, „realistisch"; über allem liegt aber auch ein Fluidum von Unwirklichkeit, als sei dem allen nicht zu trauen.

In der sowjetischen Besatzungszone schien man auf dem kulturellen Sektor zunächst die deutsche Eigenständigkeit bewahren zu wollen. In einer „antifaschistisch-demokratischen Übergangsperiode" sollte Kunst und Literatur keine Doktrin aufgezwungen werden. Gewähr dafür schien der Präsident des 1945 gegründeten überparteilichen „Kulturbundes zur demokratischen Erneuerung Deutschlands" (und spätere Kulturminister der DDR) JOHANNES R. BECHER (1891–1958) zu bieten, der sich als expressionistischer Lyriker einen Namen gemacht hatte. Er war auch an einem gesamtdeutschen Schriftstellerkongreß führend beteiligt, der im Oktober 1947 im damals noch nicht geteilten Berlin stattfand. Becher sagte in seiner programmatischen Rede: „Wir haben es erfahren, daß von der Literatur gefordert wurde, sich den politischen Bedürfnissen zu unterwerfen, um so zu einer Art kunstgewerblich aufgeputzter Fassade der Staatsführung zu werden. Die Politik verschlingt die Literatur, wenn nicht die Literatur auf eine ihr eigentümliche und selbständige Art politisch wird."
Unter solchen Devisen konnten sich im Kulturbund Autoren unterschiedlicher Weltanschauung versammeln: von Ricarda Huch über Gerhart Hauptmann (als Ehrenpräsident des Bundes) bis zu sozialistischen Schriftstellern wie Anna Seghers oder Theodor Plivier. Sie alle lieferten – wie

auch Thomas Mann, Erich Kästner, Ernst Wiechert, Ernest Hemingway oder Jean Cocteau – Beiträge für die neue Zeitschrift des Kulturbunds *Aufbau* oder die Wochenzeitschrift *Sonntag*. Die im Osten lebenden Autoren wurden bald verstärkt durch zurückkehrende Emigranten wie Ernst Bloch, Stefan Heym, Arnold Zweig oder Bertolt Brecht. Diese gestalteten neben Vertretern der jüngeren Generation das literarische Leben bis in die 50er Jahre hinein. Sie förderten darüber hinaus die Werke von Verfassern, die im Exil blieben: Heinrich Mann, Lion Feuchtwanger, Oskar Maria Graf und andere.

Ab 1949 wurde von der Literatur verlangt, sich politischen Bedürfnissen zu unterwerfen. Die „gesellschaftliche Funktion der Literatur" – eine Forderung schon der sozialistischen Literatur der Weimarer Republik – wird Leitgedanke. Nach dem Willen von Partei und Regierung sollte das Programm des **sozialistischen Realismus** gelten, das bereits 1934 von Andrej Shdanow für die Sowjetliteratur entworfen worden war. Shdanow verurteilte die Literatur der westlichen Moderne als formalistisch und dekadent, der Schriftsteller sollte „objektive Wirklichkeit in einer konkreten Situation" darstellen, zugleich sollte gezeigt werden, wie diese Wirklichkeit durch den Prozeß revolutionärer Entwicklung verändert wird. Die Auszüge aus HEINER MÜLLERS (geb. 1929) Stück *Der Lohndrücker* und aus ERWIN STRITTMATTERS (1912–1994) Roman *Ole Bienkopp* zeigen einerseits das Bemühen, diesem Programm zu entsprechen; die beiden Autoren versuchen aber andererseits, der Vielfalt von Prägungen und Motiven gerecht zu werden, die das Denken und Handeln der Menschen in der Anfangsphase der DDR bestimmt haben.

2. Texte

a) Theorie

HEINRICH BÖLL
Bekenntnis zur Trümmerliteratur

Die ersten schriftstellerischen Versuche unserer Generation nach 1945 hat man als Trümmerliteratur bezeichnet, man hat sie damit abzutun versucht. Wir haben uns gegen diese Bezeichnung nicht gewehrt, weil sie zu Recht bestand: tatsächlich, die Menschen, von denen wir schrieben, lebten in Trümmern, sie kamen aus dem Kriege, Männer und Frauen in gleichem Maße verletzt, auch
5 Kinder. Und sie waren scharfäugig: sie sahen. Sie lebten keineswegs in völligem Frieden, ihre Umgebung, ihr Befinden, nichts an ihnen und um sie herum war idyllisch, und wir als Schreibende fühlten uns ihnen so nahe, daß wir uns mit ihnen identifizierten. Mit Schwarzhändlern und den Opfern der Schwarzhändler, mit Flüchtlingen und allen denen, die auf andere Weise heimatlos geworden waren, vor allem natürlich mit der Generation, der wir angehörten und die sich zu
10 einem großen Teil in einer merk- und denkwürdigen Situation befand: sie kehrte heim. Es war die Heimkehr aus einem Krieg, an dessen Ende kaum noch jemand hatte glauben können.
Wir schrieben also vom Krieg, von der Heimkehr und dem, was wir im Krieg gesehen hatten und bei der Heimkehr vorfanden: von Trümmern; das ergab drei Schlagwörter, die der jungen Literatur angehängt wurden: Kriegs-, Heimkehrer- und Trümmerliteratur.
15 Die Bezeichnungen als solche sind berechtigt: es war Krieg gewesen, sechs Jahre lang, wir kehrten heim aus diesem Krieg, wir fanden Trümmer und schrieben darüber. Merkwürdig, fast verdächtig war nur der vorwurfsvolle, fast gekränkte Ton, mit dem man sich dieser Bezeichnung bediente: man schien uns zwar nicht verantwortlich zu machen dafür, daß Krieg gewesen, daß alles in Trümmern lag, nur nahm man uns offenbar übel, daß wir es gesehen hatten und sahen, aber wir hatten

keine Binde vor den Augen und sahen es: ein gutes Auge gehört zum Handwerkszeug des Schriftstellers. [...]

Nehmen wir an, das Auge des Schriftstellers sieht in einen Keller hinein: dort steht ein Mann an einem Tisch, der Teig knetet, ein Mann mit mehlbestaubtem Gesicht: der Bäcker. Er sieht ihn dort stehen, wie Homer ihn gesehen hat, wie er Balzacs und Dickens' Augen nicht entgangen ist – den Mann, der unser Brot backt, so alt wie die Welt, und seine Zukunft reicht bis ans Ende der Welt. Aber dieser Mann dort unten im Keller raucht Zigaretten, er geht ins Kino, sein Sohn ist in Rußland gefallen, dreitausend Kilometer weit liegt er begraben am Rande eines Dorfes; aber das Grab ist eingeebnet, kein Kreuz steht darauf, Traktoren ersetzen den Pflug, der diese Erde sonst gepflügt hat. Das alles gehört zu dem bleichen und sehr stillen Mann dort unten im Keller, der unser Brot backt – dieser Schmerz gehört zu ihm, wie auch manche Freude dazugehört.

Und hinter den verstaubten Scheiben einer kleinen Fabrik sieht das Auge des Schriftstellers eine kleine Arbeiterin, die an einer Maschine steht und Knöpfe ausstanzt, Knöpfe, ohne die unsere Kleider keine Kleider mehr wären, sondern lose an uns herunterhängende Stoffetzen, die uns weder schmücken noch wärmen würden: diese kleine Arbeiterin schminkt sich die Lippen, wenn sie Feierabend hat, auch sie geht ins Kino, raucht Zigaretten; sie geht mit einem jungen Mann spazieren, der Autos repariert oder die Straßenbahn fährt. Und es gehört zu diesem jungen Mädchen, daß ihre Mutter irgendwo unter einem Trümmerhaufen begraben liegt: unter einem Berg schmutziger Steinbrocken, die mit Mörtel gemengt sind, unten tief irgendwo liegt die Mutter des Mädchens, und ihr Grab ist ebensowenig mit einem Kreuz geschmückt wie das Grab des Bäckersohnes. Nur hin und wieder – einmal im Jahr – geht das junge Mädchen hin und legt Blumen auf diesen schmutzigen Trümmerhaufen, unter dem seine Mutter begraben liegt. [...]

Wer Augen hat zu sehen, der sehe! Und in unserer schönen Muttersprache hat Sehen eine Bedeutung, die nicht mit optischen Kategorien allein zu erschöpfen ist: wer Augen hat, zu sehen, für den werden die Dinge durchsichtig – und es müßte ihm möglich werden, sie zu durchschauen, und man kann versuchen, sie mittels der Sprache zu durchschauen, in sie hineinzusehen. Das Auge des Schriftstellers sollte menschlich und unbestechlich sein: man braucht nicht gerade Blindekuh zu spielen, es gibt rosarote, blaue, schwarze Brillen – sie färben die Wirklichkeit jeweils so, wie man sie gerade braucht. Rosarot wird gut bezahlt, es ist meistens sehr beliebt – und der Möglichkeiten zur Bestechung gibt es viele –, aber auch Schwarz ist hin und wieder beliebt, und wenn es gerade beliebt ist, wird auch Schwarz gut bezahlt. Aber wir wollen es so sehen, wie es ist, mit einem menschlichen Auge, das normalerweise nicht ganz trocken und nicht ganz naß ist, sondern feucht – und wir wollen daran erinnern, daß das lateinische Wort für Feuchtigkeit Humor ist –, ohne zu vergessen, daß unsere Augen auch trocken werden können oder naß; daß es Dinge gibt, bei denen kein Anlaß für Humor besteht. Unsere Augen sehen täglich viel: sie sehen den Bäcker, der unser Brot backt, sehen das Mädchen in der Fabrik – und unsere Augen erinnern sich der Friedhöfe; und unsere Augen sehen Trümmer: die Städte sind zerstört, die Städte sind Friedhöfe, und um sie herum sehen unsere Augen Gebäude entstehen, die uns an Kulissen erinnern, Gebäude, in denen keine Menschen wohnen, sondern Menschen verwaltet werden, verwaltet als Versicherte, als Staatsbürger, Bürger einer Stadt, als solche, die Geld einzahlen oder Geld entleihen – es gibt unzählige Gründe, um derentwillen ein Mensch verwaltet werden kann.

Es ist unsere Aufgabe, daran zu erinnern, daß der Mensch nicht nur existiert, um verwaltet zu werden – und daß die Zerstörungen in unserer Welt nicht nur äußerer Art sind und nicht so geringfügiger Natur, daß man sich anmaßen kann, sie in wenigen Jahren zu heilen.

Der Name Homer ist der gesamten abendländischen Bildungswelt unverdächtig: Homer ist der Stammvater europäischer Epik, aber Homer erzählt vom Trojanischen Krieg, von der Zerstörung Trojas und von der Heimkehr des Odysseus – Kriegs-, Trümmer- und Heimkehrliteratur –, wir haben keinen Grund, uns dieser Bezeichnung zu schämen.

SIEGFRIED LENZ
Mein Vorbild Hemingway

[...] Bei der Lektüre meiner frühen Geschichten – die ich in direkter und durchaus freimütiger Anspielung auf das literarische Vorbild „Geschichten aus dieser Zeit" nannte –, läßt sich ohne weiteres erkennen, was ich Hemingway verdanke. Mit der obligaten Nachsicht, die jeder seinen Anfängen gegenüber aufbringt, muß ich mir sogar eingestehen, daß da eine erhebliche – sagen wir:
5 Abhängigkeit bestanden hat. [...] Mein Verhängnis – wenn man es so nennen will – bestand vermutlich darin, daß ich einige seiner Passionen teilte, und daß ich sie auch schon ausgeübt hatte, bevor ich ihn gelesen hatte: ich fischte wie er, ich erkannte wie er das Argument des Bizeps in gewissen Augenblicken an, und wie er hatte ich ein Gefühl für Landschaft: diese Gemeinsamkeit trieb mich ihm geradezu in die Arme. Ich fürchte, ich war disponiert dafür, Hemingway eines
10 Tages zu begegnen und mir, zumindest vorübergehend, seinen Blick übertragen zu lassen. Wenn ich mir meine „Geschichten aus dieser Zeit" ansehe – heute, nachdem ich meine persönliche Unabhängigkeitserklärung abgegeben habe –, hört das Staunen darüber nicht auf, was mein literarisches Vorbild in mir auslöste. Das Inventar etlicher Geschichten ist Hemingwaysches Inventar: der Jäger, der Anarchist, der verlorene Kämpfer, der Läufer, die Liebenden ohne Chance. [...]
15 Ich hörte zwar nicht auf, Hemingway zu bewundern, aber je beharrlicher ich an meiner privaten Unabhängigkeitserklärung arbeitete, desto deutlicher wurde mir bewußt, was ich bei meinem Lehrmeister nicht fand und niemals finden würde. Er hatte sich damit begnügt, die Tat zu feiern – ich bestand darauf, auch verstehen zu lernen, was eine Tat begünstigt oder nachträglich widerlegt. Er hatte sich damit begnügt, dem notorischen Scheitern die Vision der Ausdauer entgegenzuset-
20 zen – ich wollte erfahren, welche Gründe das Scheitern hat und ob Ausdauer die einzige Antwort sein kann. Hemingway hatte sich dazu entschieden, nur ein einziges Zentrum anzunehmen – ich glaubte feststellen zu müssen, daß es verschiedene Zentren gibt, die am Rande liegen. Natürlich versuchte ich am Anfang, meine Erfahrungen durch ihn beglaubigen zu lassen. Es ging nicht. Was ich suchte, kam bei ihm nicht vor. Ich war keineswegs enttäuscht darüber, aber ich hielt es jetzt für
25 notwendig, meine Beziehung zu Hemingway gewissermaßen bilanzierend zu bestimmen. Er entsprach mir nicht mehr, und ich wollte das für mich begründen.
Ich tat es mit einer Geschichte. Sie steht in dem Band „Das Feuerschiff", und ihr Titel erscheint bereits wie eine unmittelbare Entgegnung auf eine großartige Geschichte Hemingways. Ich nannte sie „Der Anfang von etwas", und bezog sie direkt auf Hemingways „Das Ende von etwas".
30 Wenn ich Hemingway richtig verstehe, läßt er Nick und Marjorie nur deshalb zum Fischen hinausfahren, um ihnen eine Gelegenheit zu geben, auf besondere Weise Schluß zu machen. Sie bestücken die Angeln, sie sehen die Forellen springen, sie kehren ans Ufer zurück und zünden ein Feuer aus Treibholz an. Da fragt Marjorie Nick, ob die Liebe nicht schön sei, und Nick sagt nein und hat nichts anderes zu sagen, als daß etwas in ihm „zum Teufel gegangen sei". Das genügt Mar-
35 jorie; sie klettert ins Boot, Nick schiebt sie hinaus aufs Wasser und sie rudert davon: ein musterhafter Hemingway, fast eine Selbstimitation.
Bei aller Verschwiegenheit indes und aller lapidaren Verkürzung, wird in dieser Geschichte eine Erfahrung verkündet, die bei Hemingway oft wiederkehrt und mir persönlich nicht mehr genügte: es ist die Erfahrung, wonach das Unglück darin besteht, daß wir alles hinter uns haben. Ich bin
40 der Meinung, daß sich das Unglück ebenso durch das rechtfertigen läßt, was vor uns liegt: durch offene Räume, durch offene Entscheidungen. So schrieb ich also, mit eingestandenem Wunsch nach Korrektur, meine Entgegnung und nannte sie „Der Anfang von etwas". Es ist die Geschichte eines Wachmanns auf einem Feuerschiff, der im Schneetreiben sein Schiff versäumt. Dieser Harry Hoppe macht keinen Versuch, seinem Schiff nachzufahren, er zieht mit seinem Gepäck in
45 eine Kellerkneipe, genehmigt sich dort einiges gegen das Schneetreiben und begegnet in der Kell-

nerin seiner Vergangenheit. Er wird gezwungen, seine Gegenwart mit der Vergangenheit zu vergleichen und erhält eine Möglichkeit, die Entwürfe von damals an den Resultaten von heute zu messen. In einem Augenblick der Unentschiedenheit erfährt er, daß das Feuerschiff, das er versäumt hat, von einem Tanker gerammt wurde, daß niemand von der Besatzung gerettet werden konnte und daß auch sein Name unter den Opfern ist. Harry Hoppe wittert eine zweite Chance, er geht mit seinem Gepäck an den Strom und wirft es zwischen die Eisschollen: der „Anfang von etwas" kann beginnen.
Ich wollte Hemingway antworten, daß nichts mit dem Ende aufhört, und daß andererseits jeder Anfang nicht makellos vorhanden ist, sondern seinerseits eine Vorgeschichte voraussetzt. Dabei kam es mir nicht darauf an, Hemingway zu widerlegen, sondern ihn zu korrigieren im Sinne meiner Erfahrungen. Ich lege keinen Wert darauf, ob irgendein Leser diesen Wunsch nach Korrektur, der in meiner Geschichte versteckt war, entdecken würde – es war für mich eine Angelegenheit, die allein meine Beziehungen zu Hemingway betraf. [...]

FRIEDRICH DÜRRENMATT
Theaterprobleme

[...] Der Held eines Theaterstücks treibt nicht nur eine Handlung vorwärts oder erleidet ein bestimmtes Schicksal, sondern stellt auch eine Welt dar. Wir müssen uns daher die Frage stellen, wie unsere bedenkliche Welt dargestellt werden muß, mit welchen Helden, wie die Spiegel, diese Welt aufzufangen, beschaffen und wie sie geschliffen sein müssen.
Läßt sich die heutige Welt etwa, um konkret zu fragen, mit der Dramatik Schillers gestalten, wie einige Schriftsteller behaupten, da ja Schiller das Publikum immer noch packe? [...]
Schiller schrieb so, wie er schrieb, weil die Welt, in der er lebte, sich noch in der Welt, die er schrieb, die er sich als Historiker erschuf, spiegeln konnte. Gerade noch. War doch Napoleon vielleicht der letzte Held im alten Sinne. Die heutige Welt, wie sie uns erscheint, läßt sich dagegen schwerlich in der Form des geschichtlichen Dramas Schillers bewältigen, allein aus dem Grunde, weil wir keine tragischen Helden, sondern nur Tragödien vorfinden, die von Weltmetzgern inszeniert und von Hackmaschinen ausgeführt werden. Aus Hitler und Stalin lassen sich keine Wallensteine mehr machen. Ihre Macht ist so riesenhaft, daß sie selber nur noch zufällige, äußere Ausdrucksformen dieser Macht sind, beliebig zu ersetzen, und das Unglück, das man besonders mit dem ersten und ziemlich mit dem zweiten verbindet, ist zu weitverzweigt, zu verworren, zu grausam, zu mechanisch geworden und oft einfach auch allzu sinnlos. Die Macht Wallensteins ist eine noch sichtbare Macht, die heutige Macht ist nur zum kleinsten Teil sichtbar, wie bei einem Eisberg ist der größte Teil im Gesichtslosen, Abstrakten versunken. Das Drama Schillers setzt eine sichtbare Welt voraus, die echte Staatsaktion, wie ja auch die griechische Tragödie. Sichtbar in der Kunst ist das Überschaubare. Der heutige Staat ist jedoch unüberschaubar, anonym, bürokratisch geworden, und dies nicht etwa nur in Moskau oder Washington, sondern auch schon in Bern, und die heutigen Staatsaktionen sind nachträgliche Satyrspiele, die den im Verschwiegenen vollzogenen Tragödien folgen. Die echten Repräsentanten fehlen, und die tragischen Helden sind ohne Namen. Mit einem kleinen Schieber, mit einem Kanzlisten, mit einem Polizisten läßt sich die heutige Welt besser wiedergeben als mit einem Bundesrat, als mit einem Bundeskanzler. Die Kunst dringt nur noch bis zu den Opfern vor, dringt sie überhaupt zu Menschen, die Mächtigen erreicht sie nicht mehr. Kreons Sekretäre erledigen den Fall Antigone. Der Staat hat seine Gestalt verloren, und wie die Physik die Welt nur noch in mathematischen Formeln wiederzugeben vermag, so ist er nur noch statistisch darzustellen. Sichtbar, Gestalt wird die heutige Macht nur etwa da, wo sie explodiert, in der Atombombe, in diesem wundervollen Pilz, der da aufsteigt und sich ausbreitet, makellos wie die Sonne,

bei dem Massenmord und Schönheit eins werden. Die Atombombe kann man nicht mehr darstellen, seit man sie herstellen kann. Vor ihr versagt jede Kunst als eine Schöpfung des Menschen, weil sie selbst eine Schöpfung des Menschen ist. Zwei Spiegel, die sich ineinander spiegeln, bleiben leer. […] Die Tragödie setzt Schuld, Not, Maß, Übersicht, Verantwortung voraus. In der Wurstelei unseres Jahrhunderts, in diesem Kehraus der weißen Rasse, gibt es keine Schuldigen und auch keine Verantwortlichen mehr. Alle können nichts dafür und haben es nicht gewollt. Es geht wirklich ohne jeden. Alles wird mitgerissen und bleibt in irgendeinem Rechen hängen. Wir sind zu kollektiv schuldig, zu kollektiv gebettet in die Sünden unserer Väter und Vorväter. Wir sind nur noch Kindeskinder. Das ist unser Pech, nicht unsere Schuld […].

Aufgaben zu dem Bild auf der Seite 221

① Man kann vermuten, daß dem Bild das Totentanz-Motiv zugrunde liegt, zugleich aber eine andere Aussage beabsichtigt ist. Beschreiben Sie das Bild, und tauschen Sie Beobachtungen und Vermutungen zu Details und zur Gesamtaussage aus.

② Im selben Jahr wie Hofers Bild entstand MARIE LUISE KASCHNITZ' (1901–1974) Gedichtzyklus über ihre Rückkehr nach Frankfurt. Dort heißt es:

> Es wird uns nicht alles bereitet.
> So ist's nicht, daß einer sagt:
> Treten Sie bitte zur Seite,
> In den Stadtwald vielleicht oder weiter,
> Warten Sie, bis es tagt.
> Und inzwischen kommen Giganten,
> Stählern auf Raupe und Rad,
> Und pressen aus Tuben und Kanten
> Uns eine fertige Stadt,
> Und führen uns an die Essen
> Und kochen die Zukunft uns gar,
> Und lassen uns alles vergessen
> Was war.

Welche innere Einstellung spricht aus Kaschnitz' Versen, welche aus Hofers Bild?

Aufgaben zu den Texten auf den Seiten 226–230

HEINRICH BÖLL   Bekenntnis zur Trümmerliteratur

① Ergänzen Sie die Gestalten Bölls – den Bäcker, die Knopfstanzerin – durch entsprechende Porträts der beiden Alten in Borcherts Kurzgeschichte *Das Brot* (S. 236f.).

SIEGFRIED LENZ   Mein Vorbild Hemingway

① Referieren Sie über Lenz' Kurzgeschichte *Der Anfang von etwas*, und tragen Sie zwei Kernstellen vor.

② „Er [Hemingway] hatte sich damit begnügt, dem notorischen Scheitern die Vision der Ausdauer entgegenzusetzen." Arbeiten Sie diesen Aspekt an Hemingways Erzählung *Der alte Mann und das Meer* heraus.

③ Formulieren Sie Lenz' „Korrektur" an Hemingway mit eigenen Worten.

FRIEDRICH DÜRRENMATT   Theaterprobleme

① Überprüfen Sie an einer antiken Tragödie (z. B. Sophokles' *König Ödipus* oder *Antigone*) und an einer Tragödie Schillers, ob darin die von Dürrenmatt genannten Merkmale der Tragödie nachzuweisen sind.

② Untersuchen Sie an einem Ihnen bekannten Stück Dürrenmatts, wie sich tragische und komische Elemente zu einer Groteske verbinden.

b) Nachkrieg

THOMAS MANN
Doktor Faustus

[Der Altphilologe Serenus Zeitblom lebt zurückgezogen in der bayerischen Provinz. Er arbeitet an einer Biographie über seinen verstorbenen Freund, den genialen Komponisten Adrian Leverkühn. Zeitblom berichtet aus seiner Sicht über das Ende des Hitler-Reiches und macht sich Gedanken über die Zukunft Deutschlands.]

[...] Beinahe vier Wochen lang habe ich an diesen Aufzeichnungen nicht fortgeschrieben, angehalten erstens durch eine gewisse seelische Erschöpfung nach dem vorstehend Erinnerten, zugleich aber durch die jetzt einander jagenden, nach ihrem logischen Ablauf vorausgesehenen, in gewisser Weise ersehnten und nun doch ein ungläubiges Grauen erregenden Tagesereignisse, die
5 unser unseliges Volk, von Jammer und Schrecken ausgehöhlt, unfähig zu begreifen, in stumpfem Fatalismus über sich ergehen läßt, und denen auch mein von alter Trauer, altem Entsetzen müdes Gemüt hilflos ausgesetzt war.
Seit Ende März schon – wir schreiben den 25. April dieses Schicksalsjahres 1945 – ist im Westen des Landes unser Widerstand sichtlich in voller Auflösung begriffen. Die öffentlichen Blätter,
10 schon halb entfesselt, registrieren die Wahrheit, das Gerücht, genährt von Radio-Meldungen des Feindes, von den Erzählungen Flüchtiger, kennt keine Zensur und trägt die Einzelfälle der sich rapide ausbreitenden Katastrophe in den noch nicht von ihr verschlungenen, noch nicht befreiten Gegenden des Reiches umher bis in meine Klause. Kein Halten mehr: alles gibt sich gefangen und läuft auseinander. Unsere zerschmetterten und zermürbten Städte fallen wie reife Pflaumen.
15 Darmstadt, Würzburg, Frankfurt gingen dahin, Mannheim und Kassel, Münster gar, Leipzig bereits gehorchen den Fremden. Eines Tages standen die Engländer in Bremen, die Amerikaner im oberfränkischen Hof. Nürnberg ergab sich, die Stadt der unkluge Herzen hoch erhebenden Staatsfeste. Unter den Großen des Regimes, die sich in Macht, Reichtum und Unrecht gewälzt, wütet richtend der Selbstmord.
20 Russische Corps, durch die Einnahme von Königsberg und Wien zur Forcierung der Oder frei geworden, rückten, eine Millionen-Armee, gegen die in Schutt liegende, von allen Staatsämtern schon geräumte Reichshauptstadt, vollendeten mit ihrer schweren Artillerie das längst aus der Luft Vollstreckte und nähern sich gegenwärtig dem Stadtzentrum. Der grausige Mann, der voriges Jahr dem Anschlage verzweifelter, auf Rettung der letzten Substanz, der Zukunft bedachter
25 Patrioten mit dem Leben, allerdings einem nur noch irre flackernden und flatternden, entrann, befahl seinen Soldaten, den Angriff auf Berlin in einem Meer von Blut zu ertränken und jeden Offizier zu erschießen, der von Übergabe spreche. Das ist vielfach befolgt worden. [...]
Unterdessen läßt ein transatlantischer General die Bevölkerung von Weimar vor den Krematorien des dortigen Konzentrationslagers vorbeidefilieren und erklärt sie – soll man sagen: mit Un-
30 recht?–, erklärt diese Bürger, die in scheinbaren Ehren ihren Geschäften nachgingen und nichts zu wissen versuchten, obgleich der Wind ihnen den Stank verbrannten Menschenfleisches von dorther in die Nasen blies – erklärt sie für mitschuldig an den nun bloßgelegten Greueln, auf die er sie zwingt, die Augen zu richten. Mögen sie schauen – ich schaue mit ihnen, ich lasse mich schieben im Geiste von ihren stumpfen oder auch schaudernden Reihen. Der dickwandige Folterkeller, zu
35 dem eine nichtswürdige, von Anbeginn dem Nichts verschworene Herrschaft Deutschland gemacht hatte, ist aufgebrochen, und offen liegt unsere Schmach vor den Augen der Welt, der fremden Kommissionen, denen diese unglaubwürdigen Bilder nun allerorts vorgeführt werden, und die zu Hause berichten: was sie gesehen, übertreffe an Scheußlichkeit alles, was menschliche Vorstellungskraft sich ausmalen könne. Ich sage: unsere Schmach. Denn ist es bloße Hypochon-

drie, sich zu sagen, daß alles Deutschtum, auch der deutsche Geist, der deutsche Gedanke, das deutsche Wort von dieser entehrenden Bloßstellung mitbetroffen und in tiefe Fragwürdigkeit gestürzt worden ist? Ist es krankhafte Zerknirschung, die Frage sich vorzulegen, wie überhaupt noch in Zukunft ‚Deutschland' in irgendeiner seiner Erscheinungen es sich soll herausnehmen dürfen, in menschlichen Angelegenheiten den Mund aufzutun?

Man nenne es finstere Möglichkeiten der Menschennatur überhaupt, die hier zutage kommen – deutsche Menschen, Zehntausende, Hunderttausende, sind es nun einmal, die verübt haben, wovor die Menschheit schaudert, und was nur immer auf deutsch gelebt hat, steht da als ein Abscheu und als Beispiel des Bösen. Wie wird es sein, einem Volke anzugehören, dessen Geschichte dies gräßliche Mißlingen in sich trug, einem an sich selber irre gewordenen, seelisch abgebrannten Volk, das eingestandenermaßen daran verzweifelt, sich selbst zu regieren, und es noch für das beste hält, zur Kolonie fremder Mächte zu werden; einem Volk, das mit sich selbst eingeschlossen wird leben müssen wie die Juden des Ghetto, weil ein ringsum furchtbar aufgelaufener Haß ihm nicht erlauben wird, aus seinen Grenzen hervorzukommen – ein Volk, das sich nicht sehen lassen kann?

Fluch, Fluch den Verderbern, die eine ursprünglich biedere, rechtlich gesinnte, nur allzu gelehrige, nur allzu gern aus der Theorie lebende Menschenart in die Schule des Bösen nahmen! Wie wohl tut die Verwünschung, wie wohl täte sie, wenn sie aus freiem unbedingtem Busen emporstiege! Eine Vaterlandsliebe aber, die kühnlich behaupten wollte, daß der Blutstaat, dessen schnaubende Agonie wir nun erleben; der unermeßliche Verbrechen, lutherisch zu reden, ‚auf seinen Hals nahm'; bei dessen brüllender Ausrufung, bei dessen das Menschenrecht durchstreichenden Verkündigungen ein Taumel von Überglück die Menge hinriß, und unter dessen grellen Bannern unsere Jugend mit blitzenden Augen, in hellem Stolz und im Glauben fest, marschierte – daß er etwas unserer Volksnatur durchaus Fremdes, Aufgezwungenes und in ihr Wurzelloses gewesen wäre – eine solche Vaterlandsliebe schiene mir hochherziger, als sie mich gewissenhaft dünkte. War diese Herrschaft nicht nach Worten und Taten nur die verzerrte, verpöbelte, verscheußlichte Wahrwerdung einer Gesinnung und Weltbeurteilung, der man charakterliche Echtheit zuerkennen muß, und die der christlich-humane Mensch nicht ohne Scheu in den Zügen unserer Großen, der an Figur gewaltigsten Verkörperungen des Deutschtums ausgeprägt findet? Ich frage – und frage ich zuviel? Ach, es ist wohl mehr als eine Frage, daß dieses geschlagene Volk jetzt eben darum irren Blicks vor dem Nichts steht, weil sein letzter und äußerster Versuch, die selbsteigene politische Form zu finden, in so gräßlichem Mißlingen untergeht. […]

ALFRED ANDERSCH
Die Kirschen der Freiheit

Rechts zog sich ein Abhang in die Tiefe eines Tales, dessen Sohle man nicht einsehen konnte. Ich schritt ihn suchend ein Stück hinab, bis ich eine Capanna fand, die von der Straße aus nicht mehr gesehen werden konnte. Nachdem ich das Fahrrad in einem Kornfeld versteckt hatte, setzte ich mich vor den Eingang der Strohhütte. Es war nun fast ganz dunkel geworden. Ich aß Keks und Schokolade und trank Wasser aus der Feldflasche. Die Szenerie, in die ich blickte, war einsam und erhaben, mit dem riesigen dunklen Wolkenhimmel, der über dem wilden Bergland hing. Die Täler und Berge erstreckten sich meilenweit bis zum westlichen Horizont, in dem ein gelbes Glosen lange nicht sterben wollte. Es wetterleuchtete manchmal.

Die Capanna war nichts als ein unmittelbar auf die Erde gesetztes Strohdach. Nachher lag ich unter den schiefen Wänden wie in einem Zelt. Den Ausgang hatte ich mit einer Zeltbahn verhängt. Seltsamerweise schlief ich sogar ein paar Stunden. […]

An jenem Morgen des 6. Juni 1944 zitterte die Atmosphäre in verhaltener Erregung. Hätte ich damals gewußt, was ich heute weiß, so wäre mir die Stille nicht so unerklärlich gewesen; ich hätte die Ursache des Zauberbanns erraten, der den Krieg zwischen dem Tyrrhenischen und dem Ligurischen Meer in seine Fänge schlug. An diesem Tage legte der italienische Krieg sein Ohr auf die Erde, um auf den normannischen Krieg zu horchen. Stummes Gehör, vernahm er das Rauschen von Schiffsbügen, die nächtliche Wasser durchpflügten, und den Herzschlag von dreihundertfünfzigtausend Männern, die an Land gingen, den Donner von fünfundzwanzigtausend Flügen zwischen einer Insel und einem Festland, und den schmetternden Tod von zehntausend Tonnen Explosivstoff, den die Fliegenden auf die Erde schleuderten. Auch der Herzschlag derer wurde gehört, die sich zur Flucht wandten, und der feine atlantische Nachtregen, durch den sie flüchteten. Da war kein Mond mehr, ihnen das Haar zu kämmen, nur Nacht und Nässe und die Blitze, in denen der Tod kam, und nicht einmal der Staubfahnentriumph blieb ihnen, sogar der mondbleich dahinwehende Staubfahnentriumph blieb der Westarmee, der geschlagenen, versagt.

Während ich in der Capanna schlief, hatte sich die Entscheidung des Krieges vollzogen. Das Schicksal der Massen vollendete sich, als ich mich von ihm für die Dauer eines Tages löste.

Aber es ist unmöglich, sich für länger als einen Tag aus dem Schicksal der Massen zu befreien. Ich greife meiner Erzählung einen Augenblick vor, indem ich berichte, wie ich ihnen ein paar Tage später wieder gehörte, als ich, Teil einer langen Reihe Gefangener, auf eines der Lastautos kletterte, die vor dem Lager auf uns warteten. Die Fahrer waren Neger. Sie ließen die hinteren Planken der Autos herunter und riefen „Come on". Zwei Negerposten kletterten zu uns herauf, setzten sich auf die wieder geschlossenen Planken und legten die Karabiner vor sich auf die Knie. Dann fuhren die Trucks los.

Die Straßen, auf denen sie fuhren, waren holprig, und das Gelände war ganz verwüstet. Am Eingang des Friedhofs warteten viele Negersoldaten auf uns. Ein weißer Offizier überwachte die Ausgabe der Spaten, Schaufeln und Pickel. Wir wurden in Arbeitskommandos eingeteilt und verstreuten uns gruppenweise im Gelände. Über dem Friedhofeingang hing süßlicher Leichengeruch. Wir begannen, Gräber auszuheben. Die Kalkerde war trocken und hart. Sie rutschte in Schollen von den silbern glänzenden Spaten. In der schrecklichen Hitze wurden Wasserkanister herumgereicht, aber das Wasser schmeckte nach dem Chlor, mit dem es desinfiziert worden war, dem Chlor, mit dem man auch die Leichen bestreut hatte, und angewidert setzte man den Becher nach wenigen Schlucken ab. Wenn wir die Arbeit unterbrachen und aufblickten, sahen wir die hölzernen Kreuze rings um uns, in riesigen quadratischen Feldern. Als wir eine Reihe Gruben ausgehoben hatten, wurden wir zum Füllen der Säcke geführt.

Wir bekamen Gummihandschuhe und hohe Gummistiefel, damit wir uns nicht infizierten. Von einem Sackstapel nahmen wir lange weiße Leinensäcke und warfen sie uns über die Schultern. Die Leichen lagen in langen Reihen auf einer Fläche in der Mitte des Friedhofes. Von ferne waren es nur unförmige, klumpige, mit Chlor bestreute Massen. Auf diesem Friedhof sammelte man die Toten, die man auf dem Schlachtfeld von Nettuno fand. Viele von ihnen hatten schon wochenlang herumgelegen. Sie waren blauschwarz geworden und in den Zustand der Gärung übergegangen. Sie stanken entsetzlich. Einige, die noch nicht so lange tot waren, zeigten noch hellere Haut in den Gesichtern und unter den Fetzen ihrer Kleidung. Manchen fehlten die Arme oder die Beine oder auch die Köpfe, denn sie hatten im Feuer der Land- und Schiffsartillerie gelegen. Die Fliegen sammelten sich um sie in schwärzlichen Trauben. Die steigende Sonne löste die Leichenstarre immer mehr und machte die Körper weich und gallertartig. Wir stopften die schwammigen Massen in die Säcke. Dann trugen wir die Säcke auf Bahren zu den Gräbern und warfen sie in die Gruben. Sie schlugen klatschend unten auf.

So also sah das Schicksal aus, das der Krieg für die Massen bereithielt. […]

Auch ich wäre auf jenem Friedhof bei Nettuno begraben worden, hätte ich an diesem Fluchtmorgen ein paar Meter näher an der Straße gestanden, auf der die Bombe einschlug. Doch bleibt dem Zufall nur ein geringer Spielraum; wohl kann er entscheiden, ob er den Menschen in die Gefangenschaft oder den Tod entsenden will – im Massen-Schicksal muß er ihn belassen. Auch kann er nichts daran ändern, daß der Mensch immer wieder versuchen wird, das Schicksal zu wenden, besonders wenn es ihm scheinbar keine andere Wahl läßt als die zwischen Tod und Gefangenschaft. Aber man ist nicht frei, während man gegen das Schicksal kämpft. Man ist überhaupt niemals frei außer in den Augenblicken, in denen man sich aus dem Schicksal herausfallen läßt. […] Aus dem Nu der Freiheit – ich wiederhole: niemals kann Freiheit in unserem Leben länger dauern als ein paar Atemzüge lang, aber für sie leben wir –, aus ihm allein gewinnen wir die Härte des Bewußtseins, die sich gegen das Schicksal wendet und neues Schicksal setzt. […]

Am Spätnachmittag geriet ich an den Rand eines mächtigen Weizenfeldes, das sanft in ein Tal hinabfloß. Hinter den Bäumen am anderen Talrand konnte ich Häuser sehen, und ich vernahm das Geräusch rollender Panzer, ein helleres, gleichmäßigeres Geräusch, als ich es von den deutschen Panzern kannte. Ich hörte das klirrende Gejohl der Raupenketten. Die Töne klangen fern in der rötlichen Neigung des westlichen Lichtes. Darauf tat ich etwas kolossal Pathetisches – aber ich tat's –, indem ich meinen Karabiner nahm und unter die hohe Flut des Getreides warf. Ich löste die Patronentaschen und das Seitengewehr vom Koppel und ergriff den Stahlhelm und warf alles dem Karabiner nach. Dann ging ich durch das Feld weiter. Unten geriet ich noch einmal in die Macchia. Ich schlug mich durch, das dichte Dorngestrüpp zerkratzte mein Gesicht; es war ein schweres Stück Arbeit. Keuchend stieg ich nach oben.

In der Mulde des jenseitigen Talhangs fand ich einen wilden Kirschbaum, an dem die reifen Früchte glasig und hellrot hingen. Das Gras rings um den Baum war sanft und abendlich grün. Ich griff nach einem Zweig und begann von den Kirschen zu pflücken. Die Mulde war wie ein Zimmer; das Rollen der Panzer klang nur gedämpft herein. Sie sollen warten, dachte ich. Ich habe Zeit. Mir gehört die Zeit, solange ich diese Kirschen esse. Ich taufte meine Kirschen: ciliege diserte, die verlassenen Kirschen, die Deserteurs-Kirschen, die wilden Wüstenkirschen meiner Freiheit. Ich aß ein paar Hände voll. Sie schmeckten frisch und herb.

GÜNTER EICH
Inventur

Dies ist meine Mütze,
dies ist mein Mantel
hier mein Rasierzeug
im Beutel aus Leinen.

Konservenbüchse:
Mein Teller, mein Becher,
ich hab in das Weißblech
den Namen geritzt.

Geritzt hier mit diesem
kostbaren Nagel,
den vor begehrlichen
Augen ich berge.

Im Brotbeutel sind
ein Paar wollene Socken
und einiges, was ich
niemand verrate,

so dient er als Kissen
nachts meinem Kopf.
Die Pappe hier liegt
zwischen mir und der Erde.

Die Bleistiftmine
lieb ich am meisten:
Tags schreibt sie mir Verse,
die nachts ich erdacht.

Dies ist mein Notizbuch,
dies meine Zeltbahn,
dies ist mein Handtuch,
dies ist mein Zwirn.

PAUL CELAN
Todesfuge

    Schwarze Milch der Frühe wir trinken sie abends
    wir trinken sie mittags und morgens wir trinken sie nachts
    wir trinken und trinken
    wir schaufeln ein Grab in den Lüften da liegt man nicht eng
5 Ein Mann wohnt im Haus der spielt mit den Schlangen der schreibt
    der schreibt wenn es dunkelt nach Deutschland dein goldenes Haar Margarete
    er schreibt es und tritt vor das Haus und es blitzen die Sterne er pfeift seine Rüden herbei
    er pfeift seine Juden hervor läßt schaufeln ein Grab in der Erde
    er befiehlt uns spielt auf nun zum Tanz

10 Schwarze Milch der Frühe wir trinken dich nachts
    wir trinken dich morgens und mittags wir trinken dich abends
    wir trinken und trinken
    Ein Mann wohnt im Haus der spielt mit den Schlangen der schreibt
    der schreibt wenn es dunkelt nach Deutschland dein goldenes Haar Margarete
15 Dein aschenes Haar Sulamith wir schaufeln ein Grab in den Lüften da liegt man nicht eng

    Er ruft stecht tiefer ins Erdreich ihr einen ihr anderen singet und spielt
    er greift nach dem Eisen im Gurt er schwingts seine Augen sind blau
    stecht tiefer die Spaten ihr einen ihr andern spielt weiter zum Tanz auf

    Schwarze Milch der Frühe wir trinken dich nachts
20 wir trinken dich mittags und morgens wir trinken dich abends
    wir trinken und trinken
    ein Mann wohnt im Haus dein goldenes Haar Margarete
    dein aschenes Haar Sulamith er spielt mit den Schlangen

    Er ruft spielt süßer den Tod der Tod ist ein Meister aus Deutschland
25 er ruft streicht dunkler die Geigen dann steigt ihr als Rauch in die Luft
    dann habt ihr ein Grab in den Wolken da liegt man nicht eng

    Schwarze Milch der Frühe wir trinken dich nachts
    wir trinken dich mittags der Tod ist ein Meister aus Deutschland
    wir trinken dich abends und morgens wir trinken und trinken
30 der Tod ist ein Meister aus Deutschland sein Auge ist blau
    er trifft dich mit bleierner Kugel er trifft dich genau
    ein Mann wohnt im Haus dein goldenes Haar Margarete
    er hetzt seine Rüden auf uns er schenkt uns ein Grab in der Luft
    er spielt mit den Schlangen und träumet der Tod ist eine Meister aus Deutschland

35 dein goldenes Haar Margarete
    dein aschenes Haar Sulamith

Wolfgang Borchert
Das Brot

Plötzlich wachte sie auf. Es war halb drei. Sie überlegte, warum sie aufgewacht war. Ach so! In der Küche hatte jemand gegen einen Stuhl gestoßen. Sie horchte nach der Küche. Es war still. Es war zu still und als sie mit der Hand über das Bett neben sich fuhr, fand sie es leer. Das war es, was es so besonders still gemacht hatte: sein Atem fehlte. Sie stand auf und tappte durch die dunkle Wohnung zur Küche. In der Küche trafen sie sich. Die Uhr war halb drei. Sie sah etwas Weißes am Küchenschrank stehen. Sie machte Licht. Sie standen sich im Hemd gegenüber. Nachts. Um halb drei. In der Küche.

Auf dem Küchentisch stand der Brotteller. Sie sah, daß er sich Brot abgeschnitten hatte. Das Messer lag noch neben dem Teller. Und auf der Decke lagen Brotkrümel. Wenn sie abends zu Bett gingen, machte sie immer das Tischtuch sauber. Jeden Abend. Aber nun lagen Krümel auf dem Tuch. Und das Messer lag da. Sie fühlte, wie die Kälte der Fliesen langsam an ihr hochkroch. Und sie sah von dem Teller weg.

„Ich dachte, hier wär was", sagte er und sah in der Küche umher.

„Ich habe auch was gehört", antwortete sie und dabei fand sie, daß er nachts im Hemd doch schon recht alt aussah. So alt wie er war. Dreiundsechzig. Tagsüber sah er manchmal jünger aus. Sie sieht doch schon alt aus, dachte er, im Hemd sieht sie doch ziemlich alt aus. Aber das liegt vielleicht an den Haaren. Bei den Frauen liegt das nachts immer an den Haaren. Die machen dann auf einmal so alt.

„Du hättest Schuhe anziehen sollen. So barfuß auf den kalten Fliesen. Du erkältest dich noch."

Sie sah ihn nicht an, weil sie nicht ertragen konnte, daß er log. Daß er log, nachdem sie neununddreißig Jahre verheiratet waren.

„Ich dachte, hier wäre was", sagte er noch einmal und sah wieder so sinnlos von einer Ecke in die andere, „ich hörte hier was. Da dachte ich, hier wäre was."

„Ich habe auch was gehört. Aber es war wohl nichts." Sie stellte den Teller vom Tisch und schnippte die Krümel von der Decke.

„Nein, es war wohl nichts", echote er unsicher.

Sie kam ihm zu Hilfe: „Komm man. Das war wohl draußen. Komm man zu Bett. Du erkältest dich noch. Auf den kalten Fliesen."

Er sah zum Fenster hin. „Ja, das muß wohl draußen gewesen sein. Ich dachte, es wäre hier."

Sie hob die Hand zum Lichtschalter. Ich muß das Licht jetzt ausmachen, sonst muß ich nach dem Teller sehen, dachte sie. Ich darf doch nicht nach dem Teller sehen. „Komm man", sagte sie und machte das Licht aus, „das war wohl draußen. Die Dachrinne schlägt immer bei Wind gegen die Wand. Es war sicher die Dachrinne. Bei Wind klappert sie immer."

Sie tappten sich beide über den dunklen Korridor zum Schlafzimmer. Ihre nackten Füße platschten auf den Fußboden.

„Wind ist ja", meinte er. „Wind war schon die ganze Nacht." Als sie im Bett lagen, sagte sie: „Ja, Wind war schon die ganze Nacht. Es war wohl die Dachrinne."

„Ja, ich dachte, es wäre in der Küche. Es war wohl die Dachrinne." Er sagte das, als ob er schon halb im Schlaf wäre.

Aber sie merkte, wie unecht seine Stimme klang, wenn er log. „Es ist kalt", sagte sie und gähnte leise, „ich krieche unter die Decke. Gute Nacht."

„Nacht", antwortete er und noch: „ja, kalt ist es schon ganz schön."

Dann war es still. Nach vielen Minuten hörte sie, daß er leise und vorsichtig kaute. Sie atmete absichtlich tief und gleichmäßig, damit er nicht merken sollte, daß sie noch wach war. Aber sein Kauen war so regelmäßig, daß sie davon langsam einschlief.

Als er am nächsten Abend nach Hause kam, schob sie ihm vier Scheiben Brot hin. Sonst hatte er immer nur drei essen können.
„Du kannst ruhig vier essen", sagte sie und ging von der Lampe weg. „Ich kann dieses Brot nicht so recht vertragen. Iß du man eine mehr. Ich vertrag es nicht so gut."
50 Sie sah, wie er sich tief über den Teller beugte. Er sah nicht auf. In diesem Augenblick tat er ihr leid.
„Du kannst doch nicht nur zwei Scheiben essen", sagte er auf seinen Teller.
„Doch. Abends vertrag ich das Brot nicht gut. Iß man. Iß man."
Erst nach einer Weile setzte sie sich unter die Lampe an den Tisch.

WILHELM LEHMANN
Das Wagnis

Die Buchenmast[1] wie Bärenmütze,
Längst abgebrauchte, windgeschwenkt,
Mein Fußtritt knickt das Eis der Pfütze,
Am Dorn klebt altes Laub gehenkt.

5 Die Toten schweigen in der Erde,
Geschwiegen habe ich wie sie.
Klingt Schellenbaum am Schlittenpferde?
Die erste Meisenmelodie.

Ein Duft steht auf wie von Zitrone,
10 Wo Moschus unter Schnee begann;
Durchs Totenreich glüht rote Krone[2],
Zeigt Haselweib dem Haselmann.

Und schreckt euch nicht, was hier geschehn?
Ich stolpre über Flakstandsrest.
15 Brüllt sein Geschütz und taubt mein Ohr?
Kohlweißling schläft im stummen Rohr,
So mag sein weißes Segel wehn!
Ihr wagt euch wieder, ihr vergeßt.

WERNER BERGENGRUEN
Die heile Welt

Wisse, wenn in Schmerzensstunden
dir das Blut vom Herzen spritzt:
Niemand kann die Welt verwunden,
nur die Schale wird geritzt.

5 Tief im innersten der Ringe
ruht ihr Kern getrost und heil.
Und mit jedem Schöpfungsdinge
hast du immer an ihm teil.

Ewig eine strenge Güte
10 wirket unverbrüchlich fort.
Ewig wechselt Frucht und Blüte,
Vogelzug nach Süd und Nord.

Felsen wachsen, Ströme gleiten,
und der Tau fällt unverletzt.
15 Und dir ist von Ewigkeiten
Rast und Wanderbahn gesetzt.

Neue Wolken glühn im Fernen,
neue Gipfel stehn gehäuft,
Bis von nie erblickten Sternen
20 dir die süße Labung träuft.

---

[1] Früchte der Buche
[2] Färbung und Form des weiblichen Blütenstands

HEINER MÜLLER
Der Lohndrücker

[Das Stück spielt 1948/49. In einem Werk soll ein defekter Ringofen, in dem in einem beschleunigten Verfahren Ziegel und Zement gebrannt werden können, so rasch wie möglich repariert werden, da sonst an anderen Stellen nicht weitergearbeitet werden kann. Schorn ist Parteisekretär, Balke ein für hervorragende Arbeitsleistung ausgezeichneter „Aktivist".]

Straße, Abend.
SCHORN. Wir haben zusammen in der Rüstung gearbeitet, Balke. Vierundvierzig haben sie mich eingesperrt: Sabotage. Dich haben sie nicht eingesperrt. Du warst der Denunziant.
BALKE. Was heißt da Denunziant. Ich war in der Prüfstation. Da hatten sie mich hingestellt, weil sie mich hereinlegen wollten, zwischen zwei Aufpasser. Bei den Handgranaten aus eurer Abteilung waren die Schlagstifte zu kurz. Ich ließ sie durchgehn oder legte sie zum Ausschuß, je nachdem, wo die Spitzel standen. Das riß aber nicht ab. Ich war auch dafür, daß man den Krieg abkürzt, aber mir hätten sie den Kopf abgekürzt, wenns ohne mich herauskam.
SCHORN *kalt*. Vielleicht. *Schweigen.* Was war da für ein Streit in der Kantine heute mittag?
BALKE. Das ging gegen mich. Lohndrücker, Arbeiterverräter und dergleichen. *Pause.*
SCHORN. Sag es mir, wenn sie dir Schwierigkeiten machen. *Pause.*
BALKE. Was gewesen ist, kannst du das begraben?
SCHORN. Nein. [...]

Stettiner und Brillenträger kommen vorbei.
STETTINER. Wenn einer den Einfall hat, genügend Steine in den Gaskanal zu schmeißen, seh ich schwarz für Balke und den Ofen.

Am Ofen. Balke, Schorn.
BALKE. Steine im Gaskanal. Das heißt: drei Tage Aufenthalt. Der Plan fällt ins Wasser. *Pause.* Ich frage mich, wie lange steht der Ofen noch. Ich höre auf, ehe sie ihn in die Luft jagen. Sie haben gelacht über den blöden Aktivisten. Steine haben sie mir nachgeschmissen. Sie haben mich zusammengeschlagen auf der Straße. Ich werd ihnen was scheißen.
SCHORN. Wem? *Schweigen.* Weißt du, wer die Steine in den Gaskanal geschmissen hat? *Schweigen.*
BALKE. Was passiert, wenn ich den Namen sage?
SCHORN. Du mußt wissen, was du willst, Balke.
BALKE. Ich bin kein Denunziant.
SCHORN. Du mußt wissen, was du willst. Uns gehören die Fabriken und die Macht im Staat. Wir verlieren sie, wenn wir sie nicht gebrauchen. *Schweigen.*
BALKE. Der Brillenträger wars.

Kantine. Arbeiter, die Verkäuferin.
ZEMKE. [...] Jetzt der Brillenträger. Das ist zuviel.
STETTINER. Das ist die Arbeitermacht. *Ab.*
GESCHKE: Ja, das lassen wir uns nicht gefallen.
EIN ANDERER. Was können wir machen?
EIN JUNGER ARBEITER: Wir streiken.
EIN ÄLTERER. Wir schneiden uns ins eigne Fleisch.

ZEMKE. Ich kenn einen, der im Ministerium sitzt. Unter Hitler war er so – *er zeigt ein Streichholz.* Jetzt hat er Übergröße und braucht jede Woche einen neuen Anzug. Das ist das Fleisch, in das wir schneiden. Wer arbeitet, ist ein Verräter.
Sirene. Der ältere Arbeiter ab.
EIN ALTER. Ich wette, der hetzt uns die Polizei auf den Hals.
Einige Arbeiter ab. [...]
ZEMKE. Wer arbeitet, ist ein Verräter. *Pause. Tritt an den HO-Stand:* Bier. *Die Verkäuferin kommt heraus und schließt den Stand ab.*
Was soll das heißen?
VERKÄUFERIN *trocken.* Streik. *Ab.*
EIN ARBEITER. Das geht zu weit.
Ein anderer steht auf und geht. Herein Balke.
ZEMKE. Da kommt der Denunziant.
BALKE *zu Bittner und Kolbe.* Wollt ihr nicht anfangen?
ZEMKE *pflanzt sich vor Balke auf:* Mit einem Denunzianten arbeiten wir nicht.
Bittner und Kolbe schweigen. Balke ab. Zemke spuckt aus. Pause.
EIN ARBEITER. Ich will meine ruhige Kugel schieben, das ist alles. Akkord ist Mord. [...]
DIREKTOR *zu Balke, Bittner und Kolbe:* Wie lange braucht ihr, bis der Schaden behoben ist?
BALKE. Drei Tage.
DIREKTOR. Und der Termin?
BALKE. Wir schaffens, wenn wir schnell arbeiten.
Bittner nickt.
KOLBE. Mit dem Saboteur will ich nichts zu tun haben, aber mit einem Denunzianten arbeite ich nicht. *Pause.*
BALKE. Dann dauert es fünf Tage, und wir können den Termin nicht einhalten.
KOLBE. Die Arbeit im Ofen 4 ist freiwillig. *Er bleibt an der Tür stehn.*
DIREKTOR. Karras, was ist mit dir? Du bist Ofenmaurer.
KARRAS *Balke ansehend, der sich wegwendet.* Balke hat die Suppe eingebrockt, soll er sie auslöffeln.
SCHORN. Balke ist nicht für sich selber in den Ofen gegangen.
Pause.
KARRAS. Wann soll ich anfangen?
Kolbe ab.
BALKE. Ihr habt euch das Maul zerrissen über den Lohndrücker, ihr wolltet nicht begreifen, worum es geht. Ihr habt mir Steine nachgeschmissen. Ich hab sie vermauert. Ihr habt mich zusammengeschlagen, du und Zemke, als ich aus dem Ofen kam. Und wenn ich mit den Zähnen mauern muß, mit dir nicht. *Schweigen.*
KARRAS. Vielleicht ist er doch für sich selber in den Ofen gegangen. *Ab.*
Schweigen.
SCHORN. Du wirst nicht mit den Zähnen mauern, Balke.
BALKE. Mit Karras kann ich nicht arbeiten.
SCHORN. Wer hat mich gefragt, ob ich mit dir arbeiten kann?
Fabriktor. Morgen. Karras kommt, hinter ihm Balke.
BALKE. Ich brauch dich, Karras. Ich frag dich nicht aus Freundschaft. Du mußt mir helfen.
KARRAS *bleibt stehn.* Ich dachte, du willst den Sozialismus allein machen. Wann fangen wir an?
BALKE. Am besten gleich. Wir haben nicht viel Zeit.
Sie gehn durch das Fabriktor. Nach ihnen kommt Kolbe.

Erwin Strittmatter
Ole Bienkopp

[...] In der Gastwirtschaft Zur Krummen Kiefer sind zwei Stuben erleuchtet: die Gaststube und das Vereinszimmer. In der Gaststube sitzen die Altbauern [...].
Im Vereinszimmer sitzen die Genossen. Niemand hat Zutritt, ausgenommen der Gastwirt Gotthelf Mischer. Mischer kennt sowohl die Meinung der Kommunisten als auch die Meinung der Altbauern über bestimmte Dinge, insbesondere über den *Kolchos*[1] von Ole Bienkopp. Mischer könnte sich ein Bild machen, wenn er könnte. Sein Geschäft verträgt nicht alles. Deshalb gehört Mischer auch keiner Partei an. Er ist zahlendes Mitglied der *Bauernhilfe*, denn er betreibt an normalen Tagen eine Landwirtschaft, und er ist *Freund der Volkssolidarität*. Das genügt. [...]
Am Tisch sitzen: der Gast, Genosse Wunschgetreu, Frieda Simson, die Genossin Danke, Maurer Kelle, Emma Dürr, kurzum, dort sitzt die Gruppenleitung. Die anderen Genossen hocken verstreut auf den Wandbänken.
Jan Bullert eröffnet die Versammlung. Er begrüßt vor allem den Gast aus der Kreisstadt und bedankt sich für die Ehre. Frieda Simson hebt die Hand: „Zur Geschäftsordnung. Zuerst ein Lied, wie es Sitte und Mode ist!"
Sie singen schlecht, aber sie singen.
Wer Versammlungen einberuft, der soll reden. Jan Bullert ist kein Versammlungsredner. Er spricht nicht frei, natürlich und humorvoll wie sonst im Dorfe oder auf den Feldern. Seine Sprache ist auf Stelzen geschnallt. Bullert hat den Stil amtlicher Versammlungsredner übernommen. Alles muß seine Richtigkeit haben, und in der Kirche darf man nicht pfeifen.
„Genossinnen und Genossen, in Anbetracht der großen Aufgaben, die vor uns stehn, rüstet man sich in Berlin zur Parteikonferenz. Auch die Arbeit der Blumenauer Gruppe muß wesentlich verstärkt werden ... Kritik und Selbstkritik sind der Hebel des Gleichgewichts..."
Jene Genossen, die früher der Kirche angehörten, kennen dieses Drumherum. Beim Gottesdienst nannte man es Liturgie. Sie ist Opium für das Volk. Alle warten darauf, was wirklich kommen soll und muß.
„Wie steht es mit der Frage der Parteidisziplin? Mit der Frage der Parteidisziplin steht es leider in der Blumenauer Gruppe etwas schief..."
Die Mitglieder auf den Wandbänken rücken sich zurecht. Jetzt kommt's! Jan Bullert holt Atem, ein bißchen viel und lange Atem. „Nehmen wir zum Beispiel den Genossen Ole Hansen, genannt Bienkopp. Hat er nicht in der Vergangenheit hervorragende Verdienste geleistet? Niemand kann sagen, daß er nicht einen wesentlichen Anteil zur Unterstützung des verstorbenen Parteisekretärs Anton Dürr beitrug. Bienkopp war ein vorbildlicher Vorsitzender der *Bauernhilfe*..."
Bienkopp ist's, als höre er die Rede zu seinem Begräbnis. Es hat in seinem rechten Gummistiefel ein Loch entdeckt und starrt dorthin.
„Bienkopp hat in seiner Funktion als Kreistagsabgeordneter Wesentliches geleistet! Er war hilfsbereit im Rahmen der bäuerlichen Möglichkeiten. Was aber jetzt, Genossen? Jetzt hat er diesen Rahmen überschritten. Ihr wißt, wovon ich spreche: Bienkopp hat sich hinter dem Rücken der Partei etwas ausgedacht, und wo soll das hinführen?..." [...]

---
[1] Zusammenschluß einzelner Bauernhöfe zu einem Großbetrieb auf genossenschaftlicher Basis nach russischem Vorbild. Dies war in den Anfängen der DDR noch nicht vorgesehen, wurde aber später in Form der „Landwirtschaftlichen Produktionsgenossenschaften" verwirklicht.

„Jeder weiß, daß der Genosse Bienkopp zu gegebener Zeit, ob aus Eifersucht oder nicht, einen Ziemerhieb der Reaktion auf sich nehmen mußte, und der war nicht von schlechten Eltern!" Leider hat Bienkopp dem Drängen der Genossen, den Schläger zur Rechenschaft zu ziehn, aus männlicher Eitelkeit nicht stattgegeben. Aber dieser Ziemerhieb hat beim Bienkopp etwas zurückgelassen. „Genosse Bienkopp ist krank. Er stürzt das Dorf mit einer verrückten Spielerei in Verwirrung. Alles aber nahm an jenem Winterabend mit einem Stockschlag seinen Ausgang. Nun rede, wem das Wort gegeben, vor allem Bienkopp, auf den es ankommt! Diskussion!"

Die übliche Pause. Niemand will zuerst sprechen. Adam Nietnagel fürchtet sich, ein gutes Wort für Ole einzulegen. Man wird ihm seinen alten Sozialdemokratismus vorhalten. Frieda Simson sucht ehrgeizblaß nach einem der Situation gerechten Ausspruch der Klassiker. Außerdem hat der Genosse Wunschgetreu noch nicht gesprochen. Er sitzt da, hört zu und scheint überlegen zu lächeln. Die Situation ist unklar und heikel. Frieda balanciert gewissermaßen auf dem Hochseil.

Wilm Holten ist für Bienkopp und seinen Kolchos, aber er darf nicht, wie er will. Wenn man einem Mädchen die Ehre geraubt hat, ist man kein unbescholtener Mensch mehr. Frieda hat ein bißchen gedroht: „Halt den unausgegorenen Rand in der Bienkopp-Sache, sonst holt dich die Kontrollkommission!"

Die Genossin Danke ist neutral. Wie das Land auch bewirtschaftet wird: einzeln oder gemeinsam – die Bauern müssen im Konsum kaufen. Ihr Umsatzplan ist nicht gefährdet. Emma Dürr wird rot wie ein Hennchen vor dem Eierlegen im Frühling. „Ole, du sollst verrückt sein, hast du das gehört?"

Jan Bullert: „Das hab ich nicht behauptet."

Alle schaun auf Bienkopp. Bienkopp ist blaß. Seine Wangenmuskeln mahlen. Er scheint seine Worte von einem Block herunterzubeißen und auszuspeien. „Ich bin nicht krank. Ich bin nicht verrückt.

Da ist ein guter Bauer. Er arbeitet und wirtschaftet wie ein Teufel. Er verläßt sich nicht auf den Zufall, nicht auf die Witterung. Er holt aus seinem Boden, was herauszuholen ist. Der Staat zahlt die Produkte gut. Der Bauer wird reich.

Da ist ein schlechter Bauer. Er wirtschaftet nicht fürsorglich, verläßt sich aufs Glück. Sein Boden bringt nur halbe Erträge. Er kann dem Staat wenig verkaufen, schädigt ihn unbewußt und bleibt arm! Die Menschen sind nicht gleichmäßig befähigt. Die ehemalige Bäuerin Anngret Bienkopp fährt am Sonntag in der Kutsche über Land. Die Bäuerin Sophie Bummel muß daheim hocken, weil sie kein Sonntagskleid hat, geschweige eine Kutsche. Altbauer Serno läßt auf seine Rechnung die Kirche anstreichen; Neubauer Bartasch ist nicht fauler als Serno, aber er kann sich keine Latten für einen Vorgartenzaun leisten. Ich habe fort und fort darüber nachgedacht, wie man die Unterschiede ausgleicht. Ich mache einen Versuch. Die Glucke brütet drei Wochen. Dann spürt das Tier, daß sich unter ihm etwas verändert. Etwas Neues ist unter seinem Bauchgefieder entstanden. Das sind die Küken. Ihr versteht: Sie wollen nicht still sitzen, wollen aus dem Nest in die Welt, miteinander scharren, picken, flattern und lustig sein. Die Glucke macht sich nichts vor. Sie bleibt nicht hocken und wartet ab, was wird. Sie folgt dem Neuen, das unter ihrem Gefieder hervorkriecht. Sie schützt und hütet es. Versucht ein Küken zu greifen, meine Lieben! Ich möcht's euch nicht raten. Die Hände werden euch bluten, und euer Lachen wird unter den Schnabelhieben der Gluckhenne zum Geschrei.

Wir sitzen, wie die Glucke im Nest, im warmen Heute. Die verbrauchte Luft in einer warmen Stube stinkt. Die Zukunft erscheint uns wie Zugluft. Solln wir dümmer sein als eine bescheidene Glucke? Solln eure Enkel auf ein Grab zeigen und sagen: Da liegt der Großvater? Oder sollen sie auf eine große Viehherde zeigen: Dort grast die Herde! Ihre Stammutter zog

der Großvater auf. Seht den Park! Der Großvater und seine Genossen legten ihn an, und sie waren weder Gutsbesitzer noch Sklaven. Ihr habt's in der Hand, wie man von euch reden wird!
Der neue Weg führt durch Urwald. Was lauert auf dich im Dunkel? Was springt dir vom Baum herab in den Nacken? Und doch wird man fällen, lichten und blühende Wiesen anlegen. Die Tiere werden sich tummeln vom Morgen zum Abend. Die Menschenhand wird den Wildapfelbaum berühren. Die Grobfrüchte werden golden und groß sein!"
Die harte Emma wischt sich die Augen. An dieser Rede hätte Anton seine Freude gehabt. Auch dem Konsumfräulein, der Genossin Danke, ist in diesem Augenblick nicht mehr gleich, wie das Land bewirtschaftet wird.
Die Erde reist durch den Weltenraum. Bienkopp hat ein Stück Weltraum in die dumpfe Versammlung gerissen.
Der Kreissekretär ist beeindruckt. Etwas verflucht Wahres hinter diesen Bauernworten. Eigenwillige Ansichten. Wunschgetreu hat nichts dagegen, aber stiften sie nicht Verwirrung, wenn sie in die Welt posaunt werden? Der Kreissekretär ist unsicher. […]
Bullert erteilt sich das Wort: Das Schlimmste, Bienkopp will, daß andere Genossen sich seiner Sekte anschließen. Das Land zusammen? Vogt und Inspektor wie beim Herrn Baron? Die Partei macht sich nicht lächerlich: Soll ein Mann wie Bullert seine Musterwirtschaft aufs Spiel setzen und verplempern? „Was wird diese Sekte auf den übernommenen Brachländern ernten? Der Bankrott zieht herauf. Bienkopp spielt mit dem Hunger."
Wunschgetreu lächelt. „Gestatte eine Frage, Genosse Bienkopp. Hätte die Partei nicht längst zum Sammeln geblasen, wenn sie das wollte, was du tust?"
Emma Dürr meldet sich. „Bienkopps Sorgen sind nicht vom Himmel gefallen. Er hat sie von Anton übernommen, das war mein Mann. Hat Bienkopp bisher Schaden gemacht?"
Jan Bullert: „Das dicke Ende ist hinten!"
Emma: „Ist die Partei ein Versicherungsunternehmen? Der Kommunismus ist das größte Experiment seit Adams Zeiten. Das ist von Anton."
Frieda Simson: „Du mit deinem Anton!"
Emma flink: „So einen such dir erst!"
Maurer Kelle, der Zweimetermann, haut auf den Tisch. „Neuer Kapitalismus darf nicht durch! Ich bin für Anton und Bienkopp!"
„Es lebe der Kolchos!" Das war Wilm Holten. Frieda Simson gelang's nicht, ihn niederzuhalten. „Es lebe Bienkopp!"
Bienkopp bleibt ruhig, obwohl ihn das große Zittern bis in die Stiefel hinein gepackt hat. „Ich habe alles überdacht. Mir deucht, ich such nach vorwärts, nicht nach rückwärts!"
Wunschgetreu: „Was vorwärts und was rückwärts ist, bestimmt, dächt ich, noch immer die Partei. Willst du sie belehren?"
Bienkopp zitternd: „Ich stell mir die Partei bescheidener vor, geneigter anzuhören, was man liebt und fürchtet. Ist die Partei ein selbstgefälliger Gott? Auch ich bin die Partei!"
Es zuckt in vielen Gesichtern; Köpfe werden eingezogen. Bienkopp bringt sich um!
Die Simson wird gelb und bissig. „Das geht zu weit!"
Wunschgetreu: „Das kann man klären. Schlimmer ist: Genosse Bienkopp hat dem Gegner Fraß gegeben. Der Feind hetzt. Er besudelt unseren Kreis im Rundfunk! Wie stehn wir beim Bezirk da?"
Bienkopp wühlt in seiner Rocktasche. Er legt sein Parteibuch mit zitternder Hand vor Wunschgetreu auf den Tisch. „Wenn du der Meinung bist, ich helf dem Gegner…"
Wunschgetreu springt auf und hält Bienkopp am Ärmel fest. Bienkopp reißt sich los. „Du hast mir nicht ein gutes Wort gesagt: Ist die Partei so?" Er geht zur Tür. […]

Aufgaben zu den Texten auf den Seiten 231–242

THOMAS MANN — Doktor Faustus

① Fassen Sie zusammen, worum es in diesem Textausschnitt geht.
② Analysieren Sie die Struktur des Satzes Z. 58–64.
③ Wie beurteilen Sie aus Ihrer Sicht die Beschreibung der Deutschen?

ALFRED ANDERSCH — Die Kirschen der Freiheit

① An welchen Stellen wird deutlich, daß Andersch das Geschehen existentialistisch deutet? Erläutern Sie diese existentialistische Auffassung.
② Der Autor weicht vom chronologischen Erzählverlauf ab und stellt zwei unterschiedlich gestaltete Kriegsszenen nebeneinander (Z. 12–24 und Z. 34–57). Interpretieren Sie vergleichend die beiden Szenen, und begründen Sie das erzählerische Verfahren.

GÜNTER EICH — Inventur

① Sprechen Sie das Gedicht mehrmals. Ermitteln Sie den angemessenen Rhythmus.
② Interpretieren Sie, vom Titel ausgehend, das Gedicht.
③ Beurteilen Sie Form und Aussage.

PAUL CELAN — Todesfuge

① Celan überträgt eine musikalische Kompositionsform auf die Sprache. In der Fuge wird in einem mehrstimmigen Satz das Thema von jeder Stimme aufgenommen, so daß sich im Wechsel von Wiederholung und Variation ein kunstvoll verflochtenes klangliches Neben- und Miteinander ergibt. Im Gedicht gibt der Titel das Thema an. Wie viele Stimmen werden gebraucht, wenn das Gedicht von mehreren Sprechern vorgetragen werden soll? Richten sie den Text für einen solchen Vortrag ein und begründen Sie Ihr Vorgehen.
② Von Z. 27 an scheint Celan das Variationsprinzip anders zu handhaben. Beschreiben Sie die Abwandlung und suchen Sie eine Erklärung.
③ Man hat das Gedicht von den Sprachfiguren und von Klang und Rhythmus her interpretiert. Erproben Sie ansatzweise beide Möglichkeiten.

WOLFGANG BORCHERT — Das Brot

① Wie verhalten sich äußere und innere Handlung zueinander?
② Als Qualitätsmerkmal einer Kurzgeschichte gilt, daß sie sprachlich intensiv gestaltet ist. Wie erzielt Borchert diese Intensität?
③ Vergleichen Sie mit Hilfe einer Anthologie diese Kurzgeschichte mit später entstandenen.

WILHELM LEHMANN   Das Wagnis
WERNER BERGENGRUEN   Die heile Welt

① Welches Bild vom Menschen zeichnet Bergengruen? Nehmen Sie dazu Stellung. Ziehen Sie für Ihre Überlegungen die Einleitung heran.
② Arbeiten Sie die Unterschiede zwischen den beiden Gedichten heraus.

HEINER MÜLLER   Der Lohndrücker
ERWIN STRITTMATTER   Ole Bienkopp

① Wie stellt Müller den Aufbau des Sozialismus in der DDR dar, wie Strittmatter? Welche Probleme und Konflikte treten auf, wie werden sie überwunden?
② Wie wirkt sich die Wahl der Gattung (Drama – Roman) auf die Darstellung aus?
③ Welches Bild der Partei wird jeweils vermittelt?
④ Untersuchen Sie, inwieweit das Programm des „Bitterfelder Wegs" (s. S. 250) in Strittmatters Roman erkennbar ist.

VII. Gegenwart

Klaus Vogelgesang, Lacht zuletzt, 1981

1. Grundzüge der Epoche

Nach dem Zusammenbruch des „realexistierenden" Sozialismus in Osteuropa und nach der deutschen Vereinigung erscheint es möglich und sogar plausibel, die **40 Jahre der deutschen Teilung** als eine Epoche zu betrachten. Sie begann mit der Gründung von zwei deutschen Staaten, die außer der Sprache ihrer Bewohner und deren Erinnerung an eine gemeinsame Vergangenheit wenig zu verbinden schien.
Die Trennung und Abschließung des eigenen Territoriums wurde von den Machthabern der DDR nach Niederwerfung des Arbeiteraufstands vom 17. Juni 1953 und durch die Errichtung der Berliner Mauer am 13. August 1961 weiter vorangetrieben.

In der Bundesrepublik stabilisierte sich die Demokratie unter der Regierung Adenauer, die marktwirtschaftliche Ordnung war durch eine soziale Komponente ergänzt worden. Das sogenannte „Wirtschaftswunder" führte zur Vollbeschäftigung, ermöglichte den meisten Bürgern einen höheren Lebensstandard und erleichterte die Integration ursprünglich oppositioneller Kräfte in die bestehende Ordnung. Im Grunde waren alle Regierungen und Regierungskoalitionen, wenn auch mit unterschiedlichen Schwerpunkten, darauf bedacht, für eine Entwicklung zu sorgen, die die Gewähr bot, daß die Bundesrepublik ein „Staat des Grundgesetzes" (Johannes Gross) blieb. Die Protestbewegung von 1968 und die Terroristen, die sich selbst zur „Roten Armee Fraktion" (RAF) ernannten, konnten das Staatswesen nicht nachhaltig erschüttern. Extreme Positionen, Programme und Aktionen wurden von der überwiegenden Mehrheit der Bevölkerung entschieden abgelehnt.
Auch die Krisen der 70er Jahre (Ölkrise, Verlust von Arbeitsplätzen nach Einführung neuer Technologien, Höhepunkt des RAF-Terrors) beschworen für Staat und Gesellschaft keine Existenzkrise herauf.
In den 80er Jahren vermieden die Verantwortlichen durch eine Sowohl-als-auch-Haltung Entscheidungen, die den gesellschaftlichen Grundkonsens gefährdet hätten. Im „Doppelbeschluß" wurde die Raketennachrüstung mit einer Fortsetzung der Abrüstungsgespräche gekoppelt, einem grundsätzlichen Ja zur Kernkraft folgte sogleich das Versprechen, andere Energiequellen zu erschließen und zu nutzen.
Das stets vorhandene Protestpotential organisierte sich in Bürgerinitiativen und fand schließlich in der Ökologie- und Friedensbewegung zusammen. Industrie und Regierung wurde vorgehalten, daß sie es sich mit der Kontrolle des technischen Fortschritts zu leicht gemacht hätten; auch fürchtete man, daß die fortgesetzte Aufrüstung zu einer Katastrophe apokalyptischen Ausmaßes führen könnte. Nicht zu übersehende Umweltschäden versetzten die Bundesbürger in Sorge und Angst und wurden zum politischen Dauerthema.

Trotz vertraglicher Regelungen mit der Bundesrepublik blieb die DDR ein zum Westen hin abgeschlossenes Land. Sichtbares Zeichen waren die praktisch undurchdringlichen Grenzbefestigungen. Viele Bewohner der DDR waren mit ihrem „sozialistischen" Staat, der ihnen die Reise- und Informationsfreiheit verweigerte, nicht zufrieden. Auch die mit der Zeit höheren Löhne und besseren Sozialleistungen nahmen ihnen nicht die Furcht vor dem aufgeblähten Apparat des „Staatssicherheitsdienstes", mit dessen Präsenz immer und überall zu rechnen war.
Es mußte dennoch überraschen, daß in den Tagen und Wochen, in denen das vierzigjährige Staatsjubiläum gefeiert wurde, so viele der stets gegängelten und überwachten DDR-Bürger ihr Geschick selbst in die Hand nahmen und dem Regime entweder durch Massenflucht oder – kurze Zeit später – durch hartnäckiges Demonstrieren und Protestieren seine Schwäche vor Augen führten. Mit der Parole „Wir sind das Volk" erkämpften sie im Herbst 1989 einen Sieg der Demokratie und machten den Weg für eine Wiedervereinigung frei.

Grundzüge der Epoche

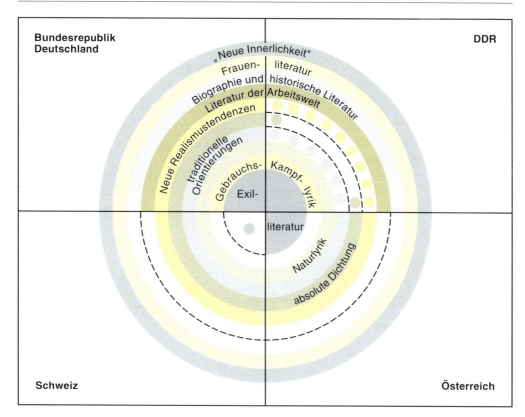

Schwerpunkte der literarischen Entwicklung seit 1945
(aus: dtv-Atlas zur deutschen Literatur von Horst Dieter Schlosser, Graphik: Uwe Goede. © München, Deutscher Taschenbuch Verlag 1983, S. 284)

Es gibt für die letzten 40 Jahre deutscher Literatur noch keine allgemein akzeptierte Periodisierung. Im folgenden wird eine Einteilung vorgenommen, die sich sowohl von auffälligen und wesentlich erscheinenden **Formen und Inhalten** der Gegenwartsliteratur leiten läßt als auch eine **zeitliche Reihenfolge** berücksichtigt.
Die Schriftsteller der zweiten Jahrhunderthälfte waren sich bewußt, daß sie vor neuen und schweren Aufgaben standen: Eine sich rasch verändernde und zunehmend komplexe Realität mußte von ihnen mit den Möglichkeiten der Literatur bewältigt werden.
In seinem Essay *Die Situation des Schriftstellers 1947* fordert Jean Paul Sartre eine „Literatur der Praxis". Viele deutsche Schriftsteller der 50er und frühen 60er Jahre folgten dieser Aufforderung nicht. Sie lernten die Klassiker der Moderne kennen, die ihnen im Dritten Reich vorenthalten worden waren, und waren fasziniert von Formexperimenten. **„Neue Gangarten der Sprache"** sollten auch in Deutschland entdeckt und erprobt werden; mit diesem Auftrag Ingeborg Bachmanns an sich selbst und ihre Schriftstellerkollegen läßt sich ein wesentlicher Vorgang der Literaturentwicklung kennzeichnen und ein erstes Kapitel der deutschen Gegenwartsliteratur benennen. Zwischen 1950 und etwa 1965 wird den deutschen Autoren auf neue Art bewußt, daß die Sprache, der Stoff, das Material, mit dem sie umgehen, für Experimente taugt und Entdeckungen verheißt. **Experimentieren** wird zur Metapher für bestimmte Phasen des dichterischen Schaffens oder für dieses Schaffen überhaupt.

In der zweiten Hälfte der 60er Jahre kündigte sich die politische Revolte von 1968 bereits an. Die Schriftsteller sahen sich veranlaßt, das Geschehen der zurückliegenden Jahre schärfer ins Visier zu nehmen. Beunruhigt durch das eigene Gewissen, aber auch gedrängt von einer ungeduldigen Jugend kamen aus dem Lager der Literatur nun **Einsprüche** gegen vieles, das bisher kaum aufgegriffen und angegriffen worden war: gegen die Herrschaftsroutine der Mächtigen, gegen egoistisches Wohlstands- und Konsumdenken, gegen träge Selbstzufriedenheit und gegen die Verdrängung der Nazi-Vergangenheit.

In der DDR waren „Tauwetterperioden" meist nur von kurzer Dauer, mit **Eingriffen** der Regierung war stets zu rechnen. Wer Kritik wagte, mußte sie auf vielfältige Weise verschlüsseln.

Ein zweites Kapitel der Gegenwartsliteratur läßt sich daher mit „Einsprüche, Eingriffe" überschreiben. Leicht zeitverschoben in den beiden deutschen Staaten umfaßt es einen Zeitraum von etwa zehn Jahren. Die **Politisierung** der westdeutschen Literatur war um die Mitte der 70er Jahre schon wieder beendet, exemplarisch für staatliche Eingriffe in der DDR sind zehn Jahre aus dem Leben des Lyrikers REINER KUNZE (geb. 1933; vgl. S. 274ff.).

Im Westen machten die Errungenschaften perfekter technischer Zivilisation und eine neuerliche Steigerung des Lebensstandards die Menschen nicht zufriedener mit den Zeitläufen und mit sich selbst. Davon legt auch die westdeutsche Literatur der späten 70er und der 80er Jahre Zeugnis ab. In der pluralistischen Leistungsgesellschaft zeigten sich Mangelerscheinungen. Das Individuum in seiner Besonderheit, seiner Einmaligkeit wollte beachtet sein. Viele suchten nach Lebenskonzepten, die ihrem Wesen und ihrer speziellen Lage gemäß waren, sie wollten ihre **Identität** finden. Hier sind besonders die Bestrebungen von Frauen zu nennen, die jenseits der überlieferten, immer wieder übertragenen und übernommenen Rolle für ihr Geschlecht eine Identität suchen, die sich von einer verwirklichten humanen Kultur her bestimmt.

Der literarische Blick wurde vom Gesellschaftlichen weg auf das Innere gerichtet, das dort Entdeckte gewann an Bedeutung. Der Titel **Blicke nach innen** kann die dritte Epoche der Nachkriegsliteratur bezeichnen. Bei der Erkundung des eigenen Ich half der Rückblick auf das bisherige Leben, der auch zum Schreibimpuls werden konnte. Eine Reihe von Schriftstellern entschlossen sich zum **autobiographischen Schreiben.** 1978 schrieb ein namhafter Kritiker über die autobiographische Erzählung *Der Atem* von THOMAS BERNHARD (1931–1989): „Bernhard hat die Autobiographie wieder zu einer vorab literarischen Gattung gemacht, hat im Verlauf der Rückerinnerung seinem Schreiben ein Neues abgerungen, hat dem Stillstand, den seine Kunstfiguren repräsentieren, Bewegung verliehen durch genaues, selektierendes Nachzeichnen des eigenen Weges [...]." (Jochen Hieber, in: Süddeutsche Zeitung, zit. nach: Thomas Bernhard Werkgeschichte. Hg. v. J. Dittmar. Frankfurt/M: Suhrkamp 1981, S. 202)

Anders motiviert waren ehemalige DDR-Autoren, wenn sie sich nach 1989 dem autobiographischen Schreiben zuwandten. Wende und Vereinigung hatten viele von ihnen verunsichert, sie wollten mit der Erforschung und Offenlegung der Wahrheit bei sich selbst beginnen. Autobiographien im herkömmlichen oder modern verdeckten Sinn sind GÜNTER DE BRUYNS (geb. 1926) *Zwischenbilanz* oder WOLFGANG HILBIGS (geb. 1941) „*Ich*".

Als Identität zum Schlagwort und Identitätsstreben zur Mode wurde, wandten sich die ersten schon wieder ab. Wieviel wirklich Eigenes war im Inneren schon zu entdecken? In jedem Menschen verbindet sich ganz Verschiedenes, ständig kommt durch äußere Einflüsse Neues hinzu. Wenn aus einer vielfältigen Mischung von Eigenem und Fremdem, ganz Persönlichem und nur Zitiertem ein collageartiges Stück Literatur wird, so könnte es der sogenannten **Postmoderne** zugerechnet werden. Bereits beim Begriff der Moderne mußte auf das Nebeneinander von Strömungen und Stilen hingewiesen werden, deren Gemeinsames nur schwer zu bestimmen ist. Eine klare Grenzziehung zwischen Moderne und Postmoderne ist nicht möglich. Postmodernes ist international; als einige – sehr relative – Merkmale seien genannt: Die Literatur wird zu einem

Grundzüge der Epoche

„Babel der Zitate", sie ist kaum noch gattungsgebunden, an Beobachtung und Einfall orientiert, spielerisch. *Paare, Passanten* – dieser Buchtitel von BOTHO STRAUSS (geb. 1944) könnte ein postmodernes Schreibkonzept vermuten lassen (s. S. 288f.).

a) Neue Gangarten der Sprache

Was GOTTFRIED BENN (1886–1956) 1951 in Marburg über *Probleme der Lyrik* vortrug, wurde zum poetikähnlichen Programm, sein Schreibverfahren war für viele Jüngere beispielgebend und von langanhaltender Wirkung. Der Arzt Gottfried Benn sieht die Entstehung von Gedichten in Analogie zu einem naturwissenschaftlichen Experiment. Im poetischen Labor wird das aus „psychischer Materie und Sprache" geformte Kunstwerk hergestellt. Die betont rationale und technische Formulierung überrascht, zumal Benn anderswo bemerkt, das Gedicht werde in einer Art Schaffensrausch hervorgebracht. Jedenfalls sind für Benn **Formungsprozeß** und **Werk** Werte an sich; sie können in einer als sinnentleert erfahrenen Welt zur „ästhetischen Rechtfertigung des Lebens" (Nietzsche) werden.

In dem Gedicht *Wortaufschüttung* hat PAUL CELAN (1920–1970) seine Ansprüche an die Dichtung **Chiffre** werden lassen. Er schuf eine poetische Landschaft, deren Bildelemente nur aus einem Mit- und Gegeneinander zu erschließen sind; jedes Wort ist wichtig und muß noch andere Bezüge herstellen als in der Sprache des Alltags. Celan schrieb ein **hermetisches Gedicht.** (Der Begriff leitet sich her von der spätantiken Gottheit Hermes Trismegistos, einer Abwandlung des griechischen Gottes Hermes. Unter ihrem Schutz standen Magier und Alchemisten.)

INGEBORG BACHMANN (1926–1973), war schon Mitte der fünfziger Jahre eine anerkannte und geschätzte Lyrikerin. In dem Gedicht *Erklär mir, Liebe* knüpft sie an **naturmagische Gedichte** an. In Tierwelt und Natur drängen geheimnisvolle Triebkräfte Zusammengehöriges zur Vereinigung, wenn es an der Zeit ist. Der Mensch hat sich aus dieser Ordnung gelöst, leicht wird er nun uneins mit seinesgleichen und mit sich selbst.

Einer der führenden Vertreter und Theoretiker **sprachkritischer Literatur**, HELMUT HEISSEN-

Gottfried Benn (1886–1956)

Ingeborg Bachmann (1926–1973)

BÜTTEL (geb. 1921), legt sich in dem poetologischen Text *Einerseitsgedicht* Rechenschaft darüber ab, was Literatur leisten kann, was Sprache abverlangt wird und was ihr tatsächlich abzugewinnen ist. Fast scheinen die Defizite zu überwiegen, jedenfalls ist Skepsis angebracht: Vieles, was Leben ist, kann Sprache nicht erfassen. Das Unbewußte, ein wichtiger Teil dieses Lebens, artikuliert sich in Bildern, die nicht leicht in Sprache zu übersetzen sind.

Auch das Programm der **konkreten Poesie** verrät Sprachskepsis, sie lähmt allerdings nicht, sondern ermutigt zu einer Innovation besonderer Art. Sprache sollte nicht nur Kommunikationsmedium sein, sie soll in ihrem Eigenwert entdeckt werden. Man kann ihr in ihren einfachen Elementen wie zum ersten Mal begegnen. Aus einem Spiel mit diesen Elementen entstehen *Konstellationen* wie die EUGEN GOMRINGERS (geb. 1925).

Nicht nur in Gedichten, auch in Prosawerken finden sich „neue Gangarten der Sprache".
In dem Roman *Das Treibhaus* taucht WOLFGANG KOEPPEN (geb. 1906) in den Bewußtseinsstrom seines „schwierigen" Helden ein. Dieser, Politiker, ehemaliger Emigrant und zugleich hervorragender Literatur- und Kunstkenner, kommt mit den Widersprüchen in seinem Inneren nicht mehr zurecht. Im Rheinhotel Dreesen, wo 1938 Hitler mit dem englischen Premierminister Chamberlain Gespräche über das Schicksal der Tschechoslowakei geführt hat, läßt er den Erinnerungen und seiner Phantasie freien Lauf: Vergangenheit und Gegenwart, Wahrgenommenes und Vorgestelltes vermischen sich.

In der DDR sollte weiterhin sozialistische Literatur geschrieben werden, die diesen Namen verdiente. 1959 begab man sich auf den **„Bitterfelder Weg"**: Werktätige wurden aufgefordert, über ihr Leben und vor allem über ihre Erfahrungen am Arbeitsplatz zu schreiben, Schriftsteller wurden in die Betriebe und Genossenschaften geschickt. Das Programm des Bitterfelder Wegs sah eine inhaltliche Erneuerung der Literatur vor, blieb aber sprachlich meist konventionell. Seine Einflüsse finden sich in verschiedenen Gattungen, so im Drama z. B. bei Heiner Müller oder PETER HACKS (geb. 1928), im Roman z. B. bei Strittmatter (s. S. 240ff.) oder BRIGITTE REIMANN (1933–1973). Ein typisches Beispiel ist ERIK NEUTSCHS (geb. 1931) Reportage *Das Objekt der Bewährung*.

Literatur war von verschiedenen Instanzen überwacht, die Freiräume waren eng. Einige Schriftsteller machten sich Hoffnungen, als der Generalsekretär der Einheitspartei, Erich Honecker, im Dezember 1971 auf einem Plenum des Zentralkomitees verkündete: „Wenn man von der festen Position des Sozialismus ausgeht, kann es […] auf dem Gebiet der Kunst und Literatur keine Tabus geben. Das betrifft sowohl die Fragen der inhaltlichen Gestaltung als auch des Stils." Durften nun „formalistische" Experimente gewagt, neue Gangarten der Sprache auch in der DDR ausprobiert werden?

ULRICH PLENZDORF (geb. 1934) unterlegte nicht nur einen in modern-schnoddrigem Jugendjargon geschriebenen Roman mit Textstellen aus Goethes *Die Leiden des jungen Werthers*, er machte durch geschickte Montage und Parallelisierung auch deutlich, daß das Aufbegehren eines jungen Menschen gegen ein nach Regeln und Erwartungen zu führendes Leben sowohl ein aktuelles wie überzeitliches Thema ist. Plenzdorfs *Die neuen Leiden des jungen W.* wurden in West- und Ostdeutschland zu einem der erfolgreichsten Bücher der Nachkriegsepoche. Auch in der Erzählung *kein runter kein fern* entfernte sich Plenzdorf weit von der Linie der offiziellen Literaturdoktrin. Sein Text wurde in der DDR nicht veröffentlicht.

b) Einsprüche, Eingriffe

Das Kapitel eröffnen zwei Texte von HANS MAGNUS ENZENSBERGER (geb. 1929); das **politische Gedicht** *konjunktur* und der Essay *Das Plebiszit der Verbraucher*. Im Essay nimmt sich Enzensberger ein Dokument vor – in der Sprache des Gedichts wäre es ein „Köder" –, das über die

Bedürfnisse und Wünsche der Kunden ebenso Aufschluß gibt wie über die Methoden der Verkäufer, und leitet daraus eine herbe **Kritik der Konsumgesellschaft** ab. Daß im Seelenhaushalt der Wohlstandsbürger so manches nicht stimmt, enthüllt auch die Zwiebelkeller-Episode aus GÜNTER GRASS' (geb. 1927) Roman *Die Blechtrommel*.

Mitte der 60er Jahre wurde die Gesellschaftskritik schärfer, die Feindbilder wurden deutlicher. ELISABETH PLESSEN (geb. 1944) koppelt in ihrem autobiographisch geprägten Roman *Mitteilung an den Adel* zwei Szenen, die die Entwicklung deutlich machen. Bei einer Demonstration in Paris hat die deutsche Studentin Augusta ein Initiationserlebnis. Sie bekennt sich zur linken Protestbewegung und läßt es auf einen Konflikt mit ihrem Vater ankommen. Die kritische Tochter hinterfragt dessen Verhalten und will so die fragwürdige Position der älteren Generation entlarven. Werte, zu denen man sich bisher unbedenklich bekannt hatte, gerieten ins Zwielicht; wurden sie nicht nur zur Tarnung von Interessen benutzt? – PETER HANDKE (geb. 1942) und ERICH FRIED (1921–1988) montieren satirische Texte aus sprachlichen Fertigteilen; Sprachexperiment und Gesellschaftskritik gehen eine brisante Verbindung ein.

Das Gedicht *Der Garten des Theophrast* spiegelt in metaphorischer Einkleidung einen folgenreichen **Eingriff** der Staatsmacht in das literarische Leben der DDR wider: 1962 wurde PETER HUCHEL (1903–1981) als Chefredakteur von *Sinn und Form* abgesetzt. Unter seiner Leitung galt die Zeitschrift als letztes freies Gesprächsforum. Unterschiedslos konnten Schriftsteller aus Ost- und West-Deutschland dort veröffentlichen, Auswahlkriterium war allein die literarische Qualität. Das Gedicht wurde im letzten Band unter seiner Herausgeberschaft abgedruckt.

In dem Gedicht *Der Hochwald erzieht seine Bäume* (1969) hat REINER KUNZE ein Stück DDR-Ideologie Metapher werden lassen. Die Aussage konnte – typisch für diese Literatur – als Einverständniserklärung gelesen werden, die Metapher tarnte aber auch Kritik. Kunze verscherzte sich das Wohlwollen der Partei und des Schriftstellerverbandes. Erst durch die Eröffnung seiner Stasi-Akte wurde in vollem Umfang enthüllt, wie er ein Jahrzehnt lang durch eine infam inszenierte Kampagne unter Druck gesetzt worden war.

Im Laufe der Jahre vertieften sich die Unterschiede der Lebensformen in der DDR und der Bundesrepublik und mit ihnen die innere Entfremdung. UWE JOHNSON (1934–1985), der 1959 aus der DDR nach Westberlin gezogen war, hat sich in den 70er Jahren in seinem Roman *Jahrestage* als Gedankenspiel ausgemalt, wie sich die Verhältnisse in einem DDR-Provinzstädtchen entwickelt hätten, „wenn Jerichow zum Westen gekommen wäre". Das Ungleichzeitige wird durch Montage gleichzeitig gemacht; die häufigen Irrealis-Formen betonen die Kluft zwischen Wunsch und Wirklichkeit.

c) Blicke nach innen

URSULA KRECHEL (geb. 1947) blickt zurück auf die Jahre der Studentenrevolte, in denen viele auf die Straße gegangen waren in der Gewißheit, daß eigentlich alles schon erkannt, durchschaut und auf den Begriff gebracht war. Die Euphorie hielt nicht an, die meisten wollten danach neu und anders anfangen, allein oder in einer „Zweierbeziehung".

Daß es ein Wagnis sein kann, sich zu seiner **Subjektivität** zu bekennen, deutet KARIN KIWUS' (geb. 1942) hintergründig-verschmitztes Gedicht *Gewisse Verbindung* an.

Identitätsfindung betrifft und fordert immer den einzelnen; das Klima in der Gesellschaft kann einen solchen Prozeß begünstigen, erschweren oder verhindern. Schwer hat es Karin, die Hauptfigur in VOLKER BRAUNS (geb. 1939) kritisch-reflektierender Erzählung *Unvollendete Geschichte*. Sie war in die DDR-Gesellschaft integriert und hat deren Wertsystem verinnerlicht. Ganz auf sich zurückgeworfen, muß sie eine frühe Lebenskrise aus eigener Kraft bestehen. Die gleiche Bewährungsprobe in ganz anderen gesellschaftlichen Verhältnissen stellt sich einem

todkranken jungen Mann: Der Österreicher THOMAS BERNHARD berichtet über ihn – und über sich – in seiner **autobiographischen Erzählung** *Der Atem*. Der von den Ärzten schon aufgegebene Patient entdeckt seine Identität, während er ganz isoliert und sich selbst überlassen ist.
Für die Erzählweise von HERMANN LENZ (geb. 1913) ist der „nach außen gewendete innere Monolog", wie ihn ein Kritiker nannte, kennzeichnend. Gemeint ist ein Verfahren, das den Leser „Blicke nach innen" nachvollziehen läßt, z. B. in seinem Roman *Jung und Alt*.
In der DDR brachten die 70er Jahre den Schriftstellern nicht die erhoffte größere Freiheit. Volker Brauns *Unvollendete Geschichte* durfte nur einmal in einer Literaturzeitschrift gedruckt werden, die Veröffentlichung von Rezensionen wurde untersagt. Nach der Ausweisung des Lyrikers und Liedermachers WOLF BIERMANN (geb. 1936) im Jahr 1976, auf die einige prominente Schriftstellerkollegen mit einem Protestschreiben reagiert hatte, nahmen die Spannungen zu. Als 1979 ein Gesetz erlassen wurde, nach dem mit Strafe rechnen mußte, wer im Ausland veröffentlichte, was den Interessen der DDR schaden konnte, blieben zahlreiche Schriftsteller im Westen und setzten dort ihre Arbeit fort. Den meisten fiel es nicht leicht, sich den anderen Verhältnissen und Schreibbedingungen anzupassen. Andererseits wurden in den 80er Jahren Werke von DDR-Autoren mit mehr Interesse und Anteilnahme gelesen als in den vorausgehenden Jahrzehnten. Besonders geschätzt war CHRISTA WOLF (geb. 1929), die sich 1980 intensiv mit einer Gestalt der Antike: der trojanischen Königstochter, Priesterin und Unglücksprophetin Kassandra, beschäftigte. Der Blick in das Innere der Seherin fördert hier auch Gesellschaftlich-Politisches zutage. In der *3. Frankfurter Poetik-Vorlesung* stellte Christa Wolf selbst die Beziehung zwischen dem antiken Stoff und dem Zeitgeschehen her, das sie zutiefst beunruhigte:

Jetzt muß man nicht mehr ‚Kassandra' sein: die meisten beginnen zu spüren, was kommen wird […]. Die Nachrichten beider Seiten bombardieren uns mit der Notwendigkeit von Kriegsvorbereitungen, die auf beiden Seiten Verteidigungsvorbereitungen heißen. Sich den wirklichen Zustand der Welt vor Augen zu halten, ist psychisch unerträglich […]. Wem soll man sagen, daß es die moderne Industriegesellschaft, Götze und Fetisch aller Regierungen, in ihrer absurden Ausprägung selber ist, die sich gegen ihre Erbauer, Nutzer und Verteidiger richtet: Wer könnte das ändern. Der Wahnsinn geht mir an die Kehle.   (aus: Voraussetzungen einer Erzählung: Kassandra.
Frankfurter Poetik-Vorlesungen. Darmstadt/Neuwied: Luchterhand 1983, S. 84 u. 88)

Diese Sätze wurden in der DDR-Ausgabe der Vorlesung von der Zensur gestrichen.
Die Kassandra der Erzählung muß als Kriegsgefangene und Sklavin des griechischen Königs Agamemnon mit dem sicheren Tode rechnen. In einem großen Rückblickmonolog erinnert sie sich, wie es war im letzten Stadium vor dem langen, blutigen Krieg, in dem Troja unterging.
BOTHO STRAUSS betrachtet in *Paare, Passanten* seine Zeitgenossen; er hört sie reden, beobachtet, wie sie sich geben, wie sie gesehen werden wollen: fast alle folgen Trends und vorgegebenen Verhaltensmustern. In der letzten Betrachtung scheint es zunächst, als werde die Wunschvorstellung „Identität" als Illusion abgetan, dann hält Strauß plötzlich inne, besieht sich die Sache nochmals von einer anderen Seite. Die Frage nach der **Identität** des modernen Menschen bleibt offen.

Christa Wolf (* 1929)

2. Texte

a) Neue Gangarten der Sprache

GOTTFRIED BENN
Probleme der Lyrik

[...] Ich stelle mir also vor, Sie richteten jetzt an mich die Frage, was ist eigentlich ein modernes Gedicht, wie sieht es aus, und darauf antworten werde ich mit negativen Ausführungen, nämlich, wie sieht ein modernes Gedicht nicht aus.
Ich nenne Ihnen vier diagnostische Symptome, mit deren Hilfe Sie selber in Zukunft unterschei-
den können, ob ein Gedicht von 1950 identisch mit der Zeit ist oder nicht. Meine Beispiele nehme ich aus bekannten Anthologien. Diese vier Symptome sind:
erstens das Andichten. Beispiel: Überschrift „Das Stoppelfeld". Erster Vers:

„Ein kahles Feld vor meinem Fenster liegt jüngst haben sich dort
schwere Weizenähren im Sommerwinde hin- und hergewiegt
vom Ausfall heute sich die Spatzen nähren."

So geht es drei Strophen weiter, dann in der vierten und letzten kommt die Wendung zum Ich, sie beginnt:

„Schwebt mir nicht hier mein eigenes Leben vor"

und so weiter.
Wir haben also zwei Objekte. Erstens die unbelebte Natur, die angedichtet wird, und am Schluß die Wendung zum Autor, der jetzt innerlich wird oder es zu werden glaubt. Also ein Gedicht mit Trennung und Gegenüberstellung von angedichtetem Gegenstand und dichtendem Ich, von äußerer Staffage und innerem Bezug. Das, sage ich, ist für heute eine primitive Art, seine lyrische Substanz zu dokumentieren. Selbst wenn sich der Autor dem von Marinetti geprägten Satz: détruire le Je dans la littérature (das Ich in der Literatur zerstören) nicht anschließen will, er wirkt mit dieser Methode heute veraltet. Ich will allerdings gleich hinzufügen, daß es herrliche deutsche Gedichte gibt, die nach diesem Modell gearbeitet sind, zum Beispiel Eichendorffs Mondnacht, aber das ist über hundert Jahre her.
Das *zweite Symptom* ist das WIE. Bitte beachten Sie, wie oft in einem Gedicht „wie" vorkommt. Wie, oder wie wenn, oder es ist, als ob, das sind Hilfskonstruktionen, meistens Leerlauf. Mein Lied rollt wie Sonnengold – Die Sonne liegt auf dem Kupferdach wie Bronzegeschmeid – Mein Lied zittert wie gebändigte Flut – Wie eine Blume in stiller Nacht – Bleich wie Seide – Die Liebe blüht wie eine Lilie –. Dies Wie ist immer ein Bruch in der Vision, es holt heran, es vergleicht, es ist keine primäre Setzung. Aber auch hier muß ich einfügen, es gibt großartige Gedichte mit WIE. Rilke war ein großer WIE-Dichter. In einem seiner schönsten Gedichte „Archaischer Torso Apollos" steht in vier Strophen dreimal WIE, und zwar sogar recht banale „Wies": wie ein Kandelaber, wie Raubtierfelle, wie ein Stern – und in seinem Gedicht „Blaue Hortensie" finden wir in vier Strophen viermal WIE: Darunter: wie in einer Kinderschürze – wie in alten blauen Briefpapieren – nun gut, Rilke konnte das, aber als Grundsatz können Sie sich daran halten, daß ein WIE immer ein Einbruch des Erzählerischen, Feuilletonistischen in die Lyrik ist, ein Nachlassen der sprachlichen Spannung, eine Schwäche der schöpferischen Transformation.
Das *dritte* ist harmloser. Beachten Sie, wie oft in den Versen Farben vorkommen. Rot, purpurn, opalen, silbern mit der Abwandlung silberlich, braun, grün, orangefarben, grau, golden – hiermit glaubt der Autor vermutlich besonders üppig und phantasievoll zu wirken, übersieht aber, daß

40 diese Farben ja reine Wortklischees sind, die besser beim Optiker und Augenarzt ihr Unterkommen finden. […]
Das *vierte* ist der seraphische Ton. Wenn es gleich losgeht oder schnell anlangt bei Brunnenrauschen und Harfen und schöner Nacht und Stille und Ketten ohne Anbeginn, Kugelründung, Vollbringen, siegt sich zum Stern, Neugottesgründung und ähnlichen Allgefühlen, ist das meistens
45 eine billige Spekulation auf die Sentimentalität und Weichlichkeit des Lesers. Dieser seraphische Ton ist keine Überwindung des Irdischen, sondern eine Flucht vor dem Irdischen. Der große Dichter aber ist ein großer Realist, sehr nahe allen Wirklichkeiten – er belädt sich mit Wirklichkeiten, er ist sehr irdisch, eine Zikade, nach der Sage aus der Erde geboren, das athenische Insekt. Er wird das Esoterische und Seraphische ungeheuer vorsichtig auf harte realistische Unterlagen
50 verteilen. – Und dann achten Sie bitte auf das Wort: „steilen" – da will einer hoch und kommt nicht 'rauf.
Wenn Sie also in Zukunft auf ein Gedicht stoßen, nehmen Sie bitte einen Bleistift wie beim Kreuzworträtsel und beobachten Sie: Andichten, WIE, Farbenskala, seraphischer Ton, und Sie werden schnell zu einem eigenen Urteil gelangen.
55 Darf ich an diese Stelle die Bemerkung anknüpfen, daß in der Lyrik das Mittelmäßige schlechthin unerlaubt und unerträglich ist, ihr Feld ist schmal, ihre Mittel sehr subtil, ihre Substanz das Ens realissimum der Substanzen, demnach müssen auch die Maßstäbe extrem sein. Mittelmäßige Romane sind nicht so unerträglich, sie können unterhalten, belehren, spannend sein, aber Lyrik muß entweder exorbitant sein oder gar nicht. Das gehört zu ihrem Wesen. […]
60 Irgend etwas in Ihnen schleudert ein paar Verse heraus oder tastet sich mit ein paar Versen hervor, irgend etwas anderes in Ihnen nimmt diese Verse sofort in die Hand, legt sie in eine Art Beobachtungsapparat, ein Mikroskop, prüft sie, färbt sie, sucht nach pathologischen Stellen. Ist das erste vielleicht naiv, ist das zweite ganz etwas anderes: raffiniert und skeptisch. Ist das erste vielleicht subjektiv, bringt das zweite die objektive Welt heran, es ist das formale, das geistige Prinzip. […]

GOTTFRIED BENN
Nur zwei Dinge

Durch soviel Formen geschritten,
durch Ich und Wir und Du,
doch alles blieb erlitten
durch die ewige Frage: wozu?

5 Das ist eine Kinderfrage.
Dir wurde erst spät bewußt,
es gibt nur eines: ertrage
– ob Sinn, ob Sucht, ob Sage –
dein fernbestimmtes: Du mußt.

10 Ob Rosen, ob Schnee, ob Meere,
was alles erblühte, verblich,
es gibt nur zwei Dinge: die Leere
und das gezeichnete Ich.

PAUL CELAN
Wortaufschüttung*

Wortaufschüttung, vulkanisch,
meerüberrauscht.

Oben
der flutende Mob
5 der Gegengeschöpfe: er
flaggte – Abbild und Nachbild
kreuzen eitel zeithin.

Bis du den Wortmond hinaus-
schleuderst, von dem her
10 das Wunder Ebbe geschieht
und der herz-
förmige Krater
nackt für die Anfänge zeugt,
die Königs-
15 geburten.

INGEBORG BACHMANN
Erklär mir, Liebe

Dein Hut lüftet sich leis, grüßt, schwebt im Wind,
dein unbedeckter Kopf hat's Wolken angetan,
dein Herz hat anderswo zu tun,
dein Mund verleibt sich neue Sprachen ein,
5 das Zittergras im Land nimmt überhand,
Sternblumen bläst der Sommer an und aus,
von Flocken blind erhebst du dein Gesicht,
du lachst und weinst und gehst an dir zugrund,
was soll dir noch geschehen –

10 Erklär mir, Liebe!

Der Pfau, in feierlichem Staunen, schlägt sein Rad,
die Taube stellt den Federkragen hoch,
vom Gurren überfüllt, dehnt sich die Luft,
der Entrich schreit, vom wilden Honig nimmt
15 das ganze Land, auch im gesetzten Park
hat jedes Beet ein goldner Staub umsäumt.

Der Fisch errötet, überholt den Schwarm
und stürzt durch Grotten ins Korallenbett.
Zur Silbersandmusik tanzt scheu der Skorpion.
20 Der Käfer riecht die Herrlichste von weit;
hätt ich nur seinen Sinn, ich fühlte auch,
daß Flügel unter ihrem Panzer schimmern,
und nähm den Weg zum fernen Erdbeerstrauch!

Erklär mir, Liebe!

25 Wasser weiß zu reden,
die Welle nimmt die Welle an der Hand,
im Weinberg schwillt die Traube, springt
           und fällt.
So arglos tritt die Schnecke aus dem Haus!

30 Ein Stein weiß einen andern zu erweichen!

Erklär mir, Liebe, was ich nicht erklären kann:
sollt ich die kurze schauerliche Zeit
nur mit Gedanken Umgang haben und allein
nichts Liebes kennen und nichts Liebes tun?
35 Muß einer denken? Wird er nicht vermißt?

Du sagst: es zählt ein andrer Geist auf ihn ...
Erklär mir nichts. Ich seh den Salamander
durch jedes Feuer gehn.
Kein Schauer jagt ihn, und es schmerzt ihn
40   nichts.

INGEBORG BACHMANN
Probleme zeitgenössischer Dichtung

[...] Es heißt immer, die Dinge lägen in der Luft. Ich glaube nicht, daß sie einfach in der Luft liegen, daß jeder sie greifen und in Besitz nehmen kann. Denn eine neue Erfahrung wird *gemacht* und nicht aus der Luft geholt. Aus der Luft oder bei den anderen holen sie sich nur diejenigen, die selber keine Erfahrung gemacht haben. Und ich glaube, daß, wo diese immer neuen, keinem erspart
5 bleibenden Wozu- und Warumfragen und alle die Fragen, die sich daran schließen (und die Schuldfragen, wenn Sie wollen), nicht erhoben werden, daß, wo kein Verdacht und somit keine wirkliche Problematik in dem Produzierenden selbst und somit keine wirkliche Problematik vorliegt, keine neue Dichtung entsteht. Es mag paradox klingen, weil vorhin vom Verstummen und Schweigen die Rede war als Folge dieser Not des Schriftstellers mit sich und der Wirklichkeit –
10 einer Not, die heute nur andere Formen angenommen hat. Religiöse und metaphysische Konflikte sind abgelöst worden durch soziale, mitmenschliche und politische. Und sie alle münden für

Jean Paul Riopelle, Begegnung, 1956

den Schriftsteller in den Konflikt mit der Sprache. Denn die wirklich großen Leistungen dieser letzten fünfzig Jahre, die eine neue Literatur sichtbar gemacht haben, sind nicht entstanden, weil Stile durchexperimentiert werden wollten, weil man sich bald so, bald so auszudrücken versucht, weil man modern sein wollte, sondern immer dort, wo vor jeder Erkenntnis ein neues Denken wie ein Sprengstoff den Anstoß gab – wo, vor jeder formulierbaren Moral, ein moralischer Trieb groß genug war, eine neue sittliche Möglichkeit zu begreifen und zu entwerfen. Insofern glaube ich auch nicht, daß wir heute die Probleme haben, die man uns aufschwätzen will, und wir sind leider alle nur zu sehr verführt, sie mitzuschwätzen. Ich glaube auch nicht, daß uns, nach so und so vielen formalen Entdeckungen und Abenteuern, die in diesem Jahrhundert gemacht worden sind (vor allem zu Anfang dieses Jahrhunderts), nichts mehr übrig bleibt, als Epigonenhaftes zu schreiben, wenn man nicht noch surrealistischer als surrealistisch und noch expressionistischer als expressionistisch schreibt, und daß einem nichts übrig bleibt, als die Entdeckungen von Joyce und Proust, von Kafka und Musil zu nutzen. Joyce und Proust und Kafka und Musil haben nämlich auch keine vorangegangene, vorgefundene Erfahrung benutzt, und was sie benutzt haben und was sich wohl feststellen läßt in Seminararbeiten und Dissertationen, das erscheint jedenfalls als das geringste an ihnen, ist äußerlich oder eingeschmolzen. Bei der blinden Übernahme dieser seinerzeitigen Wirklichkeitsbestimmungen, dieser gestern neu gewesenen Denkformen, kann es nur zu einem Abklatsch und einer schwächeren Wiederholung der großen Werke kommen. Wäre dies die einzige Möglichkeit: weiterzumachen, fortzuführen und ohne Erfahrung zu experimentieren, bis es sich zu lohnen scheint, dann dürften die Anklagen, die heute oft gegen die jüngeren Schriftsteller erhoben werden, zu recht bestehen. Aber es knistert wohl schon im Gebälk. Die Nacht kommt vor dem Tag, und der Brand wird in der Dämmerung gelegt.

Mit einer neuen Sprache wird der Wirklichkeit immer dort begegnet, wo ein moralischer, erkenntnishafter Ruck geschieht, und nicht, wo man versucht, die Sprache an sich neu zu machen, als könnte die Sprache selber die Erkenntnis eintreiben und die Erfahrung kundtun, die man nie gehabt hat. Wo nur mit ihr hantiert wird, damit sie sich neuartig anfühlt, rächt sie sich bald und entlarvt die Absicht. Eine neue Sprache muß eine neue Gangart haben, und diese Gangart hat sie nur, wenn ein neuer Geist sie bewohnt. Wir meinen, wir kennen sie doch alle, die Sprache, wir gehen doch mit ihr um; nur der Schriftsteller nicht, er kann nicht mit ihr umgehen. Sie erschreckt ihn, ist ihm nicht selbstverständlich, sie ist ja auch vor der Literatur da, bewegt und in einem Prozeß, zum Gebrauch bestimmt, von dem er keinen Gebrauch machen kann. Sie ist ja für ihn kein unerschöpflicher Materialvorrat, aus dem er sich nehmen kann, ist nicht das soziale Objekt, das ungeteilte Eigentum aller Menschen. Für das, was er will, mit der Sprache will, hat sie sich noch nicht bewährt; er muß im Rahmen der ihm gezogenen Grenzen ihre Zeichen fixieren und sie unter einem Ritual wieder lebendig machen, ihr eine Gangart geben, die sie nirgendwo sonst erhält außer im sprachlichen Kunstwerk. Da mag sie uns freilich erlauben, auf ihre Schönheit zu achten, Schönheit zu empfinden, aber sie gehorcht einer Veränderung, die weder zuerst noch zuletzt ästhetische Befriedigung will, sondern neue Fassungskraft.

Von einem notwendigen Antrieb, den ich vorläufig nicht anders als einen moralischen vor aller Moral zu identifizieren weiß, ist gesprochen worden, einer Stoßkraft für ein Denken, das zuerst noch nicht um Richtung besorgt ist, einem Denken, das Erkenntnis will und mit der Sprache und durch Sprache hindurch etwas erreichen will. Nennen wir es vorläufig: Realität.

Ist diese Richtung einmal eingeschlagen, und es handelt sich nicht um eine philosophische, um keine literarische Richtung, so wird sie immer eine andere sein. Sie führte Hofmannsthal woanders hin als George, sie war eine andere wieder für Rilke, eine andere für Kafka; Musil war einer ganz anderen bestimmt als Brecht. Dieses Richtungnehmen, dieses Geschleudertwerden in eine Bahn, in der gedeiht und verdirbt, in der von Worten und Dingen nichts Zufälliges mehr Zulaß hat […]. Wo dies sich zuträgt, meine ich, haben wir mehr Gewähr für die Authentizität einer dichterischen

Erscheinung, als wenn wir ihre Werke absuchen nach glücklichen Merkmalen von Qualität. Die Qualität ist ja unterschiedlich, diskutierbar, auf Strecken sogar absprechbar. Qualität hat auch hin und wieder ein Gedicht von einem Mittelsmann, eine gute Erzählung, ein ansprechender, kluger Roman, das ist zu finden; es ist überhaupt kein Mangel an Könnern, auch heute nicht, und es gibt Zufallstreffer oder Sonderbares, Abwegiges am Rande, das uns persönlich lieb werden kann. Und doch ist nur Richtung, die durchgehende Manifestation einer Problemkonstante, eine unverwechselbare Wortwelt, Gestaltenwelt und Konfliktwelt imstande, uns zu veranlassen, einen Dichter als unausweichlich zu sehen. Weil er Richtung hat, weil er seine Bahn zieht wie den einzigen aller möglichen Wege, verzweifelt unter dem Zwang, die ganze Welt zu der seinen machen zu müssen, und schuldig in der Anmaßung, die Welt zu definieren, ist er wirklich da. Weil er von sich weiß, ich bin unausweichlich, und weil er nicht ausweichen kann selber, enthüllt sich ihm seine Aufgabe. [...]

Eugen Gomringer
vom vers zur konstellation

[...] zweck der neuen dichtung ist, der dichtung wieder eine organische funktion in der gesellschaft zu geben und damit den platz des dichters zu seinem nutzen und zum nutzen der gesellschaft neu zu bestimmen. da dabei an die formale vereinfachung unserer sprachen und den zeichencharakter der schrift zu denken ist, kann von einer organischen funktion der dichtung nur dann gesprochen werden, wenn sie sich in diese sprachvorgänge einschaltet. das neue gedicht ist deshalb als ganzes und in den teilen einfach und überschaubar. es wird zum seh- und gebrauchsgegenstand: denkgegenstand – denkspiel. es beschäftigt durch seine kürze und knappheit. es ist memorierbar und als bild einprägsam. es dient dem heutigen menschen durch seinen objektiven spiel-charakter, und der dichter dient ihm durch seine besondere begabung zu dieser spieltätigkeit. er ist der kenner der spiel- und sprachregeln, der erfinder neuer formeln. durch die vorbildlichkeit seiner spielregeln kann das neue gedicht die alltagssprache beeinflussen.
der zweck der neuen dichtung ist viel direkter als der der individualistischen dichtung. der unterschied zwischen der sogenannten gebrauchsliteratur und der designierten dichtung fällt nicht mehr ins gewicht. zwischen beiden besteht nahe verwandtschaft, ja es ist nicht abwegig zu denken, daß der unterschied einmal verschwindet, daß es in zukunft überhaupt nur noch eine art wirklicher gebrauchsliteratur geben wird. der beitrag der dichtung wird sein die konzentration, die sparsamkeit und das schweigen: das schweigen zeichnet die neue dichtung gegenüber der individualistischen dichtung aus. dazu stützt sie sich auf das wort.
das wort: es ist eine größe. es ist – wo immer es fällt und geschrieben wird. es ist weder gut noch böse, weder wahr noch falsch. es besteht aus lauten, aus buchstaben, von denen einzelne einen individuellen, markanten ausdruck besitzen. es eignet dem wort die schönheit des materials und die abenteuerlichkeit des zeichens. es verliert in gewissen verbindungen mit anderen worten seinen absoluten charakter. das wollen wir in der dichtung vermeiden. wir wollen ihm aber auch nicht die pseudoselbständigkeit verleihen, die ihm die revolutionären stile gaben. wir wollen es keinem stil unterordnen, auch dem staccato-stil nicht. wir wollen es suchen, finden und hinnehmen. wir wollen ihm aber auch in der verbindung mit anderen worten seine individualität lassen und fügen es deshalb in der art der konstellation zu anderen worten.
die konstellation ist die einfachste gestaltungsmöglichkeit der auf dem wort beruhenden dichtung. sie umfaßt eine gruppe von worten – wie sie eine gruppe von sternen umfaßt und zum sternbild

wird. in ihr sind zwei, drei oder mehr, neben- oder untereinandergesetzten worten – es werden nicht zu viele sein – eine gedanklich-stoffliche beziehung gegeben. und das ist alles!
die konstellation ist eine ordnung und zugleich ein spielraum mit festen größen. sie erlaubt das spiel. sie erlaubt die reihenbildung der wortbegriffe a, b, c, und deren mögliche variationen. so wird auch beispielsweise die inversion erst in der konstellation zu einer bewegenden größe, zu einem problem. die konstellation läßt auch die elementare satzverbindung zu: also vor allem das kleine und große wort „und". auch es wird in der konstellation zu einer größe und steht statt der leere.
die konstellation wird vom dichter gesetzt. er bestimmt den spielraum, das kräftefeld und deutet seine möglichkeiten an. der leser, der neue leser, nimmt den spielsinn auf und mit sich: denn um die möglichkeiten des spieles zu wissen ist heute gleichbedeutend dem wissen um eine endgültige klassiker-satzung. […] mit der konstellation wird etwas in die welt gesetzt. sie ist eine realität an sich und kein gedicht über … […]

Eugen Gomringer
beweglich

beweglich
weil weglos

weil weglos
leicht

leicht
weil machtlos

weil machtlos
gefährlich

gefährlich
weil beweglich

weil beweglich
weglos

weglos
weil leicht

weil leicht
machtlos

machtlos
weil gefährlich

weil gefährlich
beweglich

Helmut Heissenbüttel
Einerseitsgedicht

einerseits die Bildfluchten die dem Text weg laufen
aber auch die Fotos die zeigen was ich in Wörtern
    nicht ausdrücken kann
einerseits die Überwältigung im Bildertunnel des Traums
aber auch unfähig zu sagen auf welche Weise die Baumstämme
    im Winter halb weiß halb schwarz sind
einerseits die Zickzacksprünge des Artikulierbaren
aber auch die Unfähigkeit zu formulieren welcher Gefühlsstrom
    mich durchschießt beim Anblick der schwarzen Katze
    vor der Backsteinmauer
Grauskalen der Rede
an das Protokoll ich nehme nicht teil
es riecht nach Erbsensuppe
späte Sonne glüht Schneedächer aus
einerseits die am Gaumen der Apperzeption zahnlos
    aufquellenden Assoziationen
aber auch die tief gestapelten Bedeutungskeller der Vokabeln
einerseits die Erfindung der Innerlichkeit
    mithilfe von Schriftzeichen
aber auch der Geschmack der Sätze die ich erfunden habe
einerseits der Riß der Nacht der mich absaugt
aber auch das Dämmern des Halbschlafs das noch die längsten
    Bilderserien des Unbewußten auffängt
mammonitisch
Schneelicht
Aberration
das Keuchen der Spätzeit

WOLFGANG KOEPPEN
Das Treibhaus

[…] Er ging auf die Terrasse. Er setzte sich an den Rhein. Vier Kellner beobachteten ihn. Dunst. Gewitterdunst. Treibhausluft. Sonnenglast. Die Fenster des Treibhauses waren schlecht geputzt; die Lüftung funktionierte nicht. Er saß in einem Vakuum, dunstumgeben, himmelüberwölbt. Eine Unterdruckkammer für das Herz. Vier Kellner näherten sich leise; Todesboten, feierlich in
5 Fräcken, eine erste Aufwartung, eine Offerte? „Einen Kognak, bitte." Ein Kognak regt an. „Einen Kognak Monnet!" Was treibt auf dem Rhein? Stahl, Kohle? Die Flaggen der Nationen über schwarzen Kähnen. Tief in den Strom gesargt, im Bett neuer Sagen schwimmend, sagenhafte Bilanzen, die Volksmärchen der Abschreibungen, die Substanz unangetastet, Umstellung eins zu eins, immer davongekommen, das Erz, die Kohle, von Hütte zu Hütte, vom Ruhrrevier nach
10 Lothringen, von Lothringen zurück ins Revier, Ihr Europa, meine Herren *Besuchen Sie die Kunstschätze der Villa Hügel*, und die Hosen der Rheinschifferfrau, Hosen von Woolworth aus Rotterdam, Hosen von Woolworth aus Düsseldorf, Hosen von Woolworth aus Basel, Hosen von Woolworth aus Straßburg, die Hosen hängen an der Leine über dem Deck, baumeln im Westwind, die mächtigste Flagge der Erde, rosa rosenrot über den tückischen Kohlen. Ein kleiner Spitz, weiß und
15 energisch, ein kleiner Spitz, sehr von sich eingenommen, wedelt deckauf und deckab.
Drüben am anderen Ufer gähnt die Siesta der pensionierten Rosendörfer. Er bestellte Salm, einen Salm aus dem Rhein, und gleich bereute er's, im Geiste sah er die Kellner springen, die feierlichen befrackten Empfangsherren des Todes, albern übereifrig wie tolpatschige Kinder, albern überwürdig wie tolpatschige Greise torkelten sie zum Ufer, stolperten über Stock und Stein der
20 Flußlände, hielten Käscher in den Strom, deuteten zu Keetenheuve zur Terrasse hinauf, nickten ihm zu, wähnten sich seines Einverständnisses sicher, fingen den Fisch, reckten ihn hoch, den schönen, den goldschuppenen Salm in glänzender Rüstung, wie Gold und Silber schwuppte er ins Netz, von Lemuren aus seinem starken Element gerissen, aus seiner guten Welt des murmelnden, Geschichten erzählenden Wassers – o das Ertrinken in Licht und Luft, und wie hart blitzt in der
25 Sonne das Messer! Keetenheuve wurde der Salm geopfert. *Keetenheuve Gott dem sanfte Fische geopfert werden.* Er hatte es wieder nicht gewollt. Versuchung! Versuchung! Was tat der Anachoret? Er mordete die Heuschrecken. Der Fisch war tot. Der Wein war mäßig. Exzellenz Keetenheuve aß sein Diplomatenmahl mit gemäßigtem Appetit.
Er führte diplomatische Gespräche. Wer waren seine Gäste? Herr Hitler, Führer, Herr Stendhal,
30 Konsul. Wer servierte? Herr Chamberlain, Ehrenwert.
Hitler: Diese Luft ist eine milde; die Rheinlandschaft ist eine historische; diese Terrasse ist eine anregende. Schon vor neunzehn Jahren –
Stendhal: Meine Bewunderung und meine Verehrung! O jung zu sein, als Sie von dieser Terrasse nach Wiessee aufbrachen, um Ihre Freunde zu killen! Wie bewegt mich das Schicksal der Jünglin-
35 ge. Wie erregen mich die Romane unter Ihrer Ägide. Als Intendanturrat wäre ich Ihrem Heerbann gefolgt. Ich hätte Mailand wiedergesehen, Warschau und die Beresina. Mit Mann und Roß und Wagen hat sie der Herr geschlagen. Sie zitierten das Gedicht nach Ihrem Sieg über Polen. Sie sprachen im Reichstag. Sie belehnten Ihre Heerführer mit Marschallstäben und mit Liegenschaften in Westpreußen. Ein paar ließen Sie hängen. Andere erschossen sich gehorsam. Einem schickten Sie
40 Gift. Und all Ihre strahlenden Jünglinge, Ihre Helden der Luft, Ihre Helden der See, Ihre Helden im Panzer, und Ihre Knaben in Berlin, Herr Hitler! Was machen Ihre Literaten, Herr Keetenheuve? Sie übertragen Baudelaire. Wie schön, wie tapfer! Aber Narvik, die Cyrenaika, der Atlantik, die Wolga, alle Richtstätten, die Gefangenenlager im Kaukasus und die Gefangenenlager in Iowa. Wer schreibt das? Die Wahrheit interessiert, nichts als die Wahrheit –
45 Keetenheuve: Es gibt hier überhaupt keine Wahrheit. Nur Knäuel von Lügen.

Stendhal: Sie sind ein impotenter Gnostiker, Herr Abgeordneter.
Die Lügenknäuel formieren sich in der Luft über dem Rhein zu einem Ballett und zeigen schmutzige Reizwäsche.
Hitler: Jahre kämpfte ich in meinen Tischgesprächen für das Germanisch-Historische Institut der Vereinigten Illustrierten Zeitschriften für eine Säuberung der deutschen Kultur von erstens jüdischen, zweitens christlichen, drittens moralisch sentimentalischen und viertens kosmopolitisch international pazifistisch blutrünstigen Einflüssen, und ich kann Ihnen heute versichern, daß mein Sieg ein globaler ist.
Über den Rhein rollen sechs Erdkugeln. Sie sind bewimpelt und bewaffnet. Lautsprecher brüllen: Die Fahne hoch! Chamberlain zittern die Hände. Er schüttet die zerlassene Butter auf das Tischtuch und sagt: Peace in our time.
Aus dem Wasser hebt sich der Leichnam der Tschechoslowakei und stinkt. Die Vorsehung ist im Bauch des Leichnams gefangen und wandert ratlos auf und ab. Drei Lautsprecher kämpfen gegeneinander. Der eine schreit: Planmäßig! Der andere brüllt: Plansoll! Der dritte singt den Chor aus der Dreigroschenoper: Ja, mach nur einen Plan. Lautsprecher eins und Lautsprecher zwei fallen wütend über Lautsprecher drei her und verprügeln ihn. [...]

Erik Neutsch
Das Objekt der Bewährung

Die nachfolgende Reportage entstand nach Berichten der Maurer und Zimmerer Reinhold Rassek, Fritz Kittlaus, Werner Kuhlo, Otto Schwerdt, Werner Baumgart, Willi Packieser, Wilhelm Lehmann und Karl Wollschläger, des Meisters Richard Brennecke, des Bauleiters Gerhard Hofmeister und seines Stellvertreters Werner Boßmann, des Arbeitsvorbereiters Paul Hohmann, des Oberbauleiters Herbert Voigt, des BGL-Vorsitzenden Paul Lukas und des Parteisekretärs Alfred Bierbaß und nach eigenen Erlebnissen.

So ein Gedanke ist zäh. Irgendwo und irgendwann einmal kommt er wie ein Vogel herangeflattert und läßt sich ein paar Atemzüge lang in das Gestrüpp der Überlegungen nieder, die man täglich hat. Dann scheucht er wieder auf und schwebt davon, weit weg, umkreist nur hin und wieder die Zweige und Äste unseres Denkens. Dann plötzlich fliegt er herbei, den ersten Strohhalm im Schnabel, und beginnt, sich in unserem Kopf einzunisten. Ein Gedanke ist zäh, weil er lange braucht, ehe er sich festsetzt, aber auch, weil er immer wiederkehrt, und wäre er hundertmal vertrieben.
Wer nicht alles hatte im Gipsschwefelsäurewerk Coswig diesen Gedanken schon einmal gedacht, diesen Gedanken, nun endlich statt nach der Art der Großväter, nämlich einen Stein – einen Kalk zu mauern, komplex und industriell zu bauen. Der Oberbauleiter hatte ihn gedacht, der Parteisekretär, mancher Ingenieur und mancher Zimmermann. Im Hochsommer vielleicht zum erstenmal, als die Prallhitze alle Glieder lähmte, jeder die Kühle der späten Abendstunden herbeisehnte und demzufolge der Hinweis einiger Parteifunktionäre, im Dreischichtsystem, also auch nachts, zu arbeiten, sehr einleuchtend erschien.
Aber, wie gesagt, der Gedanke brauchte lange, ehe er reifte. Eigentlich zu lange. Und warum? Es wußte zunächst keiner, wie man die Schwierigkeiten überwinden sollte. Wollte man komplex und industriell bauen, mußten die Brigaden nach der Struktur des Objekts neu zusammengestellt werden. Benötigte man an einem Objekt in einer Schicht nur fünf Zimmerer, so konnte man doch nicht eine Brigade mit zehn Zimmerern geschlossen einsetzen. Aber viele Brigaden hatten schon jahrelang zusammen gearbeitet, sie sträubten sich dagegen, auseinandergerissen zu werden. Die neue Methode erforderte, auch nachts zu mauern, zu betonieren. Doch auch nachts, so erklärten

Bauingenieure und verweisen auf ihre langjährige Erfahrung, habe noch nie die Sonne geleuchtet, und da das Gegenteil nicht zu erwarten sei, müsse man sich nachts auf der Baustelle unweigerlich die Knochen brechen.

Da plötzlich erschien das komplexe und industrielle Bauen nicht mehr nur als technische Angelegenheit. Ehe wir die Lampen auf der Baustelle anzünden, sagten die Mitglieder der Parteileitung, müssen wir erst einmal Licht in die Köpfe bringen.

Nun diskutierte man bereits auf der Chemiebaustelle über die komplexe und industrielle Bauweise, in den Parteigruppen, in den Brigaden. Die Parteileitung beauftragte die Genossen Herbert Voigt und Osmar Fritsche, den Oberbauleiter des Bau- und Montagekombinats Chemie und den Leiter der Bautechnischen Abteilung, eine sozialistische Arbeitsgemeinschaft zu bilden, um die neue Methode vorzubereiten.

Bauarbeiter waren in der Arbeitsgemeinschaft und Brigadiere, Meister und Ingenieure, manch einer von uraltem Bauadel, dessen Großväter und Urgroßväter wie er ein Leben lang nur gemauert und gezimmert hatten. Sie berieten sich mehrmals und ersannen in zwölf Wochen folgendes: Mit der traditionellen Bauweise wird gebrochen. Ab sofort wird nur noch nach dem Vorbild eines stationären Industriebetriebes gearbeitet. Das heißt im Dreischichtensystem und unter höchster Auslastung der Technik.

Begonnen wird damit am Objekt Chemikalienstation, und zwar am 20. Januar 1960. Dieses Objekt ist für die Erprobung der neuen Methode gut geeignet, denn es werden an ihm alle Gewerke gebraucht, Maurer, Zimmerer, Eisenflechter, Maschinisten, Hilfsarbeiter.

Aus drei bisher eigenständigen Brigaden wird eine Komplexbrigade gebildet, die in drei Schichten arbeitet. Die Komplexbrigade setzt sich nach dem technologischen Bauablauf zusammen, jeder Schicht gehören an: fünf Zimmerer, zwei Maurer, ein Eisenbieger, ein Maschinist und drei Hilfsarbeiter. [...]

Am Vorabend des 20. Januar war nicht klar, ob die Beleuchtung am Objekt Chemikalienstation während der Nachtschicht genügen würde. Wieder gab es Stimmen: Verschieben, um ein oder zwei Tage. Die paar Stunden machen es doch nicht. Nein, es wird begonnen. Die Elektriker sollen sofort die Lichtverhältnisse prüfen.

Dann aber, unmittelbar vor dem Termin, brach plötzlich der alte Streit mit dem Zunftgeist aus. Die Maurerbrigadiere wehrten sich dagegen, ihre Brigaden auf drei Schichten aufzustücken. Manche erklärten klipp und klar: „Entweder wir bleiben zusammen, oder wir hauen ab ... Laßt uns in Ruhe." Also doch nicht anfangen. Jupiterlampen kann man aufstecken. Objektlohnverträge kann man in einer Nacht zu Ende ausarbeiten. Auch den Schnee kann ein lauer Wind hinwegtauen.

Aber wo soll man Maurer hernehmen, so schnell?

Reinhold Rassek stand auf, Maurerbrigadier. Sonst spricht er wenig, horcht nur immer und guckt. Auch jetzt spricht er nicht viel. Er sagt: „Meine Brigade macht's. Wir besetzen die Schichten. Tempoverlust können wir uns nicht erlauben. Unsere Chemiebauten müssen stehen, ehe der Adenauer seine Atomaufrüstung fertig hat."

Am Abend des 20. Januar konnte dem Genossen Bernard Koenen, dem 1. Sekretär der Bezirksleitung Halle der SED, in einem Telegramm mitgeteilt werden, daß am Objekt Chemikalienstation in Coswig mit dem komplexen und industriellen Bauen begonnen wurde. [...]

Plötzlich stockte der Rhythmus. Die Temperatur fiel ab. Die Quecksilbersäule sank auf minus zwölf, auf minus fünfzehn Grad. Sie erreichte achtzehn Grad unter Null. Draußen am Objekt stand die Schicht Biehr und schalte. Den Zimmerleuten klebten die Nägel an den Händen fest. Die Kälte ätzte die Haut. Sie kroch durch die Wattejacken und biß in die Gelenke.

Die Männer gingen in die Baubude und drängten sich um den bullernden Ofen. Sie rieben ihre steifen Finger warm und spülten heißen Tee durch die Kehle. Viele dachten es, einer sagte es: „Macht, was ihr wollt, ich gehe nicht mehr 'raus."

70 Die Zimmerer der Brigade Biehr sahen sich an. Sie froren nicht weniger als die anderen. Aber sollten auch sie aufhören? Aufgeben das Ringen um das komplexe und industrielle Bauen? Kapitulieren ganz einfach vor der Kälte? Seit einigen Monaten nahmen sie geschlossen am Parteilehrjahr teil. Dort hatten sie verstehen gelernt, daß schließlich das letztlich Ausschlaggebende für den Sieg des Sozialismus die Steigerung der Arbeitsproduktivität ist. Deshalb hatten sie sofort ja gesagt, als
75 sie gefragt worden waren, ob sie komplex und industriell bauen wollen. Statt in hundertfünfzig Tagen, wie ursprünglich geplant, in fünfzig Tagen die Chemikalienstation hochzuziehen. Mensch, da war doch was. Das bedeutete, die Arbeitsproduktivität zu steigern und damit mit seiner eigenen Hände Arbeit um den Sieg des Sozialismus zu kämpfen.
Nun aber verzweifelten einige aus den anderen Brigaden. Und insgeheim gaben sie ihnen recht.
80 An der Bretterbude rüttelte der Eiswind. Die Nacht stand wie ein dunkler Eisberg vor dem Fenster.
„Dann gehen wir allein", sagten Karl Wollschläger und Wilhelm Lehmann, die beiden Genossen. Sie schlüpften durch die Tür ins Freie. Die Zimmerer der Brigade Biehr folgten ihnen. Und jetzt kamen auch die anderen hinterher. Keiner blieb zurück. […]
85 Das Objekt Chemikalienstation im Gipsschwefelsäurewerk Coswig ist somit zu einem Objekt der Bewährung in vielerlei Hinsicht geworden. An ihm zeigt es sich, daß diejenigen recht hatten, die die Nachtarbeit auf dem Bau für möglich hielten, und nicht die anderen. An ihm wurde erprobt, daß es trotz der schwierigen Bedingungen des Winters gelang, die Planerfüllung zu sichern, und nicht umgekehrt. An ihm erwies sich auch, daß die Parteimitglieder die parteilosen Arbeiter mit-
90 zureißen verstanden. […]

Ulrich Plenzdorf
kein runter kein fern

sie sagn, daß es nicht stimmt, daß MICK kommt und die Schdons rocho aber ICH weiß, daß es stimmt rochorepocho ICH hab MICK geschriebn und er kommt rochorepochopipoar ICH könnte alln sagn, daß MICK kommt, weil ICH ihm geschriebn hab aber ICH machs nicht ICH sags keim ICH geh hin ICH kenn die stelle man kommt ganz dicht ran an die mauer und DRÜ-
5 BEN ist das SPRINGERHAUS wenn man nah rangeht, springt es über die mauer SPRINGERHAUS RINGERHAUS FINGERHAUS SINGERHAUS MICK hat sich die stelle gut ausgesucht wenn er da aufm dach steht, kann ihn ganz berlin sehn und die andern Jonn und Bill und die und hörn mit ihre ANLAGE die wern sich ärgern aber es ist ihre schuld, wenn sie MICK nicht rüberlassn ICH hab ihm geschriebn aber sie habn ihn nicht rübergelassn aber MICK kommt
10 trotzdem so nah ran wies geht auf MICK ist verlaß sie sagn, die DRÜBEN sind unser feind wer so singt, kann nicht unser feind sein wie Mick und Jonn und Bill und die aber MICK ist doch der stärkste EIKENNGETTNOSETTISFEKSCHIN! ICH geh hin dadarauf kann sich MICK verlassn ich geh hin Mfred muß inner kaserne bleibn und DER hat dienst ICH seh mir die parade an KEIN FERN und dann zapfenstreich KEIN RUNTER und dann das feuerwerk und dann MICK
15 parade ist immer schau die ganzen panzer und das ICH seh mit die parade an KEIN FERN dann zapfenstreich KEIN RUNTER dann feuerwerk KEIN RUNTER dann MICK KEIN RUNTER arschkackpiss ICH fahr bis schlewskistraße vorne raus zapfenstreich stratzenweich samariter grün frankfurter rot strausberger grün schlewski grau vorne raus strapfenzeich stratzenweich mit klingendem spiel und festem tritt an der spitze der junge major mit seim stab der junge haupttam-
20 bourmajor fritz scholz, der unter der haupttribüne den takt angegeben hat mit sein offnes symp warte mal symp gesicht und seim durchschnitt von einskommadrei einer der bestn er wird an leunas komputern und für den friedlichn sozialistischen deutschen staat arbeitn denn er hat ein festes

ziel vor den augn dann feurwerk dann MICK ICH weiß wo die stelle ist ubahn bis spittlmarkt ICH lauf bis alex dann linje a kloster grau märk mus weiß spittlmarkt vorne raus SPRINGER-
25 HAUS MICK und Jonn und Bill und die aufm dach EIKENNGETTNOSETTISFEKSCHIN rochorepochopipoar!
Schweigen. Sonne. Rote Fahnen. Die Glockenschläge der neunten Stunde klingen über der breiten Straße auf. Und da beginnt mit hellem Marschrhythmus unter strahlend blauem Himmel der Marsch auf unserer Straße durch die zwanzig guten und kräftigen Jahre unserer Republik, unseres
30 *Arbeiter- und Bauernstaates, die großartige Gratulationscour unserer Hauptstadt zum zwanzigsten Geburtstag der DDR auf dem traditionellen Marx-Engels-Platz in Berlin. Auf der Ehrentribüne die, die uns diese Straße immer gut und klug vorangegangen sind, die Repräsentanten der Partei und Regierung unseres Staates, an ihrer Spitze Walter Ul* jetz komm sie aber bloß fußtruppn panzer noch nicht *NVA mit ausgezeichneter Kampftechnik, die unsere gute Straße hart an der*
35 *Grenze des imperialistischen Lagers sicher flankiert, bildet den Auftakt der Kampfdemonstration. Die Fußtruppen der Land- und Luftstreitkräfte sowie der Volksmarine, in je drei Marschblöcken, ausgerichtet wie straffe Perlenschnüre, paradieren mit hellem Marschtritt unter winkenden Blumengrüßen der Ehrengäste an der Haupttribüne vorbei* Mfred wird sich in arsch beißn, daß er da nicht bei ist er ist bloß BULLE BULLN marschiern nicht – Aber Junge, dein Bruder ist kein Bul-
40 le, er ist Polizist wie viele andere – MAMA – Wenn er nochmal Bulle zu seinem, dann weiß ich nicht was ich! Den Bullen kriegst du noch wieder! – Mfred der B B marschiern nicht B sperrn bloß ab B lösn auf B drängeln ab B sind B Mfred rocho ist rochorepocho B [...]
Hau ab hier, Kumpel! – wieso ICH – Hau ab, ist besser. Die lochn uns ein! – wieso MICK – MICK ist nicht, keiner da. – MICK kommt – Siehst dun? War alles Spinne. Die drübn habn uns beschissn!
45 MICK kommt du spinnst der haut ab schön lange haare hat er bis auf die hüfte wenn wind ist, stehn sie ab da sind welche masse leute B auch B sperrn ab lösn auf drängeln ab Mfred was machn die mit den leutn was machn die leute Nosse Unterleutnant! der leutnant von leuten befahl sein leutn nicht eher zu MAMA die wolln uns nicht zu MICK – Die habn uns beschissn, Kleiner! MICK hat mir ich will zu – Wie alt bistn du? Hau ab hier! Das ist ernst! – was machn die B drän-
50 geln ab ICH WILL NICHT WOHIN SOLLN WIR – Spree oder was? Die machen ernst. Aufhörn! Power to the people. Ist doch Scheiße. Gehn Sie weit. Wohin denn? Laßt uns raus! I like MICK! Halt doch die Klap, Kump. Die haben was gegen uns. Ich auch gegn die. Ruhe. Fressen halten! Sie können uns hier nicht! Gehn Sie weit! Mir ist. Geh zu Mama, Bauch waschen. – die habn die habn ja knüppl die habn ja knüppl draußn was wolln die – Dreimal darfste raten! Die
55 wolln uns! Ruhe bewahren! Nicht provozieren! Gehn Sie weiter! Wohin denn? Lassen Sie uns! Hat kein Zweck, die. Wir solln in die Ruine! Die wolln uns in die Ruine. Nicht in die Kirche schiebn lassen! Damit Sie uns! Aufhörn! Amen! Friede sei mit euch! – kirschners kleener karle konnte keene kirschen kaun MAMA die wolln uns und in die machn ernst die drängln uns in die kirche ICH kenn die die hat kein dach mehr die haun uns die haun uns in die Kirche die haun auf
60 die köpfe aufhörn die dürfn nicht MAMAMICK – Hautse, hautse immer auf die Schnauze! Ruhe! Haltet die Fressen. Was haben wir denn? Nicht wehren! Säue! Genossen, wir! Halten Sie den Mund! – MAMA wir sind drin ICH war noch nie inner kirche darf keiner kein was tun wir sind heilich lieber gott die haun auch mädchen die haun alle die haun die dürfn doch nicht – Nicht wehren! Hinlegen! Legt euch hin! Hände übern Kopf! Wehren! Wehrt euch! Singen! Wacht auf ver-
65 dammte dieser ... Deutschland Deutschland über ... Power to the people ... – die singn oh du lieber augustin alles ist MAMA DIE HAUN MICK – Wir müssen brülln! Alle brülln, dann hörn sie uns draußn. Brüllt! – arschkackpissrepochopipoaaaaar Mfred! das ist Mfred der B! er haut inner kirche darf keiner kein Mfred! manfred! MANFRED! HIER! ICH! ICH BIN HIER DEIN BRUDER! Nicht haun mehr ICH BIN HIER! MANFRED! HERKOMM! Hier nicht haun
70 MAN du sau

Aufgaben zu den Bildern auf den Seiten 245 und 256

KLAUS VOGELGESANG   Lacht zuletzt

① Welche Beziehungen lassen sich zur Bewußtseins- und Stimmungslage um 1980 herstellen? Ziehen Sie dazu die Einführung heran.
② Das Bild kann wie eine Einstellung im Film beschrieben werden. Figuren und Szenerie erscheinen in bestimmten Bildgrößen. Welche Wirkungen gehen von der Art der Figurendarstellung aus? Wie wird das Kunstmittel der Bildgröße gehandhabt?
③ Was im Vordergrund zu sehen ist, scheint der Kopf einer sogenannten Meßpuppe zu sein, mit der bei Tests Unfälle simuliert werden. Welcher Problemkomplex wird damit ins Bild eingebracht?
④ *Lacht zuletzt* – ein rätselhafter Titel. Wie deuten Sie ihn?

JEAN PAUL RIOPELLE   Begegnung

Der in Paris ansässige kanadische Maler Jean Paul Riopelle (geb. 1924) verschrieb sich dem sog. *Action Painting*. Form- und Farbsequenzen sollten dem inneren Rhythmus des Künstlers entsprechen und beim Betrachter ungewohnte Sehvorgänge auslösen, die der Vorstellung neue Wege weisen.
① Versuchen Sie das Bild in ein „Gebilde" aus Sprache zu übersetzen.
② Stellen Sie in einer essayartigen Studie eine Beziehung zu Helmut Heißenbüttels „Einerseitsgedicht" (S. 259) her.

Aufgaben zu den Texten auf den Seiten 253–264

GOTTFRIED BENN   Probleme der Lyrik; Nur zwei Dinge

① Machen Sie sich mit Gottfried Benns Biographie vertraut.
② „Ist das erste vielleicht subjektiv, bringt das zweite die objektive Welt heran, es ist das formale, das geistige Prinzip." (Z. 63 f.). Interpretieren Sie das Gedicht *Nur zwei Dinge* unter diesem Aspekt.

PAUL CELAN   Wortaufschüttung

① Aus welchen Wirklichkeitsbereichen bezieht der Autor Bilder?
② Welche poetischen Landschaften entstehen im Text?
③ Welche Qualitätsurteile werden in bildhafter Sprache gefällt?
④ Setzen Sie die Chiffren (z. B. „Wortmond", „Königsgeburten") zur Zeitstruktur des Gedichts in Beziehung.

INGEBORG BACHMANN   Erklär mir, Liebe

① An wen ist die Anrede gerichtet? Erwägen Sie verschiedene Möglichkeiten.
② Welche Einheiten des Gedichts stehen in engerem Zusammenhang? Welche stützen eine bestimmte Annahme über die Angeredete?
③ „Erklär mir nichts" steht in überraschendem Gegensatz zu den wiederholten Bitten um Erklärung. Untersuchen Sie den Satz im Kontext der beiden letzten Strophen.
④ Skizzieren Sie den Gang einer Interpretation.

INGEBORG BACHMANN   Probleme zeitgenössischer Dichtung

① Kafka und Musil sind für Ingeborg Bachmann Garanten und Beispiele für dichterische Authentizität. Informieren Sie sich genauer über einen dieser Autoren, und referieren Sie über die „durchgehende Problemkonstante" in seinem Werk.
② Erklären Sie anhand ausgewählter Textstellen den für Bachmanns Poetik wichtigen Begriff der „Erfahrung".

EUGEN GOMRINGER   vom vers zur konstellation; beweglich

① Geben Sie in Anlehnung an die theoretischen Ausführungen eine Formbeschreibung der Konstellation *beweglich*.
② Das Neue Gedicht sei „denkgegenstand – denkspiel": Notieren Sie Assoziationen, die sich bei Ihnen zu einigen der Kausalfügungen von *beweglich* einstellen.
③ Das Gedicht könnte als Warnung, aber auch als Zuspruch oder Ermutigung aufgefaßt werden. Welche Sprechweise wäre der jeweiligen Interpretation angemessen?

HELMUT HEISSENBÜTTEL   Einerseitsgedicht

① Klären Sie „Apperzeption", „Aberration".
② Beschreiben Sie die Grobstruktur des Gedichts.
③ Welche Bedeutung haben die Versblöcke mit der „einerseits – aber auch"-Struktur für die Gesamtaussage?
④ Bilden die anders gebauten Zeilen 11–14 eine thematische Einheit?
⑤ Versuchen Sie, die folgenden Metaphern aus ihrem Bildgehalt und aus dem Kontext zu deuten: „die tief gestapelten Bedeutungskeller der Vokabeln"; „Der Riß der Nacht der mich absaugt".
⑥ Ergibt sich aus den „Zickzacksprüngen des Artikulierbaren" (Z. 24–27) ein Zusammenhang?

WOLFGANG KOEPPEN   Das Treibhaus

① Informieren Sie sich über die politische Krise im September 1938.
② Der französische Romancier Stendhal (1783–1842) war ein glühender Bewunderer Napoleons. Welche Rolle spielt er in der Tagtraumszene?
③ Welcher Gesamteindruck entsteht beim Lesen der letzten vier Abschnitte?

ERIK NEUTSCH   Das Objekt der Bewährung

① Untersuchen Sie, wie Erik Neutsch den Auftrag des Bitterfelder Wegs erfüllt.
② Wie nutzt der professionelle Schriftsteller Neutsch sprachlich-stilistische Mittel zur Darstellung der Arbeitswelt?

ULRICH PLENZDORF   kein runter kein fern

① Listen Sie Belege auf für die Charakteristik der DDR in der offiziellen „Staatslob"-Sprache und in der Stammel- und Stummelsprache des Jungen. Erschließen Sie daraus die Intention des Autors.
② Mit welchen sprachlichen Mitteln wird der Monolog wiedergegeben?
③ Welches Persönlichkeitsbild läßt sich aus dem inneren Monolog erschließen?

b) Einsprüche, Eingriffe

Hans Magnus Enzensberger
konjunktur

ihr glaubt zu essen
aber das ist kein fleisch
womit sie euch füttern
das ist köder, das schmeckt süß
5 (vielleicht vergessen die angler
die schnur, vielleicht
haben sie ein gelübde getan,
in zukunft zu fasten?)

der haken schmeckt nicht nach biscuit
10 er schmeckt nach blut
er reißt euch aus der lauen brühe:
wie kalt ist die luft an der beresina!
ihr werdet euch wälzen
auf einem fremden sand
15 einem fremden eis:
grönland, nevada, fest-
krallen sich eure glieder
im fell der nubischen wüste.

sorgt euch nicht! gutes gedächtnis
20 ziert die angler, alte erfahrung.
sie tragen zu euch die liebe
des metzgers zu seiner sau.

sie sitzen geduldig am rhein,
am potomac, an der beresina,
25 an den flüssen der welt.
sie weiden euch. sie warten.

ihr schlagt euch das gebiß in die hälse.
euch vor dem hunger fürchtend
kämpft ihr um den tödlichen köder.

Hans Magnus Enzensberger
Das Plebiszit der Verbraucher

[…] Der Katalog des Versandhauses N. in Frankfurt ist ein Bestseller ohne Autor. Er ist anonym nicht nur, weil er eine Gruppe unbekannter Werbetexter zu seinen Verfassern hat, sondern in einem weit radikaleren Sinn. Jene Werbetexter gehorchen den Anweisungen ihres Managements. Diese Anweisungen aber gehorchen ihrerseits der Verkaufsstatistik. Der Erfolg des Angebotes
5 und damit des Kataloges hängt davon ab, daß es ihnen gelingt, den Zufall zu eliminieren. Daß ein Artikel „sich rentiert", qualifiziert ihn noch nicht zur Aufnahme in diese monströse Offerte. Er muß so beschaffen sein, daß sich eine Mehrheit auf ihn einigen kann. Der Katalog ist somit mehr als das Resultat einer normalen kaufmännischen Kalkulation: er ist das Resultat eines unsichtbaren Plebiszits. […]
10 „In diesen Tagen", so feierlich-verschwitzt beginnt der erste Satz des Buches, „da mein Katalog die Reise zu Millionen Kunden … antritt, ist mir" – sentimentales Tremolo – „ein wenig weh zumute, denn es heißt Abschied zu nehmen," – *zu* nehmen! – „Abschied von dem (alten) Versandgebäude". Später, wenn von den lieben Kleinen die Rede ist, wird über dem gerührten Zittern in der Stimme des Texters ein neckischer Oberton zu vernehmen sein: „Welches Kind möchte
15 nicht mit den vielen Vögelchen um die Wette singen. Darum machen Sie Ihrer Kleinen die Freude und bestellen Sie dieses Modell … In naturgetreuer Schönheit heben sich … die kleinen Röschen … ab, die die kindliche Note unterstreichen … wenn das Sandmännchen kommt." Die kindliche Note klingt natürlich anders, je nachdem, ob sie von der Vegetation unterstrichen wird oder von

einem „Raketentransporter Ia Ausführung in olivgrün, zehnfach bereift ... Rakete mit Schaum-
gummispitze, abschießbar. Soldat als Fahrer. Raketenbahn dreh- und schwenkbar. DM 8,90."
Überschrift: „Das schönste Spielzeug für Ihr Kind". Von jeher war das Markige die Kehrseite der
Sentimentalität, so auch, ganz offenbar, im Versandgeschäft. „Mancher Kampf mußte geführt,
mancher Widerstand überwunden werden", schreibt sein Besitzer. Der Kunde, der seinen letzten,
hinhaltenden Widerstand aufgegeben hat, darf hingegen mit erstklassiger Betreuung rechnen.
„Das nächste N.-Paket ... bringt Ihnen ganz persönliche Grüße", verheißt ihm die Firma auf eben
der Seite, auf der sie ihn davon unterrichtet, daß seine Bestellung automatisch erledigt wird – durch
eine Großrechenanlage. Immer wieder wird ihm versichert, er werde „hell begeistert", „zusätzlich
erfreut" sein. Die Ware wird „schnell alle Herzen erobern", „durch dankbare Tragfähigkeit erfreu-
en", „der Liebe aller Frauen sicher sein". Sie ist „mit Trageigenschaften ausgestattet", „mit Güte-
paß" und „Hochveredelung" „ausgerüstet". Sie „verdient" „nicht nur" das Prädikat ‚Wertvoll'",
sie „verdient das Prädikat ‚Wertvoll' mit Recht". Die Kleider heißen altdeutsch „Kunigunde" und
„Gudula", folkloristisch „Grindelwald" und „Edelweiß", touristisch „Festival" und „Ibiza".
„Fawsia" und „Soraya" sorgen für den Duft der großen Welt im Mief der Mittelmäßigkeit. Reich
vertreten ist das pseudotechnische Rotwelsch, das in Madison Avenue erfunden worden ist. Der
Kunde hat die Wahl zwischen IRISETTE und OPTILON, SUPPREMA und KINGFLASH,
TUBOFLEX und DANUFLOR, MINICARE und ERBAPRACTIC, SKAI und LAVAFIX,
NO IRON FINISH und NINO-IRIX-AUTOMAGIC. Dieses Gemauschel erobert alle Herzen
im Nu. Zwar weiß niemand genau, was es bedeutet; doch gibt es Jedermann zu verstehen, daß er
an den allerletzten sensationellen Fortschritten der Technologie teilhaben darf. Die Mehrheit,
deren Wünsche und Vorstellungen der Katalog reflektiert, ist offensichtlich *für* den Fortschritt.
Unter einer Bedingung: der historische Prozeß darf Fahrradklingeln und Hosenträger verändern,
nicht jedoch das Bewußtsein. [...]
Das deutsche Proletariat und das deutsche Kleinbürgertum lebt heute, 1960, in einem Zustand, der
der Idiotie näher ist denn je zuvor. Ist es Snobismus, diese bedrohliche Tatsache mit einem Schrei
des Bedauerns festzuhalten? Es liegt uns ferne, Herrn N., den Veranstalter des Katalogs, den wir
vor uns haben, zu verteidigen. Die Dienstbereitschaft seiner Firma ist von der Art, die zu allem
bereit wäre, was verlangt wird. Aber niemand wird Herrn N. allein in die Schuhe schieben können, was er mit so großer Umsicht registriert und ausnutzt: ein gesellschaftliches Versagen, an dem
wir alle schuld sind: unsere Regierung, der die Verblödung einer Mehrheit gelegen zu kommen
scheint; unsere Industrie, die ihr blühende Geschäfte verdankt; unsere Gewerkschaften, die nichts
gegen eine geistige Ausbeutung unternehmen, von der das materielle Elend der Vergangenheit
nichts ahnen konnte; und unsere Intelligenz, welche die Opfer dieser Ausbeutung längst abge-
schrieben hat.

GÜNTER GRASS
Die Blechtrommel

[...] Sobald sich der Zwiebelkeller mit Gästen gefüllt hatte – halbvoll galt als gefüllt – legte sich
Schmuh, der Wirt, den Shawl um. Der Shawl, kobaltblaue Seide, war bedruckt, besonders
bedruckt, und wird erwähnt, weil das Shawlumlegen Bedeutung hatte. Goldgelbe Zwiebeln kann
man das Druckmuster nennen. Erst wenn Schmuh sich mit diesem Shawl umgab, konnte man
sagen, der Zwiebelkeller ist eröffnet.
Die Gäste: Geschäftsleute, Ärzte, Anwälte, Künstler, auch Bühnenkünstler, Journalisten, Leute
vom Film, bekannte Sportler, auch höhere Beamte der Landesregierung und Stadtverwaltung,

kurz, alle, die sich heutzutage Intellektuelle nennen, saßen mit Gattinnen, Freundinnen, Sekretärinnen, Kunstgewerblerinnen, auch mit männlichen Freundinnen auf rupfenbespannten Kissen und unterhielten sich, solange Schmuh noch nicht den Shawl mit den goldgelben Zwiebeln trug, gedämpft, eher mühsam, beinahe bedrückt. Man versuchte, ins Gespräch zu kommen, schaffte es aber nicht, redete, trotz bester Absicht, an den eigentlichen Problemen vorbei, hätte sich gerne einmal Luft gemacht, hatte vor, mal richtig auszupacken, wollte frisch von der Leber, wie einem ums Herz ist, aus voller Lunge, den Kopf aus dem Spiel lassen, die blutige Wahrheit, den nackten Menschen zeigen – konnte aber nicht. Hier und da deutet sich in Umrissen eine verpfuschte Karriere an, eine zerstörte Ehe. Der Herr dort mit dem klugen massigen Kopf und den weichen fast zierlichen Händen scheint Schwierigkeiten mit seinem Sohn zu haben, dem die Vergangenheit des Vaters nicht paßt. Die beiden, im Karbidlicht immer noch vorteilhaft wirkenden Damen im Nerz wollen den Glauben verloren haben; noch bleibt offen: den Glauben an was verloren. Noch wissen wir nichts von der Vergangenheit des Herrn mit dem massigen Kopf, auch welche Schwierigkeiten der Sohn dem Vater, der Vergangenheit wegen bereitet, kommt nicht zur Sprache; es ist [...] wie vor dem Eierlegen: man drückt und drückt ...
Man drückte im Zwiebelkeller solange erfolglos, bis der Wirt Schmuh mit dem besonderen Shawl kurz auftauchte, das allgemein freudige „Ah" dankend entgegennahm, dann für wenige Minuten hinter einem Vorhang am Ende des Zwiebelkellers, wo die Toiletten und ein Lagerraum waren, verschwand und wieder zurückkam.
Warum aber begrüßt den Wirt ein noch freudigeres, halberlöstes „Ah", wenn er sich wieder seinen Gästen stellt? Da verschwindet der Besitzer eines gutgehenden Nachtlokals hinter einem Vorhang, greift sich etwas aus dem Lagerraum, schimpft ein bißchen halblaut mit der Toilettenfrau, die dort sitzt und in einer Illustrierten liest, tritt wieder vor den Vorhang und wird wie der Heiland, wie der ganz große Wunderonkel begrüßt.
Schmuh trat mit einem Körbchen am Arm zwischen seine Gäste. Dieses Körbchen verdeckte ein blaugelb kariertes Tuch. Auf dem Tuch lagen Holzbrettchen, die die Profile von Schweinen und Fischen hatten. Diese fein säuberlich gescheuerten Brettchen verteilte der Wirt Schmuh unter seine Gäste. Verbeugungen gelangen ihm dabei, Komplimente, die verrieten, daß er seine Jugend in Budapest und Wien verbracht hatte; Schmuhs Lächeln glich dem Lächeln auf einer Kopie, die man nach der Kopie der vermutlich echten Mona Lisa gemalt hatte.
Die Gäste aber nahmen die Brettchen ernsthaft in Empfang. Manche tauschten sie um. Der eine liebte die Profilform des Schweines, der andere oder – wenn es sich um eine Dame handelte – die andere zog dem ordinären Hausschwein den geheimnisvolleren Fisch vor. Sie rochen an den Brettchen, schoben sie hin und her, und der Wirt Schmuh wartete, nachdem er auch die Gäste auf der Galerie bedient hatte, bis jedes Brettchen zur Ruhe gekommen war.
Dann – und alle Herzen warteten auf ihn – dann zog er, einem Zauberer nicht unähnlich, das Deckchen fort: ein zweites Deckchen deckte den Korb. Darauf aber lagen, mit dem ersten Blick nicht erkenntlich, die Küchenmesser.
Wie zuvor mit den Brettchen ging Schmuh nun mit den Messern reihum. Doch machte er seine Runde schneller, steigerte jene Spannung, die ihm erlaubte, die Preise zu erhöhen, machte keine Komplimente mehr, ließ es nicht zum Umtausch der Küchenmesser kommen, eine gewisse wohldosierte Hast fuhr in seine Bewegungen. „Fertig, Achtung, los!" rief er, riß das Tuch vom Korb, griff hinein in den Korb, verteilte, teilte aus, streute unters Volk, war der milde Geber, versorgte seine Gäste, gab ihnen Zwiebeln, Zwiebeln, wie man sie goldgelb und leicht stilisiert auf seinem Shawl sah, Zwiebeln gewöhnlicher Art, Knollengewächse, keine Tulpenzwiebeln, Zwiebeln, wie sie die Hausfrau einkauft, wie sie die Gemüsefrau verkauft [...].
Und warum das? Weil der Keller so hieß und was Besonderes war, weil die Zwiebel, die geschnittene Zwiebel, wenn man genau hinschaut ... nein, Schmuhs Gäste sahen nichts mehr oder einige

sahen nichts mehr, denen liefen die Augen über, nicht weil die Herzen so voll waren; denn es ist gar nicht gesagt, daß bei vollem Herzen sogleich auch das Auge überlaufen muß, manche schaffen das nie, besonders während der letzten oder verflossenen Jahrzehnte, deshalb wird unser Jahrhundert später einmal das tränenlose Jahrhundert genannt werden, obgleich soviel Leid allenthal-
60 ben – und genau aus diesem tränenlosen Grunde gingen Leute, die es sich leisten konnten, in Schmuhs Zwiebelkeller, ließen sich vom Wirt ein Hackbrettchen – Schwein oder Fisch –, ein Küchenmesser für achtzig Pfennige und eine ordinäre Feld-Garten-Küchenzwiebel für zwölf Mark servieren, schnitten die klein und kleiner, bis der Saft es schaffte, was schaffte? Schaffte, was die Welt und das Leid dieser Welt nicht schaffften: die runde menschliche Träne. Da wurde geweint. Da wurde endlich wieder einmal geweint. […]

Elisabeth Plessen
Mitteilung an den Adel

[…] Aussteigen. (Du hast einen Kopf.) Du kannst aussteigen und einen ersten Schritt machen. (Du hast einen Kopf.)
Es kam nicht von allein und ging nicht von allein, aber eines Tages, während der beiden Semester in Paris, merkte Augusta, daß sie den ersten Schritt schon hinter sich gebracht hatte.
5 Sie wußte nicht, wer das Stichwort gegeben hatte, als sie zu zehnt am Boulevard St. Michel gestanden und angesichts der Polizeisperre überlegt hatten, wie sie jetzt zur Sorbonne kommen sollten. Michel? Es konnte auch Henri Roche gewesen sein. Womöglich hatte sie es selber gesagt. Jedenfalls war *Omnibus* das Stichwort gewesen, denn die Polizei kontrollierte nur die Fußgänger und Personenwagen, während die Busse durch die Sperre brausten. Also verteilten sie sich, sprangen
10 einzeln auf die fahrenden Busse auf, und so durchbrachen sie den Polizeikordon und erreichten den Versammlungsort, auf den sich die Marschgruppe geeinigt hatte. Andere Gruppen machten es ihnen nach.
Das zweite Stichwort war *Straße*. Sie setzten sich auf die Fahrbahn und blockierten den Verkehr innerhalb des Kordons. Die Autofahrer stoppten und lachten; sie waren auf seiten der Demon-
15 stranten, sie hupten und schrien die Parolen gegen den Erziehungsminister und die force de frappe[1], bis die Polizisten merkten, daß sie übertölpelt worden waren, und angriffen. In der rue Vavin begann es: Vorn gingen sie noch Arm in Arm, aber hinten fielen die ersten hin. Die Polizisten stürmten über die Liegenden hinweg. Augusta hatte beim Stürzen einen Schuh verloren. Sie sah ihn, wollte nach ihm greifen, als ein Polizistenstiefel auf ihre Umhängetasche trat, die sie idio-
20 tischerweise mitgenommen hatte. Sie bekam weder den Schuh noch die Tasche zu fassen, sie rappelte sich hoch und fing an zu rennen. Alles stiebte auseinander. Die Flics hatten ihre Pelerinen um die Holzknüppel gewickelt und schlugen auf alle ein, die sie schnappen konnten. Dann waren die Mannschaftswagen da. Die Türen gingen auf, und die Flics stießen die Studenten in die Wagen. Augusta hatte sich mit Michel, mit Henri Roche und ein paar anderen in einen Hausflur geflüch-
25 tet. Die Concierge verschloß die Tür, setzte sich draußen mit ihrem Stuhl vor den Eingang und rührte sich nicht von der Stelle, bis die Luft wieder rein war. Ein Mädchen aus dem Haus schenkte Augusta ein Paar Schuhe. Augusta sagte: Du brauchst sie mir nur zu leihen. Ach was, leihen, sagte das Mädchen. Sie wollte sie nicht wiederhaben. Henri Roche gab Augusta einen Franc für die Metro, für später, wenn es dunkel und ruhig geworden sei. Ein paar Tage danach mußte sie zum
30 Polizeibüro kommen und die Tasche mit den Papieren holen, die gefunden worden war. Sie wurde nicht ausgewiesen wie andere ausländische Studenten.
Später, in Berlin, war *Omnibus* das falsche Stichwort gewesen. Augusta ging es wie anderen Stu-

---
[1] die mit Atomwaffen eigener Herstellung ausgerüsteten Einheiten der französischen Armee

denten: Die aufgebrachten Weiber und die Schaffner ließen sie nicht in den Bus; sie schrien *Mob, Pöbel, Ihr roten Horden.* Die Omnibusse hörten auf, Verkehrsmittel für alle zu sein.

35 Von sich aus fragte C. A.[2] nicht, wie es in Berlin gehe, wenn Augusta nach Hause kam, und er schwieg, wenn ein anderer danach fragte. Er wollte nicht wissen, was ein *teach in*[3] ist, was ein *Vorlesungsstreik,* er wollte von Demonstrationen nichts wissen, denn er wußte ja alles aus der WELT, und wußte es dementsprechend. Berlin störte ihn, und er wollte nicht gestört sein. Er wollte auch nicht informiert werden, und wenn er informiert wurde, so war für ihn die Information keine
40 Information, sondern ein Standpunkt. Das ersparte ihm alle Mühe, das Thema Berlin wurde zu einem Tabu. Er freute sich, daß Augusta ein paar Tage da war, aber mehr als Freude oder Vorfreude wollte er nicht erleben. Er guckte auf Augustas spitze Knie, die er kannte, auf die Lücken zwischen ihren krummen Fingern, also hatte sich nichts verändert. Die großen Augen waren da, die großen Ohren, der große Mund. Es genügte, wenn er darauf anspielte, daß er im Bilde war; eine
45 kleine Stichelei, eine bissige Bemerkung genügten. Trat Augusta ins Zimmer, so unterbrach C. A. auch die politischen Gespräche der Gäste, sagte: Darüber reden wir nicht, stichelte: Unsere Tochter ist anderer Meinung. Spott und Angst gemischt ergeben Unterlegenheit.
C. A. wütete, als er in der Zeitung las, daß Augusta eine Resolution mitunterschrieben hatte, die sich gegen die Studentenhetze in den Blättern des Springer-Konzerns richtete. Als sie nach Hause
50 kam, stand er in der Bibliothek, kehrte ihr den Rücken, hämmerte mit den Fäusten auf einen Lehnstuhl ein und schrie, sie habe den Namen der Familie entehrt: *Generationen – die Unterschrift – alter Name – mit den Füßen – Öffentlichkeit – Schimpf – Schmutz –*
Augusta schlitzte die Augen. Sie lehnte am Fensterrahmen. *Schmutz.* Wen meinst du damit, C. A.? Bin ich der Schmutz? Er fuhr herum, lief zur Tür und ging hinaus. Draußen fuhr er in seine zer-
55 schlissene Safarijacke, stülpte sich den steifen Filzhut auf, der einem Tropenhelm so ähnlich sah, verließ das Haus und blieb auf dem Vorplatz stehen, auf den sich ein Schafbock verirrt hatte. Er redete mit dem Bock. Seine Wut brach zusammen, während er dem Bock gut zuredete. C. A. verstand sich auf Monologe.
Er liebte Monologe, weil sie ihm die Zuhörer ersparten und deren Widerspruch. Er liebte sie, weil
60 sie sich mit einfachen grammatikalischen Formen begnügten, Behauptungen und Reihen von Wörtern, bei denen es nur darauf ankam, daß sie aus vollem Herzen stammten. Monologe führten zur Selbstreinigung.
Ein Monolog handelte vom Tod. C. A. flüchtete sich in morose Gedanken, um sein Dasein *unter Beweis zu stellen,* wie er das nannte, und stellte seine morosen Gedanken unter Beweis, indem er
65 erfrischt in sein Dasein zurückkehrte. Er überlegte nicht, daß er diejenigen, die zufällig einen dieser unendlichen, an den Tod gerichteten Monologe mitanhörten, damit unter Druck setzte. Er machte sie ängstlich, schuldbewußt, hilflos. Olympia[4] schlug in solchen Momenten die Augen nieder. Augusta ärgerte sich. Aber Ärger war keine Verteidigung.
Ein zweiter Monolog galt der Lebenserfahrung, der dritte dem Nashorn in Kenia, das er nicht
70 getroffen hatte. (Er hatte gar nicht schießen wollen. Er hatte mit erhobenen Händen dagestanden.)
C. A. wußte genau, was zu sagen war, ohne daß er den Anlaß seiner Rede noch einmal erwähnte (Augustas Unterschrift zum Beispiel), und er vergriff sich nie im Ton. *Er verlor sein Gesicht nicht.* (So hieß das.) Es widerfuhr ihm nicht. Lieber hätte er auf sein Gesicht verzichtet. *Das Gesicht. Mein Gesicht.* Hinzu kam, daß Augusta dasselbe Gesicht hatte, wie er, dieselben großen Augen,
75 dieselben großen Ohren, denselben großen Mund. Es war vorgekommen, daß er von fremden Leuten, die Augusta kannten, auf der Straße auf sie angesprochen worden war, und umgekehrt: Augusta war auf ihn angesprochen worden. Also lieber kein Gesicht haben, als eines verlieren, das für zwei reichte. […]

---

[2] Augustas Vater [3] demonstrative politische Diskussion, bei der Mißstände aufgedeckt werden sollen [4] Augustas Mutter

Peter Handke
Die drei Lesungen des Gesetzes

1.

Jeder Staatsbürger hat das Recht –
Beifall
seine Persönlichkeit frei zu entfalten –
Beifall
5 insbesondere hat er das Recht auf:
Arbeit –
Beifall
Freizeit –
Beifall
10 Freizügigkeit –
Beifall
Bildung –
Beifall
Versammlung –
15 *Beifall*
sowie auf Unantastbarkeit der Person –
starker Beifall

2.

Jeder Staatsbürger hat das Recht –
Beifall
20 im Rahmen der Gesetze seine Persönlichkeit frei zu entfalten –
Rufe: Hört! Hört!
insbesondere hat er das Recht auf:
Arbeit entsprechend den gesellschaftlichen Erfordernissen –
Unruhe, Beifall
25 auf Freizeit nach Maßgabe seiner gesellschaftlich notwendigen Arbeitskraft –
Zischen, Beifall, amüsiertes Lachen, Unruhe
auf Freizügigkeit, ausgenommen die Fälle, in denen eine ausreichende Lebensgrundlage nicht vorhanden ist und der Allgemeinheit daraus besondere Lasten entstehen würden –
schwacher Beifall, höhnisches Lachen, Scharren, Unruhe
30 auf Bildung, soweit die ökonomischen Verhältnisse sie sowohl zulassen als auch nötig machen –
starke Unruhe, Murren, unverständliche Zwischenrufe, Türenschlagen, höhnischer Beifall
auf Versammlung nach Maßgabe der Unterstützung der Interessen der Mitglieder der Allgemeinheit –
Pultdeckelschlagen, Pfeifen, allgemeine Unruhe, Lärm, vereinzelte Bravorufe, Protestklatschen,
35 *Rufe wie: Endlich! oder: Das hat uns noch gefehlt!, Trampeln, Gebrüll, Platzen von Papiertüten*
sowie auf Unantastbarkeit der Person –
Unruhe und höhnischer Beifall.

3.

Jeder Staatsbürger hat das Recht,
im Rahmen der Gesetze und der guten Sitten seine Persönlichkeit frei zu entfalten,
insbesondere hat er das Recht auf Arbeit entsprechend den wirtschaftlichen und sittlichen Grundsätzen der Allgemeinheit –
das Recht auf Freizeit nach Maßgabe der allgemeinen wirtschaftlichen Erfordernisse und den Möglichkeiten eines durchschnittlich leistungsfähigen Bürgers –
das Recht auf Freizügigkeit, ausgenommen die Fälle, in denen eine ausreichende Lebensgrundlage nicht vorhanden ist und der Allgemeinheit dadurch besondere Lasten entstehen würden oder aber zur Abwehr einer drohenden Gefahr für den Bestand der Allgemeinheit oder zum Schutz vor sittlicher und leistungsabträglicher Verwahrlosung oder zur Erhaltung eines geordneten Ehe-, Familien- und Gemeinschaftslebens –
das Recht auf Bildung, soweit sie für den wirtschaftlich-sittlichen Fortschritt der Allgemeinheit sowohl zuträglich als auch erforderlich ist und soweit sie nicht Gefahr läuft, den Bestand der Allgemeinheit in ihren Grundlagen und Zielsetzungen zu gefährden –
das Recht auf Versammlung nach Maßgabe sowohl der Festigung als auch des Nutzens der Allgemeinheit und unter Berücksichtigung von Seuchengefahr, Brandgefahr und drohenden Naturkatastrophen –
sowie das Recht auf Unantastbarkeit der Person:
Allgemeiner stürmischer, nichtendenwollender Beifall.

ERICH FRIED
Gründe

„Weil das alles nicht hilft
Sie tun ja doch was sie wollen

Weil ich mir nicht nochmals
die Finger verbrennen will

Weil man nur lachen wird:
Auf dich haben sie gewartet

Und warum immer ich?
Keiner wird es mir danken

Weil da niemand mehr durchsieht
sondern höchstens noch mehr kaputtgeht

Weil jedes Schlechte
vielleicht auch sein Gutes hat

Weil es Sache des Standpunktes ist
und überhaupt wem soll man glauben?

Weil auch bei den andern nur
mit Wasser gekocht wird

Weil ich das lieber
Berufeneren überlasse

Weil man nie weiß
wie einem das schaden kann

Weil sich die Mühe nicht lohnt
weil sie alle das gar nicht wert sind"

Das sind Todesursachen
zu schreiben auf unsere Gräber

die nicht mehr gegraben werden
wenn das die Ursachen sind

BERTOLT BRECHT
Böser Morgen

Die Silberpappel, eine ortsbekannte Schönheit
Heute eine alte Vettel. Der See
Eine Lache Abwaschwasser, nicht rühren!
Die Fuchsien unter dem Löwenmaul billig und eitel.
5 Warum?
Heute nacht im Traum sah ich Finger, auf mich deutend
Wie auf einen Aussätzigen. Sie waren zerarbeitet und
Sie waren gebrochen.

10 Unwissende! schrie ich
Schuldbewußt.

PETER HUCHEL
Der Garten des Theophrast[1]

Wenn mittags das weiße Feuer
Der Verse über den Urnen tanzt,
Gedenke, mein Sohn. Gedenke derer,
Die einst Gespräche wie Bäume gepflanzt.
5 Tot ist der Garten, mein Atem wird schwerer,
Bewahre die Stunde, hier ging Theophrast,
Mit Eichenlohe zu düngen den Boden,
Die wunde Rinde zu binden mit Bast.
Ein Ölbaum spaltet das mürbe Gemäuer
10 Und ist noch Stimme im heißen Staub.
Sie gaben Befehl, die Wurzel zu roden.
Es sinkt dein Licht, schutzloses Laub.

REINER KUNZE
Der Hochwald erzieht seine Bäume

Der hochwald erzieht seine bäume

Sie des lichtes entwöhnend, zwingt er sie,
all ihr grün in die kronen zu schicken
Die fähigkeit,
5 mit allen zweigen zu atmen,
das talent,
äste zu haben nur so aus freude,
verkümmern

Den regen siebt er, vorbeugend
10 der leidenschaft des durstes

Er läßt die bäume größer werden
wipfel an wipfel:
Keiner sieht mehr als der andere,
dem wind sagen alle das gleiche

---

1 griechischer Philosoph und Naturforscher (371–287 v. Chr.), von dem Schriften über Botanik überliefert sind.

REINER KUNZE
Deckname „Lyrik"

Ministerium für Staatssicherheit
Bezirksverwaltung Gera
06. 09. 1968
Eröffnungsbericht ...

Kunze wurde [1964] im Rahmen der analytischen Arbeit unter Künstlern im Bezirk ... überprüft. Die Überprüfung der Person erfolgte mit dem Ziel, seine Verbindungen zu Schriftstellern sowie die nach Westdeutschland und Westberlin operativ zu nutzen. Im Ergebnis wurde festgestellt, daß über *Kunze* operatives Material in der Bezirksverwaltung Leipzig vorlag [1958 und 1960]. Eine Aussprache mit ihm ergab, daß er für die inoffizielle Arbeit nicht geeignet ist. [...]

Berlin, den 07. 06. 1968
... *Kunze* fiel 1962 erstmalig im Zusammenhang mit dem Schriftsteller *Hermlin*, Stephan, operativ an ... Seit den Ereignissen in der ČSSR im September/November 1967 wird ersichtlich, daß sich *Kunze* auf die feindlichen Kräfte in der ČSSR stützt und er besonders befürwortenden Anteil an der feindlichen Entwicklung nimmt. Aus diesem Grund erklärte er sich auch bereit, im Mai 1968 im Haus der Tschechoslowakischen Kultur in Berlin ... Gedichte zu lesen. Nach der Veranstaltung wurde er mit anderen negativen und feindlichen Personen durch die Leitung des Kulturhauses zu einem Glas Wein eingeladen. In diesem Kreis wurden die Ziele der feindlichen Kräfte in der ČSSR diskutiert und von *Kunze* und den anderen Anwesenden akzeptiert. [...]

Berlin, 22. 12. 1976
Am 22. 12. 1976 wurde eine Absprache ... über strafrechtlich zu beachtende Faktoren bei der Festlegung von Maßnahmen zur Unterbindung der ... Aktivitäten des ... Lyrikers Reiner *Kunze* durchgeführt ... Die Klärung nachstehender Sachverhalte soll ... dazu beitragen festzustellen, inwieweit *Kunze* im Besitz von Beweis- oder Argumentationsmaterial wie Briefen, Festlegungen und Begründungen ist, die er bei der Einleitung staatlicher Maßnahmen gegen ihn für sich und gegen die DDR ausnutzen könnte ... Im Ministerium für Kultur – Hauptabteilung Verlage – ist zu prüfen, ob *Kunze* im Besitz von Schriftstücken und Briefen ist, die ihm die Genehmigung zur Veröffentlichung seines Buches „Die wunderbaren Jahre" im S. Fischer Verlag / BRD gestatten (was hat *Kunze* darüber in der Hand, und was liegt beim Ministerium für Kultur darüber vor) ... Durch die Hauptabteilung IX ... wird im laufenden Ermittlungsverfahren gegen Jürgen *Fuchs* geprüft, welchen Charakter seine Verbindung zu *Kunze* trägt, und welche gesellschaftsschädigenden Auswirkungen sich daraus ergeben. (Daraus können weitere Maßnahmen gegen *Kunze* abgeleitet werden wie z. B. Begründung zur Beauflagung durch den Staatsanwalt u. a.) ... Durch die Bezirksverwaltung Gera ist zu gewährleisten, daß bei künftigen Lesungen positive Personen dem *Kunze* auf seine negativen und feindlichen Äußerungen gegen die DDR [hin] widersprechen, sich dagegen verwahren und nach Festlegung des geeigneten Zeitpunktes bei der Volkspolizei offiziell Anzeige erstatten. Die Reaktionen des *Kunze* sind in solchen Fällen zu dokumentieren.

Gera, den 22. 12. 1976
Auftragsgemäß vereinbarte ich mit Frau Dr. Elisabeth *Kunze* telefonisch einen Termin ... mit Legende ... Ich möchte ... zum Ausdruck bringen, daß sich sowohl Reiner als auch Elisabeth *Kunze* fast am Ende ihrer physischen Kräfte befinden ... Ich glaube nicht, daß die physische und psychische Zerrüttung, die mir am 20. 12. bei *Kunze* deutlich geworden ist, mit der Maßnahme des Schriftstellerverbandes im Zusammenhang steht, *Kunze* auszuschließen. Nach meiner Einschät-

zung [ist] ... diese psychische Zerrüttung mehr auf eine Zermürbung im Bereich der Ungewißheit [zurückzuführen]. Während ich vor Monaten noch daran glaubte, daß Reiner *Kunze* eine Aus-
bürgerung oder Übersiedlung in die BRD als die ... unliebsamste Maßnahme gegen sich betrachtete, gewann ich am 20. 12. 76 endgültig den Eindruck, daß sich Reiner *Kunze* geistig bereits damit abgefunden hat ... Ich glaube nicht, daß Reiner *Kunze* diese Spannung der Ungewißheit noch sehr lange aushalten wird („B.") [...]

Operativplan (Gera, den 07. 01. 1977)
[...] Aus dem Bestand der IM[1] ... sind absolut zuverlässige und geeignete IM auszuwählen, die offiziell Briefe an die Vorgangsperson mit differenziertem Inhalt und zu unterschiedlichen Zeiten versenden. Dies ist so durchzuführen, daß bei den real existierenden Personen keine Organisationsform zu spüren ist. Dazu sind ... erforderlich:
Lehrer – Direktor einer POS/EOS [Polytechnische / Erweiterte Oberschule] – aus dem Fach Deutsch, Geschichte oder Literatur,
Arzt mit kulturell-künstlerischen Ambitionen,
Literatur- und Kunstwissenschaftler,
Student(in) der Friedrich-Schiller-Universität Jena.
Bei allen Kandidaten muß eine direkte bzw. indirekte Beziehung zur Gegenwartsliteratur und zu den Ereignissen um *Kunze* und *Biermann* vorhanden sein bzw. geschaffen werden können. Der Versand der Briefe muß so sein, daß durch Unterschiede ... in Niveau, Zeit, Abständen und Inhalt keine gezielte Aktion sichtbar wird ... Bei der Abfassung der Briefe ist von der Kenntnis über Abschnitte des Buches und der ... Interviews im BRD-Funk-und-Fernsehen auszugehen.
Lehrer: – zu Angriffen des K. gegen die Volksbildung der DDR ... Arzt: – K. soll an das humanistische Anliegen seiner Frau erinnert und [ermahnt] werden, nicht auch sie noch als Ärztin mit seinem feindlichen Ansinnen [zu] konfrontieren ... Literatur- und Kunstwissenschaftler: – den Nachweis erbringen, daß *Kunzes* Prosa schlechte Prosa ist und nur dem Zweck der Agitation und der politisch-ideologischen Diversion des Gegners dient, – daß *Kunze* kein Künstler und Schriftsteller mehr ist, sondern ein gekauftes Subjekt des Klassengegners; [...]

---
[1] inoffizieller Mitarbeiter des Staatssicherheitsdienstes

UWE JOHNSON
Jahrestage

[...] Wenn Jerichow zum Westen gekommen wäre:
Die Stadtstraße wäre ein Kanal zu ebener Erde, asphaltiert, eingefaßt von Kristallglas und Chrom. Auch in den ärmsten Häusern wären die Kreuzstöcke ausgebrochen, ersetzt durch Schaufenster oder durch doppelglasig versiegelte Apparate, zweiseitig schwenkbar. Zwei Fahrschulen, ein Reisebüro, eine Filiale der Dresdner Bank. Elektrische Rasenmäher, Haushaltsgerät aus Plastik, Taschenradios, Fernseher. Methfessel jun. hätte den Verkaufsraum der Fleischerei voll verkachelt. In der Einfahrt der Sportwagen des Gesellen, mit Überrollbügel.
Zwar, bei Wollenberg könnte man immer noch Dochte und Zylinder für Petroleumlampen kaufen, Zentrifugenfilter, Kutschpeitschen, Achsenfett und jene Kette, auf die die Kuh tritt, so daß sie nicht davonlaufen kann, wenn die Bauern im Gran-Turismo-Wagen zum Melken angefahren kommen.
Und beim Kauf würde gehandelt, das wäre geblieben.

Jerichow würde zum Zonengrenzbezirk Lübeck gehören. Abgeordnete im Kieler Landtag. Schimpfen auf Kiel. Der überlebende Adel kandidiert für die C.D.U.
Zu den „guten Familien" neu gerechnet: Garagenbesitzer, Getränkelieferanten, Bundeswehroffiziere, Kreisbauräte. [...] Urlaub in Dänemark, Fernsehen aus Hamburg, Unterhaltungsmusik und Funkbilder aus Niedersachsen, Funkhaus Hannover. Die Offiziere des Bundesgrenzschutzes würden im Lübecker Hof verkehren (er hieße Lübecker Hof), Mannschaftsdienstgrade im Krug von Wulff. [...]
Jerichow hätte fünf Ansichtskarten anzubieten statt früher zwei. Zusätzlich: Den rotziegeligen Anbau des Rathauses (hamburger Stil). Den Neubau des „Schwanennestes" (ehemals Försterkrug). Das Mahnmal der „deutschen Teilung" (oder für die Kriegsgefangenen) auf dem Bahnhofsvorplatz.
Eine kleine Stadt in Schleswig-Holstein. Vielleicht würden die Höfe inzwischen nach Tonnen gerechnet, nach halben Hektar. Von Jerichow über Rande nach Travemünde ginge eine Küstenstraße mit Platz für drei Autos nebeneinander. [...]
Wiederum wäre Jerichow der Kreisstadt unterlegen. Die Straße nach Gneez wäre fünfmal täglich mit Omnibussen befahren, zur höheren Ehre des Unternehmergeschlechtes Swenson. Im Kopf stünde nicht: Jerichow, sondern: Gneez – Rande (über Jerichow). Gneez zöge an und nähme weg: Hausfrauen, Arbeiter, Beamte, Kinogänger, Schüler. In Gneez wären nicht nur die Filme so frisch wie in Ratzeburg oder Lübeck. In Gneez böte die Volkshochschule Fremdsprachen, Lichtbildervorträge, Vorlesungen aus Romanen. In Jerichow herrschte Mißstimmung über den Neubau des gneezer Finanzamtes. Jerichows bestbekannte Attraktionen: ein ältliches Schwimmlehrbad der Luftwaffe und ein etwas näherer Verlauf der Grenze.
Rande wäre gewachsen, und Jerichow hätte wenig abbekommen. Das Strandgebiet von Rande wäre auf einen Kilometer Tiefe bebaut mit Wochenendhäusern, Stockwerkeigentum, Villen. Kurkonzert im Pavillon vor dem Hotel Erbgroßherzog. Das hieße womöglich Baltic. Sogar in Rande gäbe es Waren und Unterhaltungen, die in Jerichow fehlen. Rande hätte ein Kurmittelhaus, ein temperiertes Meerwasser-Schwimmbad, ein moderneres Kino als das im jerichower Schützenhof, und viele Geschäfte wären auch im Winter geöffnet. [...]
In der Nähe von Rande wäre ein Radarhorchplatz eingerichtet, auf der Steilküste nicht weit von der Grenze, durch Knicks vor Einsicht geschützt. (Die Bundesrepublik, noch heute nicht souverän, durfte die Anlage 1960 als militärischer Partner von den Briten übernehmen.) [...]
Die Fremde, die in der Apotheke nach der chemischen Reinigung fragt, würde nicht nur an das Haus „gegenüber der Shell-Tankstelle" verwiesen; sie bekäme auch gleich ein mündliches Gutachten über Dauer und Güte der Behandlung. Das wäre geblieben.
Beratung in rechtlichen Fragen: Dr. Werner Jansen. Immobilien: N. Krijgerstam in Firma R. Papenbrock. Taxis, Omnibusse: Heinz Swenson. Auskünfte über Flurnamen und Ortsgeschichte: O. Stoffregen. Die wären, vielleicht, geblieben.
Freunde in Wismar müßten über 65 sein, um Leute in Jerichow zu besuchen. In Bad Kleinen umsteigen in den Interzonenzug nach Hamburg über Schönberg und Lübeck. Wären einander recht fremd geworden.
Wenn Jerichow zum Westen gekommen wäre. [...]

Aufgaben zu den Texten auf den Seiten 267–277

HANS MAGNUS ENZENSBERGER   konjunktur

① Welche Assoziationen sollen die historisch-geographischen Anspielungen auslösen?
② Im Gedicht dominiert im Gegensatz zum Essay die Metapher. Welche Folgen für die Behandlung des Themas ergeben sich daraus?

HANS MAGNUS ENZENSBERGER   Das Plebiszit der Verbraucher

① Wie trägt Enzensberger Polemik vor? Untersuchen Sie Methoden und Mittel.

GÜNTER GRASS   Die Blechtrommel

① Was erfährt der Leser über die psychische Verfassung des Publikums?
② Weisen Sie nach, daß die Satire über eine witzige Verulkung der Wohlstandsgesellschaft hinausweist.

ELISABETH PLESSEN   Mitteilung an den Adel

① Warum sind die kursiv gedruckten Wörter besonders kenntlich gemacht?
② Die Tochter zeichnet ein differenziertes Bild ihres Vaters. Auf welche Grundhaltung läßt sich dessen Verhalten in verschiedenen Situationen zurückführen?

PETER HANDKE   Die drei Lesungen des Gesetzes

① Beschreiben Sie den Text zunächst als ein Experiment mit Sprache.
② Warum haben viele Leser *Die drei Lesungen des Gesetzes* sogleich als Satire aufgefaßt? Wogegen wäre die Satire gerichtet?

ERICH FRIED   Gründe

① Gruppieren Sie die Gründe unter geeignete Überschriften.
② In welche Richtung zielt die Pointe am Schluß?

BERTOLT BRECHT   Böser Morgen

① Brecht schrieb das Gedicht nach der blutigen Niederschlagung des Aufstands vom 17. Juni 1953. Er spricht darin ein Dilemma an, das ihm immer wieder zu schaffen machte. Zwei Verse aus dem *Lob der Dialektik* können für die Erschließung hilfreich sein: „[...] An wem liegt es, wenn die Unterdrückung bleibt? An uns.
An wem liegt es, wenn sie zerbrochen wird? Ebenfalls an uns."
Suchen Sie einen Bezug zu *Böser Morgen,* und versuchen Sie eine Interpretation.

PETER HUCHEL   Der Garten des Theophrast

① Interpretieren Sie das Gedicht als allegorisch-verschlüsselten Nachruf (vgl. S. 251).
② Vergleichen Sie die Bewertung der DDR in den Gedichten Huchels und Kunzes (S. 274), in Strittmatters Roman *Ole Bienkopp* (S. 240 ff.) und in Neutschs Reportage (S. 261 ff.). Welche Gründe für die Bewertungen sind in den Texten erkennbar?

REINER KUNZE   Der Hochwald erzieht seine Bäume
① Inwiefern kann man hier von einer „offenen Waldmetapher" sprechen?
② Vergleichen Sie Art und Funktion der Naturmetaphern in den Gedichten Brechts, Huchels und Kunzes.

REINER KUNZE   Deckname Lyrik
① Kunze wurde vom Staatssicherheitsdienst zunehmend unter Druck gesetzt. Bezeichnen Sie knapp die angewandten Mittel und skizzieren Sie die Grade der „Folter".
② Stellen Sie aus dem Stasi-Vokabular eine mit Erläuterungen versehene kleine Liste zusammen, die das Typische deutlich machen soll.

UWE JOHNSON   Jahrestage
① Beschreiben Sie Johnsons Darstellungsverfahren.
② Handelt es sich um eine Satire? Begründen Sie Ihr Urteil.

Übergreifende Fragestellung
In diesem Kapitel finden Sie mehrere Satiren. Informieren Sie sich über den Begriff der Satire, und stellen Sie fest, in welchen literarischen Epochen (oder Kurzperioden) vermehrt Satiren auftreten. Suchen Sie Gründe dafür.

c) Blicke nach innen

URSULA KRECHEL
Jetzt ist es nicht mehr so

Jetzt ist es nicht mehr so
daß wir müde, mit Blasen an den Füßen
verdreckt und naß vom Wasserstrahl
nach Hause kommen, essen, trinken
5 und wieder weg ins Kino.

Jetzt ist es nicht mehr so
daß wir denken, wenigstens
die Straße gehört uns.
Und die Zukunft natürlich
10 jetzt oder später, aber bald.

Jetzt ist es nicht mehr so
daß wir am Schnitt der Haare
am Lachen die Genossen erkennen
uns auf die Schulter klopfen, öffentlich
15 wir könnten uns verändert haben.

Jetzt ist es nicht mehr so
daß da, wo zwei oder drei versammelt sind
in meinem Namen, ich mitten unter ihnen bin
belehre, stärke, unterstütze
20 ganz ohne Fragen.

Jetzt ist es nicht mehr so
daß wir mit Köpfen durch die Wände gehen
aufrecht, Antworten wissen, eh uns jemand fragt
Spuren hinterlassen, Erinnerungsbänder
25 wie Schnecken auf dem trockenen Sand.

Jetzt ist es nicht mehr so
daß wir jedem Arbeiter
der aus der U-Bahn steigt mit Mütze
gleich sagen können, was ihm fehlt
30 und unserem Hausbesitzer auch.

   Jetzt haben wir plötzlich Zeit
   zu langen Diskussionen in den Betten.
   Verschwitzt, aber kalt bis in die Zehen
   sehen wir zum ersten Mal das Weiße
35 in unseren Augen und erschrecken.

Karin Kiwus
Gewisse Verbindung
Nachts
      muß wohl
   im Traum gewesen sein
hat ununterbrochen
5 das Telefon geklingelt
ruhig
     gleichmäßig
   wie Atemzüge
von einem abwartend
10 lebensbedeutenden Körper

Morgens
     diese Art
  Anrufungszeichen
fast schon vermißt
15   rübergelaufen
zur Telefonzelle neben der Zeitungsbude
die eigene Nummer gewählt und den Hörer
ins Buch zwischen die Krüger-Seiten gesteckt

Zuhaus
20   lange
  auf den wieder leise
surrenden Apparat gestarrt
           abgehoben
und sofort deutlich die Straßenecke
25 am anderen Ende der Leitung vor Augen
ein Diesel der bremst ein jaulender
Schäferhund auf dem Zebrastreifen
Bierfahrer die klirrende Kisten verladen
ein Pulk Schüler in Richtung Bushaltestelle
30 zwei Alte auf der Bank hinter den Büschen grölen
und trommeln gegen die Papierkörbe rechts und links

Nach einer Weile
      wird drüben
   die Tür aufgemacht
35 jemand raschelt den Hörer hervor
und brüllt aufgeregt hallo rein
  hallo ist denn da wer
    möglich ist alles
        gebe ich zu
40 aber er fängt jetzt erst richtig an
   was soll denn der Quatsch was
    bilden Sie sich überhaupt ein
   ach
     sage ich nur
45   gar nicht mal ungeduldig
   halten Sie sich da
     raus

VOLKER BRAUN
Unvollendete Geschichte

[...] Sie setzte sich gegen die Kündigung nicht zur Wehr. Die einzigen, mit denen sie hätte sprechen können, waren ihre Genossen in der Redaktion. F. hatte sich nicht gemeldet. Sie wagte sich nicht schon wieder hin. Sie hatte ja begriffen, daß es eine „geheime Sache" war. Es wäre ein peinlicher Starrsinn gewesen, auf seinem kleinen eigenen Recht zu bestehn. So weit war die Geschichte noch nicht. Man mußte seine Kraft aufwenden, den Beschluß widerstandslos zu schlucken. Karin beunruhigte nur die Resignation, die sie befiel, weil sie in ihrer eigensten Sache nicht gefragt worden war. Sie spürte eine ungewohnte, exotische Versuchung – sich vom gesellschaftlichen Leben abzukehren, ihre Ideale zu vergessen, ihre Aufgaben wegzuwerfen. Und in die bekannte Gleichgültigkeit zu fallen, die politische Abstinenz, die sie sonst verachtet hatte. Würde ihr das vielleicht helfen? Ein Urlaub von der Welt. Wie eine Schlaftherapie, ein Schlaf des Bewußtseins. Sie wußte nicht, was mit ihr werden sollte. Sie war von dem vielen Überlegen so erschöpft und getroffen, sie wollte nichts mehr wissen, nichts mehr verstehn. Sie kam sich vor wie verletzt, wie verrenkt an allen Gliedern. Sie konnte nicht mehr auf der Straße gehn, ohne sich unsicher und ungelenk zu fühlen, als würde sie vor den Augen der Leute balancieren auf einem vorgeschriebenen Strich. Sie trat immer *daneben.*

Sie wollte nur Ruhe haben. Am besten war es, wenn sie abwesend lag, aus dem Radio „Auf den Flügeln bunter Noten"/STIMME DER DDR: „Hei, ich fang' den Sommer", etwas das abwegig war, daß sie nicht zurückfand.

ZUR BEWÄHRUNG in die Produktion. Aber was für ein Denken, dem das als Strafe gilt?

„Wem nützt das, was du sagst!"

Die Blumen blühen in den Gärten. Die Bäume rauschen. Die Vögel lärmen in den Wiesen. Das gab es alles noch. Das Gras, von Käfern durchwandert. Im Gras im Dickicht liegen mit ausgebreiteten Beinen, die warme Sonne auf das Geschlecht scheinen lassen. Die Felder riechen (die transitive und intransitive Bedeutung des Verbs nicht mehr unterscheiden: die Tätigkeit, zu existieren). Auf das Kind warten, das einzige bemerkenswerte Ereignis des Jahrhunderts.

Sie wußte, was das für Gedanken waren. Es war ein Selbstmord, nicht des Körpers sondern des Denkens. Es war leicht, sie brauchte nur die Freunde nicht mehr sehn, die Genossen. Sich um das POLITISCHE LEBEN bringen. Sich dieses LEBEN NEHMEN.

Sie blätterte in der Bibel der Frau. Sie stellte die Sätze unwillkürlich auf den Kopf. Es muß ja vorwärtsgehn; doch wohl dem Menschen, durch welchen es vorwärtsgeht! Ev. Matth. 18,7.

Die Frau[1] buk abends für sie Pfannkuchen, weil Karin die selbstgemachten gerne aß. Die waren locker und duftend und noch warm im Mund.

Vielleicht war das kein Fall, der in ein bestimmtes Kapitel der Geschichtsbücher gehörte, sondern sie erlebte nur zwingender, als Schock, was jedem Aufwachsenden geschieht, wenn er seine hochdampfenden Vorstellungen von der neuen Gesellschaft zu Wasser werden sieht. Wenn er sich endlich in die Möglichkeiten zwängt. Denn die Gesellschaft ist für ihn ja nicht *neu*, und anders als die glücklichen ALTEN GENOSSEN sieht er die Umbrüche und Durchbrüche nicht mehr in dem ungeheuren Kontrast zur finsteren Vergangenheit.

Ohne unter den Leuten zu sein, zu reden, zu arbeiten, war das Leben tödlich leer. Die Freude, die sie früher empfunden hatte, ohne nach dem Grund zu fragen, die unbestimmte Vergnügtheit, die

---
[1] Die Mutter ihres Freundes Frank, der einen Selbstmordversuch unternommen hat

Leidenschaft für etwas wurde unfaßbar. Alles brach ab, wie ein Sinfoniekonzert bei Stromausfall. (Was ihr blieb waren Vergleiche – die alle hinkten: ihr Leben ein UNGLÜCKLICHER Ausdruck, ein SCHIEFES BILD.)

(Klammert euch an den Zaunpfahl, Rezensenten!)

Aber während all dem wurde ihr bewußt, mit einem langsamen, unaushaltbaren Schmerz, als würden ihre innersten Adern brennen, wie empfindungslos sie bisher gedacht und gehandelt hatte. Sie wagte nicht zurückzudenken, und doch stand ihr das Zimmer vor Augen, in dem er vor ihr lag auf den Knien, und sie war hinausgegangen! Der Schweiß trat ihr auf die Stirn. Sie spürte auch mit Erstaunen, daß sie jetzt erst Frank zu lieben begann, so, daß sie darüber sich selbst vergessen konnte. Und sich doch deutlicher empfand dabei, als würde sie ihrer selbst sicher. Jetzt löste sich eine dicke Schicht von ihren Armen, ihrer Brust. Sie hatte keine Angst mehr. [...]

Karin versuchte, Arbeit zu finden. Sie erwartete ein Kind, sie mußte es ernähren. Sie fuhr durch die Stadt, die dröhnte von Industrie, eine kräftige, bewegte, verrußte Landschaft. Das Fluten der Leute beim Schichtwechsel hatte sie immer angezogen, vor die Werktore, und das Gewalttätige, Monotone, Fatalistische dieses Sogs hatte sie abgestoßen (oder sie spürte nur spontan das Saugen und Ausstoßen der riesigen Menschenpumpen, mit einem unsicheren Lustgefühl). Jetzt war ihr jede Tätigkeit recht, sie ging irgendwo hinein, in alle möglichen Öffnungen der Betriebe und Geschäfte. Sie wollte nur ARBEIT haben. Arbeit war das halbe Leben. So wie wir heute arbeiten und so weiter. Arbeite mit, plane mit und was weiß ich. Ihr wurde überall sofort zugesagt. Aber sowie sie erzählte, daß sie im vierten Monat sei, besann man sich, die Sache wär zu schwer, das können Sie nicht, oder nicht mehr lange. In einem Fleischerladen Verkäuferin. Sie war immer gleich ehrlich, sie sagte: sie müsse bei der Zeitung weg, sie müsse irgendetwas tun! Die Verkaufsstellenleiterin meinte dann: Nuja, mir haben zwar Bedarf, aber an kräftigen Personen. Im vierten Monat, da könn Sie keine Kisten schleppen! So ging es ihr jedes Mal. Sie brachte es nicht fertig, ihre Umstände zu verschweigen. Es war wie eine Sucht, sie berauschte sich an dieser Aufrichtigkeit, der schonungslosen Wahrheit. In einer Kinderkrippe wurde ihr sofort unterstellt, sie wolle nur wegen dem Krippenplatz die Stelle. Sie ging zum Rat der Stadt. Ein Genosse hörte sie an. Er erkundigte sich bei der Redaktion. Er sagte: „So gehts nicht. Sie können nicht wochenlang nach Arbeit suchen. Ich helfe Ihnen, ich werde Sie irgendwo UNTERBRINGEN."

Sie fuhren wieder zum Krankenhaus; die Frau mit dem Motorrad voraus, um noch etwas zu erledigen. Karin stieg eine Station zu früh aus der Bahn, sie war zerstreut und müde. Sie ließ sich Zeit, sie wollte nirgends hin. Nicht einmal die Natur war vorhanden. Die Sonne brannte: sie wußte nur, daß sie schwitzte. Da sie nichts Bestimmtes denken wollte, floß ihr alles wirr durch den Kopf; die Gedanken schmerzhafte langsame Würmer im Gehirn, wenn sie einen zerriß, krochen die Teile weiter. Es war gräßlich.

Vor dem Hauptgebäude sah sie jemand stehn, ein wenig schräg, der blickte her. Er hatte einen gelben Pullover an und eine helle Hose. Sie dachte: das könnte Frank sein, und unterdrückte sofort diesen lächerlichen Gedanken. Sie kam immer näher, und dann war er es tatsächlich. Er stand angezogen neben dem Tor und lächelte glücklich. Sie ging auf ihn zu und fragte: „Wo kommen denn die Sachen her?" – „Die hat meine Mutter gebracht, sie wollte dich überraschen."

Sie blickte um sich und konnte die Frau nicht sehn. Sie wollte Frank an sich drücken, aber er taumelte, er war noch schwach. Sie hatte Angst, daß er gleich umfällt. Sie mußte ihn halten. Sie standen umschlungen auf der Straße. Die Leute, die vorüberkamen, blieben stehn. Die Frau verharrte erregt hinter dem Tor. Die Beiden hielten sich bleich aneinander fest. Sie starrten sich an. Man führte sie auf den Fußweg, die Frau trat dazu. Sie ließen sich nicht los.

Hier begannen, während die eine nicht zuende war, andere Geschichten.

CHRISTA WOLF
Kassandra

[…] Ich muß mich scharf erinnern: Sprach in Troia irgendein Mensch von Krieg? Nein. Er wäre bestraft worden. In aller Unschuld und besten Gewissens bereiteten wir ihn vor. Sein erstes Zeichen: Wir richteten uns nach dem Feind. Wozu brauchten wir den? […]
Paris sei nicht mit diesem Schiff gekommen, hieß es am Morgen, als Information für die Angehörigen des Königshauses. Da man ihm in Sparta die Rückgabe der Königsschwester wiederum verweigert habe, sei er gezwungen gewesen, seine Drohung wahrzumachen. Er habe, kurz gesagt, die Gattin des Menelaos entführt. Die Frau des Königs von Sparta. Die schönste Frau Griechenlands: Helena. Mit ihr sei er auf Umwegen unterwegs nach Troia.
Helena. Der Name traf uns wie ein Stoß. Die schöne Helena. Darunter tat es der kleine Bruder nicht. Man hätte es wissen können. Man hatte es gewußt. Ich war Zeugin, wie im Hin und Her zwischen dem Palast und den Tempelpriestern, in Tag- und Nachtsitzungen des Rats eine Nachricht hergestellt wurde, hart, gehämmert, glatt wie eine Lanze: Paris der Troerheld habe auf Geheiß unsrer lieben Göttin Aphrodite Helena, die schönste Frau Griechenlands, den großmäuligen Griechen entführt und so die Demütigung gelöscht, die unserm mächtigen König Priamos einst durch den Raub seiner Schwester angetan worden war.
Jubelnd lief das Volk durch die Straßen. Ich sah eine Nachricht zur Wahrheit werden. Und Priamos hatte einen neuen Titel: „Unser mächtiger König". […]
Wie lange hab ich an die alten Zeiten nicht gedacht. Es stimmt: Der nahe Tod mobilisiert nochmal das ganze Leben: Zehn Jahre Krieg. Sie waren lang genug, die Frage, wie der Krieg entstand, vollkommen zu vergessen. Mitten im Krieg denkt man nur, wie er enden wird. Und schiebt das Leben auf. Wenn viele das tun, entsteht in uns der leere Raum, in den der Krieg hineinströmt. Daß auch ich mich anfangs dem Gefühl überließ, jetzt lebte ich nur vorläufig; die wahre Wirklichkeit stünde mir noch bevor; daß ich das Leben vorbeigehn ließ: Das tut mir mehr als alles andre leid. […]
Der abwesende Paris wurde in Gesängen gefeiert. Die Angst lag in mir auf der Lauer. Nicht nur in mir. Ungebeten deutete ich dem König einen Traum, den er bei der Tafel erzählt hatte: Zwei Drachen, die miteinander kämpften; der eine trug einen goldgehämmerten Brustpanzer, der andre führte eine scharf geschliffene Lanze. Der eine also unverletzlich und unbewaffnet, der andre bewaffnet und haßerfüllt, jedoch verletzlich. Sie kämpften ewig.
Du liegst, sagte ich dem Vater, mit dir selbst im Widerstreit. Hältst dich selbst in Schach. Lähmst dich.
Wovon redest du, Priesterin, erwiderte Priamos förmlich. Längst hat mir Panthoos[1] den Traum gedeutet: Der goldgepanzerte Drache bin natürlich ich, der König. Bewaffnen muß ich mich, um meinen tückischen und schwerbewaffneten Feind zu überwältigen. Den Waffenschmieden hab ich schon befohlen, ihre Produktion zu steigern.
Panthoos! rief ich im Tempel. Und? sagte der. Es sind doch alles Bestien, Kassandra. Halb Bestien, halb Kinder. Sie werden ihren Begierden folgen, auch ohne uns. Muß man sich denen in den Weg stelln? Daß sie uns niedertrampeln? Nein. Ich habe mich entschieden.
Entschieden hast du dich, die Bestie in dir selbst zu füttern, sie in dir aufzustacheln. Sein grausam maskenhaftes Lächeln. Aber was wußte ich von diesem Mann.
Wann Krieg beginnt, das kann man wissen, aber wann beginnt der Vorkrieg. Falls es da Regeln gäbe, müßte man sie weitersagen. In Ton, in Stein eingraben, überliefern. Was stünde da. Da stünde, unter andern Sätzen: Laßt euch nicht von den Eignen täuschen.
Paris, als er nach Monaten doch noch kam, merkwürdigerweise auf einem ägyptischen Schiff,

---
[1] Oberpriester

 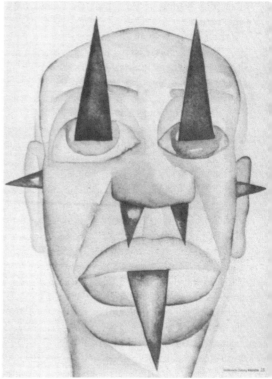

Francesco Clemente, aus: Reise ins Herz (Zyklus), 1991

brachte eine tief verschleierte Person von Bord. Das Volk, wie nun üblich hinter einer Sicher-
heitskette von Eumelos-Leuten zurückgedrängt, verstummte atemlos. In jedem einzelnen erschien das Bild der schönsten Frau, so strahlend, daß sie ihn, wenn er sie sehen könnte, blenden
würde. Schüchtern, dann begeistert kamen Sprechchöre auf: He-le-na. He-le-na. Helena zeigte
sich nicht. Sie kam auch nicht zur Festtafel. Sie war von der langen Seereise erschöpft. Paris, ein
anderer, überbrachte vom König von Ägypten raffinierte Gastgeschenke, erzählte Wunderdinge.
Er redete und redete, ausschweifend, arabesk, mit Schlenkern, die er wohl für witzig hielt. Er hatte viele Lacher, er war ein Mann geworden. Ich mußte ihn immer ansehn. Seine Augen kriegt ich
nicht zu fassen. Woher kam der schiefe Zug in sein schönes Gesicht, welche Schärfe hatte seine
einst weichen Züge geätzt.
Von den Straßen her drang ein Ton in den Palast, den wir vorher nie gehört hatten, vergleichbar
dem bedrohlichen Summen eines Bienenstocks, dessen Volk sich zum Abflug sammelt. Die Vorstellung, im Palast ihres Königs weile die schöne Helena, verdrehte den Leuten die Köpfe. Ich verweigerte mich in dieser Nacht dem Panthoos. Wütend wollte er mich gewaltsam nehmen. Ich rief
nach Parthena der Amme, die gar nicht in der Nähe war. Panthoos ging, verzerrten Gesichts stieß
er wüste Beschimpfungen aus. Das rohe Fleisch unter der Maske. Die Trauer, die mich manchmal
schwarz aus der Sonne heraus überfiel, suchte ich mir zu verbergen.

Jede Faser in mir verschloß sich der Einsicht, daß keine schöne Helena in Troia war. Als die anderen Palastbewohner zu erkennen gaben, daß sie begriffen hatten. Als ich die liebliche schönhalsige Oinone schon zum zweitenmal im Morgengrauen vor des Paris Türe traf. Als der Legendenschwarm um die unsichtbare schöne Frau des Paris verlegen in sich zusammenfiel. Als alle die Blicke senkten, wenn ich, nur ich noch, immer wieder wie unter Zwang Helenas Namen nannte, mich sogar erbot, die immer noch Ermüdete zu pflegen, und zurückgewiesen wurde – selbst da wollt ich das Undenkbare noch nicht denken. [...]
Ich griff nach jedem Strohhalm, und wer wollte eine Abordnung des Menelaos, die in starken Worten ihre Königin zurückverlangte, einen Strohhalm nennen. Daß sie sie wiederhaben wollten, bewies mir, daß sie hier sein mußte. Mein Gefühl ließ keinen Zweifel: Helena sollte nach Sparta zurück. Doch war mir klar: Der König mußte diese Forderung ablehnen. Mit ganzem Herzen wollt ich mich an seine Seite, an die Seite Troias stellen. Auf den Tod konnt ich nicht einsehn, warum im Rat noch eine ganze Nacht gestritten wurde. Paris, grünbleich, verkündete wie ein Verlierer: Nein. Wir liefern sie nicht aus. – Mann, Paris! rief ich. Freu dich doch! Sein Blick, endlich sein Blick, gestand mir, wie er litt. Dieser Blick gab mir den Bruder zurück.
Wir haben ja dann alle den Anlaß für den Krieg vergessen. Nach der Krise im dritten Jahr hörten auch die Kriegsleute auf, den Anblick der schönen Helena zu fordern. Mehr Ausdauer, als ein Mensch aufbringen kann, hätte es gebraucht, immer weiter einen Namen im Munde zu führen, der immer mehr nach Asche schmeckte, nach Brand und Verwesung. Sie ließen von Helena ab und wehrten sich ihrer Haut. Um aber dem Krieg zujubeln zu können, hatten sie diesen Namen gebraucht. Er erhob sie über sich hinaus. Beachtet, sagte Anchises uns, des Aineias Vater, der gerne lehrte und uns, als das Ende des Krieges abzusehn war, zwang, über seinen Beginn nachzudenken, beachtet, daß sie eine Frau genommen haben. Ruhm und Reichtum hätte auch ein Mannsbild hergegeben. Aber Schönheit? Ein Volk, das um die Schönheit kämpft! – Paris selbst war, widerwillig, schien es, auf den Marktplatz gekommen und hatte den Namen der schönen Helena dem Volke hingeworfen. Die Leute merkten nicht, daß er nicht bei der Sache war. Ich merkte es. Warum sprichst du so kalt von deiner warmen Frau? hab ich ihn gefragt. Meine warme Frau? war seine höhnische Antwort. Komm zu dir, Schwester. Mensch: Es gibt sie nicht.
Da riß es mir die Arme hoch, noch eh ich wußte: Ja, ich glaubte ihm. Seit langem war mir so zumute, angstverzehrt. Ein Anfall, dachte ich noch nüchtern, hörte aber diese Stimme schon, wehe wehe wehe. Ich weiß nicht: Schrie ich's laut, hab ich es nur geflüstert: Wir sind verloren. Weh, wir sind verloren. [...]

Thomas Bernhard
Der Atem

[...] Der Tagesablauf im Sterbezimmer, von meinem Eckbettplatz aus betrachtet, war vorgeschrieben folgender: gegen halb vier Uhr früh war, noch von der Nachtschwester, das Licht aufgedreht worden. Jedem einzelnen Patienten, ob er bei Bewußtsein war oder nicht, wurde daraufhin von der Nachtschwester aus einem mit Dutzenden von Fieberthermometern angefüllten Einsiedeglas ein solches Fieberthermometer zugesteckt. Nach dem Einsammeln der Fieberthermometer hatte die Nachtschwester Dienstschluß, und die Tagschwestern kamen mit Waschschüsseln und Handtüchern herein. Der Reihe nach wurden die Patienten gewaschen, nur ein oder zwei hatten aufstehen und zum Waschbecken gehen und sich selbst waschen können. Wegen der großen Jännerkälte war das einzige Fenster im Sterbezimmer die ganze Nacht und dann bis in den späten Vormittag nicht und erst knapp vor der Visite aufgemacht worden, und so war der Sauerstoff schon in der Nacht längst verbraucht und die Luft stinkend und schwer. Das Fenster war mit dickem Dunst beschlagen, und der Geruch von den vielen Körpern und von den Mauern und den Medikamenten machte in der Frühe das Ein- und Ausatmen zur Qual. Jeder Patient hatte seinen eigenen Geruch, und alle zusammen entwickelten einen solchen aus Schweiß- und Medikamentendunst zusammengesetzten, zu Husten- und Erstickungsanfällen reizenden. So war, wenn die Tagschwestern auftauchten, das Sterbezimmer auf einmal eine einzige abstoßende Gestank- und Jammerstätte, in welcher die während der Nacht zugedeckten und niedergehaltenen Leiden plötzlich wieder in ihrer ganzen erschreckenden und bösartigen Häßlichkeit und Rücksichtslosigkeit aufgedeckt und ans Licht gebracht waren. Allein diese Tatsache hätte genügt, um schon in aller Frühe wieder in tiefste Verzweiflung zu stürzen. Aber ich hatte mir vorgenommen, alles in diesem Sterbezimmer, also auch alles mir noch Bevorstehende, auszuhalten, um aus diesem Sterbezimmer wieder herauszukommen, und so hatte ich mit der Zeit einen mich ganz einfach von einem bestimmten Zeitpunkt an nicht mehr schädigenden, sondern belehrenden Mechanismus der Wahrnehmung in dem Sterbezimmer entwickelt. Ich durfte mich von den Objekten meiner Betrachtungen und Beobachtungen nicht mehr verletzen lassen. Ich mußte in meinen Betrachtungen und Beobachtungen davon ausgehen, daß auch das Fürchterlichste und das Entsetzlichste und das Abstoßendste und das Häßlichste das Selbstverständliche ist, wodurch ich überhaupt diesen Zustand hatte ertragen können. Daß, was ich hier zu sehen bekommen hatte, nichts anderes als ein vollkommen natürlicher Ablauf als Zustand war. Diese Ereignisse und Geschehnisse, rücksichtslos und erbarmungslos wie keine andern in meinem bisherigen Leben, waren auch, wie alles andere, die logische Konsequenz der von dem menschlichen Geist allerdings immer fahrlässig und gemein und heuchlerisch abgedrängten und schließlich vollkommen *ver*drängten Natur gewesen. Ich durfte hier, in diesem Sterbezimmer, nicht verzweifeln, ich mußte ganz einfach die hier wie möglicherweise an keinem anderen Ort ganz brutal offengelegte Natur auf mich wirken lassen. […]

Aber ich hatte den Tiefstpunkt schon überwunden, ich war schon wieder aus dem Badezimmer heraußen, ich hatte die Letzte Ölung hinter mir, es war schon wieder alles auf der Seite des Optimismus. Ich war schon wieder auf dem Beobachterposten. Ich hatte schon wieder meine Pläne im Kopf. Ich dachte schon wieder an die Musik. Ich hörte schon wieder Musik in meinem Eckbett, Mozart, Schubert, ich hatte schon wieder die Fähigkeit, aus mir heraus die Musik zu hören, ganze Sätze. Ich konnte die in meinem Eckbett aus mir heraus gehörte Musik zu einem, wenn nicht zu *dem* wichtigsten Mittel meines Heilungsprozesses machen. Beinahe war schon alles in mir abgestorben gewesen, jetzt hatte ich das Glück zu beobachten, daß es nicht tot, sondern wieder entwicklungsfähig war. Ich hatte mich nur darauf besinnen müssen, alles schon beinahe Abgestorbene wieder in Gang zu setzen. So, auf der Tatsache, daß ich aus mir heraus wieder meine Lebensmöglichkeiten hatte entwickeln können, Musik zu hören, Gedichte rekapitulieren, Großvatersätze interpretieren konnte, war es mir möglich gewesen, das Sterbezimmer selbst und die Vorgänge im Sterbezimmer unverletzt zu betrachten und zu beobachten. Auch hatte in mir schon wieder *der kritische Verstand* zu arbeiten angefangen, das Gleichgewicht der Zusammenhänge, die mir verlorengegangen waren, wieder herzustellen. […]

Nachdem ich in den ersten Tagen sozusagen künstlich ernährt worden war wie die meisten anderen und, so die Ärztesprache, an eine Traubenzuckerinfusion angehängt gewesen war, konnte mir jetzt schon das Normalfrühstück aus Kaffee und Semmeln eingegeben und eingeflößt werden. Alle Patienten waren ausnahmslos an Infusionen angehängt, und da aus der Entfernung die Schläuche wie Schnüre ausschauten, hatte ich immer den Eindruck, die in ihren Betten liegenden Patienten seien an Schnüren hängende, in diesen Betten liegengelassene Marionetten, die zum Großteil überhaupt nicht mehr, und wenn, dann nur noch selten, bewegt wurden. Aber diese Schläuche, die mir immer wie Marionettenschnüre vorgekommen sind, waren für die an diesen Schnüren und also Schläuchen Hängenden meistens nurmehr noch die einzige Lebensverbindung. Wenn einer käme und die Schnüre und also Schläuche abschnitte, hatte ich sehr oft gedacht, wären die daran Hängenden im Augenblick tot. Das Ganze hatte viel mehr, als ich mir zuzugeben gewillt gewesen war, mit dem Theater zu tun und war auch Theater, wenn auch ein schreckliches und erbärmliches. Ein Marionettentheater, das, einerseits nach einem genau ausgeklügelten System, andererseits immer wieder auch vollkommen, wie mir vorgekommen war, willkürlich von den Ärzten und Schwestern bewegt worden ist. Der Vorhang in diesem Theater, in diesem Marionettentheater auf der anderen Seite des Mönchsberges, ist allerdings immer offen gewesen. Die ich im Sterbezimmer auf diesem Marionettentheater zu sehen bekommen hatte, waren allerdings alte, zum Großteil uralte, längst aus der Mode gekommene, wertlose, ja unverschämt vollkommen abgenützte Marionetten, an welchen hier im Sterbezimmer nurmehr noch widerwillig gezogen worden ist und die nach kurzer Zeit auf den Mist geworfen und verscharrt oder verbrannt worden sind. Ganz natürlich hatte ich hier den Eindruck von Marionetten haben müssen, nicht von Menschen, und gedacht, daß alle Menschen eines Tages zu Marionetten werden müssen und auf den Mist geworfen und eingescharrt oder verbrannt werden, ihre Existenz mag davor wo und wann und wie lang auch immer auf diesem Marionettentheater, das die Welt ist, verlaufen sein. Mit Menschen hatten diese an ihren Schläuchen wie an Schnüren hängenden Figuren nichts mehr zu tun. Da lagen sie, ob sie nun in ihren Rollen einmal gut oder schlecht geführt worden waren, wertlos, nicht einmal mehr als Requisiten verwendbar. Zwischen Frühstück und Visite hatte ich meistens ungestört Zeit für meine Beobachtungen. [...]

HERMANN LENZ
Jung und Alt

[Lore ist eine Lehrerin in mittleren Jahren. Sie ist geschieden und hat einen unehelichen Sohn Uli, der ihr immer wieder Sorgen macht. Mit ihrem wesentlich jüngeren Freund Paul ist sie auf dem Weg zu der Stadt, in der Uli als Diskjockey Geld verdient.]

[...] Sie mußte sich überwinden, aufzustehen, weil's ihr vor Sigmaringen graute, wo sie ihrem Sohn begegnen sollte. Sie überlegte, was sie zu ihm sagen wollte, wenn sie ihn wiedersah, doch fiel ihr nur die Frage „Geht's dir gut?" ein. Geld hatte er noch nie von ihr verlangt (du hast ihm manchmal was gegeben), wahrscheinlich, weil er dachte, er könne dadurch nur abhängig von ihr werden. Typisch stolzer Jüngling ... Und sie erinnerte sich ihres Mannes, der das Gegenteil von ihrem Sohn darstellte, sozusagen. Aber du hast ja deinen Uli nicht von deinem Mann, der unbeherrscht war. Immer mußte er den größten Wagen fahren, während dein Sohn ... Und sie stellte sich Uli vor, wie er in der engen Küche, eine Hand auf den Tisch gestützt, unbewegten Gesichts zu ihr gesagt hatte: „Es geht nicht an, daß ich von dir lebe." Immer gab er sich beherrscht, ja streng gegen sich selber und sagte einmal nebenbei: „Ich verdiene das Leben nicht. Weil ich nicht damit zurechtkomme. Du kannst etwas damit anfangen, aber schwer fällt es dir trotzdem." Und er hatte einen Augenblick lang sein gescheites, wegleitendes Lächeln, diesen Anflug, der schnell verschwand. - „Lernen, und immer nur ein und dasselbe machen, das mag ich nicht. Immer nur an einem Platz sitzen: Das ist eine ungewaschene Sache. Da muß doch mal ein Blitz durchzucken. Ich bewundere euch alle, weil ihr immer nur auf einem Flecken sitzen bleibt. Allerdings fährt mir dann auch der Abscheu durch den Kopf. Und durch die Sinne ... Weißt du, es ist einfach da, und ich will nicht nachgeben. Aber dann wird's übermächtig und stößt mich hinein. Sonderbar ist's schon, weil ich doch kein haltloser Typ bin. Ich stehe oft neben mir selber und schaue mir zu. Da oben", er tippte sich an die Stirn, „ist's meistens kühl. Und wenn sie's jetzt immer mit Heroin haben: Ich werde nicht süchtig. Probiert habe ich den Stoff natürlich längst."

Paul sagte: „Also denkst du wieder mal an deinen Sohn. Den kannst du nicht aufhalten. Der kommt auch noch zu Heroin, glaub's mir." Und Lore nickte, winkte, im Auto sitzend, mit der Hand und deutete nach vorne, wo die Straße am Horizont flüssig zu werden schien und schillerte. Daß der Boden sich auflöste, war vielleicht charakteristisch. Und überreden, überzeugen, eine Barriere errichten wollen gegen Übermächtiges: Eigentlich hoffnungslos. Seltsam erschien ihr nur, daß ihr Sohn so beherrscht wirkte, als habe er sich in der Hand. – „Der nimmt alles mit. Ich meine: daß er nichts ausläßt, was sich heutzutage einschleicht. Dem kannst du doch über sich selbst nichts Neues sagen. Nur reagieren, wenn etwas eingetroffen ist, das kannst du."

Sie schaute vor sich hin, während der Wagen fuhr, und dachte, Paul wisse wie ein alter Mann Bescheid. [...]

BOTHO STRAUSS
Paare, Passanten

[...] Ich werde noch lange hören: die Schreie der Frau, die sich am Vormittag aus dem obersten Stockwerk eines Apartmenthotels herunterstürzen wollte. Es zog zunächst ein dumpfes, beständiges Rufen herüber, das sich im dichten Straßenlärm nur langsam durchsetzte. Das Hotel grenzte unmittelbar an das Haus, in dem ich mich aufhielt, so daß ich die Sprungbereite selbst nicht beobachten konnte, wohl aber den Kreis der Erwartung, der sich gegenüber ihrem einsamen Standpunkt bald bildete. Das Gebäude mißt bis an sein Dach vielleicht fünfzehn, höchstens zwanzig Meter, und es erscheint fraglich, ob ein Sprung in solch geringe Tiefe unbedingt tödlich oder vielmehr nur mit gräßlichen Verletzungen enden müßte. Ihre Rufe nahmen an Lautstärke zu, nun schrie sie sehr hoch, klagend und doch beinahe auch jubilierend: „Hilfe! ... Hilfe!" Eine Königin der höchsten Not, versammelte sie nach und nach zu ihren Füßen ein kleines Volk, die Untertanen ihrer Leidensherrschaft. Überall an den vielen Fenstern des Bürohauses, das dem Hotel schräg entgegen lag, drängelten sich die vom Arbeitsplatz aufgesprungenen Angestellten und rollten die Augen in die Höhe. Doch nicht lange hielt die zaudernde Regentin auf dem Fenstersims ihr Volk in Atem, da erschienen auch schon Polizei und Feuerwehr. Beim Herannahen der Sirenen – und dies Wort schwankte hier noch einmal zwischen seiner alten Bedeutung, dem Gesang der Verführung aus der Tiefe, und seiner jetzigen, dem Alarm der Lebensrettung, hin und her – schrie die Frau immer heftiger, immer klagender: „Hilfe ... Hilfe" und „So hört mir doch zu!" Aber sie hatte gar nichts weiter zu sagen als lediglich noch einmal: Hilfe, Hilfe. Die Feuerwehrleute entrollten ein Sprungtuch und hielten es zu sechst ausgespannt unter das Fenster. Doch hatten sie kaum einmal richtig in die Höhe geblickt, sie betrachteten vielmehr die nach oben gaffenden Gesichter der Menge und freuten sich über jeden Blick, der nebenbei ihren gekonnten Griffen und ihren stark hingestemmten Figuren galt. Sie taten ihre Pflicht und sahen in die Runde. Sie wußten ja, die würde doch nicht kommen. Nachdem sie ein nur flüchtiges, aber doch wohl erfahrenes Auge auf Haltung, Stand, Gebärde der Kandidatin geworfen hatten, wußten diese Männer offenbar, daß hier der Fall nicht sein würde. Und richtig, wenig später wurde sie, eine übrigens junge Frau mit grellblonden Fransen auf der Stirn, von der Polizei begleitet und auf einer Bahre festgeschnallt, aus dem Hotel getragen und in einen Krankenwagen geschoben. Gerettet.

Am Abend sah man sie wieder. In der Regionalschau des Fernsehens werden uns diesmal Menschen vorgestellt, die einen Selbstmordversuch soeben überlebt haben. Wir wohnen dem Erwachen von Schlafmittelvergifteten bei und erleben jene Sekunde mit, in der sie zu neuem Dasein ihre Augen ins Fernsehen hinein aufschlagen.

Der Eindruck, den man von den Geretteten gewinnt, ist allgemein ein enttäuschender. Für ihre Lage vor dem großen Übertritt finden sie nachträglich keine oder nur die flausten Worte. Merkwürdig auch, wie wenig zweifelnd sie ihre Umgebung aufnehmen: daß sie im Klinikbett sich wiederfinden und nicht im Totenreich, scheint ihnen auf Anhieb schon bewußt zu sein. Einige gehen als erstes zum Waschbecken und putzen sich die Zähne. Die junge Frau, die sich aus dem Hotelfenster stürzen wollte, sagt jetzt dem Fernsehteam: „Peter is sowat von eifersüchtig. Ick wußte ja nich mehr, wo ick mir befinde. Ick hatte ja keene Wahl." Die Sache einmal so zum Ausdruck gebracht, und der Schrei der Hochgestellten vom Vormittag, ihr Wille, den einzig letzten, den ranghöchsten Akt menschlichen Handelns auszuführen, erscheint mit eins getilgt durch menschlich allzu verständliche, also nichtssagende Motive. Und doch: das wirkliche Elend besteht darin, daß sich das wirkliche Elend nicht Luft machen kann. Es erniedrigt das Bewußtsein, es sprengt nicht. Das große Leiden haust in den tausend nichtssagenden Leidern. Solange sie plappert und nicht fällt, wird sie dies Doppelspiel treiben mit Peter und dem Tod ... [...]

Wittgenstein (Philosophische Betrachtungen): „Die Kinder lernen in der Schule wohl 2 × 2 = 4, aber nicht 2 = 2."

Im konkreten Leben muß man indessen die sogenannte Identitätsfrage eher als das ansehen, was man in den Naturwissenschaften und in der Logik ein ‚gelöstes Problem' nennt. Die Identität, nach der man *sucht*, existiert nicht. Abgesehen von einigen äußeren, behördlichen Erkennungsmerkmalen gibt es nichts, was für die Existenz eines zusammengefaßten Einzelnen spräche. Nicht einmal der Körper ist monolog und mit sich selber eins. Sowenig wie die Meinung ist der Schritt der Füße unabänderlich derselbe; er ist ein Ausdrucksmittel, sehr variabel; und noch der Blutkreislauf stellt sich dar, wechselt Geste und Stil in dem Maße, wie er auf Lebensgewohnheit, Begegnungen und Leistungen reagiert. Unter dem Gesichtspunkt einer schrankenlosen Psychosomatik erzählt jedes Organ heute dies und morgen das. Dieses Ich, beraubt jeder transzendentalen ‚Fremd'-Bestimmung, existiert heute nur noch als ein offenes Abgeteiltes im Strom unzähliger Ordnungen, Funktionen, Erkenntnisse, Reflexe und Einflüsse, existiert auf soviel verschiedenen Ebenen der wissenschaftlichen und theoretischen Benennungen, in sovielen in sich plausiblen ‚Diskursen', daß daneben jede Logik und Psycho-Logik des einen und Einzelnen absurd erscheint. Das totale Diesseits enthüllt uns sein pluralistisches Chaos. Es ist die Fülle nicht zusammenpassender, ausschnitthafter Bewegungen, die Fülle mikroskopischer Details aus ganz verschiedenen Wahrnehmungsmustern, in der wir eben noch das Reale vermuten können. Unter solchen Bedingungen nach dem Selbst zu fragen, endet bei dem Schema des Wahnsinnigen, der sich von ‚fremden Wesen' bevölkert und aufgelöst fühlt.

Angesichts dieses Dilemmas ist es gut zu wissen: es gibt dieses 2 = 2, es läßt sich denken, es ist ausdrückbar. Doch du bist es nicht, du bist nicht identisch. Du bist freilich auch mehr als bloß ein Ensemble von Gesetzen und Strukturen. Im Rücken abgeschlossen, bist du nach vorn ein open end-Geschöpf. Daher ist es ebenso nützlich, von Kind auf schon die Bedeutung der Addition ohne Summe oder der Unsumme zu erlernen.

Gewiß, man wünscht jedem der unzähligen verzweifelten Identitätssucher, die darum ringen, zu sich selbst zu kommen, man wünscht ihnen, sie mögen sich endlich einbilden, sie gefunden zu haben, ihre ‚Identität', sei es in einer Gemeinschaft, in der Arbeit, im Politischen oder in sonst irgendeinem Abenteuer ihrer Existenz. Hierbei handelt es sich ja offenkundig um eine abgesunkene Glaubensfrage, so wie man früher um ‚seinen Gott' rang. Trotzdem schmerzt jedesmal, wenn man die inbrünstige Phrase von der Identität hört, der Anklang an Gott bzw. der Mißklang der Selbstvergottung, die das kleine, das freie und armselige Subjekt sich herausnimmt. [...]

Aufgaben zu den Bildern auf der Seite 284

① F. Clemente erklärt in einem Interview die beiden Bilder so: „Aus dem Mann strahlt eine innere Sonne, eine geradezu stechende, blendende Sonne. Seine Wahrnehmung richtet sich nach außen. Die Frau, im Zeichen des Mondes, sieht die Welt in einem anderen Licht. Ihre Wahrnehmung richtet sich nach innen." Können Sie dieser Sicht von Mann und Frau zustimmen?

② In welchen Texten des Kapitels „Blicke nach innen" finden sich Parallelen zur Auffassung Clementes, wo ergeben sich Unterschiede?

Aufgaben zu den Texten auf den Seiten 279–289

URSULA KRECHEL   Jetzt ist es nicht mehr so

① Welches Bild wird von der Protestbewegung der „Achtundsechziger" gezeichnet?

KARIN KIWUS   Gewisse Verbindung

① Interpretieren Sie das Gedicht unter dem Aspekt „Neue Subjektivität".

VOLKER BRAUN   Unvollendete Geschichte

① Die Bibelstelle, auf die Z. 29 f. anspielt, lautet: „Wehe der Welt, daß in ihr die Lüge herrscht und die Macht des großen Täuschers, der ihr vorspiegelt, groß sei, wer stark ist. Die Menschheit muß zwar an der Lüge zu Fall kommen und an der Machtgier, aber wehe dem Menschen, der ihr Werkzeug wird." Erklären Sie die Abwandlung, die V. Braun vorgenommen hat.

② Welche Haltung können junge Menschen einnehmen, die Karins Erfahrung in Z. 33–38 machen? Gehen Sie von Ihrer eigenen Situation aus.

CHRISTA WOLF   Kassandra

① Informieren Sie sich über den Trojanischen Krieg.

② Wie wird am antiken Stoff das Typische einer Vorkriegssituation dargestellt?

THOMAS BERNHARD   Der Atem

① Untersuchen Sie in der vorliegenden Textstelle das Verhältnis von beschreibender, gedanklich-begrifflicher und metaphorischer Sprache.

② *Der Atem* ist der Titel des Buches, dem die Textstelle entnommen ist. Finden Sie einen anderen Titel, der diese Stelle genauer kennzeichnet.

HERMANN LENZ   Jung und Alt

① Erläutern Sie am Text den Begriff „nach außen gewendeter innerer Monolog".

BOTHO STRAUSS   Paare, Passanten

① Wie deutet Strauß das dargestellte Geschehen durch stilistische Signale (Z. 1–44)?

② Formulieren Sie das Thema, das Strauß in den Z. 45–76 regelrecht erörtert, und notieren Sie den Gedankengang in einer Gliederungsskizze.

D. Literarisches Leben

*oben: Carl Spitzweg
Der arme Poet, 1839*

*rechts: Johann Joseph Schmeller,
Goethe in seinem Arbeitszimmer,
seinem Schreiber John diktierend, 1831*

Um 1900 entwickelte sich, ausgehend von Amerika, die Literatursoziologie, ein Zweig der Literaturwissenschaft; sie untersucht die historischen und gesellschaftlichen Rahmenbedingungen für die Entstehung von Literatur, also die **Wechselbeziehung zwischen Autor, Werk und Leser** (oder, allgemeiner, literarischer Öffentlichkeit) sowie der **politisch-sozialen Wirklichkeit;** außerdem die Bedeutung der **Literaturvermittlung**, durch die geistige Erzeugnisse eines Autors in die Hand des Lesers kommen.

Der Begriff „Literatur" bezeichnet zunächst alles mit Buchstaben (lat: littera) Geschriebene; im engeren Sinn wird er gebraucht für Dichtung, d. h. fiktionale Texte. Diese können nach Wertungskriterien unterschieden werden, z. B. in „hohe Literatur" und „Trivialliteratur".

I. Leser, Leseverhalten, literarische Öffentlichkeit

1. Einführung

Eine **literarische Öffentlichkeit,** die Bücher liest und kauft, entstand erst im späten 18. Jahrhundert. Bis dahin bildete eine dünne Schicht von Gelehrten das eigentliche Buchpublikum. In der bürgerlichen Familie begnügte man sich mit Bibel, Erbauungsbuch und Volkskalender, die immer wieder gelesen oder vom Lesekundigen in der Familie vorgelesen wurden. Erst im Zuge der Aufklärung und mit Überwindung des Analphabetismus im 18. und 19. Jahrhundert veränderte sich das Leseverhalten des Bürgertums. Die intensive Wiederholungslektüre wurde abgelöst von einer extensiven Lektüre mit einem breitgestreuten Interesse vor allem an Sachbüchern, auch an Belletristik. Besonderen Anteil an dieser Leserevolution hatten die Frauen, die durch ihre Vorliebe für den Roman diese Gattung in Mode brachten. Das Buch diente nun nicht mehr wie bisher religiöser und sittlicher Belehrung und der Festigung traditioneller Denk- und Lebensformen: Es bot Unterhaltung, Gefühlserlebnisse, Informationen, die Möglichkeit, Verstand und Gemüt zu bilden, und es stellte überkommene Ordnungen in Frage. Leihbibliotheken und Lesegesellschaften wurden eingerichtet, um den neu erwachten Lesehunger zu befriedigen. Die Buchproduktion stieg von 1700 bis 1850 von etwa 1000 im deutschen Sprachraum hergestellten Büchern auf 14 000. Aber erst durch preiswerte Ausgaben wurde das Buch für jeden erschwinglich (Kolportage- und Heftroman im 18. Jh., 1867 Gründung von Reclams Universalbibliothek).

Das moderne Lesepublikum findet sich mittlerweile einem unüberschaubar gewordenen Angebot gegenüber: Jährlich werden fast 70 000 Titel veröffentlicht, davon entfallen 15 bis 20 % auf die Belletristik. Trotzdem bilden die an Literatur Interessierten bis heute eine Minderheit.

Die Rezeptionsästhetik beschäftigt sich mit **Leseverhalten** und **Lesertypologie:** So wird beispielsweise der kritiklose Vielleser vom Wenigleser unterschieden, dem mehr an praktischem Handeln liegt, oder der kontinuierliche Leser vom sporadischen. Andere Klassifikationen werten den intellektuellen Leser auf, der die geistige Auseinandersetzung sucht, und noch mehr den literarischen Leser, der Dichtung völlig zweckfrei, nur um ihrer selbst willen liest (wenn es ihn denn gibt). Jeder jugendliche Leser kennt wohl das selbstvergessene, in die Lektüre versunkene Lesen und – zumindest aus dem Deutschunterricht – das genaue philologische Lesen. Weil das Lesen von einer Reihe von Faktoren wie Neigungen, Kenntnissen und Erfahrungen des Lesers, Umwelt und Augenblicksverfassung bestimmt wird, reproduziert jeder Leser einen anderen Text. So kann man das Lesen als einen „anarchischen Akt" (Hans Magnus Enzensberger) ansehen, in seinen Wirkungen unkontrollierbar und gerade deshalb Refugium für Individualisten.

2. Texte

RICHARD ALEWYN
Die Perspektive des Lesers

[…] Die gängigen Theorien des Erzählens kranken daran, daß sie ihre Rechnung ohne den Leser machen. Sie verwenden neuerdings viel Scharfsinn auf den Standpunkt und die Perspektive des Erzählers. Noch wichtiger wäre es aber, sich einmal um die Perspektive des Lesers zu kümmern, d. h. den Standpunkt, den der Erzähler dem Leser zuweist. Der Erzähler ist natürlich immer „all-
5 wissend". Nur besagt das nichts. Nicht darauf kommt es an, sondern darauf, wie vollständig und unmißverständlich er jeweils den Leser in sein Allwissen einweiht.
Jedes Erzählen ist der Prozeß einer Kommunikation. Als Prozeß spielt es sich zwischen zwei Zeitpunkten ab, einem Anfang und einem Ende. Als Kommunikation spielt es sich ab zwischen zwei Personen, einem Erzähler und einem Leser (bzw. Zuhörer). Am Anfang weiß der Erzähler schon
10 alles, der Leser noch nichts. In dem gleichen Maß, in dem die Erzählung vom Anfang zu ihrem Ende fortschreitet, verwandelt sich für den Leser Unbekanntes in Bekanntes und verringert sich der Abstand zwischen Erzähler und Leser. Wenn die Erzählung ihr Ende erreicht hat, hat der Leser den Erzähler eingeholt. […]
Damit ist dem Erzähler eine große Freiheit gegeben. Er bestimmt nicht nur, was er erzählt, son-
15 dern auch, in welcher Reihenfolge er erzählt, d. h. was der Leser zu einem bestimmten Zeitpunkt schon wissen oder noch nicht wissen soll. Der Erzähler kann nun so verfahren, daß er das Informationsbedürfnis des Lesers jederzeit so vollständig befriedigt, wie dieser es zum Verständnis der jeweiligen Situation braucht. Zwar ist der Erzähler dem Leser immer darin voraus, daß er jeweils schon vorher weiß, wie die Geschichte weitergeht, und letzten Endes, wie sie ausgeht. Aber das
20 fällt dem Leser nicht auf. Denn das weiß er schon aus dem Leben, daß man die Zukunft nicht wissen kann, aber auch, daß man sie zu gegebener Zeit unfehlbar erfahren wird. Er sieht daher unter Umständen – wie im Leben – dem Fortgang der Erzählung mit Spannung entgegen. Aber er verhält sich dabei ebenso passiv wie im Leben, und wenn er wohlerzogen ist, versagt er sich, auf der letzten Seite nachzuschlagen, wie es ausgeht. Er überläßt sich vielmehr der Führung durch den
25 Erzähler, der ihm im passenden Augenblick schon das Nötige mitteilen wird. Und der Erzähler tut alles, um sich dieses Vertrauen zu verdienen, indem er alles berichtet, was er weiß, oft mehr, als die Personen wissen, von denen er erzählt, ja sogar das, was (wie im Detektivroman) vielleicht nur einer weiß: der Mörder.
Der Erzähler kann aber auch anders vorgehen. Er kann dem Leser Umstände vorenthalten, deren
30 Kenntnis zur Erklärung des Geschehens unentbehrlich ist. Er kann dies unauffällig tun, um dann plötzlich eine Mine springen zu lassen. Das klassische Beispiel ist ein unvorhergesehener Überfall auf den Helden oder die Enthüllung eines Betrugs. Solche Kunstgriffe gehören in die Kategorie der Überraschung, die auch der Kriminalroman nicht scheut. Ihr Effekt beruht darauf, daß sie unvorhersehbar waren und den Leser völlig unvorbereitet treffen. Der Erzähler kann aber auch
35 raffinierter verfahren. Er kann dem Leser einen zur Erklärung des gegenwärtigen oder vergangenen Geschehens unentbehrlichen Umstand vorenthalten, aber sich zugleich anmerken lassen, daß er es tut. Es kann genügen, daß er erzählt: „Es klopfte an die Tür, und ein Unbekannter trat herein." – Was heißt das? Wie kann denn der Erzähler sagen: „Ein Unbekannter"? Er hat die Gestalt ja selbst geschaffen und kennt sie daher ebenso genau wie die anderen Figuren des Romans. Er ist
40 es ja auch, der ihr Auftreten an diesem Ort und zu dieser Stunde arrangiert hat. […] Das ist dann nicht so sehr überraschend als spannend. […]
Das wirkt auf den Leser wie eine Provokation. Sein Verhältnis zum Erzähler verändert sich mit einem Schlage. Bisher hat er sich vertrauensvoll seiner Führung überlassen. Nun wird er auf ein-

mal aus seiner Passivität aufgerüttelt. Er entdeckt, daß der Erzähler vor ihm Geheimnisse hat. Und
45 damit wird eine Neugier geweckt, die ganz anderer Art ist als die gewöhnliche Neugier, die sich
bei jedem Erzählen auf die Zukunft richtet. […]
Was hier stattfindet, ist eine Emanzipation des Lesers vom Erzähler, die sich allerdings nicht gegen
den Willen des Erzählers vollzieht, vielmehr von diesem geplant wird. Und noch einmal, dies
geschieht nicht dadurch, daß der Erzähler das Zukünftige verhüllt läßt – das empfindet der Leser
50 als natürlich und nimmt es ungefragt hin –, aber auch nicht dadurch, daß er Gegenwärtiges oder
Vergangenes völlig unerwähnt läßt. Auch das ist unvermeidlich, denn der Erzähler kann nicht alles
gleichzeitig, sondern nur eines nach dem andern erzählen. Es geschieht vielmehr dadurch, daß der
Erzähler dem Leser über Gegenwärtiges oder Vergangenes zwar Informationen gibt, diese aber in
einer so auffälligen Weise unvollständig läßt, daß dem Leser bewußt wird, daß ihm der Schlüssel
55 zur Erklärung der Wirklichkeit fehlt. […]

(aus: Richard Alewyn, Die Perspektive des Lesers. In: Probleme und Gestalten. Essays.
Frankfurt/M.: Suhrkamp 1982, S. 365 ff.)

LUDWIG GANGHOFER
Das Schweigen im Walde

Förster Kluibenschädl war ein Freund literarischer Genüsse, hatte eine unglückselige Leidenschaft
für ‚schöne Bücheln', […]
Die aufregende Geschichte, die er just verschlang, heizte seinem in Spannung zitternden Herzen
so schrecklich ein, daß ihm die innerliche Glut den Schweiß auf die Stirne trieb. […]
5 „Mar und Joseph!" stotterte Kluibenschädl, dessen Augen sich erweiterten. „Jetzt gschieht ihm
ebbes!" Wütend schlug er die Faust auf den Tisch. „Aber gleich hab ich mir's denkt, und grad heut
muß er sein' Revolver daheimlassen! So a verliebts Rindviech, so an unvorsichtigs!" Schnaubend
legte er sich mit beiden Ellbogen über den Tisch und beugte die glühende Nase auf das Heft.
– Im gleichen Augenblick stürzen vier vermummte Gestalten aus der Mauernische hervor. Wohl
10 springt der treue Hund dem ersten der Banditen heulend an die Kehle, doch ein wohlgezielter
Dolchstoß streckt das mächtige Tier zu Boden.
„Ah, da hört sich aber doch alles auf!" Dem Förster traten vor Erbarmen um das schöne Tier die
Tränen in die Augen. „Jetzt bringen s' mir den Hund um, der mir der liebste von alle gwesen is!"
[…] Kluibenschädl, der halb entkleidet mit der Lederhose auf der Matratze lag, hatte die wollene
15 Decke über die Knie hinuntergestrampelt und arbeitete mit den Fäusten in der Luft herum. Sein
Gesicht war dunkelrot, und röchelnd sprach er im Schlaf: „Raubersbuben! Abfahren! Laßts mir
den treuen Hund in Ruh! Abfahren, sag ich! Oder es kracht!"
Pepperl griff zu und rüttelte, bis der Förster wach wurde und mit schlaftrunkenen Augen aufblickte. „Was – was is denn?"
20 „Ich hab Ihnen wecken müssen. An schiechen Traum haben S' ghabt. Von Raubersbuben haben S'
gredt und von eim treuen Hundl!"
Kluibenschädl setzte sich auf und rieb die Augen. „Schau, da is mir jetzt richtig der arme Lion im
Schlaf kommen! Weißt, heut aufn Abend hab ich noch a bißl im ‚Geheimnis von Wohdekastel' gle-
sen – ja, denk dir, Pepperl, jetzt haben s' mir den guten Lion derstochen, die Haderlumpen!"
25 „Geh! Is's wahr?"
„Und den Lord Fitzgerald haben s' überfallen und knebelt und bunden und davongschleppt – der
Teufel weiß, wohin."
„No mein, trösten S' Ihnen, es wird ihm schon wieder einer helfen!" meinte Pepperl sanguinisch.

„Dös will ich hoffen! Wann so a bravs Mannsbild z'grund gehn muß, nacher wird's mir z'dumm!
30 Nacher schreib ich dem Buchhändler in Innsbruck a Briefl! Der soll sich gfreun! Und 's Geld muß er mir wieder zruckgeben. Für so was zahl ich net. Derschlagen und derstechen und betrügen und belügen tun sich d' Leut sowieso schon im Leben gnug. Was brauch ich denn da noch a Büchl dazu? Wann ich a Büchl lies, möcht ich mei' Freud dran haben. Daß ich 's ganze Sauleben drüber vergessen kann! Und 's Herz muß mir sein, als hätt's a frischgwaschens Hemmed an und a Feier-
35 tagsgwandl! Sonst pfeif ich auf die ganze Dichterei!"

Aufgaben zu den Texten auf den Seiten 293–295

RICHARD ALEWYN   Die Perspektive des Lesers

① Warum interessiert sich Alewyn für den Leser?
② Welche Verhaltensweisen beim Lesen kennzeichnet er? Stellen Sie weitere Aspekte des Leseverhaltens zusammen. (Lassen Sie sich z. B. durch den Text von Ganghofer anregen.)
③ Wie unterscheidet sich die „Neugier" in der Z. 45 von der „gewöhnlichen Neugier"?

LUDWIG GANGHOFER   Das Schweigen im Walde

① Welche Merkmale kennzeichnen das Leseverhalten Kluibenschädls? Beachten Sie dazu Lesestoff, Leseerwartung und -enttäuschung, Bezug zwischen Text und Leser, Zeit, Raum und soziales Umfeld.
② Entwerfen Sie eine Lesertypologie. Wie würden Sie sich selbst, wie den Leser Kluibenschädl einordnen?

II. Der Autor

1. Einführung

Im 18. Jahrhundert entwickelte sich die Auffassung vom Dichter als einem Menschen von außergewöhnlichem Rang. Als **„Genie"**, als der schöpferische oder der wahre Mensch, als Priester und Seher, inspiriert von einer göttlichen Macht, offenbart er dem Menschen Wahrheiten, die durch kein anderes System, nicht durch Religion, Philosophie oder Wissenschaft zu vermitteln sind. Gleichzeitig mit diesem Zugewinn an Ansehen und Würde hat sich auch seine **gesellschaftliche Stellung** verändert: War er bisher einem Stand oder einem fürstlichen Mäzen verpflichtet, so sucht er sich nun loszusagen von allem „Sklavendienst" und als freier Schriftsteller „sich selbst zu leben" (Lessing).
Die Autonomie des Künstlers war freilich von Anfang an mehr Utopie als Wirklichkeit. Viele Autoren verdienten ihren Lebensunterhalt als Hofmeister, Staatsbeamte, Geistliche, Lehrer, Juristen, Ärzte, Versicherungsangestellte und anderes mehr und schrieben in der arbeitsfreien Zeit. Trotzdem etablierte sich im 19. Jahrhundert der Beruf des freien Schriftstellers, weil zum

einen das **Urheberrecht** gesetzlich verankert wurde, nach welchem „persönliche geistige Schöpfungen" nicht ohne Erlaubnis des Autors genutzt werden durften; zum andern boten die entstehenden Massenmedien – Zeitschriften, Zeitungen, in unserem Jahrhundert Funk und Fernsehen – durch ihre Aufträge eine gewisse ökonomische Sicherheit. Die erhoffte Autonomie konnte dabei allerdings umschlagen in Abhängigkeit von dem „kollektiven Mäzen" Öffentlichkeit und von einem literarischen „Markt" mit seinen Gesetzen. Als noch bedrohlicher erwiesen sich die totalitären Diktaturen, die den Schriftsteller auf ihre Ideologie zu verpflichten suchten (vgl. die Texte von Carossa, Schneider, S. 207 f.; Huchel, Kunze, S. 274).

Neben äußeren Zwängen bedrängen den autonomen Künstler auch **Selbstzweifel.** Die Problematisierung des Künstlers und das Bedürfnis, künstlerisches Schaffen zu legitimieren, setzt bereits in der Romantik ein, erreicht in den 70er Jahren unseres Jahrhunderts einen Höhepunkt und schlägt sich nieder in einer Vielzahl von Selbstäußerungen in Interviews, vor allem aber im dichterischen Werk. Reflektiert werden besonders die Antriebe für das Schreiben, die Stellung des Autors in der Gesellschaft und die Aufgabe der Literatur.

2. Texte

ALFONS: Dich führet alles, was du sinnst und treibst,
    Tief in dich selbst. Es liegt um uns herum
    Gar mancher Abgrund, den das Schicksal grub;
    Doch hier in unserm Herzen ist der tiefste,
5   Und reizend ist es, sich hinabzustürzen.
    Ich bitte dich, entreiße dich dir selbst!
    Der Mensch gewinnt, was der Poet verliert.
TASSO: Ich halte diesen Drang vergebens auf,
    Der Tag und Nacht in meinem Busen wechselt.
10   Wenn ich nicht sinnen oder dichten soll,
    So ist das Leben mir kein Leben mehr.
    Verbiete du dem Seidenwurm, zu spinnen,
    Wenn er sich schon dem Tode näher spinnt:
    Das köstliche Geweb' entwickelt er
15   Aus seinen Innersten und läßt nicht ab,
    Bis er in seinen Sarg sich eingeschlossen.

(aus: Johann Wolfgang v. Goethe, Torquato Tasso. Werke Bd. V. Hg. v. Erich Trunz. Hamburg: Wegner 1955, S. 156 f.)

Johann Wolfgang v. Goethe, Karikatur von T. Pericoli 1992

Dichter und Priester waren im Anfang Eins, und nur spätere Zeiten haben sie getrennt. Der ächte Dichter ist aber immer Priester, so wie der ächte Priester immer Dichter geblieben. Und sollte nicht die Zukunft den alten Zustand der Dinge wieder herbeyführen?

(aus: Novalis, Blüthenstaub. In: Werke 2. Hg. v. H.-J. Mähl u. R. Samuel. München: Hanser 1978, S. 255 f.)

Alles, was der Dichter uns geben kann, ist seine *Individualität*. Diese muß es also wert sein, vor Welt und Nachwelt ausgestellt zu werden. Diese seine Individualität so sehr als möglich zu veredeln, zur reinsten herrlichsten Menschheit hinaufzuläutern, ist sein erstes und wichtigstes Geschäft, ehe er es unternehmen darf, die Vortrefflichen zu rühren. Der höchste Wert seines Gedichtes kann kein andrer sein, als daß es der reine vollendete Abdruck einer interessanten Gemütslage eines interessanten vollendeten Geistes ist. Nur ein solcher Geist soll sich uns in Kunstwerken ausprägen; er wird uns in seiner kleinsten Äußerung kenntlich sein, und umsonst wird, der es *nicht* ist, diesen wesentlichen Mangel durch Kunst zu verstecken suchen. Vom Ästhetischen gilt eben das, was vom Sittlichen; wie es hier der moralisch vortreffliche Charakter eines Menschen allein ist, der einer seiner einzelnen Handlungen den Stempel moralischer Güte aufdrücken kann; so ist es dort nur der reife, der vollkommene Geist, von dem das Reife, das Vollkommene ausfließt. Kein noch so großes Talent kann dem einzelnen Kunstwerk verleihen, was dem Schöpfer desselben gebricht, und Mängel, die aus dieser Quelle entspringen, kann selbst die Feile nicht wegnehmen.

(aus: Friedrich Schiller, Sämtliche Werke Bd. 5. Hg. v. G. Fricke und H. G. Göpfert. München: Hanser 1959, S. 972)

Friedrich Schiller, Zeichnung von J. Schadow, 1804

Es ist wunderbar, daß ein Deutscher immer sich ein wenig schämt, zu sagen, er sei ein Schriftsteller; zu Leuten aus den untern Ständen sagt man es am ungernsten, weil diesen gar leicht die Schriftgelehrten und Pharisäer aus der Bibel dabei einfallen. [...]
Eine gewisse innere Scham hält uns zurück, ein Gefühl, welches jeden befällt, der mit freien und geistigen Gütern, mit unmittelbaren Geschenken des Himmels Handel treibt. Gelehrte brauchen sich weniger zu schämen als Dichter; denn sie haben gewöhnlich Lehrgeld gegeben, sind meist in Ämtern des Staats, spalten an groben Klötzen oder arbeiten in Schachten, wo viel wilde Wasser auszupumpen sind. Aber ein sogenannter Dichter ist am übelsten daran, weil er meistens aus dem Schulgarten nach dem Parnaß[1] entlaufen, und es ist auch wirklich ein verdächtiges Ding um einen Dichter von Profession, der es nicht nur nebenher

Clemens Brentano, Ölgemälde von E. Linder (Ausschnitt), 1835

---

[1] griech. Gebirgszug; in der Mythologie Sitz der Musen

ist. Man kann sehr leicht zu ihm sagen: „Mein Herr, ein jeder Mensch hat, wie Hirn, Herz, Magen, Milz, Leber und dergleichen, auch eine Poesie im Leibe; wer aber eines dieser Glieder überfüttert, verfüttert oder mästet und es über alle andre hinüber treibt; ja es gar zum Erwerbszweig macht, der muß sich schämen vor seinem ganzen übrigen Menschen. Einer, der von der Poesie lebt, hat das Gleichgewicht verloren, und eine übergroße Gänseleber, sie mag noch so gut schmecken, setzt doch immer eine kranke Gans voraus." Alle Menschen, welche ihr Brot nicht im Schweiß ihres Angesichts verdienen, müssen sich einigermaßen schämen, und das fühlt einer, der noch nicht ganz in der Tinte war, wenn er sagen soll, er sei ein Schriftsteller.

(aus: Clemens Brentano, Geschichte vom braven Kasperl und dem schönen Annerl. In: Werke 2. Hg. v. W. Frühwald und F. Kemp. München: Hanser ³1980, S. 781 f.)

Die direkt-politische Nützlichkeit der Dichter ist fragwürdig. Was sie leisten: *Irritation* – Poesie als Durchbruch zur genuinen Erfahrung unsrer menschlichen Existenz; Poesie befreit uns zur Spontaneität. Das kann beides sein, Glück oder Schrecken. Da findet etwas anderes statt als Meinungs-Propaganda. Poesie macht uns betroffen; sie trifft uns da, wo wir uns wundern; sie unterwandert unser ideologisiertes Bewußtsein. Und insofern wird Poesie und alle Kunst, die diesen Namen verdient, als subversiv empfunden. Zu Recht! Sie ist zweckfrei. Schon das macht sie zum Ärgernis für den Politiker. Die Poesie muß keine Maßnahmen ergreifen. Es genügt, daß sie da ist: als Ausdruck eines profunden Ungenügens und einer profunden Sehnsucht. Die Poesie findet sich nicht ab (im Gegensatz zur Politik) mit dem Machbaren. Sie bewahrt, was über den politischen Macher hinausweist: die *Utopie*. Indem ein Roman, zum Beispiel, eine kaputte Ehe vorführt oder die allgemeine Misere durch entfremdete Arbeit, geht dieser Roman aus (implizite) von der Utopie, daß unser Menschsein auf dieser Erde anders sein könnte. Wie? Rezepte sind von der Poesie nicht zu erwarten. Vom Pragmatiker aus gesehen, ist die Poesie unbrauchbar. Sie sagt nicht, wohin mit dem Atom-Müll. Sie entzieht sich der Pflicht, die Welt zu regieren. Und sie entzieht sich den Forderungen der Machthaber. Sie ist einfach da: als die Freiheit im Erkennen und im Empfinden. Als Gegen-Position zur Macht. Jede Kollaboration der Kunst mit der Macht, auch mit einer demokratischen Macht, endet in einem tödlichen Selbstmißverständnis der Kunst, der Poesie – Unsere Verantwortung gegenüber der Gesellschaft: ich meine, sie bestehe darin, daß wir die Literatur nicht zu einem Dienstleistungsbetrieb machen und damit überflüssig; ihr Beitrag ist die permanente Irritation. Oder um ein bekanntes Wort von Walter Benjamin zu brauchen: Die Kunst als Statthalter der Utopie.

Max Frisch, Karikatur von T. Pericoli, 1992

(aus: Max Frisch, Verantwortung des Schriftstellers. In: Moderna Språk 72, 1978, S. 261 ff. Alle Rechte vorbehalten durch Suhrkamp Verlag, Ffm.)

Die doppelte Zunge einer Dichterin/War die Dichterin eine Enttäuschung? Ach ja, sagte ich mir auf dem Nachhauseweg. Bedenke doch nur, wie du gleich zu Anfang, bei Betreten des Zimmers ihr Gesicht wiedererkanntest, und das war nicht das Schlimmste. Vom Umschlag ihres Buches her warst du daran gewöhnt und hast den Roman trotzdem gern gelesen. Aber auf dem Buchdeckel sah man nur das schiere Gesicht, hier dagegen wurde es den Besuchern auf einem langen, sich immerfort hin- und herbiegenden Hals entgegengereckt in so betonter, ausdrücklicher Weise, daß man, während die Dichterin oder, weiß der Himmel, Schriftstellerin, Autorin, wenn auch im Nu wieder lachend, über die groben Dinge der Welt sprach, über Honorare und Lizenzen, Fernsehdebatten und Publizität, über rechte und linke Nuancen gerade entstehender Zeitschriften, über die Macht ihres Verlegers, die sich in beinahe schüchternen Ratschlägen unsichtbar und gegenwärtig machte, daß man, während sie von den Unflätigkeiten ihres Berufs sprach, zutreffend spöttisch und zutreffend erbittert, den Hals sich nach ganz anderen Gesetzmäßigkeiten bewegen zu sehen glaubte. Du selbst mußtest also ständig denken: „Schwanenhals", „biegsam wie eine Weidengerte". Woher glitschten dir diese Sachen in deinen Kopf?

(aus: Brigitte Kronauer, Die gemusterte Nacht. Stuttgart: Klett-Cotta 1981, S. 154)

Brigitte Kronauer (*1940)

Aufgaben zu den Texten auf den Seiten 296–299

① Wie sehen Schriftsteller den Schriftsteller (die Schriftstellerin) und seine (ihre) Stellung in der Gesellschaft? Erläutern Sie Rollenverständnis und Legitimationsversuche mit Hilfe Ihrer literaturgeschichtlichen Kenntnisse.
② Gegen welche Widerstände schreiben Frauen an? Beantworten Sie dazu die Fragen, die das fiktive Ich in der Kronauer-Erzählung stellt.
③ Formulieren Sie eine kritische Antwort auf die Aussagen Max Frischs.

Übergreifende Fragestellungen

① Welche Rolle spielen die Leserevolution des 18./19. Jahrhunderts und der literarische Markt für die Entstehung des „freien Schriftstellers"? Welche Bedeutung hat in diesem Zusammenhang das Urheberrecht?
② Erörtern Sie Möglichkeiten und Grenzen ideologiefreier Literatur in einer totalitären Diktatur, z. B. anhand der Texte von H. Carossa und R. Schneider (S. 207 f.) oder P. Huchel und R. Kunze (S. 274).
③ Ordnen Sie die Aussagen über das Selbstverständnis der Dichter einzelnen Epochen zu, und erläutern Sie, wie sie die Zeit kennzeichnen.

III. Literarische Wertung

1. Einführung

Wer Literatur liest, wertet sie auch. Das subjektive Geschmacksurteil des Lesers wird sich selten decken mit den Urteilen der Literaturwissenschaft und der journalistischen Tageskritik. Diese „institutionalisierte Literaturkritik" sieht es als ihre Aufgabe an, über wichtige Neuerscheinungen zu informieren, den Leser auf gute Bücher hinzuweisen, durch Interpretationshilfen zwischen neuartigen, vielleicht befremdenden Formen und traditionellen Leseerwartungen zu vermitteln, durch Lob und Tadel für bessere Bücher und bessere Leser zu sorgen, die Qualität der Literatur zu verbessern. Andrerseits wird den Rezensenten Fehlen von Urteilsnormen, Subjektivität, Parteilichkeit, unzulässige Einflußnahme auf den Absatzmarkt (Kritik als kostenlose Werbung) und Selbstüberschätzung vorgeworfen. Umstritten ist, ob Literatur unter außerliterarischen Gesichtspunkten, etwa unter ethischen oder politischen, beurteilt werden darf. Der Zusammenhang zwischen Buchkritik und Buchkauf ist noch kaum erfaßt. Vermutlich wirkt sich jede Kritik, ob Lobrede oder „Verriß", positiv aus. Befriedigt stellte Wolfgang Koeppen fest: „Er schreibt über mich, also bin ich."
Dennoch gibt es Grenzen der Kritik, wo etwa Menschenwürde oder religiöse Gefühle verletzt werden.

Friedrich Dürrenmatt, Künstler und Kritiker, 1980

2. Texte

JOHANNES MARIO SIMMEL
Doch mit den Clowns kamen die Tränen

[...] Wir setzten uns an einen Tisch vor einer riesigen Glasscheibe, und nun erschien ein junger Kellner, ein fast schwarzhäutiger Neger, in seiner strahlend weißen Dienstkleidung. Wir bestellten Kaffee und Eier im Glas und Schinken, wir bestellten eine Menge, denn wir hatten beide großen Hunger und viel Zeit. Der Schwarze verschwand, kam zurück, brachte eine Vase mit kleinen roten
5 Rosen für den Tisch und verschwand wieder. Es war ein besonders netter Schwarzer. Nun saßen wir einander gegenüber, Barski und ich, und wir sahen einander an, lange, sehr lange. Ich wollte ihn gar nicht ansehen und tat es doch, ich weiß nicht, warum. Und es war hier oben im „Le Ciel d'Azur" so still, wie es wohl im Weltall ist, unbeschreiblich still. Und wir sahen einander unverwandt an, obwohl ich das gar nicht wollte. Ich fühlte mich benommen und gleichzeitig erfüllt von
10 einem wundervollen Frieden. Noch nie im Leben hatte ich ein solches Gefühl des Friedens erfahren, und ich weiß noch, daß ich dachte: Es gibt Ihn also vielleicht doch, und das ist Sein Frieden. Alles war plötzlich leicht, und jede Schwere war verschwunden, jede Trauer, jede Unrast, jede

Angst. Ich dachte, daß wir hier außerhalb der menschlichen Zeit, ja außerhalb der Welt waren, und auch das hatte ich noch nie erlebt. […]

Wir sprachen kein Wort, und die Stille dauerte an, diese ungeheuerliche Stille, die ich ebensowenig jemals erfahren habe. Zuletzt war alles unwirklich, ganz unwirklich, und ich fühlte mich erfüllt von Frieden und tiefer Erregtheit, und diese Erregtheit hatte ich auch noch niemals erlebt. Seine kleine Tochter und ihre Liebe zu Märchen fielen mir ein, denn das, was ich an diesem Morgen erlebte, war – ich weiß nicht, wie ich mich ausdrücken soll –, es war, als seien wir in einer Welt, in der diese Märchen möglich waren, einer Welt, in der es das tatsächlich gab, daß zwei Menschen, die das Glück erfuhren, es behalten durften – und dies für alle Zeit. […]

Max Frisch
Stiller

[…] Später, in einem Gartenrestaurant unter bunten Schirmen, frage ich Julika:
„Wie lebst du eigentlich in Paris?"
Ich duze sie nun auch; nicht der Kaution wegen, weiß Gott, sondern aus holdem Bedürfnis, unwillkürlich. Es ist stets wieder etwas Wunderbares, dieser Schauer erster Vertraulichkeit, etwas wie ein Zauberstab über alle Welt, die plötzlich wie zu schweben beginnt, etwas so Leises, was doch alles übertönt. Unwillkürlich, aber dann von unverhoffter Seligkeit wie betäubt, so daß ich etwas anderes als unsere kleine Berührung kaum wahrzunehmen vermag, habe ich meine Hand auf ihre Schulter gelegt. Eine selige Weile lang, bis das neue Du auch wieder zur Gewöhnung und sozusagen klanglos geworden ist, fühlt man sich ja allen Menschen wie verschwistert, inbegriffen den Kellner, der den Whisky bringt; man hat ein Gefühl, nun bedürfe es in dieser Welt überhaupt keiner Verstellung mehr, ein Gefühl so friedlichen Übermuts. Man lacht über sein Gefängnis! In Fällen, wo dieses Du eine reifere und doch wohl lebensmutige Frau ist, habe ich dann allerdings ein natürliches, übrigens in meinem Übermut nicht allzu ernstes oder gar dringendes Bedürfnis, eher eine spielerische Neugier, wer sonst noch an Männern mit meinem Du im Spiele steht. In ihren Erzählungen von Paris, von der Ballettschule, die ja vermutlich kein Kloster ist, kommt nie ein Mann vor, kein François, kein André, kein Pierre, kein Jacques und nichts. Ein Paris der Amazonen; was soll das heißen? Schließlich frage ich sie rundheraus:
„Bist du sehr glücklich in Paris?"
Das darf man doch fragen.
„Glücklich!" sagt sie, „was heißt glücklich –" […]

Joachim Kaiser
„Mit den Clowns kamen die Tränen"

Sein letztes Buch („Mit den Clowns …") beginnt mit einem circensischen Kindermord – und endet damit, daß diese Szene wie eine Rückblende bevorsteht. Die Heldin, eine tapfere Journalistin, entdeckt beim Versuch, die Hintergründe der Zirkusschießerei aufzuklären, was in den Zentren der Gen-Forschung – Hamburg, Paris – geschieht. Sie kommt mit Hilfe eines polnischen Wissenschaftlers Entwicklungen, Absichten, brandgefährlichen wissenschaftlichen Irrtümern auf die Spur. […]
Indem Simmel zunächst konkret von dem ausgeht, was in gewissen Kliniken gemacht wird, wobei er andeutet, wie gefährlich es wäre, neue Lebensformen zu entlassen (die

nicht zurückrufbar sind, während man, wenigstens theoretisch, doch mit der Atomspaltung usw. „aufhören" könnte), gerät das Buch allmählich in die typisch Simmelsche Beschleunigung. Westliche und östliche Geheimdienste kämpfen um wissenschaftlichen Vorsprung. Man hat, unglücklicherweise und durch einen Arbeitsunfall, ein ideales Virus für den Soft War gefunden. „Ein neuer Rüstungswettlauf – nach der neuen Waffe. Wer diese Waffe zuerst hat, ist Herr der Welt." [...]
Mordversuche werden unternommen; Geheimpolizisten werfen sich dazwischen, jeder könnte Verräter sein. Supermächte schreiten über Leichen. Die Kämpfenden wiederum sind entweder idealgesinnt engelsrein (wie im Edelwestern die Sheriffs) oder rücksichtslos kriminell (wie Fanatiker, Idealisten, Gekaufte). Hier geht es gerade noch einmal gut, weil weitblickende Heroen ein Gen-politisches Patt herstellen. („Denn jeder der beiden Großen hat nun zwar das Virus, aber auch den Impfstoff ... Und das bedeutet, daß diese herrliche Waffe stumpf geworden ist ...")
Chesterton[1] warf Shaw[2] vor, es dem Publikum zu leicht zu machen. Shaw verzucker die gesellschaftskritischen Thesen – die Zuschauer aber leckten schlau das Angenehme ab und spuckten die bittere Pille aus. Den Simmelschen Problemstellungen, so naiv und alptraumhaft sie auch vom Autor gesteigert, in Thriller-Kolportage verwandelt werden, entkommt man nicht so ohne weiteres. Und zwar deshalb nicht, weil Simmel einen beängstigend sicheren Instinkt dafür zu haben scheint, wo geheime Entwicklung und öffentlicher Wettlauf wirklich an Schauerliches, Alptraumhaftes grenzen. Er findet Themen, bei denen man sich nicht mit einem „alles nicht so schlimm" zurücklehnen kann. Fesselnd sind dabei aber eben nicht nur die Gegenstände – Chargaffs[3] Bücher liegen ja vor –, sondern kolportagehaft spannend wirken Simmels Steigerungsmittel. Er katapultiert seine Helden von einer Schreckenssituation in die andere. Entführung, Schießerei, Nötigung. Er benutzt die Technik schlauer Gegenschnitte (bei einem verschwörerischen Treffen in einer Kirche wird dauernd das Gewäsch der kunsthistorisch erläuternden Reiseführer pfiffig dazwischen geblendet. Der Kontrast ist nicht ironisch, sondern vehement, atemlos). Simmel läßt die Welt als Verschwörung der Mächtigen erscheinen. Er – und das ist wahres Künstlerpech – überzeugt freilich immer nur beim Alpträumen – nie beim Liebestraum. Schreckliche, exzentrische Begebenheiten bei Simmel finden aus ihrer Dynamik die passenden Worte. Aber die Liebesszenen bleiben namenlos trivial [...]

(aus: Erlebte Literatur. München: Piper 1988. S. 356f.)

---

[1] Gilbert Keith Chesterton (1874–1936), englischer Schriftsteller   [2] George Bernard Shaw (1856–1950), irischer Dramatiker
[3] Erwin Chargaff (*1905), österreichisch-amerikanischer Biochemiker und Schriftsteller

ULRICH GREINER
Man soll den Simmel nicht hochjubeln

[...]
Keine Literaturkritik kommt ohne ein gewisses Schema aus, und sei es noch so vage. Nehmen wir das folgende, ziemlich geläufige Schema: Ein guter Roman müsse erstens ein wichtiges Thema haben, zweitens eine irgendwie „richtige" (also menschliche, politische, fortschrittliche) Botschaft, drittens müsse er gut geschrieben sein (was immer das heißen mag). Die Simmel-Rezensenten, und mit ihnen neuerdings viele Literaturkritiker, verfahren nun ganz mechanisch und scheindemokratisch: Wenn zwei von drei erreichbaren Punkten erreicht sind, hat das Buch die Hürde der Kritiker passiert. Also: Handke hat zwar kein wichtiges Thema, dafür aber eine Botschaft, und schreiben kann er auch. Bestanden. Oder: Simmel kann zwar nicht schreiben, aber das Thema ist wichtig und die Botschaft ist genehm. Bestanden.

[...] Simmels Roman spekuliert auf ziemlich durchschaubare Weise mit der Angst-Konjunktur und der Apokalypse-Lust der Zeitgenossen, so wie es ganz ähnlich die Filme „The Day After" oder „Malevil" getan haben. Die entscheidende und schwer beantwortbare Frage bleibt, was derlei in den Köpfen der Menschen anrichtet. Mag sein, daß Widerstandswille erwacht. Für wahrscheinlicher halte ich, daß alle diese katastrophalen Visionen lediglich einem masochistischen Kitzel dienen und die neueste Stimmung im Westen verstärken, diese Mischung aus Fatalismus und Hedonismus, aus Untergangsfurcht und fröhlichem Weiterwurschteln.

Aber nehmen wir versuchsweise an, eine nennenswerte Anzahl von Lesern ließe sich durch diesen Roman aufrütteln, müßten wir nicht dann (ich meine: wir Literaturkritiker) seine literarischen Abstürze in Kauf nehmen um des höheren Zieles willen? Diese Frage scheint die Simmel-Verteidiger umgetrieben zu haben. Aber sie ist falsch gestellt. Wir sollten Theodor W. Adorno genug kennen (und Joachim Kaiser kennt ihn besser als ich), um davon überzeugt zu sein, daß aus einem durch und durch trivialen Stück Literatur keine Wahrheit kommen kann. Die Krisen und Aporien der postindustriellen Gesellschaft sind doch nicht ausschließlich das Werk verrückt gewordener Wissenschaftler und skrupelloser Politiker. Zu den Ursachen gehört vor allem unser brutaler, herrschsüchtiger Umgang mit der Natur und mit uns selber, die Verschwendungssucht, der Beschleunigungswahnsinn, die Leistungsoptimierung, der Nervenkitzel, der Verschleiß der Gefühle. All das zerstört unsere intimsten Beziehungen, unsere Wahrnehmungen und Empfindungen, also auch die Sprache. Wie kann da Rettung kommen von einem Roman, der so sorglos Wegwerfsätze produziert, der so schemenhaft und unpräzise die Menschen zeichnet, der so atemlos von Knalleffekt zu Knalleffekt hetzt? Der also keine neue Wahrnehmung erlaubt, keine Besinnung und Empfindlichkeit weckt, sondern bloß diese Kinomischung aus Spannung und Furcht für ein paar schaurig schöne Stunden? Simmels Roman ist ein blinder Spiegel jener Umstände, denen wir unsere Ratlosigkeit verdanken.

Spannend ist er. Ich habe mich bei der Lektüre nicht gelangweilt. Aber man muß ihn ganz schnell lesen, ihn überfliegen, damit man die literarischen Schlaglöcher nicht spürt.[...]

(In: Die Zeit. 6.11.1987)

Rezensionen zu Frank Wedekinds „Frühlings Erwachen" (vgl. S. 134f.)

[...] Aus einer solchen Anzahl unzusammenhängender Szenen setzt sich Frank Wedekinds Kindertragödie *Frühlings Erwachen* zusammen. Vor zehn, fünfzehn Jahren, ehe noch die „neue Richtung" ihre Segnungen verbreitete, hätte jeder Theaterleiter die Zumutung, ein solches Werk zur Aufführung zu bringen, mit Hohngelächter zurückgewiesen. Man kann sich nichts Bühnenunmöglicheres denken. Das Stück besteht aus neunzehn Szenen, von denen jede auf einem besonderen Schauplatz sich abspielt. Nicht einmal die einzelnen Szenen sind dramatisch gebaut. Zumeist sind sie nichts als Gespräche. [...] *Frühlings Erwachen* ist also als dramatisches Werk völlig unzureichend. Das Stück genügt nicht einmal primitiven dramatischen Anforderungen. [...]

(aus: P. Goldmann, „Frühlings Erwachen." Von Frank Wedekind. In: P. G.: Vom Rückgang der deutschen Bühne. Polemische Aufsätze über Berliner Theater-Aufführungen. Frankfurt a. M.: Rütten & Loening 1908, S. 113 ff.)

[...] Frank Wedekind [...] gehört zu den wenigen deutschen Dichtern, die es gewagt haben, der herrschenden Klasse ihre Verlogenheit und abgrundtiefe Heuchelei offen ins Gesicht zu schleudern, wofür man ihm Zeit seines Lebens mit erbittertem Haß und dummbrutalen Zensurschikanen quittierte. [...] In *Frühlings Erwachen* brandmarkt er mit bitterem Hohn das verlogene Muckertum, die heuchlerische „Moral" des kleinbürgerlichen „Juste-Milieus"[1]. Dieses Pubertätsdrama mit seiner vernichtenden Anklage gegen spießerische Roheit, Gedankenlosigkeit, moralische und ideologische Verkommenheit ist heute noch so aktuell wie vor nahezu 40 Jahren. [...]

(aus: P. B., Wedekind: „Frühlings Erwachen" (Volksbühne). In: Die Rote Fahne 12, 16. 10. 1929, Nr. 206. Beil.)

---

[1] frz.: richtige Mitte

[...] Auch nicht an einer einzigen Stelle erfahren wir die Lösung des Problems über die geschlechtliche Aufklärung der Kinder, das nach meiner Ansicht diese an Eltern und Arzt verweisen müßte; nicht ein einziges Mal erfahren wir, wie irregeleitete Kinder zu bessern wären. Immer hören wir nur anklagend von dem Verderben, sehen mit groteskem Zynismus die Moral der Gesellschaft in den Straßenkot gezogen, ohne eine befriedigende Lösung zu erfahren. [...]

(aus: K. Herbst, Gedanken über Frank Wedekinds „Frühlings Erwachen", „Erdgeist" und „Die Büchse der Pandora". Eine literarische Plauderei von K. H. Leipzig: Xenien-Verlag, 1919. S. 30)

REINHARD BAUMGART
Vorschläge

[...] An der Zeit wäre es [...], die erste Reaktion auf Bücher kurz nach ihrem Erscheinen, ihre Vorstellung für ein Publikum, das sie noch nicht kennt, also genau das, was in Tages- oder Wochenzeitungen gedankenlos als „Kritik" läuft, endgültig zu trennen von dem, was Kritik wirklich ist oder doch sein kann. Denn die, will sie ernsthaft Analyse leisten und ihre Analysen kontrollierbar halten, kann sich allemal nur an Leser wenden, denen der Gegenstand der Kritik schon bekannt ist. Das allein wäre, wie im Englischen klar unterschieden, „criticism" statt bloß „review". Für solche Kritik gibt es auch einen, wenn schon nicht naturwissenschaftlich exakten, so doch nachprüfbaren Vorrat an Methoden der Hermeneutik, Ästhetik, Literaturgeschichte, neuerdings der Informationstheorie. Vor allem: sie allein nimmt die Bücher wirklich als Sachen und nicht als Waren. Einfluß auf den Markt nimmt sie nicht oder kaum, schon weil sie nur in Zeitschriften mit geringer Reichweite und nur in größerem zeitlichen Abstand zum Erscheinen der Werke publiziert werden kann. Denn das bleibt das Scheinheiligste am gängigen Rezensionswesen: es ist ein Instrument des Marktes, oder, scheinbar harmloser gesagt, der Literaturpolitik [...].

(In: Kritik/ von wem/ für wen/wie ... Hg. v. Peter Hamm. München: Hanser 1968, S. 40 f.)

Aufgaben zu den Texten auf den Seiten 300–304

JOHANNES MARIO SIMMEL   Doch mit den Clowns kamen die Tränen
MAX FRISCH   Stiller

① Bewerten Sie die beiden Romanauszüge im Hinblick auf ihre literarische Qualität, und machen Sie sich Ihre persönlichen Wertungskriterien klar. Sie könnten Ihr Urteil von der Antwort auf folgende Fragen bestimmen lassen:
– Werden Sie als Leser in eine Tagtraumwelt entführt?
– Werden Sie sensibilisiert für menschliches Verhalten?
– Überzeugt Sie die Darstellung des glücklichen Augenblicks? (Analysieren Sie Perspektive und Wortmaterial.)

JOACHIM KAISER   Mit den Clowns kamen die Tränen
ULRICH GREINER   Man soll den Simmel nicht hochjubeln

① Überprüfen Sie die Urteile von Kaiser und Greiner am Romanauszug. Auf welche Wertungskriterien stützen Kaiser und Greiner ihr Urteil?

② Vergleichen Sie Ihre Bewertungen der Romanauszüge mit denen von Kaiser und Greiner. Wo ergeben sich Ergänzungen, wo Gegensätze?

Rezensionen zu Frank Wedekinds „Frühlings Erwachen"

① Überprüfen Sie die Normen der Wedekind-Kritiker, und diskutieren Sie deren Berechtigung.
② Vergleichen Sie die Rezension Hofmillers (S. 135) mit den hier aufgeführten.

REINHARD BAUMGART   Vorschläge

① Welche Aufgaben weist Baumgart der Literaturkritik zu?
② Wie verhalten sich die Kritiken Kaisers und Greiners zu Baumgarts Auffassung?
③ Überlegen Sie, wie Rezensionen nach den „Vorschlägen" Baumgarts aussehen müßten.

Übergreifende Fragestellungen

① Wo und in welcher Form finden Sie heute Literaturbewertung und Literaturkritik, Lobreden und Verrisse? Denken Sie auch an „verdeckte" Formen (z. B. Klappentexte). Stellen Sie die Unterschiede dar.
② Bereits die Ahnherrn moderner Literaturkritik wie Lessing oder Friedrich Schlegel wurden kritisiert: Von Goethe ist das Diktum überliefert: „Schlagt ihn tot, den Hund, er ist ein Rezensent." Worin sehen Sie Anfechtbarkeit und Grenzen der Literaturkritik? Welche Anforderungen stellen Sie an Inhalt und Stil?
③ Verfassen Sie eine Rezension des Ausschnitts aus L. Ganghofers *Schweigen im Walde* (S. 294f.).

IV. Literaturvermittlung und Literaturförderung

1. Einführung

a) Buchhandel und Verlagswesen

Die Vermittlungsfunktion zwischen Autor und Leser, der Doppelcharakter des Buches als Geist und Ware, die Rücksichtnahme auf kulturelle wie marktwirtschaftliche Erfordernisse brachte den Buchhandel, der in weitem Sinne auch die Verlage umfaßt, von Anfang an in eine heikle Situation. Goethe wünschte die Buchhändler zur Hölle, Böll warf ihnen Ausbeutung vor, verschleiert durch „rational getarnte Kalkulationsmystik". Dennoch sahen Autoren in ihren Verlegern vielfach Förderer und Freunde (z. B. Schiller in Cotta oder Hesse in Suhrkamp). Samuel Fischer hat durch seine Programmauswahl dem Naturalismus, Kurt Wolff dem Expressionismus den Weg gebahnt. Klaus Mann dankte 1934 einem Berliner Verlag für seinen Mut, unter der NS-Ära eine Gesamtausgabe von Kafka herauszubringen. Die heutigen Großverlage erscheinen dagegen eher als anonyme Produktionsapparate, deren Auswahl von den Gesetzen der Marktwirtschaft bestimmt ist.

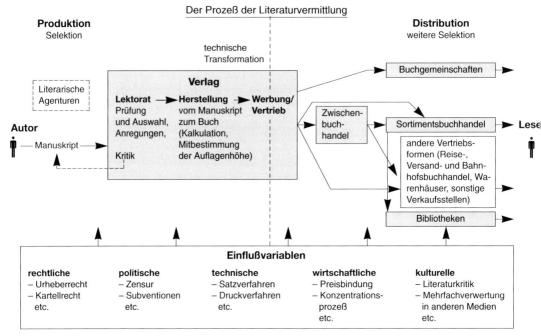

(aus: Walter Hömberg, Verlag, Buchhandel, Bibliothek. In: H. Brackert/J. Stückrath (Hg.), Literaturwissenschaft. Ein Grundkurs. Reinbeck: Rowohlt 1992, S. 390)

Zu den Phänomenen des Buchmarkts gehören auch die sogenannten Bestseller. Goethe war, sieht man von den *Leiden des jungen Werthers* ab, kein Bestseller-Autor. Die erste Ausgabe seiner gesammelten Werke brachte es gerade auf 14 000 Stück. Dagegen wurden in einem Jahr (1929) von Remarques *Im Westen nichts Neues* 900 000 Exemplare verkauft, von Th. Manns *Buddenbrooks* 800 000. Nach Auffassung des Literaturkritikers Marcel Reich-Ranicki können Bestseller nicht gemacht werden. Wäre es so, würden alle Verleger und Autoren diesen Weg wählen. „Aber gute Schriftsteller laufen niemals den Lesern nach, vielmehr zwingen sie die Leser, ihnen zu folgen." Die Vermarktung von Johannes Mario Simmel scheint das Gegenteil zu beweisen.

b) Literaturförderung

1958 las Günter Grass auf einer Tagung der Gruppe 47 das Eingangskapitel der *Blechtrommel*, erhielt den Preis der Gruppe, aufgestockt durch Spenden begeisterter Zuhörer, und wurde über Nacht bekannt: als Beispiel für Förderung junger Talente eher ein Einzelfall. Immerhin können auch die Sieger des Ingeborg-Bachmann-Wettbewerbs in Klagenfurt mit einem Verlagsvertrag rechnen. Dennoch sind Verteilung und Wirkung von Literaturpreisen, Stipendien oder Subventionen umstritten, ob Stadtschreibermodell, Villa-Massimo-Stipendium oder einer der zahlreichen, von Ländern, Gemeinden und auch privaten Mäzenen gestifteten Preise. Zudem erreichen die Geldspenden selten die jungen, auf Förderung angewiesenen Autoren. Als Aufwertung des Berufsstands wird die Aufnahme in eine der Künstlerakademien angesehen; der Nutzen bleibt fraglich.

Hohes Ansehen genießt der 1921 in England gegründete P.E.N.-Club, eine übernationale Vereinigung von „Poets, Essayists and Novelists" (erweitert durch Playwrights und Editors), deren Mitglieder sich auf eine Charta der Menschenrechte verpflichten.

„Der P.E.N. ist ein Klub, dessen Klubgeist nicht in erster Linie nach innen verpflichtet, sondern nach außen [...]. Seine Charta ist das Grundgesetz einer Weltliteratur, die dem Frieden dienen will und selbst im Krieg den Völkerhaß verwirft, unbehinderte Gedankenfreiheit und freien Austausch von Ideen innerhalb jedes Landes und zwischen den Sprachen und Völkern vertritt, jeden Angriff auf Meinungsfreiheit, Freiheit der Kunst und der Medien bekämpft, jede Zensur [...] zurückweist, das Recht auf Kritik an Regierungen, Staaten, sozialen und anderen Mißständen nicht nur für erlaubt, sondern für geboten hält und die Menschenrechte, wo immer sie bedroht sind, verteidigt."

(Zit. nach: Brackert/Stückrath, Literaturwissenschaft. A.a.O., S. 432)

2. Texte

Titus Arnu
Hurra, wir kaufen noch!

[...] Der Verlag Droemer/Knaur leitete 1964 nach dem Vorbild des Buch-Marketing in den USA die Amerikanisierung des deutschen Literaturgeschäfts ein: Bücher gelten seitdem als Ware, die auf allen Ebenen vermarktet wird. Obwohl mittlerweile allein das Markenzeichen Simmel ein Garant für den kommerziellen Erfolg ist, läuft zur Zeit die größte Werbekampagne an, die der Knaur-Verlag je für seinen erfolgreichsten Autor aufgezogen hat. Große Anzeigen in fünfzehn Zeitungen und Magazinen sollen 92 Millionen Leser erreichen. Dazu kommen Streuprospekte und Plakate. Eine halbe Million Mark gibt der Verlag für den Simmel-Rummel aus. Das Weihnachtsgeschäft, der größte Batzen im Buchhandel, noch nicht einmal eingeschlossen. Im Advent will der Verlag noch einmal die Werbetrommel rühren und 300 000 Exemplare extra absetzen.
Droemer/Knaur verfolgt bei der Simmel-Vermarktung eine ähnliche Strategie, wie sie andere Firmen für Brühwürfel oder Waschmittel anwenden. „Der Leser soll mit geballter Kraft nur einen Namen vor sich haben: Simmel", hat sich die Werbeabteilung des Verlags zum Ziel gesetzt. Monate vor dem Erscheinungstermin hat die Firma einen großangelegten PR-Plan ausgearbeitet. Während Simmel an einem Roman arbeitet, hat er keinen Kontakt mit der Presse. Einige Wochen vor dem Erscheinungstermin beginnt dann das große Wettsimmeln in Fernsehen, Funk und Printmedien: drei bis vier Hörfunk-Interviews pro Tag, TV-Auftritte und Gespräche mit Magazinen. Das alles hat einen enormen Effekt auf den Verkauf des Produktes. Denn „ein Buch wird erst zum Bestseller", erklärt Ulrike Netenjakob vom Droemer/Knaur-Verlag, „wenn viele Leute darüber reden."
Ob ein Buch zum Verkaufsschlager wird, entscheidet sich durch den optischen Eindruck am „point of sale", wie die Marktstrategen sagen. Der Knaur-Verlag leistet Verkaufshilfe, indem er die Buchhandlungen mit Plakaten, Aufklebern („Der neue Simmel – jetzt hier!") und besonderen Verkaufsständen ausstattet. Nur wenn ein Titel in der Buchhandlung auf den ersten Blick auffällt, greifen die Leute massenhaft zu. Dabei nützt der Verlag die Erkenntnisse der Werbepsychologie: Wie Farbtests ergeben haben, sind rot und blau verlockendere Farben auf einem Buchumschlag als gelb und braun.
Der dröge, schmucklose Tricolore-Titel gehört deshalb zum Verkaufs-Programm. Denn die dreifarbige Simmel-Schrift ist mittlerweile für viele ein Gütesiegel. „Die Stammleser erwarten vom neuen Simmel die gleiche Ausstattung wie bei den älteren Büchern", sagt Knaur-Sprecherin Netenjakob. [...]

(aus: Süddeutsche Zeitung. Nr. 174, 31. 7./1. 8. 1993, S. 17)

Deutsche Literaturpreise
(Auswahl)

Alternativer Büchner-Preis 1992 (10 000 DM), gestiftet von einem Darmstädter Unternehmer, an den Zukunftsforscher *Robert Jungk* „für sein Engagement in der Friedens- und Anti-Atom-Bewegung".
Bayerische Akademie der Schönen Künste in München, **Großer Literaturpreis 1992** (30 000 DM) an den Autor *Christoph Ransmayr* (A) für seinen Roman „Die letzte Welt".
Berliner Literaturpreise 1992 der Stiftung Preußische Seehandlung für deutschsprachige Literatur (je 10 000 DM) an die Autoren *Christoph Hein, Hans Joachim Schädlich, Wolfgang Hilbig, Ingomar von Kleseritzky, Uwe Kolbe* sowie *Thomas Hürlimann* (CH) u. *Libuše Moniková* (ČSFR).
Böll (Heinrich)-Preis der Stadt Köln 1992 (25 000 DM) an den Schriftsteller *Hans Joachim Schädlich* für sein literarisches Werk, „das die deutsche Geschichte und gesellschaftliche Gegenwart einer breiten und scharfsinnigen erzählerischen Reflexion unterzieht".
Büchner (Georg)-Preis 1992 der Deutschen Akademie für Sprache u. Dichtung e. V. in Darmstadt (60 000 DM) an *George Tabori* (H) für sein Gesamtwerk.
Gebrüder-Grimm-Preis 1991 (15 000 DM) an die Schriftstellerin *Monika Maron* für ihren Roman „Stille Zeile 6".
„Goldene Feder" als Autorin des Jahres 1991 im Bertelsmann Buchclub in Leipzig (10 000 DM) an *Rosamunde Pilcher* (GB).
Heine (Heinrich)-Ehrengabe 1992 der Heinrich-Heine-Gesellschaft in Düsseldorf an die Lyrikerin *Sarah Kirsch* für ihr literarisches Wirken.
Kleist (Heinrich von)-Preis 1992 der gleichnam. Gesellschaft in Berlin, gestiftet von den Verlagen dtv, Klett, Rowohlt u. S. Fischer (25 000 DM), an die Schriftstellerin *Monika Maron*.
Literaturpreis der Stadt Bad Wurzach 1992 (10 000 DM) an den Schriftsteller *Martin Walser* für sein Buch „Die Verteidigung der Kindheit".
Literaturpreis der Freien Hansestadt Bremen 1992, verliehen von der Rudolf-Alexander-Schröder-Stiftung (30 000 DM), an den Schriftsteller *Ror Wolf* für sein Buch „Nachrichten aus der bewohnten Welt".
Stadtschreiber von Bergen-Enkheim 1992 (Frankfurt/M.) (30 000 DM) an den Schriftsteller *Ralf Rothmann*, „der in seiner Lyrik u. Prosa das Lebensgefühl einer Generation weitergibt".

(aus: Der Fischer Weltalmanach 1993. Hg. v. M. v. Baratta. Frankfurt: Fischer Taschenbuch 1992, S. 1033 ff.)

Bestseller
BELLETRISTIK

#	Titel	(Vorwoche)
1	Gordon: Der Schamane — Droemer; 44 Mark	(1)
2	Pilcher: Die Muschelsucher — Wunderlich; 42 Mark	(2)
3	Pilcher: September — Wunderlich; 42 Mark	(3)
4	Heidenreich: Kolonien der Liebe — Rowohlt; 28 Mark	(4)
5	Ripley: Scarlett — Hoffmann und Campe; 48 Mark	(5)
6	Graß: Unkenrufe — Steidl; 38 Mark	(9)
7	Süskind: Die Geschichte von Herrn Sommer — Diogenes; 26,80 Mark	(6)
8	Fallaci: Inschallah — Kiepenheuer & Witsch; 49,80 Mark	(8)
9	Groult: Salz auf unserer Haut — Droemer; 36 Mark	(10)
10	King: tot — Heyne; 26,80 Mark	(7)
11	Süskind: Das Parfum — Diogenes; 34 Mark	(12)
12	Wood: Traumzeit — W. Krüger; 46 Mark	(11)
13	Ustinov: Der Alte Mann und Mr. Smith — Econ; 39,80 Mark	(13)
14	Pirinçci: Der Rumpf — Goldmann; 38 Mark	(15)
15	Adorf: Der Mäusetöter — Kiepenheuer & Witsch; 29,80 Mark	

(aus: Der Spiegel. 1. 6. 92, S. 280)

HANNES SCHWENGER
Stirb schneller, Dichter!
Literaturpreise, Förderungen und Ehrungen in der Bundesrepublik

[...] Neue Modelle der Literaturförderung sind richtig und wichtig und noch viel zu selten. Obwohl in den sechziger und siebziger Jahren zahlreiche neue Preise und Stipendien gestiftet wurden – rund die Hälfte aller heute vorhandenen Förderungsmaßnahmen für Literatur! –, sind dabei noch immer zu viele alte Zöpfe geflochten worden. […] Die Regel könnte man so beschreiben: Noch immer verleihen Großkritiker Großpreise für große Werke an große Autoren, während die eigentliche Literaturförderung – Hilfe für Projekte in Arbeit, Publikationshilfen, Vertriebsförderung und andere Strukturmaßnahmen – auf Sparflamme schmort. Daran ändern auch die Stadtschreiber nichts: Für Wolfgang Koeppen war diese Auszeichnung beispielsweise bereits der zwölfte Literaturpreis, womit er sich in guter Gesellschaft von Peter Huchel, Heinz Piontek, Heinrich Böll, Golo Mann, Peter Härtling, Heinar Kipphardt und Siegfried Lenz befand, die bis 1978 ebenfalls jeder bereits mit mehr als zehn Literaturpreisen dekoriert waren. Fällig wurden dabei im Durchschnitt jeweils rund 6000 Mark, im Einzelfall bis zu 20000 wie beim Stadtschreiber von Bergen-Enkheim oder beim Georg-Büchner-Preis. „Haupt- und Ehrenpreise" wie dieser machen rund die Hälfte aller deutschen Literaturpreise und Förderungsmaßnahmen aus. Nur 5 Prozent aller Maßnahmen sind Projektförderungen, nur ein Viertel sind Stipendien und wirkliche Förderpreise; ihre Dotierung – die dem Autor und seiner Familie „ein sorgenfreies Leben und Arbeiten" ermöglichen soll – überschreitet fast nie 1000 Mark im Monat. Und auch die erreichen in der Regel nicht junge, tatsächlich noch zu fördernde Autoren; das Durchschnittsalter der so Geförderten liegt über Dreißig. Ohnehin wird nur ein Bruchteil der Preise für unveröffentlichte Texte verliehen; es bedurfte schon der Privatinitiative eines Schriftstellers, um neben den Darmstädter März für Lyriker und den Gerhart-Hauptmann-Preis für Dramatiker einen gleichwertigen Preis für ungedruckte Romanmanuskripte zu stellen. Er wird, von Günter Grass als Alfred-Döblin-Preis gestiftet, seit 1978 in Berlin verliehen und ist mit 20 000 Mark dotiert. […]

(In: Literaturbetrieb in der Bundesrepublik Deutschland. Ein kritisches Handbuch. Hg. v. H. L. Arnold. 2. Aufl. München: edition text + kritik 1981, S. 254ff.)

Aufgaben zu den Texten auf den Seiten 307–309

TITUS ARNU   Hurra, wir kaufen noch!

① Erörtern Sie die Problematik eines am Verkaufserfolg orientierten Buchhandels.

Deutsche Literaturpreise (Auswahl)
Bestseller

① Kennzeichnen Sie anhand literarischer Ehrungen und Preise die modernen Mäzene.
② Vergleichen Sie die Namen der Literaturpreisträger 1992 mit denen der Bestsellerliste. Halten Sie Übereinstimmung bzw. Diskrepanz zwischen Verkaufserfolg und literarischer Ehrung für legitim? Begründen Sie.

HANNES SCHWENGER   Stirb schneller, Dichter!

① Wie verträgt sich Literaturförderung mit dem Autonomieanspruch der Schriftsteller?

Übergreifende Fragestellungen

① Erschließen Sie sich aus dem Schaubild (S. 306), welche Instanzen an Literaturvermittlung beteiligt sind. Welchen Einfluß haben sie? Inwieweit können sie die Begegnung zwischen Buch und Leser be- oder verhindern?
② Diskutieren Sie die Bedeutung des Deutschunterrichts für die Literaturvermittlung.

V. Literatur in Film und Funk

1. Einführung

Die modernen Massenmedien Presse, Film, Funk und Fernsehen waren seit ihren Anfängen im 19. Jahrhundert Konkurrenz und Herausforderung für die Literatur. Autoren wie Storm, Raabe, Fontane stellten sich darauf ein und brachten ihre Romane als Fortsetzungsroman in Tageszeitungen heraus. Hugo von Hofmannsthal schrieb ein Script für eine *Rosenkavalier*-Verfilmung, einen „Roman in Bildern", hatte aber so wenig Erfolg wie Gerhart Hauptmann, Arthur Schnitzler oder Bertolt Brecht mit ähnlichen Versuchen. Durch Literaturverfilmungen in den 30er Jahren und nach dem Zweiten Weltkrieg (z. B. die Verfilmung von Thomas-Mann-Romanen) befriedigte die Filmproduktion vor allem ihren Stoffhunger. Als anspruchsvollste Form der Adaption gilt der Versuch, neben dem Inhalt auch die erzählerischen Mittel umzusetzen (vgl. das Drehbuch zu Remarques *Im Westen nichts Neues*, s. u.).

Parallel zur Literaturverfilmung läßt sich die Entwicklung einer „filmischen Schreibweise" in der modernen Literatur beobachten, im „Reihungsstil" expressionistischer Lyrik ebenso wie in den Collagen des Dadaismus (s. S. 192) oder den Montagetechniken moderner Romane (z. B. Döblins *Berlin Alexanderplatz*, S. 182f.)

Der Funk brachte mit dem Hörspiel eine neue literarische Gattung hervor, deren wichtigstes dramaturgisches Mittel, die Orts- und Zeitblende, Zeiten und Räume assoziativ verknüpft wie im modernen Roman. Heute reizen dagegen eher die experimentellen Möglichkeiten des Hörfunks, z. B. der Funkessay (s. S. 313).

Obgleich viele Schriftsteller von den Honoraren der Funk- und Fernsehanstalten besser leben können als vom Bücherschreiben, schätzen sie ihre Arbeit für die audiovisuellen Medien meist als zweitrangig ein und als Mittel zum Broterwerb. Vielleicht gilt aber auch der Satz, den Rainer Werner Fassbinder an Franz Xaver Kroetz nach der Verfilmung von *Wildwechsel* schrieb: „Du bist, um es ganz pathetisch zu sagen, zum ersten Mal wirklich gehört worden."

2. Texte

Erich Maria Remarque
Drehbuch zu „Im Westen nichts Neues" (vgl. S. 189)

15-D *Nah. Paul, Kat und Tjaden. Auch Paul zittert jetzt, ist mit seinen Nerven am Ende. Eine andere Ecke des Raums zieht ihre Aufmerksamkeit auf sich.*
16-D *Nah. Ein anderer Rekrut. Sein Gesicht ist hager. Er preßt die Hände gegen seine Ohren und zittert bei jeder Detonation.*
17-D *Nah. Gruppe am Tisch. Kemmerich im Hintergrund. Tödliche Spannung – ihre Körper erscheinen wie eine dünne Haut, die schmerzhaft über unterdrückten Wahnsinn gezogen ist. Sie wagen es nicht, einander in die Augen zu sehen.*
Kat: Wie wär's mit einem kleinen Skat?
Paul, Westhus und Kat wollen beginnen, aber sie können nicht – bei jeder Explosion schrecken sie auf. Und jedesmal zuckt Kemmerich zusammen, er beginnt unter der Anspannung zusammenzubrechen. Kat und Paul behalten ihn im Auge.
18-D *Außen. Schützengraben. Eingang zum Unterstand. Tag. Eine Granate landet genau vor dem Unterstand, explodiert und begräbt ihn.*

19-D   Innen. Der Unterstand. Draußen detoniert die Granate – der Eingang ist total verschüttet. Kemmerich springt auf und schreit. Er rennt zum Eingang und krallt sich in die Erde. Kat und Paul versuchen ihn zurückzureißen. Kemmerich kämpft mit ihnen. Seine Augen rollen im Wahnsinn, sein Mund ist naß, er stammelt halbverständliche Worte.
KEMMERICH: Laßt mich allein – laßt mich raus hier – ich muß raus – laßt mich raus!
Er läßt ab von den beiden und greift sich an die Kehle. Paul wirft einen raschen Blick auf Kat. Kemmerich hämmert wieder auf den Boden, ihm ist, als müsse er ersticken. Kat zieht ihn hoch und schlägt ihn auf den Mund. Kemmerich fällt in die Knie. Paul geht dazwischen.
PAUL: Das reicht!
KAT: Steh hier nicht rum! Pack ihn! Halt ihn fest!
Paul greift Kemmerich, so daß Kat ihm einen weiteren Schlag versetzen kann, diesmal aufs Kinn. Kemmerich geht zu Boden, sie tragen ihn in eine Ecke. Die anderen haben die Szene beobachtet, mit bleichen Gesichtern. Der Zwischenfall hat sie von sich selbst abgelenkt – sie sind jetzt ruhiger. Paul kümmert sich um Kemmerich.

(Drehbuch und folgende Rezensionen zit. nach: Der Fall Remarque. *Im Westen nichts Neues.* Eine Dokumentation. Hg. v. Bärbel Schrader. Leipzig: Reclam 1992, S. 332f.)

Rezensionen zur Verfilmung von Erich Maria Remarques „Im Westen nichts Neues"

So gern man diese technischen Regieleistungen anerkennt, so wenig versteht man es, warum diese Realistik dann plötzlich aufhört und sich in grobe Verzerrungen und Einseitigkeiten verliert, wo es gilt, die Haltung des deutschen Soldaten, das Milieu, aus dem heraus er den schweren Kampf geführt hat, zu zeichnen. Man sollte meinen, daß hier der Wille zur Wahrheit und Echtheit für den Regisseur tausendmal leichter gewesen wäre als bei den furchtbarsten Kampfszenen. Aber hier eben hört scheinbar der Regisseur auf und fängt Remarque an. Und hier zeigt sich, daß sich die verheerenden und das wahre Bild des deutschen Frontsoldaten *entstellenden Wirkungen*, die schon von dem Kriegsbuche Remarques ausgingen, im Film nur noch kumulieren und *verdichten*. Unmöglichkeiten werden auf Unmöglichkeiten gehäuft. Wir wollen es den amerikanischen Darstellern nicht besonders übel nehmen, daß ihnen der deutsche Marschschritt ganz und gar nicht liegt. Wir wollen auch über den unmöglichen Professor, der seine Primaner erst in einer schwulstigen Rede zum Eintritt in das Heer begeistern muß – wer die Stimmung der Augusttage 1914 miterlebt hat, weiß, daß diese Darstellung im Film der Wirklichkeit restlos widerspricht –, zur Tagesordnung übergehen und die tendenziöse Darstellung der Rekrutenausbildung, die durch ein Schlammbad auf dem Kasernenhof und durch den billigen Witz „Umsteigen in Löhne" charakterisiert wird, nicht allzu tragisch nehmen, obwohl diese Verzerrungen im Auslande schweren Schaden anrichten müssen. Das Bild aber, das der Film vom deutschen Soldaten an der Front zeichnet, ist eine *Beleidigung* nicht nur der Millionen Toten, die ihre Treue und selbstlose Hingabe an das Vaterland mit dem Tod besiegelt haben, sondern überhaupt aller derer, die aus einer tief *ethischen* Grundhaltung heraus den schweren, tragischen Dienst mit der Waffe auf sich genommen haben. Wir behaupteten beim Erscheinen von Remarques Kriegsbuch, daß, so wie er den deutschen Soldaten schildert, die große Mehrzahl von ihnen nicht gewesen ist. Die Menschen bei Remarque – und in diesem Film wirkt das noch krasser – sind *keine Menschen* mehr mit Leib und Seele, sondern seelenlose Schemen, einzig und allein auf ihres Leibes Notdurft, auf Fraß und Suff bedachte Wüstlinge. [...].

(aus: Germania. Zeitung für das deutsche Volk. Berlin, 5. 12. 1930)

[...] Dieser Film ist – wie die vor einem erschütterten Publikum stattgefundene Uraufführung zeigte – in keiner Weise deutschfeindlich. Er ist im Sinne Remarques gedreht worden und verdient als das bisher grausig-grandioseste Bild einer nicht im entferntesten mehr nachzuempfindenden Zeit des tiefsten menschlichen Irrsinns und Elends eine Verbreitung, die ihm die zweitausend deutschen Tonkinos gar nicht geben können. Er müßte als das erschütternde Dokument vom Weltkrieg grade jenen vorgehalten werden, die auch heute noch in traumhaft-kindischer Unwissenheit von Stahlbad und Waffenehre faseln. Nicht anzunehmen, daß er den Grad dieser vollkommenen Verblödung auch nur um ein geringes herabzwänge, doch müßte die wildeste nationale Schreierei wenigstens in diesen anderthalb Stunden zum Schweigen kommen – und selbst dieses bescheidene Quantum von Einkehr wäre heilsam. Es entrollt sich ein aufwühlendes episches Gemälde. In der niederwuchtenden Größe des Gesamteindrucks bleibt – wie es in Wirklichkeit ebenfalls war – das Einzelschicksal Nebensache. Es bleibt tragischer Akzent. Seine ganze Armseligkeit wird offenbar.

Es fehlen viele der mörderischen Möglichkeiten, mit denen die Völker einander Leib und Seele auseinanderrissen. Nicht zum tausendsten Teil ist das wahre Gesicht gezeigt. Aber schon jedes Bruchstück kann erschauern machen. Die Hölle des Trommelfeuers dröhnt und speit in Erd- und Feuergarben, das zermürbende Hin und Her der Kämpfe bohrt sich ins Gehirn, vor den Maschinengewehren fallen die Reihen ohnmächtig hin, in den Gräben verbeißen sich Verzweifelte ineinander, in Flandern stieg das Wasser bis über die Kniekehlen, in den Linien hinter der Front war das Essen schlecht und knapp, in den Lazaretten Blutgeruch und verhärtete Gemüter, Stöhnen und stumpfes Müdesein. [...]

(aus: Der Film. Wochenschrift für Film + Bühne + Funk + Musik. Berlin, 6. 12. 1930)

Statt die Frage nach seiner [des Krieges] Herkunft zu stellen oder ihm mit politischen und sozialen Argumenten auf den Leib zu rücken, bleiben Film und Buch in kleinbürgerlichen Ausbrüchen des Mißbehagens stecken, die den Bildern des Grauens keine genügende Unterstützung zu leihen vermögen. Paul, einer der jungen Freiwilligen, wird gelegentlich seines Urlaubs vom Schulprofessor aufgefordert, vor die Klasse zu treten und sie durch eine kurze Ansprache zu entflammen. Er weigert sich, dem professoralen Heldengewäsch zu sekundieren, beteuert verzweifelt, nicht reden zu können. Diese Stummheit kennzeichnet die höchst anfechtbare Neutralität des Films (und natürlich auch des Romans). Sie ist der Erkenntnis feindlich. Sie steigert den Krieg zum mythischen Schicksal empor, der er nicht ist, und *beläßt* ihm die Unabwendbarkeit, die er nicht hat. Ich befürchte, daß die Kriegslüsternen unter den Jungen durch den Film nicht davon zurückgehalten werden, neue Heldentaten zu begehen. Und ich schätze, das Reichswehrministerium habe gar keinen Grund, so sehr ihn Sorge zu sein.

(aus: Frankfurter Zeitung und Handelsblatt, 6. 12. 1930)

Arno Schmidt
Der sanfte Unmensch

[Der „Nachsommer" Adalbert Stifters gilt als bedeutender Bildungsroman des 19. Jahrhunderts, der die Entwicklung des Kaufmannssohns Heinrich Drendorf zu geläuterter Menschlichkeit schildert.]

B.: Heinrich also ist ein sanfter und ordentlicher Gesell. Sohn eines wohlhabenden Kaufmanns, der zu seiner Liebhaberei geschnitzte Steine sammelt; alte Bauernmöbel; schön gemaserte Tischplatten, und andere gesprenkelte Naturerscheinungen: Praised be God for dappled[1] things!

A.: Dort also, friedlich und erbaulich, bei gutbürgerlicher Küche, wohlsituiert und enthaltsam, wächst Heinrich, zusammen mit einer Schwester, heran. Erhält eine gute Schulbildung ...

B.: (berichtigend einfallend) : Halt! : eben keine ‚Schulbildung'! Hauslehrer sinds : das anaerobe[2] Dahinleben, edle Einfalt, stille Größe[3], darf durch keine Berührung mit anderen Kindern gestört werden.

A.: Fleißig lernt er : neue und alte Sprachen; Geistes- und Naturwissenschaften. Noch einmal fällt eine große Erbschaft an, um die mijnheerhaftsparkassige Existenz für alle Zeiten zu sichern – und da kann ihm der Vater freilich freigeben – und tut es auch – sich einen Beruf nach Belieben zu suchen.

B.: Heinrich, nach reiflicher Überlegung, entschließt sich – gar nicht dumm! – so für ‚die Wissenschaften im Allgemeinen'; und bildet sich weiter als Autodidakt.

A.: Mäßig studiert er nun dahin, pasteurisierten Gemüts. Von dem Geldlein, das ihm der weise Vater monatlich übergibt, ihn an den Umgang mit dem guten Baren zu gewöhnen, erübrigt Heinrich noch regelmäßig ein Erkleckliches; die kleinen Zinsen legt er so gut auf die hohe Kante wie die großen : schon mit zwanzig ist er der vollkommene Rentier. Der nie einen Schoppen trinkt; selten mit anderen jungen Leuten verkehrt – die haben so was Unsolides! – Und das ist nicht etwa eine – in dem Alter völlig unangebrachte – ‚Würde'; sondern jene steife Ängstlichkeit, die sich fürchten muß, einen raschen Schritt zu tun, aus Besorgnis, sie würde dann nie mehr ehrbar dahinwandeln können.

B.: Auch körperlich lebt man ganz ‚nach der Gesundheit' : Heinrich wandert viel. Gerät solchermaßen tief in die Natur : überall ergibt sich Notizliches : welch billiges und bekömmliches Vergnügen!

A.: So wurmisiert er denn abwechselnd in seinem Großstadtheim und in den Bergen herum, wo er Seen nachmißt, Marmorstückchen zu Briefbeschwerern sammelt – kurz : er ist die merkwürdigste Mischung von altkluger Weisheit und Ausdauer, und sanfter schnöder Herz- und Gefühllosigkeit; so Einer, der den Notizzettel durchstreicht, ehe er ihn zerreißt, zusammenknüllt, und wegwirft : Heinrich, mir graut's vor Dir![4]

---

[1] gesprenkelt, gefleckt; Anspielung auf G. M. Hopkins' (1844–1889) berühmten Gedichtanfang „Glory be to God for dappled things."
[2] ohne Sauerstoff, unter Luftabschluß lebend (ursprünglich von gewissen Bakterienarten gesagt)
[3] von dem Altertumsforscher Winckelmann verbreitetes Wort zur Charakterisierung griechischer Kunstwerke; wurde zum geflügelten Wort für das Menschenbild der deutschen Klassik
[4] Schlußvers von Goethes *Faust I*

Aufgaben zu den Texten auf den Seiten 310–313

Drehbuch zu Erich Maria Remarques „Im Westen nichts Neues"

① Vergleichen Sie den Drehbuchauszug mit dem Romanausschnitt (S. 189). Welche Veränderungen sind im Film vorgenommen? Wie werden die erzählerischen Mittel umgesetzt?

Rezensionen zur Verfilmung von Erich Maria Remarques „Im Westen nichts Neues"

① Stellen Sie fest, welche Aussagen über das Verhältnis des Films zu Remarques Roman gemacht werden.
② Was wird zur Kritik bzw. zur Verteidigung des Films angeführt?
③ Welche Rolle spielt die Tatsache, daß es sich um eine amerikanische Verfilmung handelt? Welches Verhältnis zu anderen Ländern überhaupt kommt in den einzelnen Kritiken zum Ausdruck?

ARNO SCHMIDT   Der sanfte Unmensch

① Arbeiten Sie die Kernpunkte von Schmidts Kritik an Heinrich heraus, und nehmen Sie dazu Stellung.
② Verfassen Sie in Anlehnung an den Funkessay eine Buchkritik für den Hörfunk.

Übergreifende Fragestellungen

① Stimmen Sie der heute vertretenen Auffassung zu, daß Vielleser bessere Nutzer elektronischer Medien sind als Nicht- oder Wenigleser?
② Erörtern Sie Möglichkeiten und Probleme der Literaturvermittlung über Rundfunk und Film.

Kleines Lexikon wichtiger Begriffe

Das folgende Lexikon stellt die wichtigsten Begriffe der Jahrgangsstufen 11–13 für die Abiturvorbereitung zusammen. Begriffe, die in den Kapiteln beschrieben sind, werden hier nicht wiederholt und sind über das Sachregister zu finden. Viele der Begriffe sind in *Texte und Methoden* 11–12 ausführlich dargestellt. Sie werden hier nochmals knapp zusammengefaßt.

Absurdes Theater Etwa um 1950 entstandene Form des modernen Theaters, welche auf die gewohnten Schemata des Wirklichkeitsverständnisses verzichtet. Es gibt keine nachvollziehbare Logik der Handlung, keinen identifizierbaren Schauplatz, keine zeitliche Einordnungsmöglichkeit. Die Figuren werden in einer sinnentleerten Welt dargestellt, wo sie sich selbst und anderen fremd geworden sind. Darin wird eine Grunderfahrung der modernen Menschen zum Ausdruck gebracht, dem die Ordnung der Welt und der Sinn seiner Existenz unsicher geworden sind. – Hauptvertreter des a. T. mit großer Wirkung auf die dt. Literatur waren Beckett (*Warten auf Godot, Endspiel*) und Ionesco (*Die Stühle*).

Analogie Ähnlicher Fall aus einem anderen Bereich. Wenn einem Schreiber/Sprecher ein genau passendes Beispiel oder Subargument fehlt, so versucht er aus einem anderen Sachgebiet ein ähnliches zu finden, das sich zur Stützung eines Arguments und einer These einsetzen läßt. Da der Inhalt dann ein fremder ist, muß die *Struktur* vergleichbar sein.

Anapäst Dreiteiliger Versfuß mit zwei unbetonten und einer betonten Silbe: x x x́ (z. B. „Wie mein Glück, ist mein Lied.").

Antithese Konfrontation einer Aussage mit ihrem Gegenteil. Oft als rhetorisches Stilmittel eingesetzt, aber auch Ausdruck einer grundlegenden Denkfigur, die z. B. die Literatur des Barock bestimmt (z. B. „Der schnelle Tag ist hin / die Nacht schwingt ihre Fahn").

Aphorismus (griech.: aphorizein = abgrenzen) Knappe Darstellung (meist in einem Satz) eines Gedankenzusammenhangs in Prosa. Im Gegensatz zur Volksweisheit des Sprichworts, das eine allgemeine Erfahrung ausdrückt, ist der Aphorismus, „das Sprichwort der Gebildeten", die subjektive und oft einseitig übertriebene Erkenntnis eines „Selbstdenkers", die zum Weiterdenken auffordert (s. S. 138).

Argumentationsstruktur Alles Argumentieren erfolgt nach/mit Hilfe von Argumentationsstrukturen. Diese enthalten als Bezugspunkt immer eine These, die auf ein vorhandenes Problem oder eine vorher gestellte Frage antwortet. (Vgl. z. B. S. 37: „Eine weitere wichtige Bedingung [...] ist das Vorhandensein demokratischer Verhältnisse".) Die Struktur der diese These stützenden Argumentation ist entweder einfach oder komplex, reihend oder unterordnend: Eine *einfache* Argumentation nennt Begründungen ohne weitere Beispiele oder Subargumente. (S. 37 könnte z. B. ohne weitere Erläuterung stehen „... denn demokratische Staaten neigen erfahrungsgemäß weniger dazu, Konflikte mit Nachbarn kriegerisch zu lösen." In einer *komplexen* Struktur sind Beispiele, Analogien, Subargumente eingearbeitet (s. S. 37) – Eine *reihende* Argumentation nennt lediglich eine Reihe von Sachverhalten, die möglicherweise für sich einsehbar sind, und deren Reihenfolge austauschbar ist. Eine *unterordnende* Struktur bringt die Sachverhalte in eine bestimmte Abhängigkeit voneinander (s. S. 37: Z. 10 ff. zeigt die Unterordnung durch die verknüpfenden Wörter; Ausnahme: Mit „Außerdem" wird eine reihende Anordnung gekennzeichnet.).

Aristotelisches Theater Klassische Form des Theaters, in welcher die Dramen nach der Forderung des griech. Philosophen Aristoteles (384–322 v.Chr.) eine *Einheit der Handlung* (keine Nebenhandlungen), des *Ortes* (kein Wechsel des Schauplatzes) und der *Zeit* (Dauer der Handlung nicht länger als ein Tag) aufweisen müssen. Jeder Handlungsteil soll mit dem vorhergehenden und dem nachfolgenden in einer erkennbaren Beziehung stehen, so daß eine *geschlossene Form* entsteht. (Im Gegensatz dazu sind in Dramen mit *offener Form* die Szenen oft unverbunden, es gibt eine Vielzahl von Handlungen, Schauplätzen und Figuren.) Der Zuschauer soll durch den dramatischen Konflikt Furcht und Mitleid verspüren und schließlich eine Reinigung (griech.: *Katharsis*) von diesen Affekten erleben. (s. Tragödie, Episches Theater)

Ästhetizismus Geisteshaltung, die im Erleben und Genießen der Schönheit den höchsten Wert sieht, unabhängig von moralischen, religiösen oder politischen Fragen. Dementsprechend wird die Kunst als autonom angesehen (l'art pour l'art), der Künstler als die höchste, allem entrückte Form des Menschen.

Aufklärung Nach I. Kants (1724–1804) berühmter Definition der „Ausgang des Menschen aus seiner selbst verschuldeten Unmündigkeit", d. h. die Befreiung von Vorurteilen, Aberglaube, Intoleranz und Bevormundung durch den selbständigen Gebrauch der *Vernunft*. So wird allgemein jede kritische, rationale Geistesbewegung als A. bezeichnet, im besonderen aber die Epoche vom Ende des 17. bis Ende des 18. Jh., wo die Ideale der A. schnelle öffentliche Verbreitung fanden und das Weltbild bestimmten. Die Fähigkeit vernünftigen Denkens erschien als Garant für die *Autonomie* des Menschen und für den *Fortschritt* der Menschheit sowohl in *sittlicher* als auch in *wissenschaftlich-technischer* Hinsicht.

Ballade Erzählgedicht mit lyrischen (liedhaft, Reim),

dramatischen (Konfliktsituation mit Steigerung, Höhepunkt, Katastrophe) und epischen (Erzählerkommentar) Elementen (z. B. Goethe, *Der Zauberlehrling;* Schiller, *Die Bürgschaft*).

Barock Europäische Stilepoche, in der Literatur von 1600–1720. Denken und Dichten der Zeit standen unter dem Einfluß des in ein Diesseits und ein Jenseits gespaltenen Weltbilds. In der Literatur wurden deshalb *antithetische* Formen (wie das Sonett) und Stilfiguren bevorzugt. Da alles Diesseitige nur als *Sinnbild* des Jenseitigen galt, wurden auch in der Lyrik (als bevorzugter Gattung) keine persönlichen Erlebnisse gestaltet, sondern die bilderreiche Veranschaulichung des nichtwahrnehmbaren Überirdischen versucht.

Bewußtseinsstrom (Lehnübersetzung von engl. „stream of consciousness") Mittel des modernen Erzählens, um das Innere einer Figur darzustellen. Alle Gedanken(-fetzen), Gefühle, Sinneseindrücke, und zwar bewußte *und* unterbewußte, werden so genau wie möglich festgehalten, ohne daß ein Erzähler sie ordnet oder in eine grammatisch korrekte Form bringt. (Im Gegensatz dazu werden im *inneren Monolog* nur die bewußten Gedanken und Assoziationsketten dargestellt.) Der B. wurde zuerst von Joyce in *Ulysses* (1922) verwendet, in der dt. Literatur z. B. von Döblin in *Berlin Alexanderplatz* (1929; s. S. 182 f.).

Biedermeier Epochenbegriff für die Zeit von 1815 bis 1848, der eine literarische Haltung zwischen Klassik/Romantik und Realismus kennzeichnet. Typisch ist der Konflikt zwischen Ideal und Wirklichkeit, zwischen der Utopie künstlerischer Vollkommenheit und der genügsamen Bescheidung in bürgerlichen Verhältnissen.

Briefroman Roman, in dem anstelle eines Erzählers eine oder mehrere Personen ihre Gedanken und die Schilderung von Ereignissen in Briefen darstellen. Diese werden oft durch kurze Zwischentexte eines fingierten Herausgebers verbunden. Seine Blütezeit erreicht der B. im 18. Jahrhundert (z. B. Goethe, *Die Leiden des jungen Werthers*).

Bürgerliches Trauerspiel Das b. T. der Aufklärung und des Sturm und Drang (z. B. Lessing, *Emilia Galotti* und Schiller, *Kabale und Liebe*) hatte vor allem den Konflikt zwischen einer korrupten Welt des *Adels* und einer an strengen Wertmaßstäben orientierten des *Bürgertums* zum Gegenstand. Es wendete sich damit gegen die Vorstellung der franz. Klassik, daß nur Konflikte von Adeligen tragisch sein könnten (*Ständeklausel*). Im b. T. des 19. Jahrhunderts (Hebbel, *Maria Magdalena*) entsteht die Tragik durch sittliche Konflikte zwischen den Normen, die sich das Bürgertum selbst gegeben hat. Das b. T. ist in Prosa geschrieben.

Chiffre Die C. (von arab. cifr = Null) ist eine der Metapher verwandte Stilfigur der modernen Lyrik: bildhafter Ausdruck, dessen Bedeutung nicht isoliert, sondern nur aus dem Motivzusammenhang erschlossen werden kann (z. B. der „Wortmond" in Celans *Wortaufschüttung*, S. 254).

Collage (franz. = Kleben) Aus der bildenden Kunst übernommene experimentelle Technik, die vorfabriziertes Text- und Bildmaterial (oft dokumentarischen Charakters) zerschneidet und neu zusammenfügt (s. S. 165).

Daktylus Ein dreiteiliger Versfuß; auf eine betonte Silbe folgen zwei unbetonte Silben: ́x x x (z. B. „Mórgenrot").

Dokumentarisches Theater Form des modernen Dramas, in Deutschland besonders in den 60er Jahren dieses Jh.s bevorzugt. Das d. T. verwendet Dokumente, also authentisches Material, und sucht damit größtmögliche historische Wahrheit zu erreichen. Es befaßt sich vorwiegend kritisch mit politischen Ereignissen der Gegenwart und der jüngsten Vergangenheit (z. B. Kipphardt, *In der Sache J. Robert Oppenheimer*).

Dramatik Eine der drei Hauptgattungen der Literatur. Im Gegensatz zur *Lyrik* (wo ein Ich seine Befindlichkeit äußert) und zur *Epik* (wo ein Erzähler die oft sehr vielfältigen Geschehnisse vermittelt) wird in der D. das Geschehen durch handelnde Personen direkt dargestellt. Grundform der D. ist daher der *Dialog,* in dem sich der dramatische *Konflikt* meist zielgerichtet und ohne Nebenhandlung entwickelt. (s. Aristotelisches, episches Theater; Tragödie, Komödie)

Elegie Das Wort wird als Gattungsbegriff schon in der Antike in zwei Bedeutungen verwendet: Es bezeichnet rein *formal* ein in Distichen (im Wechsel von Hexameter und Pentameter), also im sogenannten elegischen Versmaß abgefaßtes Gedicht, oder es meint den *Inhalt* eines Gedichts, die „elegische", wehmütige oder sehnsuchtsvolle Stimmung. Die Elegie kann Klagegedicht sein, in dem sich die Trauer um Vergangenes, um unwiederbringlich Verlorenes ausdrückt oder um die Unvereinbarkeit von Wunsch und Wirklichkeit, Ideal und Leben (z. B. Rilke, *Duineser Elegien*). Zu ihren wichtigsten Motiven gehört das Erlebnis der Liebe und der Sehnsucht nach der Geliebten.

Ellipse Auslassung eines oder mehrerer Wörter in einem Satz, die aus dem Sinnzusammenhang leicht zu ergänzen sind. Oft als rhetorisch-stilistisches Mittel zur Intensivierung eingesetzt (z.B. „Was tun?").

Empfindsamkeit Literarische Strömung zwischen 1740 und 1780, die als Ergänzung der einseitig an der Vernunft orientierten Aufklärung durch die Betonung des Gefühls verstanden werden kann. Großen Einfluß auf die E. hatte die religiöse Bewegung des *Pietismus*. Die E. versuchte, allen Seelen- und Gemütsregungen unter dem Eindruck von Natur, Liebe oder Gott Ausdruck zu verleihen.

Enjambement Zeilensprung, d. h. der Satz- und Sinnzusammenhang im Gedicht reichen über das Versende hinaus in den nächsten Vers.

Entwicklungsroman Roman, der den inneren und

äußeren Werdegang eines Menschen, die Entfaltung seiner Persönlichkeit unter dem Einfluß der äußeren Umstände zeigt (z. B. Goethe, *Wilhelm Meister*).

Epik Eine der drei Hauptgattungen der Literatur. Im Gegensatz zur *Lyrik* (wo ein Ich seine Befindlichkeit äußert) und zur *Dramatik* (wo die Handlung durch die agierenden Personen direkt dargestellt wird) vermittelt in der E. ein *Erzähler* die Geschehnisse. Da vom Standpunkt des Erzählers das Berichtete bereits vergangen ist, ist das *Präteritum* die natürliche Zeitform der E. Ein weiteres Kennzeichen der E. ist die Ausführlichkeit der Darstellung, die oft zahlreiche Figuren, Schauplätze und Handlungsstränge umfaßt.

Episches Theater In dem von Bertolt Brecht entwickelten Gegenentwurf zum klassischen Theater tritt ein *erzählerisches Element* zwischen Publikum und Bühne, um (wie in der Epik) die Handlung zu vermitteln. Dadurch wird ein Wesensmerkmal des Dramas, das Geschehen durch handelnde Personen direkt darzustellen, eingeschränkt. Bei dem erzählerischen Element kann es sich um eine Erzählfigur (eine Person) oder aber um erzählerische Mittel, z. B. Vorwegnahme bzw. Kommentierung des Inhalts durch Spruchbänder, Lautsprecheransagen, Songs, handeln. So wird die Spannung verringert und Distanz zum dargestellten Geschehen geschaffen, weil die unmittelbare Illusion durchbrochen ist (*Verfremdung*). Der Zuschauer soll sich nicht *identifizieren*, sondern *reflektieren*. (s. Aristotel. Theater)

Epoche (griech. epocha = Haltepunkt) Ursprünglich der Zeitpunkt eines einschneidenden Ereignisses, heute die Bezeichnung für einen Zeitraum, der durch grundlegende Gemeinsamkeiten (z. B. Welt- und Menschenbild, Denkmuster, Themen) geprägt wird. Durch die wachsende Vielfalt der Strömungen in der Moderne werden Epochenbezeichnungen zunehmend problematisch.

Erlebte Rede Erzählerisches Mittel, um die Gedanken einer Figur darzustellen. Anders als der *innere Monolog* (der sich der 1. Person und des Präsens bedient) verwendet die e. R. die 3. Person im Präteritum und ist deshalb grammatisch nicht vom Erzählerbericht zu unterscheiden. Die e. R. gibt aber Gedanken ganz aus der Perspektive einer Figur, nicht aus der eines Erzählers wieder (z. B. S. 281, Z. 1–18).

Erzähler Vom Autor erfundene Figur, die das epische Geschehen dem Leser vermittelt. Drei *Erzählsituationen* lassen sich unterscheiden: Der *Ich-E.* ist am erzählten Geschehen selbst unmittelbar beteiligt und kann authentisch darüber berichten. Der zeitliche und räumliche Bereich, den der Ich-Erzähler überblicken kann, ist durch seine Teilnahme am Geschehen allerdings begrenzt (z. B. Weiß, *Georg Letham,* S. 172 f.). Der *auktoriale E.* steht außerhalb des Geschehens, kennt die gesamte Handlung und greift kommentierend in das Erzählte ein (z. B. Feuchtwanger, *Erfolg,* S. 175 f.). Der *personale E.* tritt als Figur nicht in Erscheinung, so daß für den Leser der Eindruck entsteht, er betrachte das dargestellte Geschehen unmittelbar aus der Sicht der handelnden Personen, z. B. Kafka, *Der Prozeß,* S. 180 f.).

Erzählhaltung Allgemein die Einstellung des Erzählers zum Erzählten. Sie bestimmt, wie der Leser das Erzählte aufnehmen soll. Sie ist Ausdruck der Absicht, die der Erzähler mit seinem Stoff (und seinem Leser) hat. Die E. kann distanziert, dem Leser direkt zugewandt, ironisch, kommentierend, ohne Anteilnahme beobachtend oder parteiisch sein, passiv oder aktiv ins Geschehen eingreifend. Sie kann sich innerhalb eines Textes ändern.

Erzählzeit Die reale Zeit, die der Leser zur Lektür braucht im Gegensatz zur *erzählten* Zeit als der Zeit, über die sich das fiktive Erzählgeschehen erstreckt. Das *Verhältnis von Erzählzeit und erzählter Zeit* bestimmt die Struktur epischer Texte, besonders deutlich in der Großform des Romans. Moderne Erzähltechniken (z. B. der Bewußtseinsstrom) erweitern die Gestaltungsmöglichkeiten in diesem Bereich.

Essay (wörtlich „Versuch") Im Gegensatz zur Erörterung oder einer wissenschaftlichen Abhandlung handelt es sich beim E. bei ähnlichen Thematiken um eine freiere Form. Ein Sachverhalt oder eine Persönlichkeit wird subjektiv dargestellt. Dabei geht es dem Autor um Originalität, um eine Darstellung ohne Anspruch auf Vollständigkeit oder Ausgewogenheit. Die Originalität spiegelt sich im sprachlichen Bereich, in dem pointierte Aussagen, Paradoxa, ironische Wendungen und Wortwitz zur Geltung kommen (z. B. Enzensberger, *Das Plebiszit der Verbraucher,* S. 267 f.).

Euphemismus Beschönigende, verhüllende Umschreibung eines unangenehmen oder anstößigen Sachverhalts (z. B. „entschlafen" für „sterben").

Existentialismus Philosophisch-literarische Bewegung, die von Frankreich ausgehend die dt. Nachkriegsliteratur beeinflußte. Nach den Ideen besonders J. P. Sartres ist der Mensch „zur Freiheit verurteilt", d. h. in keiner Weise festgelegt durch Natur, Gesellschaft oder Religion, so daß er den Sinn seiner Existenz ständig selbst neu setzen muß.

Fabel (lat. fabula = Erzählung) a) Inhalt einer Dichtung, Handlungsgerippe; nach der *Poetik* des Aristoteles ist die Fabel die „Verknüpfung der Begebenheiten". b) Kurze Erzählung in Vers oder Prosa, die überwiegend in der Tierwelt spielt und eine Lehre enthält, die sich entweder aus der Darstellung ergibt oder im Anschluß an die Erzählung angefügt wird. Die ältesten Fabeln werden dem griech. Sklaven Äsop (um 500 v. Chr.) zugeschrieben. Sie dienten späteren Dichtern als Vorbild. In der Epoche der Aufklärung, die den lehrhaften, um Besserung bemühten Charakter der F. besonders schätzte, erlebte sie eine neue Blüte (bes. durch Lessing).

Fiktion Das nur der Vorstellung Entsprungene im Gegensatz zur wahrnehmbaren Welt. Dichterische Texte beruhen im Gegensatz zu Sachtexten auf F., d. h. sie erschaffen durch Sprache eine eigenständige Welt (und zeigen so die wahrnehmbare Welt in einem neuen Licht).

Gattung Grundform der Dichtung. In den Gattungen werden Texte zusammengefaßt, die in wesentlichen, gleichbleibenden Strukturmerkmalen übereinstimmen und grundsätzliche poetische Einstellungen zur Wirklichkeit darstellen. Die drei literarischen Hauptgattungen Lyrik, Epik, Dramatik lassen sich zusätzlich in einzelne (Sub-)gattungen wie Ode, Novelle oder Hörspiel unterteilen.

Gedicht Allgemein für *metrisch* oder rhythmisch gebundene Dichtung (z. B. auch „Dramatisches Gedicht"), insbesondere aber für *lyrische* Texte.

Gesellschaftsroman Bietet weniger ein ereignisreiches Geschehen dar als vielmehr eine breite Zustandsschilderung des gesellschaftlichen Lebens einer Zeit. Er zeigt die verschiedenen gesellschaftlichen Schichten ohne soziale Anklage, doch gibt es fließende Übergänge zum *Zeitroman* (z. B. Fontane, *Effi Briest*).

Glosse Während der *Kommentar* in Presse und Rundfunk eine bestimmte Meinung zu politischen, kulturellen oder wirtschaftlichen Ereignissen und Problemen wiedergibt, hat die G. auch Unterhaltungscharakter. Ihre Kritik ist nicht derb, sondern originell und von eher gemäßigter Schärfe, die auch mit Wortspielen und Vergleichen bewirkt wird (s. S. 24).

Handlung Gesamtheit der Geschehnisse in der epischen und dramatischen Dichtung. Zu unterscheiden ist die *äußere* H. (Ablauf der sichtbaren Ereignisse) von der *inneren* H. (seelisch-geistige Vorgänge in den Figuren).

Hörspiel Durch Erfindung des Rundfunks ermöglichte dramatische Gattung. Da dem H. nur akustische Mittel zur Verfügung stehen, erlangt das gesprochene Wort besondere Bedeutung. Das H. nutzt wie der Film die technischen Möglichkeiten der Ein- und Überblendung, der Montage und des Schnitts (z. B. Eich, *Träume*).

Hymne (griech. hymnos = Lobgesang) Ursprünglich ein kultischer Gesang zum Preis der Götter; in der dt. Literatur (bes. Empfindsamkeit, Sturm und Drang, Romantik, Expressionismus) feierliche Lobgedichte an Natur und Menschheit (z. B. Novalis, *Hymnen an die Nacht*).

Hyperbel Übertreibung zum Zweck rhetorischer Intensivierung (z. B. „Ich habe es hundertmal versucht.")

Hypotaxe Satzgefüge mit Haupt- und Gliedsätzen. Letztere zeigen an, in welchem logischen Verhältnis die Sätze zueinander stehen.

Innerer Monolog Mittel des modernen Erzählens, um den Gedankenverlauf einer Figur darzustellen. Ohne daß ein Erzähler ordnend eingreift, werden Gedanken(-bruchstücke) festgehalten, oft durch Assoziationen lose verkettet (z. B. S. 263, Z. 1–26). Der i. M. steht in der 1. Person Präsens, die *erlebte Rede* dagegen in der 3. Person Präteritum. (s. Bewußtseinsstrom)

Ironie Das griech. Wort bedeutet zunächst „Verstellung". Eine ironische Redewendung meint etwas anderes, als sie auszudrücken scheint (z. B. „Das ist ja eine schöne Bescherung"). Als *rhetorischer Begriff* meint die I. die Verwendung des gegenteiligen Ausdrucks. Der Redner übernimmt dabei oft Wertungen und Ausdrücke des Gegners mit dem Ziel, diesen zu verspotten oder lächerlich zu machen. Die I. wird verstanden, wenn der Zuhörer das notwenige Wissen mitbringt, um die Situation im Sinne des Redners zu begreifen. Die Wirkung der I. beruht auf dem situativen, nicht dem inhaltlichen Einverständnis zwischen Redner und Publikum. Als *poetischer Grundbegriff* bezeichnet die epische I. die bewußte Distanz des Erzählers zu dem, was er erzählt. Sie ist Teil der Erzählhaltung. Durch die I. kann der Erzähler deutlich auf den fiktiven Charakter des Erzählten hinweisen, ein unterhaltsames oder verwirrendes Spiel mit dem Leser treiben oder von seinen Figuren z. B. aus moralischen Gründen Abstand nehmen.

Jambus zweiteiliger Versfuß aus einer unbetonten und einer betonten Silbe: xx́ (z. B.: „heraús" oder „Es schlúg / mein Hérz …).

Junges Deutschland Literarische Bewegung zwischen 1830 und 1848, die in bewußtem Gegensatz zur klassisch-romantischen Epoche die politische und soziale Wirklichkeit in die Dichtung einbezog. Literatur war ein Mittel zum Kampf für Demokratie, Pressefreiheit oder Emanzipation der Frau und bediente sich auch *journalistischer Formen* (Entwicklung des Feuilletons).

Kalendergeschichte Eine volkstümliche, unterhaltsame Erzählung, die in didaktischer und moralisierender Absicht in Kalendern abgedruckt wurde (z. B. in J. P. Hebels *Rheinländischem Hausfreund*).

Katachrese Vermischung von Metaphern aus verschiedenen Bereichen. Oft als unschöner Stilbruch empfunden; eröffnet aber auch neue Ausdrucksmöglichkeiten und Wahrnehmungsweisen (z. B. „Der Zahn der Zeit hat schon über vieles Gras wachsen lassen".).

Klassik (lat. classicus = erstrangig, mustergültig) Allgemein die Bezeichnung für die höchste Vollendung einer Kultur. Die dt. Klassik wird meist von 1786–1805 datiert, d. h. von Goethes Reise nach Italien (wo er sich intensiv mit der Antike auseinandersetzte) bis zu Schillers Tod. Grundlegend für das Welt- und Menschenbild der K. sind der *Idealismus,* wonach allem Sichtbaren und Vergänglichen zeitlos gültige Gesetzmäßigkeiten und Urbilder (Ideale) zugrunde liegen; und der *Humanismus,* der die Entwicklung des Menschen zu einer allseitig gebildeten Persönlichkeit zum Ziel hat. Angestrebt wird dabei die Überwindung des bloß Subjektiven, die Versöhnung der Gegensätze eines Charakters, die Harmonie von Vernunft und Gefühl, Geist und Natur, Gesetz und Freiheit. Der hohe Stellenwert von Kunst und Literatur in der K. liegt in deren Möglichkeit begründet, das Ideal des Menschen sichtbar zu machen.

Kleines Lexikon wichtiger Begriffe

Klimax Rhetorisch-stilistische Figur, die durch eine (meist drei-)stufig steigernde Reihung von Wörtern oder Sätzen die Aussage intensiviert (z. B. „Ich kam, sah, siegte.").

Komödie Dramatische Gestaltung eines Geschehens, in dem Personen durch menschliche Schwächen in einen Konflikt geraten, der aber glücklich gelöst werden kann. Haupttypen sind die *Charakterkomödie,* wo eine Figur im Mittelpunkt steht (z. B. Molière, *Der eingebildete Kranke*) und die *Intrigenkomödie,* in der die Handlung Vorrang hat (z. B. Shakespeare, *Der Kaufmann von Venedig*).

Kritik Als K. kann jede wertende Äußerung verstanden werden. Als *Textsorte* erfaßt sie oft Bücher, Filme, Platten, Bilder, Theateraufführungen, Fernsehsendungen und Konzerte. Die Literaturkritik versteht sich als Mittler zwischen Autor und Leser. Sie versucht, die Eigenart eines Werkes, dessen Wirkung und Qualität aufzuzeigen. In der historischen Entwicklung wird die Literaturkritik erst im Zeitalter der *Aufklärung* von allgemeiner Bedeutung. Vorher wandte die K. lediglich die in den Regelpoetiken aufgeführten Grundsätze auf literarische Werke an. Die moderne Kunst- oder Literaturkritik kann auf keine verbindliche Auffassung von der Kunst oder Literatur zurückgreifen und muß deswegen in der K. erst die Kriterien entwickeln, nach denen sie Werke beurteilt. Da der Verkaufserfolg wesentlich von der K. abhängen kann, beeinflußt der Kritiker über den Büchermarkt das *literarische Leben* und die literarische Entwicklung stark. – Als Bestandteil von Interpretationen und Analysen erscheint K. im *schulischen Schreiben* erst in der Stellungnahme; vorher sollte die Darstellungsweise beschreibend oder erläuternd sein, damit das Verständnis gesichert wird.

Kurzgeschichte (Lehnübersetzung von amerik. „short story") Wurde in der dt. Literatur nach dem 2. Weltkrieg unter dem Einfluß amerik. Vorbilder (s. S. 228 f.) zu einer strenger definierten Gattung entwickelt als im Amerikanischen. Die K. hebt einen entscheidenden Moment im Leben eines Menschen heraus, der sein bisheriges Dasein grundlegend verändern kann. Oft stehen soziale Außenseiter im Mittelpunkt. Die Handlung setzt unmittelbar ein und steuert zielstrebig auf einen meist unerwarteten, offenen Schluß zu. Die Sprache ist schlicht und knapp (z. B. Borchert, *Das Brot*, S. 236 f.).

Lehrdichtung Dichtung zum Zweck der Wissensvermittlung. Seit der Antike in vielen Gattungen ausgeprägt (z. B. Fabel, Parabel, Aphorismus), erlebte die L. in der *Aufklärung* eine Blütezeit und kehrte im 20. Jh. in den *Lehrstücken* des epischen Theaters wieder.

Leitmotiv Mit dem der Musik entlehnten Begriff bezeichnet man in der Literatur formelhaft wiederkehrende Wortfolgen, die Personen, Gegenstände, Situationen oder ähnliches besonders hervorheben oder charakterisieren.

Lied einfach gebautes, singbares Gedicht, gereimt und strophisch gegliedert (z. B. Goethe, *Heidenröslein*).

Lyrik Eine der drei Hauptgattungen der Literatur. Grundzug der L. ist die subjektive Erlebnisäußerung des *lyrischen Ichs,* das nicht mit dem Autor gleichgesetzt werden kann, sondern ein fiktives Ich ist. Im Gegensatz zu *Epik* und *Dramatik* stellt die L. keine äußeren Geschehnisse oder handelnde Personen dar. Durch die Unmittelbarkeit des subjektiven Empfindens drückt sich die L. oft in Bildern (bis hin zu Chiffren) aus. Wesentliches Merkmal der L. ist die *gebundene,* d. h. durch rhythmische Betonung oder lautlichen Gleichklang zusammengehaltene Sprache, die feste Formen (z. B. in Versmaßen, Strophen) annehmen kann.

Metapher (griech. = Übertragung) Ein Wort oder eine Wortgruppe wird aus dem ursprünglichen Sinnzusammenhang herausgenommen und als Bild in einen anderen Zusammenhang übertragen. „Kopf" bezeichnet z. B. einen Körperteil, wird aber auch im übertragenen Sinne, bildhaft verwendet: „Er ist der Kopf des ganzen Unternehmens."

Metonymie (griech. metonymia = Namensvertauschung) Uneigentlicher Ausdruck; im Gegensatz zur Metapher wird der eigentliche Ausdruck aber durch einen solchen ersetzt, der mit ihm in einer realen Beziehung steht; z. B.: „im Goethe lesen" statt „in Goethes Werken", „Eisen" statt „Dolch".

Metrum Festes Versmaß, d. h. Betonungsschema für jeden Vers eines Gedichts. Der *Rhythmus,* d. h. die natürliche Betonung beim Sprechen eines Gedichts, kann das M. manchmal überspielen.

Montage Als Stilbegriff nennt die M. die Art und Weise, wie einzelne Elemente zusammengefügt sind. Der Begriff entstammt zunächst dem Bereich Film und meint die Möglichkeit, das zusammenhängende Filmband zu zerschneiden und die Einzelteile in einer anderen Ordnung neu zusammenzusetzen. Diese künstliche Ordnung zeigt Merkmale des Unverbundenen, Sprunghaften, Assoziativen oder Widersprüchlichen. Die M. findet sich als Strukturprinzip auch in der Literatur der Moderne. Die literarische M. ist gekennzeichnet durch das unverbundene Nebeneinander verschiedener Sprachschichten oder Sprechweisen. Dadurch verweist die M. auf die Mehrschichtigkeit, aber auch die Widersprüchlichkeit der Wirklichkeit und auf den Verlust einer einheitlich geformten Sprache. Die M. ist so Merkmal und Ausdruck moderner Welterfahrung (s. S. 44).

Motiv Der Begriff hat einerseits „*inhaltliche*" Bedeutung: Das M. verweist auf menschliche Grundsituationen und benennt so den Beweggrund für Personen, sich in bestimmter Weise zu verhalten. In einem literarischen Text hat der Begriff zusätzlich „*strukturelle*" Bedeutung: Als kleinster inhaltlicher Baustein bestimmt das M. das Gefüge. Das M. ist (im Gegensatz zum literarischen „Stoff") nicht an feste Namen oder Ereignisse gebunden, es kann deshalb je nach Gattung, Epoche und Aussageabsicht des Autors verschieden aufgefaßt und gestaltet werden. Die Untersuchung motivgleicher Texte klärt die für Gattung, Epoche und Autor kennzeichnenden Unterschiede. Ein vielfach verwendetes M. ist z. B. der Vater-Sohn-Konflikt.

Naturalismus Literarische Strömung in Europa zwischen 1880 und 1900. Grundlage des N. ist der naturwissenschaftliche *Positivismus,* nach welchem nur wirklich ist, was man beobachten kann. Dementsprechend betrachteten die naturalistischen Autoren Literatur als *Experiment,* in welchem menschliche Verhaltensweisen ohne subjektive Deutung genau festgehalten und zu einem kausallogischen Ende geführt werden. Grundmotiv ist die *Determination* des Menschen durch Umwelt und Vererbung.

Normen Wertvorstellungen oder Denkverfahren gelten als Normen, wenn sie nicht (oder nur von einer kleinen Minderheit einer Kommunikationsgemeinschaft) angezweifelt werden. Normen werden in Argumentationen als Begründungen eingesetzt.

Novelle (von lat. nova = neu) Gattungsbegriff seit Giovanni Boccaccios *Dekameron* (1348–53), dessen einhundert Erzählungen zum Vorbild für die europäische N. wurden. Um 1800 begann in der dt. Literatur die Auseinandersetzung mit Begriff und Inhalt der N. Goethe bezeichnet sie als „eine sich ereignete unerhörte Begebenheit", während Tieck insbesondere das Auftreten eines überraschenden „Wendepunkts" betont. Storm nannte die N. als „strengste Form der Prosadichtung" die „Schwester des Dramas". Romantik und vor allem Realismus entwickelten sie durch Vertiefung des seelischen Konflikts und virtuose Beherrschung der Form zu höchster Vollendung (z. B. Storm, *Der Schimmelreiter*).

Ode Im Gegensatz zum *Lied* ist für die O. eine gewisse Distanz vom Erlebnisbericht ebenso bezeichnend wie Feierlichkeit und Ergriffenheit. Zur äußeren Form gehören der strophische Aufbau (strenger als bei der *Hymne* mit ihren freien Rhythmen) und die Reimlosigkeit (z. B. Hölderlin, *An die Parzen*).

Parabel (von griech. parabole = Nebeneinandergeworfenes) Gehört wie das *Gleichnis* zur lehrhaften Dichtung. Bei beiden ist für das Verständnis die Übertragung von dem dargestellten, konkreten Ereignis auf eine „höhere" gemeinte Erkenntnis wesentlich. Doch während im Gleichnis das Gesagte mit dem Gemeinten (eine allgemeine Wahrheit, eine höhere Einsicht) erzählerisch verknüpft ist, legt die P. keine bestimmte Interpretation ausdrücklich nahe. Der Leser ist aufgefordert, verschiedene Auslegungen zu erwägen (z. B. die Ringparabel in Lessings *Nathan der Weise*).

Parataxe Reihung von Hauptsätzen.

Parodie Übertreibende, komische Nachahmung eines literarischen Werks, einer Gattung oder des Stils eines Autors. Die P. behält die äußere Form bei und verändert den Inhalt (z. B. Brecht, *Schweyk im Zweiten Weltkrieg,* S. 206). Die *Travestie* verfährt umgekehrt.

Prämisse Voraussetzung in einem logischen Schluß. Damit die Folgerung anerkannt wird, müssen die Prämissen von der Mehrheit der Kommunikationsteilnehmer für richtig oder wenigstens wahrscheinlich gehalten werden.

Prosa Nicht durch Verse, Reime oder Rhythmus gebundene Sprache, die aber in der Literatur durch Wortwahl, Satzbau und Einsatz stilistischer Figuren kunstvoll gestaltet ist.

Realismus Allgemein der künstlerische Versuch, die wahrnehmbare Wirklichkeit abzubilden. Im besonderen die literarische Epoche von 1830–1890, deren Darstellung des Menschen nicht wie in der *Klassik* und *Romantik* auf einer allgemeinen Idee, sondern auf genauer Beobachtung beruhen sollte. Viele Einsichten der (noch nicht entwickelten) Psychologie wurden so literarisch vorweggenommen. Durch die Veränderungen der gesellschaftlichen Wirklichkeit entwickelte sich der R. vom politisch engagierten *Jungen Deutschland* über den ins Bürgerliche zurückgezogenen *poetischen R.* zum naturwissenschaftlich orientierten *Naturalismus.*

Reportage Berichterstattung für Zeitung, Rundfunk oder Fernsehen. Als literarische Form zur Erweckung eines authentischen, objektiven, dokumentarischen Eindrucks gebraucht.

Roman Epische Großform in Prosa. Der R. entwickelte sich erst im 17. Jh. und ist seit dem 19. Jh. die verbreitetste literarische Gattung, in der sich auch am deutlichsten die moderne Denk- und Lebensweise spiegelt. Ausgehend von individuellen Charakteren, beschreibt der R. mit einer Fülle von Zeitebenen, Schauplätzen und Handlungssträngen eine immer detailreicher werdende Wirklichkeit. Die formalen (z. B. Brief-R.) oder inhaltlichen (z. B. Abenteuer-, Entwicklungs-, Zeit-R.) Einteilungen des R. lassen sich dementsprechend nicht ohne Überschneidungen treffen.

Romantik Epoche der europäischen Literatur, in Deutschland von etwa 1797–1830. Während in der *Klassik* die der Wirklichkeit zugrunde liegenden Ideale als feste Gesetzmäßigkeiten angesehen wurden, war in der R. die unbegrenzte *Reflexion des Ichs* für die Erschaffung der geistigen Beziehungen und die Entdeckung des Sinns der Welt verantwortlich. Dabei wurde nur der Dichtung (als ursprünglichster Ausdrucksform des Menschen) zugetraut, alle Bereiche des menschlichen Wissens miteinander zu verbinden. Der Dichter galt dementsprechend als Seher und Priester. Der unauflösliche Widerstreit zwischen Ideal und Wirklichkeit, der so entstand, drückt sich in der *romantischen Ironie* aus. Zentraler Gegenstand der R. war die menschliche Seele, die nicht auf die Vernunft reduziert, sondern in ihrer ganzen Tiefe ergründet werden sollte. Von daher ist die romantische Hinwendung zu *Volksliedern, Volksmärchen und*

Volksbüchern zu verstehen, da in diesen der ursprüngliche, noch unverbildete Ausdruck der menschlichen Seele vermutet wurde; ebenso wie in Produkten der Phantasie und des Traums.

Satire Die S. ist eine Spottdichtung. Sie will Mißstände, Unsitten, aber auch bestimmte Personen oder Ereignisse anprangern. Dies kann in fast allen literarischen Gattungen geschehen (z. B. Thoma, *Die Reden Kaiser Wilhelms II.*, S. 138 f.).

Schlüsselroman Roman, in dem wirkliche Ereignisse und Personen mehr oder minder verhüllt dargestellt sind mit dem Ziel, daß der Leser den Wirklichkeitsbezug entschlüsselt (z. B. Feuchtwanger, *Erfolg*, S. 175 ff.).

Sonett Ein S. besteht aus 14 Zeilen: zwei vierzeilige Strophen (= zwei Quartette) und zwei dreizeilige Strophen (= zwei Terzette). Die Quartette folgen dem Reimschema abba abba, die Terzette dem Schema cde ded (mit Variationsmöglichkeiten wie cdc dcd oder cdd cdd). Der strengen äußeren Form entspricht auch eine genaue inhaltliche Gliederung. Die beiden Quartette enthalten die Darstellung eines allgemeinen Zustands, vielfach in antithetischer Gegenüberstellung. Die Terzette bringen die Anwendung auf einen konkreten Fall, fassen die Gegensätzlichkeit der Quartette in der Synthese zusammen und münden häufig in einer Pointe (z. B. Hofmannsthal, *Die Beiden*, S. 132).

Soziales Drama Das soziale Drama (z. B. Gerhart Hauptmann, *Die Weber*) spiegelt Stationen der gesellschaftlichen Entwicklung im 19. und 20. Jahrhundert wider. Durch die zu Beginn des 19. Jahrhunderts einsetzende Industrialisierung und die Flucht von Kleinbauern, Knechten, Mägden und Handwerkern in die Städte entstand ein Proletariat, das die Privilegien vor allem des Besitzbürgertums für die Ursache seines Elend hielt und dagegen rebellierte. Das soziale Drama macht das Leben dieser Bevölkerungsgruppen zum Gegenstand der Handlung.

Sturm und Drang Literarische Epoche von 1767 bis 1785, die gegen die einseitig rationalistische Bestimmung des Menschen in der *Aufklärung* die Verehrung des *Genies*, des aus seinem individuellen Empfindungsvermögen heraus schöpferischen Menschen, setzte. *Originalität* wurde anstelle von Regelbeherrschung zum Qualitätsmerkmal von Literatur, man bevorzugte ungekünstelte Formen (z. B. das Lied, Hymnen in freien Rhythmen) bis hin zu derben Kraftausdrücken. Gefühlvolle Hinwendung zur Natur und Auflehnung gegen Unterdrückung des Individuums waren Hauptthemen.

Symbol Etwas Anschauliches, Bildhaftes, das für etwas anderes steht, das sich nur schwer oder gar nicht darstellen läßt (z. B. „Rose" für „Liebe"). Die *Erscheinung* eines konkreten Dings soll eine allgemeine *Idee* ausdrücken, indem sie in ein sprachliches *Bild* gebracht wird.

These (griech. thesis = Setzung) Behauptung als Ausgangspunkt einer Argumentation.

Tragödie Drama mit tragischem Konflikt; d. h. der Held ist unausweichlich dem Untergang geweiht, aufgrund eines übermächtigen Schicksals oder einer persönlichen, gleichwohl unvermeidlichen Verfehlung. Die T. ist streng zielgerichtet: Im Moment, da der Held auf der Höhe seines Glücks zu stehen scheint, folgt die *Peripetie* (unerwartete Wendung), die schließlich zur *Katastrophe* führt. Klassisches Beispiel ist Sophokles' *König Ödipus*. (s. Aristotel. Theater)

Trochäus Zweiteiliger Versfuß aus einer betonten und einer unbetonten Silbe: x́x (z. B. „Kláge").

Utopie Der Begriff geht zurück auf das im 17. Jahrhundert geprägte Kunstwort „utopia" = „Nicht-Ort", „Nirgendland" (aus griech. ou = nicht und topos = ort). Es bezeichnet die Darstellung eines erdachten idealen Staatswesens oder Gesellschaftssystems nach dem Vorbild von Thomas Morus *De insula utopia* (1516). Eine Anti-U. ist z. B. Orwells *1984*.

Vergleich Rhetorische Figur, die eine Beziehung zwischen zwei Bereichen herstellt, welche eine Gemeinsamkeit (tertium comparationis) haben; diese wird häufig durch die Form „so – wie" aufgezeigt. Der V. dient dem tieferen Verständnis und der Anschaulichkeit des Verglichenen.

Volksstück Drama mit schlichten Charakteren und klischeehaftem Konflikt, der sich auf einfache Weise löst. Die Sprache des V. ist alltäglich und oft dialektartig. Seit den 20er Jahren dieses Jh.s nutzt das „kritische V." die einfachen Grundmuster, um negative soziale und politische Verhältnisse aufzuzeigen (z. B. Fleißer, *Pioniere in Ingolstadt*, S. 173 f.).

Zeitroman Erweiterte Form des *Gesellschaftsromans*, die in sozialkritischer Absicht ein kulturelles und politisches Panorama ihrer Zeit zeichnet (z. B. Grass, *Die Blechtrommel*, S. 268 ff.).

Autoren- und Quellenverzeichnis

Das nachfolgende Verzeichnis führt die Fundstellen der Primärtexte auf. Die Seitenangaben direkt hinter den Autorennamen beziehen sich auf Textpassagen, die sich mit dem jeweiligen Autor befassen. Sekundärtexte wurden in dieses Verzeichnis nicht aufgenommen, sie sind direkt hinter den Texten vollständig bibliographisch nachgewiesen.

Andersch, Alfred (*1914 München, †1980 Berzona/ Locarno (Schweiz), S. 223 – Die Kirschen der Freiheit, S. 232 ff.; aus: Die Kirschen der Freiheit. Zürich: Diogenes 1971, S. 119, 122 ff., 129 f.
Bachmann, Ingeborg (*1926 Klagenfurt / Österreich, †1973 Rom), S. 249 f. – Erklär mir, Liebe, S. 255; aus: Gedichte. Erzählungen. Hörspiele. Essays. München: Reinhard Piper 1964, S. 48 f.; Probleme zeitgenössischer Dichtung. (Frankfurter Vorlesungen), S. 255 ff.; aus: Frankfurter Vorlesungen. Probleme zeitgenössischer Dichtung. München: Reinhard Piper 1989; zit. nach: Ars poetica. Hg. v. B. Allemann. Darmstadt: Wiss. Buchges. 1966, S. 436 ff.;
Bahr, Hermann (*1863 Linz/Österreich, †1934 München), S. 116 – Die Überwindung des Naturalismus, S. 119; aus: Die Wiener Moderne. Hg. von Gotthart Wunberg. Stuttgart: Phillipp Reclam 1992, S. 199–204
Baumann, Hans (*1914, †1988), S. 200 – Ausfahrt, S. 203; aus: Geschichte der deutschen Literatur, Bd. 3, hg. von Ehrhard Bahr. Tübingen: Francke 1988, S. 378
Benn, Gottfried (*1886 Mansfeld/Westpreignitz, †1956 Berlin), S. 145, 199, 224, 249 f. – Nachtcafé, S. 160; aus: Sämtliche Werke. Stuttgarter Ausgabe. In Verb. mit Ilse Benn hg. v. Gerhard Schuster. Band I. Gedichte 1, S. 19. Klett-Cotta, Stuttgart 1986; Antwort an die literarischen Emigranten, S. 216 f.; aus: Sämtliche Werke. Stuttgarter Ausgabe. a.a.O. Band IV; Prosa 2. Stuttgart: Klett-Cotta 1989, S. 24 f., 30; Probleme der Lyrik, S. 253 f.; aus: Gesammelte Werke in vier Bänden, hg. von Dieter Wellershoff. Band 1: Essays, Reden, Vorträge. Stuttgart: Klett-Cotta ⁸1994, S. 502 ff.; Nur zwei Dinge, S. 254; aus: Sämtliche Werke. Stuttgarter Ausgabe. a. a. O. Bd. I, S. 320
Bergengruen, Werner (*1892 Riga, †1964 Baden-Baden), S. 223 – Die heile Welt, S. 237; aus: Die heile Welt. München: Nymphenburger Verlagshandlung 1950, S. 101
Bernhard, Thomas (*1931 Heerlen / Holland, †1989 Gmunden / Österreich), 250, 254 – Der Atem, S. 285 ff.; aus: Der Atem. Eine Entscheidung. Salzburg, Wien: Residenz Verlag, S. 35 ff.
Böhme, Herbert (*1907 Frankfurt/Oder, †1971 Locham b. München), S. 200 – Der Führer, S. 205; aus: Auswahl deutscher Gedichte, hg. von Theodor Echtermeyer. Berlin: Buchhandlung des Waisenhauses 1938, S. 727
Böll, Heinrich (*1917 Köln, †1985 Bornheim b. Bonn), S. 222 – Bekenntnis zur Trümmerliteratur, S. 226 f.; aus: Erzählungen, Hörspiel, Aufsätze. Köln, Berlin: Kiepenheuer & Witsch 1961, S. 339–343
Borchert, Wolfgang (*1921 Hamburg, †1947 Basel/ Schweiz), S. 222, 224 – Das Brot, S. 236 f.; aus: Das Gesamtwerk. Reinbek b. Hamburg: Rowohlt 1991, S. 304 ff.
Braun, Volker (*1939 Dresden), S. 253 f. – Unvollendete Geschichte, S. 280 f.; aus: Unvollendete Geschichte. Frankfurt/M.: Suhrkamp 1982, S. 91 ff.
Brecht, Bertolt (*1898 Augsburg, †1956 Ost-Berlin), S. 168, 171, 200, 226 – Der Prozeß der Jeanne d'Arc zu Rouen 1431, S. 86; aus: Gesammelte Werke Bd. 6, Stücke 6, S. 2543 f. werkausgabe edition suhrkamp. Frankfurt/M.: Suhrkamp 1967; Mann ist Mann, S. 171; aus: Ges. Werke Bd. 1, Stücke 1, S. 336, a.a.O.; Die Nachtlager, S. 193; aus: Ges. Werke Bd. 8, Gedichte 1, S. 373, a.a.O.; Schweyk im Zweiten Weltkrieg, S. 206; aus: Ges. Werke Bd. 5, Stücke 5, S. 1975 f., a.a.O.; Schlechte Zeit für Lyrik S. 215; aus: Ges. Werke Bd. 9, Gedichte 2, S. 743, a.a.O.; Böser Morgen, S. 272; aus: Ges. Werke, Bd. 10, Gedichte 3, S. 1010, a.a.O.
Carossa, Hans (*1878 Bad Tölz, †1956 Rittsteig/ Passau), S. 200 f. – Ungleiche Welten, S. 207 f.; aus: Ungleiche Welten. Wiesbaden: Insel 1951, S. 124 f.
Celan, Paul (Pseudonym für Paul Anczel, *1920 Czernowitz/Bukowina, †1970 Paris), S. 223, 250 – Wortaufschüttung*, S. 254; aus: Ges. Werke, Bd 2, S. 29. Frankfurt/M.: Suhrkamp 1975; Todesfuge, S. 235; aus: Mohn und Gedächtnis. Stuttgart: Deutsche Verlagsanstalt 1952; zit. nach: Ges. Werke, a.a.O., Bd. 1, S. 39 ff.
Dauthendey, Max (*1867 Würzburg, †1918 Malang/ Java), S. 116 – Regenduft, S. 121; aus: Gesammelte Werke, Bd. 4. München: Langen-Müller 1925, S. 54
Dietmar v. Eist (Aist) (*ca. 1140–1171 Österreich) – Slâfest du, friedel ziere? Freie Übertragung durch Wilhelm von Scholz, S. 77; aus: Die schönsten deutschen Gedichte, hg. von Ludwig Goldscheider. Wien/Leipzig: Phaidon, o. J., S. 24
Döblin, Alfred (*1878 Stettin, †1957 Emmendingen b. Freiburg), S. 169 – Berlin Alexanderplatz, S. 182 f.; aus: Berlin Alexanderplatz. Die Geschichte vom Franz Biberkopf. Olten: Walter Verlag 1961; dtv 195, S. 385 ff.
Dürrenmatt, Friedrich (*1921 Konolfingen/Schweiz, †1990 Neuchâtel/Schweiz), S. 222 – Theaterprobleme, S. 229 f.; aus: Theater. Essays und Reden. Zürich: Diogenes 1980, S. 33 f.
Edschmid, Kasimir (Pseudonym für Eduard Schmidt; *1890 Darmstadt, †1966 Vulpera/Schweiz), S. 145 –

Expressionismus in der Dichtung, S. 146; in: Die neue Rundschau 29 (1914) Bd.1 Märzheft, S. 359-374
Eich, Günter (*1907 Lebus/Oder, †1972 Salzburg/Österreich), S. 222 – Inventur, S. 234; aus: Gesammelte Werke, Bd. 1, Die Gedichte, S. 35, hg. von H. Ohde. Frankfurt/M.: Suhrkamp 1973
Einstein, Carl (*1885 Neuwied, †1949 Pau/Frankreich), S. 144 f. – Bebuquin (Kap. 16), S. 152 f.; aus: Werke, Bd. 1, hg. von Rolf-Peter Baacke. Berlin: Verlag Fannei & Walz 1980, S. 109 f.
Enzensberger, Hans Magnus (*1929 Kaufbeuren), S. 251 – konjunktur, S. 267; aus: verteidigung der wölfe. Frankfurt/M.: Suhrkamp 1957, S. 86 f.; Das Plebiszit der Verbraucher, 267 f.; aus: Einzelheiten. Bd. 1: Bewußtseins-Industrie. Frankfurt/M.: Suhrkamp 1969, S. 167 ff.
Feuchtwanger, Lion (*1884 München, †1958 Los Angeles), S. 167, 169, 226 – Erfolg, S. 175 ff.; aus: Gesammelte Werke, Bd. 2, S. 521 ff. Frankfurt/M.: Fischer Taschenbuch Verlag 1975
Fleißer, Marieluise (*1901 Ingolstadt, †1974 Ingolstadt), S. 79, 168 – Pioniere in Ingolstadt, S. 173 f.; aus: Gesammelte Werke, Bd. 1: Dramen, S. 193 ff. Frankfurt/M.: Suhrkamp ²1989
Fontane, Theodor (*1819 Neuruppin, †1898 Berlin) – Der Stechlin, S. 69; aus: Der Stechlin. Klagenfurt: E. Kaiser, S. 5
Fried, Erich (*1921 Wien, †1988 Baden-Baden), S. 200, 251 – Ritterlichkeit, S. 204; aus: Mitunter sogar Lachen. Erinnerungen. Berlin: Klaus Wagenbach 1992, S. 57-59; Gründe, S. 273; aus: 100 Gedichte ohne Vaterland. Berlin: Wagenbach 1987, S. 31
Frisch, Max (*1911 Zürich, †1991 Zürich) – Stiller, S. 70, 301; aus: Gesammelte Werke in zeitlicher Folge. werkausgabe edition suhrkamp. Frankfurt/M.: Suhrkamp 1976, S. 9, S. 80 f.
Ganghofer, Ludwig (*1855 Kaufbeuren, †1920 Tegernsee) – Das Schweigen im Walde, S. 294 f.; aus: Das Schweigen im Walde. München/Zürich: Droemer Knaur 1981, S. 39 ff.
George, Stefan (*1868 Büdesheim b. Bingen/Rhein, †1933 Locarno/Schweiz), S. 117 – Einleitungen und Merksprüche der Blätter für die Kunst, S. 124; aus: Einleitungen und Merksprüche der Blätter für die Kunst. Stuttgart: Klett-Cotta 1964, S. 7, 10 f.; Vogelschau, S. 125; aus: Sämtliche Werke in 18 Bänden, hg. von der Stefan-George-Stiftung, Stuttgart. Band 2: Hymnen. Pilgerfahrten. Algabal. Bearbeitet von Ute Oelmann. Stuttgart: Klett-Cotta 1987, S. 85; Es lacht in dem steigenden jahr dir, S. 125; aus: Sämtliche Werke in 18 Bänden, hg. von der Stefan-George-Stiftung, Stuttgart. Band 4: Das Jahr der Seele. Bearbeitet von Georg Landmann. a. a. O. 1982, S. 89
Goethe, Johann Wolfgang von (*1749 Frankfurt/M. †1832 Weimar) – Der Bräutigam, 71; Im Herbst, S. 78;

aus: Goethes Werke. Hamburger Ausgabe, hg. von Erich Trunz. München: C. H. Beck ¹⁰1974, Bd. 1, S. 103 f., 386
Goll, Yvan (Pseudonym für Isaac Lang, *1891 Saint-Dié, †1950 Paris), S. 142 – Die Pyramide, S. 148; aus: Expressionismus. Lyrik, hg. von Martin Reso u. a. Berlin u. Weimar: Aufbau Verlag, 1969, S. 519
Gomringer, Eugen (*1925 Cachuela Esperanza/Bolivien), 250 – vom vers zur konstellation, S. 258 f.; aus: manifeste und darstellungen der konkreten poesie 1954–1966. St. Gallen: edition galerie press 1969; zit. nach: zur sache der konkreten poesie. St. Gallen: erker verlag 1988, S. 10 f.; beweglich, S. 259; aus: konstellationen. ideogramme. stundenbuch. Stuttgart: Philipp Reclam 1977, S. 38
Graf, Oskar Maria (*1894 Berg/Starnberg, †1967 New York), S. 202 – Ein Protest, S. 212 f.; veröffentlicht in: „Arbeiter-Zeitung" (Wien), 12. 5. 1933, nachgedruckt in zahlreichen Zeitungen des Auslands, deutsch und in Übersetzungen; zit. nach: O. M. Graf in seinen Briefen, hg. von Gerhard Bauer und Helmut F. Pfanner. München: Süddeutscher Verlag 1984, S. 67 f.
Grass, Günter (*1927 Danzig), S. 251 – Die Blechtrommel, S. 268 f.; aus: Die Blechtrommel. Darmstadt u. Neuwied: Luchterhand Verlag; SL 147, S. 433 ff.
Handke, Peter (*1942 Griffen/Kärnten), S. 251 – Die drei Lesungen des Gesetzes, S. 272 f.; aus: Prosa, Gedichte, Theaterstücke, Hörspiele, Aufsätze. Frankfurt/M.: Suhrkamp 1969, S. 124 ff.
Hasenclever, Walter (*1890 Aachen, †1940 Lager „Les Milles"/Frankreich), S. 143 – Der Sohn (II, 2), S. 150 f.; aus: Sämtl. Werke. Bd. II. 1, S. 233 ff. Mainz: Hase & Koehler 1992. © Edith Hasenclever, Cagnes-sur-Mer/Frankreich
Haushofer, Albrecht (*1903 München, †1945 Berlin), S. 202 – Schuld, S. 210; aus: Moabiter Sonette. Berlin: Blanvalet 1946, S. 48
Hebbel, Friedrich (*1813 Wesselburen/Dithmarschen, †1863 Wien) – Herbstbild, S. 78; aus: Das Buch der Gedichte. Hg. v. K. O. Conrady. Frankfurt/M.: Cornelsen Verlag Hirschgraben 1987, S. 295
Heißenbüttel, Helmut (*1921 Rüstringen b. Wilhelmshaven), S. 250 – Einerseitsgedicht, S. 259; aus: Textbuch 8, 1981–1985. Stuttgart: Klett-Cotta 1985, S. 42
Hesse, Hermann (*1877 Calw/Baden-Württemberg, †1962 Montagnola/Schweiz), S. 108, 118, 169 – Der Steppenwolf, S. 178 ff.; aus: Gesammelte Werke, Bd. 7, S. 366 ff. Frankfurt/M.: Suhrkamp 1970
Heym, Georg (*1887 Hirschberg/Schlesien, †1912 Berlin), S. 142 f., 145 – Der Krieg, S. 155 f.; Die Menschen stehen vorwärts in den Straßen ..., S. 159; aus: Dichtungen und Schriften. Gesamtausgabe, hg. von Karl Ludwig Schneider. Hamburg und München: Heinrich Ellermann 1964, Bd. 1, S. 346, 440

Hofmannsthal, Hugo von (*1874 Wien, †1929 Rodaun b. Wien), S. 108, 117 f. – Ein Brief, S. 125; aus: Gesammelte Werke. Erzählungen, Erfundene Gespräche, hg. von Bernd Schoeller. Frankfurt/M.: S. Fischer 1985, S. 461 ff. Der Tor und der Tod, S. 131 f.; aus: Ges. Werke, a.a.O., Gedichte. Dramen I, S. 288 ff.; Die Beiden, S. 132; aus: Ges. Werke, a.a.O., Gedichte. Dramen I, S. 27; Der Schwierige, S. 133 f.; aus: Gesammelte Werke, a.a.O., Dramen IV, S. 404 ff.
Hofmiller, Josef (*1872 Kranzegg/Allgäu, †1933 Rosenheim), S. 118 – Wedekind – Frühlingserwachen, S. 135; aus: Ausgewählte Werke, hg. von Hildegard Till-Hofmiller. Rosenheim: Rosenheimer Verlagshaus 1975, S. 314 f.
Huber, Kurt (*1892 Chur/Schweiz, †1943 München), S. 202 – Schlußrede vor dem Volksgerichtshof, S. 211 f.; aus: Bayerische Bibliothek, Bd. 5: Die Literatur im 20. Jh., hg. von Karl Pörnbacher, S. 854–856; diese Fassung wurde dem Hg. von Klara Huber zur Verfügung gestellt
Huchel, Peter (*1903 Berlin, †1981 Staufen/Breisgau), S. 251 – Der Garten des Theophrast, S. 274; aus: Gesammelte Werke, hg. von Axel Vieweg, Bd. I. Frankfurt/M.: Suhrkamp 1984, S. 155
Huelsenbeck, Richard (*1892 Frankenau / Hessen, †1974 Minusio / Tessin), S. 144, 171 – Der Idiot, S. 152; aus: Cabaret Voltaire. Hg. von Hugo Ball. Zürich: 1916, S. 18
Johnson, Uwe (*1934 Cammin/Pommern, †1984 Sheerness-on-Sea/England), S. 251 – Jahrestage, S. 276 f.; aus: Jahrestage. Aus dem Leben der Gesine Cresspahl. Frankfurt/M.: Suhrkamp 1973, S. 1240 ff.
Jünger, Ernst (*1895 Heidelberg), S. 170 – Feuer und Blut, S. 188 f.; aus: Sämtliche Werke, Tagebücher I., Der Erste Weltkrieg. Stuttgart: Klett 1978, S. 502 f.
Kästner, Erich (*1899 Dresden, †1974 München), S. 168 f., 226 – Sachliche Romanze, S. 175; aus: Lärm im Spiegel. Zürich: Atrium Verlag 1985, S. 111; Fabian, S. 180; aus: Fabian. Zürich: Atrium 1985, S. 26 f.
Kafka, Franz (*1883 Prag, †1924 Kierling b. Wien), S. 143, 169, 196 – Brief an den Vater, S. 149 f.; aus: Gesammelte Werke. Hg. v. Max Brod. Hochzeitsvorbereitungen auf dem Lande und andere Prosa aus dem Nachlaß, S. 143 f.; Frankfurt/M.: S. Fischer 1967; Ein Besuch im Bergwerk, S. 153 f.; aus: Ges. Werke, a.a.O. Erzählungen, S. 125 ff.; Der Prozeß, S. 180 f.; aus: Gesammelte Werke, a.a.O. Der Prozeß, S. 7 f.
Kaiser, Georg (*1878 Magdeburg, †1945 Ascona/Schweiz), S. 146 – Die Bürger von Calais (2. Akt), S. 162 f.; aus: Werke in sechs Bänden, hg. von Walther Huder. Bd. 1, S. 562 f. Berlin: Propyläen 1970
Keller, Gottfried (*1819 Zürich, †1890 Zürich) – Der grüne Heinrich, S. 70; aus: Werke, hg. von Clemens Heselhaus. München: Carl Hanser 1956, S. 9
Keun, Irmgard (*1910 Berlin, †1982 Köln), S. 169 – Das kunstseidene Mädchen, S. 183; aus: Das kunstseidene Mädchen. Düsseldorf: Claassen 1979, S. 29 f.
Kirsch, Sarah (*1935 Limlingerode/Harz) – Dann werden wir kein Feuer brauchen, S. 72; aus: Gedichte. Ebenhausen: Langewiesche-Brandt 1969, S. 22
Kiwus, Karin (*1945 Berlin), S. 251 – Gewisse Verbindung, S. 280; aus: Angenommen später. Frankfurt/M.: Suhrkamp 1979, S. 84 f.
Koeppen, Wolfgang (*1906 Greifswald/Pommern), S. 250 – Das Treibhaus, S. 260 f.; aus: Das Treibhaus. Frankfurt/M.: Suhrkamp 1972, S. 92 ff.
Kraus, Karl (*1874 Jicín/Ostböhmen, †1936 Wien), S. 118, 170 – Die demolierte Literatur, S. 120; aus: Die Wiener Moderne, hg. von Gotthart Wunberg. Stuttgart: Philipp Reclam 1992, S. 648 f.; Aphorismen, S. 138; aus: Schriften. 12 Bde., Bd. 8: Aphorismen. Sprüche und Widersprüche. Pro domo et mundi. Nachts. Hg. von Christian Wagenknecht. Frankfurt/M.: Suhrkamp Verlag 1986; zit. nach: Beim Wort genommen. München: Kösel, S. 86, 118, 155, 158 f.
Krechel, Ursula (*1947 Trier), S. 251 – Jetzt ist es nicht mehr so, S. 279; aus: Nach Mainz!. Neuwied, Darmstadt: Luchterhand 1977, S. 26
Kroetz, Franz Xaver (*1946 München), S. 79 – Agnes Bernauer, S. 79 f.; aus: Stücke III. Frankfurt/M.: Suhrkamp Verlag 1989, S. 213 f.
Kunze, Reiner (*1933 Oelsnitz), S. 248, 251 – Der Hochwald erzieht seine Bäume, S. 274; aus: Sensible Wege. Reinbek b. Hamburg: Rowohlt 1969, S. 9; Deckname „Lyrik", S. 275 f.; aus: Deckname „Lyrik". Frankfurt/M.: Fischer Taschenbuch 1990, S. 13, 15, 85 ff.
Lasker-Schüler, Else (*1869 Wuppertal, †1949 Jerusalem), S. 145 – Ein Lied der Liebe, S. 160; aus: Sämtliche Gedichte, hg. von Friedhelm Kemp. München: Kösel 1966, S. 112
Lehmann, Wilhelm (*1882 Puerto Cabelo/Venezuela, †1968 Eckernförde), S. 223 – Das Wagnis, S. 237; aus: Gesammelte Werke in acht Bänden, hg. von Agathe Weigel-Lehmann, Hans D. Schäfer und Bernhard Zeller. Bd. 1: Sämtliche Gedichte. Stuttgart: Klett-Cotta 1982, S. 181
Lenz, Hermann (*1913 Stuttgart), 252 – Jung und Alt, S. 287 f.; aus: Jung und Alt. Frankfurt/M.: Insel 1989, S. 65 f.
Lenz, Siegfried (*1926 Lyck/Ostpreußen), S. 222 – Mein Vorbild Hemingway, S. 228 f.; aus: Ansichten und Bekenntnisse zur Literatur. Hamburg: Hoffmann & Campe 1970, S. 55, 57, 59 ff., 63
Liliencron, Detlev von (*1844 Kiel, †1909 Alt-Rahlstedt/Hamburg), S. 116 – Viererzug, S. 121; aus: Gedichtbuch. Hg. v. K. Pörnbacher. Berlin: Cornelsen 1987, S. 209
Mann, Heinrich (*1871 Lübeck, †1950 Santa Monica/Kalifornien), S. 169, 196, 226 – Der Untertan, S. 177,

aus: Der Untertan. Berlin/Weimar: Aufbau Verlag o. J., S. 5 f.
Mann, Klaus (*1906 München, †1949 Cannes/Frankreich), S. 199 – Brief an Gottfried Benn vom 9.5.1933, S. 215 f.; nach: Gottfried Benn, 1886-1956, eine Ausstellung des Deutschen Literaturarchivs Marbach am Neckar, ³1987, S. 202
Mann, Thomas (*1875 Lübeck, †1955 Kilchberg b. Zürich / Schweiz), S. 108, 118, 169, 202, 223, 226 – Doktor Faustus, S. 231 f.; aus: Doktor Faustus. Das Leben des deutschen Tonsetzers Adrian Leverkühn, erzählt von seinem Freund. Frankfurt/M.: S. Fischer 1960, S. 636 ff.; Tonio Kröger, S. 126 f.; aus: Sämtliche Erzählungen. Frankfurt/M.: S. Fischer 1963, S. 212 ff.; Briefwechsel mit Bonn, S. 217 ff.; aus: Ges. Werke. Bd. 4: Reden und Aufsätze, S. 785 ff., Frankfurt/M.: S. Fischer 1974
Morgenstern, Christian (*1871 München, †1914 Meran), S. 118 – Die unmögliche Tatsache, S. 137; Palmström, S. 137; aus: Gesammelte Werke in einem Band, hg. von M. Morgenstern. München: Piper 1965, S. 241, 262 f.
Müller, Heiner (*1929 Eppendorf/Sachsen), S. 226 – Der Lohndrücker, S. 238 f.; aus: Der Lohndrücker. Philoktet. Die Schlacht. Stuttgart: Klett 1990; zit. nach: Geschichten aus der Produktion 1, S. 15 ff. Berlin: Rotbuch 1974
Musil, Robert (*1880 Klagenfurt, †1942 Genf), S. 169 – Der Mann ohne Eigenschaften, S. 181 f.; aus: Der Mann ohne Eigenschaften. Reinbek b. Hamburg: Rowohlt, S. 9
Neutsch, Erik (*1931 Schönebeck/Elbe), S. 250 – Das Objekt der Bewährung, S. 261 ff.; aus: Freiheit, Halle, 3.3.1960
Nietzsche, Friedrich (*1844 Röcken/Lützen, †1900 Weimar), S. 106, 118 – Vereinsamt, S. 126; aus: Das Buch der Gedichte. Hg. v. K. O. Conrady, Frankfurt/M.: Cornelsen Verlag Hirschgraben 1987, S. 313
Pinthus, Kurt (*1886 Erfurt, †1975 Marbach), S. 142 – Die Überfülle des Erlebens, S. 147; aus: Facsimile-Querschnitt durch die Berliner Illustrierte. Hg. v. Friedrich Luft. München: Scherz 1965, S. 130 f.
Plenzdorf, Ulrich (*1934 Berlin), S. 63, 250 – kein runter kein fern, S. 263 f.; aus: Klagenfurter Texte zum Ingeborg-Bachmann-Preis 1978. München: List 1978, S. 15 ff.
Plessen, Elisabeth (*1944 Neustadt/Holstein), S. 251 – Mitteilungen an den Adel, S. 270 f.; aus: Mitteilungen an den Adel. Zürich/Köln: Benziger ²1970, S. 99 ff.
Reck-Malleczewen, Friedrich Percyval (*1884 Gut Malleczewen/Ostpreußen, †1945 KZ Dachau), S. 202 – Tagebuchnotizen, S. 209; aus: Tagebuch eines Verzweifelten. Lorch: Bürger-Verlag 1947, S. 134 f., 183 f.
Remarque, Erich Maria (*1898 Osnabrück, †1970 Locarno/Schweiz), S. 170, 196 – Im Westen nichts Neues, S. 189; aus: Im Westen nichts Neues. Mit Materialien und einem Nachwort versehen von Tilmann Westphalen. Köln: Kiepenheuer & Witsch 1987, S. 103 f.
Rilke, Rainer Maria (*1875 Prag, †1926 Val-Mont b. Montreux), S. 107, 118 – Das Karussell, S. 128; Die Aufzeichnungen des Malte Laurids Brigge, S. 128 f.; aus: Sämtliche Werke, hg. von Rilke-Archiv und Ruth Sieber-Rilke, besorgt durch E. Zinn. Wiesbaden: Insel 1955, Bd. 1, S. 530; Bd. 6, S. 20 ff.
Ringelnatz, Joachim (*1883 Wurzen, †1934 Berlin), S. 118, 168 – Im Park, S. 137; aus: Das Gesamtwerk, hg. von W. Pape. Berlin: Henssel 1984, Bd. 1, S. 198
Roth, Joseph (*1894 Brody/Ostgalizien, †1939 Paris), S. 170, 202 – Schluß mit der „Neuen Sachlichkeit", S. 186 ff.; in: Manifeste und Dokumente zur deutschen Literatur 1918-1933, hg. von Anton Kaes. Stuttgart: Metzler 1983, S. 653 f.
Schiller, Friedrich (*1759 Marbach am Neckar, †1805 Weimar) – Die Jungfrau von Orleans, S. 84 f.; aus: Schillers Werke. Hg. v. Benno v. Wiese u. a. Bd. 9, S. 313 ff. Weimar: Hermann Böhlaus Nachf. 1948
Schmidt, Arno (*1914 Hamburg, †1979 Celle) – Der sanfte Unmensch, S. 313; aus: Bargfelder Ausgabe. Werkgruppe II, Dialoge, Bd. 2, S. 68 f. Zürich: Haffmans 1986
Schneider, Reinhold (*1903 Baden-Baden, †1958 Freiburg/Breisgau), S. 202 – Allein den Betern kann es noch gelingen*, S. 208; aus: Gesammelte Werke, hg. von E. M. Landau, Bd. 5: Lyrik, hg. von C. Perels. Frankfurt/M.: Insel 1981, S. 54
Schnitzler, Arthur (*1862 Wien, †1931 Wien), S. 116 f. – Leutnant Gustl, S. 121 ff.; aus: Die Erzählenden Schriften, Bd. 1. Frankfurt/M.: S. Fischer 1961, S. 337-339
Schröder, Rudolf Alexander (*1878 Bremen, †1962 Bad Wiessee/Tegernsee), S. 200 – Deutscher Schwur, S. 203; aus: Gesammelte Werke, Bd. 1: Die Gedichte. Frankfurt/M.: Suhrkamp 1952, S. 489
Schwitters, Kurt (*1887 Hannover, †1948 Ambleside/Westmoreland), S. 171 – Brombeeren, S. 87; aus: Das literarische Werk, Gesamtausgabe in fünf Bänden, hg. von Friedhelm Lach. Köln: DuMont Schauberg, 1973, Bd. 1, S. 47; An Anna Blume, S. 191; aus: Kurt Schwitters Almanach, hg. v. M. Erlhoff, Hannover: Postskriptum 1982, S. 83
Seghers, Anna (Pseudonym für Netty Radványi, *1900 Mainz, †1983 Ost-Berlin), S. 202 f., 225 – Transit, S. 213 ff.; aus: Werke in 10 Bänden, Bd. 4, S. 5 ff. Darmstadt/Neuwied: Luchterhand
Simmel, Johannes Mario (*1924 Wien), – Doch mit den Clowns kamen die Tränen;, S. 300 f. aus: Doch mit den Clowns kamen die Tränen. München: Droemer Knaur 1990, S. 198 f.
Stadler, Ernst (*1883 Colmar, †1914 Ypern/Belgien), S. 143, 145 – Fahrt über die Kölner Rheinbrücke bei

Nacht, S. 155; aus: Dichtungen, Schriften, Briefe. Kritische Ausgabe hg. von Klaus Hurlebusch und Karl Ludwig Schneider. München: C. H. Beck 1983, S. 160
Stifter, Adalbert (*1805 Oberplan/Böhmerwald, †1868 Linz/Österreich) – Der Hochwald, S. 68 f.; aus: Werke, hg. v. Uwe Japp und Hans Joachim Piechotta. Frankfurt/M.: Insel 1978, S. 198 f.
Stramm, August (*1874 Münster, †1915 Horodec/Galizien), S. 142 f. – Patrouille, S. 148; aus: Menschheitsdämmerung. Hg. v. K. Pinthus. Reinbek b. Hamburg: Rowohlt 1959, S. 87
Strauß, Botho (*1944 Naumburg/Saale), S. 249, 252 – Paare, Passanten, S. 288 f.; aus: Paare, Passanten. München: Hanser 1981, S. 11 ff., 175 ff.
Strittmatter, Erwin (*1912 Spremberg/Niederlausitz, †1994 Dollgow), S. 226 – Ole Bienkopp, S. 240 ff.; aus: Ole Bienkopp. Berlin und Weimar: Aufbau ²1969, S. 188 ff.
Thoma, Ludwig (*1867 Oberammergau, †1921 Rottach-Egern), S. 115, 119 – Die Reden Kaiser Wilhelms II., S. 138 f.; aus: Gesammelte Werke. München: Langen-Müller 1925, S. 554-574
Trakl, Georg (*1887 Salzburg/Österreich, †1914 Krakau/Polen), S. 143, 145 – An die Verstummten, S. 159; Menschheit, S. 164; Grodek, S. 157 ; aus: Werke, Entwürfe, Briefe. Hg. von H. G. Kemper und F. R. Max. Stuttgart: Reclam 1987, S. 81, 27, 112
Tucholsky, Kurt (*1890 Berlin; †1935 Hindås), S. 168, 202 – An das Publikum, S. 193; aus: Gesammelte Werke, Bd. 9, S. 237, hg. von Mary Gerold-Tucholsky und Fritz Raddatz. Reinbek b. Hamburg: Rowohlt Taschenbuch Verlag 1975
Wedekind, Frank (*1864 Hannover, †1918 München), S. 107, 118 – Frühlings Erwachen. Eine Kindertragödie, S. 134 f.; aus: Frühlings Erwachen. Stuttgart: Reclam 1971, S. 57 ff.; Ilse, 136; aus: Werke, Bd. 1. München: Winkler 1990, S. 26
Weiß, Ernst (*1882 Brünn, †1940 Paris), S. 168 – Georg Letham, S. 172 f.; aus: Gesammelte Werke, Bd. 10, S. 338 ff. Hg. von Peter Engel und Volker Michels. Frankfurt/M.: Suhrkamp Verlag, 1982; © Paul Zsolnay Verlag, Wien 1931
Werfel, Franz (*1890 Prag, †1945 Beverly Hills/Kalifornien), S. 143, 145 – Die Versuchung, S. 163 f.; aus: Gesammelte Werke. Dramen Bd. 1, S. 25 ff., hg. von Adolf Klarmann. Frankfurt/M.: S. Fischer 1959
Weckherlin, Georg Rudolf (*1584 Stuttgart, †1653 London) – Sie ist gantz lieblich und löblich, S. 77; aus: Gedichte. Stuttgart: Reclam 1972, S. 200
Wolf, Christa (*1929 Landsberg/Warthe), S. 252 – Kassandra, S. 283 ff.; aus: Kassandra. Darmstadt und Neuwied: Luchterhand 1986, S.74 ff.
Wolfenstein, Alfred (*1888 Halle/Saale, †1945 Paris), S. 145, 202 – Städter, S. 159; aus: Menschheitsdämmerung. Hg. von K. Pinthus. Reinbek b. Hamburg: Rowohlt 1959, S. 45
Zweig, Stefan (*1881 Wien, †1942 Petrópolis/Rio de Janeiro), S. 202 – Declaracão, S. 219; aus: Michael Winkler, Deutsche Literatur im Exil 1933-1945. Texte und Dokumente. Stuttgart: Philipp Reclam 1982, S. 418

Sachregister

Absurdes Theater 78, 315
Alliteration 52, 74 f.
Analogie 33, 51, 60, 315
Analyse
    von Aufgabenstellungen 32, 34, 40, 43, 45, 46 f., 50, 55, 59, 61 f., 63, 72, 80
    eines journalistischen Textes 50 ff.
    nichtpoetischer Texte 46 ff.
    einer Rede 57 ff.
    eines wissenschaftlichen Textes 40, 53 ff.
Antithese 52, 315
Aphorismus 118, 138, 140, 315
Argument 33, 35 f., 38, 49, 53, 55
Argumentation 33, 35 ff., 40 f., 48 f., 55 f.
Aristotelisches Theater 78, 315

Ästhetizismus 107, 116 ff., 124 ff., 315
Aufbau 48, 51, 59, 64, 73, 81
    äußerer 48
    innerer 48
Aufklärung 34, 61, 97, 292, 315
Aufsatz, wissenschaftlicher 49, 53 ff.
Autor 117 f., 142, 145 f. 222, 247, 295 ff.

Ballade 61, 315 f.
Barock 61, 97, 316
Begriffsklärung 34, 40, 43, 51, 56
Beispiel 33, 35, 51 f., 55 f.
Bewußtseinsstrom 316
Bestseller 167, 306 ff.
Biedermeier 316
„Bitterfelder Weg" 250
Briefroman 316
Buchhandel 305 ff.
Bürgerliches Trauerspiel 61, 78, 316

Cabaret 118, 170
Charakter 68
Chiffre 70, 161, 249, 265
Collage 167, 171, 310, 316
Colloquium 92 ff.

Dadaismus 87, 170 f., 192, 194, 310
Daktylus 71, 75, 316
Darstellung
    einer literarischen Erörterung 45
    einer Problemerörterung 36 ff.
    einer Sachtextanalyse 49 f.
    einer textgebundenen Erörterung 41
Dekadenz 107, 116, 124
Determinismus, sprachlicher 19 ff.
Dialekt 14, 44, 82 f.
Dialog 44, 79, 81 ff., 316
Dokumentarisches Theater 316
Drama 78 ff., 171, 229 f., 244
    expressionistisches 145
    klassisches 84 f., 200, 229 f., 315

Sachregister

Dramatik 61, 97 f., 171, 316

Elegie 70, 316
Ellipse 44, 66, 316
Emigration 202 f., 212 ff.
  innere 200, 207 ff., 223
Empfindsamkeit 316
Enjambement 73 f., 316
Entwicklungsroman 316 f.
Epik 61, 97 f., 317
Episches Theater 78, 84, 171, 317
Epoche 61, 76, 97, 107, 167, 247, 317
Erlebte Rede 62, 317
Erörterung 32 ff.
  literarische 42 ff.
  textgebundene 39 ff., 42, 46 f.
  Problem- 34 ff.
Erzähler 68, 293 ff., 317
  auktorialer 62, 68, 317
  Ich- 62, 64 ff., 68, 317
  personaler 62, 317
Erzählhaltung 62, 317
Erzählperspektive 62, 158, 185 f., 293 ff., 317
Erzählsituation 62, 68, 317
Erzählzeit 317
Essay 39, 142, 167, 251, 278, 314, 317
Euphemismus 48, 317
Existentialismus 223, 243, 317
Expressionismus 108, 141 ff., 167

Fabel 61, 68, 317
Fachsprache 30 f., 49, 56, 90
Fiktion 61, 317 f.
Film 145, 167, 169, 196, 310 ff.
Form
  geschlossene 315
  offene 315
Fremdwörter 30 f., 48
Funkessay 310, 313 f.

Gattung 61 f., 145, 222, 243, 318
Gebrauchslyrik 167 f., 171, 258 f.
Gedicht 70 ff., 124, 168, 171, 253 ff., 318
Genie 295, 321
Gesellschaftsroman 318
Gliederung 34 f., 41, 45, 93
Glosse 24 f., 27, 29, 49, 167, 318
Großstadtliteratur 145, 159 ff., 169
„Gruppe 47" 224

„Heimatkunstbewegung" 118 f.
Held 68 f., 222, 229 f.
Hörspiel 61, 101, 167, 310, 318

Hymne 318
Hyperbel 48, 52, 60, 318
Hypotaxe 25, 48, 56, 83, 318

Impressionismus 107, 116 f., 123
Indirekte Rede 89
Innerer Monolog 62, 65 f., 68, 117, 123, 169, 266, 318
Intention 49, 52, 56, 59 f., 61
Interpretation
  von Dramenszenen 78 ff.
  eines fiktiven Prosatextes 62 ff.
  von Gedichten 70 ff.
  poetischer Texte 42, 61 ff.
Ironie 24, 44, 48, 56, 60, 67, 318

Jambus 70, 73 f., 318
Jugendstil 107, 112
Junges Deutschland 318

Katachrese 161, 318
Katastrophe 321
Katharsis 315
Klassik 61, 97 f., 107, 169, 318 f.
Klimax 48, 319
Kommentar 39, 49, 53
Kommunikation 9 ff., 21, 22, 78, 81 ff., 87, 293
Komödie 61, 78, 319
Konflikt 82, 316
Konkrete Poesie 142, 149, 250, 255 ff.
Konvention 11 ff., 22, 87, 142, 149
Körpersprache 9 ff.
Kritik
  literarische 300 ff., 319
  politische 67, 143, 169 ff., 251
Kurzgeschichte 62, 67, 222, 230, 243, 319

Lehrstück 171, 319
Leitfragen 34, 41
Leitmotiv 80, 319
Leser 68, 292, 306
Leserevolution 292
Leseverhalten 292 ff.
Lied 70, 78, 145, 200
Literarisches Leben 292 ff., 319
Literaturförderung 306 ff.
Literaturverfilmung 101, 103, 167, 170, 310, 314
Literaturvermittlung 292, 305 ff., 314
Lyrik 61, 70 ff., 101 f., 116, 130, 142 f., 168, 171, 249 f., 253 ff., 265 f., 319
  politische 171

Lyrisches Ich 70, 72 f., 319

Massenmedien 38 f., 145, 167, 196, 310
Metapher 48, 52, 59 f., 70, 75 f., 278 f., 319
Metonymie 48, 70, 319
Metrum 70, 75 f., 319
Moderne 43, 66, 68 f., 105 ff., 114
Montage 43 f., 66, 68, 145, 161, 167, 169, 194, 310, 319
Motiv 68, 70, 75, 319 f.
Mythos 143, 164

Naturalismus 107, 116 f., 119 f., 320
Neue Innerlichkeit 248, 290
Neue Sachlichkeit 167 f., 186 f.
Neuromantik 107, 118
Nominalstil 90
Normen 23, 33, 320
Novelle 61 f., 320

Ode 61, 70, 320

Parabel 61 f., 320
Parataxe 25, 48, 320
Parodie 170, 200, 320
Perspektivenwechsel 44, 169, 185
Pluralismus 107, 167, 169, 172 ff.
Polarisierung 166 f., 169, 186 ff.
Prämisse 320
Pressefreiheit 195, 318
Prosa 320
Psychologie 54 ff., 116, 145

Radikalisierung 143, 166 f., 170 f., 191 ff.
Realismus 98, 144, 320
  poetischer 158, 320
  sozialistischer 226
Rede 49, 57 ff., 212
Referat 93, 95
Reihungsstil 145, 310
Reim 70, 73, 219
Relativität, sprachliche 19 ff.
Reportage 65 f., 124, 167
Rezension 298, 301, 303, 311, 314
Rhetorik, praktische 92 f.
Rhythmus 70, 73 f., 243, 319
Roman 43 ff., 62, 67 ff., 97 f., 124, 144, 158, 169, 184 ff., 222, 290, 320
  moderner 43 ff., 68, 169, 310
  traditioneller 68, 169
Romantik 98, 320 f.
Rundfunk 167, 195 f., 310, 313 f., 318

Satire 13, 118, 137 ff., 167, 251, 278 f.
Schlüsselroman 169, 321
Sonett 61, 71, 145, 202, 321
Song 78, 317
Sprache 9 ff., 44, 48 ff., 61, 87
Sprachexperimente 142 f., 148, 249 f., 253 ff.
Sprachkrise 117 f., 249 f.
Sprachlich-stilistische Mittel 46 f., 48 f., 52, 56, 59 f., 65 f., 71, 74 f., 78
Sprachnorm 22 f., 87, 149
Sprachregeln 22, 87 f., 258 f.
Sprachschicht 29, 49
Sprachspiel 16 f., 66, 258 f.
Sprachwandel 24 ff.
Stellungnahme 53, 56, 60

Stichwortzettel 93
Stoffsammlung 34, 41, 43 f.
Sturm und Drang 61, 97, 321
Symbol 70, 124, 130, 321
Symbolismus 107, 117, 145

Textexterne Faktoren 48
Textinterne Faktoren 48 f.
Textsorte 48 f., 52 f.
These 33 f., 39, 41 f., 45, 51, 53, 55, 321
Tragödie 78, 222, 229 f., 321
Trochäus 701, 321
Trümmerliteratur 222, 226 ff.

Umgangssprache 11 f., 30 f., 65
Unbewußtes 54 f., 166

Urheberrecht 294, 297, 306
Utopie 298, 321

Verfremdung 44, 145, 317
Vergleich 48, 56, 70, 74 f. 321
Verlagswesen 305 f.
Volksstück 79, 84, 321

Wertung, literarische 300 ff.

Zeichen 9 f., 18 f., 258 f.
Zeitroman 169, 321
Zeitschriften 142 f., 169 f., 221, 225 f., 251
Zensur 57, 195 f., 252
Zitat 45, 49, 60, 62, 66, 88

Abbildungsnachweis

S. 9 links und rechts oben: dpa, Frankfurt/M.; **rechts unten:** Bongarts Sportfotografie, Hamburg; **S. 15, 22:** Paul Flora, Sprache, aus: Vergebliche Worte. Von Dichtern und Denkern. Diogenes Verlag, Zürich 1981; **S. 24:** Peter Butschkow, cool, heavy, super, © Cartoon Caricature Contor, München; **S. 30:** Werner Koch, Ich hoffe, sie verstehen mich richtig, © Cartoon Caricature Contor, München; **S. 32:** Freimut Wössner, Wir brauchen überhaupt keine neue Streitkultur; **S. 46:** Freimut Wössner, Waldzustandsbericht, © Cartoon Caricature Contor, München; **S. 92:** Werner Koch, Karikatur, © Cartoon Caricature Contor, München; **S. 105:** Gustav Klimt, Der Kuß, Österreichische Nationalbibliothek. Foto: Artothek, Peissenberg; **S. 107:** Ludwig Kandler, Das elektrische Licht, Foto: Germanisches Nationalmuseum, Nürnberg; **S. 113:** Claude Monet, Die Mohnblumen, Musée d'Orsay, Paris. Foto: Prof. Erich Lessing / Archiv für Kunst und Geschichte, Berlin; **S. 117 links:** Müller-Hilsdorf, München / Bildarchiv Preußischer Kulturbesitz, Berlin; **S. 117 rechts:** S. Fischer Verlag, Frankfurt/M. / Löwy, Wien; **S. 141:** Ernst Ludwig Kirchner, Straßenbahn in Dresden, Sammlung Max Fischer, Stuttgart, © Dr. Wolfgang & Ingeborg Henze-Ketterer, Wichtrach/Bern; **S. 144:** Wassily Kandinsky, Komposition V, Privatsammlung, Roethel / Benjamin, Werksverzeichnis, 1982, Nr. 400, © VG Bild-Kunst, Bonn 1994; **S. 157:** Alfred Kubin, Der Krieg, Städtische Galerie im Lenbachhaus, München, © VG Bild-Kunst, Bonn 1994; **S. 165:** Raul Hausmann, Der Kunstkritiker, Tate Galery, London, © VG Bild-Kunst, Bonn 1994; **S. 166:** George Grosz, Ameisen, Museum Folkwang, Essen, © VG Bild-Kunst, Bonn 1994; **S. 171:** Theatermuseum des Institut für Theater-, Film- und Fernsehwissenschaft der Universität Köln; **S. 178:** Max Beckmann, Die Nacht, Kunstsammlung Nordrhein-Westfalen, Düsseldorf, Foto: Joachim Blauel / Artothek, Peissenberg; **S. 187:** Otto Dix, Der Krieg, Gemäldegalerie Neue Meister, Foto: Würker / Sächsische Landesbibliothek, Abt. Deutsche Fotothek, Dresden; **S. 192:** Dadaisten gegen Weimar, Foto: Berlinische Galerie, Berlin; **S. 195:** Pablo Picasso, Das Beinhaus, 1945, Öl und Kohle auf Leinwand, 199,8 x 250,1 cm, The Museum of Modern Art, New York. Mrs. Sam A. Lewisohn Bequest (by exchange) and Mrs. Marya Bernhard Fund in memory of her husband Dr. Bernhard and anonymus funds, © VG Bild-Kunst, Bonn 1994; **S. 200:** Karl Arnold, „Das Volk als Masse", aus: Simplicissimus v. 1932, © Fritz Arnold, München; **S. 205:** Olaf Gulbransson, Der ewige Trommler, aus: Simplicissimus v. 1933; **S. 221:** Carl Hofer, Im Neubau, © Karl-Hofer-Archiv / AKG, Berlin, Nachlaß Karl Hofer; **S. 223 links:** Fritz Eschen / Berlinische Galerie, Foto: Bildarchiv Preußischer Kulturbesitz, Berlin; **S. 223 rechts:** Felicitas Timpe / Bildarchiv Preußischer Kulturbesitz, Berlin; **S. 245:** Klaus Vogelgesang, Lacht zuletzt, Kunstmuseum Düsseldorf im Ehrenhof, Düsseldorf; **S. 249 links:** Fritz Eschen / Berlinische Galerie, Foto: Bildarchiv Preußischer Kulturbesitz, Berlin; **S. 249 rechts:** Heinz Bachmann / Bildarchiv Preußischer Kulturbesitz, Berlin; **S. 252:** Isolde Ohlbaum, München; **S. 256:** Jean Paul Riopelle, Begegnung, Museum Ludwig, Köln, Foto: Rheinisches Bildarchiv, Köln; **S. 284:** Francesco Clemente, aus: Reise ins Herz, Zyklus aus der Süddeutschen Zeitung, Magazin v. 15.11.91, © Francesco Clemente; **S. 291 oben:** Carl Spitzweg, Der arme Poet, Neue Pinakothek, München, Foto: Joachim Blauel / Artothek, Peissenberg; **S. 291 unten:** Johann Joseph Schmeller, Goethe in seinem Arbeitszimmer, Stiftung Weimarer Klassik, Weimar, Foto: Inge Geske, Weimar; **S. 296:** T. Pericoli, Johann Wolfgang v. Goethe, aus: T. Pericoli, Porträts. Diogenes Verlag, Zürich; **S. 297 oben:** J. Schadow, Friedrich Schiller, Foto: Bildarchiv Preußischer Kulturbesitz, Berlin; **S. 297 unten:** E. Linder, Clemens Brentano, Foto: Bildarchiv Preußischer Kulturbesitz, Berlin; **S. 298:** T. Pericoli, Max Frisch, aus: T. Pericoli, Porträts. Diogenes Verlag, Zürich; **S. 299:** Isolde Ohlbaum, München; **S. 300:** Friedrich Dürrenmatt, Künstler und Kritiker, aus: Kritik. Diogenes Verlag, Zürich 1980, detebe 250/25